上海财经大学富国ESG研究院
Fullgoal Institute for ESG Research, SUFE

上海财经大学富国 ESG 丛书
上海市“十四五”重点出版物出版规划项目
上海市促进文化创意产业发展财政扶持资金项目资助

ESG信息披露、评级与鉴证

靳庆鲁　张为国　薛 爽　刘 浩　饶艳超 ◎ 著

上海财经大学出版社
SHANGHAI UNIVERSITY OF FINANCE & ECONOMICS PRESS
上海学术·经济学出版中心

图书在版编目(CIP)数据

ESG 信息披露、评级与鉴证 / 靳庆鲁等著 . -- 上海：上海财经大学出版社，2025. 1. --（上海财经大学富国 ESG 丛书）. -- ISBN 978-7-5642-4488-0

Ⅰ. F279. 246

中国国家版本馆 CIP 数据核字第 2024Y9C393 号

□ 责任编辑 邱 仿
□ 封面设计 李 敏

ESG 信息披露、评级与鉴证

靳庆鲁 张为国 薛 爽 刘 浩 饶艳超 著

上海财经大学出版社出版发行
（上海市中山北一路 369 号 邮编 200083）
网 址：http://www.sufep.com
电子邮箱：webmaster@sufep.com
全国新华书店经销
上海锦佳印刷有限公司印刷装订
2025 年 1 月第 1 版 2025 年 1 月第 1 次印刷

787mm×1092mm 1/16 34 印张（插页：3） 721 千字
定价：99.00 元

总　序

ESG，即环境（Environmental）、社会（Social）和公司治理（Governance），代表了一种以企业环境、社会、治理绩效为关注重点的投资理念和企业评价标准。ESG 的提出具有革命性意义，它要求企业和资本不仅关注传统盈利性，更需关注环境、社会责任和治理体系。ESG 的里程碑意义在于它通过资本市场的定价功能，描绘了企业在与社会长期友好共存的基础上追求价值的轨迹。

关于 ESG 理念的革命性意义，从经济学说史的角度，它解决了个体道德和宏观向善之间的关系，使得微观个体在看不见的手引导下也能够实现宏观的善。因此市场经济的伦理基础与传统中实际整体社会的伦理基础发生了革命性的变化。这种变革引发了“斯密之问”，即市场经济是否需要一个传统意义上的道德基础。马克斯·韦伯在《新教伦理与资本主义精神》中企图解决这一冲突，认为现代市场经济，尤其是资本主义市场经济，它很重要的伦理基础来源于新教。但它依然存在着未解之谜：如何协调整体社会目标与个体经济目标之间的冲突。

ESG 之所以具有如此深刻的影响，关键在于价值体系的重塑。与传统的企业社会责任不同，ESG 将企业的可持续发展与其价值实现有机结合起来，不再是简单呼吁企业履行社会责任，而是充分发挥了企业的价值驱动，从而实现了企业和社会的“双赢”。资本市场在此过程中发挥了核心作用，将 ESG 引入资产定价模型，综合评估企业的长期价值，既对可持续发展的企业给予了合理回报，更引导了其他企业积极践行可持续发展理念。资本市场的“用脚投票”展现长期主义，使资本向善与宏观资源配置最优相一致，彻底解决了伦理、社会与经济价值之间的根本冲突。

然而，推进 ESG 理论需要解决多个问题。在协调长期主义方面，需要从经济学基础原理构建一致的 ESG 理论体系，但目前进展仍不理想。经济的全球化与各种制度、伦理、文化的全球化发生剧烈的碰撞，由此产生了不同市场、不同文化、不同发展阶段，对于 ESG 的标准产生了各自不同的理解。但事实上，资本是最具有全球主义的要素，是所有要素里面流通性最大的一种要素，它所谋求的全球性与文化的区域性、与环境的公共属性之间产生了剧烈的冲突。这种冲突就导致 ESG 在南美、欧洲、亚太产生的一系列差异。与传统经济标准、经济制度中的冲突相比，这种问题还要更深层次一些。

在 2024 年上半年，以中国特色为底蕴构建 ESG 的中国标准取得了长足进步，财政部和三大证券交易所都发布了各自的可持续披露标准，引起了全球各国的重点关注，在政策和实践快速发展和迭代的同时，ESG 的理论研究还相对较为缓慢。我们需要坚持高质量的学术研究，才能从最基本的一些规律中引申出我们在应对和解决全球冲突中最为坚实的理论基础。所以，在目前全球 ESG 大行其道之时，研究 ESG 毫无疑问是要推进 ESG 理论的进步，推进我们原来所讲的资本向善与宏观资源配置之间的弥合。当然，从政治经济学的角度讲，我们也确实需要使我们这个市场、我们这样一个文化共同体所倡导的制度体系能够得到世界的承认。

在考虑到 ESG 理念的重要性、实践中的问题以及人才培养需求的基础上，为了更好地推动 ESG 相关领域的学术和政策研究，同时培养更多的 ESG 人才，2022 年 11 月上海财经大学和富国基金联合发起成立了“上海财经大学富国 ESG 研究院”。这是一个跨学科的研究平台，通过汇聚各方研究力量，共同推动 ESG 相关领域的理论研究、规则制定和实践应用，为全球绿色、低碳、可持续发展贡献力量，积极服务于中国的“双碳”战略。我们的目标是成为 ESG 领域“产、学、研”合作的重要基地，通过一流的学科建设和学术研究，产出顶尖成果，促进实践转化，支持一流人才的培养和社会服务。在短短的一年多时间里，研究院在科学研究、人才培养和平台建设等方面都取得了突破进展，开设 ESG 系列课程和新设了 ESG 培养方向，组织了系列课题研究攻关，举办了一系列学术会议、论坛和讲座，在国内外产生了广泛的影响。

这套“上海财经大学富国 ESG 丛书”则是研究院推出的另一项重要的学术产品，其中的著作主要是由研究院的课题报告和系列讲座内容转化而来。通过这一系列丛书，我们期望为中国 ESG 理论体系的构建做出应有的贡献。在 ESG 发展的道路上，我们迫切需要理论界和实务界的合作。让我们携起手来，共同建设 ESG 研究和人才培养平台，为实现可持续发展目标贡献我们的力量。

刘元春

2024 年 7 月 15 日

序 言

随着全球经济的快速发展，人类在加速对各类资源的消耗，污染物的排放给我们生活的这个星球带来了沉重的负担。同时，经济的发展不但没有缩小社会的公平，反而加大了贫富差距。这些环境和社会问题已经威胁到了人类的可持续发展。环境、社会和治理(ESG)日渐成为商业和投资决策中的重要考量因素。本书在介绍 ESG 相关制度背景的基础上，深入剖析了 ESG 信息披露、评级和鉴证等方面的实践案例，旨在为读者提供可持续发展方面的理解与洞察。

本书共分为三篇。

第一篇为 ESG 信息披露。由于香港证券交易所对上市公司 ESG 信息披露的要求，A＋H 股上市公司在 ESG 信息披露方面行动更早，披露质量也相对较高。因此，我们首先分析了 A＋H 股上市公司 ESG 信息披露的整体情况，比较了 ESG 信息不同披露渠道的异同，比如同一家公司在 A 股市场和 H 股市场披露 ESG 报告的异质性、年报中 ESG 相关内容与独立 ESG 报告内容的异质性等。其次，对 ESG 报告的各个模块进行拆解，逐项分析，总结了 ESG 报告的实质性议题以及具有中国特色的议题等。在对 ESG 报告整体情况进行分析的基础上，以用友网络、思爱普(SAP)和甲骨文(Oracle)为例，深入挖掘了面向企业的数字化服务行业的 ESG 信息披露情况，呈现数字化服务行业在 ESG 方面的最佳实践；以蚂蚁集团、微软(Microsoft)、贝宝(PayPal)和联合利华(Unilever)为例，聚焦于面向消费者的信息及产品行业，探讨了行业领军企业的 ESG 信息披露现状；电力(核电)行业一直备受关注，以中广核电力、爱克斯龙(Exelon)和中电控股为对象，进一步分析了电力企业 ESG 信息披露现状；通过对国泰君安、摩根士丹利(Morgan Stanley)和高盛(Goldman Sachs)ESG 报告的分析，揭示了证券行业在 ESG 信息披露方面所做的努力和面临的挑战。

第二篇为 ESG 评级。尽管有许多机构对企业的 ESG 表现进行评级，但在国际上还没有形成统一的评价标准。这主要是由于 ESG 信息的多样性，大部分为定性信息，使得不同机构在衡量企业在环境、社会和治理方面的表现时采用了不同的方法论、评价标准和指标。本部分首先介绍了国际机构[如明晟(MSCI)、富时罗素(FTSE Russell)、晨星(Sustainalytics)和标准普尔(S&P)]以及国内机构[如华证指数、商道融绿、万得(Wind)、社会价值投资联盟等]发布的评级指数的特征，并比较了不同评级的异同。本部分还对我国 A 股上市公司的 ESG 评级进行了较为全面的分析，除了整体分析外，还根据行业、公司所在地、规模和股权性质等进行了分类统计。

第三篇为 ESG 信息鉴证。ESG 报告作为重要的决策信息来源，其完整性、可靠性、相关性、中立性和可理解性会影响投资者和其他报告使用者的决策。为了提高利益相关方对可持续发展报告的信任程度，上市公司可寻求独立第三方鉴证其所披露的 ESG 报告。本部分在梳理各国及地区法律法规对 ESG 报告鉴证的要求和鉴证可依据准则的基础上，对我国 A 股金融行业公司、A＋H 股、纯 H 股和红筹股公司 ESG 报告鉴证情况进行了深入、系统的分析，并分年度、分板块、分行业对比了经过鉴证与没有经过鉴证样本公司在可持续发展评级分歧度和股票收益波动率等方面的差异，然后结合三个实际案例讨论了 ESG 报告鉴证中面临的挑战。我们通过对 ESG 报告鉴证的研究，探讨了准则、现状以及鉴证的经济后果。另外，本部分还根据来自 11 家会计师事务所共计 41 名合伙人或部门高级经理调研访谈的一手资料，深入分析了影响事务所可持续发展业务的外部和内部因素，包括 ESG 报告准则与鉴证准则制定、政府监管、客户需求等外部因素，以及事务所发展战略、开展可持续发展业务相对优劣势、能力建设、风险与成本等内部因素。并以上述讨论为基础，提出针对性的建议与对策，以期对可持续发展相关政策的制定、监管制度的设计以及会计师事务所的业务发展规划有所启示，为推动 ESG 信息鉴证的发展提供了实际指导。

综上，本书旨在为读者提供关于 ESG 信息披露、评级和鉴证方面的全面指南，帮助企业、投资者以及相关从业人员更好地理解和应对 ESG 挑战，共同推动可持续发展的目标。

2023 年，上海财经大学会计学院承担了来自上海财经大学富国 ESG 研究院的课题——“ESG 与信息披露”，本书内容汇集了该课题的主要研究成果。课题总负责人为靳庆鲁教授。协助负责的为张为国教授、薛爽教授、刘浩教授、饶艳超副教授。本书第一篇第一章到第四章由刘浩教授及其团队负责完成，第一篇第五章和第二篇由饶艳超副教授及其团队负责完成，第三篇由薛爽教授和张为国教授及其团队负责完成。何贤杰教授参加了课题调研，以及第二篇的组织工作，为本课题提供了很多建设性意见。另外，参加本课题的学生有上海财经大学会计学院博士生陈嵩洁、胥文帅、李雪婷、陈宏韬；硕士生邱睿、何俊；本科生李世豪、王尔雅、向草原、张好铉、郭歌、高露宸、孟令冲、马靖壹、华晨、曾茵睿、刘心然、卢昶安、王皓鸣。汪韦杭参加了部分修订工作。

目　录

第一篇　ESG信息披露

第二篇 ESG评级

第三篇 ESG信息鉴证

第一篇

ESG 信息披露

第一章　A+H股上市公司ESG信息披露研究[①]

第一节　概　述

2023年6月26日，由国际财务报告准则基金会（IFRS Foundation）发起组建的国际可持续准则理事会（ISSB）正式发布了两份可持续信息披露准则，分别为《国际财务报告可持续披露准则第1号——可持续相关财务信息披露一般要求》（IFRS S1）和《国际财务报告可持续披露准则第2号——气候相关披露》（IFRS S2），均于2024年1月1日之后的年度报告期生效。IFRS S1和S2分别是可持续信息披露的纲领性文件和当前阶段较为成熟的气候相关信息披露的具体要求，准则要求ESG信息披露的真实性、可认证性和时效性，并且最终实现与财务报告同时间发布，对投资者投资决策发挥关键作用。欧盟方面，继《企业可持续发展报告指令》（CSRD）于2023年初正式生效后，7月31日，欧盟委员会正式通过CSRD的配套准则《欧洲可持续发展报告准则》（ESRS），标志着欧盟经济向可持续发展转型的进程又迈进了一步。此外，美国虽然民主党和共和党对企业ESG的态度差异明显，但是证券交易委员会在2021年、2022年和2023年的报告中，都将ESG列为审查重点。可见，国际可持续信息披露规范化、制度化、强制化已经成为不可逆转的时代趋势。

结合中国市场现实，自“绿水青山”理念和“双碳”目标提出后，可持续发展理念受到全社会的广泛关注，企业愈加意识到未来价值增长和ESG因素紧密关联。2023年9月，中国社会科学院财经战略研究院发布的《投资蓝皮书：中国ESG投资发展报告（2023）》显示，截至2022年，我国内地已有99家资管机构加入联合国责任投资原则组织（UN PRI），发布ESG相关报告的A股上市公司占比达28.5%，较2021年增长了4.2个百分点。但同时，该报告还指出我国ESG体系建设仍处于初级阶段，可见中国上市公司的ESG披露情况亟待改进，而改进的方向和策略都需要有标杆性企业的示范引领。

① 李世豪、王尔雅、向草原、张妤铉、李雪婷和邱睿参与本章的数据收集与撰写。

A+H 股上市公司提供了研究的样例。这些企业同时在中国内地和香港上市，需遵循两地监管部门的披露要求。香港联合交易所（以下简称“联交所”）要求 H 股公司直接采用国际财务报告准则，内地上市公司则适用根据中国国情和经济特点调整和适应的中国准则。但自 2007 年与中国香港实现企业会计准则的等效互认以来，双方每年及时互通会计准则建设及国际趋同进展情况，保持两地会计准则的持续趋同。可以预见，两地可持续信息披露准则的趋同联动会成为未来趋势。联交所早在 2012 年就已发布《环境、社会及管治报告指引》，并持续修订以推动上市公司可持续发展水平提升；2020 年更新的《ESG 报告指引》（2019 版）正式生效，将社会范畴关键绩效指标合规披露标准提升至“不遵守就解释”；2021 年刊发《企业管治以及环境、社会及管治（气候信息披露指引）》，鼓励并协助上市公司按照气候相关财务信息披露工作组（TCFD）的建议报告。2023 年 4 月，联交所刊发有关优化环境、社会及管治框架下的气候信息咨询文件，建议规定所有发行人在其 ESG 报告中披露气候相关信息，以便日后过渡到与国际可持续发展准则理事会（ISSB）气候准则一致的强制气候相关披露。内地资本市场虽然起步较晚，但同样积极推动 ESG 信息披露。2022 年 4 月，中国证监会发布《上市公司投资者关系管理指引》，明确在上市公司与投资者沟通内容中增加“公司的环境、社会和治理信息”，首次在投资者关系管理指引中纳入 ESG 信息，该文件已于 2022 年 5 月 15 日起正式施行。因此，对 A+H 股上市公司可持续信息披露状况的研究有助于国内上市公司加深对国际市场 ESG 披露现状和趋向的了解，提前规范自身披露行为并进一步推动企业在该领域的有效投资，进而获得市场认可度的提升，也有利于内地企业通过 ESG 的良好表现“走出去”，借“深港通”“沪港通”之力获得资本市场的青睐。

具体来看，可持续发展信息包含生态环境、社会责任和公司治理三个基本方面，但由于不同行业价值创造和生产经营方式的显著差异，可持续信息的披露方式和侧重点都各有不同。同时，国有企业在社会责任履行方面一直被认为应当发挥“头雁效应”，既要严格规制自身成为行业标杆，又要积极推进相关准则设施的建立和完善。2022 年 5 月 27 日，国务院国资委印发《提高央企控股上市公司质量工作方案》强调：贯彻落实新发展理念，探索建立健全 ESG 体系，立足国有企业实际，积极参与构建具有中国特色的 ESG 信息披露规则、ESG 绩效评级和 ESG 投资指引，为中国 ESG 发展贡献力量。可见，所有权差异对于上市公司可持续信息披露的内容和强度也会存在一定差异。

综上，本文将 2022 年 147 家 A+H 股上市公司作为研究对象，并按照证监会行业分类和股权性质对其可持续信息披露情况做重点考察。如图 1-1 所示，研究对象包含全部 13 个行业，其中制造业、金融业占据多数，公司数分别占总体的 40.1%和 23.8%，而占比最少的文化、体育和娱乐业，水利、环境和公共设施管理业以及批发和零售业都仅含 1 家 A+H 股上市公司；亦如图 1-2 所示，研究对象中国有企业共计 113 家，占比超 3/4，对 A+H 股上市公司 ESG 披露整体情况具有重要影响。

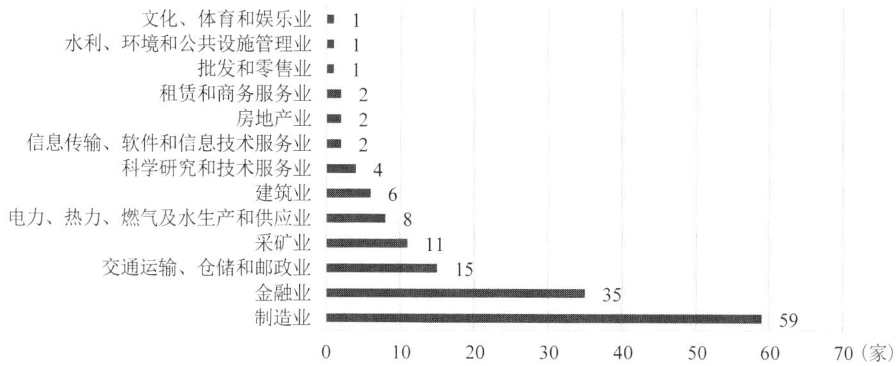

图 1-1　A+H 股上市公司行业分布

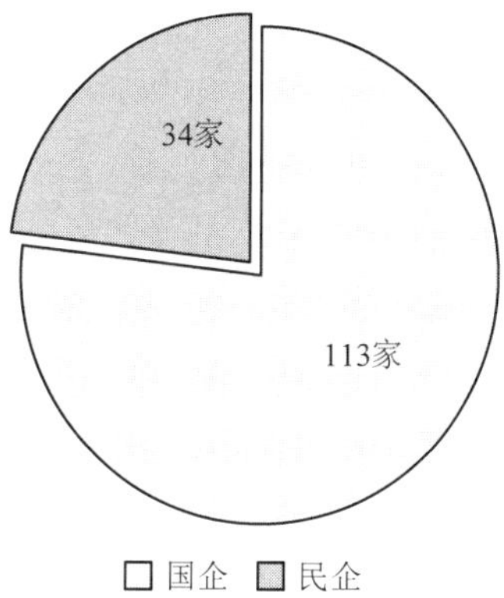

图 1-2　A+H 上市公司股权性质分布

上市公司往往采用包含 ESG 报告、网页、年报等多种渠道披露可持续信息，而 A+H 股上市公司又有 A 股和 H 股两条信息披露通路。本文统计了 A+H 股上市公司的信息披露渠道选择总体情况，并比较了 A 股、H 股 ESG 报告的同质性、A 股与 ESG 报告的信息重复率以及不同渠道 ESG 量化信息含量差异。进一步地，本文考察了可持续信息最重要的披露渠道——ESG 报告的信息披露，从整体披露情况、具体披露内容和披露形式等方面分析了 A+H 股上市公司的披露现状。随着移动互联网强势发展，ESG 网页这一披露渠道必将在未来成为企业向利益相关方传递可持续发展理念、行动和成果的重要平台，因此本文对 147 家 A+H 股上市公司的 ESG 网页搭建、运营和披露内容进行了统计分析。最后，本文选用国内外广受认可的 MSCI 和华证对研究对象的近三次评级和最后一次评级变化做出列示说明，从第三方的角度审查 A+H 股上市公司当前可持续发展信息披露的市场认可度。

第二节　可持续信息披露渠道

一、多渠道披露

如表 1-1 所示，我国 A+H 股上市公司会通过 ESG 报告、网页、年报等多种渠道，策略性地进行 ESG 相关信息的披露。目前，仅联交所强制要求 H 股上市公司必须披露财务报告和 ESG 报告；而 A 股并未对 ESG 报告的披露做出强制要求。据统计结果，94.6% 的样本公司选择进行 A 股 ESG 报告的披露，其中 3.6% 的样本公司甚至会披露 2 份 A 股 ESG 报告；66% 的样本公司已在公司官网搭建了 ESG 相关专门网页，进行 ESG 信息的及时披露。需要注意的是，由于深圳证券交易所（以下简称“深交所”）虽然强制要求 H 股上市公司披露 ESG 报告，但并未对 ESG 报告披露方式进行规定，因此，6.1%的样本公司会将 ESG 报告作为年报的一部分，与年报同时披露。样本公司选择最多的披露策略是在强制要求披露的 A 股、H 股年报和 H 股的 ESG 报告外，同时披露 A 股 ESG 报告，并搭建专门的 ESG 网页，多渠道披露 ESG 信息。目前，我国 A+H 股上市公司 ESG 披露相关工作已经全面推广，由于相关披露政策的可选择空间较大，因此，各公司所采用的多渠道披露策略各有差异，未来也需要市场更加有力地督促监管，建立起强制、完善且标准化的 ESG 信息披露机制。

表 1-1　　ESG 信息披露渠道　　单位：家

	无 ESG 网页				有 ESG 网页			
	无 A 股 ESG		有 A 股 ESG(1 份)		无 A 股 ESG	有 A 股 ESG		
	年报包含 H 股 ESG	单独披露 H 股 ESG	年报包含 H 股 ESG	单独披露 H 股 ESG	单独披露 H 股 ESG	年报包含 H 股 ESG	单独披露 H 股 ESG 且	
							A 股 1 份 ESG	A 股 2 份 ESG
总量	2	4	4	40	2	3	87	5
行业划分								
采矿业				2			9	
制造业	2	4	3	17	2	1	28	2
电力、热力、燃气及水生产和供应业				3			4	1
建筑业				1			5	
批发和零售业							1	
交通运输、仓储和邮政业			1	9			4	1
信息传输、软件和信息技术服务业							2	
金融业				7		1	26	1
房地产业							2	
租赁和商务服务业							2	
科学研究和技术服务业				1			3	
水利、环境和公共设施管理业							1	
文化、体育和娱乐业						1		
股权性质								
国企		1	1	20	1	3	71	4
民企	2	3	3	20	1		16	1

二、A/H股报告同质性

报告同质性指同一类型的报告在A股与H股市场中的披露内容是否存在差异，能够体现样本公司不同信息披露渠道及信息披露要求的差异和不同市场信息需求的差异。如表1-2所示，除部分金融企业，绝大部分公司会选择在A股、H股年报中披露差异化的内容，可以合理推测这是受到了不同市场规定与港股的文化差异等多重因素的影响。与之相反，74.8%的样本公司A股和H股披露的ESG报告除文字繁简体差异外内容完全一致。从股权性质角度，研究对象中78.8%的国企和61.8%的民企A股与H股披露ESG报告相同，民企相对更注重为不同市场提供差异化的ESG信息。可以合理推测，受港股ESG报告强制披露要求，企业大多会考虑成本效益原则直接使用H股ESG报告繁转简的方式生成A股ESG报告，而部分企业更加渴望在可持续发展上得到市场的认可，会选择披露不同内容的ESG报告。

表1-2　A/H股报告同质性　单位：家

	A/H股年报		A/H股ESG	
	相同	不同	相同	不同
总量	19	128	110	37
行业划分				
采矿业		11	11	
制造业		59	39	20
电力、热力、燃气及水生产和供应业		8	6	2
建筑业		6	4	2
批发和零售业		1	1	
交通运输、仓储和邮政业		15	11	4
信息传输、软件和信息技术服务业		2	2	
金融业	19	16	29	6
房地产业		2	2	
租赁和商务服务业		2	2	
科学研究和技术服务业		4	3	1
水利、环境和公共设施管理业		1		1
文化、体育和娱乐业		1		1
股权性质				
国企	18	95	89	24
民企	1	33	21	13

三、年报与 ESG 报告信息重复率

我们将信息重复率定义为在 A 股年报 ESG 部分已经出现的信息占 ESG 报告提供信息总量的比重，这一数据可以反映出 ESG 报告相对于年报提供的增量信息多寡，即重复率越高，ESG 报告提供的增量信息越少。总体来看，82.3％的 A 股 ESG 报告重复率集中于 20％～40％，62.6％的公司重复率在 30％及以上，这表明 A 股 ESG 报告能够提供的 ESG 增量信息相对有限。由表 1-3 和图 1-3 可知，研究对象中的国企重复率集中于 20％～40％，民企则在 30％～40％，虽然国企平均重复率表现优于民企，但是国企存在更多高重复率的企业，显示出民企更注重通过 ESG 报告这一信息披露渠道展示公司的可持续发展规划与成果。从行业角度看，重复率高于 40％的行业包含制造业、建筑业、交通运输、仓储和邮政业以及金融业。这可能是由于以上行业将更多 ESG 信息放于年报中提供给利益相关者，相应减少了 ESG 报告的增量信息。

表 1-3　　A 股 ESG 信息重复率　　单位：家

	＜10％	10％～20％	20％～30％	30％～40％	40％～50％	50％～60％	＞70％
总量	1	12	42	79	9	3	1
行业划分							
采矿业		3	3	5			
制造业	1	7	21	24	5		1
电力、热力、燃气及水生产和供应业			4	4			
建筑业			1	4		1	
批发和零售业				1			
交通运输、仓储和邮政业			1	11	1	2	
信息传输、软件和信息技术服务业			2				
金融业			7	25	3		
房地产业		1	1				
租赁和商务服务业		1		1			
科学研究和技术服务业				4			
水利、环境和公共设施管理业			1				
文化、体育和娱乐业			1				
股权性质							
国企		7	32	49	5	3	1
民企	1	5	10	30	4		

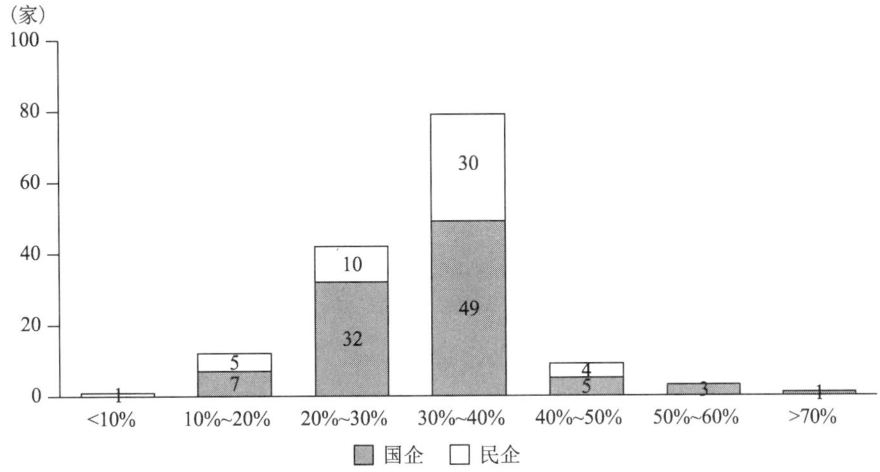

图 1-3　A 股 ESG 信息重复率

四、不同渠道的量化信息含量

量化信息是 ESG 报告在可持续发展工作中所引用的统计结果，有效反映了企业在相应方面的标准化水平，量化信息的含量高低一方面能解释企业对于环境、公益等做出的实质性努力，另一方面与报告篇幅结合来看，也能判断企业信息披露是否充分，披露意愿是否强烈。

（一）ESG 报告的量化信息含量

如表 1-4 和图 1-4 所示，约有 1/4 的样本公司 ESG 报告的量化信息含量在 10%～15%，有 63.2%的 A 股 ESG 报告和 61.2%的 H 股 ESG 报告量化信息含量位于 5%～10%，能够得出，ESG 报告披露信息的形式较为丰富，量化信息是披露信息里的重要组成部分。

表 1-4　**ESG 报告量化信息含量**　单位：家

	A 股	H 股
＜5%	16	14
5%～10%	91	90
10%～15%	35	40
＞15%	2	3

（二）年报 ESG 部分的量化信息含量

如表 1-5 和图 1-5 所示，A 股和 H 股年报中 ESG 部分量化信息含量在统计中大体呈现出中间高、两端低的分布状态。A 股年报中该部分的量化信息含量 47.6%集中于 10%～15%，H 股年报中的量化信息含量 35.4%集中于 5%～10%；A 股、H 股量化信息处于 5%～20%的占比分别为 87.1%和 77.6%，可见 A 股年报 ESG 部分量化信息含量相对高于 H 股。

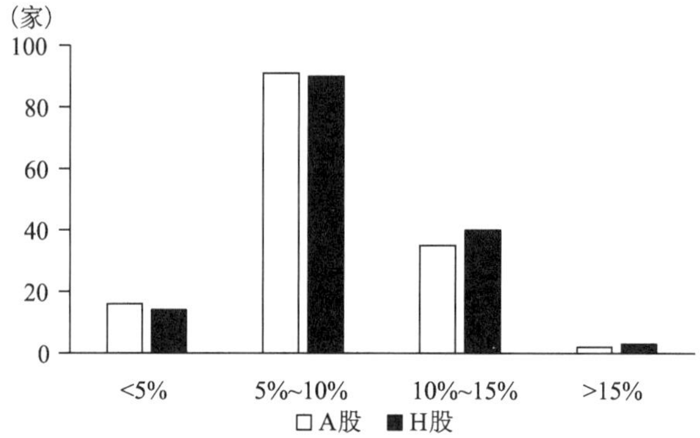

图 1-4　ESG 报告的量化信息含量

表 1-5　　**年报 ESG 部分的量化信息含量**　　单位：家

	A 股	H 股
＜5％	3	22
5％～10％	26	52
10％～15％	70	46
15％～20％	32	16
＞20％	16	11

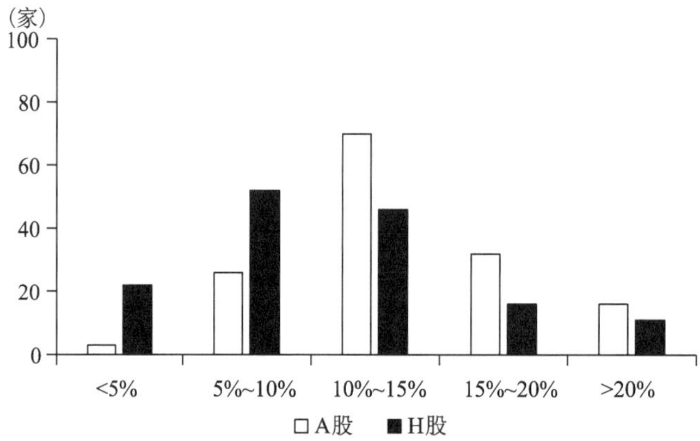

图 1-5　年报 ESG 部分的量化信息含量

综合以上两种 ESG 信息披露渠道，可以发现 ESG 报告量化信息含量普遍低于年报中 ESG 部分，这是因为 ESG 报告相对年报具有更丰富的信息披露形式和更长的篇幅，因此量化信息含量占比下降。此外，由于 H 股部分公司会进行中英文披露，文本内容量的提升会降低量化信息在整体报告中的所占比例，因此部分 H 股量化信息统计值略低。

第三节　ESG报告披露情况

一、整体披露情况

(一) ESG报告名称

由于监管方尚未对ESG报告披露做出统一规定，A股和H股ESG报告的名称存在多种形式，研究对象在A股和H股的ESG名称选取偏好上存在明显差异。如表1-6所示，A股更偏好"社会责任+ESG类"名称表述，占比达A股全部报告的52.1%，而H股更偏好"ESG类"名称表述，占比达H股全部报告的52.4%，而A、H股选用名称最少的是"可持续发展报告+ESG类"，占比分别为11.8%和10.9%。

表1-6　ESG报告名称　单位：家

报告名称	A股	H股
"ESG类"合计①	52	77
"可持续发展报告+ESG类"合计②	17	16
"社会责任+ESG类"合计③	75	54

(二) ESG组织形式

1. 是否披露ESG组织形式

ESG组织形式是指企业在ESG战略上的决策、管理与执行等机构部署的具体情况，反映出上市公司对未来的公司治理以及社会责任、可持续发展的布局与投入，通过该战略架构能够在一定程度上评估企业ESG管理的有效性。由表1-7可知，88.4%的样本公司选择披露ESG组织形式，国企与民企的情况大抵相同；从行业角度，有11.9%的制造业、9%的采矿业、15.4%的运输业和6.1%的金融服务业未披露ESG组织形式。

2. 董事会是否设立ESG专门委员会

ESG专门委员会是企业ESG战略中明确职能与分担责任的机构，是否设立专门委员会反映出企业在ESG发展上是否以战略为导向。由图1-6可知，在披露了ESG组织形式的A+H股上市公司中，除7.6%未披露的样本公司外，55.0%的企业董事会设立ESG专

---

① "ESG类"包含：环境、社会及管治报告；环境、社会与管治报告；环境、社会与责任报告；环境、社会责任和公司治理报告。

② "可持续发展报告+ESG类"包含：可持续发展报告；可持续发展报告暨环境、社会与公司治理报告。

③ "社会责任+ESG类"包含：社会责任(ESG)报告；社会责任报告；企业社会责任报告；社会责任暨环境、社会及管治(ESG)报告；社会责任暨环境、社会及管治报告；社会责任暨环境、社会与管治报告；环境、社会及管治(ESG)暨社会责任报告。

门委员会，37.4%的企业不设专门委员会而是由董事会直接管理。

表 1-7　　是否披露 ESG 组织形式　　单位：家

	是	否
总量	130	17
行业划分		
采矿业	10	1
制造业	52	7
电力、热力、燃气及水生产和供应业	6	2
建筑业	3	3
批发和零售业	1	
交通运输、仓储和邮政业	13	2
信息传输、软件和信息技术服务业	2	
金融业	33	2
房地产业	2	
租赁和商务服务业	2	
科学研究和技术服务业	4	
水利、环境和公共设施管理业	1	
文化、体育和娱乐业	1	
股权性质		
国企	100	13
民企	30	4

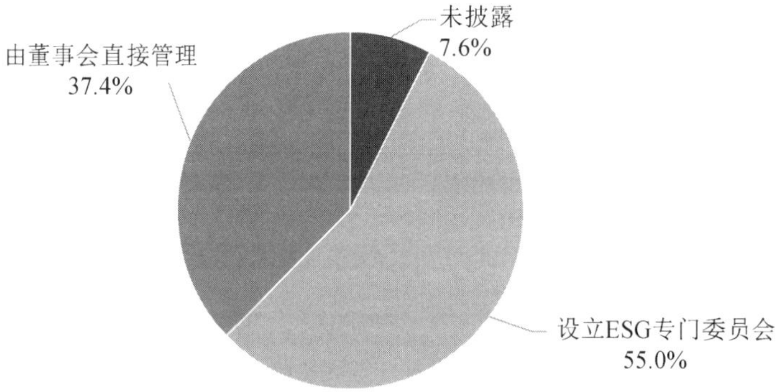

图 1-6　是否设立 ESG 专门委员会

3. ESG 牵头部门

ESG 牵头部门是企业在 ESG 战略执行层面具体负责的部门，主要围绕公司 ESG 发展战略设立，一般由董事会直接管理，在 ESG 战略上大多与企业内部其他职能部门互相协调。目前，仅一半的样本公司选择成立专门的相关部门或委员会作为公司 ESG 牵头部门。其中，20.3%的样本公司选择 ESG 工作小组作为公司 ESG 牵头部门，12.0%选择战略委员会，10.5%选择董事会办公室，9.0%选择可持续发展委员会，6.8%选择社会责任领导组，仅 5.3%与 3.8%的样本公司选择审计与风险控制委员会和品牌公关与公共事业部作为牵头部门，统计结果如图 1-7 所示。考虑到近 1/3 的样本公司未披露公司 ESG 牵头部门，可以发现我国 A+H 股上市公司大多将 ESG 工作以企业战略发展作为指导思想而推进，并非内部管控或是品牌宣传等单纯的合规任务或形象要求。

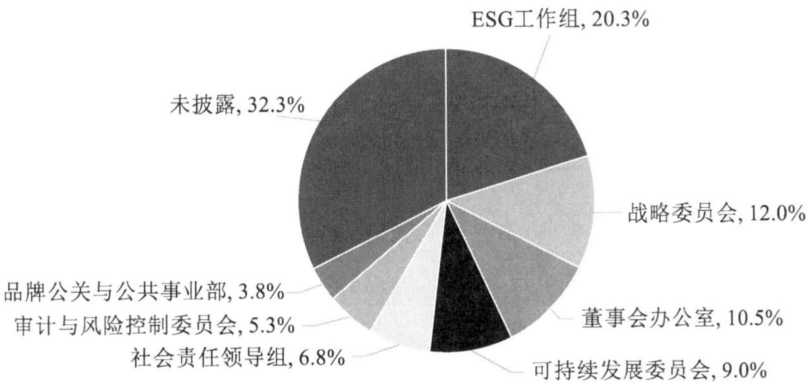

图 1-7　ESG 牵头部门

（三）ESG 概述的披露情况

披露公司 ESG 治理的基础信息，包括公司 ESG 的组织架构、重要性议题、可持续发展战略等内容，可以使报告使用者了解公司基本的 ESG 治理理念与治理流程等内容，有助于利益相关方更加全面地建立对公司可持续发展相关情况的整体认识。

如表 1-8 所示，在披露了概述的样本公司中，约 48%的样本公司选择在报告正文开始就披露概述，33.1%的 A 股公司和 36.1%的 H 股公司选择与治理(G)部分混合披露，18.7% 的 A 股公司和 16.0%的 H 股公司选择单独在报告后面披露。从行业来看，采矿业、金融业、科学研究和技术服务业与文化、体育和娱乐业四个行业的正常披露率超 2/3。从股权性质来看，43%的国企和约 2/3 的民企正常披露概述内容。总体来看，部分公司存在概述与治理模块概念混淆的情况，选择与 G 混合披露；公司正常披露 ESG 治理基础信息的意识仍需提升，因为在报告前段披露概述可以帮助使用者阅读时具备全局观，而单独在报告后面披露概述，其作用效果会被削弱。

表 1-8　ESG概述的披露情况　单位：家

	A股			H股		
	正常披露	与G混合披露	单独在报告后披露	正常披露	与G混合披露	单独在报告后披露
总量	67	46	26	69	52	23
行业划分						
采矿业	3	2	0	5	3	0
制造业	20	18	2	20	20	2
电力、热力、燃气及水生产和供应业	5	4	0	6	6	0
建筑业	6	3	3	6	3	3
批发和零售业	1	0	1	1	0	1
交通运输、仓储和邮政业	10	7	12	10	8	9
信息传输、软件和信息技术服务业	1	1	1	1	1	1
金融业	18	8	4	17	8	4
房地产业	0	2	0	0	2	0
租赁和商务服务业	0	1	1	0	1	1
科学研究和技术服务业	2	0	1	2	0	1
水利、环境和公共设施管理业	0	0	1	0	0	1
文化、体育和娱乐业	1	0	0	1	0	0
股权性质						
国企	41	33	21	41	37	18
民企	26	13	5	28	15	5

二、具体披露内容

(一) 董事长致辞

1. 是否进行董事长致辞

报告最开始出现的董事长致辞，总结了一年内公司做出最为重要的ESG治理成就，涵盖了公司在环境、社会和治理三个方面做出的新的努力，同时，也会表明公司下一年ESG治理的目标与方向。表1-9显示，2022年约有2/3的样本公司在ESG报告中进行了董事长致辞。从行业来看，租赁和商务服务业，水利、环境和公共设施管理业，建筑业三个行业的董事长致辞率最高，分别为100%、100%和75%。从股权性质来看，约65%的国企和50%的民企进行了董事长致辞，由于国企进行董事长致辞往往被视为向国家和各利益相关方总结一年内的ESG治理表现，以及依据国家的相关政策制定或调整未来规划的宣言书，因此国企更加重视董事长致辞。

表 1-9　　是否进行董事长致辞　　单位：家

	A股		H股	
	是	否	是	否
总量	86	58	89	58
行业划分				
采矿业	0	5	1	7
制造业	28	17	29	15
电力、热力、燃气及水生产和供应业	3	6	4	8
建筑业	9	3	9	3
批发和零售业	1	1	1	1
交通运输、仓储和邮政业	14	15	13	14
信息传输、软件和信息技术服务业	2	1	2	1
金融业	24	6	25	6
房地产业	1	1	1	1
租赁和商务服务业	2	0	2	0
科学研究和技术服务业	1	2	1	2
水利、环境和公共设施管理业	1	0	1	0
文化、体育和娱乐业	0	1	0	1
股权性质				
国企	63	35	64	33
民企	23	23	25	25

2. 董事长致辞对象分类

我们收集并统计了ESG报告中董事长致辞的目标对象。如表1-10所示，A股和H股的情况基本相同，总体来看，绝大部分董事长致辞没有所面向的明确对象，说明公司普遍对ESG报告的信息使用者包括哪些相关方并没有明确的认知，少数公司表现出了向基于经济目的的使用者提供公司ESG相关信息的倾向。约80%的董事长致辞完全没有问候语。其余约20%有问候语的致辞中，大多数说法模糊，受众不明确，约60%的问候对象是“朋友”或“读者”这类非明确对象，仅向可能的报告信息使用者致以礼节性问候；约15%的问候对象是股东或权益者，仍倾向于向基于经济目的的报告信息使用者提供信息。

表 1-10　　董事长致辞对象分类　　单位：家

	A股	H股
无明确对象	83	83
利益相关方	4	5
股东	2	2
朋友	8	8

续表

	A股	H股
读者	3	4
权益者	1	1
“尊敬的各位持份者及所有关心××的朋友们”	0	1

3. 董事长致辞篇幅

A股和H股ESG报告中董事长致辞的篇幅情况基本相同，董事长致辞的篇幅基本控制在1～2页，字数大多1 000多字。约43%的董事长致辞字数在1 000～1 500字，超过90%的在500～2 000字，具体篇幅列示在表1-11。

表1-11　　董事长致辞篇幅　　单位：家

	A股	H股
≤500	3	3
500～1 000	24	23
1 000～1 500	43	45
1 500～2 000	25	26
>2 000	6	7

（二）未来展望

1. 是否进行未来展望

公司进行未来展望明确了下一年或是下一阶段的ESG战略方向。表1-12显示，2022年综合A股、H股，约45%的公司进行了未来展望。从行业来看，进行未来展望最多的行业是交通运输、仓储和邮政业。从股权性质来看，约50%的国企和不到1/3的民企进行了未来展望。目前进行未来展望的公司较少，公司对于未来规划不够明晰。

表1-12　　是否进行未来展望　　单位：家

	A股		H股	
	是	否	是	否
总量	67	77	65	82
行业划分				
采矿业	1	4	2	6
制造业	11	34	11	33
电力、热力、燃气及水生产和供应业	6	3	6	6
建筑业	8	4	8	4
批发和零售业	1	1	1	1
交通运输、仓储和邮政业	24	5	21	6

续表

	A股		H股	
信息传输、软件和信息技术服务业	1	2	1	2
金融业	15	15	15	15
房地产业	0	2	0	2
租赁和商务服务业	0	2	0	2
科学研究和技术服务业	0	3	0	3
水利、环境和公共设施管理业	0	1	0	1
文化、体育和娱乐业	0	1	0	1
股权性质				
国企	49	49	47	50
民企	18	28	18	32

2. 是否设立未来目标

设立未来目标让公司更加有动力为达成目标而进行相关内容的ESG治理，明确的目标有助于进一步推进公司ESG治理。2022年，在进行了未来展望的样本公司中，约33%的样本公司设立了具体的未来目标。从行业来看，批发和零售业与信息传输、软件和信息技术服务业的设立未来目标率最高。从股权性质来看，约37%的国企和22%的民企设立了未来目标，未来目标设立情况列示在表1-13。目前设立未来目标的公司较少，公司大多不愿意或是无法保证未来目标落地，公司ESG治理战略较为保守，进程较为缓慢。

表1-13　　是否设立未来目标　　单位：家

	A股		H股	
	是	否	是	否
总量	22	45	22	43
行业划分				
采矿业	1	0	1	1
制造业	0	11	0	11
电力、热力、燃气及水生产和供应业	2	4	2	4
建筑业	6	2	6	2
批发和零售业	1	0	1	0
交通运输、仓储和邮政业	8	16	8	13
信息传输、软件和信息技术服务业	1	0	1	0
金融业	3	12	3	12
房地产业	0	0	0	0

续表

	A股		H股	
租赁和商务服务业	0	0	0	0
科学研究和技术服务业	0	0	0	0
水利、环境和公共设施管理业	0	0	0	0
文化、体育和娱乐业	0	0	0	0
股权性质				
国企	18	31	18	29
民企	4	14	4	14

（三）上下游披露情况

1. 是否披露上下游情况

披露上下游ESG情况可以有效帮助报告使用者分析供应商或是客户的风险，也体现了披露企业对其上下游的信息掌握程度和价值链话语权。如表1-14所示，2022年超80%的样本公司披露了上游供应商ESG的情况，约33%的样本公司披露了下游情况，其中只披露了上游情况的比率是最高的，大部分公司只关心上游供应商的ESG治理情况。从行业看，上下游披露比率都最高的行业是金融行业。从股权性质来看，21%的国企和16%的民企披露了上下游情况，63%的国企和76%的民企披露了上游，5%的国企和2%的民企只披露了下游，11%的国企和6%的民企没有披露上下游情况。

表1-14　　是否披露上下游情况　　单位：家

	A股				H股			
	披露上下游	仅上游	仅下游	上下游均未披露	披露上下游	仅上游	仅下游	上下游均未披露
总量	28	89	6	21	28	99	6	14
行业划分								
采矿业	0	5	0	0	0	8	0	0
制造业	9	27	0	9	9	30	0	5
电力、热力、燃气及水生产和供应业	0	6	2	1	0	9	2	1
建筑业	2	10	0	0	2	10	0	0
批发和零售业	0	2	0	0	0	2	0	0
交通运输、仓储和邮政业	7	9	3	10	7	9	3	8
信息传输、软件和信息技术服务业	0	2	1	0	0	2	1	0

续表

	A股				H股			
金融业	10	19	0	1	10	20	0	0
房地产业	0	2	0	0	0	2	0	0
租赁和商务服务业	0	2	0	0	0	2	0	0
科学研究和技术服务业	0	3	0	0	0	3	0	0
水利、环境和公共设施管理业	0	1	0	0	0	1	0	0
文化、体育和娱乐业	0	1	0	0	0	1	0	0
股权性质								
国企	20	59	5	14	20	61	5	11
民企	8	30	1	7	8	38	1	3

2. 银行是否披露资金来源与使用情况

特别地，银行资金来源的持续性、合规性非常关键。银行的主营业务依靠资金流转进行，因此披露资金来源与使用情况可以帮助银行规避可能出现的资金风险，同时也展现了银行资金本身的持续性和合规性。如表1-15所示，2022年金融机构的ESG报告中，几乎都披露了资金来源，而约56%的报告披露了资金使用情况，由此可见，目前各银行主要更关注资金来源的持续性与合规性。

表1-15　　银行是否披露资金来源与使用情况　　单位：家

	A股	H股
来源：是；使用：是	20	20
来源：是；使用：否	15	15
来源：否；使用：是	0	0
来源：否；使用：否	1	0

（四）实质性议题

1. 是否披露实质性议题

实质性议题的识别通常建立在与利益相关方沟通的基础之上，主要探讨在E、S、G三大范畴下各个议题对上市公司本身具有的不同影响，也是其践行重要性汇报原则的主要体现。实质性议题的识别对于公司是否有效进行ESG管治、各项议题对于公司的适应性和影响程度判断具有重要意义，还有助于上市公司编制一份能够回应利益相关方密切关注问题的ESG报告。如表1-16所示，2022年披露实质性议题识别结果的A股样本公司占比为91%，H股样本公司占比为95%，ESG报告披露的重要性原则应用较为广泛。分行业看，金融业、制造行业上市公司对实质性议题的披露水平较高，对汇报原则中的重要性原则应用较好。从股权性质上看，无论是国企还是民企绝大部分公司披露了实质性议题。

表 1-16 是否披露实质性议题 单位：家

	A股		H股	
	是	否	是	否
总量	131	13	140	7
行业划分				
采矿业	5	0	8	0
制造业	36	9	39	5
电力、热力、燃气及水生产和供应业	9	0	12	0
建筑业	12	0	12	0
批发和零售业	2	0	2	0
交通运输、仓储和邮政业	26	3	26	1
信息传输、软件和信息技术服务业	3	0	3	0
金融业	29	1	29	1
房地产业	2	0	2	0
租赁和商务服务业	2	0	2	0
科学研究和技术服务业	3	0	3	0
水利、环境和公共设施管理业	1	0	1	0
文化、体育和娱乐业	1	0	1	0
股权性质				
国企	91	7	93	4
民企	40	6	47	3

2. 实质性议题选择过程披露情况

披露实质性议题选择过程情况，是上市公司通常从ESG战略出发，通过与利益相关方沟通与交流，分析得出对公司可持续发展及风险管理方面具有重大影响的ESG议题的过程，披露ESG重要议题识别过程不但可以增加实质性结果的可信度，还可以有效体现公司的ESG管治过程。如表1-17所示，样本公司中87%的公司在A股ESG报告和91%的公司在H股ESG报告中披露了实质性议题的选择过程，其中详细披露的A股样本和H股样本比例分别为54%和53%，简单披露的A股公司和H股公司比例分别为33%和38%，仅有约1/10的样本公司不披露相关原则或过程。整体而言，公司对汇报原则中的重要性原则应用较好，绝大部分公司能够根据自身行业特性、所处发展阶段及内部状况识别出重要议题。

表 1-17　　实质性议题选择过程的披露情况　　单位：家

	A股			H股		
	详细披露	简单披露	否	详细披露	简单披露	否
总量	78	48	18	78	56	13
行业划分						
采矿业	3	2	0	4	4	0
制造业	20	14	11	20	17	7
电力、热力、燃气及水生产和供应业	3	6	0	4	8	0
建筑业	5	6	1	5	6	1
批发和零售业	0	2	0	0	2	0
交通运输、仓储和邮政业	17	9	3	16	10	1
信息传输、软件和信息技术服务业	2	1	0	2	1	0
金融业	24	4	2	23	4	3
房地产业	1	1	0	1	1	0
租赁和商务服务业	2	0	0	2	0	0
科学研究和技术服务业	1	2	0	1	2	0
水利、环境和公共设施管理业	0	1	0	0	1	0
文化、体育和娱乐业	0	0	1	0	0	1
股权性质						
国企	55	31	12	54	34	9
民企	23	17	6	24	22	4

3. 是否通过矩阵形式披露

矩阵形式有助于使公司根据利益相关方诉求，更加准确地识别ESG重要性，通过比较后，不断调整公司的ESG战略，为重要性较强的议题付诸努力。如表1-18所示，超80%的样本公司是以矩阵形式体现ESG报告披露的议题重要性。83%的A股样本公司和89%的H股样本公司通过矩阵形式披露实质性议题，在股权性质和行业中，该比例也类似。

表 1-18　　是否通过矩阵形式披露　　单位：家

	A股		H股	
	是	否	是	否
总量	120	24	131	16
行业划分				
采矿业	5	0	8	0
制造业	34	11	37	7

续表

	A股		H股	
	是	否	是	否
电力、热力、燃气及水生产和供应业	8	1	11	1
建筑业	11	1	11	1
批发和零售业	2	0	2	0
交通运输、仓储和邮政业	25	5	24	3
信息传输、软件和信息技术服务业	2	1	2	1
金融业	25	5	27	3
房地产业	2	0	2	0
租赁和商务服务业	2	0	2	0
科学研究和技术服务业	3	0	3	0
水利、环境和公共设施管理业	1	0	1	0
文化、体育和娱乐业	1	0	1	0
股权性质				
国企	83	15	86	11
民企	37	9	45	5

4. 矩阵设置

如表1-19所示，在实质性议题矩阵的设置中，几乎所有选择了矩阵形式披露实质性议题的样本公司都选择了“对公司的重要性/对利益相关方的重要性”这一形式。仅有浙商银行和泰格医药两家公司选择了特定的矩阵坐标轴设置。

表1-19　　矩阵坐标轴设置　　单位：家

	A股	H股
对公司的重要性/对利益相关方的重要性	120	130
内部利益相关方对浙商银行可持续发展的期望/外部利益相关方对浙商银行可持续发展的期望	0	1
对利益相关方评估和决策的重要性/经济、环境和社会影响的重要性	1	1

5. 环境(E)常见实质性议题(Top10)

环境部分的前十大常见实质性议题列示于表1-20。A股和H股披露的议题基本相同，公司披露的前三大议题都是气候变化、资源、环境/环保。A股披露前三大议题的公司数量分别占比64.63%、45.58%、31.29%；H股披露前三大议题的公司数量分别占比53.06%、40.17%、34.01%，议题集中度一般。

表 1-20 环境(E)常见实质性议题 单位：家

	A股(公司数)	H股(公司数)
实质性议题1	气候变化(95)	气候变化(78)
实质性议题2	资源(67)	资源(59)
实质性议题3	环境/环保(46)	环境/环保(50)
实质性议题4	温室气体/双碳/碳排放(40)	废弃物(46)
实质性议题5	废弃物(39)	温室气体/双碳/碳排放(44)
实质性议题6	生物多样性(33)	生物多样性(35)
实质性议题7	能源管理/能源使用(24)	能源管理/能源使用(30)
实质性议题8	绿色运营/低碳运营/绿色办公(20)	绿色运营/低碳运营/绿色办公(27)
实质性议题9	绿色金融/可持续金融(20)	排放物(21)
实质性议题10	排放物(14)	绿色金融/可持续金融(21)

6. 社会(S)常见实质性议题(Top10)

社会部分的前十大常见实质性议题列示于表1-21。A股和H股披露的议题基本相同,公司披露的前三大议题都是公益/慈善、员工权益、供应链。A股披露前三大议题的公司数量分别占比42.18%、36.73%、35.37%;H股披露前三大议题的公司数量分别占比57.14%、45.58%、43.54%,议题集中度较低。

表 1-21 社会(S)常见实质性议题 单位：家

	A股(公司数)	H股(公司数)
实质性议题1	公益/慈善(62)	公益/慈善(84)
实质性议题2	员工权益(54)	员工权益(67)
实质性议题3	供应链(52)	供应链(64)
实质性议题4	职业健康/员工健康(45)	职业健康/员工健康(62)
实质性议题5	培训/员工培训(43)	培训/员工培训(56)
实质性议题6	隐私/信息安全/数据安全(43)	乡村振兴(55)
实质性议题7	乡村振兴(42)	隐私/信息安全/数据安全(55)
实质性议题8	服务质量/客户服务(39)	服务质量/客户服务(54)
实质性议题9	知识产权(30)	知识产权(45)
实质性议题10	多元化(21)	多元化(31)

7. 治理(G)常见实质性议题(Top10)

治理部分的前十大常见实质性议题列示于表1-22。A股和H股披露的议题基本相同,公司披露的前三大议题都是合规/合规经营/合规运营、风险管理/风险管控/风险/风控、公司治理/治理/架构。A股披露前三大议题的公司数量分别占比58.50%、51.70%、

42.86%；H股披露前三大议题的公司数量分别占比49.66%、44.22%、34.69%，议题集中度较高。

表1-22　　治理(G)常见实质性议题　　单位：家

	A股(公司数)	H股(公司数)
实质性议题1	合规/合规经营/合规运营(86)	合规/合规经营/合规运营(73)
实质性议题2	风险管理/风险管控/风险/风控(76)	风险管理/风险管控/风险/风控(65)
实质性议题3	公司治理/治理(55)	公司治理/治理(46)
实质性议题4	反贪污/反腐败/廉洁(52)	反贪污/反腐败/廉洁(42)
实质性议题5	商业道德(36)	商业道德(31)
实质性议题6	投资者/利益相关方/股东权益(31)	投资者/利益相关方/股东权益(24)
实质性议题7	信息披露/信息安全/信息(25)	信息披露/信息安全/信息(20)
实质性议题8	守法/依法(21)	依法/守法(16)
实质性议题9	内控/内部控制(13)	内控/内部控制(10)
实质性议题10	党的建设/党建(11)	党的建设/党建(7)

（五）专题披露与特色议题

1. 是否进行专题披露

公司选择专题披露可以更为详细地体现公司在相关方面做出的努力，使读者看到公司ESG治理的具体成效。表1-23显示，2022年仅有1/3的样本公司选择部分议题作为专题披露。这一比例股权性质相似。从行业看，信息传输、软件和信息技术服务业进行专题披露的比例最高，为100%。由此可见，多数公司还是在各个议题中介绍ESG的治理成效，并不设置专题。

表1-23　　是否进行专题披露　　单位：家

	A股		H股	
	是	否	是	否
总量	130	17	59	88
行业划分				
采矿业	10	1	1	7
制造业	52	7	15	29
电力、热力、燃气及水生产和供应业	6	2	4	8
建筑业	3	3	8	4
批发和零售业	1	0	1	1
交通运输、仓储和邮政业	13	2	13	14
信息传输、软件和信息技术服务业	2	0	3	0

续表

	A股		H股	
	是	否	是	否
金融业	33	2	12	18
房地产业	2	0	1	1
租赁和商务服务业	2	0	1	1
科学研究和技术服务业	4	0	0	3
水利、环境和公共设施管理业	1	0	0	1
文化、体育和娱乐业	1	0	0	1
股权性质				
国企	100	13	41	56
民企	30	4	18	32

2. 常见专题披露议题(Top5)

常见的专题披露方面,A股和H股基本相同,前两大专题都是双碳/低碳、创新。如表1-24所示,A股披露前两个专题的公司数量分别占披露专题公司总数的10.2%、8.5%;H股分别占比15.3%、11.9%,专题集中度低。

表1-24　　常见专题披露议题(Top5)　　单位:家

	A股(公司数)	H股(公司数)
专题议题1	双碳/低碳(6)	双碳/低碳(9)
专题议题2	创新(5)	创新(7)
专题议题3	乡村振兴(5)	乡村振兴(6)
专题议题4	党建(5)	党建(6)
专题议题5	研发/数字化/科创(4)	研发/数字化/科创(5)

3. 常见中国特色议题(Top10)

中国企业在与国际ESG发展趋势接轨的同时,也需要充分考虑到我国的发展阶段和基本国情,立足本土特色。如表1-25所示,在调研的147家A＋H股上市公司中,有113家公司披露了中国特色议题,占比高达76.9%,且A股和H股的披露基本相同。就单个议题而言,前三大议题是乡村振兴、党建、防疫/保供/疫情/抗疫,披露前三个特色议题的公司数量分别占披露中国特色议题公司总数的62.0%、39.8%、8.0%,中国特色议题集中度高。

表1-25　　常见中国特色议题(Top10)　　单位:家

	A股(公司数)	H股(公司数)
中国特色议题1	乡村振兴(70)	乡村振兴(70)
中国特色议题2	党建(45)	党建(45)
中国特色议题3	防疫/保供/疫情/抗疫(9)	防疫/保供/疫情/抗疫(9)

续表

	A股(公司数)	H股(公司数)
中国特色议题4	区域发展/区域协调发展(6)	区域发展/区域协调发展(6)
中国特色议题5	扶贫/帮扶(6)	扶贫/帮扶(6)
中国特色议题6	反腐倡廉/反贪污/反腐败/反贪腐/廉洁(5)	反腐倡廉/反贪污/反腐败/反贪腐/廉洁(5)
中国特色议题7	“一带一路”(3)	“一带一路”(3)
中国特色议题8	共同富裕(3)	共同富裕(3)
中国特色议题9	民生(1)	民生(1)
中国特色议题10	深化改革(1)	深化改革(1)

4. 常见行业特色议题(Top10)

行业特色议题披露方面,A股和H股基本相同,表1-26列示有各行业公司出现频率最高的几个议题。各行业中,金融业特色议题的集中度最高。金融业常见行业特色议题为绿色金融和普惠金融,样本公司中94.3%的金融行业公司披露了该议题。制造业常见行业特色议题为绿色能源,样本公司中23.7%的制造业公司披露了该议题。能源转型、能源创新也是采矿业、电力、热力、燃气及水生产和供应业的常见行业特色议题。

表1-26　　常见行业特色议题(Top10)　　单位:家

	A股(公司数)	H股(公司数)
采矿业	能源转型(3)、尾矿库管理(2)	能源转型(3)、尾矿库管理(2)
制造业	绿色能源(14)、排放管理(4)	绿色能源(14)、排放管理(4)
电力、热力、燃气及水生产和供应业	排放管理(2)、能源创新(3)	排放管理(2)、能源创新(3)
建筑业	品质工程(2)	品质工程(2)
批发和零售业	医疗健康(1)、生物多样性(1)	医疗健康(1)、生物多样性(1)
交通运输、仓储和邮政业	航空安全(3)、绿色港口(2)	航空安全(3)、绿色港口(2)
信息传输、软件和信息技术服务业	信息服务(1)、数字经济(1)	信息服务(1)、数字经济(1)
金融业	绿色金融(33)、普惠金融(33)	绿色金融(33)、普惠金融(33)
房地产业	绿色产品(1)、节能降耗(1)	绿色产品(1)、节能降耗(1)
租赁和商务服务业	绿色建筑(2)	绿色建筑(2)
科学研究和技术服务业	合规经营(2)、知识产权(2)	合规经营(2)、知识产权(2)
水利、环境和公共设施管理业	信息安全(1)、知识产权(1)	信息安全(1)、知识产权(1)
文化、体育和娱乐业	无	无

(六)编制依据与交叉索引

1. 编制依据

编制依据有助于信息使用者理解披露框架。由于联交所将披露责任提升至“不遵守就解释”，H股公司均需遵守，因而为满足基础合规要求，《环境、社会及管治报告指引》成为被广泛采用的参考标准。此外，《环境、社会及管治报告指引》指出，目前该指引所包含的内容还较为基础，鼓励企业可以选择遵循更高质量的国际披露标准。在满足合规要求，遵循联交所《环境、社会及管治报告指引》的基础上，样本公司积极主动参考国内、国际及行业和地区标准等多重披露标准，综合A股、H股该比例约96%。其中，65.9%的A股样本公司和64.6%的H股样本公司ESG报告参考了《GRI可持续发展报告标准》，63.9%的A股样本公司和60.5%的H股样本公司ESG报告参考了上海证券交易所颁布的指引。此外，样本公司还参考了《上市公司自律监管指引第1号——规范运作》《可持续发展报告标准》《社会责任指南(ISO26000)》等多个标准。A股、H股公司ESG报告编制依据具体情况列示于表1-27。

表1-27　　ESG报告编制依据　　单位：家

	A股	H股
《环境、社会及管治报告指引》	126	132
《GRI可持续发展报告指南》	95	95
《上海证券交易所上市公司环境信息披露指引》	92	89
《上海证券交易所上市公司自律监管指引第1号——规范运作》	78	78
《可持续发展报告标准》	24	23
《社会责任指南(ISO26000)》	23	24
《深圳证券交易所上市公司自律监管指引第1号——主板上市公司规范运作》	21	21
《公司履行社会责任的报告》	17	16
《社会责任指南(GB/T 36000-2015)》	16	16
气候相关财务信息披露工作组(TCFD)	16	15
联合国可持续发展目标(SDGs)	14	13
联合国全球契约(UNGC)十项原则	13	13
《关于中央企业履行社会责任的指导意见》	11	11
可持续会计准则委员会准则(SASB)	7	7
《中国企业社会责任报告指南(CASS-ESG5.0)》	7	8
《上市公司环境信息披露指引》	4	4
《公开发行证券的公司信息披露内容与格式准则第2号——年度报告的内容与格式》	3	2
《中国企业社会责任报告指南》	2	2
《企业管治守则》	2	2
《企业管治报告》	1	2

2. 交叉索引

交叉索引指明环境、社会及治理三方面各自的具体层面以及每个层面的各项指标，同时在每个已披露指标的后面标注报告页码，在每个未披露的指标后注明未披露原因。交叉索引在最后总结了公司完成的ESG治理绩效指标，读者可以通过阅读交叉索引更直观地看到公司ESG治理的整体表现，并对公司ESG表现做出评估。如表1-28所示，超80%的样本公司进行了交叉索引，其中，制造业进行交叉索引的比率最低，为A股71.1%和H股79.5%；约85%的国企进行了交叉索引，78.3%的A股民企和88.0%的H股民企进行了交叉索引。

表1-28　　是否进行交叉索引　　单位：家

	A股		H股	
	是	否	是	否
总量	118	26	128	19
行业划分				
采矿业	4	1	7	1
制造业	32	13	35	9
电力、热力、燃气及水生产和供应业	8	1	11	1
建筑业	10	2	10	2
批发和零售业	2	0	2	0
交通运输、仓储和邮政业	26	3	26	1
信息传输、软件和信息技术服务业	3	0	3	0
金融业	25	5	26	4
房地产业	2	0	2	0
租赁和商务服务业	2	0	2	0
科学研究和技术服务业	3	0	3	0
水利、环境和公共设施管理业	1	0	1	0
文化、体育和娱乐业	0	1	0	1
股权性质				
国企	82	16	84	13
民企	36	10	44	6

在交叉索引依据的选择方面，由于H股市场对于ESG披露要求更加严格，被引用最多的是《香港联合交易所有限公司证券上市规则》(以下简称《上市规则》)附录二十七《环境、社会及管治报告指引》，上述所有选择进行交叉索引的公司都选择了这一通用标准，其次是《GRI可持续发展报告指南》，具体交叉索引依据列示在表1-29。

表1-29　交叉索引依据　单位：家

	A股	H股
《环境、社会及管治报告指引》	144	147
《GRI可持续发展报告指南》	62	63
《上海证券交易所上市公司自律监管指引第1号——规范运作索引》	12	12
气候相关财务信息披露工作组(TCFD)	10	10
联合国可持续发展目标(SDGs)	8	7
上证社会责任指数(SSE)	8	8
可持续会计准则委员会准则(SASB)	6	6
联合国全球契约(UNGC)十项原则	5	5
《中国企业社会责任报告指南(CASS-ESG5.0)》	3	2
《深圳证券交易所上市公司自律监管指引第1号——主板上市公司规范运作》	3	2
《负责任银行原则》	2	2
《社会责任指南》(ISO26000：2010)	1	1
国务院指导意见	1	1
《深圳市金融机构环境信息披露指引》	1	1
《中国工业企业及工业协会社会责任指南》(第二版)	1	1
《中国企业社会责任报告指南基础框架(CASS-CSR4.0)》	1	0

(七) ESG鉴证

1. 是否进行ESG报告鉴证

根据国际审计与鉴证准则理事会的定义，可持续发展报告鉴证的作用是“独立第三方就某个鉴证对象(例如，可持续发展报告/社会责任报告/ESG报告中披露的关键数据)依据鉴证工作准则陈述一个结论，用以提高该对象责任方以外的预期使用者对该鉴证对象产出结果的信任程度”。一般而言，在鉴证过程中，独立鉴证有助于发现企业在可持续发展管理体系以及报告编制方面存在的不足，从而提出有效的改进建议并帮助企业更好地提升可持续发展管理水平。此外，外部鉴证可以在一定程度上降低误报、错报及漏报的风险，从而提高企业可持续发展报告的可信度。因此，为了提高可持续发展信息的有用性，公司可以或应当寻求第三方对其可持续发展报告进行独立鉴证。对ESG报告的鉴证报告通常作为公司ESG信息披露的真实性保证，列于ESG报告文末。鉴于目前我国监管机构对可持续发展报告鉴证并未提出强制性要求，样本公司可持续发展报告鉴证率普遍偏低。总体来说，进行ESG报告鉴证的公司仍是样本公司中的少数，占样本公司比例仅29.5%，且集中在金融业。即使金融业目前对可持续发展报告鉴证的要求同样仅限于鼓励而非强制，但行业内的规制和要求使得金融业公司对鉴证普遍比较重视。对 ESG 报告进行鉴证的各行业占比如图 1-8 所示。2021 年 6 月中国证监会发布《公开发行证券的公司信息披露内容与格式准则第 2 号——年度报告的内容与格式(2021 年修订)》,鼓励公司披露核查机构、鉴证机构、评价机构、指数公司等第三方机构对公司环境信息进行核查、鉴定、评价的相关信息。2022 年 6 月中国银保监会发布《银行业保险业绿色金融指引》,鼓励银行和保险机构对于履行环境、社会和治理责任的活动进行第三方鉴证、评估和审计。可见制定与鉴证相关的披露规则可能是提升 ESG 信息披露水平的手段之一。再从股权性质角度看,如图 1-9 所示,有 26.8%的国企和 34.7%的民企选择对 ESG 报告进行鉴证,说明 ESG 报告鉴证尚未形成企业共识且民企相对更认可的鉴证得益。

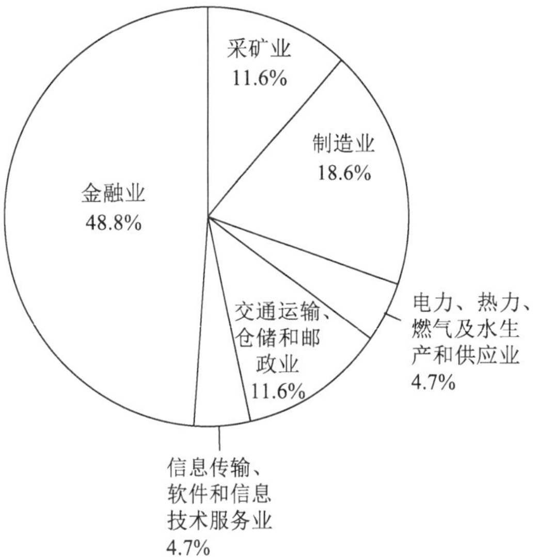

图 1-8 ESG 报告鉴证的各行业占比

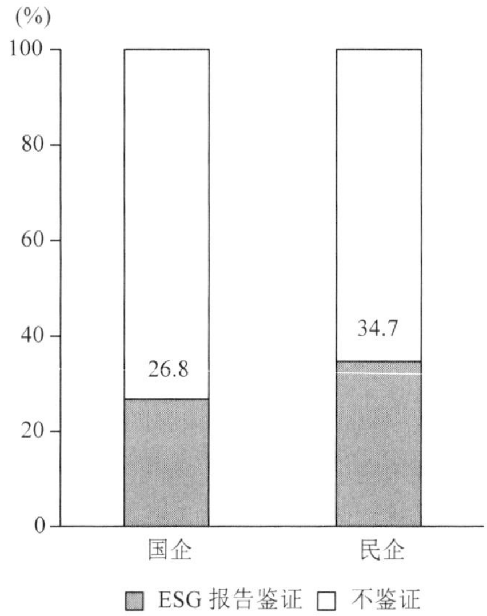

图 1-9 不同股权性质公司的 ESG 报告鉴证比例

2. 鉴证服务提供商

如表 1-30 所示,鉴证服务的提供方主要还是会计师事务所,尤其是国际四大会计师事务所,研究对象中超过一半的鉴证报告是由国际四大会计师事务所出具的,其中安永略多于毕马威和普华永道,德勤最少。除会计师事务所以外,SGS 集团和莱茵公司也是样本公司中鉴证报告的主要提供方,杭州汉德和节能皓信也被多家公司聘作鉴证方。金融和非金融行业上市公司对鉴证服务提供方有着不同的选择偏好:非金融行业更加偏好会计师事务所以外的其他鉴证机构,而金融行业则更多地选择了会计师事务所。一般而言,非金融行业相较于金融机构需要披露更多可持续发展议题内容,而"四大"之外的其他鉴证机构在这部分主题上可能具有更强的专业优势,因此更能获得非金融行业上市公司的青睐。可见,会计师事务所和其他第三方鉴证机构在外部监管、内部风控及专业性方面都有着各自的优势。

表 1-30　　鉴证服务提供商　　单位：家

	安永	毕马威	普华永道	SGS	德勤	德国莱茵TÜV	杭州汉德	节能皓信	Bureau Veritas	方圆服务	Corporate Integrity	三星九千	中财绿指	上海信公
总量	8	6	6	6	3	3	3	2	1	1	1	1	1	1
行业划分														
采矿业	1	1	1			1					1			
制造业				1		2			1	1		1	1	1
电力、热力、燃气及水生产和供应业	2													
建筑业														
批发和零售业														
交通运输、仓储和邮政业				1			3	1						
信息传输、软件和信息技术服务业			1	1										
金融业	5	5	4	3	3			1						
房地产业														
租赁和商务服务业														
科学研究和技术服务业														
水利、环境和公共设施管理业														
文化、体育和娱乐业														
股权性质														
国企	6	2	5	4	2	1	3	1				1		1
民企	2	4	1	2	1	2		1	1	1	1		1	

注：表内空白处为0。

3. 鉴证服务与年报审计是否由同一机构提供

独立性是审计的灵魂。只有具备了独立性，才能保证审计报告真实可靠，从而更好地发挥审计监督对信息披露质量的促进作用。作为对可持续发展报告的“类审计”，独立性对于可持续发展报告质量同样具有举足轻重的作用。作为同一公司的经营情况，ESG报告中提到的信息往往与年报有重合，一般来说，ESG报告的鉴证和年报的审计如果由同一机构提供服务，则可以降低核验成本。统计结果如表1-31所示，研究对象中大部分公司（约40%）ESG鉴证服务提供方和年报审计服务提供方不是同一机构，但单独看金融业样本，则大多数样本公司（约62%）是由同一机构提供ESG鉴证和年报审计服务的。诚然，同一家会计师事务所对上市公司商业模式、内部控制和相关信息更为了解，进行双重鉴证的效率会更高，但此时鉴证的独立性是否会受到影响，还需要进一步观察与研究。

表1-31　　鉴证服务与年报审计是否由同一机构提供　　单位：家

	是	否
总量	17	26
行业划分		
采矿业	3	2
制造业	0	8
电力、热力、燃气及水生产和供应业	0	2
建筑业	0	0
批发和零售业	0	0
交通运输、仓储和邮政业	0	5
信息传输、软件和信息技术服务业	1	1
金融业	13	8
房地产业	0	0
租赁和商务服务业	0	0
科学研究和技术服务业	0	0
水利、环境和公共设施管理业	0	0
文化、体育和娱乐业	0	0
股权性质		
国企	11	15
民企	6	11

4. 被动保证类型

可持续发展报告鉴证在实践中可能面临的挑战之一是鉴证范围的完整性问题。可持续发展报告中除了定量信息，还包含了大量的定性信息，这些信息通常具有较强的主观性，难以对其真实性及合理性做出明确判断。在收集与统计过程中，鉴证报告的被动保证类型被区分为对整个报告全部信息进行保证的报告保证和仅对有限范围的具有代表性的定量数据指标进行保证的指标保证。如表1-32所示，大多数（约74%）样本公司ESG鉴证报告都采用了指标保证，说明ESG鉴证服务的保证水平较低，通常不进行完全保证，只核验方便鉴证的指标数据。对ESG报告中提及的许多无法用数据客观度量的内容进行保证的难度大，样本公司中，采用报告保证的比例在国企中约为19%，民企中约为35%，金融业公司中约为24%，完全保证目前很难做到，需要继续探索。此外，虽然所有鉴证报告都对其独立性进行了声明，但鉴证报告中的鉴证范围常常是鉴证机构与上市公司共同商议确定，即鉴证机构仅对上市公司希望得到鉴证的数据进行第三方鉴证。因此，鉴证报告的完整性、独立性和可靠性可能存在一定的疑问。

表1-32　　被动保证的类型　　单位：家

	报告保证	指标保证
总量	11	32
行业划分		
采矿业	3	2
制造业	3	5
电力、热力、燃气及水生产和供应业	0	2
建筑业	0	0
批发和零售业	0	0
交通运输、仓储和邮政业	0	5
信息传输、软件和信息技术服务业	0	2
金融业	5	16
房地产业	0	0
租赁和商务服务业	0	0
科学研究和技术服务业	0	0
水利、环境和公共设施管理业	0	0
文化、体育和娱乐业	0	0
股权性质		
国企	5	21
民企	6	11

三、披露形式

（一）目录特色（是否按照E-S-G的顺序划分列示）

披露内容明确地按照环境、社会和治理三个模块集中归类有助于让读者更加了解公司在环境、社会和治理三个方面的行动和成效，而样本公司ESG报告的目录能够展示该报告的内容安排情况。表1-33显示，2022年约有70%的样本公司没有明确地将披露内容按照环境、社会和治理三个模块集中归类，而是较为分散地披露相关内容；样本公司中约35%的国企选择将ESG报告内容明确划分为环境、社会和治理三个模块，而在民企中，仅有不到20%的样本公司做出同样的选择。从行业来看，电信、广播电视和卫星传输服务的所有样本公司的目录都按照ESG划分，其次是建筑业，42%的公司的目录按照ESG划分。

表1-33　　目录是否按照E-S-G顺序划分列示　　单位：家

	A股		H股	
	是	否	是	否
总量	43	101	42	105
行业划分				
采矿业	0	5	1	7
制造业	9	36	9	35
电力、热力、燃气及水生产和供应业	4	5	4	8
建筑业	5	7	5	7
批发和零售业	0	2	0	2
交通运输、仓储和邮政业	11	18	9	18
信息传输、软件和信息技术服务业	3	0	3	0
金融业	10	20	10	20
房地产业	0	2	0	2
租赁和商务服务业	0	2	0	2
科学研究和技术服务业	1	2	1	2
水利、环境和公共设施管理业	0	1	0	1
文化、体育和娱乐业	0	1	0	1
股权性质				
国企	35	63	33	64
民企	8	38	9	41

（二）E-S-G披露顺序

不同的披露顺序意味着公司在ESG治理中的侧重点不同，部分公司集中或分散披露多个相同模块的ESG治理内容，是为突出公司治理的重心和优势，展现ESG的杰出成果。如表1-34所示，综合研究对象中所有A股、H股ESG报告，绝大多数公司选择首先披露G（即公司治理）相关内容的占比分别为74.3%、76.9%，选择首先披露S（即社会责任）相关内容的占比分别为16.7%、11.6%，首先披露E(即环境保护)的占比分别为9.0%、11.6%，可见企业选择首先披露治理相关内容是普遍共识。而综合A股、H股，首先披露G的ESG报告中，第二部分披露E或S占比分别约为54%、46%，可见治理后的披露内容是环境还是社会信息并没有统一的认识。

表1-34　　E-S-G 披露顺序　　单位：家

		A股	H股
先披露G	其后披露E①	59	60
	其后披露S②	48	53
	合计	107	113
先披露S	合计③	24	17
先披露E	合计④	13	17

(三) 颜色选择

受中国香港市场会展文化的影响，H股对于ESG报告的编制力求美观。我们将黑白文字形式的ESG报告定义为简约报告，使用颜色的美化报告定义为精美报告。在A+H股全部147家上市公司中，H股有强制披露要求，计147份ESG报告，在A股有8家公司未披露ESG报告，5家公司披露2份ESG报告，计144份；其中H股简约报告11份，A股简约报告35份，即H股、A股精美报告数量分别为134份、109份，可知H股和A股报告精美率为91.2%、75.7%，H股的ESG披露情况明显对报告阅读者更为友好。进一步分析，精美报告颜色的选择也能从一定程度反映上市公司对环境、社会与公司治理上的情绪态度，因此我们统计了研究对象在E、S、G三方面颜色选择上的偏好情况。

1. 环境(E)

如表1-35所示，在环境方面，ESG报告披露主要以绿色为主，有76.1%的A股报告和73.1%的H股报告选用绿色美化环境部分的ESG报告，占所有颜色的绝对主导，此外A股、H股各有17.4%和19.4%的公司选用蓝色传递生态环境友好的理念。

表1-35　　ESG 报告环境部分颜色选择　　单位：家

颜色	A股	H股
绿	83	98
蓝	19	26

① 包含：GES,GEGS,GESES。
② 包含：GSES,GSE,GS。
③ 包含：SES,SESG,SEG,GES,SE;SGES,SGSE,SGE,SG;S。
④ 包含：ESG,ESGS,ES;EGS。

续表

颜色	A股	H股
青	3	3
橙	2	4
黄	2	3
红	2	1
紫	1	1
灰	0	2
棕	0	1

2. 社会(S)

如表1-36所示，在社会层面，样本公司选择更为广泛，传达为社会奉献的情绪价值。蓝色和橙色被广泛使用，在全部报告中的比例为47.3%、30.9%，使用红色、紫色与绿色的ESG报告也较多，占比为28.4%、20.2%和17.7%，A股和H股在颜色选择偏好上没有明显差异。

表1-36　　ESG报告社会部分颜色选择　　单位：家

颜色	A股	H股
蓝	51	64
橙	36	39
红	32	37
紫	22	27
绿	18	25
黄	9	12
青	8	8
粉	5	5
灰	1	3
褐	0	2
棕	0	1

3. 治理(G)

如表1-37所示，涉及公司治理，超过半数的样本公司倾向于使用蓝色，A股、H股比例分别为54.1%、53.0%，而绿色和红色的使用比例也都超过10%，此外还有橙色、紫色、黄色、青色等多种选择。

表1-37　　ESG报告治理部分颜色选择　　单位：家

颜色	A股	H股
蓝	59	71
绿	19	24
红	13	15
橙	11	13
紫	10	10
黄	4	5
青	3	3
灰	1	3
金	0	2
棕	0	1

(四) 篇幅长度

尽管报告的篇幅页数并不能代表一家上市公司ESG信息质量，但在一定程度上可以体现所含信息的丰富程度。大多数ESG报告篇幅较长，如图1-10所示，在所有报告中，“51～100页”的篇幅区间内报告最多，占比为52.9%；其次是“101～150页”的篇幅，占比为30.6%。所有A股公司中仅有9.0%的报告篇幅在30页以内，而H股仅有5.4%，接近一倍的差距可能由报告美观程度、简繁体字使用或H股ESG报告监管要求等多方面因素造成。综合来看，ESG报告的篇幅长度在A股和H股中并无显著差异，企业正尽可能披露更丰富的ESG信息。

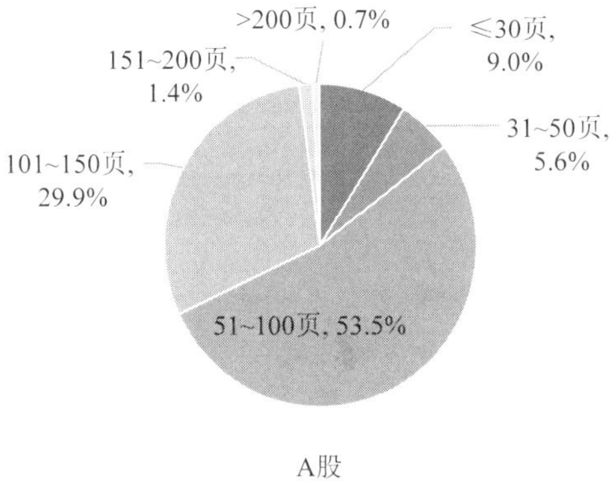

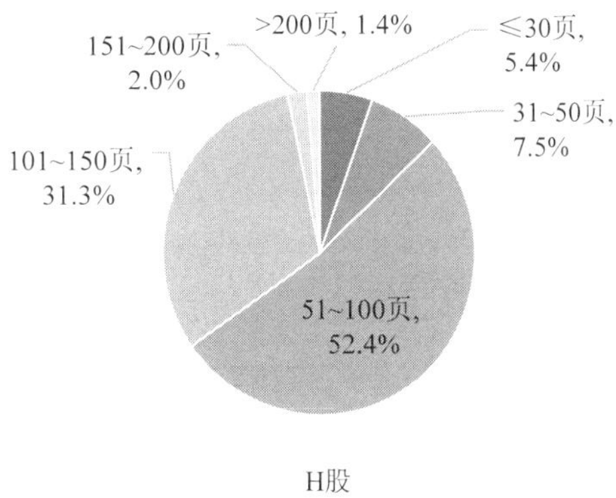

图1-10　A股与H股ESG报告页数

(五) 案例数量

案例数量是上市公司ESG披露信息量的有效体现之一，通过案例能够更好地展现企业在社会责任等诸多方面的努力。统计结果如表1-38所示，58.2%的ESG报告案例披露数量小于20，仅有6.5%的样本公司披露超过50个案例，一定程度上说明上市公司对于以案例方式披露ESG信息存在多种看法，但普遍持支持态度，在报告中通过案例表现企业自身业务特点如何与环境、公益等社会责任有机结合并发挥作用。

表1-38　　ESG报告披露的案例数量　　单位：家

案例数量(个)	A股	H股
0	18	16
1～10	26	27
11～20	37	38
21～30	30	31
31～40	17	18
41～50	7	8
>50	9	9

(六) 图片数量

图片通过传达视觉信息直观展现企业形象，可有效增强ESG报告的可读性，上市公司ESG报告中图片数量一定程度上反映了企业在社会责任的实践努力情况与对于ESG报告的投入程度。表1-39中统计结果显示，大多数样本公司具有较高意愿通过图像展示公司社会责任相关工作情况，40.3%的样本公司披露了26～50张图片，34.5%的样本公司图片披露数量超过50张，该部分样本公司在A股与H股的图片数量情况近乎无差异。此外，仍有约12%的公司没有形象化披露公司社会责任相关工作情况的意向，ESG报告中图片数量为0，这些公司在A股和H股中的占比分别为11.8%和8.8%。

表1-39　　ESG报告披露的图片数量　　单位：家

图片数量(张)	A股	H股
0	17	13
1～25	23	26
26～50	56	58
51～75	27	30
76～100	11	11
>100	10	9

四、A/H股披露差异

(一) 发布时间

受披露监管规则要求，研究对象A股、H股ESG报告与年报均集中在每年3月、4月披露。如表1-40所示，样本公司在A股的年报和ESG报告发布均主要集中在3月，占比分别为93.9%和86.8%；H股年报发布主要集中在4月，占比为86.4%，而H股ESG报告发布则平均分布在3月、4月。A股受监管强制要求，需在4月30日前发布年报，93.8%上市公司选择在3月披露年报，同样在3月披露ESG报告的A股公司占比为86.8%，总体保持同月发布，而H股ESG报告发布时间总体领先于H股年报。

表1-40　年报与ESG报告发布时间　单位：家

	A股年报	H股年报	A股ESG报告	H股ESG报告
3月	138	20	125	77
4月	9	127	19	68

（二）发布时间间隔(以A股年报为基准)

进一步地从发布时间间隔，可以合理推理出研究对象进行不同信息渠道披露时的策略考量。本文以各研究对象A股年报发布时间为基准，统计了各公司A股ESG报告、H股ESG报告和H股年报发布日期的时间间隔情况。如表1-41所示，同一公司A股ESG报告与年报发布时间较为一致，86.1%的A股ESG报告在年报发布当天披露；H股ESG报告披露时间间隔较分散，45.6%的报告在A股年报发布前一天公布，35.4%的报告在A股年报发布后21～30天内公布；H股年报发布时间与A股年报发布时间间隔同样较分散，55.1%的公司H股年报在A股年报发布后21～30天内公布，19.7%的公司在A股年报发布后11～20天内公布。A股与H股的信息披露时间存在较大差异，表明不同市场对于信息披露的不同关注点和准则要求，公司可能存在在不同市场披露不同信息的情况。

表1-41　发布时间间隔(以A股年报为基准)　单位：家

与A股年报发布天数间隔(天)	A股ESG报告	H股ESG报告	H股年报
<−1	3	3	3
−1	5	67	15
0	124	6	2
1		1	1
2～5	1	2	1
6～10		1	2
11～20	3	11	29
21～30	7	52	81
>30	1	4	13

（三）报告间的交叉索引

报告间的交叉索引是指年报中涉及环境、社会责任及治理等内容时是否标明引用ESG

报告内容辅助披露，反映出样本公司不同渠道的披露情况互为补充。索引表示年报通过ESG信息的引用与披露传达可持续发展的理念，而在ESG报告中信息披露则更加详细完整。这一意愿在国企与民企中同样高，如表1-42所示，92.3%的国企和88.2%的民企会在年报中列示与ESG报告的交叉索引。但从行业看，A股与H股交叉索引上存在差异，以文化、体育和娱乐业为例，其样本容量仅为1，A股与H股的索引情况却相反；制造业企业在H股年报中有84.7%选择交叉索引，而A股中这一比例为71.1%，考虑到H股市场的ESG披露起步更早，这种差异可能会在未来逐渐减小。

表1-42 **报告间的交叉索引** 单位：家

	A股年报索引ESG报告		H股年报索引ESG报告	
	是	否	是	否
总量	130	17	134	13
行业划分				
采矿业	11		9	2
制造业	42	17	50	9
电力、热力、燃气及水生产和供应业	8		8	
建筑业	6		6	
批发和零售业	1		1	
交通运输、仓储和邮政业	15		14	1
信息传输、软件和信息技术服务业	2		2	
金融业	35		35	
房地产业	2		2	
租赁和商务服务业	2		2	
科学研究和技术服务业	4		4	
水利、环境和公共设施管理业	1		1	
文化、体育和娱乐业	1			1
股权性质				
国企	104	9	104	9
民企	26	8	30	4

第四节 ESG网页

一、是否搭建专门的ESG网页

公司官网被视为公司信息披露的重要门户，ESG信息同样如此。对于ESG信息的网页披露，样本公司的重视程度较高，如表1-43所示，大部分（约66%）样本公司搭建了专门的ESG网页。这一比例在国企中约为69%，民企中为61%，制造业中为57%，金融业中为80%。其他行业较少专门搭建ESG网页披露信息。

表1-43　是否搭建ESG专门网页　单位：家

	是	否
总量	97	49
行业划分		
采矿业	9	2
制造业	33	25
电力、热力、燃气及水生产和供应业	5	3
建筑业	5	1
批发和零售业	1	0
交通运输、仓储和邮政业	5	10
信息传输、软件和信息技术服务业	2	0
金融业	28	7
房地产业	2	0
租赁和商务服务业	2	0
科学研究和技术服务业	3	1
水利、环境和公共设施管理业	1	0
文化、体育和娱乐业	1	0
股权性质		
国企	67	30
民企	30	19

二、ESG网页更新频率（除ESG报告外）

定期发布的ESG报告的特点是内容详细、定期发布，但时效性往往较差，网页披露的主要优势就是网页信息有条件进行更高频率的更新，但虽然进行网页披露的公司数量并不少，披露质量却并不高，如表1-44所示，超过一半进行网页披露的公司不能提供比每年披露的ESG报告更有时效性的ESG信息。在有专门ESG网页的样本公司中，ESG网页无法提供具备一年内时效性的信息的公司占56%，这一比例在不同所有权性质和不同行业间差别不大。可以提供三个月之内时效性信息的公司占24%，这一比例在国企中约为19%，民企中为33%，制造业企业中为12%，金融业企业中为43%。

表 1-44　**ESG 网页更新频率(除 ESG 报告外)**　单位：家

	及时（小于1月）	快（1～3月）	一般（3～6月）	慢（6～12月）	未持续更新（1年以上未更新）	无
总量	13	10	10	10	23	31
行业划分						
采矿业	2		1	3	2	1
制造业	1	3	4	4	6	15
电力、热力、燃气及水生产和供应业			1		4	
建筑业	1	1			2	1
批发和零售业						1
交通运输、仓储和邮政业			1		4	
信息传输、软件和信息技术服务业					2	
金融业	7	5	1	3	1	11
房地产业			1			1
租赁和商务服务业	1				1	
科学研究和技术服务业		1	1			1
水利、环境和公共设施管理业	1					
文化、体育和娱乐业					1	
股权性质						
国企	7	6	8	9	17	20
民企	6	4	2	1	6	11

注：统计 2023 年 4 月 30 日以前最后一次披露的日期；表内空白处为 0。

三、ESG 网页标题

(一) 一级标题

如表 1-45 所示，公司 ESG 网页的一级标题主要有社会责任、可持续发展、关于我们、ESG、企业责任、投资者关系等，出现频率最高的是社会责任和可持续发展，占比分别为 53.6%、20.6%。公司 ESG 网页的一级标题集中度较高，超五成的公司选择了社会责任作为一级标题，除社会责任和可持续发展外，选用其他一级标题的公司数量不到三成。

表 1-45 ESG网页一级标题 单位：家

	A/H股(公司数)
一级标题1	社会责任(52)
一级标题2	可持续发展(20)
一级标题3	关于我们(8)
一级标题4	ESG(8)
一级标题5	ESG报告/报告/社会责任报告(8)
一级标题6	企业/企业责任(8)
一级标题7	环境/环境与社会/社会与治理/治理(7)
一级标题8	投资者关系(5)
一级标题9	品牌文化/文化(3)
一级标题10	信息公开(1)

(二) 二级标题

如表1-46所示，公司ESG网页的二级标题主要有ESG报告、社会及治理、环境保护、ESG动态、ESG相关政策、公益慈善、关爱员工等，出现频率占前三位的是报告/社会责任报告/ESG报告、社会/社会及治理、环境/环保/环境保护，占比分别为68.9%、55.7%、42.6%，超五成公司选择的二级标题包含报告/社会责任报告/ESG报告和社会/社会及治理。

表 1-46 ESG网页二级标题 单位：家

	A/H股(公司数)
二级标题1	报告/社会责任报告/ESG报告(42)
二级标题2	社会/社会及治理(34)
二级标题3	环境/环保/环境保护(26)
二级标题4	ESG/动态/行动(23)
二级标题5	管理/治理(17)
二级标题6	政策/理念(17)
二级标题7	公益/公益事业(15)
二级标题8	关爱/员工/员工关怀(8)
二级标题9	信息/信息公开(7)
二级标题10	慈善/慈善事业(6)

四、网页内容

(一) 是否发布ESG报告

定期发布的ESG报告内容丰富详细且正式，是公司ESG信息披露最重要的组成部分。

可推断绝大部分进行网页披露的公司都倾向于将ESG报告作为网页披露的一部分内容，一方面便于ESG信息使用者访问查看，另一方面补充由于维护网页所发生的成本，补足网页披露ESG信息通常不够丰富翔实的劣势。表1-47中统计结果显示，大部分(80%以上)搭建了专门ESG网页的公司在该网页上披露了ESG报告，此比例在不同所有权性质和不同行业间差别不大。

表1-47　　网页是否发布ESG报告　　单位：家

	是	否
总量	78	19
行业划分		
采矿业	6	3
制造业	27	6
电力、热力、燃气及水生产和供应业	5	0
建筑业	4	1
批发和零售业	1	0
交通运输、仓储和邮政业	5	0
信息传输、软件和信息技术服务业	2	0
金融业	23	5
房地产业	2	0
租赁和商务服务业	1	1
科学研究和技术服务业	2	1
水利、环境和公共设施管理业	0	1
文化、体育和娱乐业	0	1
股权性质		
国企	53	14
民企	25	5

(二) 是否披露ESG战略

公司的战略目标通常会作为官网的一个板块披露，或是展示在首页显眼位置，然而ESG目标一般不出现在ESG网页上。如表1-48所示，进行网页披露的公司大多并不会将公司有关ESG的战略目标作为网页披露的一部分内容。仅1/3搭建了专门ESG网页的公司在该网页上披露了公司有关ESG的战略目标，这一比例在不同所有权性质间差别不大，制造业企业中这一比例为36.3%。没有金融业样本公司在该网页上披露公司有关ESG的战略目标。

表 1-48　　网页是否披露 ESG 战略　　单位：家

	是	否
总量	33	64
行业划分		
采矿业	2	7
制造业	12	21
电力、热力、燃气及水生产和供应业	4	1
建筑业	5	0
批发和零售业	1	0
交通运输、仓储和邮政业	5	0
信息传输、软件和信息技术服务业	2	0
金融业	0	28
房地产业	0	2
租赁和商务服务业	0	2
科学研究和技术服务业	2	1
水利、环境和公共设施管理业	0	1
文化、体育和娱乐业	0	1
股权性质		
国企	23	44
民企	10	20

（三）是否披露第三方 ESG 评级

公司的第三方 ESG 评级是对公司 ESG 治理水平最直观、量化的展示，但极少数公司将第三方 ESG 评级作为网页披露的一部分信息。如表 1-49 所示，样本公司中仅 11.3%搭建了专门 ESG 网页的公司在该网页上披露了公司的第三方 ESG 评级，国企中这一比例约为 4.5%，民企中约为 26.7%，制造业和金融业与均值差异不大。

表 1-49　　网页是否披露第三方 ESG 评级　　单位：家

	是	否
总量	11	86
行业划分		
采矿业	0	9
制造业	4	29
电力、热力、燃气及水生产和供应业	0	5

续表

	是	否
建筑业	2	3
批发和零售业	0	1
交通运输、仓储和邮政业	0	5
信息传输、软件和信息技术服务业	0	2
金融业	4	24
房地产业	0	2
租赁和商务服务业	0	2
科学研究和技术服务业	1	2
水利、环境和公共设施管理业	0	1
文化、体育和娱乐业	0	1
股权性质		
国企	3	64
民企	8	22

第二章　面向企业的数字化服务行业 ESG 信息披露案例研究[①]

第一节　用友网络 ESG 信息披露

一、公司简况

（一）公司简介和历史沿革

用友创立于 1988 年，是亚太本土领先的企业管理软件和企业移动应用、企业云服务提供商，是中国最大的 ERP、CRM、人力资源管理、商业分析、内审、小微企业管理软件和财务、汽车、烟草等行业应用解决方案提供商，并在金融、医疗卫生等行业应用以及企业支付、互联网金融、企业通信、管理咨询、培训教育等领域快速发展。

2001 年 5 月 18 日，用友软件股份有限公司成功在上海证券交易所发行上市（股票简称：用友软件；股票代码：600588），2015 年初，"用友软件股份有限公司"正式更名为"用友网络科技股份有限公司"。

图 2-1 概述了用友发展三大阶段的重要时间节点。整体而言，其变革可以大致分为三个时期：在 1.0 时期，用友于 1988 年从财务软件起航，服务超过 40 万家企事业单位的会计电算化；在 2.0 时期，用友于 2000 年进入以 ERP 为代表的企业管理软件与服务领域，其 ERP 产品参与了超过 200 万家企业的信息化进程，成为亚太最大、全球前 10 的 ERP 软件提供商；目前，用友处于发展的 3.0 时期，基于移动互联网、云计算、大数据和人工智能的新一代企业计算技术，形成了以"软件、云服务、金融"为三大核心业务的企业互联网服务，业务领域从之前的企业管理扩展到业务运营和企业金融，服务层级也从企业级走向了社会级，还通过研发和运营全球领先的商业创新平台——用友 BIP，服务于企业数智化转型和商业创新。

---

① 郭歌、高露宸、孟令冲、李雪婷参与本章撰写。

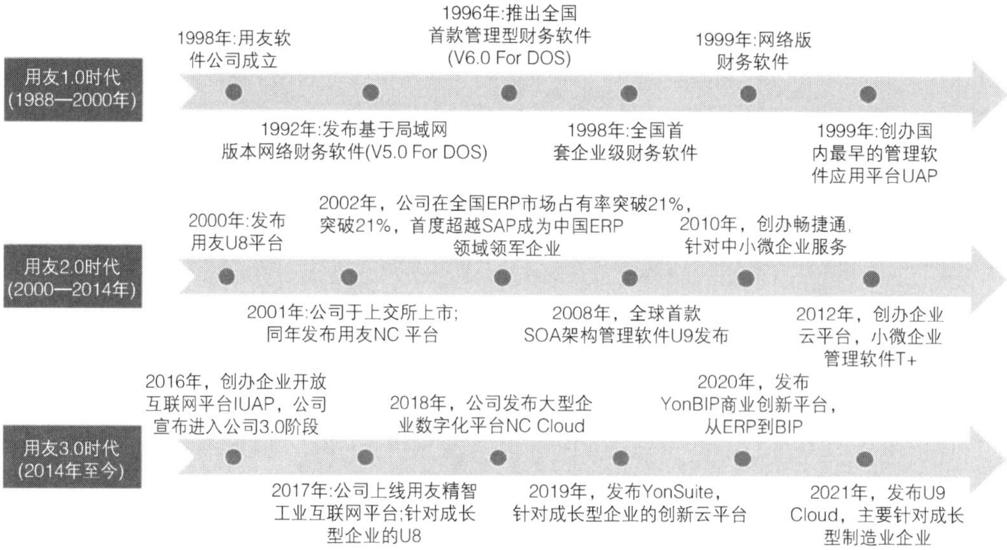

图 2-1 用友网络发展概述

(二) 所处行业和公司定位

1. 行业发展与竞争情况

用友网络所处的行业为信息传输、软件和信息技术服务业，细分行业为其他软件开发。[①]

从全球市场上来看，ERP 软件市场全球增速逐步放缓，渗透基本饱和。而国内 ERP 市场起步较晚，始于 20 世纪 80 年代，伴随着国内市场对外开放和经济转型的需求，SAP、甲骨文(Oracle)等海外厂商进入中国填补了中国市场 ERP 领域的空白，随后鼎新、开思等国内 ERP 厂商推出本土化 ERP 软件。表 2-1 展示了我国国内 ERP 软件市场及业务对比。

表 2-1 国内 ERP 软件市场及业务对比

目标市场	企业	主要业务
全球市场 ERP 巨头	SAP	ERP 程序设计、系统安全感与维护
	Oracle	服务器及工具、企业应用软件、ERP 软件
ERP 巨头实施机构	IBM	高端 ERP 实施和战略咨询服务
	埃森哲	高端 ERP 实施和战略咨询服务
	HP	高端 ERP 实施服务

① 具体国标行业：信息传输、软件和信息技术服务业＞软件和信息技术服务业＞软件开发＞其他软件开发(I6519)。

续表

目标市场	企业	主要业务
国内 ERP 市场领先企业	用友软件	HRM,CRM,中小型企业、行政单位等管理软件开发与设计,云服务商
	金蝶国际	管理软件开发与服务提供、云服务
国内 ERP 市场追赶者企业	浪潮通软	云计算、大数据服务
	新中大	计算机软件开发、技术咨询
	金算盘	提供企业资源计划系统

从时间上看,我国 ERP 行业发展起步晚于海外 30 余年,但是技术水平提升速度较快,如图 2-2 所示,整体市场规模增速较为稳定,行业龙头如用友、金蝶等,在 ERP 市场中的份额占比逐年增大。用友之所以能够稳健发展,离不开会计电算化、财政部改革之春风。公司从服务中小企业入手,在客户公司不断发展的情况下,用友的服务也能够陪伴公司的成长:用友产品线丰富,已经向大型、中型、小微企业、政府及其他公共组织实现全产品种类、全行业的覆盖。与金蝶只服务于中小企业、甲骨文不服务中小企业这样的公司相比,用友抓住了重要的市场空白,形成了独特的竞争优势,深耕该领域 30 余年,其产品线在国内市场占有率常年保持第一。目前,用友在全球拥有 230 多个分支机构与 10 000 多家生态伙伴,是全球企业应用软件(ERP)第一名的亚太厂商,也是持续领跑中国企业云服务市场的公司,是中国企业数智化服务和软件国产化自主创新的品牌。

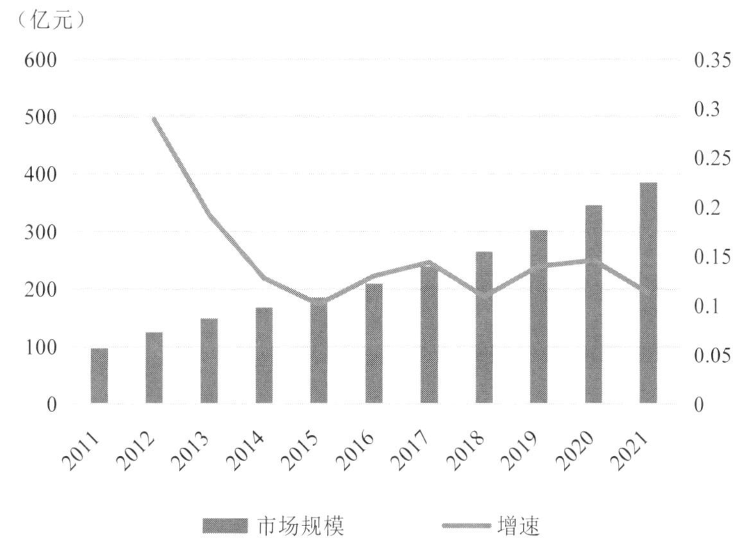

图 2-2　2011—2021 年中国 ERP 软件行业市场规模及增速

如图 2-3 所示[①]，目前用友在中国整体 ERP 市场份额中占据龙头地位，但是在高端 ERP 市场中不及 SAP、Oracle 两大公司。

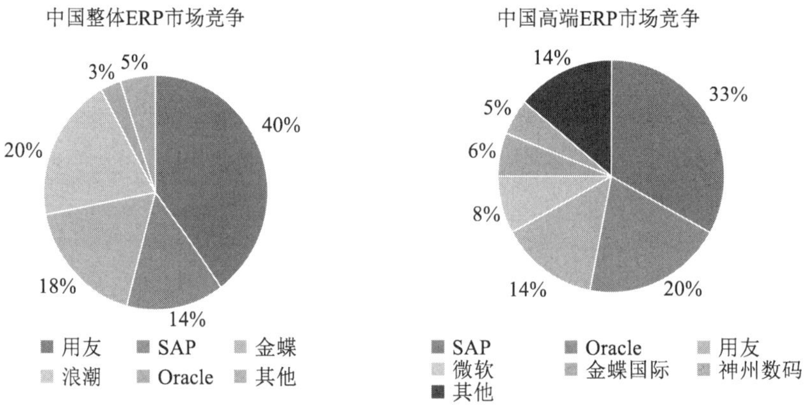

图 2-3　中国整体 ERP 及高端 ERP 市场份额竞争格局

2. 公司定位、使命与愿景

用友的使命是致力于用信息技术推动商业和社会进步。其愿景是把基于先进信息技术的最佳管理与业务实践普及到客户的管理与业务创新活动中。其核心价值观则是"用户之友，持续创新，专业奋斗"。

(三) 公司的股权结构及子公司、孙公司等情况

图 2-4 与图 2-5 展示了用友网络近两年的控股结构图，其实际控制人为创始人王文京，通过北京用友科技有限公司、上海用友科技咨询有限公司和北京用友企业管理研究所有限公司三家实体公司实际持股比例为 38.90%。公司创业元老和核心团队成员副董事长郭新平与董事吴政平分别通过控股上海益倍管理咨询有限公司与共青城优富投资管理合伙企业分别持有公司 3.36%与 1.18%的股份。核心团队成员持股超过 40%，团队持股比例较高且稳定。

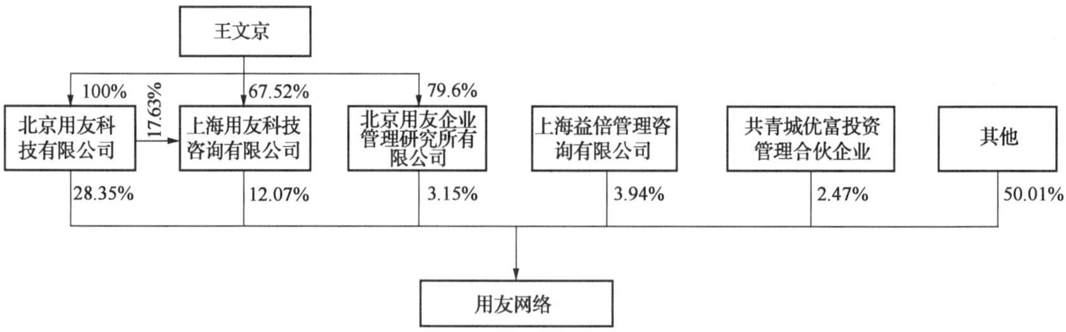

图 2-4　2021 年公司股权结构

① 数据来源：前瞻产业研究院，中国银河证券研究院。数据仅作参考。

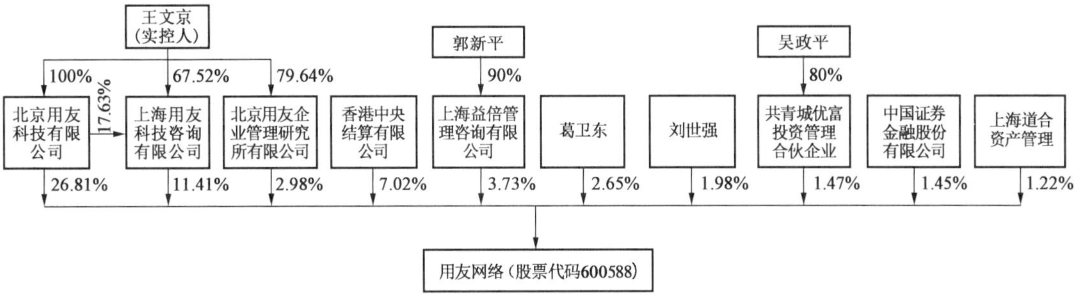

图 2-5　2022 年公司股权结构

用友网络主要为大型及中型企业提供相关的产品与服务，小微企业客户由子公司畅捷通负责，政府和教育客户分别由子公司用友政务和新道科技负责。同时，汽车、金融、烟草、电信与广电等垂直行业由相应各子公司提供服务。如表 2-2 所示，截至 2022 年底，用友网络旗下共拥有 55 家子公司。

表 2-2　2022 年用友子公司情况

子公司名称	业务性质	间接持股比例(%)	直接持股比例(%)
重庆用友软件有限公司	计算机软、硬件行业	82	18
广东用友软件有限公司	计算机软/硬件/网络、技术咨询及电子行业	90	10
天津用友软件技术有限公司	计算机软/硬件/网络、技术咨询及电子行业	90	10
安徽用友软件有限公司	计算机软/硬件、技术咨询及电子行业	82	18
YONYOU INTERNATIONAL HOLDINGS.,LTD.	投资控股、计算机软件开发及技术咨询	100	—
内蒙古用友软件技术有限公司	计算机软/硬件/咨询行业	90	10
用友艾福斯	计算机软/硬件、技术咨询及电子行业	100	—
用友政务	计算机软/硬件、技术咨询及电子行业	72.42	—
山西用友网络科技有限公司	科技推广和应用服务业	90	10
用友金融	计算机软/硬件/网络、技术咨询及电子行业	74.53	—
浙江用友软件有限公司	计算机软/硬件/网络、技术咨询及电子行业	90	10
沈阳用友软件有限公司	计算机软/硬件/技术咨询及电子行业	90	10
大连用友软件有限公司	计算机软/硬件/技术咨询及电子行业	90	10
广西用友软件有限公司	计算机软/硬件/咨询及电子行业	90	10
厦门用友烟草软件有限责任公司	计算机软/硬件/电子行业	66.58	10.03
深圳用友软件有限公司	计算机软/硬件/耗材、电子行业	90	10
山东用友软件技术有限公司	计算机软/硬件/耗材、技术咨询、电子行业	90	10

续表

子公司名称	业务性质	间接持股比例(%)	直接持股比例(%)
江西用友软件有限责任公司	计算机软/硬件/耗材、电子行业	100	—
湖南用友软件有限公司	计算机软/硬件/咨询行业	90	10
用友医疗卫生信息系统有限公司	计算机软件/系统集成/咨询行业	80	—
用友(南昌)产业基地发展有限公司	房地产业/金融投资业/计算机软、硬件和耗材、电子行业	100	—
三亚用友	软件研发和销售、IT服务、技术交流和培训	100	—
北京用友幸福投资管理有限公司	投资管理	60	—
畅捷通	计算机软/硬件/耗材、电子行业	61.85	4.24
用友长伴管理咨询(上海)有限公司	企业管理咨询/计算机应用系统的规划、集成和开发	100	—
新道科技	计算机软件/管理培训	51.32	0.98
北京用友商创企业运营管理服务有限公司	软件/信息技术服务业	65.45	34.55
用友优普	计算软件/系统集成/咨询行业	100	—
用友薪福社云科技有限公司	软件和信息技术服务业	75	—
用友移动	计算机软硬件及设备行业	30.2	69.8
北京用友数能科技有限公司	计算机技术及产品/咨询	100	—
用友广信网络科技有限公司	计算机技术及产品/咨询行业	75	25
红火台网络科技有限公司	计算机技术及产品/咨询行业	51.07	3.97
用友建筑云服务有限公司	计算机技术及产品/咨询行业	55	—
青岛用友云企服创业投资合伙企业(有限合伙)	投资管理	74.07	1
用友汽车	计算机软件/系统集成/咨询行业	75	0.76
秉钧网络	计算机软件/系统集成/咨询行业	70	—
友太安保险	保险、咨询	80	—
宁波用友网络科技有限公司	软件研发和销售、IT服务、技术交流和培训	100	—
用友(上海)工业互联网科技发展有限公司	互联网/计算机软件	100	—
上海用友云服务创业投资合伙企业(有限合伙)	投资/咨询	75.42	1.01
友泰(北京)商务服务有限公司	商务服务业	100	—
上海用友产业投资管理有限公司	投资、咨询	70	—
幸福创新二期	投资管理	90.75	9.25
北京用友创新投资中心(有限合伙)	投资管理	99	1

续表

子公司名称	业务性质	间接持股比例(%)	直接持股比例(%)
江苏用友网络科技有限公司	软件和信息技术服务业	90	10
大易云	信息服务/计算机应用	84.74	—
柚子移动	科技推广/应用服务业	100	—
幸福联创	计算机技术及产品/咨询行业	27.08	27.08
黑龙江用友网络科技有限公司	软件和信息技术服务业	90.91	—
江阴用友数智化科技股权投资基金(有限合伙)	商业服务业	49.48	1.04
苏州用友网络科技有限公司	软件和信息技术服务业	100	—
智石开工业软件有限公司	互联网和相关服务	75	15
北京数钥分析云科技有限公司	软件和信息技术服务业	100	—
北京点聚信息技术有限公司	科技推广和应用服务业	67	—

(四) 财务绩效情况

1. 近五年收入情况

近五年来，用友处于发展的 3.0 时期，开启企业云服务后，公司在研发上持续加大投入，支持和促进了用友 BIP 在平台技术及数智应用方面的加速突破，加速了云转型进程，也是云服务业务收入占比上涨的支撑与基础。其营业总收入如图 2-6 所示，2018—2022 年营业总收入分别为 77.035 亿元、85.097 亿元、85.284 亿元、89.318 亿元、92.617 亿元，总营收呈稳中向好态势。2019—2022 年的收入增长率分别为 10.47%、0.22%、4.73%、3.69%，其中 2020 年收入增长率较低，仅有 0.22%，主要原因是受到疫情的冲击，传统业务的扩张受到了一定的影响，营收有所下降。

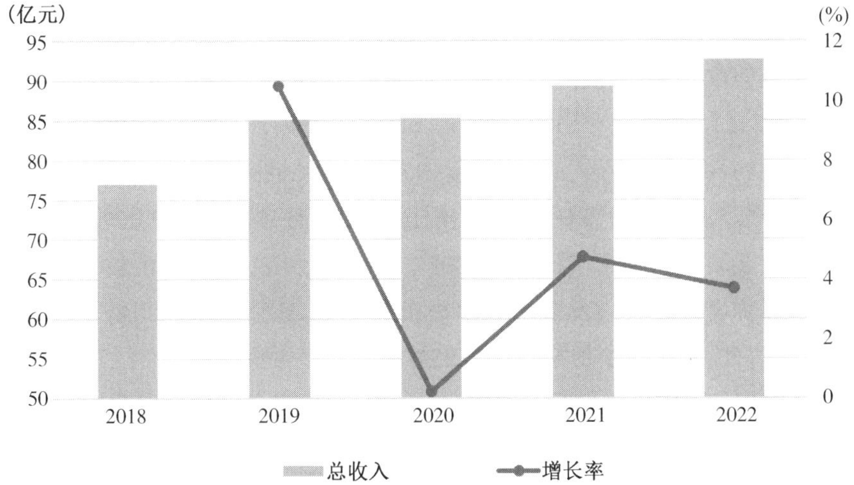

图 2-6　用友网络近五年营业总收入

2. 近五年利润情况

如图 2-7 所示，2018—2022 年，用友网络的归母净利润分别为 6.121 亿元、11.83 亿元、9.855 亿元、7.078 亿元、2.192 亿元，在 2019 年达到峰值 11.83 亿元，于 2020—2022 年持续下滑。究其原因，一方面，疫情对宏观经济和公司业绩造成了负面影响；另一方面，云服务业务与软件业务为利润核心，由于公司对产品研发加大了投入，加之公司受到 ERP 与云服务市场竞争加剧等因素影响，部分潜在客户转向竞争对手、部分既往客户改变云服务供应商，也对公司业绩造成影响。而公司近五年的毛利率整体上逐渐下降，其原因与公司营收结构变化有关。毛利率水平较低的技术服务与培训近年来营收占比有明显提升，高毛利的产品许可营收占比有所下行，大客户开拓（大型客户现阶段更倾向于私有云/混合云架构的云服务）及"云优先"战略引致的营收结构变化是毛利下行的主因。

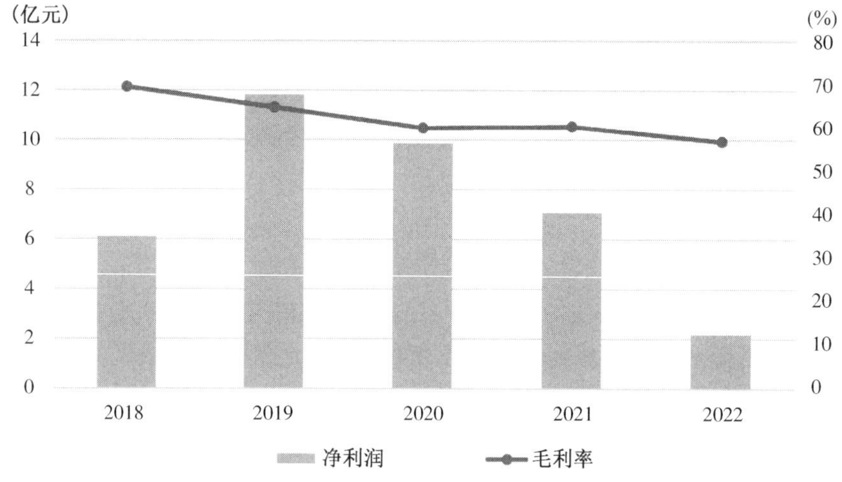

图 2-7　用友网络近五年净利润及毛利率

3. 近五年市值

用友的近五年总市值变化如图 2-8 所示，整体上波动较大，在 2020 年达到了市值的高峰，而在近两年有回落趋势。具体而言，用友网络 2018—2022 年的市值分别为 228.22 亿元、533.08 亿元、1422.97 亿元、1168.34 亿元、827.85 亿元，市值增长率分别为 123.58%、166.93%、−17.89%、−29.14%。究其原因，2019 年和 2020 年市值高速增长的原因主要是用友迎合了数字经济浪潮下 ERP 的数智化、国产化机遇，同时，用友公司云产品布局进一步完善，战略助力云转型也使得市场更加看好。2021 年和 2022 年市值的下降则与疫情冲击有关，疫情很大程度影响了用友公司的中小企业业务，还造成宏观经济下行与行业整体估值下降。除此以外，市场竞争加剧的因素也对其市值产生负面影响。

4. 业务组成与分部财务数据

目前，云服务与软件业务是用友网络的主营业务。从产品角度来看，有产品许可、技术服务与培训和其他三大模块，其中技术服务与培训是公司的主要产品。

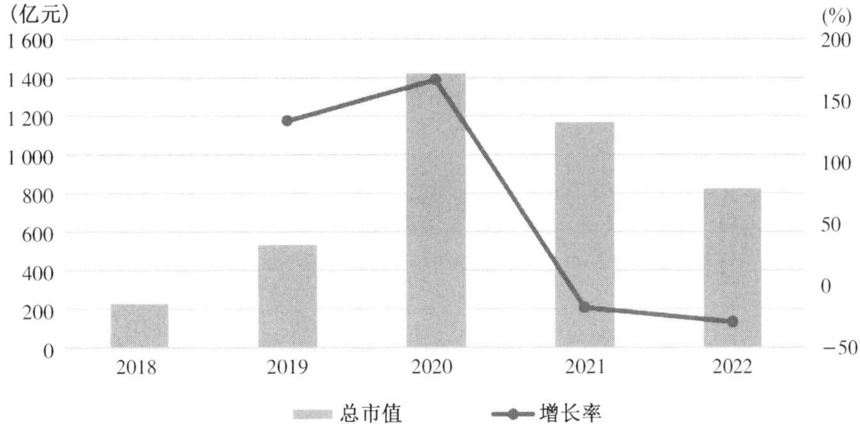

图 2-8 用友网络近五年总市值

用友网络的云服务业务助推企业发展，但是整体营业收入增速缓慢，公司归属上市公司净利润跌幅较大。2022 年，公司主营的云服务与软件业务实现收入 920 057 万元，同比增长 6.5%，其中，云服务业务保持较快增长，实现收入 635 296 万元，同比增长 19.4%，占营业收入的 68.6%，较上年同期提升 9 个百分点，已成为公司主要收入来源并继续扩大收入占比；软件业务继续战略收缩，实现收入 284 761 万元，同比下降 14.2%。该年，用友实现营业收入 926 174 万元，同比增长 3.7%，增速较往年有所回落。受收入增速不高、持续加大战略投入与业务结构升级等影响，公司归属于上市公司股东的净利润为 21 917 万元，同比下降 69.0%，公司归属于上市公司股东的扣非后净利润为 14 640 万元，同比下降 63.9%，这可能也与公司股价的下跌有所关联。而再向前追溯用友的主营业务构成，从图 2-9 的数据可以发现，用友云服务业务增速较快，且自 2021 年开始成了公司占比最高的业务，传统软件服务的占比则逐年下降，对公司业务收入贡献有所下降。

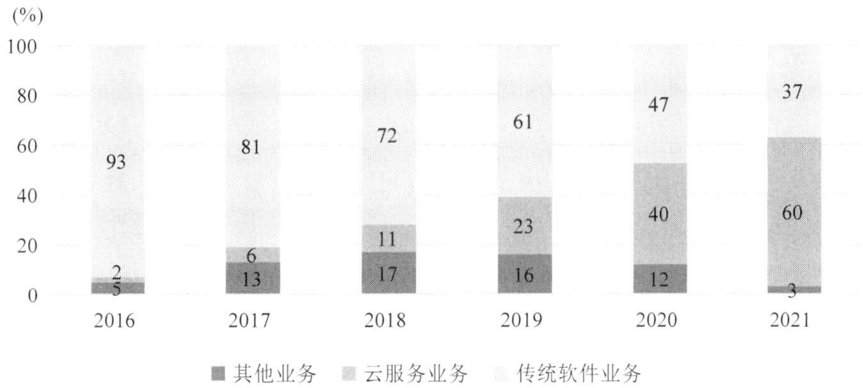

图 2-9 用友近五年主营业务构成

(五) 公司产品与 ESG 的联系

用友针对不同规模的企业，提供了不同类型的产品，用友的产品为客户企业也提供了

ESG 价值：依托专业技术与产品为合作伙伴提供多维度的可持续发展解决方案，助力客户与合作伙伴实现降本增效，协同推进环境友好型运营。表 2-3 介绍了用友主要产品的分类及其目标客户。

表 2-3　　用友产品介绍

<table>
<tr><th rowspan="2">目标客户</th><th colspan="4">BIP—商业创新平台</th><th colspan="4">云 ERP</th></tr>
<tr><th>云产品</th><th>技术架构</th><th>部署模式</th><th>收费模式</th><th>产品</th><th>技术架构</th><th>部署模式</th><th>收费模式</th></tr>
<tr><td>大型企业</td><td>YonBIP
用友商业创新平台高级版、旗舰版</td><td>云原生</td><td>私有云
专属云
公有云</td><td>许可模式
订阅模式</td><td>NCCloud</td><td>云原生
SOA 架构</td><td rowspan="2">公有云
私有云</td><td rowspan="2">订阅模式
（公有云）
许可模式
（私有云）</td></tr>
<tr><td>中型企业</td><td>YonSuite
成长型企业云服务标准版、专业版</td><td>云原生</td><td>公有云</td><td>订阅模式</td><td>UBCloud
U9Cloud</td><td>SOA 架构
.NET</td></tr>
<tr><td>小微企业</td><td>好会计、好生意、易代账</td><td>云原生</td><td>公有云</td><td>订阅模式</td><td>T＋Cloud</td><td>SOA 架构</td><td>公有云
私有云</td><td>订阅模式</td></tr>
</table>

整体上看，用友的产品具备独特的 ESG 逻辑，也使得用友在进行 ESG 披露时，相应梳理了其产品的 ESG 效用。以 2022 年为例，用友的产品不仅为本公司带来了可持续发展价值，也为客户提供了相应价值。用友作为全球先进的企业云服务与软件提供商，直接承担了相应的社会责任：让数智化帮助更多企业和公共组织成功，助力企业新"智造"，用创想和技术推动商业和社会进步。

而从时间维度上看，用友产品的 ESG 行动表现出更加全面的特点；在产品的 ESG 披露上呈现出更加翔实的特点。

第一，用友产品在内部公司治理中发挥了更大作用。用友牢筑产品数据安全与隐私保护之墙，用友针对 YonBIP 等重点产品的潜在信息安全事件，设立了完整的主动与被动应对措施；针对云采购系统产品的研发与应用，推动其透明化在线操作，实现责任采购，助推公司内部合规、高效运营。

第二，用友产品在外部公司的绿色发展中发挥了更大作用。从顶层设计上看，用友设立了可持续发展委员会、产品与服务创新组，并更新董事会战略委员会为战略与可持续发展委员会。用友优化产品战略与发展、深化产品技术赋能，直接帮助客户实现环境的可持续性，共同应对环境气候变化之挑战，提供绿色永续的方案。例如，用友采购云、协同云、税务云帮助企业实现无纸化办公、在线办公，实现了碳减排十万余吨；用友积极打造"5G＋工业互联网＋废钢智能识别解决方案”，帮助钢铁企业大幅提升废钢循环利用效率，助力钢铁行业达成“双碳”目标；用友开发“用友设备后服务系统”，实时监测设备运行工况，确保设备始终运行在最优能耗状态，实现资源节约；基于精智工业互联网平台打造智能工厂系统，帮助企业根据自身痛点搭建智慧工厂，以新模式实现智能制造，推动降能耗、降消耗、降排放，实现节约制造。总而言之，用友近年来的产品创新，为“碳达峰”“碳中和”的“3060”目标做出了贡献，完善产品战略与发展的顶层设计，依托优势技术与产品赋能千行百业的绿色转型，携手客户、合作伙伴共同应对环境与气候变化的挑战，助推外部企业高效运营、降碳减排。

第三，用友的产品还在社会可持续发展上有所贡献。基于“用友生态伙伴网络”，用友将建立健全生态支持体系，推动建立全球领先的聚合型企业服务生态；依托产品优势，为公益组织提供基于公有云的财务及项目管理服务，启动用友公益云项目，推动公益机构信息化水平提高、透明度与公信力增强。

第四，用友在产品作用的数据披露上也更加翔实。以 2022 年用友产品在外部公司绿色发展中发挥的作用为例，用友不仅充分以多个企业实际案例举例，还准确披露了客户公司使用用友产品后降碳减排的实际数字，使得报告说服力、可信度增强。而 2023 年，用友也在公司官网中通过“重点案例展示”与“行业客户可持续产品与解决方案”两大板块，以案例形式生动地展示了用友产品在“提供绿色解决方案”上的贡献。

二、ESG 发展沿革

（一）ESG 披露发展沿革

1. 公司 ESG 披露的发展情况

伴随着用友的发展，用友在可持续发展上的行动与相关披露也越来越多。

2008 年，用友首次披露了社会责任报告(《用友软件股份有限公司 2008 年度社会责任报告》)，针对公司在落实科学发展观、构建和谐社会、推进经济社会可持续全面发展等方面，对公司利益相关者积极承担社会责任进行了披露。

受到公司治理不断完善、公司高层大力推进的影响，用友自 2014 年起每年定期披露非财务信息，并在 2021 年首次披露了 ESG 报告[《2021 用友网络科技股份有限公司可持续发展(ESG)报告》]，详细披露了用友在稳健治理、绿色实践、人才发展、美好社会等方面的实践。

2022 年，用友在集团总裁会下设由集团董事长兼 CEO 担任主任、各关键岗位副总裁担任委员的可持续发展(ESG)委员会，统筹负责公司环境、社会及治理(ESG)工作，集团 ESG 管理进入 2.0 模式。

2022 年，用友 ESG 报告及相关信息的审定与披露事项由可持续发展(ESG)委员会下设的信息披露组主持，委员会受集团董事长兼总裁主理，委员由关键岗位副总裁担任。信息披露组建立与推进公司 ESG 信息披露机制；承担公司 ESG 信息的收集整理报送、ESG 报告编制与发布、内外宣传等工作；积极与利益相关方沟通公司 ESG 战略及相关信息，增强公司可持续发展影响力。

2023 年，在更新的组织架构的基础上，公司董事会将原来的“战略委员会”更名为“战略与可持续发展委员会”，从董事会层面推动其披露渠道的优化，并制定集团官网可持续信息披露优化方案，探索“以披露促管理”的 ESG 披露与实践路径。

2. 总体趋势分析

从趋势上看，用友披露渠道从较为单一走向多元化。

2022 年及之前，公司在官网和指定网站上以文件形式披露社会责任报告或可持续发展报告，披露渠道及方式整体连续性较强，创新性有限。

在 2023 年，通过两次报告编制，用友的多个部门、业务条线深化了对 ESG 的认知，在此基础上形成的“目标设定”“政策制度梳理”等实践，已成为集团 ESG 能力建设的重要组成部分。在编制过程中，用友管理层、各部门、各业务条线之间围绕 ESG 信息披露形成的协作模式，成了集团开展 ESG 管理提升实践的核心支撑，实现了“以披露促管理”的初步探索。用友在官网一级页面上增设了可持续发展板块，下设五大 ESG 实践领域，使得 ESG 披露的直观性、交互性、可读性大大增强。

3. 公司 ESG 披露情况现状总结

用友自 2008 年起开始披露社会责任报告，自 2014 年起每年定期披露非财务信息，自 2021 年发布可持续发展(ESG)报告。目前，用友表示公司建立了如表 2-4 的“披露渠道多元、发布频率多样”的 ESG 信息披露机制。在 2022 年及之前，在实践中用友的 ESG 披露实践不及表格中的全面，局限于 ESG 报告文件的披露。在网站上，除了年报与可持续发展报告、社会责任报告外，用友披露了《用友社会责任方针政策及承诺》，并无其他网站或者文件对相关信息进行再披露。

表 2-4　　用友 ESG 信息披露内容、渠道与频率表

<table>
<tr><th>披露内容</th><th>披露渠道</th><th>披露频率</th></tr>
<tr><td>ESG 实践</td><td>官方网站</td><td rowspan="4">实时</td></tr>
<tr><td>ESG 政策</td><td>新闻媒体</td></tr>
<tr><td>参与倡议</td><td rowspan="2">股东公告</td></tr>
<tr><td>国际发声</td></tr>
<tr><td rowspan="4">ESG 合规情况
ESG 重点议题</td><td>评级机构 ESG 信息沟通</td><td rowspan="4">月度/季度</td></tr>
<tr><td>投资者问答/电话会议</td></tr>
<tr><td>媒体沟通会</td></tr>
<tr><td>路演</td></tr>
</table>

续表

<table>
<tr><th>披露内容</th><th>披露渠道</th><th>披露频率</th></tr>
<tr><td>ESG 实践</td><td rowspan="4">ESG 报告
年报
ESG 专项议题研究</td><td rowspan="4">年度/半年度</td></tr>
<tr><td>ESG 绩效</td></tr>
<tr><td>ESG 政策</td></tr>
<tr><td>ESG 重点议题</td></tr>
<tr><td rowspan="3">ESG 课题研究
ESG/可持续发展战略</td><td>ESG 专项议题</td><td rowspan="3">3～5 年度</td></tr>
<tr><td>ESG 课题研究</td></tr>
<tr><td>ESG/可持续发展战略</td></tr>
</table>

在 2023 年，用友抓住了这一改进的切入点，对标微软、SAP、Salesforce 等境内外优秀同业，制定集团官网可持续信息披露优化方案，并成功上线。具体来说，用友在以下四方面对网页披露进行了升级：第一，在网站一级页面专设可持续发展板块，下设"可持续产品与解决方案""数据安全与隐私""社会影响力""人才发展""公司治理"五大 ESG 实践领域板块；第二，以视频形式展示了用友可持续发展理念与产品；第三，集中展示了 7 个用友可持续发展的重点案例；第四，结合 ESG 信息披露前沿趋势，重点公开披露涉及公司治理、数据与隐私安全、人才发展等 ESG 议题的集团政策、制度 17 项。此外，在网页设计上，用友 ESG 报告的核心数据（例如碳减排、节约用电、设备数量、App 启用）被重点披露，直观地展示了用友最新年度在 ESG 方面的贡献；其最新 ESG 动态也在网页中优先显示，有效便利了包括机构投资者、ESG 评级机构在内的利益相关方及时了解集团 ESG 重点实践与突出成绩。总而言之，以上举措增强披露及时性的同时，有效提高了披露的可读性、互动性，方便投资者能够简易、直观、及时地了解用友近期的 ESG 实践。

（二）ESG 评级发展沿革

1. 各评级机构近两年对用友 ESG 的评级情况[①]

表 2-5 展示了各评级机构近两年对用友 ESG 的评级结果，整体而言，用友 ESG 评级处于中等偏上水平，且近年来评级结果呈现出波动中逐渐提升的态势。

表 2-5　　近两年用友 ESG 评级变动情况[②]

时间＼评级机构	富时罗素	中证	华证	商道融绿	中诚信绿金
2022Q1			BB	B+	
2022Q2		AA	BB	B	
2022Q3			BB	B	

① MSCI 评级结果在后文有详述。

② 数据来源：新浪财经 ESG 评级中心、同花顺 iFinD、各机构官网，空白部分未查询到相关数据。

续表

评级机构 时间	富时罗素	中证	华证	商道融绿	中诚信绿金
2022Q4			BBB	B	BBB
2023Q1	2.3		BBB	B+	BBB
2023Q2	2.3	AA	BBB	B+	BBB+
2023Q3		AA	BBB	B+	BBB+
2023Q4			BB		BBB+

2. 环境(E)、社会(S)、治理(G)分别评级情况

评级机构对环境(E)、社会(S)、治理(G)三方面进行了更为细致的评级。表2-6是中证、华证和中诚信绿金对用友最新ESG评级中的细分结果。①

表2-6　　用友最新(2023年)ESG评级细分结果②

评级机构	ESG评级	行业排名	E得分	S得分	G得分
中证	AA (2023年12月)	19/610	0.99	0.96	0.80
华证	BB(79.42) (2023年10月)	E：9/95 S：27/95 G：17/95	CC (61.27)	BB (79.36)	A (85.25)
商道融绿	B+	前20%	59.80	62.12	56.29
中诚信绿金	BBB+ (2023年12月)		B	BBB+	A+

3. 用友网络与其他公司的MSCI评级对比

(1) MSCI评级方法和用友与国内外同行业优秀企业MSCI评级比较

MSCI的ESG评级在全球有较大的影响,旨在衡量公司对长期和财务相关ESG风险的抵御能力,表2-7是MSCI的ESG得分与评级结果对应表。MSCI的ESG评级为每家公司确定了2～7个环境和社会关键议题,并对所有公司的2个治理维度下的6个治理关键议题进行评估。

表2-7　　MSCI的ESG得分与评级结果对应表

级别	领先/滞后	行业调整的公司最终分数
AAA	领先	8.571～10.0
AA		7.143～8.571

① 未获得富时罗素的ESG评级细分结果。

② 数据来源：同花顺iFinD、各机构官网。

续表

级别	领先/滞后	行业调整的公司最终分数
A	平均	5.714～7.143
BBB		4.286～5.714
BB		2.857～4.286
B	滞后	1.429～2.857
CCC		0.0～1.429

MSCI 对用友的评估结果变化情况如图 2-10 所示。从纵向的时间维度上看，用友的 MSCI 评级在 2022 年得到了较大的进步，于 9 月首次得到了整体为“A”的评级，在当年被 MSCI 给予评级的 A 股 12 家软件服务商中，用友是唯一获得“A”级评价的企业，说明用友在国内同行业的 ESG 评级中处于领先地位。2023 年 5 月，MSCI ESG 评级结果公布，用友成功保持“A”级别评价，再次位列 A 股软件服务企业第一。

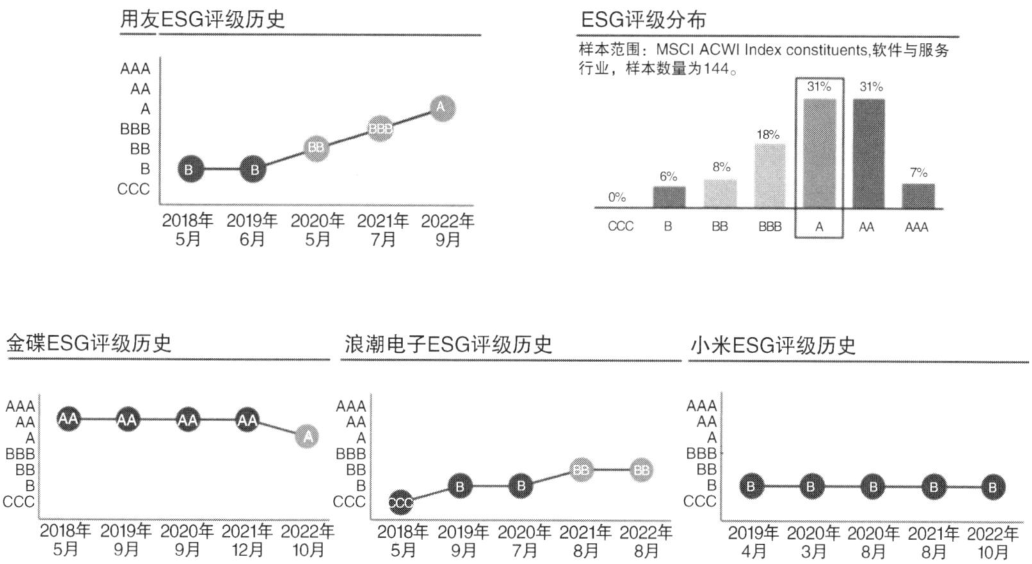

图 2-10　用友与国内优秀企业 MSCI 的历史 ESG 评级对比图(左上为用友)

从图 2-11 结果可知，用友的上述评级结果与国际第一梯队的软件服务公司仍有一定差距，存在进一步提升的空间。

(2) 近三年 MSCI 评级结果分析

2021 年，用友 MSCI 的评级结果从“BB”升至“BBB”，2022 年升至“A”，2023 年保持了“A”。这里展示近三年的 MSCI 评级结果。

从表 2-8 的 2021 年 9 月评级结果的细分指标上看，MSCI 侧重于对用友社会与治理两方面的考核，尤其是社会中“人力资源发展”这一模块，而用友在社会方面的得分也高于行业平均水平。用友也是在这一年首次披露了可持续发展(ESG)报告。

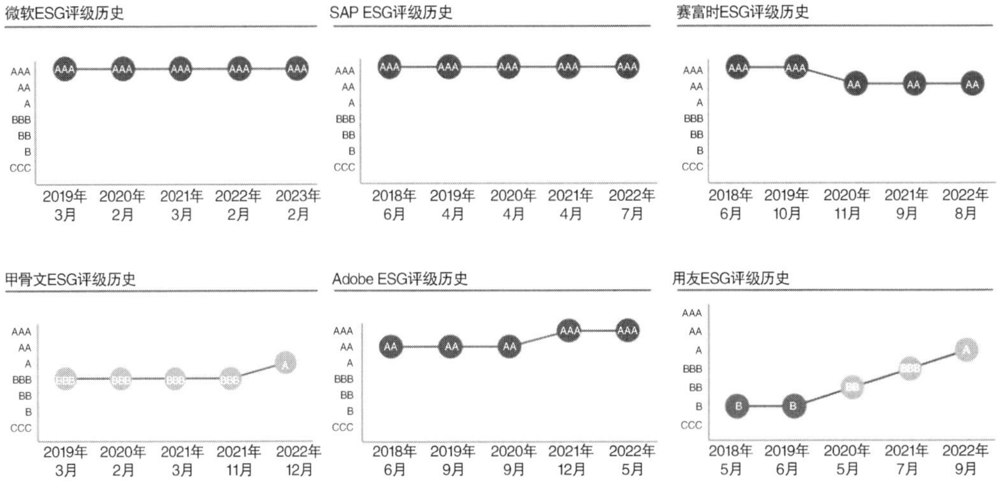

图 2-11　国际同行业公司 MSCI 的 ESG 评级对比（右下为用友）

表 2-8　　2021 年用友 ESG 评级“BBB”权重与评分结果

主要议题	权重	行业平均	得分(0～10)	变化
主要议题得分平均权重		5.3	5.2	
环境	16%	6.5	4.8	
清洁技术机遇 (Opportunities in Clean Tech)	11%	4.2	3.5	
碳排放 (Carbon Emission)	5%	8.6	7.7	
社会	47%	4.9	5.9	提高 0.2
人力资源发展 (Human Capital Development)	26%	3.4	3.8	提高 0.8
隐私与数据安全 (Privacy & Data Security)	21%	6.8	8.6	降低 0.5
治理	37%	5.7	4.5	提高 2.1
公司治理 (Corporate Governance)		6.3	4.6	提高 1.0
公司行为 (Corporate Behavior)		6.4	6.7	提高 3.5

例如，2021 年，MSCI 分析师针对用友如下评论：“用友在商业道德框架上的改进推动此次评级提升。公司在道德管理方面领先于国内市场的同行，其具体措施由高级管理层监督，并包括对员工的培训计划。2021 年，用友报告了 50 项有关商业道德的审计和内部控制评估。此外，其更新的《举报管理条例》(2021 年)旨在保护所有员工免遭报复。我们注意到

对高管薪酬的披露，有助于同行比较。开发数字转型平台的企业软件公司，如用友，对个人身份信息的访问进行了限制，这表明其面临的隐私风险较低……我们注意到有证据表明，公司有一个覆盖全公司的信息安全和隐私系统，以及外部安全认证和管理数据资产的分级安全措施。”

在 2022 年 9 月，用友首次得到整体为“A”的 MSCI 评级，评分达到了 6.6 分。从表 2-9 可知，用友在人力资源发展和隐私与数据安全方面的行动得分较高，拉动了用友整体评级的提升。表 2-10 分析了用友 2022 年评级的具体情况。

表 2-9　　2022 年用友 ESG 评级（“A”）权重与得分结果

<table>
<tr><td rowspan="2">评级结果</td><td colspan="2">环境（权重 16%）</td><td colspan="2">社会（权重 47%）</td><td colspan="2">治理（权重 37%）</td><td rowspan="2">得分</td></tr>
<tr><td>清洁技术机遇</td><td>碳排放</td><td>人力资本发展</td><td>隐私与数据安全</td><td>公司治理</td><td>公司行为</td></tr>
<tr><td rowspan="2">A</td><td rowspan="2">●●</td><td rowspan="2">●●</td><td rowspan="2">●●●</td><td rowspan="2">●●●●</td><td rowspan="2">●</td><td rowspan="2">●●</td><td>↑ 6.6
（2022）</td></tr>
<tr><td>4.5
（2021）</td></tr>
</table>

表 2-10　　2022 年用友 MSCI 评级（“A”）具体情况分析

议题分析与工作建议	议题名称	分析
优先级（高）	清洁技术机遇	2022 年度，用友在该议题上的得分为 3.5 分，较行业平均分（4.2 分）有一定差距
	碳排放	2022 年度，用友在该议题上的得分为 7.7 分，较行业平均分（8.6 分）有一定差距
	隐私与数据安全	2022 年度，用友在该议题上的得分为 8.6 分，大幅高于行业平均分（6.8 分）
优先级（中）	人力资本发展	2022 年度，用友在该议题上的得分为 3.8 分，高于行业平均分（3.4 分）
	公司行为	2022 年度，用友在该议题上的得分为 6.7 分，高于行业平均分（6.4 分）
优先级（低）	公司治理	2022 年度，用友在该议题上的得分为 4.6 分，较上次评级上升 1 分，目前略低于行业平均分（6.3 分）

具体而言，用友在 2021 年到 2022 年在披露和具体行动上有以下方面的变化：

首先，从最基础的 ESG 行动上考虑。第一，用友实现了 ESG 组织架构的优化。2022 年，用友设置了可持续发展（ESG）委员会统筹管理公司的 ESG 工作，并通过信息披露组完善 ESG 信息披露机制。第二，用友在公司治理层面，高管参与 ESG 培训会议，使得公司

ESG 管理理念和能力实现有效提升；特别地，公司对于数据安全与隐私行动实现了优化，公司在 2022 年正式发布了多达五部（修订发布了两部）相关规范与办法；此外，公司还在员工培训上有所优化，强调了对自身员工和第三方的信息安全培训。第三，用友在 2022 年实施了多个干部人才建设项目，拓宽人才发展晋升渠道。第四，在社区方面，用友通过生态合作伙伴计划推动生态伙伴网络的构建，推动了企业服务生态的优化。

其次，从基于 ESG 实践结果的披露上考虑。第一，2022 年用友在专题介绍前特别强调了公司新一年所获得的奖项认可与社会责任认证，从荣誉角度强调了用友在 ESG 方面所做出的贡献，强化了用友的贡献。第二，用友在公司信息披露层面也更加积极，披露多个与投资者互动的详细相关数据，在制度建设方面，用友特别梳理了支撑公司三位一体制度体系的规则体系，并以具体规定内容举例，尤其还对信息安全与隐私保护方面的规范进行披露，使得披露更加具有可信度。第三，利用二维码链接公司官网，在披露的交互性上有所优化。第四，在员工关怀部分披露的图片更多，使得报告在可信度与可读性上有所增强。第五，用友在 2022 年新披露了公益云已资助机构名单，报告更加透明。

2023 年用友维持了整体为“A”的 MSCI 评级，在环境和社会方面的评级均有一定提升，表 2-11 展示了用友网络 2023 年 9 月最新的 MSCI 评级权重、评分结果与评分依据。

表 2-11　2023 年用友 ESG 评级（“A”）权重、评分结果与评分依据

主要议题	权重	行业平均	得分(0～10 分)	变化
主要议题得分平均权重		5.2	5.0	
环境	16%	6.3	5.6	提高 0.8
清洁能源技术机会	11%	4.4	4.1	提高 0.6
碳排放	5%	8.7	9.0	提高 1.3
社会	47%	5.0	6.3	提高 0.4
人力资源发展	26%	3.4	4.6	提高 0.8
隐私与数据安全	21%	7.0	8.3	降低 0.3
治理	37%	5.5	3.2	降低 1.3
公司治理		6.1	2.9	降低 1.7
公司行为		6.4	6.7	

三、公司 ESG 组织形式

（一）公司目前 ESG 相关组织架构情况

环境、社会及治理理念被纳入公司运营的各个环节，离不开企业组织架构的支持。用友逐年完善与可持续发展理念相契合的机制体制，无论是早期建设的信息安全管理架构，还是 2022 年设立的“可持续发展（ESG）委员会”、2023 年更新的“战略与可持续发展委员会”，都推动着用友的可持续发展管理进入高质量阶段。

如图 2-12 所示，2022 年，公司在集团总裁会下设由集团董事长兼 CEO 担任主任、各关键岗位副总裁担任委员的可持续发展（ESG）委员会，统筹负责公司环境、社会及治理（ESG）工作，分设五组，负责可持续战略与规划的制定、ESG 风险与机遇的识别、开展 ESG 工作的资源调动、可持续发展工作质量的监督、ESG 相关信息的披露，其具体职能如表 2-12 所示。该委员会统筹负责用友集团的 ESG 工作，推动 ESG 管理进入新阶段。

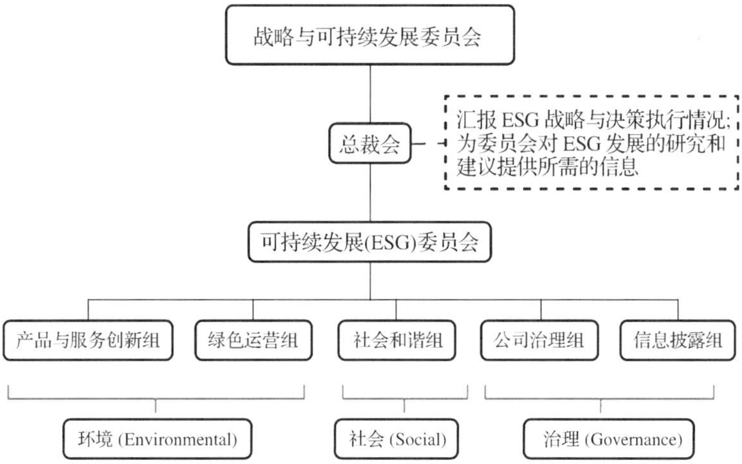

图 2-12　用友可持续发展（ESG）委员会组织架构

表 2-12　　用友可持续发展（ESG）委员会各组职能表

用友集团可持续发展（ESG）委员会	
产品与服务创新组	以“碳中和”为方向，积极推动产品与服务创新，助力客户和生态伙伴业务与管理的绿色化运营，落实产品促进减排的量化绩效，实现资源与能耗的节约，降低对环境产生的影响
绿色运营组	积极响应国家有关“碳中和”“碳达峰”的战略规划部署要求，制定公司碳减排战略及实施策略，将清洁能源使用、能耗管理、环保理念深化等绿色运营重点落实到自身运营过程的实处，实现内部运营的绿色化，推进实现公司的“碳中和”战略目标
社会和谐组	积极促进公司与利益相关方之间的和谐发展，包括：关注员工权利、福利与安全健康，维护合规、公平的投资者关系，维护用户和客户权益，履行供应链责任管理，监督与供应商、业务合作伙伴的健康合作，做好社区沟通，参与社区发展；通过公益捐赠等方式响应社会需求，提升社会绩效，实现公司社会价值
公司治理组	优化公司股东、董事会以及高级管理层的权利和职责，加强内部控制，避免经营行为脱序，建立完善的反腐惩罚机制、规范道德行为标准，建立健全现代经营管理体系，形成科学合理的公司治理组织架构，保障企业发展可持续性
信息披露组	建立与推进公司 ESG 信息披露机制，承担公司 ESG 信息的收集整理报送、ESG 报告编制与发布、内外宣传等工作；积极与利益相关方沟通公司 ESG 战略及相关信息，增强公司可持续发展影响力

2023 年 8 月，用友将“董事会战略委员会”更名为“战略与可持续发展委员会”，《董事会议事规则》中说明，其职责为：研究公司长期发展战略和重大投资决策及公司 ESG 战略和目标并提出建议，供董事会决策时参考。上文提到的总裁会向战略与可持续发展委员会汇报 ESG 战略与决策执行情况，并为委员会对 ESG 发展的研究和建议提供所需的信息。同时，用友修订了《公司章程》及相关附件部分条款。这一举措的实施表明用友的 ESG 已经由董事会中的战略与可持续发展委员会主持推进，反映出用友在公司整体战略层面对可持续发展的重视，进一步适应了公司战略与可持续发展需要，有利于提升其 ESG 管理水平，增强公司核心竞争力和可持续发展能力。

除了可持续发展的整体组织布局外，用友数年前便着力于信息安全管理架构的搭建。用友在 2019 年成立了信息安全管理委员会，委员会由公司高层担任主要领导，成员包含所有的子公司和事业部，职能涵盖了技术、人力、法务、企管等多个部门。委员会的主要职责是统筹管理公司的信息安全事务，保障信息安全与个人隐私。2022 年，用友将之升级为集团信息安全与隐私保护委员会，下设信息安全与隐私保护领导小组、信息安全工作小组、隐私保护工作小组，其中信息安全与隐私保护领导小组由公司分管安全的高级副总裁任组长，成员包括集团内分管产品研发、人力资源、法务、IT、机构管理及各事业群、子公司的主要领导。委员会履行集团内部安全管理及监督职责，确保国家信息安全与隐私保护相关法律法规与行业监管要求得到全面贯彻落实。与信息安全管理架构升级对应的，用友还根据最新法律法规及行业监管要求，编制、修订数项涵盖账号密码、数据、隐私、内容、应急响应等的数据安全与隐私保护制度。

（二）ESG 组织架构变动情况

用友 ESG 组织架构的搭建是一个动态优化的过程。表 2-13 依照时间线整理出了用友在近 20 年搭建出的社会责任相关的组织架构，可以发现在 ESG 实践过程中，用友根据企业实际管理痛点，逐步搭建出层层递进、不断优化、统筹多个部门的 ESG 治理组织架构，这些优化举措是值得肯定的。

表 2-13　　依照时间线整理社会责任相关组织架构说明表

年份	所属板块	部门名称	人员构成	职责	具体说明
2003	责任治理	用友员工救助基金	—	—	用友创始股东王文京、郭新平、吴政平、邵凯、杨祉雄个人捐助成立了“用友员工救助基金”，每年定期投入资金 50 万元用于基金运行。该基金以救助因重大疾病、人身意外伤害及特大自然灾害等重大事件造成经济困难的员工及其父母、未成年子女，至 2003 年底已经累计救助 8 名员工

续表

年份	所属板块	部门名称	人员构成	职责	具体说明
2009	公司社会责任管理体系	可持续发展指导委员会	高级管理人员	负责制定、调整公司的企业社会责任战略，并授权和协调各相关部门执行	用友在确立系统的企业社会责任观的同时，还着力建设社会责任管理体系。用友设立了可持续发展指导委员会，从上到下全方位地推动社会责任工作。可持续发展指导委员会由公司高级管理人员组成，统一指导社会责任工作，负责制定、调整公司的企业社会责任战略，并授权和协调各相关部门进行执行（2017 年及之后：该部门还依托公司社会责任部专职设计社会责任项目，统筹公司对外捐赠等工作）
2016	责任治理	社会责任部	—	—	用友成立社会责任部，专职负责公司社会责任相关工作
	责任治理	北京用友公益基金会	—	—	用友网络科技股份有限公司董事会第三十六次会议审议通过了《公司关于设立北京用友公益基金会的议案》。为促进公益事业的发展，公司独立出资 10 000 000 元设立北京用友公益基金会
	责任专题	中国产业互联网发展联盟（外部）	联盟的执行理事长单位	打造“普及企业互联网”生态圈	用友成立产业推进联盟（2009 年社会责任报告首次披露），大力推进国产企业管理软件的应用范围和深度，促进中国企业自主创新和技术进步
2017	责任战略	集团社会责任部门	—	建立企业社会责任报告发布制度，把履行社会责任融入企业文化及经营发展的各个环节，并动员全体员工积极参与社会责任工作	用友对照《上海证券交易所上市公司社会责任指引》的相关规定，公司持续提升社会责任管理水平，成立集团社会责任部门，建立企业社会责任报告发布制度，把履行社会责任融入企业文化及经营发展的各个环节，并动员全体员工积极参与社会责任工作，努力推进公司持续稳健发展
	绿色发展	节能工作领导小组	物业管理部为节能主管责任部门，联合园区经营部、物业公司、空调末端专业维保公司	负责制定相关节能降耗方案、措施，并组织实施；物业公司负责日常巡查工作，及时发现并制止能源浪费行为	为了加强园区建筑节能管理，提高能源利用效率，创建低碳、节能型科技园区，用友制定了《园区节能管理规定》，该项规定适用于园区内各个区域在办公时间、休息日及法定节假日的节能管理，并实施责任管理：物业管理部为节能主管责任部门，联合园区经营部、物业公司、空调末端专业维保公司成立节能工作领导小组，负责制定相关节能降耗方案、措施，并组织实施；物业公司负责日常巡查工作，及时发现并制止能源浪费行为

续表

年份	所属板块	部门名称	人员构成	职责	具体说明
2019	开放发展	信息安全管理委员会	由公司高层担任主要领导，成员包含所有的子公司和事业部	统筹管理公司的信息安全事务，职能涵盖了技术、人力、法务、企管等多个部门	用友制定并发布了《用友集团信息安全管理体系》及一系列规章制度，明确了日常工作中的各类安全要求。近年来，用友加大了对于个人隐私和数据的保护力度，制定了数据安全的管理规范，对数据进行分级分类，明确了各类数据的管理策略、防护备份策略以及应急处置策略，在数据生命周期各环节提供相应的安全保障。同时在用友云中提供了隐私条款，规定了个人隐私数据的收集和使用范围，并承诺提供严格的安全防护手段
	合作发展	民族事务委员会	—	—	对于开斋节等少数民族节日，用友每年都会执行民族事务委员会的政策给予符合人群相应假期
	创新发展	企业数字化服务领导厂商联盟、中国电子商会自主可控技术委员会(外部)	成立了企业数字化服务领导厂商联盟、中国电子商会自主可控技术委员会、“零信任”联盟、共同发起“地方国企数字化协同创新联盟”、共同启动“金兰生态计划”	—	用友发起成立了企业数字化服务领导厂商联盟、中国电子商会自主可控技术委员会，打造信息技术自主创新生态，打造全球数字化中国解决方案，促进中国企业自主创新和技术进步。研究院、工业和信息化部网络安全产业发展中心、北京大学、清华大学等发起成立“零信任”联盟，致力于扩大自主安全信创生态“零信任”架构落地应用，推进“零信任”教育、技术、产业融合发展，加快形成人才培养、技术创新、产业发展的良性生态；作为企业数字转型服务领导厂商，携手京东、阿里、百度等共同发起“地方国企数字化协同创新联盟”，围绕地方国企数字化转型、数字技术应用创新等积极发挥纽带和平台作用；与多家合作伙伴共同启动“金兰生态计划”，加入“海光产业生态合作组织”“麒麟应用生态联盟”，持续构建完善信创产业生态

续表

年份	所属板块	部门名称	人员构成	职责	具体说明
2019	开放发展	集团审计监察部	—	负责全公司的反舞弊工作，该部门直接向公司董事会进行汇报	用友倡导阳光经营理念，对反腐败工作高度重视，在集团层面设置集团审计监察部负责全公司的反舞弊工作，该部门直接向公司董事会汇报。用友已形成了《用友员工商业行为守则》《用友集团举报处理管理规定》《用友集团监察制度》《对审计监察中发现的违纪违规行为的处罚规定》等一系列完善的反舞弊制度依据。自2012年开始用友就依据上述制度调查了相应案件，并对违规违纪员工按制度予以相应处罚。2019年，集团审计监察部对于所有线索事项进行了全部调查，并查实了相应案件，对违反公司制度和职业操守的员工给予相应处罚，其中对严重违反公司制度的人员给予解除劳动合同的处分，并追回了相应经济损失。2019年用友先后加入两个国内的企业反舞弊联盟，通过深化与行业内外各企业间监察反舞弊工作的信息交流与相互合作，进一步加强公司反舞弊工作效能，不断推进阳光诚信的公司环境建设
2021	锚定高质量发展全方位开启数智创新新征程专题	主动发起成立融合生态联盟专业委员会、企业数字化服务领导厂商联盟(外部)	—	—	用友积极投入信创产业生态建设，与众多战略生态伙伴开展合作，主动发起成立融合生态联盟专业委员会、企业数字化服务领导厂商联盟等信创组织
2022	完善治理管理架构	可持续发展(ESG)委员会	集团董事长兼CEO担任主任、各关键岗位副总裁担任委员	统筹负责公司环境、社会及治理(ESG)工作	2022年，用友在集团总裁会下设由集团董事长兼CEO担任主任、各关键岗位副总裁担任委员的可持续发展(ESG)委员会，统筹负责公司环境、社会及治理(ESG)工作，集团ESG管理进入2.0模式

续表

年份	所属板块	部门名称	人员构成	职责	具体说明
2022	夯实数据安全与隐私保护	集团信息安全与隐私保护委员会	集团信息安全与隐私保护委员会成员包括集团内分管产品研发、人力资源、法务、IT、机构管理及各事业群、子公司的主要领导	履行集团内部安全管理及监督职责，确保国家信息安全与隐私保护相关法律法规与行业监管要求得到全面贯彻落实	2022年，用友全面升级安全组织架构，将集团信息安全管理委员会升级为集团信息安全与隐私保护委员会，履行集团内部安全管理及监督职责，确保国家信息安全与隐私保护相关法律法规与行业监管要求得到全面贯彻落实。集团信息安全与隐私保护委员会下设信息安全与隐私保护领导小组、信息安全工作小组和隐私保护工作小组，其中信息安全与隐私保护领导小组由公司分管安全的高级副总裁任组长
2023	—	战略与可持续发展委员会	本委员会成员由3～7名董事组成，其中至少包括一名独立董事；本委员会委员由董事长、1/2以上独立董事或者全体董事的1/3提名，并由董事会选举产生；本委员会设主任委员一名，由公司董事长担任	对公司ESG战略和目标进行研究并提出建议；对ESG战略和目标的工作实施进展进行检查，听取公司总裁会的工作汇报，并提出意见；对公司年度社会责任报告(ESG报告)进行审议，并提出意见等	《董事会议事规则》中，集团将董事会战略委员会更名为战略与可持续发展委员会，同时对《公司章程》及相关附件部分条款进行修订

四、议题选择

(一) 根据MSCI梳理公司议题分类

2021年，用友发布了首份可持续发展(ESG)报告，议题根据联合国可持续发展目标(SDGs)与全球永续标准理事会(GSSB)发布的可持续发展报告标准进行了归类。而在MSCI的体系标准下，用友的议题涵盖了表2-14所示的几个方面。

表 2-14　　**2021 年用友议题分类**①

章节	内容	MSCI 标准的对应议题
关于用友与专题：锚定高质量发展，全方位开启数智创新新征程	多元布局，助推企业数智化转型	**董事会**、**人力资源发展**、负责任投资
	创新引领，打造工业互联网平台新内涵	
	多维驱动，推动信创产业蓬勃发展	
	产教融合，深耕数字化人才培养	
	加大研发，持续提升自主创新能力	
第一章　坚持稳健治理	提升治理水平	**财务**、**商业伦理**、**隐私与数据安全**、责任采购、产品安全与质量、沟通可得性
	恪守合规运营	
第二章　践行绿色发展	拓展清洁技术机遇	**碳排放**、财务环境影响、产品碳足迹、**清洁能源技术机会**、绿色建筑机会、水资源压力、有害排放与废弃物
	深化绿色环保运营	
第三章　共促员工成长	健全员工招聘	员工健康与安全、**人力资源发展**、劳动力管理、**薪酬**
	优化员工发展	
	完善员工关怀	
第四章　构建美好社区	以专业履职拓展就业生态	**人力资源发展**、社区关系、劳动力管理
	商业文化遗产保护	
	公益行业数智化转型	
	教育科学文化事业发展	
	员工志愿者队伍建设	

35 个议题中，用友涵盖了 20 个议题，涉及环境的共 7 个，涉及社会的共 9 个，涉及治理的共 4 个，可见用友议题的披露侧重点在于社会层面，而从篇幅上看，全文约 2.5 万字中，约 20%的篇幅集中描述了公司治理的部分，约 20%的篇幅讲述了用友的绿色发展情况，约 45%的篇幅侧重于用友在员工成长与美好社会②方面所做出的贡献。

表 2-15　　**2022 年用友议题分类**

章节	内容	明晟标准的对应议题
专题：守匠人精神 35 载，用友 BIP 让数智化在更多企业和公共组织成功	峥嵘岁月，初心不改	**董事会**、**人力资源发展**
	逆水行舟，践行担当	
	专注创新，辛勤耕耘	
	以始为终，持续精进	

① 字体加粗部分是 MSCI 在针对用友 ESG 评级时重点关注的议题。

② 将专题字数统计入 S(社会)这一部分。

续表

章节	内容	明晟标准的对应议题
第一章　稳健治理	完善公司治理	**财务**、**商业伦理**、**隐私与数据安全**、产品安全与质量、沟通可得性、劳动力管理、责任采购
	坚守合规运营	
	夯实数据安全与隐私保护	
第二章　绿色实践	提供绿色永续方案	**碳排放**、财务环境影响、产品碳足迹、**清洁能源技术机会**、绿色建筑机会、水资源压力、有害排放与废弃物、负责任投资
	践行绿色低碳运营	
第三章　人才发展	完善招聘管理	员工健康与安全、**人力资源发展**、劳动力管理、**薪酬**
	拓展发展空间	
	深化员工关怀	
第四章　美好社区	汇聚生态伙伴	**人力资源发展**、社区关系、劳动力管理
	创新公益实践	

而最新的2022年的社会责任报告里，如表2-15所示，用友在议题数量上基本没有变化，从篇幅上看，全文约3万字中，约30%的篇幅集中描述了公司治理的部分，近18%的篇幅讲述了用友的绿色发展情况，约34%的篇幅侧重于用友在员工成长与美好社会方面所做出的贡献。

对比两者数据，从报告字数的数据与行文篇幅来看，“社会”始终是用友可持续发展(ESG)报告的主要内容，这与MSCI评级权重也是相符的；而从涉及MSCI评分指标的议题数量上看，环境部分虽字数始终较少，但是涵盖议题数量最多。

(二) 历年选择议题的变动情况

从最新两年的议题表格(见图2-13与表2-16)的变化与全文查重率①(见图2-15)可知，用友的议题的披露也具有延续性。图2-13是联合国可持续发展目标的17个目标。根据表2-16所示，用友近几年的报告对大部分(约65%)的目标相关的议题每年都进行了披露，也进一步印证了我们的上述观点。

图2-13　联合国17个可持续发展目标索引

① 全文查重率将在下文集中阐述。

表 2-16　　　　　　近四年来用友报告中对于"联合国可持续发展目标"的披露情况

年份	1	2	3	4	5	6	7	8	9	10	11	12	13	14	15	16	17
2019	是		是	是	是		是	是	是	是	是	是	是		是	是	是
2020	是		是	是	是		是	是	是		是	是	是			是	是
2021			是	是	是		是	是	是		是	是	是			是	是
2022			是	是	是		是	是	是		是	是	是		是	是	是

五、不同渠道披露之间的关系

(一) 年报 ESG 与 ESG 报告的查重率

在 ESG 报告与社会责任报告要求披露之前，年报是了解公司环境、社会与治理等相关信息最直接的手段，因此在 ESG 报告编制时，公司是否会参考年报内容是值得注意的问题。整体而言，如图 2-14 所示，用友网络年报与社会责任报告(ESG 报告)内容的查重率呈现出阶段性降低的特点。①

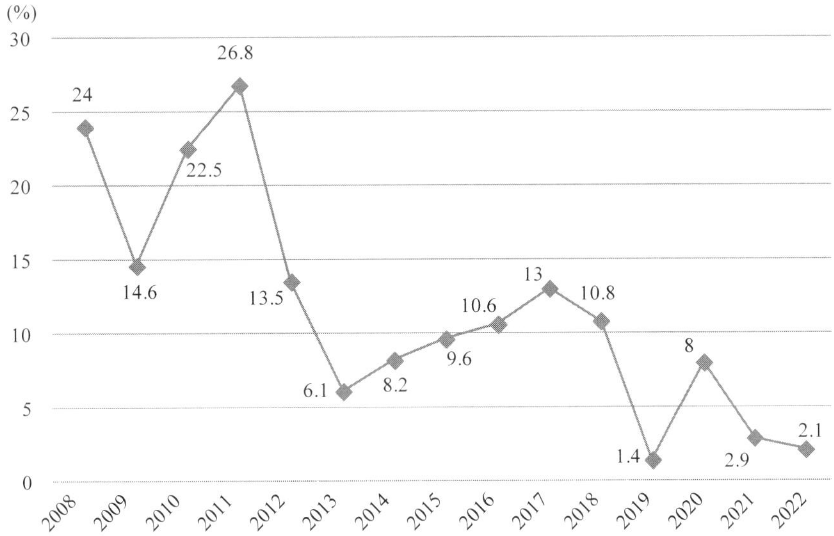

图 2-14　社会责任报告或 ESG 报告与当年年报查重率

下面本文将以 2008 年②的社会责任报告与 2021 年③的 ESG 报告为重点，分析其内容重复性。

2007 年及之前，用友并未单独披露社会责任，年报中也无专门的社会责任板块，但是根据规定，用友进行了公司治理层面的披露。以 2007 年年报为例，用友披露了治理情况、独董

---

① 图 2-14 所用的查重网站为 https://www.paperyy.com.cn，具体方法是自建库查询，将当年年报作为查重的基准文件，而对应年份的社会责任报告或 ESG 报告则是被查重对象。

② 2008 年，用友第一次披露社会责任报告。

③ 2021 年，用友第一次披露可持续发展(ESG)报告。

履职情况、高管股东的独立情况、高管考评激励情况、内部控制情况，给后续社会责任报告的披露奠定了一定的基础。从数据上看，2008年的首份社会责任报告与之前年份（2001—2007年）的年报查重率约8%。但是，从具体内容来看，查重率较为集中的除了对用友市场地位的描述之外，即员工激励部分查重率较高，而非年报之前所披露的公司治理部分。而从2008年年报与社会责任报告的具体重复结果进行对比，分析同年年报与社会责任报告的重复情况，结果为24%的查重率。主要重复结果仍集中在对于公司产品与地位的介绍，而值得注意的是，年报附件《用友软件股份有限公司董事会关于公司内部控制的自我评估报告》与社会责任报告在股权激励情况内部控制情况方面、人才发展与公司环境方面多有重复。

而在2021年，年报中报告期内"核心竞争力分析中的品牌与市场优势"与当年ESG报告的"专题锚定高质量发展全方位开启数智创新新征程"对用友精智工业互联网平台进行了一致的说明；年报报告期内"核心竞争力分析中的研发优势"与ESG报告的"践行绿色发展"对用友绿色产品研发的投入有一定的重复披露；年报中"报告期末母公司和主要子公司员工情况的培训计划"与ESG报告中"优化员工发展"中员工培训机制的披露一致。2022年，除了上述类似的重复披露外，年报中在第三节管理层讨论与分析第七点增加了对于公司"ESG进展"的披露，其中的表述也与ESG报告中对公司介绍的"完善环境、社会及治理管理架构"的内容相似。但是从查重率的数字来看，ESG报告的编制与年报的查重性较低，整体而言并无大幅的重复性披露，也侧面反映了ESG报告编制的创新性。

综合来看，社会责任报告或ESG报告内容与年报重复披露现象在降低。

（二）不同ESG披露渠道的比较

表2-17展示了用友ESG不同的披露渠道的目标受众、内容框架、披露重点、重复披露与内容风格等方面的比较。可见，用友逐渐形成了以ESG报告为核心、利用网页、多形式披露的披露方法。

表2-17　　用友不同ESG披露渠道的比较

披露类型	目标受众	内容框架	披露重点	重复披露	内容风格
近两年ESG报告	利益相关者	专题+ESG三部分	公司治理为主	与年报、往年年报的查重率都逐步降低	严谨，历年来图文结合、可读性逐步增强
年报中ESG披露部分	利益相关者	重复披露程度逐步降低，整体并无ESG的专门模块	—	近两年的重复披露主要集中在公司的成就	严谨
网页	大众	在网站一级页面专设可持续发展板块，下设"可持续产品与解决方案""数据安全与隐私""社会影响力""人才发展""公司治理"五大ESG实践领域板块	可持续产品与解决方案	与ESG报告在内容上具有一定重复性，选择其重点数据进行披露	重点突出、形式多样，以视频、文档、新闻动态等多种形式，及时地披露用友最新的ESG动态

六、ESG 报告

自 2019 年起，用友明确说明其组织范围是：以用友网络科技股份有限公司为主体，涵盖公司总部、产业园、境内外分（子）公司、用友控股股东及实际控制人等主体。而报告时间范围则以会计年度为基础，部分数据超过了该时间范围。

（一）采用的标准

自 2019 年起，用友社会责任或可持续（ESG）报告遵循联合国可持续发展目标（SDG），并主要参照全球可持续发展标准委员会（GSSB）发布的《GRI 可持续发展报告标准》（GRI Standards）编制报告。此外，用友作为上海证券交易所（以下简称"上交所"）主板上市企业，其报告编制同时参考了上交所有关社会责任的相关披露建议。

（二）内容结构

1. 查重率

用友的社会责任或可持续发展（ESG）报告也跟随着上交所、证监会等部门的规定，逐渐丰富内容、更加符合规定。用友各年的报告除了革新式的变化，整体上具有内容上的延续性，下面本文将从平均查重率和时间序列两方面总结报告内容重复性的特点。

图 2-15 计算了用友每一年社会责任报告与往年社会责任报告的查重结果。[①] 如图 2-15 所示，报告整体的平均查重率在 54.94%左右，而最高查重率高达 81.4%。从报告平均查重率较高这一现象可知，用友报告总体上延续了之前年份的披露内容；从时序特征上看，还可以发现用友在阶段性优化其报告内容：在报告结构或内容具有重大变化的关键时间节点（2016 年、2017 年、2019 年、2021 年），报告查重率都有大幅度降低，而在 2021 年，用友 ESG 报告进行了大幅改动，查重率大幅降低，低至 5.3%，这与报告的阶段性特征也是相符的。总而言之，用友的报告书写风格在延续中不断阶段性改进，整体上查重率呈现出下降的趋势。

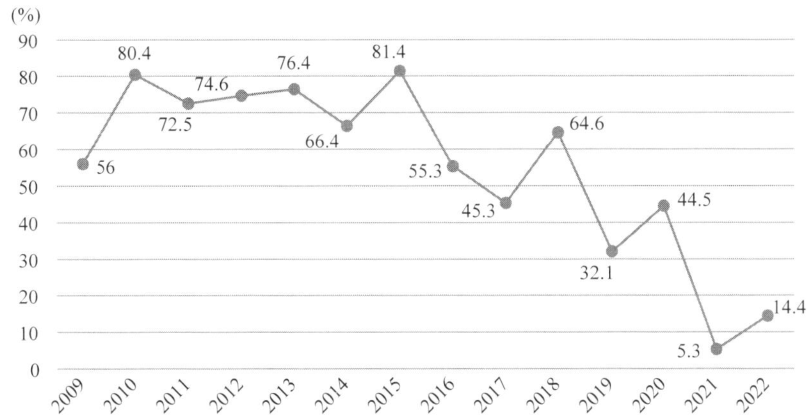

图 2-15　用友 ESG 报告历年查重率

① 图 2-15 所用网站与具体方法与上文一致，而这里为研究每年社会责任报告（或 ESG 报告）内容的创新性，将往年所有社会责任报告（或 ESG 报告）作为查重的基准文件，而最新年份的社会责任报告或 ESG 报告则是被查重对象。

2. ESG 披露内容时序变动情况

(1) 交易所对 ESG 信息披露规定的变动情况

公司对于 ESG 信息披露的优化离不开规定的细化，我国交易所对 ESG 信息披露规定经历了如下变化的过程。

首先，社会责任的信息披露方面的规定起步时间相对较早。2006 年 9 月，深圳证券交易所发布《上市公司社会责任指引》，鼓励上市公司自愿披露社会责任报告，包括披露股东和债权人权益、职工权益、环境保护与可持续发展、公共关系和社会公益事业等内容。深交所要求，所有“深证 100 指数”的成分股上市公司，必须披露社会责任报告。2008 年 5 月，上交所发布了《上海证券交易所上市公司环境信息披露指引》，要求上市公司必须披露可能与股价相关的环境保护重大事件，同时鼓励企业自愿公开的其他环境信息。两所规则都要求了上市公司重视公司员工、债权人、客户、消费者以及社区在内的利益相关者的共同利益，推动社会经济可持续发展。

其次，我国逐步完善了分层次的环境信息披露制度。2016、2017 年，证监会两次修订上市公司低谷期报告内容与格式准则，强制要求重点排污单位披露主要环境信息，其他上市公司则施行“遵循或解释”环境披露信息政策，同时鼓励上市公司资源披露环境责任的相关信息；同时上交所也制定了《上市公司环境信息披露指引》，督促上市公司重视环境保护工作。

最后，在公司治理层面，《上市公司信息披露管理办法》、定期报告内容与格式准则、沪深证券交易所相关规则、证监会 2018 年修改的《上市公司治理规则》均对公司治理信息披露相关要求做出规定。2018 年 6 月 1 日，A 股被正式纳入 MSCI 新兴市场指数，这意味着所有被纳入的 A 股上市公司都需要接受 ESG 评测，其中不符合标准的公司将被调低评级或从该 ESG 指数中剔除。这对企业的 ESG 表现有监督和引领作用，有助于推动公司在 ESG 方面的信息披露和社会责任履行，促进企业合规和可持续发展。

(2) ESG 报告内容变动情况

用友的 ESG 披露具有一定阶段性。从 2008 年用友披露首份社会责任报告，到 2021 年披露首份可持续发展(ESG)报告，用友的披露具有内容逐渐翔实、编制逐渐规范、可读性逐渐增强的特点，实现了渐进性的发展。

如图 2-16 所示，2016 年，报告首次出现了专题，针对企业的社会责任进行了专门介绍，提高了报告内容的翔实度，这样的披露方式也延续到了最新的 ESG 报告中；2017 年，报告首次加入了目录，使得整个报告脉络清晰，可读性大大增强；2019 年，报告首次根据联合国可持续发展目标(SDGs)、GRI 标准披露项一一对标披露，提高了报告编制的标准性；同年，该报告首次采用了图文并茂的形式，报告的美观度、可读性都有所提升；2021 年，报告首次在整体排版上有颠覆式改变，也是公司首年根据治理(G)、环境(E)、社会(S)三大内容披露。随着各个阶段的发展，用友报告在披露上逐渐完善。

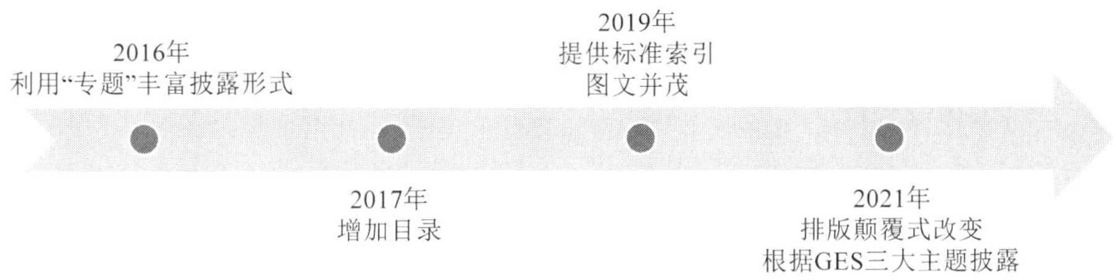

图 2-16　用友报告的阶段性披露特征

（3）ESG 报告结构顺序的时序变动情况

上文提到，用友各年的社会责任报告在内容上具有一定延续性，下面我们将通过对用友自 2008 年以来报告在 ESG 的披露顺序上，探讨其披露顺序是否仍具有延续性。一方面，本文将利用表格梳理历年 ESG 议题披露顺序的变化情况；另一方面，本文将从全文行文逻辑梳理，探讨 ESG 报告结构顺序的时序变动情况。

从表 2-18 可以看出，在正式的可持续发展（ESG）报告披露之前，用友的社会责任报告仍呈现出阶段式延续发展的特点。

表 2-18　　历年 ESG 议题披露顺序变化

年份	披露顺序	特点
2008—2015	S（社会）- G（治理）- S（社会）- E（环境）- S（社会）	社会责任始终是行文主线，公司治理部分仅局限于信息透明的披露，而环境部分则以用友产业园的低碳措施为主
2016—2020	S（社会）- G（治理）- S（社会）- E（环境）	从责任管理、开放发展、创新发展、合作发展、绿色发展与更有内涵的发展六大方面说明，并未整体从 ESG 三块划分，各部分内容有所交叉，顺序逐步优化
2021—2022	专题（S 社会为主）- G（治理）- E（环境）- S（社会）	正式按照 E、S、G 三大模块划分，分别披露各部分内容

除了用友报告内容的重复性、披露顺序与披露重点外，其报告内在逻辑也值得梳理。但是，公司并未披露整体报告议题的选择与议题披露顺序选择的原因，因此，本文仅从报告的行文逻辑梳理。2021—2022 年用友披露的 ESG 报告逻辑基本一致，这里以 2022 年 ESG 报告为例梳理用友的披露逻辑。

图 2-17 是 2022 年报告的目录，直接明了地反映了用友报告的行文逻辑：首先，用友的报告以董事长致辞开篇，概括性地对整个报告内容和用友的可持续发展贡献做了整体梳理。在公司简介之后，用友突出强调了其环境、社会及治理管理架构，突出了可持续发展委员会的作用。其次，用友延续了自 2016 年开始着重披露的“责任专题”，描述了商业创新平台的历史发展、产品逻辑及贡献，并结合“数智创新”案例强调用友成就。

进入 ESG 披露的主体部分，用友采用了 GES 的披露顺序，将其公司治理优势放在较前的部分重点披露。该部分的内部披露逻辑为从宏观到微观，从公司治理的顶层逻辑入手，

目录
CONTENTS

报告编制说明

董事长致辞 02

关于用友 04
公司简介 04
完善环境、社会及治理管理架构 06
奖项与认可 08
社会责任认证 09

展望未来 58

内容索引 60
GR 内容索引 60
可持续发展目标(SDGS)内容索引 61

专题: …

守匠人精神 35载，用友BIP让数智化在更多企业和公共组织成功 10

稳健治理 16
完善公司治理 18
坚守合规运营 20
夯实数据安全与隐私保护 26

人才发展 42
完善招聘管理 44
拓展发展空间 45
深化员工关怀 49

绿色实践 32
提供绿色永续方案 34
践行绿色低碳运营 39

美好社会 52
汇聚生态伙伴 54
创新公益实践 55

图 2-17　用友 2022 年可持续发展(ESG)报告目录

再到合规运营的体制机制建设，最后利用制度为数据安全与隐私保护保驾护航。在环境部分，用友从产品提供绿色永续方案、企业践行绿色低碳运营两方面入手，结合案例与详尽数据分析了用友产品的低碳逻辑；结合产业园情况分析了用友清洁能源、能耗管理等方面的行动与成果。然后，用友由公司内部到外部社会，从人才发展和美好社会建设两部分分别梳理了用友在社会方面的行动：首先，该部分的披露逻辑按照时间顺序进行，先后披露了用友在人才招聘、员工发展、员工关怀的行动；其次，突出用友商业创新平台的作用；再次，说明了“公益云”产品在公益组织中的应用；最后，披露资助项目、志愿者队伍建设等传统社会行动，使得用友产品在 ESG 上的独特优势再次被强化。此外，该部分结合了大量的图片素材，让用友的公益行为“看得见”，增强了其披露的可信度与可读性。报告的结尾则是立足于当下用友 ESG 行动与成果，展望公司未来规划。

（三）环境(E)、社会(S)、治理(G)

1. ESG 三部分的披露侧重点

为探讨报告 E、S、G 三部分的披露侧重点，本文选取最新的 2022 年 ESG 报告，分别统计了这三部分内容前十大关键词，并针对各年披露情况做整体的总结。

图 2-18 是报告环境部分的前十大关键词，可见用友以智能为核心，侧重披露企业的绿色（运营）、产品的设备（监控）、企业服务、产业园等方面的行动与成就。

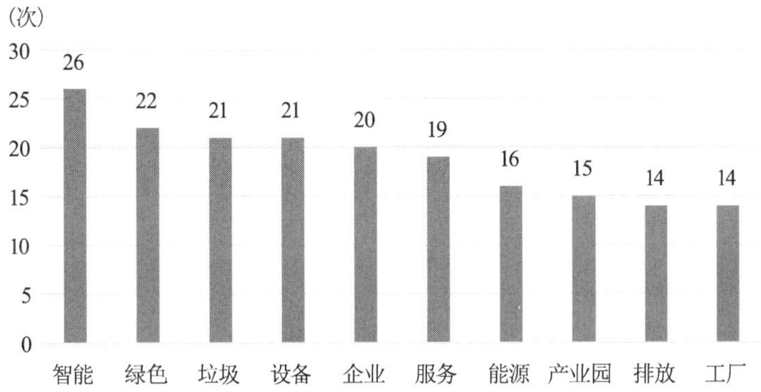

图 2-18　2022 年 ESG 报告环境(E)部分关键词统计

图 2-19 则是报告社会部分的关键词，“员工”这一关键词数量远超其他关键词数量，可见用友在进行社会行动时员工始终为核心，且注重其发展情况，在服务、培训、招聘、管理等环节均有所发力。

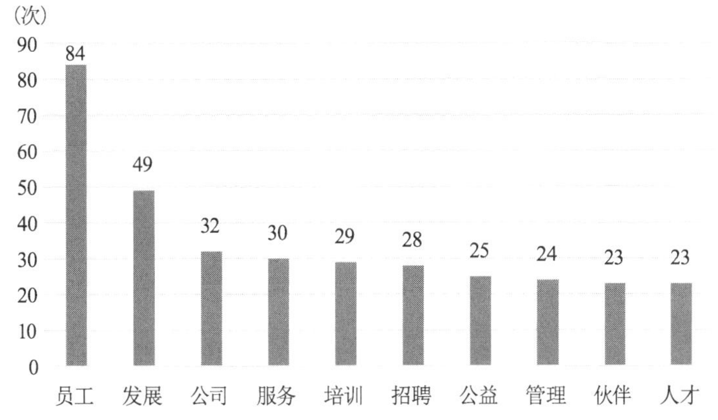

图 2-19　2022 年 ESG 报告社会(S)部分关键词统计

从图 2-20 可知，在治理部分，用友重视信息安全、审计和个人信息或隐私的保护，其中“安全”这一关键词反复出现，贯穿报告治理部分全文始终。

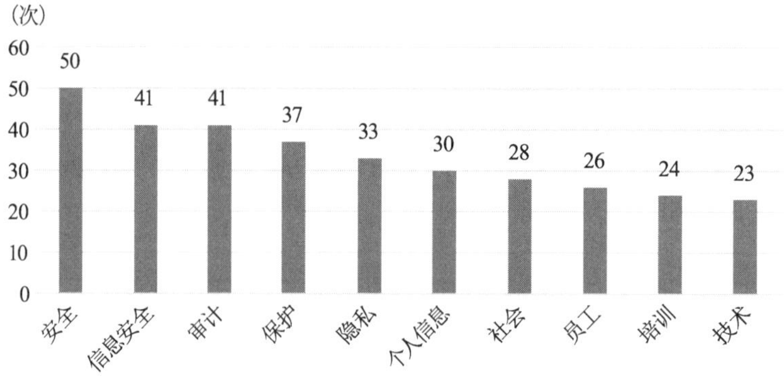

图 2-20　2022 年 ESG 报告治理(G)部分关键词统计

而从各年整体披露情况来看，虽然用友不总是按照 ESG 的三大议题披露，但是总体而言，用友历年的社会责任报告都或多或少地涉及了环境、社会与公司治理的信息披露。从 2021—2022 年的 ESG 报告数据来看，公司治理始终是用友的披露重点；而向前追溯其社会责任报告，S(社会)部分则是披露重点，社会责任报告中，用友不仅披露了公司的社会责任体系建设情况，还强调了为股东所创造的价值、对客户与合作伙伴的价值、对产业转型升级所做出的贡献、对员工发展的重视、对社会公益的贡献等内容，这些是公司报告披露的重点。

2. 各自的披露特色

除了披露内容外，披露形式（例如哪部分以案例为主、哪部分列举数字较多、哪部分结合图片较多）也是值得关注的重点。仍以用友 2021—2022 年的 ESG 报告为例，我们可以统计得到表 2-19 的结果。可见，虽说 2022 年案例数量有所下降，但整体上这两年用友一定程度上以案例形式披露，且 E 部分采用案例形式最多。而同一年横向对比可知，从案例数量与关键数据数量上看，用友在 E 部分披露最为详细，S 部分次之。而用友一般在社会模块披露较多图片，作为报告辅助内容。

表 2-19　近两年 ESG 报告披露形式统计

年份	关键指标	专题(S 为主)	G	E	S
2021	案例数量	3	0	5	2
	关键数据数量①	7	3	22	17
	照片数量②	3	4	2	10
2022	案例数量	1	0	4	0
	关键数据数量	0	13	23	13
	照片数量	2	1	3	11

① 指报告中加粗强调的数据，一定程度上反映了用友对于关键指标的刻画。
② 不包括无意义的背景图或与主题无关的图片，仅包括活动或者证书、宣传单等图片。

(四) 专题披露

1. 专题披露情况

用友自 2016 年起，每年都披露了专题并作为报告的开篇或收尾，具体专题内容如表 2-20 所示。

表 2-20　　用友专题披露统计

<table>
<tr><th>年份</th><th>专题名称</th></tr>
<tr><td>2016</td><td>责任专题：打造“普及企业互联网”生态圈</td></tr>
<tr><td>2017</td><td rowspan="2">责任专题：服务企业数字化转型，共筑企业服务产业共享平台</td></tr>
<tr><td>2018</td></tr>
<tr><td>2019</td><td rowspan="2">责任专题：坚持可持续发展，推动商业和社会进步</td></tr>
<tr><td>2020</td></tr>
<tr><td>2021</td><td>专题：锚定高质量发展 全方位开启数智创新新征程</td></tr>
<tr><td>2022</td><td>专题：守匠人精神 35 载，用友 BIP 让数智化在更多企业和公共组织成功</td></tr>
</table>

2. 专题选择的时序特征

从专题名称便可直接感知用友的专题披露重点，在专题选择上，用友延续了社会责任报告对于社会方面披露的侧重，始终以社会(S)为主，并结合用友历年发展的趋势，从互联网生态圈到数智化商业创新平台，针对性地分析了用友当年对社会方面的行动与贡献。

七、公司 ESG 相关特点总结

从时间上看，用友披露过程中呈现出与时俱进、及时更新、渐进性发展的特点，而用友的 MSCI 评级逐渐提升，也有其 ESG 披露的可取之处，值得其他公司借鉴。

用友在近年来从顶层设计出发，更新董事会“战略委员会”为“战略与可持续发展委员会”，设立了管理层牵头的可持续发展委员会，为各项 ESG 行动与整体 ESG 披露提供直接指导，这是其他公司容易效仿且能带来一定成效的举措。在权威机构评级结果公布后，用友会在董事会季度报告中及时讨论并分析其评级变化原因、下阶段 ESG 工作规划与建议、学习优秀国内外同业 ESG 实践及披露方法(如微软、SAP、金蝶)，使得 ESG 评级结果有效促进了公司 ESG 工作的进步，形成正向循环。

纵观用友 13 年的社会责任报告与两年的可持续发展报告的发展脉络，我们可以得到以下启发：从披露形式来说，用友将案例与数据相结合，引入具有说服力的案例和科学性高的数据，并加入企业当年相关成就、制度机制的图表，图文结合，丰富了报告内部披露形式的同时，增强了报告可读性；从披露逻辑上讲，在环境、社会与治理每一个部分乃至整体三部分的顺序上，用友都优先强调其作为一家企业云服务与软件供应商的特色，抓住产品特性与企业调性，将其披露顺序提前并重点大篇幅说明，生动而又突出地展示了用友在 ESG 各个部分的独特作用，最大化地突出用友的优势。

回顾用友ESG信息披露的发展历史，可以最直观地发现ESG披露是一个渐进性的过程，不是一蹴而就的。企业应当及时了解ESG相关披露的要求，不断更新披露的内容、形式，逐步从跟随披露标准到效仿优秀企业，再到成为优秀企业引领ESG披露。最后，回归到最根本的问题，披露的基础是企业的行动，正是用友近年来更加丰富、更加切实的ESG实践，才使得用友在ESG评级上有显著进步。报告信息始于行动，只有企业务实地将环境、社会与治理各个环节的行动落地，并结合披露的优化，方可推动企业评级得到正面反馈，更不负投资者与社会各界的期待。

第二节　思爱普(SAP)ESG信息披露

一、公司简况

(一) 公司简介和历史沿革

1. 公司简介

思爱普(SAP)是一家跨国软件公司，公司主要销售产品为ERP软件、数据库软件、云工程系统等。SAP借助机器学习、物联网和分析技术帮助客户转型为智慧企业，其研发销售的端到端应用和服务套件帮助客户实现运营盈利并创造差异化优势。目前，SAP是全球第三大上市软件公司，也是全球最大的非美国软件公司。

1988年，SAP在法兰克福和斯图加特交易所上市，股票代码为“SAP”。1998年，SAP以美国存托凭证（ADR）的形式在纽约证券交易所上市。

2. 历史沿革

(1) 1972—1986年：早期发展

1972年4月1日，迪特马·荷普(Dietmar Hopp)、哈索·普拉特纳(Hasso Plattner)、克劳斯·魏伦路特(Claus Wellenreuther)、克劳斯·茨奇拉(Klaus Tschira)和汉斯魏纳·海克特(Hans-Werner Hector)创立了System Analyse Programmentwicklung(系统分析程序开发)。他们的想法是创建标准的企业软件，集成所有业务流程，并实现实时数据处理。实时数据处理、标准化和集成也是SAP从一家德国小公司转型为全球商业软件领导者的基础。1979年，SAP开始开发其第二代软件R/2。

(2) 1987—2010年：从R/3到全球公司

1988年SAP成功在法兰克福和斯图加特交易所上市。1992年，客户端-服务器软件使SAP成为一个拥有子公司和开发中心的全球业务参与者。1999年，SAP通过推出mysap.com战略来应对互联网和新经济。2009年，该公司扩展进入三个未来市场：移动技术、数据库技术和云技术。为了迅速成为这些新领域的关键参与者，SAP收购了一批竞争对手，包括 Business Objects、Sybase、Ariba、SuccesFactors、Fieldglass 和 Concur。

(3) 2011—2023 年：和 SAP HANA 一起跨入云计算时代

2011 年，SAP 推出内存数据库 SAP HANA，该数据库使得过去需要几天甚至几周时间的数据分析现在几秒钟就可以完成。2015 年，SAP 推出了 SAP S/4HANA。SAP 致力于使每个企业都变得智能、联网和可持续发展。公司将云计算集成数字业务流程所需的解决方案、技术、最佳实践进行整合，并将应用程序开发、数据分析和集成人工智能整合到一个平台上，这也是“RISE with SAP”核心元素。SAP 目前拥有大约 2.69 亿云用户，有 100 多个解决方案，覆盖了所有业务，在 15 个国家的 32 个地点运营着 57 个数据中心。该公司提供了所有供应商中最大的云服务组合。

(二) 所处行业和公司定位

1. 行业发展与竞争情况

根据 SAP Corporate Fact Sheet，SAP 属于企业软件行业(EAS)。

企业软件行业的需求在不断增加。主要有两个原因：一是，企业软件能够促进客户关系管理流程，改善客户体验并提高客户保留率；二是，由于数字化的发展和社交媒体营销平台的出现，企业需要企业软件来记录和管理大量客户数据，企业软件可以帮助公司为其客户创建个性化的营销内容。

但是高成本是阻碍该市场增长的主要因素。企业软件部署需要大量的资金、时间和专业知识。由于项目规划、组织、安装、培训和系统配置等漫长的实施过程，企业软件具有很高的成本。除了 ERP 软件部署之外，组织可能还需要新的硬件、网络设备和安全软件，这些会相应地产生额外的成本。此外，员工培训、员工招聘和维护等费用预计将提高企业软件的初始部署成本，可能会抑制预测期内的市场增长。

就收入份额而言，企业软件细分市场在过去几年中一直稳步增长。这种持续增长背后的主要驱动力是企业软件应用程序在公司业务高效、经济高效的运营中至关重要。即使在经济波动时期，企业软件领域的收入仍然保持稳定。例如新冠疫情时期，企业软件领域的收入依然实现了 2.86%的增长。这说明企业软件应用程序的使用已经是不可或缺的，如果没有合适的软件工具开展业务，企业就会遭受巨大损失。软件提供商提供的基于云的软件产品和订阅定价模式也为该细分市场的稳定性做出了贡献，因为它们为中小型公司提供了灵活性和可扩展性。目前企业软件市场处于稳定增长时期，随着越来越多的公司提供基于云的软件解决方案，预计未来 5 年该细分市场的复合年增长率为 11.74%。如图 2-21 所示，2022 年全球企业软件市场预计规模为 2 010 亿美元(实际市场规模为 2 499 亿美元)，预计到 2032 年将达到 6 100.9 亿美元左右。

而将企业软件行业按软件划分后可以发现(如图 2-22 所示)，客户关系管理(CRM)细分市场总收入占比最多，在 2022 年贡献了超过 26%的收入份额，其他企业软件贡献了 24%的收入份额，企业资源管理软件贡献了 18%的收入份额。按部署计算，2022 年本地细分市

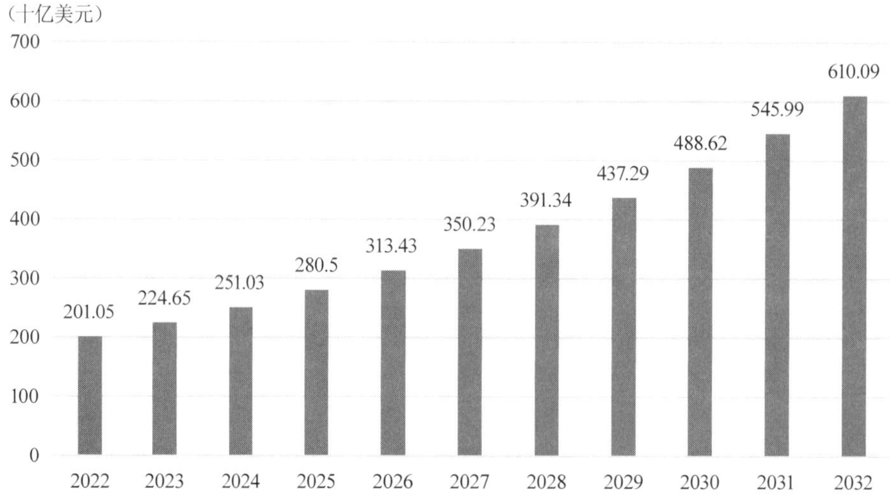

数据来源：www. precedenceresearch. com。

图 2-21　企业软件行业 2022—2032 年预计增长规模

场的收入份额超过云领域细分市场，约为 51%。按企业规模划分，2022 年大型企业仍然是企业软件的主要客户。SAP 的产品涵盖了多个软件细分市场，如客户关系管理软件、企业资源管理软件、供应链管理软件等，可以说在企业软件行业贡献较大收入的细分市场 SAP 均有涉猎。SAP 最初以部署本地软件起家，目前逐渐将重心转移到云部署细分市场。

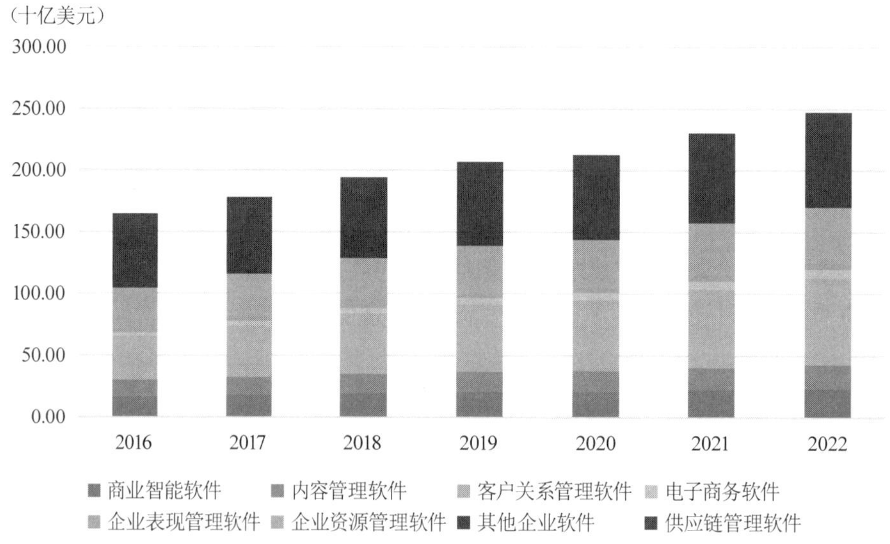

数据来源：statistia。

图 2-22　2016—2022 年不同领域收入

SAP 在企业软件领域的主要竞争者有微软、甲骨文、Salesforce、Paypal 等公司。微软、甲骨文是 SAP 目前最强有力的竞争对手(如图 2-23 所示),微软是企业软件领域的领导者,2017—2022 年,微软公司的净销售收入均超过 2 080 亿美元。甲骨文和 SAP 分别位列第二和第三的位置。甲骨文和 SAP 之间存在激烈的竞争,2007 年,甲骨文曾对 SAP 提起不正当竞争和舞弊诉讼;SAP 在 2010 年败诉,被迫支付 13 亿美元——当时历史上最重大的版权侵权判决,严重损害了 SAP 的声誉。除此之外,SAP 也需要面对 Salesforce 和 Infor 等规模较小的竞争者,这类竞争者通常采取聚焦差异化战略,关注特定利基市场。

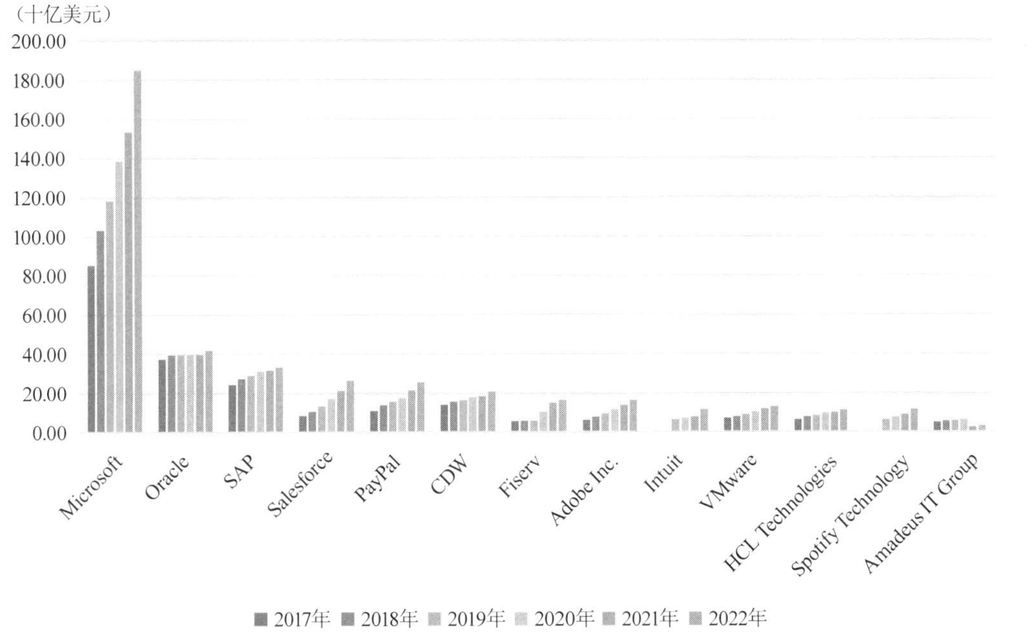

数据来源:statistia。

图 2-23　EAS 前十大公司(按收入划分)2017—2022 年销售收入

2. 公司定位、使命与愿景

SAP 的公司定位为企业软件行业的市场份额领导者,包括企业资源管理应用、供应链管理、采购应用程序软件、差旅和费用管理软件和企业资源规划软件,在云领域拥有最广泛的模块化和套件解决方案组合。SAP 的使命是通过创新帮助客户达到最佳状态。SAP 的愿景是以可持续发展为核心,让世界运转更卓越,让人们生活更美好。

(三) 公司的股权结构及子公司、孙公司等情况

1. 股权结构

根据官方披露,SAP 股权结构如图 2-24 所示。在所有投资者中,机构投资者拥有最大比例的公司股票,约为 62%;私人投资者或不明确的投资者持有 21%的公司股票;创始人持有 12%的公司股票,剩余 5%为库存股。公司股权比较分散,前 25%股权持有者仅占据

38.82%的股份。

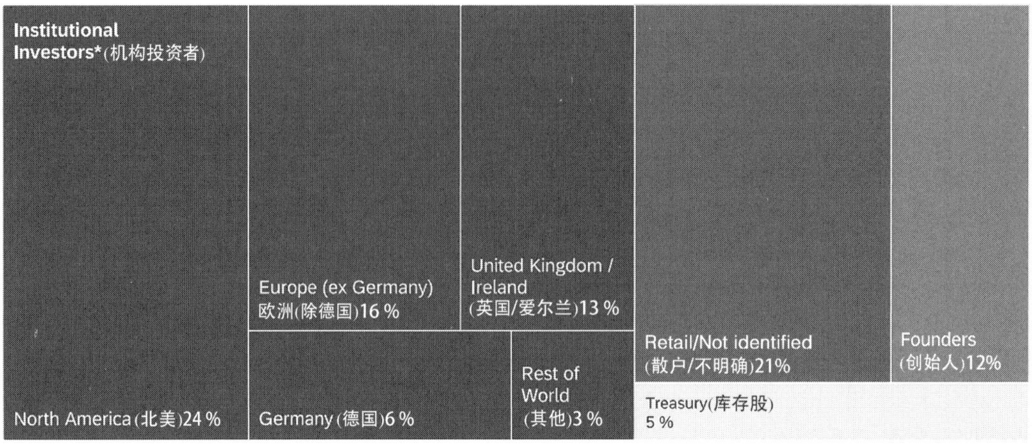

资料来源：SAP官网。

图2-24 SAP股权结构

近年来，关注可持续发展和社会责任的投资者占比不断提高，约占机构投资者的11%。

2. 子公司情况

SAP SE是SAP集团的母公司。截至2022年12月31日，SAP集团由288家公司组成。据年报披露，对SAP SE收入有重大影响的子公司有21家，这些子公司均为全资控股。其中16家子公司为各个国家分部，5家主要经营内容为不同的SAP企业软件，例如，Ariba，Inc.，Palo Alto主要负责研发销售支出管理软件，Concur Technologies，Inc.，Bellevue则致力于通过简化日常流程并创造更好体验的工具来重塑差旅、费用和发票管理。21家子公司具体情况如表2-21所示。

表2-21 对SAP SE有重大影响的子公司

子公司名称	国家或地区
德国	
SAP Deutschland SE & Co. KG, Walldorf	德国
其他欧洲、非洲和中东地区	
SAP (Schweiz) AG, Biel	瑞士
SAP (UK) Limited, Feltham	英国
SAP España-Sistemas, Aplicaciones y Productos en la Informática, S. A., Madrid	西班牙
SAP France, Levallois Perret	法国
SAP Italia Sistemi Applicazioni Prodotti in Data Processing S. p. A., Vimercate	意大利
SAP Nederland B. V., 's-Hertogenbosch	荷兰

续表

子公司名称	国家或地区
美国	
Ariba, Inc., Palo Alto	美国
Concur Technologies, Inc., Bellevue	美国
SAP America, Inc., Newtown Square	美国
SAP Industries, Inc., Newtown Square	美国
SAP National Security Services, Inc., Newtown Square	美国
SuccessFactors, Inc., Newtown Square	美国
Qualtrics, LLC, Provo	美国
美洲剩余地区	
SAP Brasil Ltda., São Paulo	巴西
SAP Canada, Inc., Toronto	加拿大
SAP México S. A. de C. V., Mexico City	墨西哥
日本	
SAP Japan Co., Ltd., Tokyo	日本
其余亚太地区	
SAP Australia Pty Ltd., Sydney	澳大利亚
SAP China Co., Ltd., Shanghai	中国
SAP India Private Limited, Bangalore	印度

(四)财务绩效情况

1. 近五年收入情况

从营收端来看,SAP 近五年收入呈现波动上升趋势。如图 2-25 所示,2018—2022 年的总收入分别是 247.21 亿欧元、276.34 亿欧元、273.43 亿欧元、278.42 亿欧元、308.71 亿欧元,增长率分别是 5.46%、11.69%、−1.05%、1.82%、10.88%。尽管 2020 年和 2021 年新冠疫情导致的供应链短缺、高通货膨胀率和全球经济衰退对于公司收入有一定影响,但是影响较小,收入没有出现大幅下滑。2022 年,SAP 总收入恢复到疫情前的增长水平。

2. 近五年利润情况

SAP 2018—2022 年净利润总体呈现较大波动趋势。如图 2-26 所示,2018—2022 年税后净利润分别为 40.88 亿欧元、33.70 亿欧元、52.83 亿欧元、53.76 亿欧元、17.08 亿欧元。2019 年税后净利润大幅下降约 17.56%,主要系公司重组所耗费用较多所致。2020 年和 2021 年税后净利润同比增长 56.77%和 1.76%,呈稳步上升趋势。2022 年税后净利润大幅下降约 68.23%,主要系公司非运营成本大幅增加和税率显著上升所致。2022 年 SAP 营业

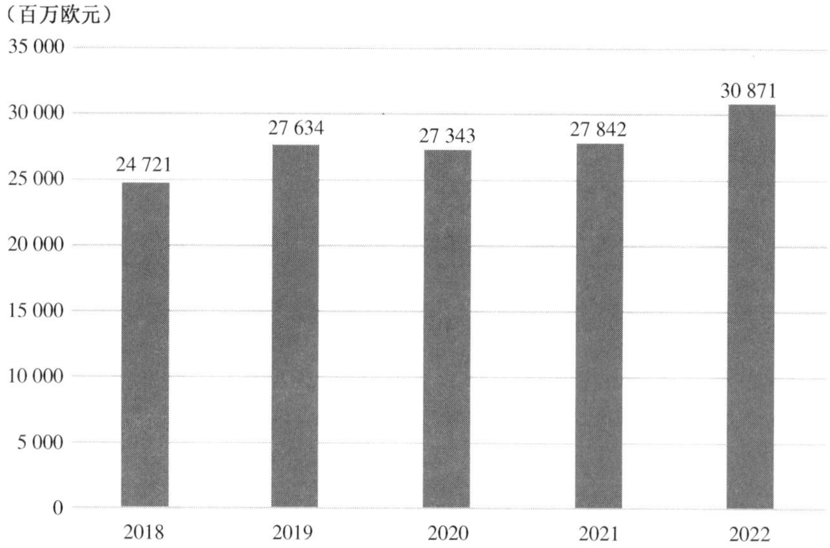

图 2-25　SAP 近五年收入情况

利润较去年并无太大变化，外币汇兑净损益相比 2021 年显著下降，公司税率由 21.5%增加至 44.7%。如果排除非运营成本的影响，仅关注运营收益，SAP 2018—2022 年主营业务利润呈波动上升趋势。

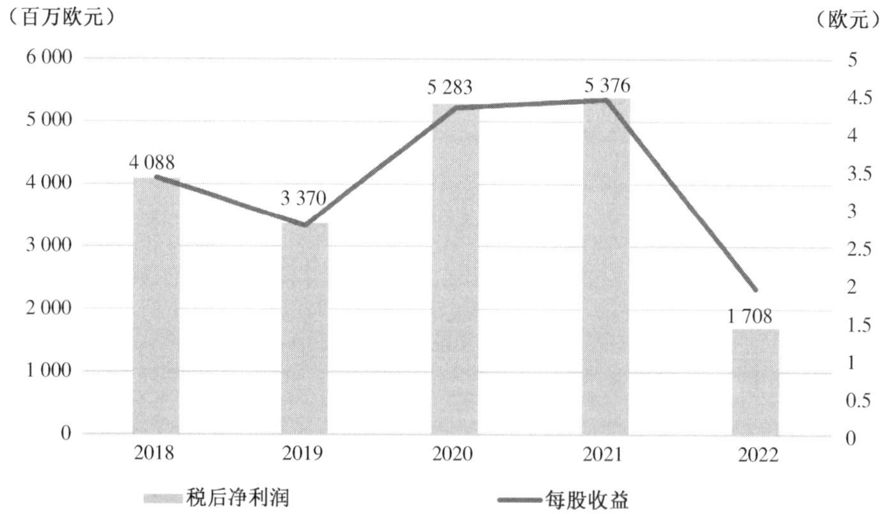

图 2-26　SAP 近五年利润情况

3. 近五年市值

2018—2022 年，SAP 没有发行新股，市值呈现一定波动，但大致稳定在 1 320 亿欧元。如图 2-27 所示，2018—2022 年市值分别为 1 068 亿欧元、1 478 亿欧元、1 317 亿欧元、1 534 亿欧元、1 185 亿欧元。2018—2022 年股价波动区间分别为 25.55 欧元、40.41 欧元、54.63

欧元、27.2 欧元、43.76 欧元。尽管 2019 年净利润较低，但 SAP 仍然保持了较高的市值。2022 年的净利润同样大幅下降，反映在市值上为市值的大幅下降。

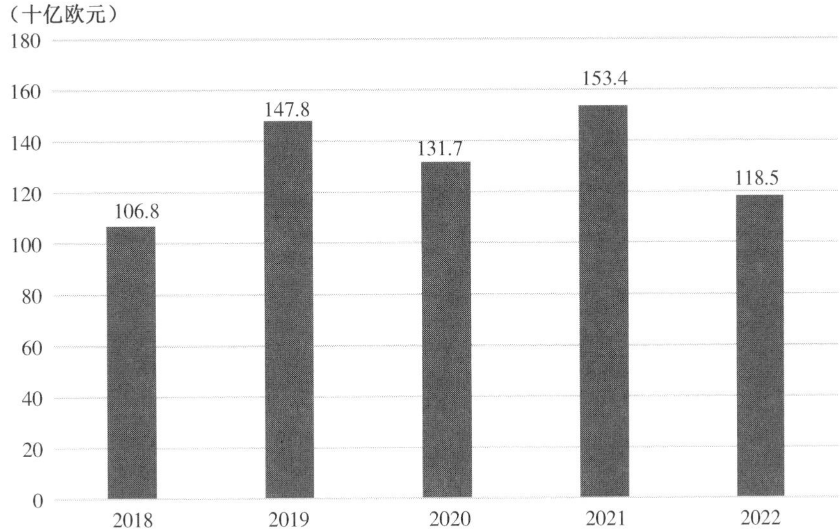

图 2-27　SAP 近五年市值

4. 业务组成与分部财务数据

（1）业务组成

目前，SAP 的业务主要由云和软件以及服务两大部分组成，其中云和软件包含云、软件许可、软件支持三个部分。表 2-22 总结了 SAP 近五年业务组成收入，从中可以发现云收入在逐年上升，软件许可的收入在逐年下降，软件支持和服务部分的收入无明显上升或下降趋势，在特定区间呈现一定波动。这支持了前文所说的 SAP 正在逐渐将重心转移到云业务上。

表 2-22　SAP 近五年业务组成收入　单位：百万欧元（如无特殊说明）

收入	2018 年	2019 年	2020 年	2021 年	2022 年
云（IFRS）	4 993	6 933	8 080	9 418	12 555
非 IFRS 调整	33	81	5	0	0
云（非 IFRS）	5 027	7 013	8 085	9 418	12 555
软件许可（IFRS）	4 647	4 533	3 642	3 248	2 056
非 IFRS 调整	0	0	0	0	0
软件许可（非 IFRS）	4 647	4 533	3 642	3 248	2 056
软件支持（IFRS）	10 981	11 547	11 506	11 412	11 909
非 IFRS 调整	0	0	0	0	0

续表

收入	2018 年	2019 年	2020 年	2021 年	2022 年
软件支持(非 IFRS)	10 982	11 548	11 506	11 412	11 909
云和软件(IFRS)	20 622	23 012	23 228	24 078	26 521
非 IFRS 调整	33	81	5	0	0
云和软件(非 IFRS)	20 655	23 093	23 233	24 078	26 521
服务(IFRS=非 IFRS)	4 086	4 541	4 110	3 764	4 350
总收入(IFRS)	24 708	27 553	27 338	27 842	30 871
非 IFRS 调整	33	81	5	0	0
总收入(非 IFRS)	24 741	27 634	27 343	27 842	30 871
更可预测收入占比(IFRS 百分数计)	65	67	72	75	79
更可预测收入占比(非 IFRS 百分数计)	65	67	72	75	79

2022 年,SAP 的业务收入占比情况如图 2-28 所示。其中,服务业务贡献了 14%的收入,云业务贡献了 41%的收入,软件支持业务贡献了 38%的收入,软件许可业务贡献了 7%的收入。可见,SAP 最主要的业务是云业务和软件支持业务。

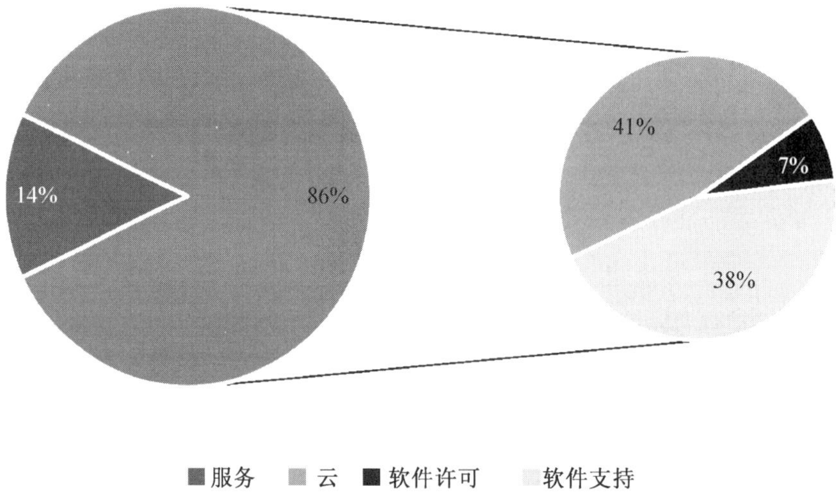

图 2-28 SAP 2022 年业务收入占比

2009—2012 年,SAP 的主要业务构成是软件支持、软件和云订阅、咨询以及其他服务,如图 2-29 所示。2013—2014 年,SAP 新增设立了专业服务和其他服务部分,删减了咨询服务,并将云部分的收入与软件分开单独列示。2015—2022 年的业务构成是服务、云、软件许可、软件支持。软件支持业务一直占据 SAP 业务收入最大比例。

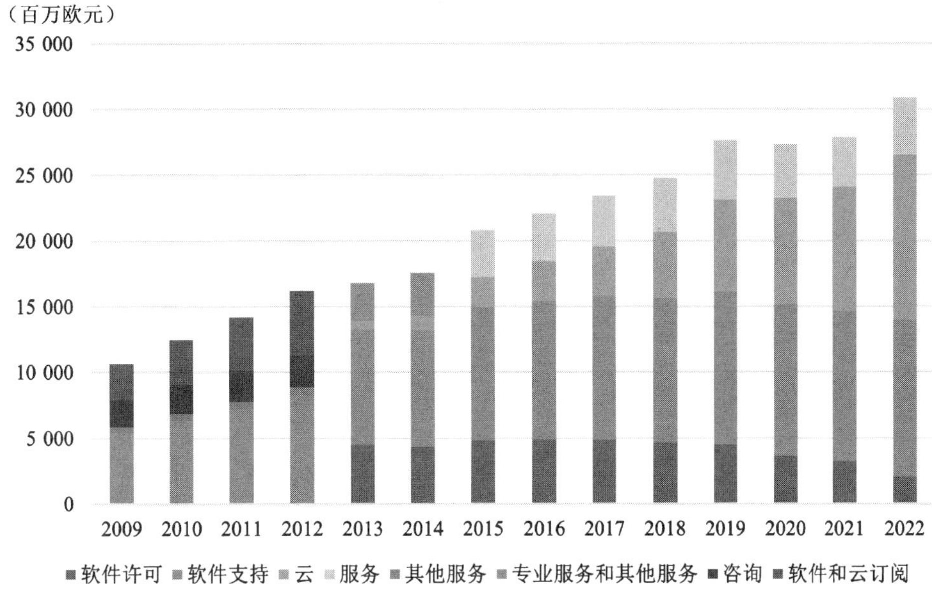

图 2-29　SAP 2009—2022 年业务收入占比变化

（2）分部财务数据

表 2-23 统计了 SAP 30 家分部的财务情况。这些分部均为 SAP 全资控股。主要为各个国家分部和经营不同的 SAP 企业软件的分部。其中总收入最高的分部为 SAP 美国分部，税后净利润最高的分部为 SAP 德国总部。

表 2-23　SAP 分部财务数据

公司名称和所在地	控股（%）	2022 年总收入（千欧元）	2022 年税后盈亏（千欧元）	2022 年 12 月 31 日总权益（千欧元）	2022 年 12 月 31 日雇员数量（人）
Ariba Technologies India Private Limited, Bengaluru, India（印度班加罗尔）	100	104.281	18 076	41 087	1 308
Ariba,Inc., Palo Alto, CA, United States（美国加州）	100	1 457 046	543 678	6 147 376	1 647
Concur Technologies, Inc., Bellevue, WA, United States（美国华盛顿州）	100	2 036 964	329 150	8 702 490	3 368
Qualtrics,LLC, Willmington, DE, United States（美国特拉华州）	100	1 389 345	−1 279 289	8 276 577	3 920
SAP (China) Co., Ltd., Shanghai, China（中国上海）	100	1 315 556	78 398	−115 740	6 485
SAP (Schweiz) AG, Biel, Switzerland（瑞士比尔）	100	1 220 424	121 350	240 769	860
SAP (UK) Limited, Feltham, United Kingdom（英国费瑟姆）	100	1 326 666	109 566	174 850	1 721

续表

公司名称和所在地	控股(%)	2022 年总收入(千欧元)	2022 年税后盈亏(千欧元)	2022 年 12 月 31 日总权益(千欧元)	2022 年 12 月 31 日雇员数量(人)
SAP America,Inc.,Newtown Square,PA,United States(美国宾州)	100	7 679 678	49 123	20 620 854	9 275
SAP Argentina S. A.,Buenos Aires,Argentina(阿根廷布宜诺斯艾利斯)	100	211 896	20 369	54 086	1 115
SAP Asia Pte. Ltd.,Singapore,Singapore(新加坡)	100	658 218	18 237	16 758	1 109
SAP Australia Pty Ltd,Sydney,Australia(澳大利亚悉尼)	100	854 197	64 877	114 663	1 317
SAP Brasil Ltda.,SBo Paulo,Brazil(巴西圣保罗)	100	680 482	10 379	67 004	2 532
SAP Canada Inc.,Toronto,Canada(加拿大多伦多)	100	14 322	61 871	701 953	3 106
SAP Deutschland SE & Co. KG,Walldorf,Germany(德国沃多夫)	100	5 213. 029	792 021	1. 724 802	4 915
SAP España-Sistemas,Aplicaciones y Productos en la Informática,S. A.,Madrid,Spain(西班牙马德里)	100	555 000	16 247	207 794	912
SAP France S. A.,Levallois-Perret,France(法国莱瓦洛斯-佩雷特)	100	1 095 975	271 450	1 982 374	1 562
SAP Hungary Rendszerek,Alkalmazások és Termékek az Adatfeldolgozásban Informatikai Kft.,Budapest,Hungary Adatfeldolgozasban Infomatikai Kft,Budapest,Hungary(匈牙利布达佩斯)	100	149 269	3 350	26 803	1 317
SAP India Private Limited,Bengaluru,India(印度班加罗尔)	100	752. 754	105 449	439 985	2 279
SAP Industries,Inc.,Newtown Square,PA,United States(美国宾州)	100	589 487	122 241	1 316 745	256
SAP talia Sistemi Applicazioni Prodotti in Data Processing S. p. A.,Vimercate,Italy(意大利维莫卡特)	100	643 856	30 780	147 910	792
Sap Japan Co.,Lid.,Tokyo,Japan(日本东京)	100	1 186. 733	103 861	407 789	1 424
SAP Labs Bulgaria EOOD,Sofia,Bulgaria(保加利亚索菲亚)	100	97 599	4 192	25 753	1 249
SAP Labs India Private Limited,Bengaluru,India(印度班加罗尔)	100	807 222	77 473	285 829	10 406

续表

公司名称和所在地	控股（%）	2022 年总收入（千欧元）	2022 年税后盈亏（千欧元）	2022 年12 月 31 日总权益（千欧元）	2022 年12 月 31 日雇员数量（人）
SAP Labs，LLC，Palo Alto，CA，United States（美国加州）	100	628 751	86 076	758 813	1 871
SAP Mexico S. A. deC. V，Mexico City，Mexico（墨西哥墨西哥城）	100	517 905	−7 337	119 388	1 060
SAP National Security Services，Inc. ，Newtown Square，PA，United States（美国宾州）	100	1. 148 035	225 370	554 346	592
SAP Nederland B. V. ，'s-Hertogenbosch，the Netherlands（荷兰斯海尔根托博斯）	100	749 366	384 264	827 982	693
SAP Service and Support Centre (Ireland) Limited，Dublin，Ireland（爱尔兰都柏林）	100	273 401	43 567	68. 008	1 706
SAP Services s. r. o. ，Prague，Czech Republic（捷克布拉格）	100	100 727	1. 264	17 933	1 280
SuccessFactors，Inc. ，Newtown Square，PA，United States（美国宾州）	100	817 875	322 698	5 416 686	767

分地区统计 SAP 收入组成情况可以发现，如图 2-30 所示，SAP 美洲分部贡献的收入占比最高，欧洲、中东、非洲其次，亚洲和太平洋分部的收入占比最少。各地区均呈现逐渐上升的趋势。美洲分部仍然增速最高，为 21. 24%，亚洲和太平洋分部增速为 4. 90%，欧洲、中东、非洲增速相对放缓，为 3. 90%。

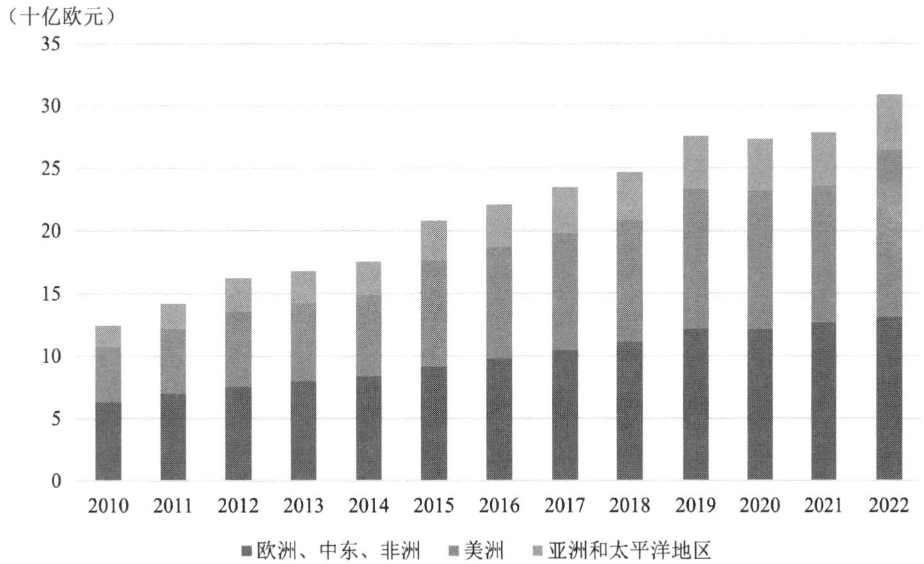

图 2-30　SAP 2010—2022 年分地区收入

（五）公司产品与ESG的联系

SAP的企业战略是致力于帮助每家机构和每个行业成为智慧化和可持续发展的企业网络，其中可持续企业的战略与ESG密切相关。SAP采用双重路径：一方面，SAP在自己的运营中以身作则；另一方面，SAP把它看作其目标，SAP通过提供产品和服务使公司和组织能够过渡到更可持续的商业模式，并采取有意义的行动。SAP为企业提供的解决方案，将环境、员工、社会与财务嵌入分析交易程序，通过财务指标和可持续指标来帮助管理公司。全球97%的最环保公司和全球90%的最具社会责任感的公司都采用了SAP解决方案，这些企业有74%获得了更高的ESG评分，24%降低了碳排放。

具体来说，SAP的产品和服务有助于在气候行动、循环经济、社会责任以及整体指导和报告四个方面产生环境和社会影响。

在全面的可持续发展管理方面，SAP的可持续发展和ESG报告解决方案有助于未来全球经济的决策更加基于可持续发展的影响。例如，SAP可持续性控制塔能够帮助组织全面连接其环境、社会和财务数据，以便它们能够引导其业务走向可持续发展。

在气候行动方面，SAP的气候变化解决方案有助于实现零排放的未来。对温室气体排放效率（衡量温室气体排放量占收入百分比的衡量标准）的全球市场分析表明，按照行业划分，行业温室气体排放效率平均水平与顶尖水平之间的差距为14%。SAP客户占据全球商业总量的87%，同时也占据全球温室气体排放总量的84%。SAP可以帮助客户减少高达14%的排放量，即每年相当于50亿吨的排放量。例如，SAP产品足迹管理使组织能够评估和减少其整个价值链中产品和运营的温室气体排放。

在循环经济方面，SAP的循环经济解决方案致力于打造零浪费的未来。例如，SAP负责任地设计与生产使组织能够将循环性作为产品设计和生产的关键原则。它帮助组织重复利用材料、保护资源、消除浪费并建立再生企业。

在社会责任方面，SAP的社会责任解决方案致力于打造平等的未来。例如，SAP商业网络和SAP SuccessFactors人力体验管理套件提供支持组织整合道德和社会责任可持续业务实践所需的可见性，以确保整个价值链的多样性、公平性和包容性。

二、ESG发展沿革

（一）ESG披露发展沿革

1. 公司ESG披露渠道的发展情况

SAP自2008年起，在公司官网发布了第一份可持续发展报告。该阶段的报告主要分为CEO致辞、SAP的可持续性、展望未来三个部分。当时的可持续性主要是针对SDGs进行评估的，并且已经加入了一些初级量化结果。该年的年度财务报告同样披露了可持续性的相关信息。

2012年，SAP将可持续性报告和年度财务报告合并为综合报告。SAP是第一批这样做的德国公司之一，这一举措需要采取一种综合性的措施来衡量、连接和管理财务和非财务 KPI 的管理系统，然后为战略和运营决策流程提供信息。因此，决策不再仅仅基于传统因素，如收入和利润，也同时基于它们如何与非财务价值相互关联，如员工满意度和碳排放，以及在社会、环境和整个经济方面的商业活动。SAP 该阶段的综合报告缺少明确的架构组织，主要由总体指导思路、议题、CEO 致辞、GRI 及联合国全球契约索引构成。历年的 E、S、G 披露顺序及重点波动较大。报告内容主要进行了相关实践、指标的罗列。尽管 2012—2015 年披露的报告被称为综合报告，但内容上更贴近可持续发展报告。因为该时期报告没有涉及财务相关的部分，以非财务指标为主。

自 2016 年起，SAP 的综合报告以 PDF 格式于公司官网披露。整体结构没有很大的改变，由五部分构成：致利益相关者（To Our Stakeholders）、合并集团管理报告（Combined Group Management Report）、合并财务报表（Consolidated Financial Statements IFRS）、可持续发展的更多信息（Further Information about Sustainability）、附加信息（Additional Information）。

2019 年，SAP 开始披露投资者报告，其中包含 ESG 相关内容。

2. 总体趋势分析

从趋势来看，SAP 披露渠道呈现较为稳定，整体逐步丰富化的趋势。主要渠道为在公司官网披露相关信息和文件。自 2008 年起，SAP 开始在 ESG 报告、年报、网页披露相关信息。2019 年，SAP 新增了投资者报告这一披露渠道，总体披露渠道变为四个。披露渠道整体连续性较强。

3. 公司 ESG 披露情况现状总结

SAP 目前的 ESG 信息披露机制如表 2-24 所示，SAP 仅有官方网站这一个非年度披露渠道，剩余信息均以年度为单位披露。SAP 实时披露的信息仅含有 ESG 实践，在官方网站以新闻文章的形式披露。尽管官方网站可以实时更新 ESG 绩效与政策，但是 SAP 仍然以每年度为单位更新。此外，综合报告、年报、投资者报告均以年度为单位披露 ESG 信息，内容包含 ESG 实践、ESG 绩效、ESG 政策等。

表 2-24　　SAP ESG 披露情况现状总结

披露内容	披露渠道	披露频率
ESG 实践	官方网站	实时
ESG 实践	综合报告、年报、投资者报告、官方网站	年度
ESG 绩效		
ESG 政策		

（二）ESG 评级发展沿革

1. 各评级机构 ESG 评级情况

SAP 在各评级机构的 ESG 评级均为领先水平。如表 2-25 所示，SAP 连续五年获得 MSCI AAA 级评价，在行业内属于领先的 11%。2022 年，SAP 获得路孚特 91 分评价，在软件和 IT 服务行业位列第二。

表 2-25　　SAP 在各评级机构的 ESG 评级时序变动情况

年份	2018	2019	2020	2021	2022
MSCI	AAA	AAA	AAA	AAA	AAA
路孚特	—	—	—	—	91

2. 环境(E)、社会(S)、治理(G)分别的评级与时序变动情况

由于不同评级机构的评分标准存在差异，SAP 在不同评级机构所获得的评级结果差异较大。如表 2-26 所示，SAP 在路孚特获得较高的 G 和 S 评级，但是 E 评级较低，S&P Global 的评分恰恰相反，SAP 在 E 获得了较高的评级，但是 S 和 G 的评级较低。

表 2-26　　SAP 在路孚特、S&P Global 的 E、S、G 分别评级情况

2022 年评级	E	S	G
路孚特	76	92	95
S&P Global	90	78	77

3. 公司领先议题和落后议题

SAP 在社会影响范畴的议题一直保持领先，在环境和治理范畴的议题则有的处于平均甚至落后水平。如图 2-31 所示，截至 2023 年 5 月 25 日，SAP 在公司治理、人力资源发展、数据安全和隐私、清洁技术议题领先，在企业行为和碳排放议题属于平均水平。截至 2023 年 6 月 28 日，SAP 在公司治理、人力资源发展、数据安全和隐私、清洁技术议题仍保持领先，在碳排放议题属于平均水平，但是企业行为掉至落后水平。

图 2-31　SAP 在 MSCI ESG 评级中议题的领先与落后情况

三、公司 ESG 组织形式

(一) 公司目前 ESG 相关组织架构情况

1. 概述

SAP 拥有完善且全面的 ESG 管治架构，以确保可持续发展战略是集团的总战略之一，并且可持续发展的各个议题在经营活动中均被考量。该架构涵盖从监事会到各个议题的多个层面，具体层级如表 2-27 所示。

表 2-27　　SAP ESG 管治架构

管理层级	相关部门	职能
最高管治机构	监事会	制定可持续发展战略，关注其目标和执行情况
执行董事会层面	执行董事会	就可持续发展战略的目标和执行情况向监事会提供建议，定期向监事会汇报 SAP 集团的可持续发展战略及其实施情况
管理层面	执行部门	包含首席发展官办公室、产品开发、市场及解决方案及负责进入市场的团队
	可持续发展委员会	为 SAP 的整体可持续性提供战略指导和跨公司参与。此外，该委员会还担任 SAP 的道德顾问委员会
	外部组织	为 SAP 提供有价值的外部反馈和建议
议题层面	全球安全组织（SGS）、信任办公室	负责安全、数据保护和隐私议题
	人力与运营组织	负责员工议题
	可持续发展部门	负责能源和碳排放议题
	道德与合规办公室（OEC）	负责企业行动议题
	人权办公室、人工智能（AI）伦理指导委员会	负责人权议题

2. 监事会

ESG 由不同监事会委员会从不同角度处理。审计和合规委员会负责可持续发展报告、可持续发展指标的审计和对网络安全事项的监测；人员和治理委员会负责与执行董事会薪酬相关的可持续性目标；技术和战略委员会负责与可持续性相关的产品和软件以及 IT 安全；人员和文化委员会负责有关社会方面的可持续性；鉴于 SAP 的几个委员会已经覆盖所有领域，监事会没有设立一个专门的委员会（监事会层面）的需要。监事会也同样关注 SAP 的可持续发展战略，并就其目标和执行情况向执行董事会征求了意见。执行董事会定期（至少每年一次）向监事会汇报 SAP 集团的可持续发展战略及其实施情况。

3. 执行部门

SAP将首席发展官办公室、产品开发、市场及解决方案、负责进入市场的团队整合成为一个端到端的运营部门，这个部门由首席战略官领导并且直接向CEO汇报。同时，为了完善该部门，SAP成立了可持续发展委员会，由首席可持续发展官召集，并由来自公司各地的高管组成。该委员会为SAP的整体可持续性提供战略指导和跨公司参与。此外，该委员会还担任SAP的道德顾问委员会。

4. 外部组织

SAP定期与外部利益相关者团体合作，如非政府组织（NGO）、非营利组织（NPOs）和学术界。SAP成立了外部可持续性顾问小组，由客户、投资者、合作伙伴、非政府组织和学术界的专家代表组成，他们为SAP提供有价值的外部反馈和建议。

5. 各议题负责部门

（1）安全、数据保护和隐私

全球安全组织（SGS）由首席安全官领导，首席安全官直接向CEO报告。SGS部门负责产品及应用安全、网络防御、运营安全风险管理、安全遵从性、执行保护、物理安全等多个领域。同时，SAP设立了信任办公室以支持解决客户和合作伙伴相关安全问题。

（2）员工

自2021年1月1日起，彭飒冰（Sabine Bendick）一直担任首席人事和运营官以及劳务关系总监。从2021年起，人力与运营组织的主要任务为支持SAP的人才战略，具体包括以下职能领域：未来的工作（包括全球健康与福祉）、全球多样性与包容性、SAP学习、人才吸引、奖励。

（3）能源和碳排放

执行董事会对可持续发展和气候行动的主要负责人于2022年6月从CFO转为CEO。新成立的部门“可持续发展”现在负责推动SAP整体的、跨公司的可持续发展议程。首席可持续发展官办公室是该新部门的一部分。该部门将持续与其他部门密切合作，以完成SAP应对气候变化的工作。

（4）企业行动

道德与合规办公室（OEC）主要工作内容是为SAP经理、领导者和员工提供可信的建议。OEC努力通过促进一种强大的诚信文化以帮助SAP“以正确的方式取胜”。

（5）人权

SAP的跨公司人权议程是由SAP的人权办公室推动的。基于对尊重人权的承诺，人工智能（AI）伦理指导委员会会指导SAP的内部运营，以在运营中实施和执行人工智能道德解决方案和政策。

（二）ESG组织架构变动情况

自2020年披露ESG各议题组织架构后无明显变动。

四、议题选择

（一）重要性评估

1. 评估流程

综合报告重要性（Materiality）章节指出，SAP 议题的选择主要基于重要性评估。在 2022 年，SAP 进行了一次全面的重要性评估。SAP 基于德国商法典和 GRI 引入新的重要性定义："重要性主题是代表一个组织对经济、环境和大众最具有重大影响的主题，包括对他们人权的影响。"

重要性评估主要包括以下四个流程：识别（Identification）、优先级排序（Prioritization）、验证（Validation）和反馈（Review）。其中，识别环节是指 SAP 利用人工智能和大数据编制一个相关主题列表。为确保及时性和完整性，SAP 通过进一步对外部来源（同行业公司报告及软件部门的强制性和自愿规定）的分析丰富该清单。SAP 特别研究了与其运营、供应链及解决方案相关的领域，以确定关键的主题和他们的边界。优先级排序环节是指 SAP 衡量了每个主题的两个视角。在外部—内部视角（本主题对 SAP 的影响）中，SAP 评估了每个主题与 SAP 业务成功和弹性的财务、战略的相关性。在内部—外部视角（SAP 对该主题的影响）中，首先，SAP 根据影响评估的结果，使用价值平衡联盟（VBA）方法定性地描述了列表上每个主题的积极和负面影响情景。该方法可以依靠价值链衡量 SAP 对社会和环境的影响。其次，SAP 评估每个负面影响情景的可能性和严重程度（规模、范围、可补救性）与每个积极影响情景的可能性、规模、范围。在评估过程中，SAP 考虑了来自不同单位和地区的 SAP 可持续性专家的意见，考虑到了不同利益相关者的利益。最后，SAP 将每个评估类别的结果转换为数值，对主题进行排序，并应用阈值导出 SAP 的主题。验证环节中，重要性评估的结果会由 SAP 的执行所有人审查和确认，以进行综合报告。SAP 的 CFO 随后批准了重要性评估。反馈是指在未来的重要性评估中，SAP 将考虑到对其的综合报告的反馈和分析。

2. 历年评估流程的变动情况

由于 SAP 在 2016 年之前的综合报告格式不够完善，也没有披露重要性评估的相关内容，在此仅梳理 2016—2022 年的重要性评估变动情况。历年评估流程变动情况如图 2-32 所示，每年的主要区别出现在识别和优先级排序两个环节。2017—2019 年，重要性评估方法和结果无较大变化，类别与章节对应每年均有一定变化。2020 年和 2022 年进行了两次重要性评估方法的较大变动，2020—2022 年每年对照的准则均有变动。

（1）2016 年

该年的重要性评估方法是考虑哪些议题对于利益相关者（员工、投资者、客户）最重要，结合 GRI G4 的可持续性报告标准和国际综合报告框架分类。

SAP 研究了每个单独的主题对 SAP 创造价值能力的影响程度（可以视为外部—内部

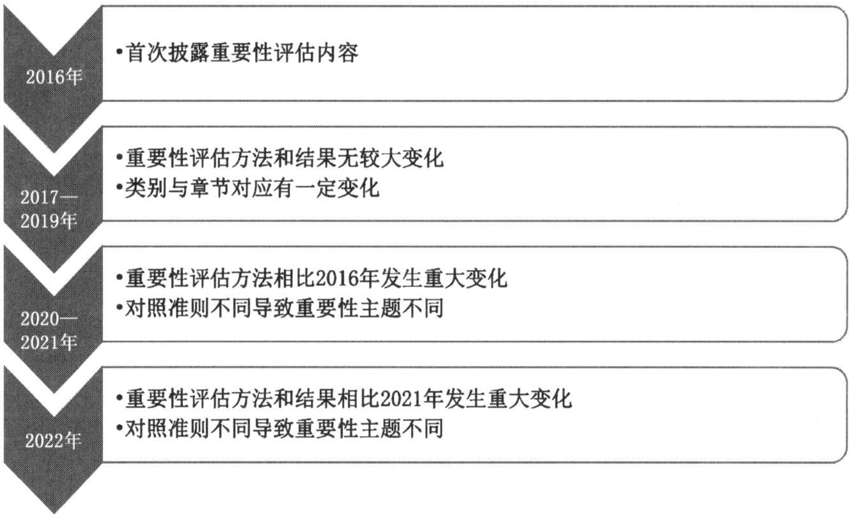

图 2-32　历年评估流程变动情况

视角)。SAP 评估了这个价值是否影响财务、运营、战略、声誉、监管领域。所有被确定为在 3 个或 3 个以上领域提供价值的主题都被包括在 SAP 的 7 个类别列表中,如表 2-28 所示。

表 2-28　2016 年在三个及以上领域有价值主题

企业行动	人力资本
气候和能源	创新
财务业绩	对社会的影响
人权和数字权	

接着,SAP 对于利益相关者进行半结构化访谈,被访谈者针对“在多大程度上这个话题影响了 SAP 创造价值的能力?”和“这个主题对于你和 SAP 开展业务关系有多重要?”进行 0～5 打分。“对社会的影响”类别相对特殊,访谈问题是“SAP 有多大的可能性帮助客户实现 SDGs?”和“对于你来说,SAP 帮助实现 SDGs 的能力在和 SAP 开展业务关系中有多重要?”

其结果如图 2-33 所示。

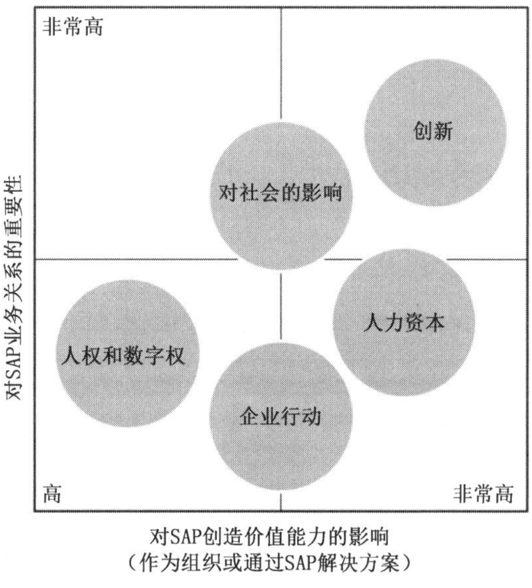

图 2-33　2016 年重要性评估结果

财务业绩被视为报告的强制性组成部分,因此没有明确讨论。然而,这一类别获得了很高的分数。“创新”“企业行动”“人力资本”类别的得分和回复率最高。在评估 SAP 投资组合对社会的影响时，SAP 的利益相关者确定了以下 7 个可持续发展目标(SDGs)较为重要，如表 2-29 所示。

表 2-29　　2016 年利益相关者认定重要 SDGs

§ SDG 9 Industry, innovation, and infrastructure (产业、创新和基础设施)
§ SDG 3 Good health and well-being (健康和福利)
§ SDG 8 Decent work and economic growth (体面的工作和经济增长)
§ SDG 13 Climate action (气候行动)
§ SDG 17 Global partnerships (全球伙伴)
§ SDG 12 Responsible consumption and production (负责任的消费和生产)
§ SDG 4 Quality education (质量教育)

“气候和能源”类别的响应率最低。对此类别的回应，SAP 已经减少了该类别的报告内容。在这个类别上，SAP 只简要描述了其环境目标和在实现这些目标方面取得的进展。

7 个类别与章节对应如表 2-30 所示。

表 2-30　　2016 年类别与章节对应

类别名称	对应章节
企业行动	企业行动
气候和能源	能源和碳排放
财务业绩	—
人权和数字权	安全、隐私和数据保护
	人权和劳动标准
人力资本	无对应章节，仅做简要介绍
创新	无对应章节，仅做简要介绍
对社会的影响	无对应章节，仅做简要介绍

(2) 2017 年

重要性评估方法与 2016 年大致相同，评估强调了那些在 SAP 自身和客户中对价值创造贡献最大的议题。尽管评估结果与 2016 年一致，SAP 丰富了与类别对应的披露章节，如表 2-31 所示。

表 2-31　　2017 年类别与章节对应

类别名称	对应章节
企业行动	企业行动
气候和能源	能源和碳排放
财务业绩	—

续表

类别名称	对应章节
人权和数字权	安全、隐私和数据保护
	人权和劳动标准
人力资本	雇员和社会投资
创新	无对应章节,仅做简要介绍
对社会的影响	雇员和社会投资

(3) 2018 年

重要性评估方法与结果均与 2017 年一致。7 个类别与章节对应相较 2017 年略有变动,如表 2-32 所示。

表 2-32　　2018 年类别与章节对应

类别名称	对应章节
企业行动	企业行动
气候和能源	能源和碳排放
财务业绩	—
人权和数字权	安全、隐私和数据保护
	人权和劳动标准
人力资本	雇员和社会投资
创新	客户
对社会的影响	雇员和社会投资
	我们对联合国可持续发展目标的贡献

(4) 2019 年

重要性评估方法与 2018 年基本一致。7 个类别中"创新"变更为"创新与客户和忠诚"(无太大影响,尽管 2018 年及之前 7 个类别的列表中一直为"创新",但在分类介绍里则为"创新与客户和忠诚")。

评估结果与 2018 年基本一致。尽管"气候和能源"类别的响应率和分数最低,但 SAP 于 2019 年特别强调自 2016 年以来,SAP 与气候变化相关的社会意识和期望有所提高。这也是为什么 SAP 近年强化了他们的环境目标(2025 年实现"碳中和"),也将于 2020 年开始使其碳排放影响与执行董事会薪酬相关。

2019 年没有给出 7 个类别的进一步介绍,因此本文认为与 2018 年 7 个类别与章节对应无太大差异。

（5）2020 年

该年重要性评估方法为使用 Datamaran Limited 的人工智能和大数据解决方案建立基于事实依据的重要性矩阵。这是 SAP 第一次用三个维度衡量 ESG 议题：对于利益相关者的重要性（Y 轴），和 SAP 业务成功的相关性（X 轴），对社会、环境和经济的影响程度（不同颜色的圆圈）。

该年的主题选择相比 2019 年更为详细，选取了近 100 个潜在相关性的主题评估。

通过分析 6 个外部来源，SAP 根据主题对利益相关者的重要性对其进行了排序。这些来源包括公司同行报告，针对软件部门的强制性和自愿性条例；与技术设备和服务行业相关的网络新闻、推文，以及从对社会负责的投资者和客户那里收集非财务信息的调查问卷。接下来，SAP 根据来自不同单位和地区的 SAP 可持续性专家的建议，研究了每个主题与 SAP 业务成功的财务、运营和战略相关性。最后，基于从 SAP 可持续发展专家收集的调查答复中，SAP 考虑了对社会、环境和经济的潜在影响，将主题分为低、中或高。

在结果中，如图 2-34 所示，SAP 将主题分为可持续性挑战（影响 SAP 同时也被 SAP 影响）和可持续性管理实践（提供如何解决可持续性挑战的指导）两类。相比 2016 年的重要性评估，气候变化和空气质量、人权的重要性明显提高。

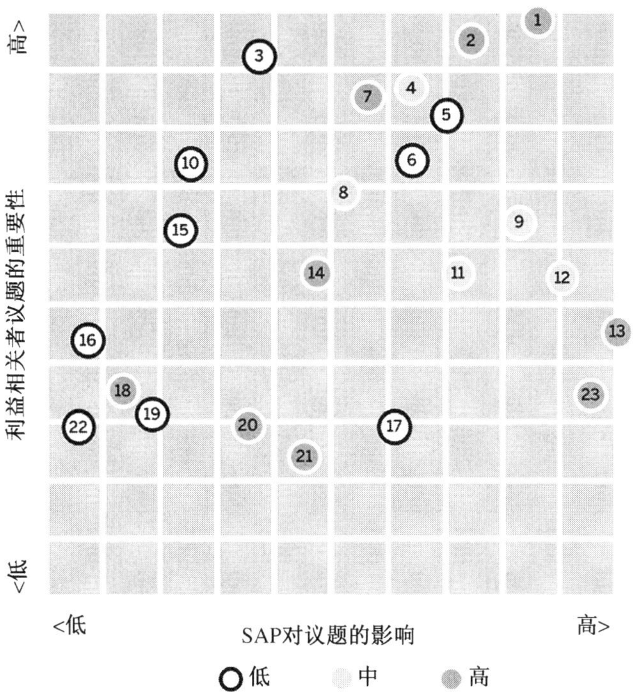

重要性矩阵可以确定主题的优先次序（矩阵中数字在下页表格中解释）

图 2-34　2020 年重要性评估结果

在报告中，SAP需要同时满足GRI标准和德国执行欧盟非财务报告指令的法案（CSR-Richtlinie Umsetzungsgesetz，CSR-RUG），各自的重要性主题有所不同，如表2-33所示。

表 2-33　2020年GRI与CSR-RUG的重要性主题[①]

GRI	CSR-RUG
1 Security, privacy, and data protection（安全、隐私和数据保护）	1 Security, privacy, and data protection（安全、隐私和数据保护）
2 Ethics and compliance（道德与合规）	2 Ethics and compliance（道德与合规）
4 Fair and inclusive workplace（公平包容的工作场所）	9 Talent and development（人力和发展）
7 Climate change and air quality（气候变化和空气质量）	11 Customer responsibility（顾客责任）
8 Governance（治理）	12 Employee engagement（雇员参与）
	13 Innovation and digitalization（创新与数字化）
	23 Business resilience（商业韧性）

（6）2021年

重要性评估方法与2020年基本一致。SAP提高了将主题定义为重要性的门槛，以更好地使报告与战略的优先事项保持一致。SAP更严格地采用GRI标准，分开考虑主题对利益相关者的重要性或SAP对该主题的影响来确定重要主题（之前将二者合并考虑）。

在结果中，如图2-35所示，SAP为了实现与报告标准中的定义更高的一致性，从矩阵中删除了“业务弹性”和“创新与数字化”主题。其披露的原因是，“商业弹性”是一种对于矩阵Y轴的冗余；“创新和数字化”在SAP商业模式的核心中已经被描述。

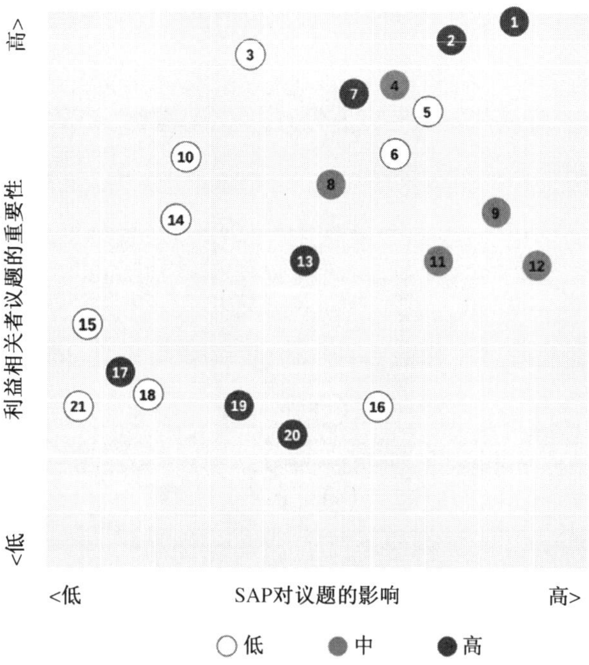

重要性矩阵可以确定主题的优先顺序（矩阵中的数字在下表中解释）

图 2-35　2021年重要性评估结果

① 表中序号对应图2-35矩阵中序号。

在报告中,SAP 需要同时满足 GRI 标准和德国商法典(*Handelsgesetzbuch*, *HGB*),各自的重要性主题有所不同,其分别的重要性主题如表 2-34 所示。

表 2-34　2021 年 GRI 和 HGB 的重要性主题[①]

Index	GRI	HGB
1	Security, privacy, and data protection(安全、隐私和数据保护)	Security, privacy, and data protection(安全、隐私和数据保护)
2	Ethics and compliance(道德与合规)	Ethics and compliance(道德与合规)
3	Employee rights(雇员权利)	—
4	Fair and inclusive workplace(公平包容的工作场所)	Fair and inclusive workplace(公平包容的工作场所)
5	Human rights(人权)	—
6	Well-being, health, and safety(福利、健康和安全)	—
7	Climate change and air quality(气候变化和空气质量)	Climate change and air quality(气候变化和空气质量)
8	Governance(治理)	Governance(治理)
9	Talent and development(人才和发展)	Talent and development(人才和发展)
10	Energy(能源)	—
11	Customer responsibility(顾客责任)	Customer responsibility(顾客责任)
12	Employee engagement(雇员参与)	Employee engagement(雇员参与)
13	Transparency(透明度)	—
14	Resource efficiency and waste(资源利用效率和浪费)	—
17	Responsible supply chain(负责的供应链)	—
19	Solutions for an inclusive and circular economy(促进包容性和循环经济的解决方案)	—
20	Product responsibility(产品责任)	—

(7) 2022 年

因为 GRI 推出了新的通用标准,2022 年重要性评估方法相比 2021 年发生重大变化。具体内容可以参见前文的评估流程。评估结果如表 2-35 和表 2-36 所示。

① 表中序号对应图 2-35 矩阵中序号。

表 2-35　　2022 年对于 GRI 和 HGB 同属重要性主题

主题	定义	相关非财务事务
Security, privacy, and data protection(安全、隐私和数据保护)	对私人、机密或敏感信息和数据的保护,以及关键信息系统的脆弱性	—
Ethics and compliance(道德与合规)	负责任的商业行为,包括反腐败、反贿赂、公平竞争、尊重知识产权和负责任的税收原则	反腐败和贿赂问题
Climate change and air quality(气候变化和空气质量)	运营和产品的(非)温室气体排放,以及气候变化对现有的或潜在的破坏性影响	环境事务
Customer responsibility(顾客责任)	帮助确保客户满意度和客户权利,包括负责任的营销和销售实践	—
Employee engagement(雇员参与)	企业文化、雇员参与度与激励,以及涉及劳动力变化的战略决策	员工事务
Employee rights(雇员权利)	劳工权利,包括工会化,以及雇主向雇员提供的补偿和福利	员工事务
Well-being, health, and safety(福利、健康和安全)	雇员在工作场所的社会、经济、心理和身体条件,以及雇员的职业健康与安全	员工事务
Human rights(人权)	所有人享有尊严生活的基本权利	尊重人权

表 2-36　　2022 年 GRI 重要性主题

主题	定义
公平和包容的工作空间	积极整合,平等机会,以及对所有雇员的公平对待和公平薪酬
人才和发展	人才吸引,人才保留,人才发展
能源	产品和运营耗能,向可再生能源转化

(二) 根据 MSCI 梳理公司议题分类

SAP 根据 MSCI 议题分类标准进行议题分类情况如表 2-37 所示,根据 MSCI 议题分类标准,SAP 共覆盖 3 个环境范畴的议题,6 个社会影响范畴的议题,5 个治理范畴的议题。从内容篇幅来看,环境范畴占总体篇幅的 6.57%,社会影响范畴占总体篇幅的 7.16%,治理范畴占总体篇幅的 12.24%(指占综合报告总体篇幅)。治理范畴所占篇幅最多,披露的议题较为全面(指披露的议题数量占该范畴内所有议题数量的比例)。尽管社会影响范畴所占篇幅不多,但是披露了最多数量的议题。环境范畴所占篇幅较少,披露的议题也相对有限。

表 2-37 **SAP MSCI 议题分类**

3 大范畴	10 个主题	33 个议题	行业权重	是否披露	披露索引
环境影响	气候变化	碳排放	5%	是	能源和碳排放
		金融环境影响	0	否	
		对于气候变化的脆弱性	0	否	
		产品碳足迹	0	否	
	自然资源	生物多样性与土地利用	0	否	
		水资源压力	0	是	水和废弃物
		原材料采购	0	否	
	污染与废弃物	有害排放和废弃物	0	否	
		电子垃圾	0	是	水和废弃物
		包装物料与废弃物	0	否	
	环境机会	可再生能源机会		否	
		清洁能源技术机会	6.1%	否	
		绿色建筑机会	0	否	
社会影响	人力资本	人力资源发展	27.8%	是	雇员
		员工健康与安全	0	是	雇员
		劳动力管理	0	否	
		供应链人力标准	0	是	社会采购
	产品责任	产品安全与质量	0	是	安全、数据保护和隐私
		隐私与数据安全	21.9%	是	安全、数据保护和隐私
		化学品安全	0	否	
		金融产品安全	0	否	
		负责任投资	0	是	社会投资
	利益相关方反对	社区关系	0	否	
		有争议的采购	0	否	
	社会机会	健康保健可得性	0	否	
		金融服务可得性	0	否	
		营养与健康机会	0	否	
管治	公司治理	董事会	39.2%	是	由监事会报告，公司治理基本事项

续表

3大范畴	10个主题	33个议题	行业权重	是否披露	披露索引
管治	公司治理	薪酬	39.2%	是	公司治理基本事项
		所有权和控制权		是	公司治理基本事项
		财务		是	合并报表
	公司行为	商业伦理		是	商务执行
		税务透明度		否	

（三）历年选择议题的变动情况

SAP议题选择并无大规模变动，仅有个别议题被删除、增加、调整顺序、分为多个章节或者更改章节名。其中除调整顺序外，无变动的章节有："Security, Data Protection, and Privacy" "Energy and Emissions" "Corporate Governance Fundamentals" "Risk Management and Risks" "Business Conduct" "Sustainable Procurement" "Waste and Water" "Public Policy" "Non-Financial Notes: Environmental Performance"。"Customer" "Non-Financial Notes: Social Performance"章节被删除。"Employees and Social Investments"被拆分为两个章节。具体变动情况如表2-38所示。

表2-38　　SAP 2016—2022年议题选择变动情况

年份	重要性评估主题对标准则	章节变化
2016	SDGs	—
2017	SDGs	"Business Conduct"由"Additional information on Economic, Environmental and Social Performance"移至"Combined Management Report"
2018	SDGs	新增"Performance Management System" "Our Contribution to the UN Sustainable DevelopmentGoals" "TCFD Index"
2019	SDGs	删除了"Corporate Governance Report"
2020	GRI, CSR-RUG	"Human Rights and Labor Standards"由"Additional information on Economic, Environmental and Social Performance"移至"Combined Management Report"
2021	GRI、HGB	将"Financial Performance: Review and Analysis"顺序上移，新增"Non-Financial Statement Including Information on Sustainable Activities"。这样"Combined Group Management Report"部分显著分为"Financial"和"Non-Financial"两个部分（之前"Financial Performance"穿插在"Non-Financial"部分）。新增"Stakeholder Capitalism Metrics" "SASB Index"
2022	GRI、HGB	删除了"Products, Research & Development, and Services、Customers、Connectivity of Financial and Non-Financial Indicators" "Non-Financial Notes: Social Performance"。新增了"Why Holistic Steering and Reporting Matters、Social investment"。顺序上，将"Materiality"移至"Stakeholder Engagement"和"Sustainability Management"下，将"Our Contribution to the UN Sustainable Development Goals"移至其他索引类部分

五、不同渠道披露之间的关系

(一) 年报 ESG 与 ESG 报告的查重率

本文计算了 SAP 历年年报 ESG 部分内容与 ESG 报告的查重率。[①] 如图 2-36 所示，2012—2014 年，年报 ESG 与 ESG 报告重复率稳定维持在较低水平，接近于 0%。2016—2022 年年报 ESG 与综合报告的重复率呈波动上升趋势。2012—2014 年重复率显著低于 2016—2022 年的主要原因是当时的报告虽然被称为综合报告，但是内容更贴近可持续发展报告。该时期的报告几乎不包含财务相关的部分，主要围绕 ESG 相关的议题展开，因此查重率较低。自 2016 年起，SAP 年报 ESG 部分与综合报告中的对应章节基本一致，加之综合报告同样包含了财务相关的信息，因此重复率较高。

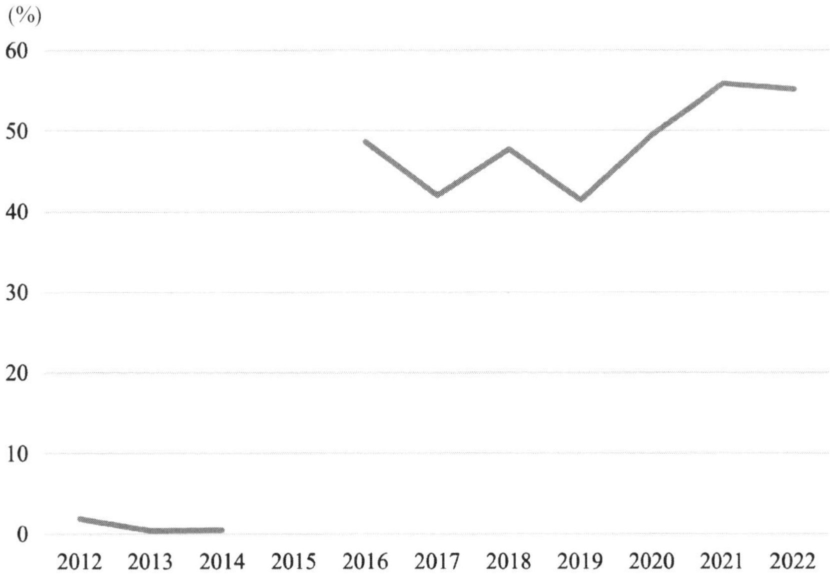

图 2-36　年报 ESG 与 ESG 报告查重率

(二) 不同 ESG 披露渠道的比较

表 2-39 展示了 SAP ESG 不同披露渠道的目标受众、框架结构、披露重点、重复披露与内容风格等方面的比较，可见 SAP ESG 披露渠道针对不同受众多样性较高，但是在内容上仍以综合报告为主，其他披露渠道均与综合报告有重复披露的情况。

---

① 使用 paperyy 自建库查重，以历年 ESG 报告为样本，年报为计算目标。由于 ESG 报告和年报篇幅较长，受到查重数字的限制，这里采用分部分进行查重，之后按照权重取平均值。图 2-36 中 2015 年数据空白系 2015 年的综合报告无法获得所致。

表 2-39 不同 ESG 披露渠道的比较

	目标受众	框架结构	披露重点	重复披露	内容风格
综合报告	利益相关者	综合报告 S、E、G、S 分为有限保证和无有限保证	各模块较为均衡	以综合报告为基准	严谨
年报中 ESG 披露部分	利益相关者	S、E(G 在两个部分中提及)	S、E	重复披露	严谨
网页	大众	关于 SAP、综合报告简介、ESG 模块		部分重复披露	语言更生动活泼,大量的可视化图表、视频,文字较少
投资者报告	投资者	以战略为思路	对过去实践、成果的总结 E、S	部分重复披露	语言更生动活泼,排版加入更多照片,具有设计感

六、ESG 报告

(一) 采用的标准

2008—2011 年,无明确编制标准,SAP 可持续性主要针对 SDGs 进行评估。

2011—2015 年,SAP 综合报告中包含的社会、环境的数据和信息是根据 GRI:国际准则 G4 的核心选项编制的。

2016—2017 年,SAP 综合报告中包含的社会、环境的数据和信息是根据 GRI:国际准则 G4 的核心选项编制的。此外,SAP 用连接模型展示了社会、环境和财务表现的联系。

2018—2019 年,SAP 综合报告中包含的社会、环境的数据和信息是根据 GRI:核心选项编制的。SAP 同时报告了其对于 SDGs 的贡献

2020 年,SAP 综合报告中包含的社会、环境的数据和信息是根据 GRI:核心选项编制的。SAP 同时报告了其对于 SDGs 的贡献和 TCFD 索引。

2021—2022 年,SAP 综合报告中包含的社会、环境的数据和信息是根据 GRI:核心选项编制的。SAP 同时报告了其对于 SDGs 的贡献、TCFD 索引、SASB 索引和 WEF IBC 索引。

(二) 内容结构

1. 查重率

本文计算了 SAP 2013—2022 年 ESG 报告与前一年 ESG 报告查重情况。[①] 如图 2-37

---

① 使用 paperyy 自建库查重,以上一年 ESG 报告为样本,当年 ESG 报告为计算目标。由于 ESG 报告篇幅较长,受到查重数字的限制,这里采用分部分进行查重,之后按照权重取平均值。图 2-37 中 2015 年数据空白系 2015 年的综合报告无法获得所致,2016 年数据由 2016 年综合报告与 2014 年综合报告查重比较得出。

所示，SAP 的查重率呈现波动上升逐渐趋于稳定的趋势。

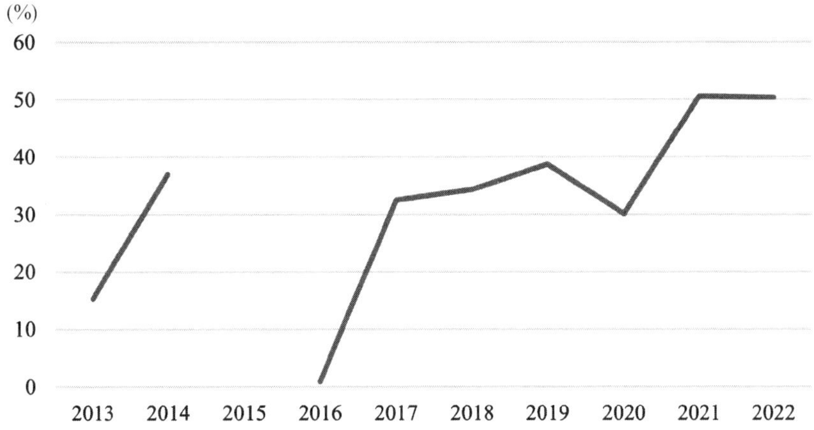

图 2-37　SAP ESG 报告查重率

结合前文 ESG 披露发展沿革进行分析，2016 年 SAP ESG 报告重复率显著降低的主要原因是这一年综合报告发生很大的变动。与之前仅包含治理、战略介绍、业绩不同，2016 年的总和报告由五部分构成，分别是致利益相关者（To Our Stakeholders）、合并集团管理报告（Combined Group Management Report）、合并财务报表（Consolidated Financial Statements IFRS）、可持续发展的更多信息（Further Information about Sustainability）、附加信息（Additional Information）。该年的综合报告相比之前增加了更多的议题和财务相关部分的内容。2020 年重复率小幅下降的原因是章节披露格式发生较大变化。合并集团管理报告的不同章节之间的格式更为固定（在 2020 年之前，每个章节披露格式差异较大，小标题较多，每个小标题主要为所采取的方法途径）。2020 年每个章节均划分为愿景和战略、尽职调查、评价三个部分，部分章节会提及针对该议题的治理内容。

2. ESG 披露内容时序变动情况

(1) 交易所对 ESG 信息披露规定的变动情况

SAP 在法兰克福证券交易所和纽约证券交易所上市。

法兰克福证券交易所规定变动情况如下：

2013 年，交易所发布《沟通可持续发展——对发行人的七条建议》(*Communicating Sustainability — Seven recommendations for issuers*)，鼓励上市公司发布 ESG 报告；

2017 年，法兰克福交易所强制要求大型上市公司提供关于商业行为对社会和环境的影响的标准化、可衡量的信息。

纽约证券交易所规定变动情况如下：

2009 年，联邦证券法要求在美国交易所上市的公司必须向证券交易委员会(SEC)呈交载有多项环境事宜数据的年度报告（10 - K 表格）。例如，环境监控的开支及有待裁决的环境诉讼；

2010 年,美国证监会就气候变化披露刊发诠释指引,要求公司在 10-K 表格中披露与气候变化有关的业务风险信息;

2011 年,《多德-弗兰克华尔街改革和消费者保护法》第 1502 条在美国生效,要求公司报告其冲突矿产的使用情况。

(2) ESG 报告内容变动情况

从 2012 年的可持续发展报告到 2022 年的综合报告,SAP ESG 报告呈现了逐步丰富化、结构化的特点。图 2-38 展示了自 2012 年以来 SAP ESG 报告内容变化的重要节点。2012 年,SAP ESG 报告由可持续发展报告变为综合报告,总体结构发生较大变化。2013 年,SAP 首次采用 GRI 准则编制报告,使得报告的关键指标更加标准化。2016 年,SAP 更新了综合报告的结构并增加了目录,使得综合报告整体更加结构化。与此同时,SAP 增加了大量的财务相关部分,进一步实现财务指标与非财务指标的连接。2019 年,SAP 减少了案例披露数量并增添了每个议题下的审计范围(Audit Scope),使得保证情况更加直观。2022 年,SAP 更新章节披露格式,每个章节的格式相对固定,更具有可比性。

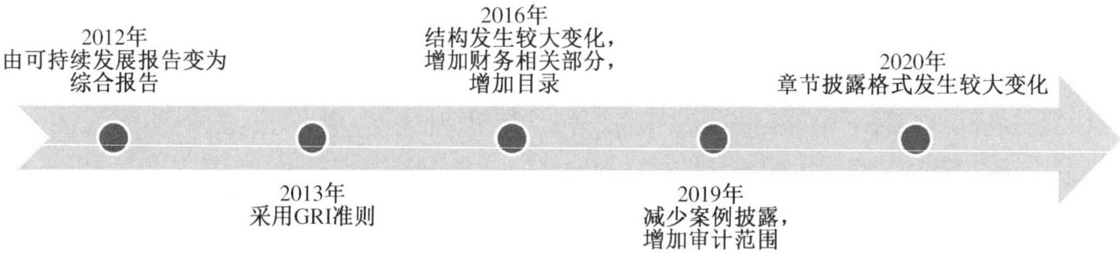

图 2-38 SAP ESG 报告内容变动情况

目前,SAP 采用的报告形式为综合报告。综合报告包含六大资本:生产、智力、人力、财务、环境、社会,但公司不需要采用这些分类。该框架的目的是建立指导报告的原则和内容,并解释支撑它们的基本概念。SAP 的综合报告主要划分为五个部分,分别是致利益相关者、合并集团管理报告、合并财务报表、可持续发展的更多信息、附加信息。

致利益相关者部分主要包含 CEO 致辞、SAP 执行委员会、投资者关系、监事会报告、责任声明、独立审计报告、独立保证从业人员报告、独立审计员关于可持续发展信息的保证报告八个章节。CEO 致辞主要内容是简要引入当年世界大事件,回顾 SAP 的历史,介绍 SAP 如何响应这些大事件。简要介绍这一年中的产品进步及财务状况,这一年中 ESG 相关数据达成的成就,列举相关 ESG 实践。监事会报告主要介绍监事会战略决策、监事会会议参与及开展情况、监事会委员会的工作等。独立审计员关于可持续发展信息的保证报告指出对哪些可持续指标进行合理保证,对哪些指标进行有限保证。

合并企业管理报告部分主要包含管理报告简要信息、战略和业务模型、管理系统、财务表现、非财务表现(多个章节对应多个议题)等多个章节。SAP 的业务模式在合并管理报告的战略和业务模式部分描述。SAP 认为良好的治理是持续成功的先决条件,且有关治理部分的描述贯穿整个合并管理报告。因此，SAP 没有在重要性评估和非财务报表中将治理作为单独的章节。SAP 在该部分没有按照 E、S、G 的分类披露 ESG 信息，而是按照议题披露。每一个具体章节包含以下内容：①愿景和战略。希望在该议题下达成什么目标，指定并实施了什么样的战略以达成该目标。②尽职调查。a. 治理，有什么相应的岗位和组织负责这一议题下的工作；b. 指导方针和政策，目标、战略（与愿景和战略有重复内容）、实施流程；c. 评价，评价机制、达成何种标准；d. 相关风险，均见风险管理和风险（Risk Managements and Risks）章节。

可持续发展的更多信息部分进一步介绍了部分 ESG 相关议题（不受有限保证限制），进行整体可持续管理的介绍（Sustainability Management），阐释了针对 GRI 议题的筛选过程（Materiality），补充了基于联合国可持续发展目标 SDGs、TCFD、SASB 建立的软件 IT 类可持续发展准则和 WEF IBC（利益相关者至上主义）框架的相关内容。这一部分的具体章节与合并企业管理报告不同，每个章节的披露不存在标准范式，每个章节之间也差异较大。"Non-Financial Notes: Environmental Performance"章节主要提供了更详细的有关环境指标的数据。其数据在"Energy and Emissions"和"Waste and Water"中均已提及，但是扩充了定义、指标依据（GRI）、测量方法等细节。"Our Contribution to the UN Sustainable Development Goals" "GRI Content Index" "Stakeholder Capitalism Metrics" "SASB Index" "Task Force on Climate-Related Financial Disclosure"五个章节基于不同的准则框架进行内容索引。

（3）ESG 报告结构顺序的时序变动情况

SAP ESG 报告的时序变动情况如表 2-40 所示。2012—2015 年，SAP 的 ESG 报告展现了清晰的披露顺序，2012 年为 SEG，2013—2015 年为 GSE。自 2016 年起，SAP 没有继续采用按照 E、S、G 范畴的顺序披露，而是分为"Combined Management Report"和"Additional Information on Economic, Environmental and Social Performance"两个部分，各范畴议题有所交叉，顺序逐步优化，整体上大致呈现出 SEGSES 的顺序。

表 2-40　ESG 报告结构顺序的时序变动情况

年份	披露顺序
2012	SEG
2013—2015	分为"Governance"和"Performance"两部分，"Governance"主要包含 G、S，"Performance"主要包含 S、E，整体上呈现的顺序是 GSE
2016—2022	分为"Combined Management Report"和"Additional Information on Economic, Environmental and Social Performance"，各范畴议题有所交叉，顺序逐步优化。"Combined Management Report"以 SEG 的顺序进行披露，"Additional Information on Economic, Environmental and Social Performance"没有明显披露顺序。整体上大致呈现出 SEGSES 的顺序

(三) 环境(E)、社会(S)、治理(G)

1. 分别的披露侧重点

本文对于 SAP ESG 报告 E、S、G 各范畴进行了词频统计，排除介词、连词、代词后，各范畴的词频统计结果如下。

如图 2-39 所示，E 范畴中出现频率最高的词是 Emission（碳排放），Carbon（碳）和 Electricity（电力）位列第三、第四，可见 SAP 对于碳排放和电力消耗问题进行深入展开。Data（数据）出现的频率位列第二，说明 SAP 在该方面进行了大量的数据收集工作。Scope（规模）出现频率较高的原因是 SAP 的碳排放量测量方法。SAP 将碳排放量划分为三个范围，结合价值链活动测量碳排放量。Water（水）出现的频率相较 Emission、Carbon 和 Electricity 较少，说明 SAP 环境相关的指标的重心倾向于碳排放和电力消耗而不是水资源。

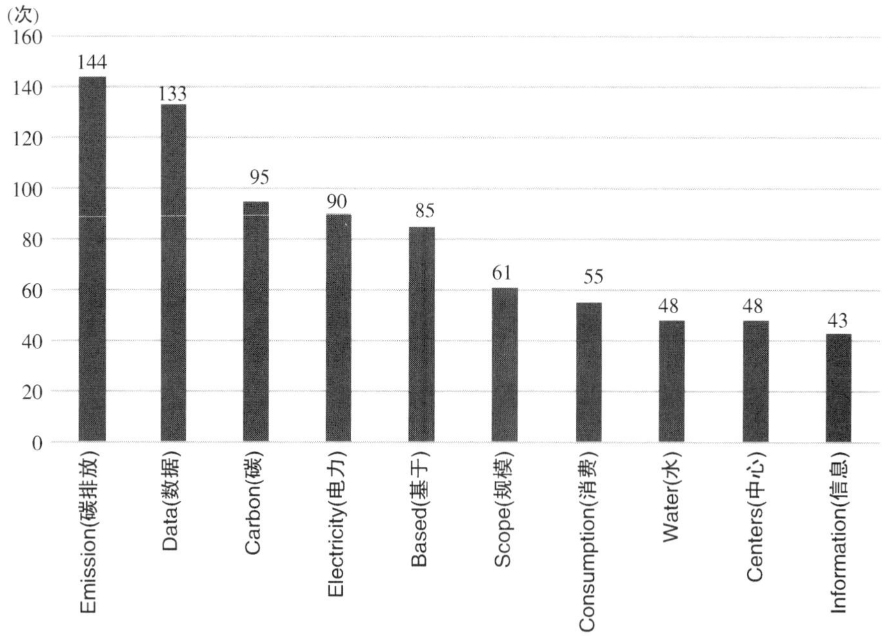

图 2-39 SAP ESG 报告环境(E)范畴词频统计

如图 2-40 所示，S 范畴中数据的出现频率最高，说明 SAP 在社会领域同样进行了大量的数据收集和事实呈现。其中出现频率较高的议题相关关键词是 Employees（雇员）、Protection（保护）、Global（全球化）、Rights（权利）、Human（人文），这表现了 SAP 对于雇员议题的重视程度比人权议题的重视程度要高。

如图 2-41 所示，G 范畴中出现频率最高的词是 Risk（风险），这是因为 SAP 在综合报告中将所有议题的风险均在“Risk Management and Risks”（风险管理和风险）章节讨论。通过词频统计可以发现，SAP 在治理模块强调合规、财务、控制、执行董事会/监事会、云。

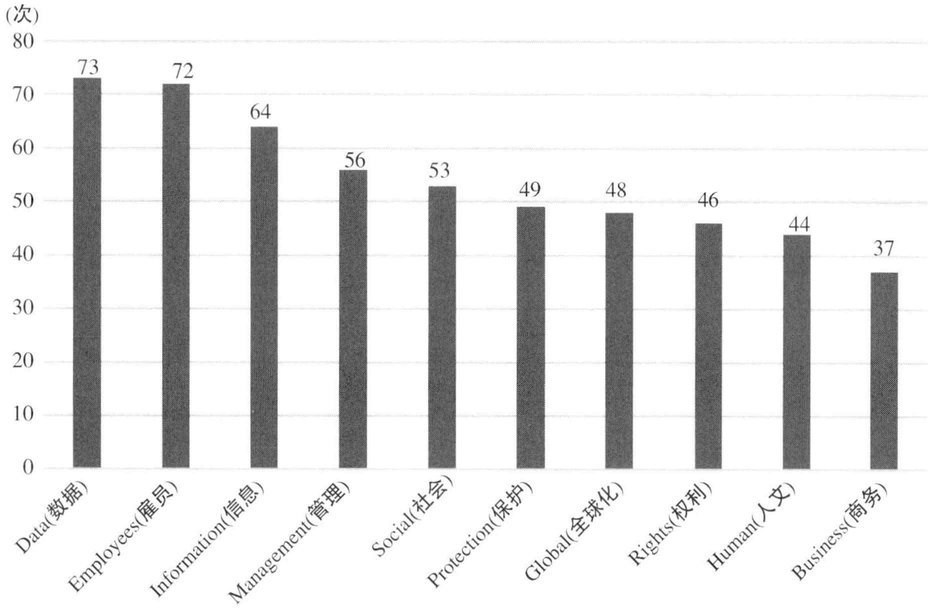

图2-40　SAP ESG报告社会(S)范畴词频统计

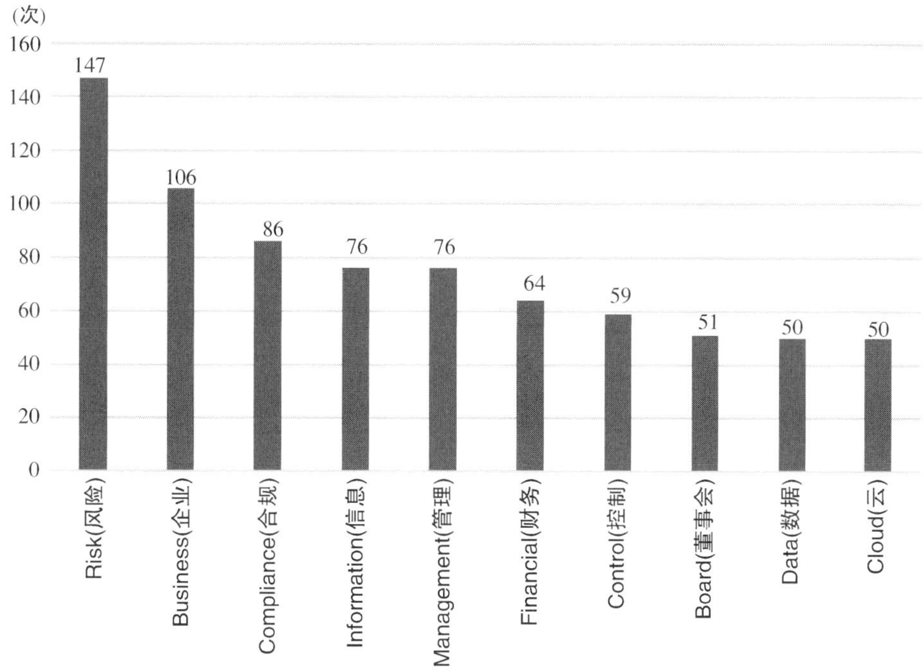

图2-41　SAP ESG报告治理(G)范畴词频统计

SAP在组合企业管理报告中的议题披露主要划分为三个模块，其中对行为的披露主要涵盖在尽职调查(Due Diligence)和评价(How We Measure and Manage Our Performance)中，对成果的披露主要涵盖在评价(How We Measure and Manage Our Performance)中。

因此,本文认为SAP对行为和结果均有披露,但是不同议题之间存在差异。E范畴的披露中行为和成果篇幅相近,其中能源、碳排放、水、废弃物章节与行为和成果的篇幅大小相近。S范畴更侧重行为披露,其中Security(安全)、Data Protection(数据保护)、Privacy、Human Rights、Social Procurement(隐私、人权、社会责任采购)和Public Policy(公共政策)侧重对行为的披露,仅有Employees侧重对结果的披露。同样的,G范畴更侧重行为披露,其中Business Conduct(商业行为)、Report by the Supervisory Board(监事会报告)、Corporate Governance Fundamentals(公司治理基础)、Risk Managements and Risks(风险管理与风险)均更侧重行为披露。需要指出的一点是,即使是侧重成果披露,披露内容一定会涉及行为披露,只是成果披露的篇幅多于行为披露,因为报告需要介绍通过何种途径达成对应的成果。但是如果侧重行为披露,则不一定披露内容包含成果披露。这种现象可能是成果不便于量化和没有实现具体成果所导致的。

2. 各自的披露特色

除了披露内容外,披露形式(例如哪个范畴以案例为主、哪个范畴列举数据较多、哪个范畴结合图片较多)也是值得关注的重点。以SAP 2022年综合报告为例,通过统计可以得到表2-41的结果。E范畴采用举措作为说明形式次数最多,该范畴同时披露了最多的图表数量。S范畴采用数据作为说明形式次数最多,同时也是所有范畴中披露数据数量最多的。这表明E和S范畴更容易获得可量化的结果。相反地,G范畴相对不容易获得可量化的结果,因此G范畴采用举措作为说明形式次数最多。从披露形式看,SAP在S范畴的举措、数据和图表支撑最翔实,E范畴次之,G范畴相对单薄。

表2-41　SAP ESG报告关键指标统计

年份	关键指标	E	S	G
2022	举措数量	16	25	8
	关键数据数量	10	33	3
	图表数量	6	2	3

七、网页

(一) ESG网页与ESG报告的联系

对于SAP而言,ESG网页是对ESG报告更精简的展示,ESG网页的主要内容包括关键的战略和关键的指标。而两者之间的区别在于,ESG报告是以年度为单位披露,ESG网页是实时的。尽管ESG网页应当是对ESG报告的及时更新补充,但是SAP没有充分发挥ESG网页及时更新的作用,截至2023年5月15日,SAP ESG网页的部分数据仍然是2021年综合报告中的数据。如表2-42所示,SAP网页所披露的部分内容为ESG报告的重复披露。

表 2-42　**SAP ESG 报告披露章节与 ESG 网页对照表**

综合报告章节(以 2022 年为例)	ESG 网页是否披露
Energy and Emissions(能源和排放)	是
Waste and Water(浪费和水资源)	是
Employees(雇员)	是
Security, Data Protection, and Privacy(安全、数据保护和隐私)	是
Human Rights(人权)	是
Social Investment(社会投资)	是
Social Procurement(社会责任采购)	否
Public Policy(公共政策)	是
Report by the Supervisory Board(监事会报告)	否
Corporate Governance Fundamentals(公司治理基础)	否
Business Conduct(商务执行)	是
Risk Managements and Risks(风险管理与风险)	否

(二) ESG 网页披露结构

如表 2-43 所示,SAP ESG 网页披露共有 3 个主网页,分别是关于 SAP、综合报告简介和 ESG。每个主网页均介绍了一些相关内容的基本情况,并且下设了多个子网页的跳转链接。关于 SAP 下设了愿景和可持续性、全球多元化和包容、CSR、可持续性管理四个子网页。综合报告简介下设了 CEO 致辞、财务和 ESG 数据、财务表现、社会表现、环境表现、联系和服务 6 个子网页。ESG 下设了 E 范畴、S 范畴、G 范畴 3 个子网页。

表 2-43　**ESG 网页披露结构**

主网页	子网页
关于 SAP	愿景和可持续性
	全球多元化和包容
	CSR
	可持续性管理
综合报告简介	CEO 致辞
	财务和 ESG 数据
	财务表现
	社会表现
	环境表现
	联系和服务
ESG	E 范畴
	S 范畴
	G 范畴

1. 关于 SAP[①]

中文版网页“关于 SAP”设置了“可持续发展、多元化和企业社会责任”模块，英文版网页“About SAP”设置了 Our Values(我们的价值观)模块，中文版网页相比英文版网页减少了多元化与包容性(Diversity and inclusion)板块。关于 SAP 中文版网页和英文版网页如图 2-42、图 2-43 所示。

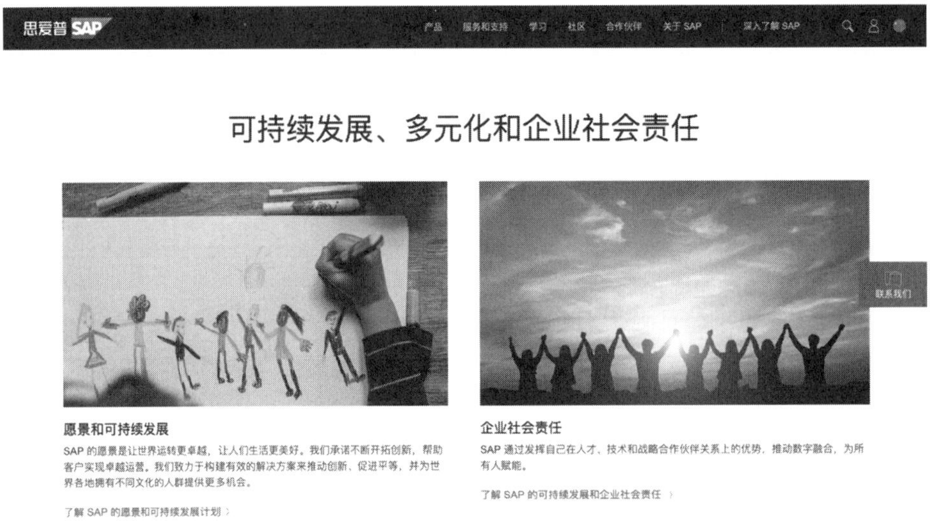

图 2-42 中文版网页“关于 SAP”

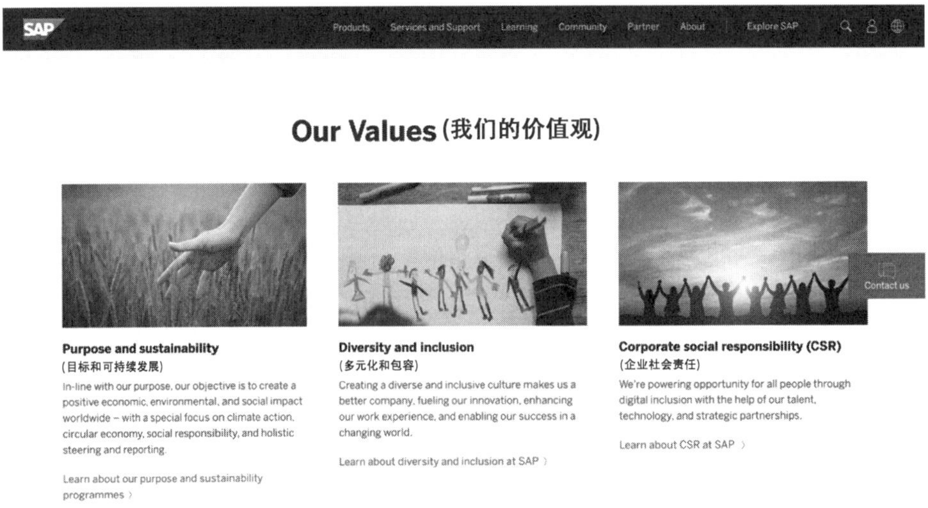

图 2-43 英文版网页“About SAP”

① https://www.sap.com/sea/about/company.html.

（1）愿景和可持续性

愿景和可持续性板块中，英文版网页细分了"Our Approach"和"Policies, Ethics, & Compliance"（因为德国商法典有对于"Ethics and Compliance"的要求），中文版网页则仅包含我们的方法。"Our Approach"和"我们的方法"内容一致，由于英文版网页内容更全面，加之SAP 在法兰克福证券交易所和纽约证券交易所上市，下面的内容为针对英文版网页的梳理。

在 Our Approach[①] 中，SAP 强调了三大主题："Zero emissions" "Zero waste" "Zero inequality"。该网页主要介绍了 SAP 如何在可持续发展领域以身作则以及获得的相关成就。SAP 将 ESG 整体规划分为"Energy and environmental management" "Social responsibility" "Ethics and compliance" "Policies, codes, and commitments"四个部分。社会责任在"Zero inequality"部分进行更详细的介绍，剩余部分均在"Policies, Ethics, & Compliance"部分进行更详细的介绍。在"Our Approach"中，SAP 分别对三大主题进行了进一步展开。在"Zero emissions"和"Zero waste"部分，SAP 侧重成果披露，列举了实现净零排放的时间、减少的碳排放量、减少的电子垃圾、减少的纸张使用、减少的用水量数据。该成果包含所有历史成果，而不是仅仅 2022 年达成的成就。除了减少的电子垃圾，其余数据在综合报告（2021）中均有披露，电子垃圾在综合报告中有涉及，但是没有披露网页上写出的具体数据。相比综合报告中繁多的数据，网页仅列举了关键数据。值得注意的是，网页的数据更新具有滞后性，尽管 2022 年的综合报告已经发布，其显示的数据为 2021 年的数据（截至 2023 年 5 月 15 日）。"Zero inequality"包含"Human rights" "Health and well-being" "Diversity and inclusion"，企业社会责任在综合报告的"Human Rights and Labor Standards" "Employees and Social Investments"均披露过。SAP 在三大主题展开的下方均附上了跳转到"Integrated Report"的链接。"Explore more resources"模块提供了按三大主题分类的相关新闻和案例，这一模块是综合报告所没有的。"You may also be interested in"模块中包含可持续发展目标、可持续性相关新闻、FAQ。

"Policies, Ethics, & Compliance"[②]部分强调了可持续发展是 CFO 的当务之急（指明 ESG 对公司业绩和影响的重要性）。该部分重点对人权议题进行展开，包括体现人权的种种方面、人权尽职调查、发现问题并说出来。该部分也含有合规性、政策和承诺、能源与环境管理等部分。

（2）全球多元化和包容性[③]

全球多元化和包容性部分主要包含概述、多样性与包容性报告、首席多元化和包容性官致辞、多样性与包容性战略的核心、我们的立场。该部分是对综合报告中雇员部分的拓展，呈现了更多综合报告中不具备的数据和案例。

---

① https://www. sap. com/sea/sustainability/our-approach. html.

② https://www. sap. com/sea/sustainability/our-approach/reporting-and-policies. html # conflict-prevention.

③ https://www. sap. com/sea/about/company/our-values/diversity. html.

(3) 企业社会责任(CSR)①

企业社会责任部分主要包含概述、加速社会业务、建立未来技能、为可持续发展合作、新闻、社交媒体。该部分对应综合报告中社会投资的部分,以案例披露为主。

(4) 可持续性管理②

该部分采用SAP从推动者的视角,提供如何帮助企业实现更好可持续性的解决方案。主要内容为对SAP的可持续性解决方案的介绍,其中包括概述、客户(案例)、合作伙伴、循环经济解决方案、气候行动等。其中包含跳转到前面三个部分的链接,以展示SAP自身在可持续性方面取得的成就。

2. 综合报告简介③

综合报告简介主要是综合报告的网页化呈现。如图2-44所示,综合报告简介共分为6个部分,分别是CEO致辞、财务和ESG数据、财务表现、社会表现、环境表现、联系和服务。

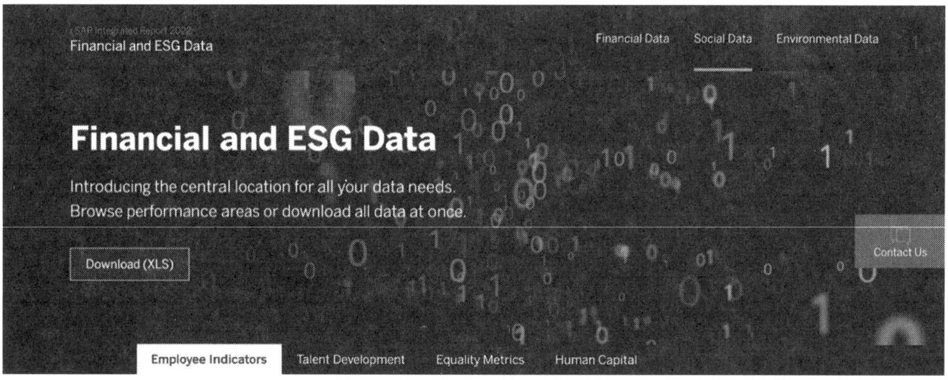

图2-44 SAP的"财务和ESG数据"网页

CEO致辞与综合报告一致。

财务和ESG数据是综合报告中不包含的部分(尽管综合报告最后一章"Additional Information"中"Five-Year Summary"为过往五年数据的总结,但是该章节以财务数据为主,S和E的指标相对较少)。这一部分全面列举了社会和环境部分过往五年的相关指标。社会数据主要包括员工指标、人才发展、平等指标、人力资本。环境数据主要包括温室气体排放、能源、水、废弃物。

财务表现和社会表现以数据可视化为主,数据在综合报告中已有呈现。

3. ESG④

投资者关系中下设了ESG网页。该网页强调了SAP的可持续发展计划是宗旨的核

---

① https://www.sap.com/sea/about/company/our-values/csr.html.

② https://www.sap.com/sustainability.html.

③ https://www.sap.com/integrated-reports/2022/en.html.

④ https://www.sap.com/investors/en/esg.html.

心，并贯穿于其战略之中。该网页同时介绍了 SAP 努力在地球范围内创造积极的经济、环境和社会影响，SAP 通过他们的业务活动实现这一目标，以及 SAP 获取的相关评级、财务和 ESG 数据。

该网页同时展现了 E、S、G 范畴分别的数据和实践，点击 E 范畴的“了解更多”会跳转到综合报告的能源和碳排放，点击 S 范畴的“了解更多”会跳转到综合报告的“Employees and Social Investments”，点击 G 范畴的“了解更多”会跳转到综合报告的“Report by the Supervisory Board”。（由于更新滞后性，这里的综合报告均指综合报告 2021 年。）

（三）ESG 网页披露特点

ESG 网页可视化程度更高。相比 ESG 报告只能采用文字、图表描述，ESG 网页可以通过文字、图表、动画、视频等方式丰富披露形式。例如，SAP 在“Our Approach”页面通过对 SAP 首席发展官的采访展现“Zero emissions，Zero waste，Zero inequality”等可持续发展战略对 SAP 的重要性。多种披露形式使得网页的可读性得到极大的提高。

ESG 网页侧重结果披露。网页的特性决定其不能像 ESG 报告一样进行深入且大量的描述，只能选择披露关键的数据和案例（举措）。ESG 网页披露更侧重结果披露。

ESG 网页格式更灵活。不需要像 ESG 报告采用特定准则披露，可以对议题的披露进行内容、顺序上的调整。相应的问题是披露结构相对混乱。

ESG 网页更注重 E、S 模块。无论是从内容篇幅还是披露顺序看，SAP 网页更加侧重 E、S 模块。在上文介绍的三个主网页中，关于 SAP 基本围绕 E、S 模块进行展开，综合报告简介和 ESG 模块披露了 G 模块相关内容，但是顺序均在 E、S 之后。

八、年报中披露的 ESG 信息

SAP 年报中 ESG 披露部分集中在“ITEM4. INFORMATION ABOUT SAP”，披露顺序为 S、E。主要披露章节为“Security，Data Protection，and Privacy”“Human Capital Resources”“Energy and Emissions”，分别和综合报告中的相应章节内容完全一致，属于重复披露。在年报中没有披露 G 模块的相关内容。

九、投资者报告

（一）概述

SAP 自 2019 年开始披露投资者报告，每季度公布一次德语投资者报告，每年度公布一次英语/德语投资者报告。投资者报告的主要受众是投资者。

（二）投资者报告披露内容结构时序变化

表 2-44 总结了历年投资者报告主题、ESG 篇幅、披露范畴、披露重点、案例数量、关键数据、披露特点、披露变化的特征。历年的投资者报告主题均有变化，ESG 篇幅比例逐年增

加，披露的案例数量和关键数据也在逐年增加，说明投资者越来越关注企业 ESG。SAP 在投资者报告中的中心从 SAP 作为 Exemplar 逐渐转向 Enabler，即除了汇报自身 ESG 发展以外，也强调对客户的赋能。

表 2-44　　投资者报告披露内容结构时序变化

	2019 年	2020 年	2021 年	2022 年
主题	Welcome to the Intelligent Enterprise（欢迎来到智能企业）	The Next Chapter（下一章）	Shaping the Future（塑造未来）	Growing Sustainably（可持续成长）
ESG 篇幅	6/20	5/18	10/36	22/40
披露范畴	E、S	E、S	E、S	E、S
披露重点	SDGs、数字化、员工	可持续性发展总体战略、气候变化、员工	SAP 如何帮助客户实现更加可持续性的发展、SDGs、员工	可持续性发展作为企业总体战略的重要组成部分、产品如何促进可持续性发展、SAP 自身的可持续性、员工
案例数量	1	1	2	3
关键数据	8	16	13	27
披露特点	没有目录； 以财务相关内容为主； 横版	没有目录； 以财务相关内容为主； 横版	竖版	竖版
披露变化	—	显著增加 S 模块的数据支撑	增加目录； E 模块更聚集于如何利用 SAP 解决方案帮助客户实现更可持续性的发展	R&D 章节将产品全部与可持续性结合 披露 ESG 评级情况

2022 年投资者报告的主题为“增长的可持续性”，包含关键要素（愿景、承诺等）、CFO 致辞、执行董事会介绍、战略、研究与开发、可持续性、雇员、SAP50 年、财务 9 个章节，其中 1/2 以上的内容涉及可持续性发展。

“Research & Development”主要介绍了 SAP 三款产品：用 SAP 产品足迹管理来量化碳排放、通过 SAP 负责任的设计和生产实现循环、SAP 可持续发展控制塔：命令视图。可以发现，介绍的产品均与可持续发展密切相关，这一章节主要展示了 SAP 作为推动者可以为可持续发展做出的贡献。值得一提的是，往年的综合报告均含有“Products, Research & Development, and Services”章节，但 2022 年删除了该模块。投资者报告披露了这部分综合报告中没有披露的内容。

可持续性章节除了对于整体 ESG 的概括，其余主要披露了 E 相关的信息。SAP 回顾了过去在环境方面所采取的努力以及重要成就，披露内容与综合报告属于重复披露。

雇员章节的主题为“未来的工作：灵活的，基于信任的”，主要介绍了如何让员工感到更灵活，更包容，更多元。披露内容与综合报告重复披露较少。

十、ESG 鉴证

（一）ESG 鉴证机构及准则时序变动

2016—2022 年，毕马威德国负责审计 SAP 的合并财务报表和合并集团管理报告。SAP 公司人员提供的与非财务报表相关的信息由毕马威以有限的担保审计。2016—2018 年，毕马威同时根据 ISAE3000 和 ISAE 3410（温室气体担保合同）对选定的可持续性信息提供了可持续发展报告的保证。2019—2022 年，毕马威根据 ISAE3000 对选定的可持续性信息提供了可持续发展报告的保证。具体鉴证机构及时序变动如表 2-45 所示。

表 2-45　　SAP 的 ESG 鉴证机构及时序变动

年份	鉴证机构	鉴证工作准则
2012—2015	没有披露 ESG 鉴证报告	
2016—2018	KPMG	ISAE 3000、ISAE 3410
2019—2022	KPMG	ISAE 3000

（二）ESG 鉴证内容时序变动

如表 2-46 所示，从 SAP 不同议题的担保情况看，SAP ESG 鉴证整体呈现向好的趋势。KPMG 一直仅对具体指标进行担保，对议题选择性进行有限担保。有 8 个议题实现了从无保证到稳定有限保证的转变，有 2 个议题实现了从有限保证到保证的转变，有 3 个议题的保证状态仍在不断波动。总体来说，SAP 综合报告的可靠性在不断增加。

表 2-46　　SAP ESG 鉴证内容时序变动

	2016 年	2017 年	2018 年	2019 年	2020 年	2021 年	2022 年
商业健康文化指数	保证	保证	保证	保证	保证	保证	保证
员工敬业指数	保证	保证	保证	保证	保证	保证	保证
员工保留率	保证	保证	保证	保证	保证	保证	保证
女性管理人员比例	保证	保证	保证	保证	保证	保证	保证
总/净碳排放量	保证	保证	保证	保证	保证	保证	保证
可再生能源证书	保证	保证	保证	保证	保证	保证	保证
总体能量消耗	保证	保证	保证	保证	保证	保证	保证
NPS	保证	保证	保证	保证	保证	保证	保证
安全、数据保护和隐私	无保证	无保证	无保证	有限保证	有限保证	无保证	无保证
能源和碳排放	有限保证	无保证	有限保证	有限保证	有限保证	无保证	无保证
人权和劳动标准	有限保证	有限保证	有限保证	有限保证	有限保证	保证	保证
社会投资	—	有限保证	有限保证	有限保证	有限保证	保证	保证

续表

	2016年	2017年	2018年	2019年	2020年	2021年	2022年
商业行为	有限保证	有限保证	无保证	有限保证	有限保证	无保证	无保证
有关经济、环境、社会表现的进一步说明	—	无保证	无保证	无保证	有限保证	无保证	有限保证
重要性评估	有限保证	有限保证	有限保证	有限保证	有限保证	有限保证	有限保证
利益相关者参与	有限保证	有限保证	有限保证	有限保证	有限保证	有限保证	有限保证
可持续性管理	无保证	有限保证	有限保证	有限保证	有限保证	有限保证	有限保证
可持续性采购	无保证	有限保证	有限保证	有限保证	有限保证	有限保证	有限保证
水资源和废弃物	无保证	有限保证	有限保证	有限保证	有限保证	有限保证	有限保证
公共政策	无保证	有限保证	无保证	有限保证	有限保证	有限保证	有限保证
附注：环境表现	无保证	无保证	无保证	有限保证	有限保证	有限保证	有限保证
附注：社会表现	无保证	无保证	无保证	有限保证	有限保证	有限保证	—
GRI索引	无保证	有限保证	有限保证	有限保证	有限保证	有限保证	有限保证
联合国全球契约索引	无保证	有限保证	有限保证	无保证	无保证	有限保证	—

十一、公司ESG相关特点总结

(一) 优点

1. 多重准则对应

SAP综合报告中包含的社会、环境数据和信息是根据GRI标准编制的。除此之外，SAP致力于对照多边标准，以涵盖广泛的责任、利益相关者的需求和更多的可持续性方面。SAP同时对照了利益相关者资本主义指标、SASB指数、TCFD框架、联合国可持续发展目标、欧盟非财务报告指令、欧盟分类法披露、GHG等。

2. 具体的目标承诺

公司通常较少做出承诺，因为一旦做出承诺但没有达成，公司很容易面临诉讼的危险。但SAP不但在ESG方面做出重要承诺，还在不断改进优化自己的承诺。例如，SAP承诺到2030年实现整个价值链的净零排放，比原计划提前了20年。

3. 大量的数据和事实支撑，详细的计算方法

通过上文中各自披露特色可以看出，SAP在综合报告中呈现了大量的数据和事实举措作为ESG实践成果的支撑。这充分表明SAP确实花费时间、精力和金钱投入企业ESG建设，而不仅仅是“纸上谈兵”。这些数据和事实有效增强了SAP综合报告的全面性和可靠性。此外，SAP在附录中详细写明关键指标的计算方法，确保数据的可再现化，进一步增强了数据的可靠性。例如，SAP在“Non-Financial Notes: Environmental Performance”详细阐述了其碳排放量是如何通过范围1(直接)、范围2(间接)、范围3(特定价值链活动)计算出来的。SAP在综合报告中进行了大量的事实举措披露。举措披露相较案例披露的区别

是举措披露数量更大,而案例披露对单个案例的描述更详细。本文认为,这是因为 SAP 已经在 ESG 方面累积了大量的实践,单个案例很难代表其多方面的影响,而如果披露案例的篇幅过长,可读性就会较差。因此,SAP 选择了列举事实举措的支撑方式。

4. 稳定的披露结构

尽管每年的重要性评估结果不同会导致不同的议题选择,但是 SAP 综合报告自 2016 年开始没有出现大规模的议题变化,并且采用的准则一直为 GRI 准则。换言之,自 2016 年起,SAP 的报告模式相对固定,每年仅会出现个别议题的增减,不存在颠覆性改变的情况。这样相对稳定的披露结构有助于读者更好地把握其时序变动。

5. 每个议题下设治理内容

SAP 认为良好的治理是持续成功的先决条件,所以其有关治理部分的描述贯穿整个合并集团管理报告,而不是仅仅通过"Report by the Supervisory Board""Corporate Governance Fundamentals""Business Conduct""Risk Managements and Risks"等几个章节来展现其治理全貌。合并集团管理报告下的每个议题各自介绍了相关治理途径。

6. 丰富的网页披露

网页披露同样属于 SAP 的强项。其网页披露以文字、图表、动画、视频等方式极大地提高了可视化和可读性。网页是综合报告的有效精简。

(二)缺点

1. 综合报告中缺少披露 ESG 评级披露

SAP 的综合报告中没有披露历年或当年的 ESG 评级,在 2022 综合报告中,仅披露了 CDP(Carbon Disclosure Project)的气候变化评级。不利于利益相关者了解公司 ESG 评级变动情况。

2. 没有实现财务指标与非财务指标的链接

综合报告模式综合了财务指标和非财务指标。但是 SAP 自 2019 年起删除了"Connectivity of Financial and Non-Financial Indicators",现今的综合报告可以视为是年报和可持续发展报告的合并。可惜的是,SAP 没有实现二者之间的联系。

3. 披露结构略显混乱

尽管披露结构稳定,但是合并集团管理报告、合并财务报表、可持续发展的更多信息三个部分之间的关系不够明确。SAP 在其综合报告中表明,合并集团管理报告内的议题均有保证,可持续发展的更多信息内的议题均有有限保证。但是根据"Assurance Report of the Independent Auditor regarding Sustainability Information"显示,合并集团管理报告内同样出现了无保证的议题。为何要将非财务指标分开、分散在合并集团管理报告和可持续发展的更多信息之间存疑。

4. 网页具有滞后性

尽管 SAP ESG 网页内容较为全面,可视化程度很高,但是 SAP 的网页更新具有滞后性，截至2023年5月25日，SAP ESG网页的数据仍然是2021年的数据，没有很好地发挥网页实时更新的特性。

5. G模块披露仍有欠缺

综合报告中，G模块无论是披露的举措、数量还是关键数据数量相较其他两个模块差距较大，披露形式主要以文字为主，可读性较差。除综合报告外，年报ESG和投资者报告ESG部分均没有涉及G模块的内容，网页虽略有涉及，但是内容和顺序均位列三个模块最后，也是SAP MSCI ESG评级G模块的企业行为较落后的原因。

6. 年报ESG与综合报告重复

年报与综合报告重复率较高，重复率约为50%。年报中ESG部分综合报告属于完全重复披露，没有为利益相关者提供更加适合的信息。

(三) 启示

SAP的ESG报告起步时间较早，最初的披露内容很不全面并且结构混乱，但是SAP不断优化其ESG信息披露途径，从最开始的可持续发展报告发展到今天的综合报告、年报、投资者报告和网页，并取得了优秀的ESG评级。这说明企业ESG的发展需要一步步积累，不可能在短时间内实现从0到100的飞跃。

此外，SAP的例子同样说明做实事以得到明确的结果对于ESG信息披露是非常重要的。企业不能仅仅将个别慈善、福利等案例作为ESG的实践，而是要有规划、有决心地建设企业ESG体系，得到明确的数据结果的改进，以落实ESG实践。

第三节　甲骨文(Oracle)ESG信息披露

一、公司简况

(一) 公司简介和历史沿革

甲骨文(Oracle)是一家美国的计算机技术公司，以其软件产品和服务而闻名。甲骨文公司是全球最大的企业级信息技术相关的产品和服务提供商之一，成立于1977年，并于1986年上市。2013年，甲骨文公司正式由纳斯达克转板至纽约证券交易所挂牌上市，并沿用“ORCL”这一交易代码。

甲骨文有云及许可证、硬件和服务三项业务；公司产品覆盖了多个领域，产品结构主要由云应用(software-as-a-service，SaaS)、云基础设施(Oracle Cloud Infrastructure，OCI)以及硬件和软件三大板块构成。甲骨文的客户包括各种规模的企业、政府机构、教育机构等。

甲骨文公司发展历经多个阶段。1977年软件开发实验室(Software Development Labs)成立，并于1982年更名为甲骨文(Oracle)。公司不断扩展全球市场，于1987年成为世界最大的数据库管理公司，先后进军加拿大、欧洲、亚太市场，并于1989年正式进军中国。

甲骨文于 21 世纪开始大量收购，包括仁科软件公司、BEA Systems 及 Java 的母公司太阳微系统公司（Sun）等。2013 年，甲骨文超越 IBM，成为继微软后全球第二大软件公司。

（二）所处行业和公司定位

1. 行业发展与竞争情况

甲骨文所处的信息科技行业竞争激烈。随着技术的发展、客户需求和竞争压力的变化，竞争格局也在不断变化。甲骨文在软件和服务细分行业中也不乏竞争对手。

甲骨文在云应用、云基础设施以及硬软件三大产品板块同部分世界上最具竞争力的公司存在直接竞争，包括微软、IBM、英特尔、惠普和 SAP。此外，甲骨文的竞争对手还包括 Salesforce 和 Workday 等规模较小的公司。

甲骨文所在的细分市场进入壁垒较低，常常有新技术和新的竞争对手出现，进而加剧竞争。甲骨文所面临的竞争包括：与提供广泛 IT 解决方案的公司多线竞争，与提供点解决方案或专注于某特定功能、领域、行业的供应商在单个领域竞争。随着业务扩展到新的细分市场，甲骨文面临着更加激烈的竞争，不仅仅与现有的对手竞争，也可能与在其他业务领域中的合作伙伴以及其他未交手过的公司竞争。此外，行业内收购、合作、合资、重新分配产品线等战略行动，进一步激化竞争。

全球软件行业始于 20 世纪 50 年代，其发展大致可以分为 5 个阶段，分别为独立编程服务阶段、软件产品阶段、企业级解决方案阶段、面对大众的成套软件阶段和企业云化阶段。美国在全球软件及服务市场中一直处于霸主地位。近两年，得益于数字经济在全球传统产业中的不断渗透和基于大模型的生成式人工智能技术对算力与云服务等基础设施需求的不断升级，甲骨文等软件和服务公司迎来新的成长空间。

2. 公司定位、使命与愿景

甲骨文公司的使命是帮助人们以新的方式看待数据，探索数据价值并创造无限可能。

甲骨文强调创新和领导力，加强产品供应，更快地满足客户需求，并扩大合作伙伴机会，以创新的形式为客户、合作伙伴和社区提供服务，并同时实现公司的财务回报目标并为股东创造价值。

甲骨文公司以人为本，企业文化高度重视团队合作、质量与协作。甲骨文的核心价值观包括诚信、客户满意度、相互尊重、质量、团队合作、公平、沟通、合规、创新和道德。

（三）公司的股权结构及子公司、孙公司等情况

1. 公司的股权结构

甲骨文的股东主要包括公司的管理层和董事会成员、金融机构等。其中，创始人、现任董事长和 CTO 拉里·埃里森是最大股东，目前持有的股份维持在 42%左右。截至 2023 年 3 月 31 日，甲骨文的主要持股机构包括：先锋集团（Vanguard Group，5.09%）、贝莱德（Blackrock，4.32%）、道富（State Street，2.31%）、J. P. 摩根（J. P. Morgan，1.24%）、大地资本（Geode Capital，1.02%）等。表 2-47 呈现了甲骨文公司股权分拆情况。

表 2-47　　甲骨文公司股权分拆情况

公司管理层和董事会成员持有股份	42.71%
机构持有股份	43.57%
机构持有流通股比例	76.06%
持股机构数	2 906

数据来源：Yahoo Finance。

2. 公司的子公司、孙公司情况

甲骨文在美国本土和海外拥有众多子公司和孙公司，包括其收购的公司、海内外分部等。其中甲骨文的两个海外上市公司——甲骨文金融服务软件有限公司（Oracle Financial Services Software Limited）和日本甲骨文公司（Oracle Corporation Japan）对甲骨文经营有较大影响。两个子公司分别在印度和日本上市，由于并非完全控股子公司，加之受到当地证券法规的约束，因而存在一定的额外风险。

（四）财务绩效情况

1. 近五年收入情况

甲骨文的财年为前一年的 6 月 1 日至当年的 5 月 31 日。甲骨文近五个财年的营业收入稳中有进。如图 2-45 所示，2023 财年甲骨文的营业收入大幅增长，达到 499.54 亿美元，同比增长 17.70%。

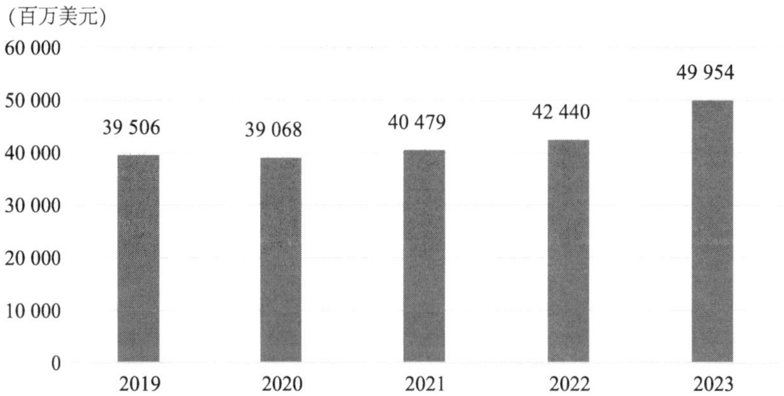

图 2-45　甲骨文公司 2019—2023 财年营业收入情况

2. 近五年利润情况

毛利润方面，甲骨文近五个财年的毛利润总体上呈稳步上升的态势。如图 2-46 所示，2023 财年甲骨文的毛利润达到 363.90 亿美元，同比增长 8.42%。2019—2022 财年甲骨文公司的毛利率一直维持在 80%左右，但 2023 财年大幅下降 6.24 个百分点，仅为 72.85%。

净利润方面，甲骨文近五个财年的净利润变动较为剧烈，净利率也呈现出先上升再下降后回升的态势。如图 2-47 所示，2022 财年甲骨文净利润大幅下降 51.13%，2023 财年略

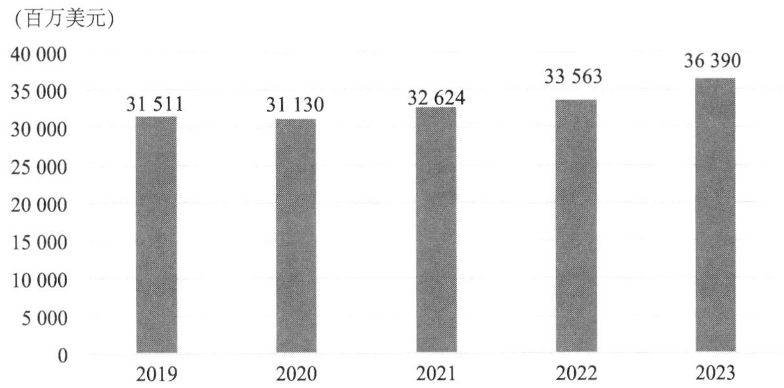

图 2-46　甲骨文公司 2019—2023 财年毛利率情况

有回升，达到 85.03 亿美元，同比增长 26.59%。2022 财年净利率减少 18.13 个百分点，由 2021 财年的 33.96%下降至 15.83%，2023 财年净利率回升至 17.02%。

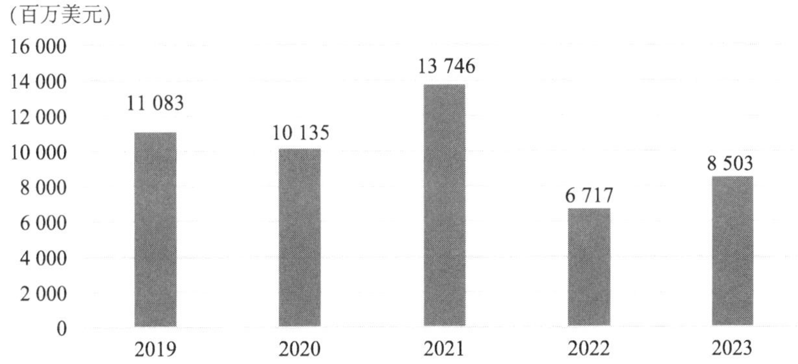

图 2-47　甲骨文公司 2019—2023 财年净利润情况

3. 近五年市值

甲骨文近五年市值情况总体呈上升态势，2022 年略有下降。如图 2-48 所示，甲骨文公司市值于 2022 年达到 2 203.92 亿美元，同比下降 5.37%。

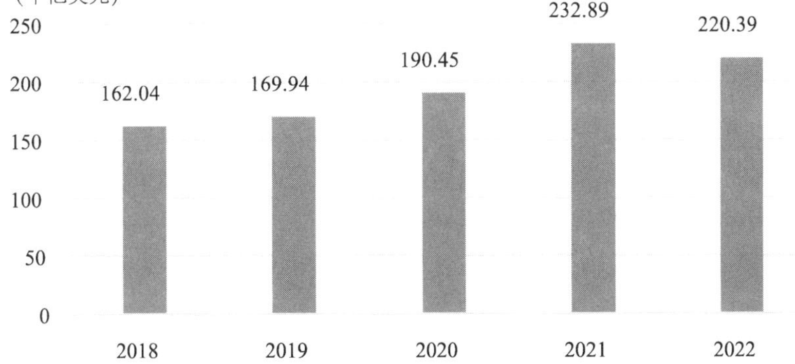

图 2-48　甲骨文公司 2018—2022 财年市值情况

4. 业务组成与分部财务数据

甲骨文公司主要有三项业务——云及许可证、硬件和服务，每项业务都由一个单独的运营部门组成。甲骨文公司提供解决企业信息技术(IT)环境的产品和服务，包括企业应用软件和基础设施产品，以最好地满足客户的需求为目标。

云及许可证是甲骨文的主要营业收入来源，分别占2023和2022财年总收入的83%和85%，甲骨文通过云和许可证产品营销、销售，为客户提供广泛的企业应用和基础设施技术。其中，云服务在2023、2022和2021财年营业收入分别占总收入的32%、25%和22%，且呈现稳健增长的态势。甲骨文的硬件业务在2023和2022财年分别占总收入的6%和7%，提供广泛的企业硬件产品和硬件相关的软件产品。而服务业务在2023和2022财年分别占总收入的11%和8%，帮助客户和合作伙伴实现其在甲骨文应用和基础设施技术方面的投资绩效最大化。表2-48是甲骨文2021—2023财年的分业务财务数据情况。

表2-48　　甲骨文分业务财务数据　　单位：百万美元

业务	2021财年	2022财年	2023财年
云及许可证	34 099	36 052	41 086
硬件	3 359	3 183	3 274
服务	3 021	3 205	5 594
总营业收入	40 479	42 440	49 954

(五) 公司产品与ESG的联系

甲骨文通过产品和技术为客户提供ESG解决方案，以实现减排等可持续目标。尤其是运用甲骨文融合云企业绩效管理(EPM)，帮助客户整合财务和非财务数据，以满足客户的报告要求，还进一步帮助计划和管理客户目前和未来的ESG实践和目标。截至2023年6月，甲骨文在官网提供了23个客户案例，包括金融服务、零售、公用事业等多个行业的公司、政府部门、研究机构等众多客户，强调甲骨文公司产品与ESG的联系。

二、ESG发展沿革

(一) ESG披露发展沿革

1. 公司ESG披露渠道的发展情况

甲骨文ESG报告自2006年起于公司官网披露，并不断发展完善，目前还引入了ESG中心网页(ESG Hub)作为ESG披露的有效补充。

甲骨文公司并非每年披露ESG报告，具体发布的年份为2006、2008、2010、2012、2014、2016、2019、2020和2022年。目前最新的2022财年社会影响力报告披露期间为2021年6月1日—2022年5月31日。ESG报告前期无固定披露期间，近年来发展为每一财年于网页发布新一期 ESG 报告，并且对比年报的发布有一定的延迟。其中，2019 和 2020 报告披露期间为 1 财年，2014 和 2016 报告披露期间为 2 财年，之前的报告未明确提及披露期间。图 2-49 展现了甲骨文历年 ESG 报告及各 ESG 报告的具体披露期间。

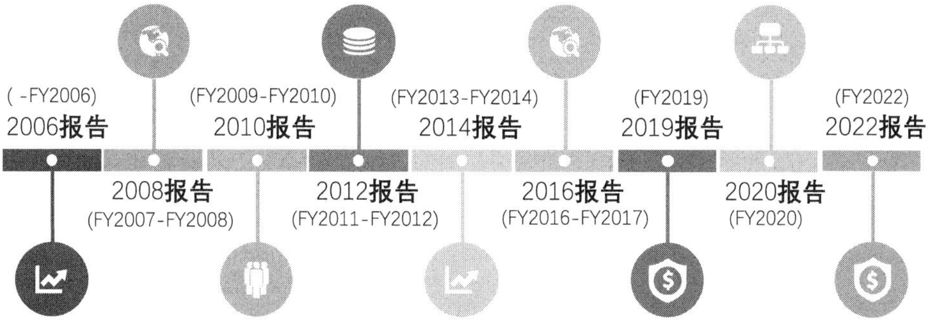

图 2-49　甲骨文 2006—2022 财年 ESG 报告发展历程①

表 2-49 总结了甲骨文历年 ESG 披露具体发展情况，归纳了公司自 2006 财年起各期 ESG 报告的披露特点以及较上期披露的具体内容变动情况。甲骨文历年 ESG 披露逐渐呈体系化、模式化，ESG 报告披露不断向图文并茂的网页形式靠拢，可读性不断提升，干货信息量不断增加，更加符合 ESG 披露标准规范。甲骨文历年 ESG 披露总体趋势的详细分析可见下一节。

表 2-49　甲骨文历年 ESG 披露具体发展情况

ESG 披露	披露特点	披露内容变动 （增量/减少信息）
2006 甲骨文的承诺	■ 披露报告有较强的宣传性质 ■ 涉及了一定的 ESG 关键议题，但与公司和行业特性密切相关 ■ 披露方式以文字为主，案例多，有少量数据、图表和极少量的网页链接作为补充	（首次披露）
2008 公民责任报告	■ 披露方式以文字叙述为主，不强调数据 ■ 报告章节较多，各部分内容存在一定的重合情况，部分 ESG 议题划分不合理 ■ 报告披露重点为 S，E 披露顺序提前 ■ 涉及较多与 ESG 关联度低的公司产品、技术、服务等经营信息 ■ 报告仍采用统一色调，但使用的色彩有所增多	■ 报告变更为“公民责任报告” ■ 披露框架略有调整，精简整合 ■ 开始披露公司所获 ESG 相关奖项 ■ E 部分披露略增，G 部分披露减少

① “年份＋报告”的命名方式来源于官网，其命名标准不统一，年份代表报告发布时间或者披露期间。未明确提及披露期间的根据报告内容得出。

续表

ESG披露	披露特点	披露内容变动 （增量/减少信息）
2010 公民责任 报告	■ 披露框架初见雏形，细分章节多，不精炼 ■ G、E披露顺序提前 ■ 报告篇幅大幅增加（页数由30+上升至100+） ■ 报告留白多，页面利用度低	■ 报告信息量大幅提升 ■ 报告开始大量引入网页链接作为补充信息 ■ E部分增量信息多，除了能源耗用和节约情况外，开始披露碳排放、水资源和废弃物，以及E方面目标 ■ E的披露开始使用图表 ■ 开始使用GRI标准并提供简单交叉指引
2012 公民责任 报告	■ 披露方式以文字叙述为主，案例比重大，有部分对数据的呈现但并不强调 ■ 篇幅长，版面设计存在留白过多等问题，限制内容表述和信息传达 ■ 产品、技术等经营活动信息披露较多 ■ 报告形式一般化，无公司特色	■ 披露结构框架优化，有所精炼 ■ E标题由环境改为可持续，开始有CSO（首席可持续官）寄语 ■ E中披露的可持续目标涉及的议题扩展 ■ 案例披露形式更丰富
2014 公民责任 报告	■ 披露框架大幅度调整变动 ■ 披露方式仍以文字叙述为主 ■ 受公司身陷争议影响，S劳动力、员工部分披露顺序提前，开始着重强调披露 ■ 披露仍存在较多与ESG关联度较低的内容 ■ 报告采用统一色调	■ 强调"定量+定性"的信息披露模式，数据披露增加并突出强调 ■ 开始有个性化报告标题和章节标题，有公司特色的报告封面图 ■ 开始评估实质性议题 ■ 链接形式统一，由网址或文字变为图标
2016 公民责任 报告	■ 披露方式：文字叙述内容较多，穿插部分链接 ■ 披露逻辑性、条理性增强，重点有所明确 ■ E披露顺序后移 ■ G披露极为省略 ■ 开始采用横向版面，留白大幅减少，报告页面利用度提升 ■ 报告各模块采用不同主题色	■ 图片和数据增量明显 ■ 不再披露公司财务和经营信息 ■ 提出三阶段实质性议题评估 ■ S中不再披露女性员工和少数群体员工数据 ■ GRI标准交叉指引，除文字叙述外，提供更多的网页、文件等资源的链接指引
2019 公民责任 报告	■ 披露方式：概述+公司网页链接，强调网页在披露中的重要性，减少文字叙述 ■ 报告框架变动不大，版面大幅调整，更加图文并茂，文字内容缩减，采用概述 ■ E披露顺序进一步后移 ■ 报告采用统一色调	■ 归纳出8个关键实质性议题 ■ 强化对G的披露，但仍较为省略 ■ 提供的文件等链接增多，性质上更倾向于披露信息的资源枢纽 ■ GRI标准交叉指引细化，明确对公司确定的实质性议题的指引
2020 公民责任 报告	■ 披露框架相对稳定，与2019年报告基本一致 ■ 披露由传统报告形式向网页形式靠拢 ■ 报告各模块采用不同主题色	■ 新增健康（Health）部分内容，联系实际，回应新冠疫情
2022 社会影响 力报告和 ESG中心	■ "ESG中心"网页的披露 ■ 关键议题披露顺序调整，弱化G强化E	■ 新增SASB和TCFD标准交叉指引，披露信息进一步增加 ■ 强化数据的披露，构建公司范围的数据表 ■ E中进一步强调气候变化响应的披露

2. 总体趋势分析

(1) 披露形式

报告体系化、系统化，逐渐摸索出甲骨文公司独特的、体系化的 ESG 披露报告模式。甲骨文 ESG 披露报告框架逻辑性逐渐提升，不断精炼章节划分，议题交叉、重合现象不断减少，并采用公司个性化章节标题，逐渐采用各章节主题色进一步区分。

ESG 披露强调网页的重要性，披露由传统报告形式向网页形式靠拢。甲骨文 ESG 披露报告呈现形式由一般式报告向网页载体转型。甲骨文通过链接提供详细信息补充，以链接的形式精炼报告，提高披露信息有效性，增强报告可读性。报告内也逐渐提供便捷的索引，方便报告使用者。披露报告中提供的信息资源链接数量增多，链接也逐渐多元化，由政策文件扩展到公司博客、视频、社交媒体账户等，主要起到补充说明报告的作用。披露报告中链接形式逐渐统一，由文字和网页转变为图标形式。

报告可读性增强，形式逐渐生动，更加精炼和图文并茂。披露减少文字叙述内容和比重，逐步增加数据、图片、图表等干货信息的比重，强化数据的重要性。披露逻辑性、条理性增强，能够突出、明确重点。报告中虽然案例内容仍然较多，但披露方式由以大篇幅文字叙述为主逐渐调整为“概述＋图片＋链接”的形式。减少文字案例叙述，整合相关内容，突出重点，以网页链接的方式简化内容，删除冗余部分。甲骨文通过链接提供详细信息补充，报告可读性增强。披露报告版面留白大幅减少，页面利用度提升，逐渐削弱报告不合理排版对披露内容表述和信息传达的负面影响。披露报告逐渐采用横向版面。

ESG 披露逐渐凸显公司个性和特性。甲骨文 ESG 披露报告逐渐采用个性化报告标题、报告封面、章节标题，能够体现公司特色，而不是一般化的报告呈现形式。

(2) 披露内容

ESG 披露干货内容信息量增加，披露强调“定量＋定性”的信息披露模式，数据披露增加并突出强调，一改之前报告在大段文字内容中草草带过数据的情况。减少文字叙述，数据、图片、图表等干货信息的比重逐步增加。并且在 ESG 中心开始披露数据表，对公司范围内的 ESG 定量信息进行汇总整理。并且将数据表的披露置于公司 ESG 中心网页突出、显眼的位置，ESG 定量信息披露涵盖 E、S 中多个议题。

与 ESG 关联度较低内容逐步弱化，强调公司产品和业务与 ESG 的联系。甲骨文早年 ESG 披露报告涉及大篇幅财务和经营(如产品、技术、服务)信息内容。这一部分与 ESG 关联度较低内容在披露中不断被弱化，数量大幅减少。或以 ESG 方式披露相关内容，由直接介绍公司的产品和技术，转为融入 E、S 的披露，强调公司产品和业务与 ESG 的联系，如 E 中清洁云、S 中数据隐私和安全性，且不将经营信息作为重点强调。

环境(E)增量信息明显，强调量化数据。E 部分碳战略和碳目标逐渐完善，涉及议题逐渐扩展(由能源耗用扩展至碳排放、水资源、废弃物等领域)，逐渐强化披露数据和图表。强调对气候变化响应的披露。

社会(S)披露内容相对稳定,但根据内外情况变化有所调整。甲骨文S部分的披露始终包括教育、慈善、志愿活动、数据隐私和安全性、员工等方面,这与公司长久坚持传统及行业特性等因素有关。并逐渐强化S部分量化信息的披露。由于甲骨文身陷多个与多样性和包容性相关的争议,因而自2014年报告强调对员工(劳动力)部分的披露,并且将披露顺序大幅提前。在2020年新冠疫情暴发后,甲骨文2020财年披露报告中新增了相关板块。

治理(G)披露相对弱化。甲骨文G部分的披露始终相对简略,基本只包括董事会构成和政策、道德和商业行为准则等内容。其余相关内容在年报(10-K)和委托说明书中有所披露。这与甲骨文报告间不涉及重复披露的原则有关。

3. 公司ESG披露情况现状总结

甲骨文目前的ESG披露以社会影响力报告和ESG中心网页为主。

社会影响力报告的展现形式为公司官网网页,披露期间与年报期间保持一致,最新报告为2022财年(2021年6月1日—2022年5月31日)。甲骨文2022财年的社会影响力报告以"应对变革中的世界:Oracle的环境和社会影响"为题,主要由总览(Overview)、教育(Education)、慈善(Giving)、志愿活动(Volunteering)和可持续发展(Sustainability)五部分构成。披露范围主要涉及S与E。

在社会影响力报告之外,甲骨文在官网还专门设置了"ESG中心"的网页,汇总了公司范围内的环境(E)、社会(S)和治理(G)行为相关的资源、政策和报告,也披露了对公司政策立场、数据和ESG披露标准,并实时更新。

表2-50对比了2022财年甲骨文社会影响力报告和ESG中心网页的ESG披露情况。两者皆披露了ESG信息,但逻辑框架和信息容量不同。社会影响力报告是一般意义上的ESG披露报告,但甲骨文公司以网页为载体呈现。在公司官网的体系下,ESG中心隶属于社会影响力报告,以更贴合ESG框架的方式归纳和披露ESG信息。ESG中心涵盖社会影响力报告全部信息,并且提供增量信息,可作为社会影响力报告的有效补充。

表2-50 甲骨文社会影响力报告和ESG中心披露对比

	社会影响力报告	ESG中心
性质	ESG披露报告(最新报告以网页形式呈现)	ESG相关信息、资源的汇总枢纽
时效	财年	实时更新
披露范围	E、S	E、S、G
披露框架	GRI	以GRI为主,SASB和TCFD为补充
特点	报告形式,内容框架性、条理性较强	信息容量大,展现形式多样化,更符合ESG披露要求,时效性强,但存在重复披露、部分无关内容等问题

（二）ESG 评级发展沿革

1. 各评级机构 ESG 评级情况

MSCI 的 ESG 评级提供了对公司环境、社会和治理（ESG）方面风险抵御能力的评估。如图 2-50 所示，甲骨文 MSCI 的最新评级为“A”，处于 110 家软件和服务公司的平均水平。如图 2-51 所示，甲骨文的 MSCI 评级自 2019—2022 年始终处于软件和服务行业的平均水平梯队，并于 2022 年 12 月实现由“BBB”至“A”的跃升，但并未上升至行业领先水平，与同行业竞争对手相比，微软和 SAP 的评级始终保持“AAA”，甲骨文仍有较大进步空间，存在一定的披露短板，需要补齐。

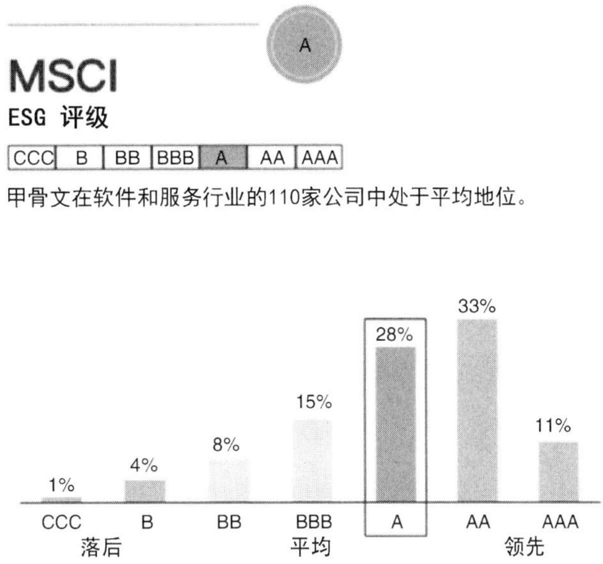

图 2-50　甲骨文 MSCI 评级

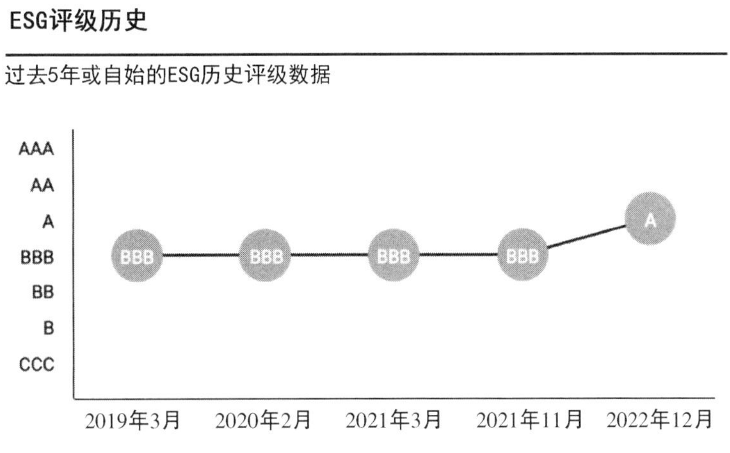

图 2-51　甲骨文 MSCI 评级时序变化情况

进一步探究 2022 年甲骨文 MSCI 评级上升的原因。根据甲骨文官网披露，公司在 2021 年 11 月至 2022 年 12 月期间，发布了 2022 财年的社会影响力报告并构建了 ESG 中心作为有效信息补充。该期间内甲骨文公司 ESG 披露主要变动包括：（1）ESG 中心的构建，ESG 披露信息含量增加；（2）强化数据的披露，构建公司范围的多年度数据表；（3）在 GRI 标准的基础上，新增 SASB 和 TCFD 标准指引，披露信息进一步增加；（4）关键议题披露顺序调整，弱化 G 强化 E；等等。

2. 公司 E、S、G 分别的评级与时序变动情况

参考其他机构对甲骨文 ESG 的评级，富时罗素（FTSE）于 2023 年第二季度的评分为 3.3，位于行业平均水平；路孚特（Refinitiv）于 2023 年第二季度的评分为 52 分，评级为“B—”，在软件和 IT 行业 910 家公司中排名第 295 位。表 2-51 是路孚特对甲骨文 ESG 分别评分情况，E、S 评分处于行业中上水平，G 评分远低于行业平均水平。

表 2-51　　路孚特对甲骨文 ESG 分别评分①

领域	评分
E	78
S	75
G	25
总评分	52/100

3. 公司领先议题和落后议题

如图 2-52 所示，在 MSCI 针对软件和服务行业确定的 6 个关键议题中，甲骨文在隐私与数据安全（S）、清洁能源技术机会（E）议题上处于行业领先水平；在公司行为（G）、人力资源发展（S）、碳排放（E）议题上处于行业平均水平；而在公司治理（G）议题上处于行业滞后水平，这一议题主要评估公司的所有权、董事会和薪酬行为对投资者的影响，甲骨文在该方面的披露稍显不足。综上，根据 MSCI 评级分析，甲骨文在 E 和 S 方面的披露均处于行业中上水平，在 G 方面尤其是在公司治理方面公司始终存在披露不充分的问题，MSCI 认为其未能有效治理相关风险，因而该议题落后于行业内大部分公司。

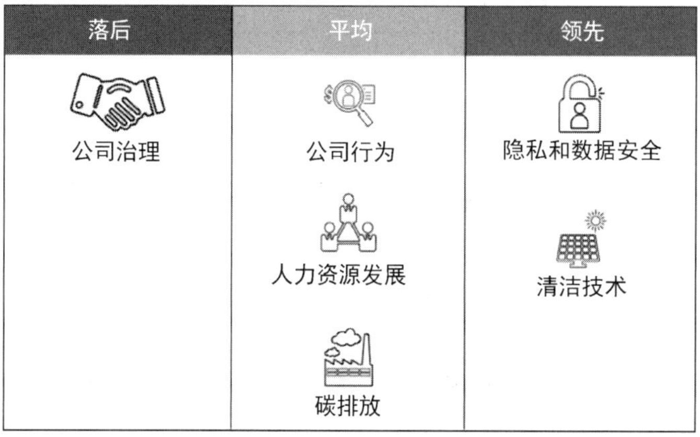

图 2-52　甲骨文 MSCI 评级领先和落后议题

① 路孚特对甲骨文的评分参照 2020 财年的 ESG 披露报告。

三、公司 ESG 组织形式

(一) 公司目前 ESG 相关组织架构情况

1. ESG 组织架构概述

甲骨文 ESG 的组织架构可分为 ESG 行动和 ESG 披露两条线。

ESG 行动方面，组织架构自上而下，从董事会监管到公司层面 CEO、CSO 战略决策再到各业务部门经理和基层员工执行，主要负责环境 E 方面。其中，CSO 和可持续发展委员会(ESC)在公司可持续相关事宜中扮演主要角色，负责公司整体可持续发展战略和目标。

ESG 披露方面，甲骨文设有专门的副总裁及其下属委员会负责 ESG 报告的披露，且该副总裁目前也负责 S 部分的行动。总而言之，甲骨文 ESG 组织架构虽较为体系化，但并无全盘负责 ESG 行动和披露的顶层设计组织，公司 ESG 职责相对分散。甲骨文 ESG 组织架构的问题可能是导致 ESG 披露 S>E>G 情况出现的原因之一，具体而言，CSO 主要负责 E 的行动，另有专门的副总裁负责 S 的行动以及 ESG 报告整体的披露，而 G 的披露则没有明确的管理层负责。从一定程度上讲，组织架构上的顶层设计与指引有利于 ESG 披露。

2. 环境 E 层面的组织架构

(1) 董事会—治理委员会

董事会下设的治理委员会负责监督公司整体治理措施和管理层及董事会的领导结构相关的风险，特别是 ESG 方面的问题，如环境可持续性和温室气体排放、气候变化以及劳动力和董事会的多样性。

(2) CEO

甲骨文公司的 CEO 负责审查和指导围绕环境和气候相关问题的战略、可持续发展目标，以及在公司层面批准公司的能源采购战略。

(3) CSO

甲骨文公司的 CSO 负责监督公司的整体可持续发展战略，推动公司内部和外部的环境可持续发展计划，并为甲骨文公司制定战略方向，使成千上万的客户能够利用甲骨文公司的解决方案变得更加可持续。

(4) 可持续发展委员会

环境指导委员会(ESC)由 CSO 担任主席，于 2008 年启动。环境指导委员会是一个全球性的委员会，由来自甲骨文各业务部门(风险、政策、可持续发展经理、采购、EH&S、运营和制造)的高级和执行人员组成，负责处理与气候有关的问题并促进公司内部的跨职能合作。可持续发展委员会的成员确立了公司的可持续发展目标，并每季度召开一次会议，以确定战略，并根据公司的公共和内部目标监测进展。这些季度会议是甲骨文公司解决公司气候相关问题的前沿阵地。

(5) EHS经理

环境、健康和安全经理(Environmental, Health, and Safety Manager),即EHS经理,每年都会评估自然灾害(如飓风、地震)的潜在严重性和规模,并相应制定与公司员工的健康和安全有关的应急计划。

甲骨文的业务部门经理(Business Unit Managers)负责监督和管理与实现甲骨文环境目标有关的工作组和日常活动。每个业务部门经理根据他们的职能都有独特的贡献。例如,RE&F可持续发展经理专注于公司全球每个办事处的资源消耗,包括水、废物和能源。OCI PAAS管理公司的环境合规工作,如LEEDS、能源之星、ISO14001和ISO50001。

采购经理管理甲骨文公司的供应链,包括供应商调查、供应商招标、合同签订以及将可持续发展纳入公司与主要供应商的业务审查会议。甲骨文公司的采购经理向ESC成员之一的CFO报告。

(6) 风险委员会

甲骨文公司的风险管理和复原计划(RMRP)每年都会评估自然灾害(如飓风、地震)的潜在严重性和规模,并相应制定与公司运营有关的应急计划。RMRP过程包括一个规划、记录和测试周期,评估甲骨文应对物理风险的弹性,包括与气候有关的自然灾害。甲骨文公司的RMRP项目管理办公室发布了一个正式的风险评估模板,规定对环境和气候相关的风险进行识别和定性,并在季度ESC会议上分享结果。

(7) 绿色团队(Green Team Leads)

由基层员工领导的可持续发展委员会,专注于减少组织对当地环境的影响,并在全球开展与环保事业有关的志愿活动。

(8) 环境/可持续发展经理(Environment/Sustainability Manager)

甲骨文的KPI由各地区的全球可持续发展经理跟踪和制定,并直接向CSO报告。全球的可持续发展经理是整理和组织所有潜在的气候相关问题并将其转化为可操作活动的团队。

3. ESG披露报告的组织架构

(1) 社会影响力副总裁(Vice President of Social Impact)

社会影响力副总裁负责监督甲骨文公司的捐赠和志愿服务项目,这些项目向世界各地的非营利组织提供资金、技术等,以促进教育、保护环境和完善社区。前身为公民责任与教育副总裁(VP of Citizenship and Educations)。目前担任社会影响力副总裁和甲骨文教育基金会执行董事的科琳·卡西蒂(Colleen Cassity)在S方面有广泛实践,在加入甲骨文公司之前,科琳帮助建立了Juma Ventures——改善低收入、高风险青年生活前景的全国性范本组织。她被《旧金山商业时报》评为2019年湾区商业中最具影响力的女性之一。

其下属团队制作《甲骨文社会影响报告》,分享有关甲骨文慈善事业改变生活的故事以及ESG方面的最佳实践。

(2) 企业责任委员会(Corporate Responsibility Committee)

甲骨文公司的公民委员会(Citizenship Committee)负责管理内部计划的发展和进展，这些计划旨在通过发展慈善事业、志愿服务、环境管理和运营社区的企业计划，抵消甲骨文公司运营对环境的影响。公民委员会向负责的副总裁报告，该副总裁也是 ESC 的成员。企业责任委员会还负责发布甲骨文社会影响力报告(前身为公司公民责任报告)。

(二) ESG 组织架构变动情况

甲骨文对 ESG 组织架构变动情况无具体披露，但相关披露逐渐翔实，组织架构层级及职责逐渐明确。

四、议题选择

(一) 重要性评估

1. 评估流程

甲骨文并未详细披露公司重要性议题选择和评估的流程，仅表示评估流程是参照全球报告倡议组织(GRI)标准设计的，旨在确定关键 ESG 基准，并帮助公司优化 ESG 绩效以取得长期业务成功，通过关键性议题的评估使甲骨文能够传达公司对所在社区的贡献和影响。甲骨文还对员工和客户或潜在客户的要求进行调查，并将调查结果作为指引，确定对他们而言最重要的问题。

2. 历年评估流程的变动情况

甲骨文自 2014 财年的 ESG 报告开始披露评估流程，自 2016 财年的 ESG 报告开始披露实质性议题。甲骨文对议题评估流程的披露逐渐简化，文字篇幅逐渐减少，并且披露与 GRI 标准密切相关，更加贴近 ESG 要求。

2014 财年的 ESG 报告中有对实质性议题的评估，但没有提出或归纳具体的议题。甲骨文在 2016 财年的 ESG 报告中，表示公司定期进行重要性评估，以确定并更好地了解公司应该集中资源的领域，这一过程有助于公司优化长期业务成功所需的经济、环境和社会绩效，甲骨文在实质性评估中参考了 GRI G4 框架，以确定关键的可持续性基准。此外，公司还向包括客户、合作伙伴、员工和第三方领域专家在内的广泛的利益相关者征求反馈意见，确定了最重要的议题。

随着 GRI 组织将 G4 指导升级为 GRI 标准，甲骨文公司从 2019 财年的 ESG 报告起，实质性评估的参考标准也相应发生改变。并且在征求相关利益方意见部分，仅披露了公司对员工和客户的调查，削减了对合作伙伴和第三方领域专家在内的广泛的利益相关者意见的征求。2020 财年的 ESG 报告与 2019 财年的 ESG 报告基本保持一致。

2022 财年的 ESG 报告中，甲骨文在实质性议题评估部分将评估益处由优化“经济、环境和社会”(EES)三方面绩效调整为优化“ESG”三方面绩效，由贴近 GRI 官网内容表述变为更加贴近 ESG 要求。在征求相关利益方意见部分，增添了对潜在客户要求的调查。

(二) 根据MSCI梳理公司议题分类

表2-52是基于MSCI公布的33个ESG议题以及信息技术(IT)行业的议题评级权重，对甲骨文ESG的8个实质性议题对其覆盖程度进行分析。

表2-52　　根据MSCI梳理甲骨文ESG议题

3大范畴	10个主题	33个议题	权重	甲骨文ESG议题
环境(E)	气候变化	碳排放	2.4%	整合可持续的商业思维(Integrating sustainable business thinking)
		对于气候变化的脆弱性	0	
		财务环境影响	0	
		产品碳足迹	0	
	自然资源	生物多样性与土地利用	0	
		原材料采购	0	
		水资源压力	1.9%	
	污染与废弃物	电子垃圾	0.6%	
		包装物料与废弃物	0	
		有害排放和废弃物	0.2%	
	环境机会	清洁能源技术机会	12%	
		绿色建筑机会	0	
		可再生能源机会	0	
社会(S)	人力资本	员工健康与安全	0	—
		人力资源发展	19.5%	提供一个多样化、包容和安全的工作场所(Providing a workplace that is diverse, inclusive, and safe) 帮助我们的员工取得成功并产生积极影响(Helping our employees succeed and make a positive impact)
		劳动力管理	4.5%	
		供应链人力标准	1.4%	
	产品责任	化学品安全	2.6%	整合可持续的商业思维(Integrating sustainable business thinking)
		金融产品安全	0	—
		隐私与数据安全	9.8%	保护我们管理的数据(Safeguarding data we manage)
		产品安全与质量	0.2%	利用我们的技术创造价值(Leveraging our technology for value creation)
		负责任投资	0	—

续表

3 大范畴	10 个主题	33 个议题	权重	甲骨文 ESG 议题
社会(S)	利益相关方反对	社区关系	0	在我们的社区进行慈善参与(Engaging philanthropically in our communities) 教育学生和推进技术包容性(Educating students and advancing technological inclusion)
		有争议的采购	5%	坚持道德的商业行为(Upholding ethical business conduct)
	社会机会	金融服务可得性	0	—
		健康保健可得性	0	—
		营养与健康机会	0	—
治理(G)	公司治理	董事会	39.9%	坚持道德的商业行为(Upholding ethical business conduct)
		所有权和控制权(所有制)		
		薪酬		—
		财务		—
	公司行为	商业伦理		坚持道德的商业行为(Upholding ethical business conduct)
		税务透明度		—

总体来看,甲骨文的 ESG 披露基本覆盖了 MSCI 对信息技术(IT)行业的评级的关键议题。其中 E 的权重为 17.1%,S 的权重为 43%,G 的权重为 39.9%。

环境(E)方面,MSCI 认为 IT 行业的关键议题为:清洁能源技术机会(12%)、碳排放(2.4%)、水资源压力(1.9%)、电子垃圾(0.6%)、有害排放和废弃物(0.2%)。其中,清洁能源技术机会与甲骨文的经营活动密切相关,甲骨文目前致力于通过自己的产品和技术为客户提供可持续性解决方案。而其余关键议题皆在 CDP 气候响应报告中有重点披露。除此之外,甲骨文也对 MSCI 未做要求的非关键议题有详细披露。

社会(S)方面,MSCI 认为 IT 行业的关键议题为:人力资源发展(19.5%)、隐私与数据安全(9.8%)、有争议的采购(5%)、劳动力管理(4.5%)、化学品安全(2.6%)、供应链人力标准(1.4%)、产品安全与质量(0.2%)。从权重可知,S 是 MSCI 对 IT 公司 ESG 评级最为看重的部分。甲骨文的 ESG 披露覆盖了全部关键议题,但对部分议题的披露相对省略。人力资源发展部分,甲骨文的披露进行了重点突出强调,但甲骨文同时身陷多个与多样性和包容性相关的争议。隐私与数据安全部分始终是甲骨文 ESG 披露的关键议题,这源于行业特性和经营活动发展的必要诉求。相较而言，甲骨文对化学品安全等部分的披露较为省略，在CDP气候响应报告中略有提及。除此之外，甲骨文也对MSCI所未做要求的非关键议题有具体且详细披露，特别是社区关系部分。

治理(G)方面，MSCI认为其在IT行业的总权重为39.9%，处于各细分行业中等偏上水平。由于甲骨文披露的报告间不涉及重复披露的原则，G部分信息在ESG披露中相对较为省略，需要从公司官网、年报(10-K)、委托说明书(Proxy Statement)等资源中进一步获取相关信息，信息获取相对难度较大。且G的披露中仍涉及某些议题披露的缺失或者过度简略。

(三) 历年选择议题的变动情况

甲骨文自2016财年的ESG报告开始披露公司选择的实质性议题。表2-53列示了2016—2022财年甲骨文ESG披露所选择的议题及其排序情况。甲骨文历年选择的ESG议题不断精炼，议题顺序不断调整。

表2-53　　甲骨文历年议题具体情况

ESG披露报告	序号	实质性议题(按顺序)		
2016公民责任报告	1	阶段一	教育和数据包容性(S)	产品管理(S)
			云排放(E)	负责任的采购链和可持续的采购(S)
			财务表现	可持续的产品设计(S)
	2	阶段二	公司捐赠(S)	健康、安全和福利(S)
			数据隐私和安全(S)	非数据中心的排放(E)
			多样性和包容性(S)	运营中用水情况(S)
			员工参与和发展(S)	价值观与道德(G)
			治理(G)	运营中的浪费(E)
	3	阶段三	员工出行(E)	公共政策(G)
			事件管理(E)	运输和物流(E)
			产品包装(E)	
2019/2020公民责任报告	1	坚持最高的商业道德行为标准(G)		
	2	保障我们管理的数据的隐私和安全(S)		
	3	提供一个多样化、包容和安全的工作场所(S)		
	4	让员工参与并使之产生积极影响(S)		
	5	教育学生和推进技术包容性(S)		
	6	在我们的社区进行慈善参与(S)		
	7	利用技术为经济、社会和环境创造价值(S)		
	8	包含循环和气候变化的可持续商业思维整合(E)		

续表

ESG 披露报告	序号	实质性议题(按顺序)
2022 ESG 中心	1	提供一个多样化、包容和安全的工作场所(S)
	2	保护我们管理的数据(S)
	3	整合可持续的商业思维(E)
	4	利用我们的技术创造价值(S)
	5	在我们的社区进行慈善参与(S)
	6	教育学生和推进技术包容性(S)
	7	帮助我们的员工取得成功并产生积极影响(S)
	8	坚持道德的商业行为(G)

具体而言,2016 财年 ESG 报告中,甲骨文参考 GRI G4 框架,确定并归纳出三阶段实质性议题。其中阶段一至阶段三重要性逐渐递减。该实质性评估共包含 7 个 E 相关议题、10 个 S 相关议题、3 个 G 相关议题,强调 S 相关议题的重要性。且除 ESG 关键议题外,还包括公司财务表现相关议题,与公司年报披露出现了一定的重合。

2019 财年 ESG 报告中,甲骨文在 GRI 标准框架下首次归纳提出 8 个实质性关键议题,其中包含 1 个 E 相关议题、6 个 S 相关议题、1 个 G 相关议题,且议题顺序为 GSE。相比之前的三阶段实质性议题更为精炼,但除了删除财务相关议题外,涵盖内容基本一致。2020 财年 ESG 报告所选择的议题及议题排列顺序无变化。2022 财年 ESG 报告中,甲骨文所选择的议题内容仍无变化,议题表述进一步精炼,但议题排列顺序变化较大,变为 SESG,E 相关议题提前,G 相关议题置后,S 相关议题顺序内部也有微调,尤其是与劳动力多样性与包容性相关的议题提前。

五、不同渠道披露之间的关系

甲骨文以 ESG 报告(即社会影响力报告或公民责任报告)为 ESG 披露的主体。ESG 中心网页是公司 ESG 相关资源的汇总枢纽,提供增量信息,可作为 ESG 报告的有效补充。

表 2-54 对比了甲骨文 ESG 报告、网页、年报、委托说明书等不同的 ESG 披露渠道。甲骨文在 ESG 报告及网页中 G 部分的披露始终相对简略,基本只包括董事会构成和政策、道德和商业行为准则等内容。其余相关内容在年报(10－K)和委托说明书中有所披露,提供一定的 S、G 部分的增量信息,但其本身并不是为 ESG 披露服务。这与甲骨文报告间不涉及重复披露的原则有关。

具体而言,甲骨文年报(10－K)披露主要包括:公司财务信息、经营情况、风险因素、公司治理情况等内容。甲骨文年报中无专门 ESG 板块,但也涉及少量的 ESG 信息披露,主要为 S 和 G 方面。S 方面,披露了劳动力相关情况,包括员工的职业分布、受雇年限、员工的发展与成长等,并对公司的多样性和包容性做进一步强调,相比 ESG 报告披露虽有少量的

表 2-54　甲骨文不同 ESG 披露渠道对比

披露渠道	披露方式	目标受众	披露内容	ESG 披露重点	交叉点
ESG 报告	公司官网	大众	E、S 为行文主线	E、S	ESG 披露主体
ESG 中心网页	公司官网	相关方	ESG 信息资源汇总	E、S、G，G 较为简略	ESG 报告的补充，提供大量 ESG 相关资源和投资者关系网站链接
年报（10-K）	投资者关系网站	投资者	财务信息为主，涉及部分 ESG 信息	S、G，尤其是劳动力多样性与包容性	提供少量 S、G 增量信息，S 中劳动力部分有部分重复披露
委托说明书（Proxy Statement）	投资者关系网站	投资者	向股东披露内容及股东大会情况等	G，尤其是董事会详细情况、薪酬情况等	提供 G 增量信息

重复披露，但新增提供了定量数据信息。披露强调 40%的董事会成员是女性或者有少数族裔背景，以及公司的 CEO 为女性。G 方面，披露了 7 位甲骨文主要管理层和董事会成员，但由于年报的披露特性，信息有一定的滞后性，目前其中的两位已经退休离职。还披露了公司治理风险及风险管理（包括运营风险、法律和政策风险），并表示董事会、股东、薪酬等详细情况在委托说明书中有所披露。

甲骨文委托说明书披露内容主要包括年度股东大会情况、董事情况、公司治理情况要点、股东和董事参与情况、董事会及管理层薪酬情况、人力资本管理等，涉及 ESG 信息披露，主要为 G 方面。委托说明书对董事会情况进行了详细披露，包括董事会构成、董事个人详细信息、董事会下设各委员会职能、董事会多样性等。公司治理情况要点部分强调在公司治理规则指导下的具体实践。与 ESG 报告中 G 部分披露不同的是，ESG 报告中 G 强调治理结构与运作中的规章制度以及商业行为的合规性，而委托说明书强调公司 G 的具体实践，并披露了更为详细的信息。

六、ESG 报告

（一）采用的标准

甲骨文 ESG 披露主要参照全球报告倡议组织（GRI）标准设计，旨在确定关键的 ESG 议题，并帮助公司优化 ESG 绩效以取得长期业务成功。表 2-55 列示了 2010—2022 财年甲骨文 ESG 披露报告所采用标准的情况，自 2010 财年起，甲骨文 ESG 报告开始使用 GRI 标准，且随着 GRI 标准的更新而更新。甲骨文还在 ESG 报告附录提供公司文件资源的交叉指引，并且交叉指引细化，逐渐明确对公司确定的实质性议题的指引。

表 2-55　　**甲骨文 ESG 披露报告采用标准情况**

ESG 披露报告	采用标准
2010 公民责任报告	GRI G3 可持续报告指引
2012 公民责任报告	GRI G3.1 指引
2014 公民责任报告	GRI G4 指引
2016 公民责任报告	GRI G4 指引
2019 公民责任报告	GRI 标准
2020 公民责任报告	GRI 标准
2022 社会影响力报告和 ESG 中心	社会影响力报告：GRI 标准 ESG 中心：GRI、SASB、TCFD

自 2022 财年起，甲骨文公司在 ESG 中心网页根据 SASB、TCFD 框架对披露内容进行了交叉指引，使得披露内容进一步丰富，但交叉指引相对 GRI 标准较为粗略。甲骨文仅对 SASB 标准关键标准进行指引，只涉及 ESG 中心中披露的部分内容。甲骨文参照 TCFD 标准披露的交叉指引相对更为粗略，主要关注公司披露的气候响应报告中的气候相关金融信息，甚至部分指引为"GRI 标准"中的链接。

（二）内容结构

1. 查重率

从整体上看，甲骨文 ESG 报告查重率变动较大，这与甲骨文 ESG 报告披露框架发展密切相关。如图 2-53 所示，甲骨文 2008—2020 财年 ESG 报告较上一期报告的查重率整体波

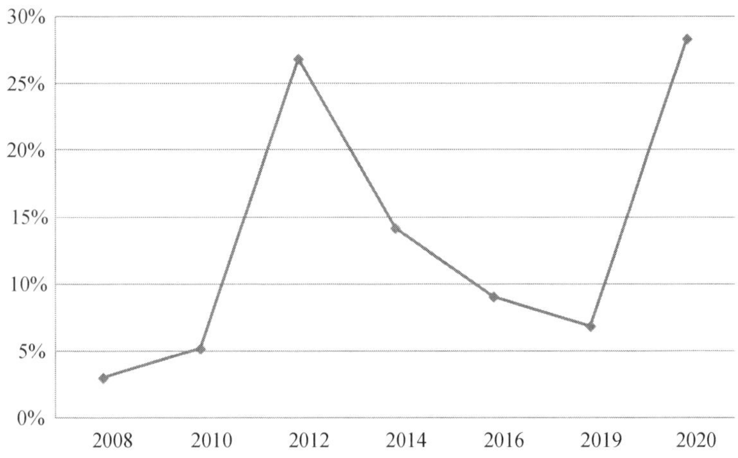

图 2-53　甲骨文 ESG 报告查重率比较①

① 该数据是运用 PaperYY 的自建库生成的，每期 ESG 报告查重率的数据是以上一期 ESG 报告为查重样本，比较维度是较上一期 ESG 报告的重复率。最新的 2022 财年 ESG 报告展现形式为网页，仅展现 ESG 报告主体内容，而并非完整报告形式，所以未查重。

动较大，主要与甲骨文ESG披露模式和框架的调整与固定有关。具体而言，2008财年ESG报告相较于2006财年报告查重率为3%，这是由于当时甲骨文仍处于报告披露的雏形阶段，且当时报告并不是服务于ESG披露，带有一定的公司宣传性质，披露内容调整较多。2010财年ESG报告仍维持个位数的查重率，但自该报告起甲骨文ESG报告披露逐渐形成一定的框架，使得2012财年ESG报告查重率骤然升高。2014—2019财年ESG报告披露框架变动较大，不断调整、优化，报告查重率也随之一路走低，并且甲骨文自2019财年ESG报告起，确立了公司相对固定的披露模式，ESG披露由一般式报告向网页载体转型。稳定的披露框架使得2020财年ESG报告查重率再次大幅上升。

2. ESG披露内容时序变动情况

(1) 交易所对ESG信息披露规定的变动情况

2013年，甲骨文公司正式由纳斯达克转板至纽约证券交易所挂牌上市。而纽约证券交易所为上市公司ESG信息披露提供了指南，详细介绍了公司准备ESG报告的关键步骤、ESG指标、国际上广泛使用的ESG报告框架和标准等信息。不过纽约证券交易所对ESG信息的披露仍是建议性的，并不是强制要求。并且，美国证券交易委员会(SEC)也出台了多项气候相关新规，其中2022年3月底发布的《加强和规范服务投资者的气候相关披露》征求意见稿要求上市公司披露气候相关信息。

(2) ESG报告内容变动情况

甲骨文的ESG披露发展分为三阶段：雏形(2006/2008)、探索(2010/2012/2014/2016)和完善(2019/2020/2022)。

雏形阶段，甲骨文的ESG披露多为宣传性，涉及较多与ESG关联度低的公司产品、技术、服务等经营信息，且存在较多议题交叉、重合的情况。雏形阶段向探索阶段的重要标志是2010报告开始引入GRI标准框架。探索阶段，虽在GRI标准的指引下，但甲骨文的ESG披露仍无固定模式，披露框架不断调整、优化，披露内容存在可读性较差、信息含量低等问题。完善阶段，甲骨文的ESG披露由一般式报告向网页载体转型，并且逐渐确立了固定的披露模式，归纳出公司的8个关键实质性议题，定量数据增加，图文并茂，报告可读性增加。目前，还引入了ESG中心网页作为ESG披露的有效补充。甲骨文的ESG披露仍在不断发展完善中。

(3) ESG报告结构顺序的时序变动情况

甲骨文ESG报告行文主线始终是教育(S)、捐赠(S)、志愿(S)以及可持续/环境(E)四大章节，辅以劳动力(S)和数据安全和隐私(S)等小板块，并且相关小板块呈现出向ESG网页转移的趋势。甲骨文ESG报告始终存在G披露简略的情况。表2-56是甲骨文2006—2022财年ESG报告结构顺序变动情况及其特点，公司前期ESG报告结构相对零散，章节较多，后期报告不断精简，结构逐渐稳固。甲骨文ESG报告结构顺序的变动一定程度上反映了当时公司的处境或者需求。由于身陷多个与多样性和包容性相关的争议，2014 财年报告相关部分提前；2020 财年报告增添新冠疫情相关 S 章节。

表 2-56　　　　甲骨文历年 ESG 报告结构顺序

ESG 披露报告	披露顺序	特点
2006 甲骨文的承诺	S、G、E	披露结构较为零散，章节众多，G 为独立章节
2008 公民责任报告	S、E、S、G	
2010 公民责任报告	G、E、S	G 融入报告引言部分，E 提前
2012 公民责任报告	G、E、S	
2014 公民责任报告	G、S、E、S	S(劳动力部分)融入报告引言部分
2016 公民责任报告	G、S、E、S	E 置后，S(教育部分)提前
2019 公民责任报告	S、G、S、E	E 进一步置后
2020 公民责任报告	S、G、S、E、S	增添新冠疫情相关 S 章节，S(数据安全和隐私部分)省略
2022 社会影响力报告	S、E	报告中无 G 相关内容

（三）环境(E)、社会(S)、治理(G)

1. 分别的披露侧重点

(1) 环境(E)

环境(E)的披露主要侧重于碳战略和碳目标、量化数据、气候响应报告和可持续发展行动四方面。碳战略和碳目标方面，甲骨文从战略出发，披露强调 2025 年可持续性目标和 2050 年零碳目标。量化数据方面，甲骨文汇总公司范围内 E 相关数据，制作为数据表进行披露，其中尤其强调能源耗用、碳排放和碳足迹、水资源、废弃物等相关数据信息的披露。气候响应报告方面，根据 CDP(Carbon Disclosure Project，碳披露项目)框架性披露气候响应报告，注重披露气候变化方面的公司组织架构、气候相关风险和机遇等信息。可持续发展行动方面，披露强调甲骨文如何运用产品和技术帮助客户实现可持续目标。

图 2-54 是甲骨文 2020 财年的 ESG 报告环境 E 范畴的词频统计结果，结果显示 E 部分披露的前五个关键词是 Energy(能源)、Sustainability(可持续)、Cloud(云)、Goal/Goals(目标)、Waste(废弃物)。该 ESG 报告关键词的词频统计结果进一步印证甲骨文公司在 E 部分的披露侧重点。

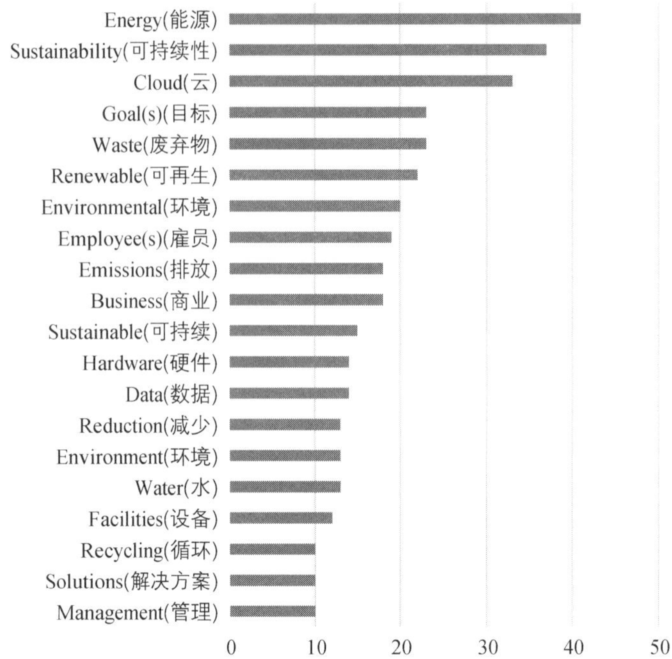

图 2-54 甲骨文 2020 财年 ESG 报告 E 部分关键词与频次(10 次及以上)[①]

(2) 社会(S)

社会(S)的披露主要侧重于劳动力多样性与包容性、社区贡献以及数据安全与隐私三方面,并且强调量化数据的呈现。

劳动力多样性与包容性方面,甲骨文尤其强调对劳动力(员工)部分的披露,尤其劳动力多样性与包容性相关内容,同时披露了管理层和董事会的多元构成。这与甲骨文身陷多个与多样性和包容性相关的争议有关,包括涉及歧视女性和少数族裔、同工不同酬的诉讼、有关"管理层和董事会层面上没有履行多元性的承诺"的诉讼等。

社区贡献方面,甲骨文的披露涵盖教育、捐献和志愿三大模块,这也是甲骨文 ESG 披露报告的行文主线。S 披露中强调对社区和社会的贡献,是基于甲骨文对 S 长久的关注和持续的努力,在教育、捐献和志愿方面都有着浓厚底蕴。

数据安全与隐私方面,甲骨文所处的信息技术行业(IT)以及细分的数据和软件服务行业对数据的使用和保护有着较高的要求。加强数据安全与隐私也是甲骨文经营活动发展的必要诉求。

图 2-55 是甲骨文 2020 财年的 ESG 报告社会 S 范畴的词频统计结果,结果显示 S 部分披露的前五个关键词是 Education(教育)、Community/Communities(社区)、Employee/

① 该数据是运用文字云网页生成的,并在生成结果的基础上对名词、动词等实义词进行了筛选。最新的 2022 财年 ESG 报告展现形式为网页,仅展现 ESG 报告主体内容,并非完整报告形式,所以未选用进行关键词频次统计。

Employees(雇员)、Students(学生)、Foundation(基金会)。该 ESG 报告关键词的词频统计结果进一步显示出甲骨文公司 S 部分披露对社会贡献方面的重视。

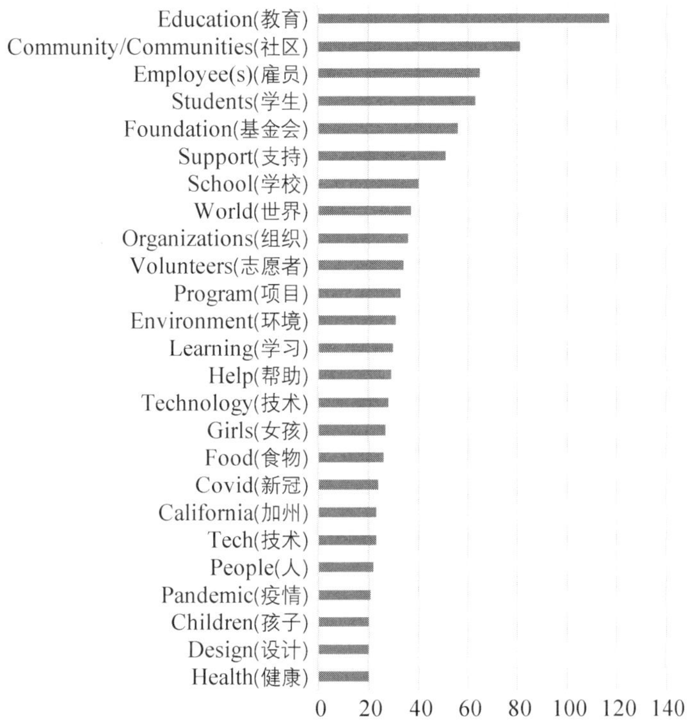

图 2-55 甲骨文 2020 财年 ESG 报告 S 部分关键词与频次(20 次及以上)①

(3) 治理(G)

在甲骨文 ESG 报告披露中,G 部分相对省略。这是基于甲骨文报告间不涉及重复披露的原则,G 在年报(10-K)和委托说明书中有较为详细的披露。甲骨文 ESG 报告中 G 的披露主要侧重于公司治理结构、道德和商业行为合规性两方面。公司治理结构方面,披露包括董事会构成、公司治理指南、董事会下设委员会章程等规章制度。道德和商业行为合规性方面,披露了大量甲骨文的道德和商业行为合规性政策文件,包括员工道德和商业行为守则、合作伙伴行为准则和商业道德、供应商道德和商业行为守则等。

2. 各自的披露特色

甲骨文 ESG 披露报告呈现形式由一般式报告向网页载体转型。ESG 报告呈现形式贴近网页,内容精简且图文并茂,提供大量数据、图片和案例,可读性强。通过提供相关链接的方式,减少文字叙述的比重。表 2-57 列示了甲骨文 2019 和 2020 财年 ESG 报告关键指标的披露统计,整体上甲骨文 S 部分披露最为丰富,E 次之。

① 该数据是运用文字云网页生成的,并在生成结果的基础上对名词、动词等实义词进行了筛选。最新的 2022 财年 ESG 报告展现形式为网页,仅展现 ESG 报告主体内容,并非完整报告形式,所以未选用进行关键词频次统计。

表 2-57　　甲骨文 2019 和 2020 财年 ESG 报告披露统计①

披露渠道	关键指标	E	S	G
2019 公民责任报告	报告页数	29	77	4
	案例数量	11	58	0
	关键数据和图表数量	29	23	0
	照片数量	19	104	3
2020 公民责任报告	报告页数	30	110	4
	案例数量	14	54	0
	关键数据数量	30	17	0
	照片数量	14	91	3

甲骨文 ESG 披露内容信息含量，S 最为丰富，E 次之，G 最后。S 部分披露突出多角度、多样性议题，并且披露大量定量数据。该部分的披露是基于甲骨文对 S 长久的关注和持续的努力，在教育、慈善、志愿活动方面都有着良好的底蕴，并不断发展，且在披露形式和内容上持续完善。由于甲骨文身陷多个与多样性和包容性相关的争议，因而强调对员工（劳动力）部分的披露。E 部分增量信息明显，碳战略、定量数据等干货内容多，且基于 CDP 气候响应报告的披露，E 披露兼有框架和细节。在甲骨文 ESG 报告披露中，G 部分相对省略。这是基于甲骨文报告不涉及重复披露的原则，G 在年报（10－K）和委托说明书中有一定增量信息的披露。

七、网页

（一）ESG 网页与 ESG 报告之间的联系

目前，甲骨文 ESG 报告的展现形式为公司官网网页（如图 2-56 所示），且不提供最新 ESG 报告的文件形式链接。甲骨文通过网页的形式展现 ESG 报告的主体内容，而省略报告所需的格式，直接突出 ESG 重点信息。在社会影响力报告之外，甲骨文在官网还专门设置了“ESG 中心”的网页，是甲骨文 ESG 资源汇总的枢纽，汇总了公司 ESG 相关的全部信息，包括 ESG 报告的全部信息，但在公司官网的体系下，ESG 中心则是甲骨文 ESG 报告的一部分，以更贴合 ESG 框架的方式归纳和披露 ESG 信息，可作为 ESG 报告的有效补充。

（二）ESG 网页披露结构

尽管甲骨文的 ESG 披露目前以网页为主要形式，但在甲骨文官网寻找到 ESG 报告和 ESG 中心是有点复杂的。在甲骨文官网首页选择“关于公司”的索引，在相对靠后的位置选择“可持续发展”的网页，在该网页的末尾可找到最新的甲骨文 ESG 报告（即社会影响力报

① 2022 财年 ESG 报告展现形式为网页，仅展现 ESG 报告主体内容，并非完整报告形式，所以未选取进行披露统计。

图 2-56　甲骨文 2022 年社会影响力报告(首页)

告)的网页链接。

甲骨文 ESG 报告的网页披露结构与近几年报告基本保持一致,主要包括教育、捐献、志愿和可持续四大板块。并且前几年的 ESG 报告(尤其是 2019 和 2020 财年)也呈现出由传统报告形式向网页形式靠拢的趋势。通过提供大量网页或资源链接的形式,精简报告并突出披露重点,更加图文并茂。

在甲骨文公司官网的体系下,ESG 中心属于甲骨文 ESG 报告的一部分。如图 2-57 所示,ESG 中心网页的披露形式为提供相关 ESG 信息的网页、文件、资源等的链接。ESG 中心作为甲骨文公司 ESG 相关信息的总枢纽,实则是 ESG 报告的延伸部分,并涵盖了 ESG 报告全部主体内容。ESG 中心网页披露结构主要分为三大板块：披露和指标、实质性议题和附注。披露和指标(Disclosures and indices)主要包括投资者关系网站、甲骨文公司政策立场、ESG 数据表以及 GRI、SASB、TCFD 标准索引。实质性议题部分以甲骨文通过评估

图 2-57　甲骨文 ESG 中心网页(部分)

流程选择的8个关键议题为框架，网页提供每一个议题相关的多个扩展ESG资源链接。附注部分的主要内容为公司简介、报告期间以及甲骨文往期ESG报告的链接。

（三）ESG网页披露特点

1. 优点

（1）披露形式新颖，报告简明扼要，干货信息量大，可读性强

网页通过链接提供详细ESG信息补充，以链接的形式精炼报告，提高披露信息有效性，增强报告可读性。ESG网页披露减少文字叙述内容和比重，数据、图片、图表等干货信息的比重增加，减少文字案例叙述，整合相关内容，突出重点，以网页链接的方式简化内容，删除冗余部分。ESG细节信息全部通过链接提供，供感兴趣的ESG使用者查阅。

（2）ESG中心网页披露信息含量大

ESG报告往往只包含公司当年ESG突出内容，ESG中心网页通过链接的方式集合公司范围内全部的ESG信息和资源，方便ESG信息使用者获取公司更多的ESG信息。

（3）ESG网页披露灵活，内容实时更新

甲骨文ESG中心网页中所包含的链接可以根据实际情况实时更新，不受报告披露时间的限制。

2. 缺点

（1）ESG网页披露存在链接重复出现、链接过多且关联度低的问题

甲骨文ESG中心网页以8个关键议题为框架，列示各议题的相关资源链接。但由于8个议题存在一定的交叉，划分不够明确，使得部分链接重复出现在多个议题的列表中。同时也存在ESG网页披露链接过多的现象，比如"整合可持续的商业思维"议题中包含12个资源链接。这使得部分链接与ESG披露的关联度较低，ESG网页披露存在较多的无关内容。甲骨文有将与自己原本与ESG略微沾边的资源全部"扔"进ESG中心网页中的嫌疑，而不是根据ESG的要求披露。

（2）甲骨文ESG网页体系逻辑关系混乱

由于历史悠长，甲骨文官网网页体系庞大，使得其网页间逻辑关系混乱，ESG网页披露甚至存在相互嵌套的情况。对于甲骨文的ESG信息使用者而言，获取信息的成本和门槛较高，寻找有效信息甚至如同"走迷宫"。由于网页构建问题，ESG信息使用者无法迅速把握公司ESG网页结构，进而快速获取到自己想要的信息。并且，尽管甲骨文在ESG网页披露上做出了显著的努力，但是ESG网页并未置于官网显眼的位置，难以快速捕获。

（3）网页链接无重点标识区分，有效信息获取难度大

如"整合可持续的商业思维"议题中的"CDP气候相应报告"链接包含众多甲骨文公司关键ESG信息，包括ESG组织架构、气候风险和机遇、碳目标和战略等，且部分信息无其他披露渠道。但该链接并未有重点标注，若非完整阅览甲骨文ESG网页全部内容，关键ESG信息便可能被忽略，进而影响信息使用甚至评级。

八、公司 ESG 信息披露相关特点总结

1. 优点

（1）ESG 长久行动与努力，持续完善。

（2）ESG 组织架构建设时间早且不断改进，ESG 从战略层面和顶层设计出发。

（3）ESG 披露形式新颖，可读性强，视觉效果强，为其他公司 ESG 披露提供模式参考。

（4）灵活利用网页披露形式，实时更新 ESG 信息，披露信息含量大。

（5）干货内容多，“定量＋定性”，图文并茂。

（6）逐渐形成公司 ESG 披露稳定框架，凸显公司特性。

（7）ESG 披露大量运用链接，突出披露重点，减少文字叙述比重。

（8）公司以报告间不涉及重复披露为原则，年报与 ESG 报告相对独立。

2. 缺点

（1）ESG 披露过于“以我为主”，公司披露重点与标准和评级要求有所偏离，甲骨文 ESG 披露中 S 的主线始终是教育、慈善和捐赠，且始终忽视 G 的披露。

（2）E、S、G 披露比重悬殊，详略不得当，S>E>G。

（3）ESG 关键议题交叉，区分不明确。

（4）ESG 网页披露体系逻辑混乱。

（5）ESG 网页披露存在部分与 ESG 关联度低的内容。

（6）ESG 网页披露信息获取成本高，难以迅速捕捉有效信息。

（7）未披露第三方机构鉴证的情况，ESG 报告专业性和可信度值得商榷。

3. 启示

战略层面和组织层面的引领在 ESG 披露中发挥着重要作用。在甲骨文的 ESG 发展历程中，可以发现 ESG 披露是一个渐进的过程，需要公司长久且持续努力与付出，不断地摸索与尝试，才能够走出公司自己的 ESG 披露之路。同时，ESG 披露的完善也离不开 ESG 行动的提升，两者合力为社会创造效益。ESG 披露与 ESG 行动的互促互进，方是正解。

附录：甲骨文历年 ESG 披露概览

（一）2006 财年甲骨文的承诺（ORACLE'S COMMITMENT）

甲骨文 2006 财年的报告以“甲骨文的承诺”为题，是甲骨文首次披露 ESG 相关报告。主要由甲骨文总裁欢迎辞、甲骨文简介、甲骨文在行动、甲骨文在社区、全球劳动力、甲骨文与隐私、治理、甲骨文与环境、甲骨文与能源管理，以及与甲骨文总裁的问答构成。披露范围主要涉及 E、S、G。如图 2-58 所示。

甲骨文报告的披露以强调公司长久以来对社区的贡献为目的。甲骨文将此报告“甲骨文的承诺”区分于一般的企业社会责任报告（CSR）。当时的社会对企业责任和公民责任的

关注度增加，促使报告的披露。但甲骨文认为CSR关注的方面（如供应链中的下游劳工条件、制造商的废物处理等问题），不符合企业软件和服务行业的特性。同时甲骨文公司确实面临一些挑战（如劳动力、安全、隐私），并且公司必须考虑客户、员工和所在社区的需求。因而发布“甲骨文的承诺”的报告是必需的，并且报告体现出不同于零售业和制造业的企业软件行业特性。披露报告以客户、员工、合作伙伴、股东和社区代表等为使用对象。

披露涉及了一定的ESG关键议题，但与公司和行业特性密切相关，而不是出于ESG的要求或关注。例如，甲骨文强调在S方面教育、志愿、捐献的披露，与公司长久以来所持续的努力有关；而对数据隐私和安全的关注，则与数据和软件服务的行业特性相关。

图2-58 2006甲骨文承诺报告封面

披露方式为以文字叙述为主，辅以图片和少量数据、图表，案例比重极大。披露结构较为零散，章节众多且缺乏独立性，各部分内容存在相互交叉、重合的情况。版面设计存在留白过多、字体较小等问题，报告重点不明显。披露报告带有一定的宣传性质，涉及较多的与ESG关联度低的公司经营信息。报告采用统一色调。

1. 甲骨文总裁欢迎辞

萨夫拉·凯芝（Safra A. Catz）作为甲骨文总裁致欢迎辞。甲骨文在员工志愿活动、慈善捐赠、环境保护和改善教育等方面都有着长久的历史以及突出的贡献，但未有相关报告的记录，公司以此报告为机会披露为社会所做出的贡献，并且强调公司的创新性和企业责任的承诺。

2. 甲骨文简介

该部分对甲骨文公司基本情况进行概述，包括公司地位、经营情况和数据等，还对甲骨文的产品和服务进行介绍，并辅以案例。披露形式以文字为主，有部分数据的呈现。

3. 甲骨文在行动

该部分主要以案例的形式介绍了甲骨文公司和员工在S方面对社会做出的贡献，案例包括志愿活动、教育等多方面。披露范围为S。

4. 甲骨文在社区

甲骨文在社区部分披露以文字叙述为主，结合有图片，其中有数据的披露，但未做突出强调。披露内容以公司的教育支持项目和捐赠为主。披露范围为S。

5. 全球劳动力

该部分包括员工多样性、员工行为准则和价值观、员工培训和职业发展。披露方式以文字叙述为主，呈现了数据和图表，包括对女性和少数族裔群体、员工地区分布的数据披露，并且开始提供极少量的公司官网网页链接作为补充。披露范围为 S。

6. 甲骨文与隐私

该部分强调了甲骨文在数据的安全性和隐私方面的工作。甲骨文对该议题的关注与公司所处的数据与软件服务行业特性密切相关。披露以文字叙述为主。披露范围为 S。

7. 治理

治理部分甲骨文披露了公司相关利益冲突政策和董事会构成情况，并提供了网页作为补充。披露范围为 G。

8. 甲骨文与环境

该部分主要为甲骨文的绿色实践，包括：消除产品包装、甲骨文全球环境论坛、绿色出行、回收项目和甲骨文在检测碳排放方面的努力，以及相关成果，还披露了员工参与环境相关志愿活动的情况。披露方式为“文字叙述＋图片”，没有相关数据的披露。披露范围为 E。

9. 甲骨文与能源管理

该部分涉及甲骨文使用可再生能源、应对能源危机等情况。甲骨文相关行动包括安装相关设备、雇佣能源管理方面董事，并且以文字与数据相结合的方式披露了公司在能源管理方面的成效，但数据未突出强调。披露范围为 E。

10. 与甲骨文总裁的问答

甲骨文总裁解答报告使用者相关问题，包括甲骨文当时披露报告的原因和用意、甲骨文报告与常见的公司责任报告的联系与区分，以及公司责任与财务经营的关联等。

（二）2008 财年公民责任报告(Corporate Citizenship Report)

甲骨文 2008 财年的报告变更为公民责任报告，并沿用至 2020 财年。报告主要由甲骨文总裁寄语、甲骨文简介、甲骨文在行动、慈善和志愿活动、甲骨文与教育、甲骨文与环境、开源和无障碍性、全球劳动力、公司治理构成。在封面页后开始披露公司获得的相关奖项。披露范围主要涉及 E、S、G（如图 2-59 所示）。

图 2-59　2008 甲骨文公民责任报告封面

披露框架略有调整，有所精简和整合。披露方式以文字叙述为主，辅以图片和少量数据、图表，案例比重大，有提供少量网页链接作为补充。报告章节较多，各部分内容存在一定的重合情况，部分 ESG 议题划分不合理。报告涉及较多的与 ESG 关联度低的公司产品、技术、服务等经营信息。报告采用统一色调，但使用的色彩有所增多。

1. 甲骨文总裁寄语

凯芝写的甲骨文总裁寄语中，强调甲骨文是一家盈利且负责任的公司，报告期内公司深化环境 E、社会 S(特别是教育、捐赠)方面的意识和工作。

2. 甲骨文简介

该部分对甲骨文公司基本情况进行概述，包括公司地位、经营情况和数据等，还对甲骨文的产品和服务进行介绍，并以案例介绍公司通过产品服务客户以造福社会。披露形式以文字为主，有部分数据的呈现。披露报告版面有所美化。

3. 甲骨文在行动

该部分以案例的形式介绍了甲骨文公司和员工在 S 方面对社会做出的贡献，案例包括教育(包括教育基金会、甲骨文学院等)、志愿活动、环境保护活动等多方面。披露范围为 S。

4. 慈善和志愿活动

甲骨文在社区部分披露以文字叙述为主，结合有图片，其中有数据的披露但未做突出强调。披露内容包含大量案例，其中志愿活动涉及全球多国。披露范围为 S。

5. 甲骨文与教育

该部分主要包括甲骨文学院和甲骨文教育基金会。披露方式以文字和案例为主，案例中有部分数据的呈现。披露范围为 S。

6. 甲骨文与环境

该部分主要包括甲骨文能源耗用和节约情况、甲骨文的绿色实践和甲骨文的软件和绿色经营。披露方式以文字和案例为主，有数据和图表的呈现。披露范围为 E。

甲骨文能源耗用和节约部分包括高效数据中心的建设、总部的能源智能使用、加入环境保护者(Climate Savers Computing Initiative)、建立公司在全球范围内的标准环境表现评价体系(由获取 ISO 14001 等第三方认证到公司独立的评价标准)、循环利用资源等。甲骨文的绿色实践部分包括采购管理、重要事件、提供替代性出行方案以减碳。甲骨文的软件和绿色经营部分主要为通过产品和技术为客户提供优化环境影响、资源使用的服务，提供了大量甲骨文产品和服务的介绍。

7. 开源和无障碍性

该部分披露了甲骨文的开源技术和产品、无障碍性的政策和产品等。披露方式以文字叙述为主，并提供了相关网页链接作为补充信息。

8. 全球劳动力

该部分包括员工行为准则和价值观、员工职业发展、员工多样性、赋能员工等。披露方式以文字叙述为主，呈现了数据和图表，其中包括女性和少数族裔群体、员工地区占比与利润地区占比的对比，并辅以公司内女性领导力组织的案例。披露范围为 S。

9. 公司治理

该部分概述了甲骨文董事会和政策制度情况，提供了网页查看详细信息。披露将数据的安全性和隐私性放入治理板块。披露方式以文字叙述为主。披露范围为 G、S。

（三）2010 财年公民责任报告

甲骨文 2010 财年的公民责任报告以“积极影响”（Positive impact）为题，主要由甲骨文总裁寄语、引言、环境、教育、慈善和志愿活动、开放式计算、全球劳动力和供应链附录，以及最后的附录的 GRI 标准的交叉指引构成。披露范围主要涉及 E、S、G。如图 2-60 所示。

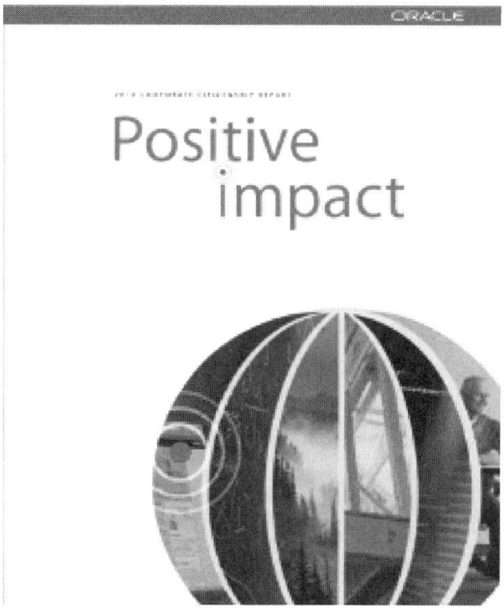

图 2-60　2010 甲骨文公民责任报告封面

报告篇幅大幅度增加，披露框架大幅度调整。目录部分除了章节标题外，对各章节内部框架也有列示。披露方式为以文字叙述为主，穿插有图片，具体案例比重大，有部分对数据的呈现但并不做强调，附有少量公司官网网页链接作为对报告的补充。版面设计留白过多，页面利用度低，对披露内容和信息的传达有一定的限制作用。报告对产品、技术等经营活动披露较多，反映了甲骨文公司通过产品和服务，以及公司公民责任来造福社会的目标。报告采用统一色调。

1. 甲骨文总裁寄语

凯芝作为甲骨文总裁寄语，强调应对经济、环境和社会的挑战，该部分对公司在产品、技术等经营方面的发展和 ESG 方面的提升并重。

2. 引言

引言部分包括公司数据、治理、道德和商业行为准则、隐私和奖项等。公司数据部分披露了甲骨文 2010 财年的财务数据和经营数据，并提供相关链接指引。G 方面的披露较为省略，仅做简单概述，包括甲骨文董事会构成和道德商业行为准则，以网址链接和文字形式展现。隐私方面强调对数据隐私和安全性的保护。披露范围为 S。披露方式以文字叙述为主。

3. 环境

可持续发展部分包括总览、公司环境政策、设施、能源、水资源和废弃物、未来目标、重大事件、采购和产品部分。披露范围为 E。

披露方式以文字叙述为主，结合极少量的数据、图片和链接。公司 E 方面披露开始使用图表。可持续部分披露与甲骨文经营活动密切相关，强调公司产品、技术、供应链、为客户提供的服务等，有大量案例。披露存在议题交叉的问题，供应链部分有部分 S 内容的披露。总览部分由总裁兼 CFO 寄语，往后报告均改为 CSO 寄语。设施部分的披露除了公司的能源耗用情况，还进一步以文字和图表的方式呈现了公司碳排放、水资源、废弃物等情况。图表相对简略且披露方式以文字叙述为主，并且没有具体数据值的披露，数据未做突出强调。还以大篇幅强调了甲骨文在总部的能源高效利用的案例。开始披露公司E方面目标，披露了公司至2016年的减少能源耗用目标。未来目标仅涉及能源方面，且以文字叙述呈现。重大事件部分主要涉及甲骨文环境保护活动(Oracle Open World)，以数据的方式呈现相关减能、减排的成果。采购部分的披露以文字、数据和图表的方式呈现，披露内容为公司减少员工商业出行的行动、对供应商的筛选标准、再回收和再利用资产。产品部分披露仅进行了概述，并提供了相关链接作为案例。

4. 教育

教育部分主要披露了甲骨文学院、甲骨文教育基金会和战略性合作三部分内容。披露方式以文字叙述和案例为主，有对少量数据的呈现，并且提供少量网页链接作为补充。披露范围为S。

5. 慈善和志愿活动

慈善和志愿活动分为对公司的慈善活动和员工的志愿活动两部分。披露方式以案例为主，有数据和图表的呈现，提供网页链接作为补充信息。披露范围为S。

6. 开放式计算

开放式计算部分披露强调甲骨文产品和技术的开放性和无障碍性。披露方式以文字叙述为主，有部分数据的呈现，涉及大量对公司产品和技术的介绍。披露范围为S，但与ESG披露关联性相对较低。

7. 全球劳动力

全球劳动力部分包括员工多元性与包容性、员工发展和福利三部分。披露方式以数据的呈现为主，包括对女性员工和少数群体员工数据的披露，并且辅以多个案例。披露范围为S。

8. 供应链附录

该部分集中披露了甲骨文的供应链情况，包括产品设计、制造和包装，还进一步披露了供应链的道德商业行为准则。披露方式为“文字+图表”。

9. GRI标准

甲骨文ESG相关披露开始引入GRI标准，并使用交叉指引，但相对简单、省略，仅提供少量网页、文件等资源的链接指引，且目前链接已失效。

(四) 2012财年公民责任报告

甲骨文2012财年公民责任报告依然以“积极影响”(Positive impact)为题，披露形式基本沿用2010报告模式，披露框架有所调整，主要由甲骨文总裁寄语、引言、可持续发展、教育、慈善和志愿活动、开放式计算和劳动力七部分，以及最后的报告细节和附录的GRI标准的交叉指引构成。披露范围主要涉及E、S、G。如图2-61所示。

披露方式以文字叙述为主，穿插有图片，具体案例占比较大，一些部分有数据的呈现但并不做强调，附有少量公司官网网页链接作为对报告的补充。披露报告篇幅过长，版面设计存在留白过多、字体较小等问题，对披露内容和信息的传达有一定的限制作用。披露的逻辑性和重点不够突出，细节内容过多但有效性信息含量低，可读性一般。报告以反映甲骨文公司通过产品、服务造福社会的努力为目标，对产品、技术等经营活动披露较多。报告采用统一色调。

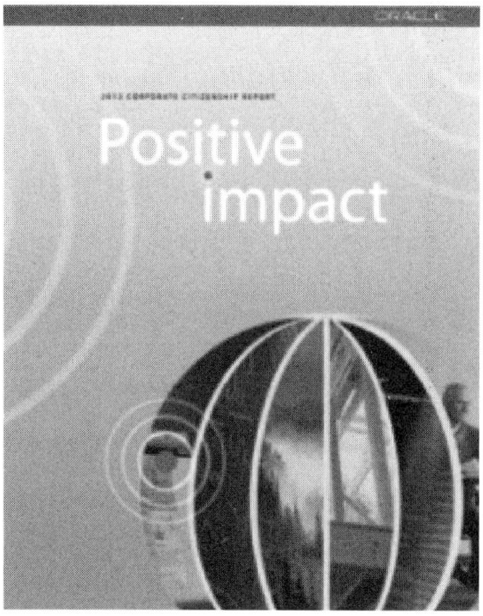

图 2-61　2012 甲骨文公民责任报告封面

1. 甲骨文总裁寄语

凯芝作为甲骨文总裁和 CFO，甲骨文总裁寄语强调可持续性、教育、慈善和志愿活动三方面内容。2014 年凯芝升任 CEO，此后报告该板块更改为 CEO 寄语，且寄语内容发展为固定框架模式(包括慈善、文化、科技、环境四方面)。

2. 引言

引言部分包括数据、治理、道德和商业行为准则、价值观、隐私和奖项等。披露甲骨文 2012 财年的财务数据和经营数据，并提供 10-K 文件的链接。还披露了创新和投资方面的数据，以及公司的概况。G 方面的披露较为省略，仅做简单概述，包括甲骨文董事会构成和公司商业道德准则。所提供的网页链接格式不统一，以网址和文字形式展现(往后报告发展为图标链接)。在数据、价值观等方面，文字叙述内容多，案例占比大。例如，甲骨文在 2010 年收购太阳微系统(Sun Microsystems)并获得 Java 的所有权后，披露强调对 Java 的管理，并且在报告前面部分占据较大篇幅。

3. 可持续发展

可持续发展部分包括 CSO 寄语、产品、领导力、供应链、设施、数据中心、重大事件和采购部分。章节标题由环境变为可持续发展，并沿用至今。披露范围为 E。披露以文字叙述为主，结合极少量的数据、图片和链接(部分链接已失效)。可持续部分披露与甲骨文经营活动密切相关，强调公司产品、技术、供应链、为客户提供的服务等，有大量案例。披露存在议题交叉的问题，供应链部分有部分 S 内容的披露。

设施部分披露了至 2016 年的可持续目标，目标由能源扩展至水资源、废弃物多方面。以文字和图表的方式呈现公司的能源耗用、碳排放、水资源、废弃物等情况，图表相对简略且披露以文字叙述为主，并且没有具体数据值的披露。还以大篇幅强调了甲骨文在总部的能源高效利用的案例。采购部分的披露以文字叙述为主，有数据的呈现但未突出强调。披露内容为公司对供应商的筛选标准、再回收和再利用情况、无纸化行动和减少商业出行。

4. 教育

教育部分主要披露了甲骨文学院、甲骨文教育基金会和战略性合作三部分内容。披露方式以文字叙述和案例为主，有对少量数据的呈现，并且提供少量网页链接作为补充。披露范围为 S。

5. 慈善和志愿活动

慈善和志愿活动部分,分为公司的慈善活动和员工的志愿活动两部分。披露方式以案例为主,文字叙述详细内容,有数据和图表的呈现,提供网页链接作为补充信息。志愿活动的披露强调遍布世界各国的案例。披露范围为 S。

6. 开放式计算

开放式计算部分披露强调甲骨文产品和技术的开放性,以及对残障人士和老年人友好的无障碍性。披露方式以案例的文字叙述为主。披露范围为 S,但与 ESG 披露关联性相对较低。

7. 劳动力

劳动力部分包括总览、员工发展和福利三部分,并且涉及员工多元性与包容性。披露方式以数据和图表呈现,包括对女性员工和少数群体员工数据的披露。披露范围为 S。

8. GRI 标准

GRI 标准交叉指引以文字叙述为主,仅提供少量网页、文件等资源的链接指引。

(五) 2014 财年公民责任报告

甲骨文 2014 财年的公民责任报告以“致力于良好公民责任”(Committed to Good Citizenship)为题,主要由 CEO 寄语、关于、可持续发展、教育、慈善和志愿活动六部分,以及最后附录的 GRI 标准的交叉指引构成。披露范围主要涉及 E、S、G。如图 2-62 所示。

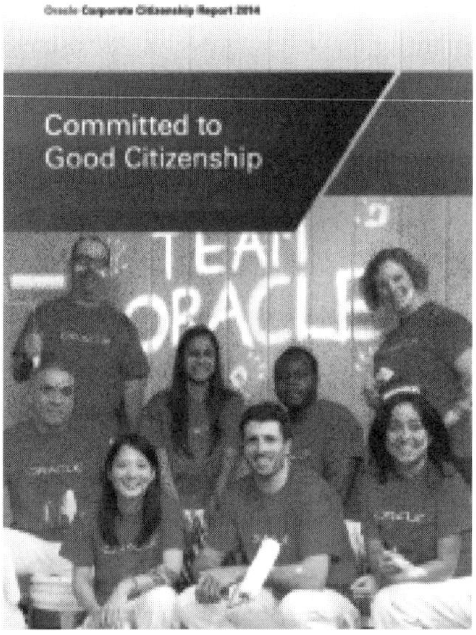

图 2-62　2014 甲骨文公民责任报告封面

披露方式为以文字叙述为主,内容繁多,穿插少量图片,仅提供少量公司官网网页链接作为对报告的补充,有部分对数据的呈现,但并不强调数据的披露。披露的逻辑性和重点不够突出,可读性一般。报告采用统一色调。披露期间为 2013 和 2014 财年(2012 年 6 月 1 日—2014 年 5 月 31 日)。

1. CEO 寄语

2014 年凯芝由总裁和 CFO 升任 CEO,虽然依然由她作为公司代表寄语,但该部分由甲骨文总裁寄语改为 CEO 寄语。CEO 寄语强调慈善、文化、科技、环境四方面的内容,以后报告皆沿用此模式。

2. 关于

总览部分包括披露报告的综述、奖项、数据、劳动力情况、开放式计算等。对甲骨文 2014 财年财报中的财务情况和数据有所披露,并提供 10-K 文件的链接。数据部分强调对创新和投资方面的披露。G方面的披露较为省略，仅做简单概述，并提供甲骨文董事会构成和治理实践文件的链接。还以文字叙述的形式披露了公司商业道德准则。报告有对实质性议题的评估，但没有提出或归纳具体的议题。

报告强调披露公司劳动力方面情况。披露了甲骨文员工数量的增长以及地区分布情况，强调员工的发展与成长、多样性与包容性。披露方式为数据与案例相结合，包含对女性员工和少数群体员工数据的披露（以后报告无相关披露）。开放式计算部分主要介绍了甲骨文产品和技术情况，尤其是Java平台的成长（该板块相对2012财年报告后移），与ESG披露的关联度较低。

3. 可持续发展

可持续发展部分对披露框架进行了整合，包括总览、产品、设施、供应链和CSO寄语五部分。2014财年主题为"甲骨文推动可持续发展"（Oracle Advances Sustainability）。披露范围为E。产品部分披露了绿色商业实践、合作伙伴的案例和可持续创新奖项，并提供了链接以补充详细信息，还披露了甲骨文产品的设计、制造和分装，以促成可持续。并且进一步以数据和文字的形式对甲骨文的环境保护足迹、可持续成就和未来2016年的目标进行了披露。

设施部分强调公司在E方面标准披露，包括CDP气候响应报告、LEED绿色建筑的认证等。披露以文字和数据的方式呈现，使用图表披露公司的能源耗用、碳排放、水资源、废弃物等情况。供应链部分的披露以文字叙述为主。披露内容包括供应商商业行为准则和采购实践，涉及公司可再生回收利用情况。

4. 教育

教育部分主要披露了甲骨文学院和甲骨文教育基金会两部分内容。披露方式以文字叙述和案例为主，有对少量数据的呈现，并且提供部分网页链接作为补充。2014财年主题为"帮助学生和教育工作者创造未来"（Helping Students and Educators Create the Future）。披露范围为S。

5. 慈善

慈善部分分为对教育、环境、社区的慈善活动。2014财年主题为"具有地方和全球影响的慈善事业"（Philanthropy with Local and Global Impact）。披露以案例为主，文字叙述详细内容，有数据的呈现但不够突出，提供网页链接作为补充信息。披露范围为S。

6. 志愿活动

志愿活动的披露以地区为划分标准，包括北美、亚太、欧洲、中东和非洲以及拉丁美洲地区。2014财年主题为"在我们的社区实现积极的变化"（Achieving Positive Change in Our Communities）。披露以案例的文字叙述为主，有数据的呈现。披露范围为S。

7. GRI标准

GRI标准交叉指引以文字叙述为主，仅提供少量网页、文件等资源的链接指引。

(六) 2016财年公民责任报告

甲骨文2016财年的公民责任报告以“公民责任在我们的DNA中”(Good Citizenship Is in Our DNA)为题，主要由关于、教育、可持续发展、慈善和志愿活动五部分，以及最后附录的GRI标准的交叉指引构成。披露范围主要涉及E、S。如图2-63所示。

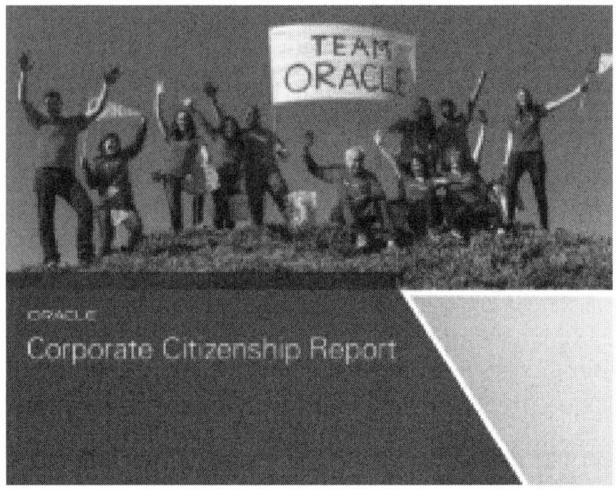

图2-63　2016甲骨文公民责任报告封面

披露方式以文字叙述为主，结合图片，仅提供少量公司官网网页链接作为对报告的补充。披露特点为以叙述、案例为主，同时强调对数据的呈现。披露框架有较大的调整，在内容容量变动不大的情况下，增强了逻辑性和条理性，运用色彩进行区分，突出强调重点，增加了图片的比重，提升了可读性。报告各模块采用不同主题色。披露期间为2016和2017财年(2015年6月1日—2017年5月31日)。

1. 关于

总览部分包括CEO寄语、披露报告的综述、奖项、公司政策、价值观和道德观、劳动力情况等。在价值观和道德观方面特别强调隐私和安全、开放式计算(云计算等技术)和无障碍性。在劳动力情况方面，强调多元性和包容性，数据披露上突出员工的职业领域分布情况。不再披露对女性员工和少数群体员工数据。实质性议题评估上，甲骨文参考GRI G4框架，以确定3阶段关键的可持续性基准(目前归纳为8个关键实质性议题)。其中阶段1至阶段3重要性逐渐递减。该实质性评估除ESG关键议题外，还包括公司财务表现的评估，与公司年报披露出现了一定的重合。甲骨文在2016财年披露中没有对治理(G)方面的具体详细披露，仅提供甲骨文商业道德准则文件的链接，并在实质性议题评估中提及治理。

2. 教育

教育部分主要披露了甲骨文学院和甲骨文教育基金会两部分内容。披露方式以文字叙述和案例为主，有对数据的呈现，并且提供部分案例的视频链接作为补充。2016财年主题为20年来对教育的承诺(Two Decades of Commitment to Education)。该部分主题色为黄色。披露范围为S。

3. 可持续发展

可持续发展部分包括总览、设施、产品、供应链和CSO寄语五部分。2016财年主题为“一个健康的地球很重要”(A Healthy Planet Matters)。该部分主题颜色为绿色。披露范围为E。设施部分强调甲骨文的碳战略和可持续目标，以及公司在E方面行动上的披露，包括CDP气候响应报告、LEED绿色建筑的认证等。披露以文字、数据和链接形式呈现，着重使用图表对公司的碳足迹、水资源、废弃物等进行披露。产品和供应链部分的披露以文字叙述为主。披露形式使用视频链接和政策文件链接。

4. 慈善

慈善部分分为对教育、环境、社区的慈善活动。2016 财年主题为逾 30 年的慈善事业(More Than Three Decades of Philanthropy)。披露方式以案例为主,用文字叙述详细内容,并有数据的呈现。该部分主题颜色为蓝色。披露范围为 S。

5. 志愿活动

志愿活动的披露以地区为划分标准,包括北美、亚太、欧洲、中东和非洲以及拉丁美洲地区,而在各地区的披露中则划分为教育、环境和社区三方面志愿活动。2016 财年主题为热情的志愿者(Passionate Volunteers)。该部分颜色为红色。披露方式以案例的文字叙述为主,有数据的呈现。披露范围为 S。

6. GRI 标准

GRI 标准交叉指引分为经济、环境、社会等方面,提供网页、文件等资源的链接指引。

(七) 2019 财年公民责任报告

甲骨文 2019 财年的公民责任报告以"改变者 & 创造者 & 保护主义者"(Changemakers & Creators & Conservationists)为题,主要由总览、教育、慈善、志愿活动和可持续发展五部分,以及最后附录的 GRI 标准的交叉指引构成。披露范围主要涉及 E、S、G。如图 2-64 所示。

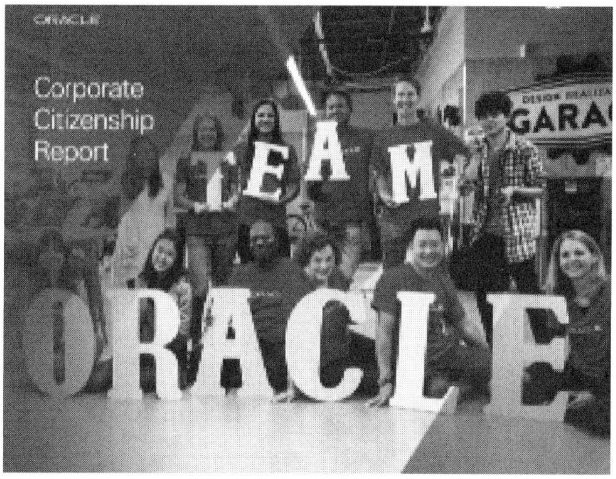

图 2-64　2019 甲骨文公民责任报告封面

披露方式为在报告中概述,并提供相应的公司网页链接以供使用者获取详细信息。披露特点以概述、案例为主,同时强调对数据的呈现。大幅减少了文字叙述的比重,削减了大量与 ESG 关联度较低和冗杂的内容,以链接的形式简化报告,并且增强对图片的使用。报告采用统一色调。披露期间为 2018 财年(2017 年 6 月 1 日—2018 年 5 月 31 日)。

1. 总览

总览部分包括披露报告的综述、CEO 寄语、奖项、劳动力情况、公司政策、价值观和道德观等。在 GRI 标准框架下首次归纳提出 8 个实质性关键议题(最新报告依然沿用,但顺序发生变化)。对公司政策文件进行披露,提供相关文件链接,并实时更新至公司最新版本文件。

甲骨文在治理(G)方面的披露较为省略,未有专门章节阐述。仅在总览部分,概述表示"在甲骨文董事会的指导下,管理层的首要任务始终是实施能够履行对股东责任的治理措施”,并提供甲骨文治理准则和委员会章程的政策文件和道德准则文件的链接。

由于甲骨文在员工歧视和多样性方面的纠纷,报告突出强调员工的多元性和包容性,数据上由强调员工职业分布到强调员工地区分布。

2. 教育

教育部分主要披露了甲骨文学院、甲骨文教育基金会和科技高中(新增单独列出)三部分内容(最新报告延续)。披露形式以案例为主,并且强调对数据的呈现。2019 财年主题为“通过教育改变生活”(Changing Lives Through Education)。披露范围为 S。

3. 慈善

慈善部分分为对教育、环境、社区的慈善活动,还包括工作场所的捐赠(新增),以及甲骨文联合全球的非营利组织和社会影响力组织创建捐赠投资组合(新增单独列出)为社会做出贡献(最新报告延续)。2019 财年主题为“真诚而有效的慈善事业”(Sincere and Effective Philanthropy)。披露强调数据的呈现以及具体的捐赠领域和贡献,内容仅为概述,详细内容提供链接指引。披露范围为 S。

4. 志愿活动

志愿活动的披露以地区为划分标准,包括北美、亚太、欧洲、中东和非洲以及拉丁美洲地区,而在各地区的披露中则划分为教育、环境和社区三方面志愿活动。2019 财年主题为“我们的员工是变革的推动者”(Our People Are Change Agents)。披露强调数据与案例的结合。披露范围为 S。

5. 可持续发展

可持续发展部分内容框架有较大的调整,由总览、清洁云、行动、客户和员工五部分构成。2019 财年主题为“地球是利益相关者”(The planet is a stakeholder)。披露范围为 E。

总览包括 CSO 寄语、奖项和概述,并且提供了公司环境(E)部分相关的政策文件资源的链接。清洁云部分强调公司的碳战略和可持续目标,突出披露甲骨文在产品云应用和云基础设施(OCI)上所做出的可持续发展方面的努力,包括可再生能源的使用状况、温室气体排放、水资源、污染与废弃物等。披露强调数据和图表的呈现,并提供数据表的链接。碳战略和碳目标为 2020 年和 2025 年的可持续目标。客户和员工部分的披露以概述、案例为主。客户部分披露强调讲述甲骨文辅助客户成功的故事。员工部分披露强调员工可持续发展的具体实践,如:出行方式减碳。

6. GRI 标准

GRI 标准交叉指引细化,明确区分为对整体披露和实质性议题的交叉指引,提供网页、文件等资源的链接指引。

(八) 2020 财年公民责任报告

甲骨文 2020 财年的公民责任报告以“坚定不移的慈善事业和社会责任感”(Steadfastly philanthropic and socially responsible)为题,主要由总览、教育、慈善、志愿活动和可持续发展和健康六部分，以及最后附录的 GRI 标准的交叉指引构成。披露范围主要涉及 E、S、G。如图 2-65 所示。

披露基本沿用 2019 财年报告模式，但各模块新增主题色区分。披露方式为在报告中概述，并提供相应的公司网页链接以供使用者获取详细信息。披露特点为以概述、案例为主，同时强调对数据的呈现。报告各模块采用不同主题色。披露期间为 2020 财年（2019 年 6 月 1 日—2020 年 5 月 31 日）。

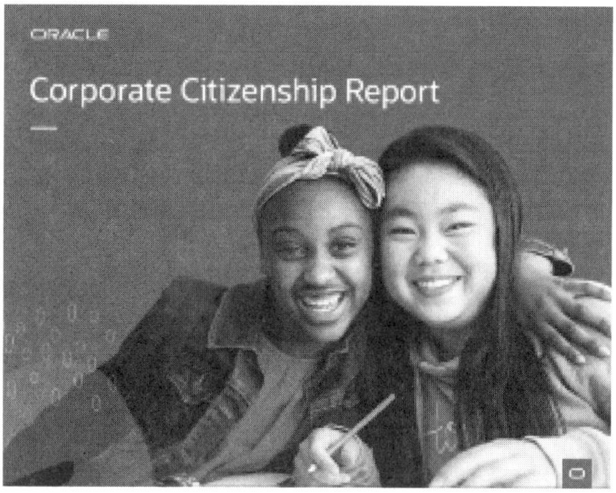

图 2-65　2020 甲骨文公民责任报告封面

1. 总览

总览部分包括披露报告的综述、CEO 寄语、奖项、劳动力情况、公司政策、价值观和道德观等。其中，CEO 寄语强调慈善、文化、科技、环境四方面的内容。并且由于甲骨文在员工歧视和多样性方面的纠纷，对劳动力情况突出强调披露，数据上强调员工的人数和地区分布。

在 GRI 标准框架下提出 8 个实质性关键议题，甲骨文强调是对经济、环境和社会三方面表现的优化（最新报告已更改为“ESG 表现”），该表述贴近 GRI 官网表述。议题披露顺序为 G、S、E，相较而言最新报告的顺序为 S、E、S、G。

对公司政策文件进行披露，对比 2019 财年 ESG 报告，新增“反对现代奴隶制”（Statement against Modern Slavery）的政策文件，且相关文件链接实时更新至公司最新版本文件。甲骨文在治理（G）方面的披露较为省略，未有专门章节阐述。仅在总览部分，概述表示“在甲骨文董事会的指导下，管理层的首要任务始终是实施能够履行对股东责任的治理措施”，并提供甲骨文治理准则和委员会章程的政策文件和道德准则文件的链接。

2. 教育

教育部分主要披露了甲骨文学院、甲骨文教育基金会和科技高中三部分内容（最新报告延续）。披露形式以案例为主，并且强调对数据的呈现。2020 财年主题为“共同探索教育的新境界”（Exploring new frontiers of education, together）。披露方式为在报告中提供相应的公司网页链接。该部分标志性颜色为绿色。披露范围为 S。

3. 慈善

慈善部分分为对教育、环境、社区的慈善活动，还包括员工的捐赠（2019 财年原为“工作场所的捐赠”），以及甲骨文联合全球的非营利组织和社会影响力组织创建捐赠投资组合为社会做出贡献（最新报告延续）。2020 财年主题为“具有效力的慈善事业”（Philanthropy with efficacy）。该部分标志性颜色为蓝色。披露强调数据的呈现以及具体的捐赠领域和贡献，内容仅为概述，详细内容提供链接指引。披露范围为 S。

4. 志愿活动

志愿活动涵盖对教育、环境、社区的贡献(最新报告延续),内部框架分类标准由 2019 财年报告志愿活动的地区更改为志愿活动的领域。该部分标志性颜色为紫色。2020 财年主题为“用心做好我们的工作”(Doing our part with heart and intention)。披露范围为 S。

5. 可持续发展

可持续发展部分沿用 2019 财年报告的披露框架和主题,内容包括总览、清洁云、行动、客户和员工五部分(最新报告对该部分框架进行了调整)。该部分标志性颜色为灰色。2020 财年主题仍为“地球是利益相关者”(The planet is a stakeholder)。披露范围为 E。

总览包括 CSO 寄语、奖项和概述。并且提供了公司展现可持续行动的博客和社交媒体的链接,以及环境 E 部分相关的政策文件资源的链接。清洁云部分突出披露甲骨文在产品云应用和云基础设施(OCI)上所做出的可持续发展方面的努力,包括可再生能源的使用状况、温室气体排放、水资源、污染与废弃物等,披露强调数据和图表的呈现,并提供数据表的链接。

碳战略和碳目标披露的是甲骨文 2025 年的可持续目标。而最新的披露报告强调的是 2025 年和 2050 年的碳战略和碳目标。客户和员工部分披露以概述、案例为主。客户部分披露强调讲述甲骨文辅助客户成功的故事。员工部分披露强调员工可持续发展的具体实践,如绿色团队。

6. 健康

健康部分主要涉及对新冠疫情的应对,为 2020 财年新增,最新报告已移除该板块。该部分标志性颜色为深绿色。2020 财年主题为“全球共同抗疫”(Resilient together)。披露范围为 S。该板块切合当时社会实际,包括甲骨文对社区的帮助、员工的行动、甲骨文产品为客户提供的服务,也包含部分客户和合作伙伴的案例披露。

7. GRI 标准

GRI 标准交叉指引细化,明确区分为对整体披露和实质性议题的交叉指引。

(九) 2022 财年 ESG 披露

1. 2022 财年社会影响力报告(Social Impact)

甲骨文的 ESG 相关信息以社会影响力报告的形式披露。社会影响力报告的展现形式以甲骨文公司官网网页为主,披露期间与年报期间保持一致,最新报告为 2022 财年(2021 年 6 月 1 日—2022 年 5 月 31 日)。

甲骨文 2022 财年的社会影响力报告以“应对变革中的世界:Oracle 的环境和社会影响”为题,主要由总览、教育、慈善、志愿活动和可持续发展五部分构成。披露范围主要涉及 S 与 E。

(1) 总览

总览部分包括对甲骨文社会影响力披露的综述、CEO 寄语、奖项、劳动力情况和 ESG

中心。其中，ESG 中心的披露情况将在下一部分详细阐述。本节劳动力部分主要包括员工多样性、公平性及员工福利等内容，披露范围涉及 S。该部分内容置于重要位置说明，一定程度上是甲骨文对目前面临的多个与歧视和劳动力多样性（Discrimination & Workforce Diversity）有关的严重争议的回应。

（2）教育

甲骨文倡导通过教育建立一个充满活力的未来。教育部分主要披露了甲骨文学院、甲骨文教育基金会和科技高中三部分内容，甲骨文致力于帮助学生发展成为技术创新者和领导者。

（3）慈善

慈善部分分为对教育、环境、社区的慈善活动，还包括员工的捐赠，以及甲骨文联合全球的非营利组织和社会影响力组织创建捐赠投资组合为社会做出贡献。甲骨文强调为下一步的发展做慈善，以解决问题为导向的精神为其商业成功提供了动力，同时也推动了甲骨文的慈善事业发展。

（4）志愿活动

志愿活动涵盖对教育、环境、社区的贡献。甲骨文志愿者常年与数百家非营利组织和公共机构一起领导和参与线上和实地项目。他们支持学生和教育工作者，保护自然和野生动物，并通过帮助有需要的人完善社区。在全球范围内，新冠疫情对志愿服务造成了严重打击，但同时也激发了员工对志愿活动的行动和热情。目前，随着疫情影响的减弱，志愿活动回升。

（5）可持续发展

甲骨文在可持续发展方面，致力于以大胆的行动建设一个更加可持续的未来，并激励员工行动。可持续发展部分披露主要包括 CEO 和 CSO 寄语、甲骨文的碳战略和可持续倡议。甲骨文 CEO 强调，“甲骨文公司致力于在我们的企业中嵌入可持续性，并提供创新的云技术来加速有意义的变化”。

甲骨文的碳战略为 2025 年实现 100%利用可再生能源、2050 年实现净零排放。可持续倡议部分包含公司运营行动和员工的行动。可持续是甲骨文经营业务的核心，努力实现 100%的可再生能源为目标，加强对自然资源的使用管理，运营负责任的供应链，并建立更加循环的经济。员工的可持续行动以绿色团队（Green Teams）和可持续冠军组织（Sustainability Champions）为主。

2. ESG 中心

在社会影响力报告之外，甲骨文在官网还专门设置了“ESG 中心”的网页，汇总了公司范围内的环境（E）、社会（S）和治理（G）行为相关的资源、政策和报告，并进行实时更新。

ESG 中心在网页最上方指引了可查看财报和年报的公司投资者关系网站，并对公司政策立场、数据和披露框架进行了披露。甲骨文对公司 ESG 数据进行了非常具体和详细的披露。在“云基础设施数据表”中，对甲骨文的云基础设施（OCI）可再生能源使用等情况进行了披露；在“社会影响力数据表”中，对甲骨文 E 方面的能源和排放、水资源和 S 方面供应链、员工、志愿、捐献等情况进行了具体披露，并再次阐明公司的碳战略和碳目标。

除此之外，甲骨文在 ESG 中心以 GRI 为框架，通过“提供一个多样化、包容和安全的工作场所”“保护我们管理的数据”“整合可持续的商业思维”“利用我们的技术创造价值”“在我们的社区进行慈善参与”“教育学生和推进技术包容性”“帮助我们的员工取得成功并产生积极影响”和“坚持道德的商业行为”8 个实质性议题，全面披露了公司 ESG 相关信息。

(1) 提供一个多样化、包容和安全的工作场所(Providing a workplace that is diverse, inclusive, and safe)

这部分主要包含对员工的福利政策、员工发展、多样性与包容性、无障碍政策、退伍军人政策等。披露范围为 S。甲骨文将建设工作场所和对员工的政策置于 ESG 中心的首位，其背后原因可能与公司身陷多个与员工福利、多样性相关的诉讼之中密切相关。

(2) 保护我们管理的数据(Safeguarding data we manage)

这部分主要涉及甲骨文对数据安全与隐私的管理和保护，包括云安全合规性、隐私政策和安全实践。披露范围为 S。

(3) 整合可持续的商业思维(Integrating sustainable business thinking)

这部分主要披露了甲骨文的气候响应报告、环境政策、云基础设施、可持续发展(与社会影响力报告中相同)等内容。披露范围为 E。其中气候响应报告完整披露了甲骨文公司气候治理的组织架构、气候相关风险和机会、碳战略和碳目标等。

(4) 利用我们的技术创造价值(Leveraging our technology for value creation)

这部分主要涉及甲骨文通过技术为客户提供 ESG 解决方案，以实现减排等目标，提供包含德意志银行在内的 23 个客户案例(截至 2023 年 6 月)。披露范围涉及 S 和 E。

(5) 在我们的社区进行慈善参与(Engaging philanthropically in our communities)

这部分主要包括员工捐赠、医疗健康、甲骨文捐赠、志愿活动和教育基金会。披露范围为 S。

(6) 教育学生和推进技术包容性(Educating students and advancing technological inclusion)

这部分主要涉及科技高中、甲骨文学院、甲骨文教育基金会和甲骨文大学。披露范围为 S。

(7) 帮助我们的员工取得成功并产生积极影响(Helping our employees succeed and make a positive impact)

这部分主要涉及员工职业发展、多样性和包容性、员工捐赠、志愿活动和员工在可持续发展中的行动。披露范围为 S。

(8) 坚持道德的商业行为(Upholding ethical business conduct)

这部分主要包括公司治理章程、员工和价值链的商业道德和行为准则等。披露范围为 G。

第三章 面向消费者的信息及产品行业 ESG 信息披露案例研究[①]

第一节 蚂蚁集团 ESG 信息披露

一、公司简况和历史沿革

蚂蚁集团起步于 2004 年诞生的支付宝，2004 年 12 月，支付宝正式注册成立。当时的支付宝为了解决阿里巴巴旗下的淘宝平台交易当中的信任问题而生。

2004—2013 年，支付宝逐渐从服务电商交易的支付工具发展为服务各行业的支付平台。随着移动互联网的发展，支付宝逐渐进入人们日常生活的衣食住行各个环节，为用户提供了极大便利，同时也成为移动生活方式的代表，成为日后蚂蚁金服成立的基础。

2013 年 3 月，支付宝的母公司——浙江阿里巴巴电子商务有限公司——宣布将以其为主体筹建小微金融服务集团，小微金融（筹）将服务人群锁定为小微企业和个人消费者。

2014 年 10 月 16 日，小微金融服务集团以蚂蚁金融服务集团的名义正式成立，旗下业务包括支付宝、余额宝、招财宝、蚂蚁小贷（后逐渐整合至网商银行）和网商银行（筹）等。

2020 年 7 月 15 日，蚂蚁金服运营主体浙江蚂蚁小微金融服务集团股份有限公司正式变更企业名称，变更后为蚂蚁科技集团股份有限公司。

2020 年 7 月，蚂蚁集团宣布启动在上海证券交易所科创板和中国香港联合交易所有限公司主板寻求同步发行上市的计划。

2020 年 11 月，上交所发布关于暂缓蚂蚁科技集团股份有限公司科创板上市的决定，同日，蚂蚁集团于港交所公告称暂缓 H 股上市。

2021 年 3 月，蚂蚁集团对外公布了其制定的数字金融平台自律准则。该准则从机构准入、消费者权益保护、数据隐私保护、金融消费安全教育、平台治理等各环节对平台责任义

---

① 马靖壹、王尔雅、华晨、曾茵睿和李雪婷参与本章撰写。

务进行明确,确保平台合规、有序、更健康的发展。

公司重要历史进程如图 3-1 所示:

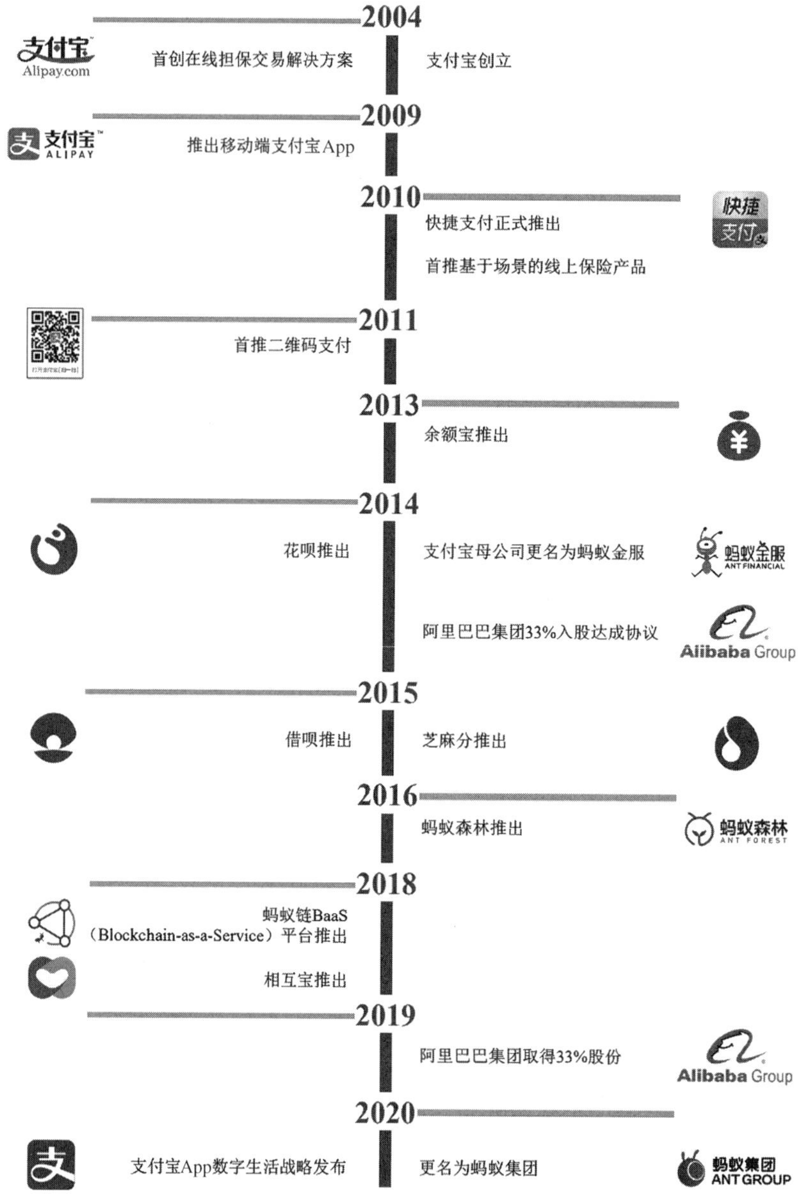

数据来源:公司招股说明书。

图 3-1 蚂蚁集团发展历程

(一) 所处行业和公司定位

1. 行业发展与竞争情况

蚂蚁集团是一家科技公司,致力于推动包括金融服务业在内的全球现代服务业的创新和数字化升级，携手合作伙伴为消费者和小微企业提供普惠、绿色、可持续的服务。根据证监会《上市公司行业分类指引》(2012 年修订)，公司所属行业为“信息传输、软件和信息技术服务业”中的“互联网和相关服务”(分类代码：164)。根据《2017 年国民经济行业分类(GB/T 4754-2017)》，公司所属行业为“信息传输、软件和信息技术服务业”中的“互联网和相关服务”(分类代码：164)。

公司在各个主要业务板块的竞争地位情况如下①：

(1) 数字支付与商家服务

公司是中国最大的数字支付服务商。2020 年上半年，蚂蚁集团占据市场份额约为 55%，而同期腾讯控股有限公司的市场份额排名第二，约为 40%。

(2) 数字金融科技平台

公司是中国领先的数字金融科技平台。公司致力于满足客户在其人生不同阶段的全方位的信贷、理财及保险需求，以持续为客户提供服务并提升客户生命周期价值。然而，在服务客户信贷、理财及保险需求的各个细分市场，存在若干其他专注特定细分市场但并不以一体化平台模式运营的服务提供者。具体而言：

① 微贷科技平台

公司是中国最大的线上消费信贷和小微经营者信贷平台。截至 2020 年 6 月 30 日市场份额约为 16%；截至 2020 年 6 月 30 日 12 个月期间，约 5 亿用户通过公司的微贷科技平台获得了消费信贷。截至 2020 年 6 月 30 日，微众银行的市场份额排名第二但低于 5%，截至 2019 年 12 月 31 日，微众银行累计为超过 2 800 万用户提供了信贷服务。截至 2020 年 6 月 30 日，其余市场参与者的市场份额均不超过 3%。

② 理财科技平台

公司是中国最大的线上理财平台。截至 2020 年 6 月 30 日市场份额约为 18%；截至 2020 年 6 月 30 日 12 个月期间，超过 5 亿用户借助公司的理财科技服务平台投资。截至 2020 年 6 月 30 日，腾讯运营的理财通的市场份额排名第二，约为 7%；截至 2019 年 12 月 31 日，理财通累计服务用户数超过 2 亿。截至 2020 年 6 月 30 日，其余市场参与者的市场份额均不超过 2%。

③ 保险科技平台

公司是中国最大的线上保险服务平台，截至 2020 年 6 月 30 日止 12 个月期间，市场份额约为 15%。截至 2020 年 6 月 30 日止 12 个月期间，其余市场参与者的市场份额均不超过 5%。

(3) 创新业务及其他

在创新业务及其他领域，公司的蚂蚁链技术服务、金融云技术服务等涉及的相关技术

---

① 数据来源：蚂蚁集团首次公开发行股票并在科创板上市招股意向书。

均属于业内较为创新的技术应用。其中，根据艾瑞咨询的研究，区块链行业应用的具体服务对象、服务内容、收入模式仍在探索早期，可能仍需多年发展才能成熟。根据艾瑞咨询的研究，公司是区块链技术引领者，按专利申请数量衡量领先其他市场参与者。2017 年、2018 年、2019 年和 2020 年上半年公司与区块链相关的专利申请数均排名全球第一。因此，公司认为该业务板块目前尚无直接竞争企业。随着行业发展，该领域未来可能会出现竞争企业。

2. 公司定位、使命与愿景

蚂蚁集团的使命、愿景与阿里集团基本相同。蚂蚁集团的使命是让天下没有难做的生意；愿景是构建未来服务业的数字化基础设施，为世界带来更多微小而美好的改变；集团追求成为一家健康成长 102 年的好公司。

蚂蚁集团希望每一个个体可以享受到普惠、绿色的金融服务；每一家小微企业拥有平等的发展机会；通过开放合作，让数字生活触手可及。

上述使命、愿景与公司的 ESG 议题和集团数字普惠、绿色低碳、科技创新、开放生态"四位一体"的 ESG 可持续发展战略高度契合，表明了公司的 ESG 行动有较强的原动力和一致性。

(二) 公司的股权结构及子公司、孙公司等情况

截至 2020 年 6 月，杭州君瀚和杭州君澳分别直接持有公司 29.86%和 20.66%的股份，均为公司控股股东并受到杭州云铂控制。马云通过控制杭州云铂与其控制的杭州君瀚和杭州君澳间接控制蚂蚁集团 50.52%的股份，因此成为蚂蚁集团的实际控制人。公司的股权结构如图 3-2 所示：

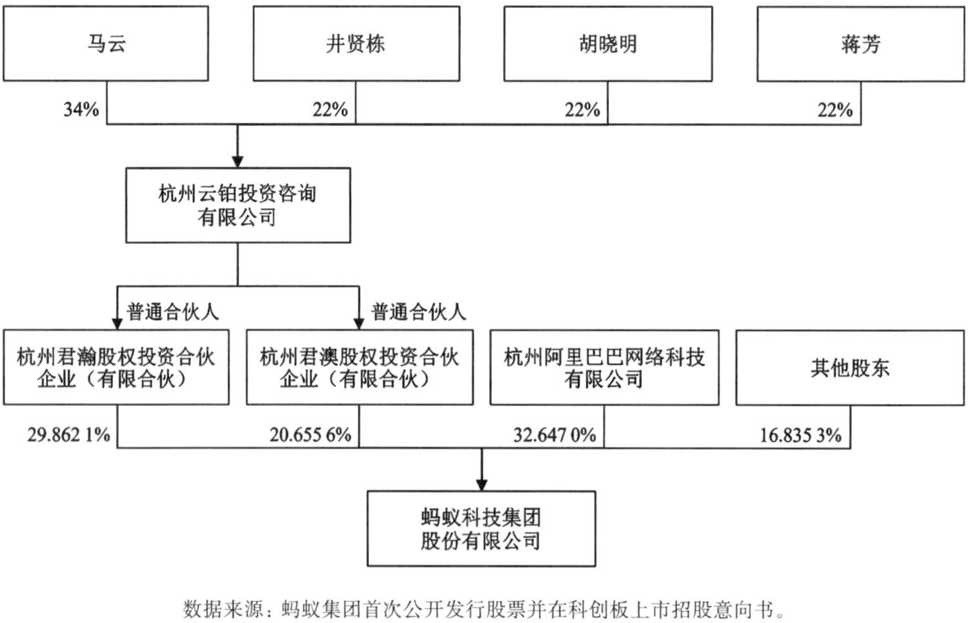

数据来源：蚂蚁集团首次公开发行股票并在科创板上市招股意向书。

图 3-2 蚂蚁集团股权结构

截至 2020 年 6 月 30 日，发行人共有重要子公司 20 家，其中 14 家重要境内子公司，6 家重要境外子公司。重要子公司涉及的领域主要包括数字支付与商家服务、数字金融科技平台、集团整体研发、运营、投融资等平台职能。该等重要子公司 2020 年 1—6 月净利润合计占公司合并报表净利润的比例达到 88.45%。

发行人现有业务板块及其与发行人重要子公司的对应关系如图 3-3 所示：

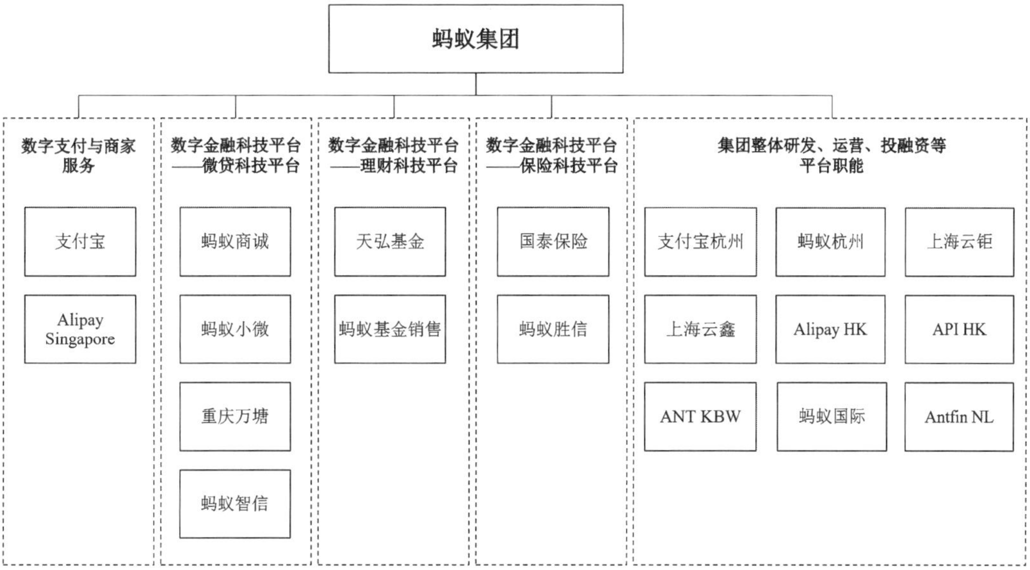

数据来源：蚂蚁集团首次公开发行股票并在科创板上市招股意向书。

图 3-3　发行人现有业务板块及其与发行人重要子公司的对应关系

（三）财务绩效情况

1. 近三年收入情况

如图 3-4 所示，2017—2019 年蚂蚁集团的收入分别为 653.96 亿元、857.22 亿元、1 206.18 亿元；2018、2019 年公司营收增速分别为 40.7%和 31.1%。由此可见，公司营收在 2017—2019 年呈现稳步增长趋势。

2. 近六年利润情况

如图 3-5 所示，2017—2019 年，蚂蚁集团的毛利分别为 111.01 亿元、35.26 亿元和 224.01 亿元。2017—2022 年公司净利分别为 82.05 亿元、21.56 亿元、180.72 亿元、596.76 亿元、729.82 亿元、311.94 亿元。[①] 2018、2019 年的毛利率分别为－68.24%和 535.39%，净利率分别为－73.72%和 738.17%。蚂蚁集团在 2018—2021 年净利增速较快，但 2022 年下滑较为严重，公司经营面临较大挑战。

① 黄世忠．共享价值创造的实践论——基于蚂蚁集团的案例分析[J]．财会月刊，2023，44(13)：3-11．DOI：10.19641/j.cnki.42-1290/f.2023.13.001.

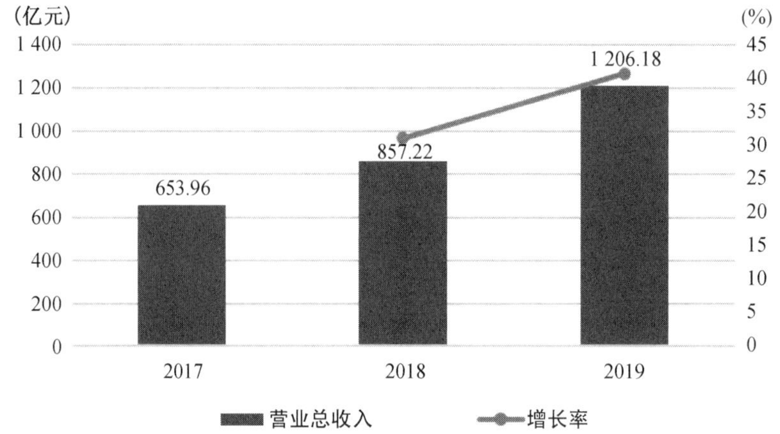

数据来源：蚂蚁集团首次公开发行股票并在科创板上市招股意向书。

图 3-4　2017—2019 年蚂蚁集团营业总收入

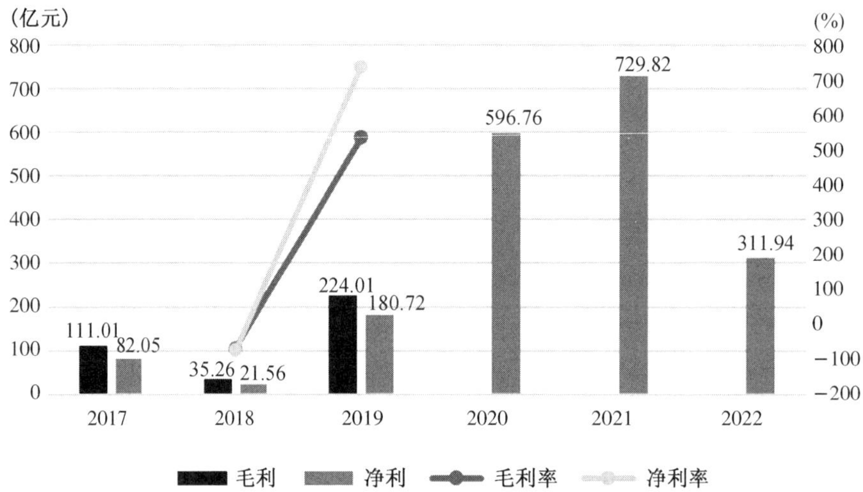

图 3-5　2017—2022 年蚂蚁集团盈利状况

3. 业务组成与分部财务数据

公司业务可分为数字支付与商家服务、数字金融科技平台、创新业务及其他三部分。如图 3-6 所示，数字支付和商家服务业务收入在 2017、2018、2019 年分别为 358.90 亿元、443.61 亿元和 519.05 亿元，占比分别为 54.88%、51.75%和 43.03%。数字金融科技平台业务收入在 2017、2018、2019 年分别为 289.93 亿元、406.16 亿元和 677.84 亿元，占比分别为 44.33%、47.38%和 56.20%。创新业务及其他业务收入在 2017、2018、2019 年分别为 5.14 亿元、7.45 亿元和 9.30 亿元，占比分别为 0.79%、0.87%和 0.77%。[①] 由此可见，数

① 数据来源：蚂蚁集团首次公开发行股票并在科创板上市招股意向书。

字支付与商家服务、数字金融科技平台是公司的主要业务，两者收入之和在公司营收中占比超过 99%。其中数字支付与商家服务营收占比呈逐年下降趋势，数字金融科技平台营收占比呈逐渐上升趋势并在 2019 年超过了前者，说明数字金融科技平台是蚂蚁集团未来重点发展的业务方向。在数字金融科技平台业务收入中，微贷科技平台收入在以上 3 年均占比超过 50%，在营业总收入中的占比由 2017 年的 27.45%上升至 2019 年的 34.73%，由此可见，该业务在蚂蚁集团的发展中起到了关键作用。

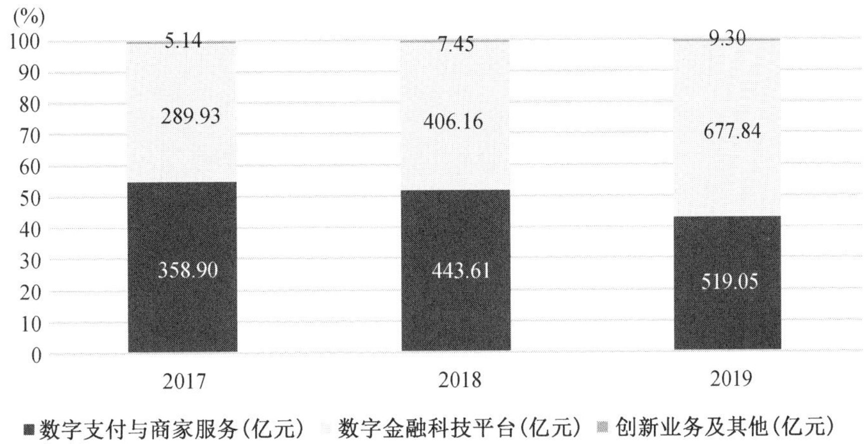

图 3-6　2017—2019 年公司分部营业收入

(四) 公司产品与 ESG 的联系

由上文可知，蚂蚁集团的主要业务包括数字支付与商家服务、数字金融科技平台，其中微贷科技平台收入对于公司尤为重要。公司形成了数字普惠、绿色低碳、科技创新、开放生态“四位一体”的 ESG 可持续发展战略。总体来看，蚂蚁集团提供的产品和服务与公司 ESG 战略契合度较高。小微金融业务是蚂蚁集团的重要业务，蚂蚁集团提供的数字支付与商家服务、数字金融科技平台让小微企业享受便捷支付和普惠金融服务；数字平台为了推动数字社会建设，为智慧便捷的公共和民生服务提供技术支撑；蚂蚁集团的数字化技术和平台服务助力产业“碳中和”及绿色高质量发展，为改善环境做出贡献；蚂蚁集团从事的金融创新领域存在部分监管空白，使得公司更加注重伦理与风险管控。

二、ESG 发展沿革

(一) ESG 披露发展沿革

1. 公司 ESG 披露渠道的发展情况

蚂蚁集团 ESG 披露渠道以独立的 ESG 报告为主体，网页、App 平台等其他披露渠道为辅，披露形式逐渐走向多样化，其发展情况如表 3-1 所示。

表 3-1　　公司 ESG 披露渠道的发展情况

时间	发展情况
2017 年 5 月	蚂蚁集团发布了首份(2016 年度)可持续发展报告,这是公司单独编制 ESG 报告的开始
2018 年 9 月	蚂蚁森林官方微博首次发布内容
2019 年 4 月	蚂蚁森林抖音号首次发布内容
2019 年 5 月	蚂蚁森林微信公众号首次发布内容
2019 年 7 月	蚂蚁森林快手号首次发布内容
2020 年 4 月	蚂蚁森林 bilibili 官方账号首次发布内容
2021 年	蚂蚁集团举行消费者权益保护活动“蚂蚁 315”,并首次发布消费者权益保护报告
2021 年 4 月	蚂蚁集团公布“碳中和”路线图,对外公布“碳中和”目标,承诺在今年起实现运营排放(范围 1、范围 2)的“碳中和”,2030 年实现净零排放,并自 2021 年起定期披露“碳中和”进展
2022 年 6 月	蚂蚁集团公布“碳中和”路线图,对外公布“碳中和”目标,承诺在今年起实现运营排放(范围 1、范围 2)的“碳中和”,2030 年实现净零排放,并自 2021 年起定期披露“碳中和”进展
2022 年 9 月	“蚂蚁集团”公众号首次发布内容
2023 年 5 月	“蚂蚁森林”视频号首次发布内容
2023 年 6 月	蚂蚁集团首次发布社会公益报告

2. 总体趋势分析

公司 ESG 披露渠道逐渐多样化。公司 ESG 披露形式最初仅有网站披露与报告披露,后来增加 App 平台的披露;公司 ESG 报告由最初的可持续发展报告扩展到“碳中和”路线图、消费者权益保护报告、社会公益报告等。

报告体系化、系统化,逐渐摸索出公司独特的、体系化的 ESG 披露报告模式。公司 ESG 披露报告框架逻辑性逐渐提升,不断精炼章节划分,议题交叉、重合现象不断减少。2021 年开始公司可持续发展报告 ESG 议题的分类采用了数字普惠、绿色低碳、科技创新、开放生态四部分,报告结构进一步明确,各章节划分更加符合蚂蚁集团自身特点,同时在不同主题采用各章节主题色进一步区分,对于重要议题则发布报告单独披露。

信息披露的可读性增强,形式逐渐生动,更加精炼和图文并茂。报告披露中减少文字叙述内容和比重,逐步增加数据、图片、图表等干货信息的比重,强化数据的重要性。披露逻辑性、条理性增强,能够突出、明确重点。减少文字案例叙述,整合相关内容,突出重点,报告可读性增强。报告排版更加科学,如目录中增加链接方便跳转到相应的页数,对读者更加友好。

ESG 披露逐渐凸显公司个性和特性。蚂蚁集团 ESG 披露报告划分采用个性化报告标题、报告封面、章节标题,能够体现公司特色,而不是一般化的报告呈现形式。

3. 公司 ESG 披露情况现状总结

目前,公司可持续发展报告、消费者权益保护报告、社会公益报告披露频率均为一年一次,披露内容包括 ESG 实践、ESG 绩效、ESG 政策、ESG 重点议题等。公司官网、App 平台主要披露公司 ESG 实践与 ESG 政策,披露具有实时性。如表 3-2 所示。

表 3-2　　公司 ESG 披露情况现状总结

披露内容	披露渠道	披露频率
ESG 实践	App 平台、官网	实时
ESG 政策		
ESG 实践	研讨交流会	不定期
ESG 政策		
ESG 实践	可持续发展报告、消费者权益报告、社会公益报告	年度
ESG 绩效		
ESG 政策		
ESG 重点议题		

（二）ESG 评级发展沿革

1. 各评级机构 ESG 评级情况

MSCI 的 ESG 评级提供了对公司环境、社会和治理（ESG）方面风险抵御能力的评估。如图 3-7 所示，蚂蚁集团 MSCI 的最新评级为“BBB”，处于 64 家金融公司的平均水平。如图 3-8 所示，公司 2020、2021 年 MSCI 评级为“A”，2022 年下降为“BBB”，其下降原因本文分析为蚂蚁集团近期受国家监管部门处罚所导致，暴露出蚂蚁集团在公司治理、风险管理、数据安全等方面仍存在问题。由此可见，蚂蚁集团的 ESG 评级仍有较大进步空间，最近的评级下滑暴露出其 ESG 披露方面的问题与不足，需要尽快补齐披露短板。

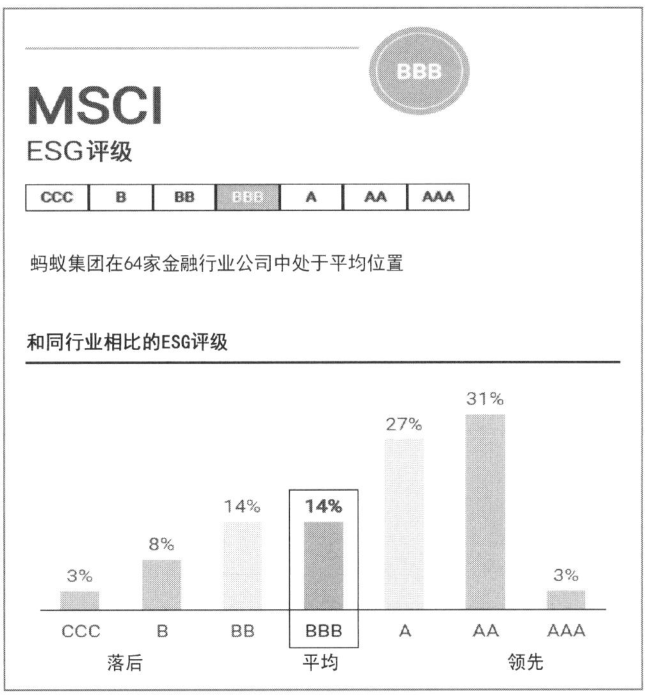

图 3-7　2023 年蚂蚁集团 MSCI 评级

2. 公司领先议题和落后议题

如图 3-9 所示，在 MSCI 针对金融业确定的 7 个关键议题——隐私与数据安全、融资渠道、公司治理议题、公司行为、人力资源发展、消费者金融保护、碳排放中，公司在隐私与数据安全(S)、融资渠道(S)议题处于领先地位，在公司治理(G)议题处于平均水平，在公司行为(G)、人力资源发展(S)、消费者金融保护(S)、碳排放(E)领域处于落后地位。综上，根据 MSCI 评级分析，蚂蚁集团在 E、S、G 的披露方面均处于行业中上水平，但在一些特定议题上表现差异较大。

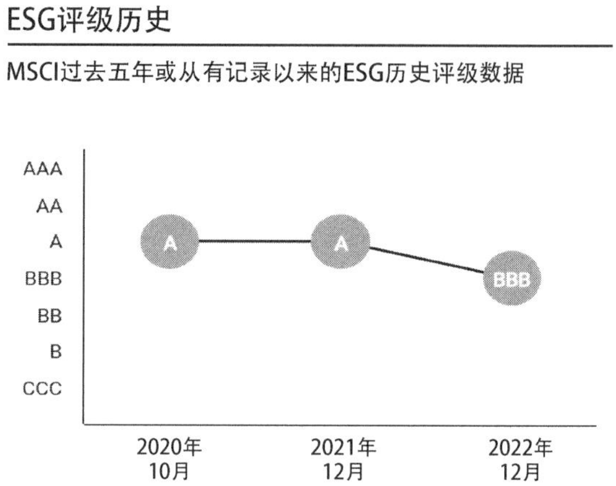

图 3-8　2020—2023 年蚂蚁集团 MSCI 评级变化

ESG落后
ESG平均
ESG领先
公司行为
公司治理
隐私和数据保护
人力资源发展
融资渠道
消费者金融保护
碳排放

图 3-9　MSCI 评级公司领先议题和落后议题

三、公司 ESG 组织形式

(一) 公司目前 ESG 相关组织架构情况

公司在 2021 年可持续发展报告中首次披露 ESG 相关组织架构，该组织架构在 2022 年基本保持稳定。2022 年公司 ESG 相关组织架构如图 3-10 所示。

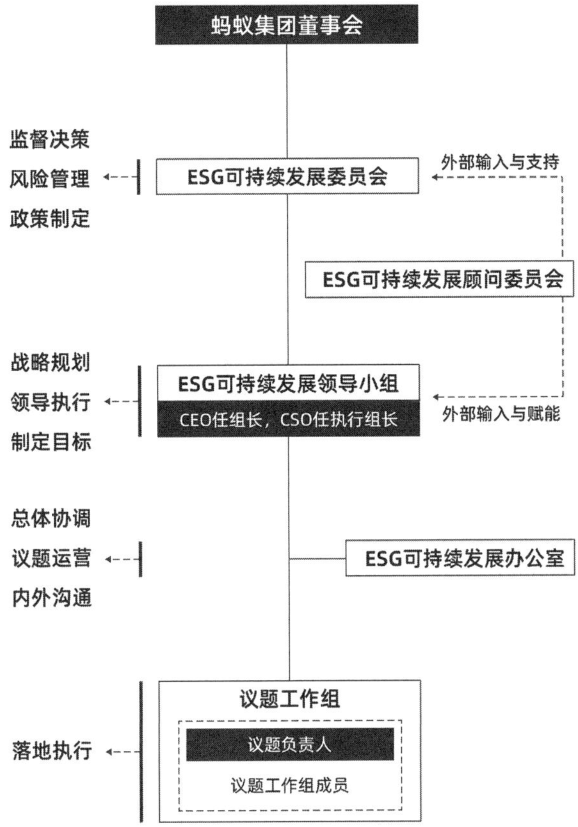

图 3-10　2022 年蚂蚁集团 ESG 可持续发展组织架构

公司的 ESG 组织架构可以分为 ESG 可持续发展委员会、ESG 可持续发展领导小组、ESG 可持续发展顾问委员会和 ESG 可持续发展办公室。其主要职责如表 3-3 所示。

表 3-3　蚂蚁集团 ESG 组织架构各部门职责

部门	职责
ESG 可持续发展委员会	指导公司 ESG 可持续发展战略制定，监督并评估 ESG 可持续发展工作进展及绩效；为董事会和高级管理层成员提供开放的沟通渠道；协助董事会识别与评估 ESG 可持续发展机会与风险，审查相关公开披露和报告
ESG 可持续发展领导小组	由 CEO 任组长，CSO 任执行组长；牵头制定 ESG 可持续发展战略规划，设定整体目标及行动路径；全面审阅公司 ESG 可持续发展工作进展。2022 年，领导小组制定了 19 个议题的运营目标及规划，推进 ESG 可持续发展战略在各业务条线逐步落实
ESG 可持续发展顾问委员会	由外部专家构成，向 ESG 可持续发展委员会及 ESG 可持续发展领导小组提供专业、独立的外部战略支持
ESG 可持续发展办公室	为常设实体组织，负责 ESG 可持续发展事务总体协调、专业能力支持及培训、对外披露及沟通、ESG 可持续发展信息系统搭建

(二) ESG组织架构变动情况

公司的ESG组织架构经历了不断完善的发展历程。2022年6月，蚂蚁集团董事会设立ESG可持续发展委员会，2022年12月，蚂蚁集团成立ESG可持续发展顾问委员会并召开首次会议，此后组织架构保持稳定不变。

四、议题选择

(一) 重要性评估

1. 评估流程

根据蚂蚁集团2022年发布的可持续发展报告，蚂蚁集团的实质性议题识别由以下步骤组成，如表3-4所示。

表3-4 蚂蚁集团实质性议题识别流程

步骤	措施
议题识别	深入学习研究国内外宏观政策及行业现状，包括但不限于国家“十四五规划”、国务院政府工作报告、浙江省“数字经济”政策等，明确政策要求和方向； 归纳总结评级机构及全球专业组织的ESG及可持续发展方法论，如联合国可持续发展目标、全球报告倡议组织《可持续发展报告标准》、社科院中国企业社会责任报告编写指南、各ESG评级标准等，获得重要议题输入； 与内外部可持续发展领域的专家充分沟通，并参照领先实践，结合蚂蚁集团自身发展特点，识别实质性议题
利益相关方调查和集团运营影响评估	通过调查问卷、访谈等形式，开展内外部利益相关方调研，明确各方核心痛点及需求； 集团管理层通过问卷、访谈及讨论会等形式对实质性议题进行充分研讨与评估，明确各议题对蚂蚁集团运营的影响程度
管理层确认与审阅	确认、审阅实质性议题，明确议题所涉内容与边界

2. 历年评估流程的变动情况

(1) 2016—2017年

在蚂蚁集团发布的2016—2017年可持续发展报告中，蚂蚁集团列出了重大议题清单，并将其按照重要性划分为高度、中度、低度重要性议题。但报告并未详细披露议题的评估流程，报告中只是提出要与利益相关方充分沟通，可以认为公司ESG披露在此阶段对于实质性议题的识别并未有明确的意识。

(2) 2017—2018年

在蚂蚁集团发布的2016—2017年可持续发展报告中仅列举了ESG各专题的成果和具体事例，并未披露重要议题，信息披露的完整性相较于2016—2017年报告有所倒退。

(3) 2019—2020年

在公司2019—2020年可持续发展报告中，公司重新开始披露对实质性议题的识别，但并未对实质性议题的重要性程度进行划分，实质性议题识别的具体流程如表3-5所示。

表 3-5　　**2019—2020 年可持续发展报告实质性议题识别的具体流程**

步骤	方法
特征分析	分析支付宝可持续发展理念与战略 分析往年可持续发展报告 分析支付宝行业特征，对标同行业可持续发展报告
政策、行业标准、研究报告	分析国内政策与行业标准 分析行业研究报告
专家判断	根据支付宝特征分析、政策标准分析，以代表性、相关性、重要性三个维度甄选出实质性议题

（4）2020 年之后

在公司 2020 年的可持续发展报告中，公司开始不仅会识别实质性议题，而且会评估实质性议题的重要性，这标志着评估流程信息披露的完整性大大增强，该部分披露的结构开始走向成熟，2020 年实质性议题的识别步骤如表 3-6 所示。

表 3-6　　**2021 年可持续发展报告实质性议题识别的具体流程**

步骤	方法
识别阶段	分析国内外宏观政策及行业热点，明确公司面临的政策要求及发展机遇； 参考全球报告倡议组织《可持续发展报告标准》，识别公司的社会责任履责重点； 解读公司的企业文化及发展战略，结合公司责任实践，识别实质性议题
评估阶段	基于利益相关方关注重点，结合部门访谈、专家判断，从对利益相关方的重要性和对公司的重要性两个维度评估实质性议题
报告阶段	根据评估结果构建实质性议题分析矩阵，结合议题重要性的高低程度，获得议题的排序结果，对于高实质性的可持续发展议题在报告中进行重点披露

在公司 2021 年的可持续报告中，调整了公司的评估流程，具体步骤在上文中已经说明，这也是公司截至 2021 年最新的评估流程。相比于 2020 年的评估标准，其变动主要有以下几点：

2020 年报告中只提出参考全球报告倡议组织《可持续发展报告标准》，2021 年开始提出还要归纳联合国可持续发展目标、社科院中国企业社会责任报告编写指南、各 ESG 评级标准等，在评估中参考的标准更加多样与全面。

2020 年中提出对于高实质性的可持续发展议题在报告中重点披露，但在 2021 年后的报告中并未区分高度重要性和中度重要性议题。

（二）根据 MSCI 梳理公司议题分类

蚂蚁集团根据 MSCI 议题分类标准进行议题分类情况如表 3-7 所示，共覆盖 4 个环境范畴的议题，6 个社会影响范畴的议题，5 个管治范畴的议题。MSCI 金融行业对于 E、S、G 议题的权重分别为 5.8%、60.4%、33.8%，由此可见，MSCI 对于金融业的 ESG 评价更加关注 S 和 G，较少关注 E。蚂蚁集团识别的实质性议题完全覆盖了 MSCI 在该行业的评级标准并且还有部分议题超出了这一范围。而在蚂蚁集团对实质性议题的重要性评估中大致也符合了MSCI的权重。

表3-7　根据MSCI梳理蚂蚁集团ESG议题

3大范畴	10个主题	33个议题	权重	蚂蚁集团ESG实质性议题
环境(E)	气候变化	财务环境影响	3.9%	绿色低碳：绿色运营
		对于气候变化的脆弱性	1.1%	绿色低碳：生态保护与修复
		碳排放	0.8%	绿色低碳：助力产业"碳中和"
		产品碳足迹	0	绿色低碳：绿色低碳生活
	自然资源	生物多样性与土地利用	0	
		原材料采购	0	
		水资源压力	0	
	污染与废弃物	电子垃圾	0	
		包装物料与废弃物	0	
		有害排放和废弃物	0	
	环境机会	清洁能源技术机会	0	
		绿色建筑机会	0	
		可再生能源机会	0	
社会(S)	人力资本	员工健康与安全	0	开放生态：员工关怀与发展
		人力资源发展	0	开放生态：多元平等与包容
		劳动力管理	0	
		供应链人力标准	0	
	产品责任	化学品安全	0	
		金融产品安全	16.7%	开放生态：透明度和风险管理
		隐私与数据安全	9.1%	开放生态：数据安全及隐私保护 科技创新：科技伦理建设
		产品安全与质量	0	
		负责任投资	5.2%	数字普惠：负责任的产品及服务
	利益相关方反对	社区关系	0	
		有争议的采购	0	
	社会机会	金融服务可得性	11.9%	数字普惠：普惠发展、助农兴农、服务数字社会建设 科技创新：前沿科技探索与研发
		健康保健可得性	0	
		营养与健康机会	0	

续表

3 大范畴	10 个主题	33 个议题	权重	蚂蚁集团 ESG 实质性议题
治理(G)	公司治理	董事会	33.8%	开放生态：公司治理
		所有权和控制权(所有制)		
		薪酬		
		财务		
	公司行为	商业伦理		开放生态：透明度和风险管理，促进行业发展与共赢，公平的商业环境，国际合作与共同发展，科技助力产业发展
		税务透明度		

（三）历年选择议题的变动情况

1. 2016 年

2016 年公司在首份可持续发展报告中列出了 24 项重大议题，但并未对议题分类；议题按照重要性程度被分为高度、中度、低度三个等级。

2. 2017—2018 年

2017—2018 年公司可持续发展报告中未披露重要性议题。

3. 2019 年

2019 年可持续发展报告恢复了对公司选择议题的披露，但未对议题重要性分级。报告开始对议题分类，议题被分为产品与服务、公司治理、员工、社会、环境五部分；每一项议题报告均披露了其对应的利益相关方和章节位置。相比于 2016 年报告，公司主要议题由 24 个整合为 14 个，其中取消了部分 2016 年认定的低、中度重要性议题。变动如表 3-8 所示。

表 3-8　　2019 年重大议题变动

议题分类	变动情况
E	首次把气候变化作为议题；“减少办公材料使用的措施”“减少资源消耗措施”“重视自身运营过程中产生的废弃物和处理方式”等议题被整合到“环境保护”中
S	增加“客户沟通”“精准扶贫”“服务实体经济”；员工部分议题有所缩减，删去“童工和强迫劳动”“蚂蚁工作环境安全与健康”“员工培训”“维护良好劳资关系并给予员工合理报酬”等议题
G	未能单独披露风险控制议题

4. 2020 年

公司恢复对议题重要性的划分，但仅分为高度、中度两个等级；对议题的分类采用了环境、社会、公司治理三类，议题的分类更加符合 ESG 议题分类的惯例。公司主要议题由 14 个变为 13 个，变化幅度相对不大，议题变动如表 3-9 所示。

表 3-9　**2020 年重大议题变动**

议题分类	变动情况
E	“环境保护”议题被“绿色金融”替代
S	“多元化与包容性”被“员工权益与福祉”替代；“精准扶贫”被“乡村振兴”替代；“客户沟通”被“客户与消费者权益保护”替代
G	删去“责任采购”，增加“反贪污”“风险管理与识别”

5. 2021 年

公司 ESG 议题的分类采用了数字普惠、绿色低碳、科技创新、开放生态四部分，相较之前更具有蚂蚁集团的特色；报告并未直接划分出高度、中度等重要性次序，而是通过坐标位置让读者自行判断，同时也保留了更大的灵活性与解释的余地。公司主要议题由 14 个变为 19 个，变化幅度较大，对于议题的划分更加精准，具体变动如表 3-10 所示。

表 3-10　**2021 年重大议题变动**

议题分类	变动情况
E	议题数量由 2 个增加到 4 个，披露更加详细；首次确定“助力产业‘碳中和’”这一议题
S	增加“负责任的产品和服务”；对于科技创新部分重视程度大幅提高，科技创新由 1 个议题调整为一个主题下的 4 个议题；员工议题细化
G	首次增加“科技伦理”主题和“国际合作与共同发展”主题

6. 2022 年

与 2021 年相比，2022 年公司的实质性议题并无重要调整，披露方式也与 2021 年保持一致。唯一的调整是在经过公司 ESG 可持续发展委员会审议后，公司“绿色运营”议题向右平移，说明管理层认为绿色运营对于蚂蚁集团运营的影响变得更为重要，这也反映了蚂蚁集团对于 E 方面的重视程度得到了提高。

7. 总结

报告历年选择议题变化有以下特点和趋势：

第一，选择议题从剧烈变化走向稳定。2016—2020 年报告中议题变动处于剧烈期，议题数量与名称变化较大，且 S 方面议题占比较大。2021 年开始议题分类与数量、名称趋于稳定，变动较小，由此可见公司在经过几年的探索之后对于 ESG 议题已经有了较为稳定的评估机制和认知，未来 ESG 的发展方向基本确定成熟。

第二，议题变化紧随热点问题，符合时代潮流，体现了与时俱进与较强的调整能力。2020 年是全面建成小康社会的目标实现之年，也是全面打赢脱贫攻坚战的收官之年。此年报告议题中公司正式增加“精准扶贫”议题，加大对公司 ESG 中有关农村地区的信息披露。随着 2020 年我国脱贫攻坚战的顺利完成，2021 年《中共中央国务院关于全面推进乡村振兴加快农业农村现代化的意见》的发布，该议题的名称换为“乡村振兴”，以更加符合我国的社会现状。2020 年 9 月,中国政府在联合国大会上提出双碳目标,2021 年国务院政府工作报告中强调了“碳达峰”“碳中和”各项工作。此年报告中“助力产业碳中和”首次被确认为重要议题并单独发布“碳中和”路线图进行披露。2020 年以来对于互联网金融行业的伦理争议越来越大,蚂蚁集团面临监管部门的压力,2021 年重大议题中新增“科技伦理”与其回应监管部门和公众对其的质疑不无关系。

五、不同渠道披露之间的关系

公司 ESG 披露渠道共有 ESG 报告、ESG 网页、App 平台三种,总体上呈现 ESG 报告为主,ESG 网页和 App 为辅的披露渠道特征。不同 ESG 披露渠道的比较如表 3-11 所示。

表 3-11　不同 ESG 披露渠道的比较

	目标受众	框架结构	披露重点	重复披露	报告风格
ESG 报告	利益相关者	按照数字普惠(S)、绿色低碳(E)、科技创新(S、G)、开放生态(S、G)四部分展开	S、E 部分占比较多	以综合报告为基准	严谨
ESG 网页	大众	基本与 ESG 报告保持一致,相比于报告多披露了遵守的政策	E、S、G 分配较为平均	与报告重复度较高	多以报告中的案例为主,生动形象
App 平台	大众	以 E 部分的蚂蚁森林为主,披露形式较为自由	以 E 部分的蚂蚁森林为主	与报告重复度较低,独立性较强	轻松活泼,生动形象

六、ESG 报告

目前公司 ESG 报告共有 4 种,第一是可持续发展报告,是公司披露 ESG 行为的总报告,报告中基本涵盖了公司 ESG 的所有方面。该报告从 2016 年开始披露,披露频率除特殊情况外均为一年。第二是消费者权益报告,是公司专门讲述 ESG 中对消费者权益保护的报告,自 2021 年开始每年发布。第三是“碳中和”路线图,主要介绍蚂蚁集团对于“碳中和”的承诺和计划,仅在 2021 年发布。第四是社会公益报告,主要介绍蚂蚁集团在社会公益方面的 ESG 行为,于 2022 年首次发布。

(一) 采用的标准

在 2016—2017 年可持续发展报告中,公司披露报告编制遵循全球报告倡议组织(GRI)最新标准。从 2019 年开始,报告依据全球报告倡议组织的《可持续发展报告标准》(2016)以及联合国可持续发展目标(SDGs)编制。2022 年可持续发展报告中首次引入了 TCFD 框架识别气候相关风险与机遇。

（二）内容结构

1. 查重率

（1）可持续发展报告历年查重率

蚂蚁集团历年可持续发展报告是革新性与延续性的统一。下面本文将从平均查重率和时间序列两方面总结可持续发展报告内容重复性的特点。

图 3-11 计算了蚂蚁集团每一年可持续发展报告与往年可持续发展报告的查重结果[①]，报告整体的平均查重率在 3%左右，最高查重率为 2020 年的 6.65%，最低查重率为 2018 年的 0.13%。2018、2019 年的查重率过低反映了报告架构变动剧烈，而且披露多以具体事例为主，重复度较低。从 2018 年到 2020 年，报告的查重率不断上升，这反映了蚂蚁集团从发布新报告到报告框架逐渐稳定的过程。2021 年报告查重率有大幅下降，在 2022 年又迅速回升，原因是在 2021 年蚂蚁集团对报告框架做出了重大调整，公司 ESG 活动按照数字普惠、绿色低碳、科技创新、开放生态四大部分来披露，在 2021 年之后公司 ESG 框架趋于稳定，这一框架也是蚂蚁集团未来披露 ESG 活动的主要框架。

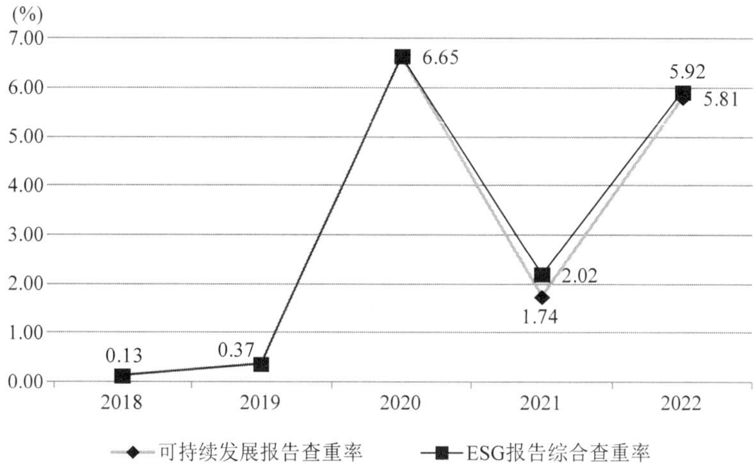

图 3-11 可持续发展报告历年查重率与 ESG 报告历年综合查重率

蚂蚁集团可持续发展报告平均查重率较低这一现象反映了蚂蚁集团报告在过去的几年中仍然处于初创期，公司 ESG 报告披露框架变动较大，公司对于 ESG 披露尚未形成稳定的格式；也反映出公司对于 ESG 报告的披露较为认真严谨，富有创新精神，并非陈陈相因、因循守旧，而是在每一次披露中均有探索与改进；同时说明公司报告原创性较强，每年的 ESG 活动成果较多，进步较快，报告对于投资者而言可读性与信息量较大。从时序特征上看，可以发现蚂蚁集团在阶段性优化其报告内容：在报告结构具有重大变化的关键时间节

① 该数据是运用 PaperYY 的自建库生成的，每期 ESG 报告查重率的数据是以上一期可持续发展报告为查重样本，比较维度是较上一期可持续发展报告的重复率。

点(2018 年、2019 年、2021 年)，报告查重率都有大幅度降低，在 2021 年之后，蚂蚁集团报告的结构发生重大调整并趋于稳定，公司 2022 年的可持续发展报告查重率随之上升。总体来看，蚂蚁集团可持续发展报告查重率呈现阶梯性变化的特点，是创新与稳定交织的螺旋式上升的过程。

(2) ESG 报告综合查重率

2021 年蚂蚁集团除可持续发展报告外发布“碳中和”路线图和消费者权益保护报告。2022 年蚂蚁集团继续发布消费者权益报告，同时新发布社会公益报告。相比于可持续发展报告查重率，由于 2021、2022 年报告形式更加多样化，2021、2022 年 ESG 报告综合查重率相比可持续发展报告自身的查重率略有下降。这反映了公司报告披露形式的多样性增强，公司针对不同的目标受众编写针对性的报告，提高了报告的效用。

2. ESG 披露内容时序变动情况

(1) ESG 报告内容变动情况

公司 2016—2021 年报告变化幅度较大，2021 年公司确立了数字普惠、绿色低碳、科技创新、开放生态四部分展开的披露结构，内容和结构趋于稳定。可持续发展报告内容变动情况如表 3-12 所示。

表 3-12　　公司可持续发展报告内容变动情况

时间	报告内容变动情况
2016 年	公司开始披露第一份可持续发展报告
2017—2018 年	公司报告删去了公司概况与标准索引，仅是对于不同主题的具体描述，披露过于简略；报告包含了两年的数据，披露频率下降；报告不再采用中英文对照，而是在中英文官网上分别披露各自语言版本的报告
2019 年	报告中数据与概括性语言增多，具体案例的比重降低；重新出现公司概况与标准索引；报告从此开始稳定为每年发布
2020 年	报告副标题由“未来好社会”改为“数字责任与绿色发展 共建未来好社会”；报告开篇重点强调公司的愿景和价值观；公司概况部分由末尾提至开头；中文官网上报告后附加英文版
2021 年	公司可持续发展报告标题删去了副标题；可持续发展报告对于 ESG 的披露按照数字普惠、绿色低碳、科技创新、开放生态四部分展开，结构与之前相比有较大变动；可持续发展报告色调不再采用单一的蓝色，为四大主题拥有四种不同的主题色；可持续发展报告增加 ESG 可持续发展绩效，披露更多量化数据；可持续发展报告封面开始采用彩色风景图，美观性提高；公司新增“碳中和”路线图和消费者权益报告
2022 年	2022 年，公司可持续发展报告结构基本按照 2021 年报告开展，说明公司报告结构趋于稳定；公司可持续发展报告中开始披露第三方鉴证报告；可持续发展报告 PDF 版本目录开始增加链接，方便读者快速跳转；四大主题分别在开篇部分披露其回应了哪些联合国可持续发展目标(SDGs)，方便读者对应；增加对 TCFD 关键气候风险及措施的披露；公司新增社会公益报告

(2) ESG 报告结构顺序的时序变动情况

表 3-13 统计了蚂蚁集团可持续发展报告历年结构顺序的变化，可以看到报告结构经

历了由剧烈变动走向稳定的过程，S 部分的篇幅从最初的主导地位有所下降，E 和 G 的篇幅有所上升，E、S、G 的行文逻辑顺序不断增强。由此反映出公司对于 ESG 的理解更加深入，对于三方面的重视程度逐渐保持一致，使得报告信息披露更加全面。

表 3-13　　ESG 报告结构顺序的时序变动情况

年份	披露顺序
2016 年	在"以公益的心态商业的手法走向未来"板块中披露 S 与 E，在"开放共享是可持续的生态土壤"板块中披露 G、S、E，总体顺序大致为 SEGSE，总体来看 S 是行文主线
2017—2018 年	SE，且 S 的篇幅占绝大部分，未对 G 进行披露
2019 年	SESG，S 是行文主线，G 的披露篇幅较少
2020 年	GSES，S 是行文主线，G 的顺序提前且篇幅增加，E 部分成为独立的章节
2021 年	开始按照数字普惠(S)、绿色低碳(E)、科技创新(S、G)、开放生态(S、G)四部分展开，大致顺序为 SESGSG
2022 年	与 2021 年顺序基本一致

(三) 环境(E)、社会(S)、治理(G)

1. 分别的披露侧重点

(1) 环境(E)

蚂蚁集团对于 E 的披露主要侧重于绿色运营、绿色低碳生活、生态保护和修复、助力产业"碳中和"四方面。图 3-12 是蚂蚁集团 2022 年可持续发展报告环境 E 范畴的词频统计结果，结果显示 E 部分披露的主要关键词是绿色、低碳、森林、风险、排放、生态、"碳中和"、开放、海洋等。该报告关键词的词频统计结果进一步印证蚂蚁集团在 E 部分的披露侧重点主要在以上方面，反映了蚂蚁集团在 E 方面涉及领域的广泛性，E 领域在报告体系中的地位不断强化。

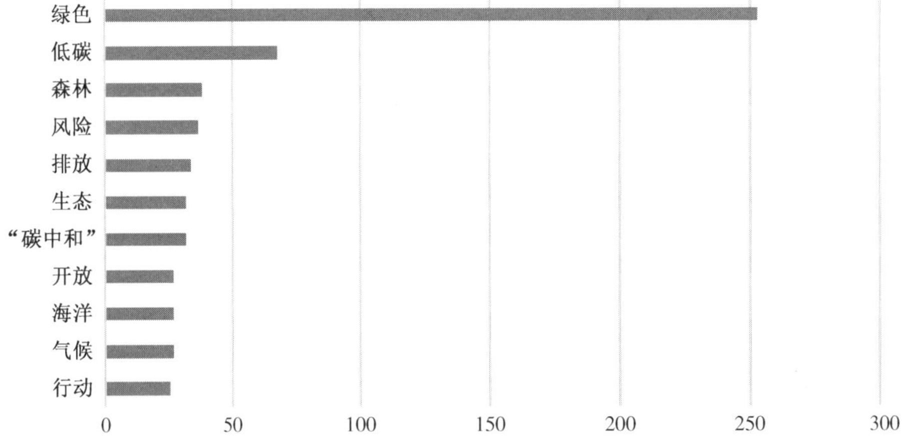

图 3-12　蚂蚁集团可持续发展报告环境(E)范畴词频统计

在绿色运营方面，蚂蚁集团着重披露公司为达成“从 2021 年起实现运营排放‘碳中和’，2030 年实现净零排放”的承诺而采取的行动，比如坚持低碳运营、注重绿色运营生态的建立和鼓励员工践行绿色低碳行为等。在量化数据方面，蚂蚁集团通过对碳排放数据的披露说明公司实现了 2022 年度运营排放“碳中和”。

在绿色低碳生活方面，公司通过展示其“蚂蚁森林”平台、“绿色能量行动”、绿色行动小程序、“蚂蚁森林|神奇海洋”等方式培养民众的环保意识，在社会上产生了较大反响，让更多人采取行动为环保做出贡献。

在生态保护和修复方面，公司展示了通过“蚂蚁森林”和“蚂蚁森林|神奇海洋”等平台和与有关部门的合作为生态保护和修复做出了重要贡献，在量化数据中强调了植树面积、保护物种数量、修复生态环境面积等。蚂蚁集团在 2022 年上线“蚂蚁森林|神奇海洋”，开始关注海洋生态修复，在环境领域活动范围进一步延伸。

在助力产业“碳中和”方面，蚂蚁集团主要披露其利用数字化技术助力产业“碳中和”及绿色高质量发展的整体行动策略。“碳中和”在 2021 年成为政府工作报告的重要任务之一，公司首次纳入这一议题，体现了公司在 ESG 方面与时俱进，及时聚焦社会热点问题，回应社会重大关切。

在开放生态的风险管理方面，蚂蚁集团专门披露了气候变化风险与机遇管理。公司披露了有关组织结构，对有关风险进行情景分析并提出了可量化的气候指标。

(2) 社会(S)

蚂蚁集团对于 S 的披露主要侧重于负责任的产品及服务、小微企业普惠发展、助农兴农、服务数字社会建设、前沿科技探索与研发、科技助力产业发展、员工关怀与发展、透明度和风险管理、数据安全及隐私保护等方面。图 3-13 是蚂蚁集团 2022 年可持续发展报告社会(S)范畴的词频统计结果，结果显示 S 部分披露的主要关键词是数字、技术、服务、风险、开放、普惠、员工等。该报告关键词的词频统计结果进一步印证蚂蚁集团在 S 部分的披露侧重点主要是以上领域。数字安全成为 S 部分中最重要的议题之一，本文认为这体现了其回应监管部门关切的紧迫性与重要性。

在负责任的产品及服务方面，蚂蚁集团着重披露公司对于消费者权益的保障，注重提升用户体验，关注金融健康与更多人群的金融教育。量化指标主要有投诉完结率、金融教育活动开展次数、下架用户不满意产品数量等。

在小微企业普惠发展方面，公司展示其通过支付、金融、数字化、跨境服务四个路径，全面支持小微企业普惠发展。量化数据主要有接受服务的小微企业和小微经营者数量、向小微企业降费让利金额等。

在助农兴农方面，公司展示了通过围绕消费助农、金融科技助农、人才助农、公益助农等方向，助力县域产业高质高效发展，全面推进乡村振兴。量化数据主要有带动爱心企业和用户共同捐款金额、累计带动消费者消费助农人次和金额、网商银行数字普惠金融业务覆盖县级行政区域数量等。

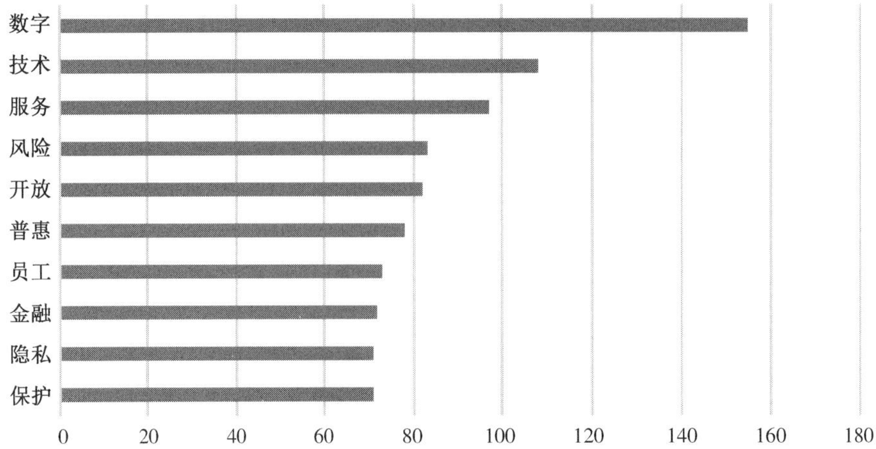

图 3-13　蚂蚁集团可持续发展报告社会(S)范畴词频统计

在服务数字社会建设方面，蚂蚁集团主要披露其数字化技术在数字政务领域、数字公共服务领域、数字生活新场景、数字化助力就业等领域的应用，主要可量化指标有"数字市民中心"提供服务人数、支付宝累计激活医保电子凭证人数、支付宝小程序服务医院数量等。

在前沿科技探索与研发方面，蚂蚁集团披露了公司围绕区块链、隐私计算、数据与网络安全、分布式计算基础设施、人工智能五大基础技术领域的布局，量化指标有科技研发投入金额、专利数量、新增技术标准立项。

在科技助力产业发展方面，蚂蚁集团通过数字技术，帮助企业自身进行数字化升级，同时促进产业协作，助力数实融合。其量化指标主要有"上链"设备量、OceanBase数据库服务客户量等。

在员工关怀与发展方面，蚂蚁集团披露了公司完善的员工职业发展体系，安全、包容、友善的职场环境和有温度的关怀，可量化数据包括员工培训学习平均时长、兴趣社团参与人数等。

在透明度和风险管理方面，蚂蚁集团披露了公司持续完善的风险治理体系和风险治理架构。

在数据安全及隐私保护方面，蚂蚁集团披露了公司的治理机制和常态化实测以及对合作伙伴和行业的帮助。

(3) 治理(G)

蚂蚁集团对于G的披露主要侧重于科技伦理建设、公司治理、公平商业环境、促进行业发展与共赢、国际合作与共同发展五方面。图3-14是蚂蚁集团2022年可持续发展报告治理(G)范畴的词频统计结果，结果显示G部分披露的主要关键词是伦理、数字、开放、合作伙伴、服务、平台、全球等。该报告关键词的词频统计结果进一步印证蚂蚁集团在G部分的披露侧重点。伦理在蚂蚁集团公司治理中成为最受重视的议题之一,本文认为这体现了其回应监管部门关切的紧迫性与重要性。

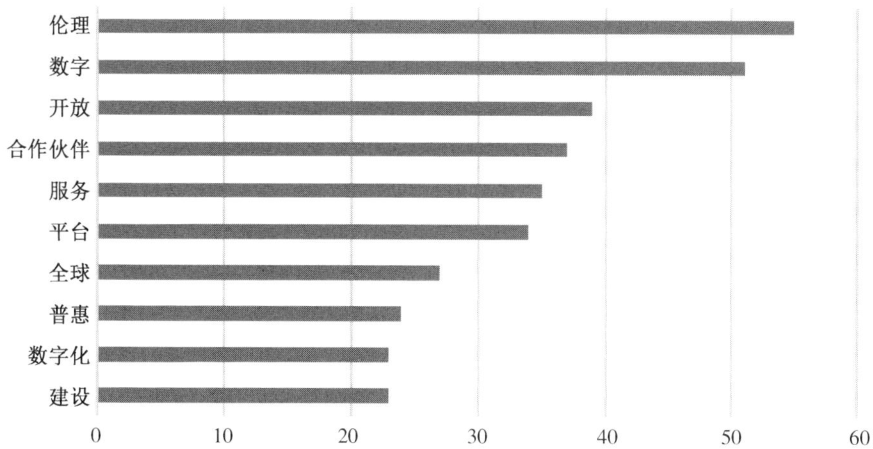

图 3-14　蚂蚁集团可持续发展报告治理(G)范畴词频统计

在科技伦理建设方面,蚂蚁集团着重披露公司确定的科技伦理建设目标——助力形成科技伦理共识,切实防控科技伦理风险,服务数字经济健康发展以及公司采取的举措,如原则制定、组织建设、落地机制、技术时间、双向沟通等。

在公司治理方面,公司展示其通过升级治理架构,提升董事会多元性和独立性,逐步建立履职评价体系和履职支持,不断完善信息披露机制,切实发挥董监事会的决策管理和监督职能,形成依法合规、公开透明、能够更好兼顾各相关方利益的公司治理体系,保障公司合规稳健运营。

在公平商业环境方面,公司披露了其持续更新覆盖全集团的内部制度规范,将竞争合规要求融入公司各业务领域,同时积极倡导和培育竞争合规文化,与合作伙伴一同维护公平的市场竞争秩序。量化数据主要有商业道德培训正式员工及外包员工覆盖率、对员工的商业道德培训累计小时数等。

在促进行业发展与共赢方面,蚂蚁集团主要披露其携手合作伙伴共建开放共赢商业生态与创造和稳定就业的作用。其可量化指标主要有打造累计行业解决方案数量、支付宝平台商家小程序年成交金额平均增长率等。

在国际合作与共同发展方面,蚂蚁集团披露其为服务全球中小企业与合作伙伴的数字能力建设,推动本地数字经济与中小企业跨境贸易的可持续发展而实行的举措。

2. 各自的披露特色

蚂蚁集团 ESG 披露报告 ESG 报告呈现形式贴近网页,内容精简且图文并茂,提供大量数据、图片和案例,可读性强。表 3-14 列示了蚂蚁集团 2021 和 2022 年 ESG 报告关键指标的披露统计,整体上报告 S 部分披露最为丰富,E 次之,S 披露内容约为 G 和 E 之和。

表 3-14　　环境(E)、社会(S)、治理(G)部分各自披露特色

年份	关键指标	E	S	G
2021	案例数量	10	27	5
	关键数据数量	42	142	15
	照片数量	20	35	7
2022	案例数量	9	17	7
	关键数据数量	36	77	23
	照片数量	11	33	6

七、网页

目前，蚂蚁的 ESG 网页披露形式包括网页直接的信息展示和文件附件两种主要形式，可读性和及时性相比于报告存在其优点，同时也存在一定的局限性。图 3-15 展示了目前蚂蚁集团 ESG 板块的页面图。

蚂蚁集团
ANT GROUP
关于我们
业务发展
科技创新
ESG
最新动态
加入我们
简
环境、社会与治理
ESG可持续发展战略
数字普惠
科技创新
绿色低碳
开放生态
报告与政策
全面引入ESG框架，升级公司可持续发展治理体系，引领蚂蚁的价值创造和行稳致远，既是我们对"让天下没有难做的生意"的使命传承，也是我们对更好的未来的郑重承诺和行动。
——蚂蚁集团董事长兼CEO 井贤栋

图 3-15　蚂蚁集团 ESG 官网界面

蚂蚁集团的 ESG 网页位于公司官网的主菜单之中，位置较为醒目，读者可以非常轻松地找到并阅读。ESG 网页分为 ESG 可持续发展战略、数字普惠、科技创新、绿色低碳、开放生态、报告与政策板块。其中，ESG 可持续发展战略是对公司 ESG 表现的总结，该网页包含四个网页的入口，同时介绍了公司 ESG 重点开展项目的信息。数字普惠、科技创新、绿色

低碳、开放生态这四个板块是公司 ESG 披露报告中重点阐述的四大板块，这四部分网页披露的内容从结构上看与 ESG 报告相似。管理体系在报告中作为“ESG 可持续发展战略”的一部分被放在报告开端的总结部分，在网页中被单独列为一个网页，本文认为这可能反映了读者对于该部分的重视，使得公司希望让读者更直观地了解到这一信息。在“报告与政策”板块中，读者可以找到公司历年发布的报告，同时披露了蚂蚁集团所遵守的行业政策。这些政策是对蚂蚁集团 ESG 表现有说服力的证据，且其无法在报告中详细展示。网页对该部分的展示是对 ESG 报告的有力补充。

对于蚂蚁集团来说，ESG 网页是对 ESG 报告更具体、更直观的展示。虽然两者在结构方面均保持一致，都是主要从数字普惠、科技创新、绿色低碳、开放生态四个大的方面以及下属的细分领域披露，但是相比于 ESG 报告，ESG 网页的披露更多注重披露具体的事例，较少采用概括性的词汇与抽象的概念，以此拉近读者与公司的距离。

以数字普惠为例，在蚂蚁集团的可持续发展报告中，公司列举了大量的数据使得信息的密度非常高。同时注重强调各种概念的提出与构建，如“建立某某机制、明确某某标准、形成某某系统、设立某某平台”。而在网页披露中，数字与概念的披露相对下降，更多注重对于具体事例的直观表达。在对插图的选择中有关概念、结构、数据的图基本不再出现，主要是各种事例的生活照片。网页的这种披露形式变化使得虽然信息密度相对下降，但是可读性与亲和力得到了提高。即使是在概括性最强的“ESG 可持续发展战略”这一板块，公司依然没有过多采用概括性的词语和数据，而是披露了几个典型的事例。

相比于 ESG 报告，ESG 网页这一披露形式最大的优点是实时性。尽管 ESG 网页应当是对 ESG 报告的及时更新补充，但是蚂蚁集团没有充分发挥 ESG 网页及时更新的作用，截至 2023 年 10 月 15 日，蚂蚁集团 ESG 网页的数据仍然大部分是以 2022 年报告数据为依据编写。并未有效披露 2023 年公司的最新动态，这使得阅读完公司 ESG 报告的读者很难从公司 ESG 网页中获取更多新的、不同的信息，使得公司网站这一披露渠道至今在很大程度上只起到辅助作用而并不能够发挥其独特的作用。不过，网页对政策的披露是对 ESG 报告的有力补充，使得 ESG 网页这一披露形式具备了一定的独特性与不可替代性。

八、App 平台

（一）B 站、抖音与快手

bilibili 早期是一个 ACG 内容创作与分享的视频网站，简称 B 站。经过十年多的发展，围绕用户、创作者和内容，构建了一个源源不断产生优质内容的生态系统，B 站已经涵盖 7 000 多个兴趣圈层的多元文化社区，该平台的受众主要是年轻人。“蚂蚁森林”官方号入驻该平台并大量披露蚂蚁森林的相关活动，有利于蚂蚁 ESG 活动在年轻人中获得更加广泛的传播。抖音、快手是中国领先的短视频平台，其受众相对 B 站更加广泛。蚂蚁森林入驻有利于在更广泛的人群中传播。短视频传播渠道有以下特点：

(1) 影响力增长迅速但仍有较大提升空间。从 2020 年 4 月 29 日该官方号发布第一篇视频开始，截至 2023 年 10 月 15 日，“蚂蚁森林君”官方号在 B 站上共发布视频 95 个，拥有 10.5 万粉丝，获赞 28.7 万个。“蚂蚁森林”抖音号于 2019 年 4 月首次发布内容，截至 2023 年 10 月，“蚂蚁森林”抖音号视频共发布内容 210 个，累计播放量破亿，获赞 1 202.3 万，拥有 44.6 万粉丝。“蚂蚁森林”快手号于 2019 年 7 月首次发布内容，截至 2023 年 10 月，“蚂蚁森林”抖音号视频共发布内容 193 个，获赞 140.5 万，拥有 12.6 万粉丝。总体来看，“蚂蚁森林”在三个 App 平台上取得一定的宣传成效，具有一定的热度，但仍与“顶流”视频号保持一定距离，有较大的进步空间。

(2) 披露更加直观与具体，时效性更强。B 站通过视频的方式，可以更加直观与详细地展示蚂蚁集团的成就，同时，视频的时长最长可达几十分钟，可以更加详细地披露蚂蚁森林的活动。相比报告一年一次的频率来说，视频具有更强的时效性。“蚂蚁森林”在 B 站上最新的视频发布于 2023 年 6 月，保持了较强的时效性，但在抖音、快手上的发布则是 2021 年 9 月，在近两年基本处于停更状态，对平台的利用情况较差。

(3) 内容具有多样性，并不局限于公司业绩。传统的报告与网页披露均是围绕公司活动展开，具有较强的目的性，同时对于该公司不感兴趣的读者往往会敬而远之。而“蚂蚁森林君”除了发布关于蚂蚁森林的介绍视频，还同时发布纪录片、科普视频等与公司看似无关的视频，以吸引用户的关注与流量，扩大“蚂蚁森林”的披露与宣传效果。

(二) 微博

“蚂蚁森林”官方微博于 2018 年 9 月上线，截至 2023 年 10 月，“蚂蚁森林”微博共有 272.3 万转评赞，52.7 万粉丝，视频累计播放量 4 993.5 万。基本保持每周都有新的内容发布，互动性和时效性较强。

蚂蚁集团官方微博于 2013 年 3 月上线，截至 2023 年 10 月，“蚂蚁森林”微博共有 29.2 万转评赞，13.8 万粉丝，视频累计播放量 961.1 万。基本保持每月都有新的内容发布，互动性和时效性较强。

近期微博话题“蚂蚁森林 7 周年”话题阅读量 303.9 万，讨论量 738，互动量 7 002，原创量 155，其热度主要集中于 10 月 12 日至 20 日，总体讨论热度较低。

总体来看，蚂蚁集团在微博上的披露保持了较好的时效性和互动性，但热度仍然有待提升。

(三) 微信公众号平台

公司在微信公众号“蚂蚁平台”和“蚂蚁森林”上披露 ESG 相关内容。

“蚂蚁森林”公众号第一条信息发布于 2019 年 5 月。2023 年，该公众号开通了视频号，第一条视频号发布于 2023 年 5 月 18 日，多数视频的点赞数在 200 以下。文章与视频内容围绕蚂蚁森林展开，传播形式相较于报告披露轻松幽默、生动形象。总体来看，该微信公众号文章更新频率较低，视频号更新频率相对较高，但都存在热度低的问题。

“蚂蚁集团”公众号在“了解蚂蚁”栏目中有“蚂蚁 ESG”栏目对 ESG 活动进行披露，其第一篇文章发布于 2022 年 9 月，文章阅读数量大部分在 1 000～10 000。文章内容行文风格与报告相类似，偏向严谨，概括性较强，但同时与报告重复度也较高。在蚂蚁集团发布 2022 年可持续发展报告后，微信公众号发布了报告链接，微信公众号成为继网站之后披露报告的另一个平台。总体来看，该公众号文章更新频率较“蚂蚁森林”要高，阅读数量也较“蚂蚁森林”要多。

（四）支付宝小程序

蚂蚁集团通过支付宝小程序达到双向互动沟通的披露效果，起到“润物细无声”的作用，在潜移默化中传播了蚂蚁集团 ESG 的理念与取得的成就。

目前，支付宝已经上线“蚂蚁森林”小程序，其中包括蚂蚁森林、蚂蚁庄园、神奇海洋、保护地巡护、古树保护等玩法。

2016 年 8 月支付宝公益板块推出“蚂蚁森林”，用户通过节省的碳排放量可以被计算为绿色能量用来培育虚拟树，虚拟树长大后蚂蚁森林会在地球上种下一棵真树。“蚂蚁庄园”于 2017 年 8 月上线，用户可以使用支付宝付款领取鸡饲料喂养小鸡，小鸡下出鸡蛋后可以进行公益捐赠。“神奇海洋”旨在鼓励用户参与到蚂蚁集团修复海洋生态环境的行动。在该活动中，用户可以进入不同海域，通过“培育种植海洋植物”和“清理海域垃圾”逐个完成各个海域关卡的生态环境修复，并在此过程中得到真实性种植证书和海洋生态相关的科普知识。在“保护地巡护”中，用户可通过巡护获得碎片合成珍稀动物，获得绿色能量。在“古树保护”中，用户可通过消耗绿色能量支持古树保护，蚂蚁集团将会向古树保护单位提供捐助。每一棵树的详细资料均可在线上了解，相比于在沙漠地区种树，保护古树拉近了人们与公益活动之间的距离，提高了人们的参与感。同时，古树保护这一活动体现了公司在 ESG 行为方面开始追求主题化，使得 ESG 行为增添了更多历史文化内涵，ESG 行为概括变得更具体，更能得到社会公众和政府部门的认可，进一步塑造了企业形象。

总的来说，蚂蚁集团支付宝小程序的公益活动既是 ESG 行为本身，也是一种很好的披露手段。蚂蚁集团提高了用户在参与公益活动时的新鲜感、参与感、互动感，同时让自己的公益活动更易被人们感受到，起到很好的披露效果，让披露不仅仅是报告上的“自说自话”，而是在用户双向的参与和互动中得到传播，蚂蚁集团利用数字平台使得公益活动成效更大，披露效果更好。

九、ESG 鉴证

公司在 2022 年报告中首次披露德国莱茵 TÜV 集团给出的独立审验声明，依据 AA1000 公司审验原则对公司可持续发展报告进行了审验，标志着公司 ESG 报告披露逐渐走向规范化。

在鉴证报告中，公司选用了莱茵 TÜV 集团，该集团是全球领先的检测、检验、认证、咨询与培训技术服务提供商，审验报告公信度较强。相较于会计师事务所，莱茵 TÜV 集团等 TIC 公司在数据检验与审核方面具有技术优势，蚂蚁集团报告中 E 部分数据披露量近年来有所增加，鉴证中对于数据精确度要求较高，因此选择 TIC 公司进行鉴证可以发挥其专业技术优势，提高鉴证的公信力。

AA1000 是全球获得普遍认可使用的 CSR 报告认证准则之一，也是大多数 TIC 公司采用的鉴证标准。需要注意的是，AA1000 标准中包含有不同的审验类型与深度，具体区别如表 3-15 和表 3-16 所示。[①]

表 3-15　AA1000 标准中不同审验类型

审验类型	标准
类型-1	对于审验类型-1，审验机构应审查和评估组织对 AA1000 AccountAbility 原则四个方面的遵循程度，并提供相关调查结果和结论； 审验类型-1 需要针对报告组织所使用的相关流程、系统与控制措施，以及可用的绩效信息进行审查和评估
类型-2	对于审验类型-2，审验机构应评估组织对 AA1000 AccountAbility 原则所有四个方面的遵循程度，并提供相关调查结果和结论，并应另外针对特定可持续发展绩效和披露信息的可靠性和质量进行评估和证明，以及提供相关的调查结果和结论，除非审验机构有适当的标准来评估特定的绩效和披露的信息，否则不得接受审验类型-2

表 3-16　AA1000 标准中不同审验深度

审验深度	目标	用于审验声明中的结论的证据特点
中度	审验机构完成中度审验，拥有有限证据支持审验声明。 中度审验能让使用者对组织公开披露的审验议题有较低的信任度	有限证据 AA1000AP(2018)遵循审验 证据来自内部渠道和团体；证据的收集通常局限于公司总部和管理层。 特定绩效和披露信息审验 证据收集的深度有限，包括只实施了有限的调查和分析程序，并且从组织较低层次获得的证据样本是有限的，但必须满足一定的要求。强调信息的可论证性
深度	审验机构完成深度审验，务必有充分证据支持审验声明，以确保审验结论发生误差的风险极低，虽然并非为零 不同来源的信息进行三角测量，例如通过独立或外在信息来源、市场公认的数据库或人工智能。 深度审验能让使用者对组织公开披露的审验议题有较高的信任度	广泛证据 AA1000AP(2018)遵循审验 证据来自内部和外部的不同渠道以及相关团体(包括利益相关方)；证据的收集涵盖组织的不同层级。 特定绩效和披露信息审验 广泛深入地收集证据，包括所收集的证据已被证实，并且从组织的多个层次获得的证据样本是充分的。强调信息的可靠性和质量

由上述信息可知，蚂蚁集团选择的审验类型与深度均属于较低层级，审验报告的可信度相对有限，说明蚂蚁集团的 ESG 仍有较大的进步空间。2022 年公司开始进行 ESG 鉴证

① 来自 AccountAbility 官网文件。

反映了公司对 ESG 的重视程度进一步加强，报告的规范化程度进一步提高，随着蚂蚁集团 ESG 不断提升，审验类型和深度有望提高。

十、公司 ESG 相关特点总结

（一）优点

从报告中我们可以发现，蚂蚁集团 ESG 的相关优点主要包括与时俱进，善于创新探索，不断更新调整；披露立足中国国情与公司情况；注重双向互动式沟通；报告总体上可读性较强，内容翔实，生动形象，注重定性与定量相结合等，具体总结如下：

（1）与时俱进，善于创新探索，不断更新调整。从公司 ESG 历年的披露形式中我们可以看出，公司的披露形式逐渐多样化，结构多次调整，内容不断丰富，反映了公司近年来在 ESG 披露方面重视创新与探索并敢于做出调整和尝试，使得报告披露具有较大的进步。公司披露结构在 2021 年后按照数字普惠、绿色低碳、科技创新、开放生态四部分展开，根据实际情况分类而不是机械地按照 E、S、G 分类，同样体现了从公司实际出发的精神。

（2）ESG 披露立足中国国情与公司情况。蚂蚁集团的 ESG 信息披露始终立足于中国国情，其确定的重大议题始终针对政府相关政策与社会重点关切议题进行调整和变动，使得 ESG 披露更能受到读者的认可与共鸣，同时也反映了监管要求在公司 ESG 披露的重要地位。

（3）注重双向互动式沟通。支付宝蚂蚁森林等小程序增强了与用户的互动感与参与感，在潜移默化中实现了对自身 ESG 的披露，让披露不仅仅是报告上的“自说自话”，而是让用户在双向的参与和互动中得到传播，达到了较好的披露效果。

（4）报告总体上可读性较强，内容翔实，生动形象，注重定性与定量相结合。报告中文字案例、图片、数据等较为丰富，形式多样且直观生动，可读性较强且信息密度较大。

（二）缺点

从报告中我们可以发现，蚂蚁集团 ESG 的相关缺点主要是 ESG 行为仍有待进一步加强；议题选择尚有偏差；综合报告缺少 ESG 评级披露；没有实现财务指标与非财务指标的链接等，具体总结如下：

（1）ESG 行为仍有待进一步加强。近年来，蚂蚁集团多次受到监管部门约谈与罚款，这在一定程度上影响了蚂蚁集团 ESG 在公众中的形象与外界对其的 ESG 评级。蚂蚁集团需要加强在数据安全、风险控制与科技伦理方面的建设。

（2）议题选择出现偏差，前期报告未能明确各利益相关者的优先层级。蚂蚁集团在前期的可持续发展报告中对于数据安全、风险控制、公司伦理等议题的披露较少，我们认为其原因在于未能明确其 ESG 行为中各利益相关者的优先层级。蚂蚁集团的业务范围与其行业性质决定了政府和监管部门对于公司的经营会产生重大影响，因此在公司的 ESG 行为中政府与监管部门的关切应该在利益相关方的考量中保持较高的优先层级。蚂蚁集团前期议题选择的偏差在很大程度上要为后来公司受到监管处罚和随之而来的 ESG 评级下调负责。

(3) 综合报告中缺少披露 ESG 评级披露。蚂蚁集团可持续发展报告中没有披露历年或当年的 ESG 评级,不利于利益相关者了解公司 ESG 评级变动情况,也不利于可持续发展报告客观性的提高。

(4) 没有实现财务指标与非财务指标的链接。由于蚂蚁集团为非上市公司,其财务指标披露较少,其 ESG 披露在客观上无法实现财务指标与非财务指标的链接,在一定程度上会影响投资者的决策。

(5) 披露以报告为核心,网页与 App 平台影响力相对较弱,未能发挥更好的辅助作用。

(三) 启示

从蚂蚁集团 ESG 行为与披露的发展历程中,我们总结出以下启示:

(1) 良好的 ESG 行为是良好的 ESG 披露的基础。公司要想获得好的 ESG 披露效果,首先要有好的 ESG 行为,取得良好的 ESG 绩效。蚂蚁集团在蚂蚁森林与"碳中和"方面做出的良好 ESG 行为使得公司在近年来 ESG 报告的披露中具备更多的量化数据支撑,极大地提高了披露的效果,而公司在可持续发展报告披露初期虽然也将数据安全等议题列为高度重要性议题,但在报告披露中所占篇幅较少,其可能原因是公司相关 ESG 行为乏善可陈,使得详尽而丰富的披露不具备基础。

(2) ESG 披露要从读者的立场出发,讲究合适的披露策略,取得更大的披露效果。披露不能固守传统枯燥无味的陈列与灌输,而是要实现双向交流,增强读者的参与感与互动感,达到更好的披露效果。

(3) ESG 披露需要勇于创新探索,根据实际情况不断调整更新披露方式与披露内容,不可因循守旧。蚂蚁集团在 ESG 报告披露的格式和内容上每年均可发现重要的调整与进步,体现了良好的创新精神,也使得公司的 ESG 披露进步迅速并逐渐趋向成熟。

(4) 公司在 ESG 行为与 ESG 披露中需要了解不同利益相关者的重要程度以及披露的重要面向对象。对于蚂蚁集团而言监管部门是 ESG 披露的重要面向对象,满足监管要求对其 ESG 披露的偏好、策略起到了重要的影响。因此在议题的选择以及重要性排序和之后的 ESG 披露中要针对优先层级高的利益相关者进行倾斜,使得 ESG 报告实现效用最大化,ESG 战略真正融入公司的核心战略。

第二节 微软(Microsoft)ESG 信息披露

一、公司简况

(一) 公司简介和历史沿革

1. 公司简介

微软创立于 1975 年,产品和服务主要集中于软件开发和支持服务、硬件及相关解决方案。微软的业务分为三个板块：生产力和业务流程、智能云和智能边缘、更多个人计算。其知名产品包括 Windows 操作系统系列、Microsoft Office 办公套件、Surface 平板电脑和 Xbox 游戏机等。Windows 操作系统系列和 Microsoft Office 办公套件在办公室和家庭用户中广泛使用，使微软在个人计算领域具有巨大市场份额。微软还开发了人工智能技术，如 Cortana 虚拟助手和 Azure 机器学习服务。微软在企业级软件和云计算领域具有强大的市场地位，其 Azure 云平台是全球领先的云服务提供商之一，为各种规模的企业提供云计算、数据存储和人工智能服务。

1986 年 3 月 13 日，微软股票在美国纳斯达克交易所上市，股票代码为“MSFT”。

2. 历史沿革

图 3-16 概述了微软发展三大阶段的重要时间节点。

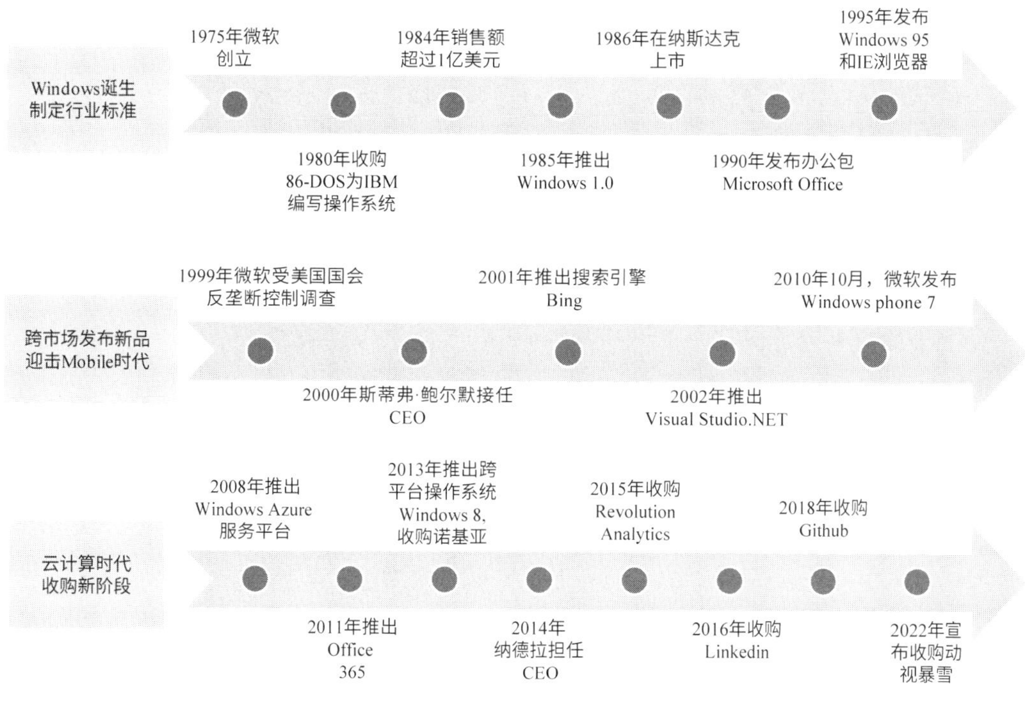

图 3-16　微软发展概述

(1) 1975—1995 年：科技巨擘的起步

1975 年，艾伦和盖茨通过向 MITS 公司售卖 BASIC(Beginners' All-purpose Symbolic Instruction Code，一款为初学者使用而设计的程序语言)盈利，同年 4 月 4 日，微软正式成立，盖茨成为微软第一任首席执行官。1980 年，IBM 选中微软为其新个人电脑产品编写 CP/M 操作系统，微软从西雅图电脑产品公司收购了 86 - DOS，并借此机会将系统安装到其他 OEM 厂商的电脑上，奠定微软作为全球领先软件公司的地位。1985 年，微软推出 Windows 1.0，标志其向个人电脑操作平台的用户图形界面的第一次尝试。随后微软捆绑发布了办公包 Microsoft Office 和浏览器 Internet Explorer，使微软在各领域逐步占据主导地位。

（2）1996—2010 年：垄断危机困扰，向新市场进发

由于微软早期的策略是将 IE 与 Windows 捆绑销售，打压了当时增长速度最快的 Navigator 浏览器，导致微软受到多次反垄断诉讼，在 2000 年盖茨被迫卸任微软首席执行官。鲍尔默掌管期间，因错误判断公司战略而过分注重营收数字的增长。在随后发布的多个新产品如 Zune MP3 播放器、Windows Vista 和搜索引擎 Bing 都未取得成功，微软市值在其任期的 14 年中维持在 3 000 亿美元左右。但也是在该阶段，鲍尔默招募了许多云计算方面的优秀人才，并发布了基于云计算的 Office 365，为将来微软的云平台搭建打下基础。

（3）2011—2023 年：保持优势，进入云计算时代

2011 年，订阅式的跨平台办公服务平台 Office 365 推出，Office 从此向云端办公软件发展。基于云平台的设计令各种联机服务都集成于时刻更新的云服务网络，这也标志着微软已经将云服务和在线软件视为新的业务重心。2014 年 2 月，微软任命高管纳德拉担任 CEO，微软的战略更改为“移动为先、云为先”，同时纳德拉提出微软的三大使命：①重塑生产力和业务流程；②构建智能云平台；③创造更个性化的计算。此后，微软在 2015 年发布 Windows 10，并收购了诸如 LinkedIn、GitHub 等公司。同时，微软陆续与许多昔日的竞争对手展开合作，包括苹果、IBM、Salesforce 和 Dropbox 等，微软的企业竞争力逐渐重塑。

（二）所处行业和公司定位

1. 行业发展与竞争情况

微软处于信息科技（IT）行业，其细分行业为软件和服务（Software & Service）。

软件行业的发展有着巨大的需求空间。主要有两个原因：首先，通过提供可扩展的和价格合理的基础设施，基于云计算的软件被越来越多企业所使用来提高可访问性、节省成本和简化运营。全球化和远程工作提高了企业和个人对于远程项目管理、视频会议和虚拟协作的软件需求。其次，对移动应用的需求激增成为市场增长的关键驱动力。机器学习和人工智能的发展已经极大地影响了软件市场的方向，借助这些技术，软件可以自动做出明智的预测并改善用户体验。由于这一趋势，由人工智能驱动的应用程序已经在许多不同领域得到了发展。

但是软件市场也受到其快速发展的技术带来的复杂性制约。频繁的技术进步需要软件提供商不断更新产品以保持竞争力。随着软件系统变得越来越复杂，保证不同软件工程师之间的兼容性和互用性可能具有挑战性。不同软件解决方案或升级现有系统时，可能会出现集成问题，软件解决方案的采用和应用可能会因此而受到阻碍。此外，随着云计算带来的可扩展性、灵活性和成本效益，其他细分软件市场包括操作系统、生产力软件、业务应用程序、设计和多媒体软件以及专门的行业特定软件向此方向逐渐过渡，市场潜在进入者多，市场竞争压力更大。

目前软件市场呈现稳定增长的态势，如图 3-17 所示，全球软件市场的预计增长规模将

从 2022 年的 5 896 亿美元逐步上升至 2032 年的 17 891.4 亿美元，预计未来十年的年复合增长率将达到 11.74%。微软在软件开发市场领域处于龙头地位，如图 3-18 所示，2022 年微软销售收入为 1 982 亿美元，超过其余 9 家公司的总和，微软主要竞争对手为 SAP、甲骨文、PayPal 等，但其年收入远超同行业竞争者。

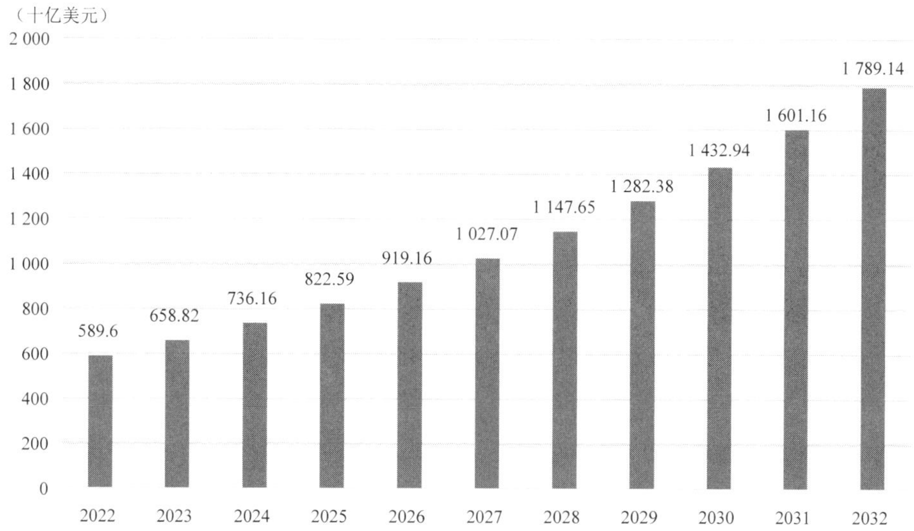

数据来源：www. precedenceresearch. com。

图 3-17　全球软件市场 2022 年至 2032 年预计增长规模

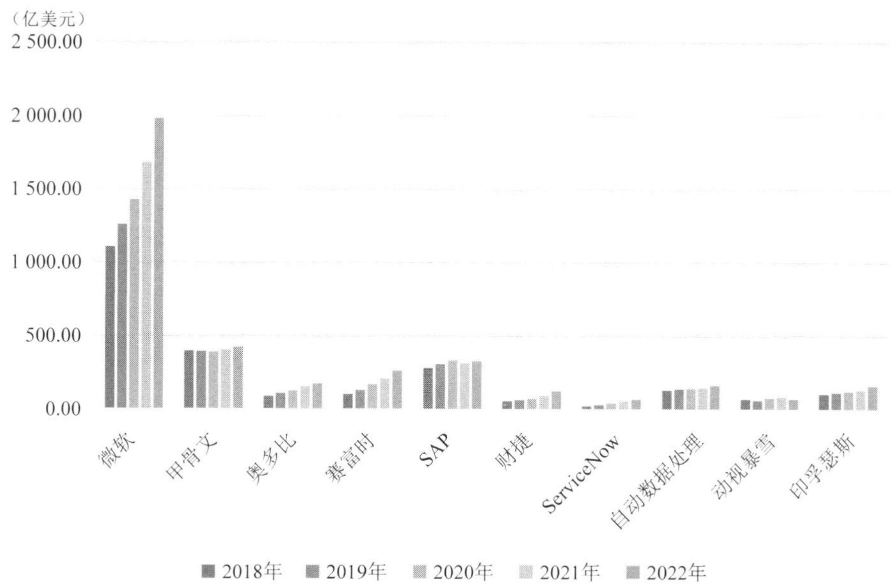

图 3-18　软件行业前十大公司（按市值划分）2018—2022 年销售收入

在其他行业，微软的主要竞争对手为谷歌和亚马逊。谷歌作为全世界最大的搜索引擎公司，其核心业务为广告业务，但谷歌云的同比增速要高于微软；亚马逊专注于电子商务、云计算、在线广告、数字流媒体和人工智能，其 AWS 在 IaaS 市场中占主导地位。

2. 公司定位、使命与愿景

微软的使命是予力全球每一人、每一组织，成就不凡。

微软的愿景是帮助全世界的居民和企业实现他们全部的潜力。

微软的价值观参考以下六点：创新、多元化和包容性、企业社会责任、慈善事业、环境、值得信赖的计算机技术。

（三）公司的股权结构及子公司、孙公司等情况

股权结构上，截至 2023 年 6 月公司前两大股东均为被动基金，先锋（Vanguard）和贝莱德（BlackRock）分别持有 8.79％和 7.22％的微软股份。管理层持股比例较低，纳德拉持股占比为 0.01％，其余高管在 0.01％以内。总体来看，微软的股权结构较为分散。

微软的子公司如表 3-17 所示，由于微软在官网中没有披露子公司的详细名称，本文仅选取部分影响较大的子公司。[①]

表 3-17　对微软有重大影响的子公司

子公司	详细情况
Activision Blizzard（动视暴雪）	微软在 2022 年初宣布以 687 亿美元收购动视暴雪，一旦收购成功，该部门将归属于微软游戏部门的首席执行官菲尔·斯宾塞管理，并进一步推动公司蓬勃发展的游戏业务。激活动视暴雪的知识产权和人才库对扩展公司新兴的基于云的视频游戏流媒体平台也将至关重要
LinkedIn（领英）	微软在 2016 年花费 260 亿美元收购领英，该网站最早于 2003 年推出，用于与同事建立联系和发布数字简历。19 年后，领英的核心平台拥有超过 7.53 亿用户，现在还提供了包括消息、职位和新闻等扩展功能。微软收购领英，旨在将社交网站与微软的企业软件套件整合在一起。微软还宣布，这次收购使微软的销售和分销组织能够触及领英庞大的用户群
GitHub	GitHub 是一个软件开发平台，微软在 2018 年以 75 亿美元收购。GitHub 作为一个代码存储库服务，可以增强微软对开源开发的关注。微软的这项收购旨在增加 GitHub 的企业使用，同时将自己的开发者工具和服务引入新的受众群体
Mojang（Minecraft）	在 2014 年，微软宣布达成了一项价值 25 亿美元的交易，以收购瑞典视频游戏公司 Mojang，该公司开发了 Minecraft。截至 2021 年 8 月，Minecraft 被认为是有史以来最成功的游戏之一，拥有超过 1.41 亿月活跃用户
ZeniMax Media	微软在 2021 年 3 月以 75 亿美元收购 ZeniMax Media，游戏发行商 Bethesda 的母公司。Bethesda 发布了像《上古卷轴》《辐射》和《毁灭战士》等受欢迎的游戏，为微软的 Xbox 游戏机和基于云的流媒体服务提供了大量内容
Nuance Communications	在 2021 年 4 月，微软以 197 亿美元收购 Nuance Communications，这是一家为医疗保健提供会话式人工智能和基于云的环境智能的公司。这一合并增强了微软的企业云服务。微软表示，Nuance 的专业知识将有助于其 Azure、Teams 和 Dynamics 365 产品提供"下一代客户参与和安全解决方案"

① https://theorg.com/iterate/what-companies-does-microsoft-own#xandr.

续表

子公司	详细情况
Xandr	微软在 2021 年年底以约 10 亿美元的估值从 AT&T 手中购买了 Xandr。AT&T 于 2018 年通过合并各种广告技术资产创建了 Xandr，这笔交易为微软提供了一家先进的广告技术公司，将有助于增强微软的数字广告和零售媒体能力
Skype	Skype 是微软自 2008 年以来的最大收购和首个重大收购。在过去的十年里，Skype 的功能逐渐整合到微软的 Xbox 和 Windows 设备中。微软后来推出了自己面向企业的语音和视频通话服务，名为 Teams，并停止了 Skype for Business 的使用

（四）财务绩效情况

1. 近五年收入情况

如图 3-19 所示，微软 2019—2023 财年的营业收入分别为 1 258.43 亿美元、1 430.15 亿美元、1 680.88 亿美元、1 982.7 亿美元、2 119.15 亿美元，但增速在 2023 年下降至 6.88%。微软近五财年的营业收入总体呈现上涨的趋势，这主要得益于 Azure 和其他云服务、Office365、领英以及搜索和新闻广告的收入。但在 2023 财年，微软的营业收入同比增速大幅下降，这主要是由于更多个人计算的 Windows 设备销售额的下降。

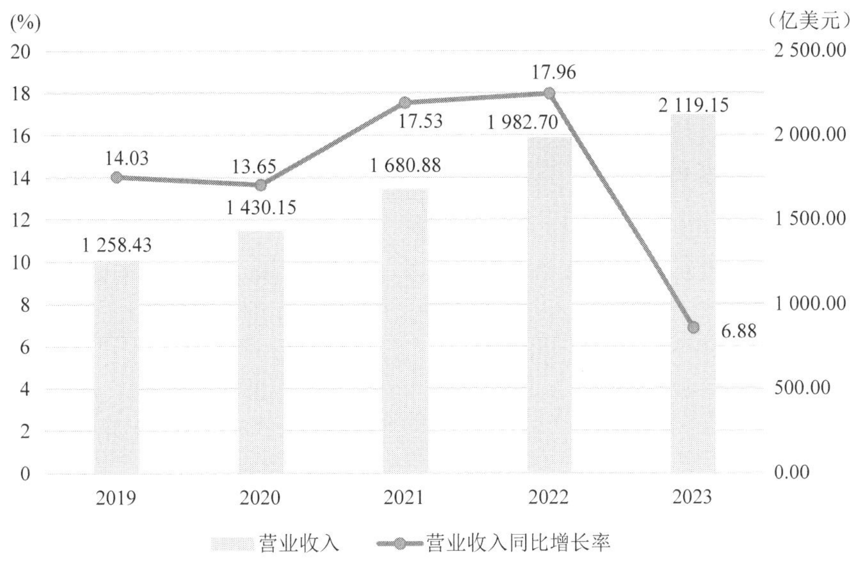

图 3-19　微软 2019—2023 财年营业收入情况

2. 近五年利润情况

如图 3-20 所示，微软 2019—2023 财年的毛利润分别为 829.33 亿美元、969.37 亿美元、1 158.56 亿美元、1 356.2 亿美元、1 460.52 亿美元，对应毛利率为 65.9%、67.78%、68.93%、68.4%、68.92%。微软的毛利率总体趋势呈现逐步上升，总体维持在一个较高的位置，但是在 2022 财年略微下降，主要由于 2021 财年服务器和网络设备使用寿命估计变化的影响。

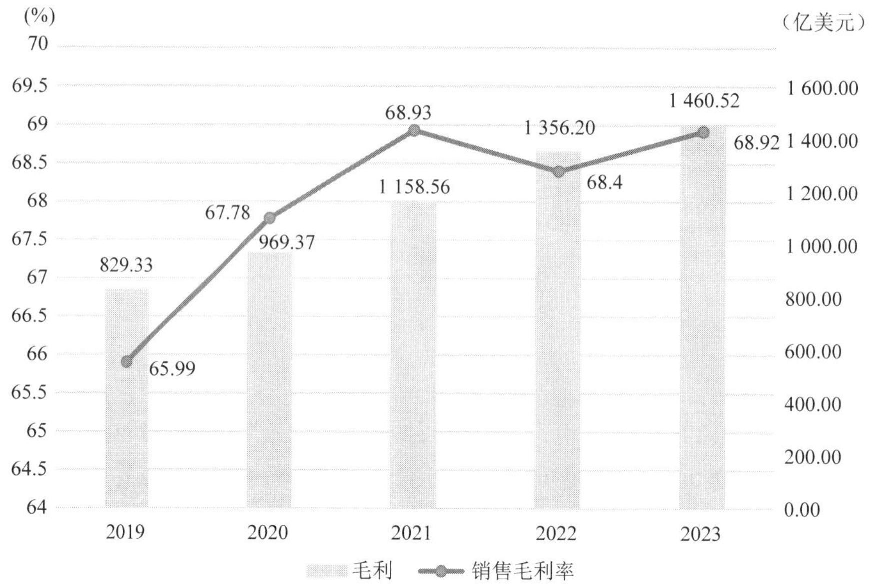

图 3-20 微软 2019—2023 财年毛利润情况

如图 3-21 所示，微软 2019—2023 财年的净利润分别为 392.4 亿美元、442.81 亿美元、612.71 亿美元、727.38 亿美元、723.61 亿美元，对应净利率为 31.18%、30.96%、36.45%、36.69%、34.15%。微软的净利率的变化相对净利润变动较大。微软的净利率从 2020 财年的 30.96%上升到 2021 财年的 36.45%，主要是由于疫情导致的部门节省、Microsoft 商店数量的减少以及坏账费用的减少。而 2023 财年净利率相比 2022 年又有所下降，原因主要是对云工程的投资、硬件产品组合变化导致的减值费用和 LinkedIn 的研究开发。

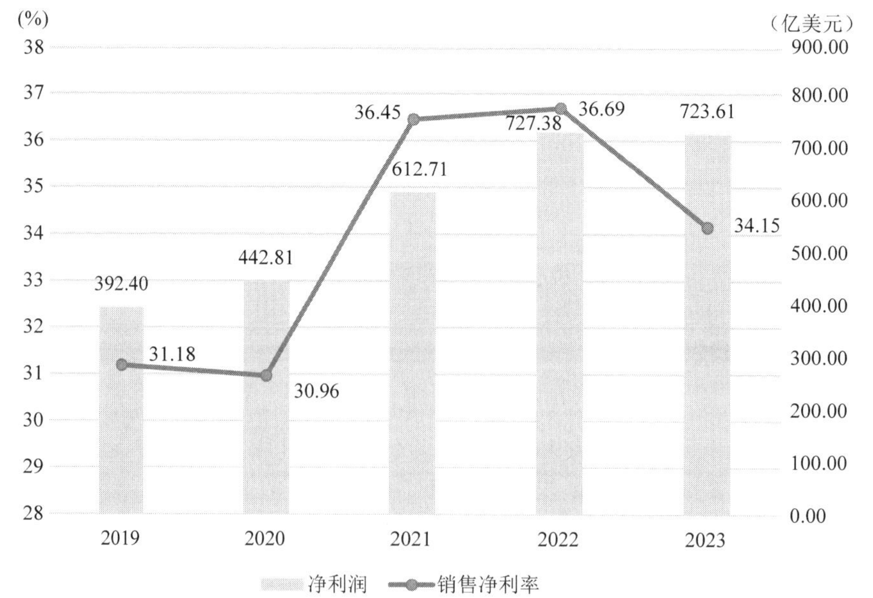

图 3-21 微软 2019—2023 财年净利润情况

3. 近五年市值

如图 3-22 所示，微软 2019—2023 财年的市值分别为 10 396.91 亿美元、15 433.06 亿美元、20 440.69 亿美元、19 464.93 亿美元、24 912.6 亿美元，近五年的市值总体上呈现波动上升，在 2022 财年略有下降，但在 2023 财年大幅回升，目前可能由于营收增速的放缓小幅下降。

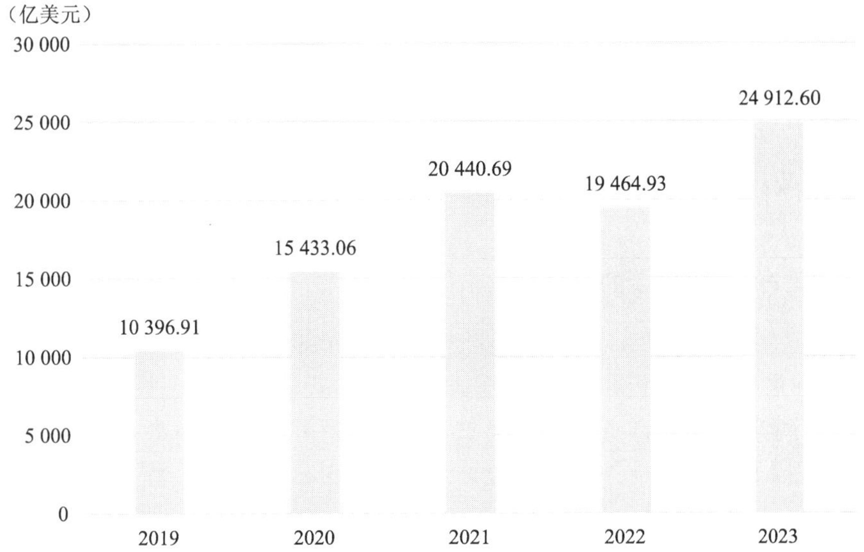

图 3-22　微软 2019—2023 财年市值情况

4. 业务组成与分部财务数据

微软公司共有三项业务，分别是生产力和业务流程、智能云和智能边缘、更多个人计算，每项业务都有分别对应的运营部门专门报告，由图 3-23 可看出，各部门的业务在五年内均有稳定的增长，其中智能云业务的增速显著高于其他业务。

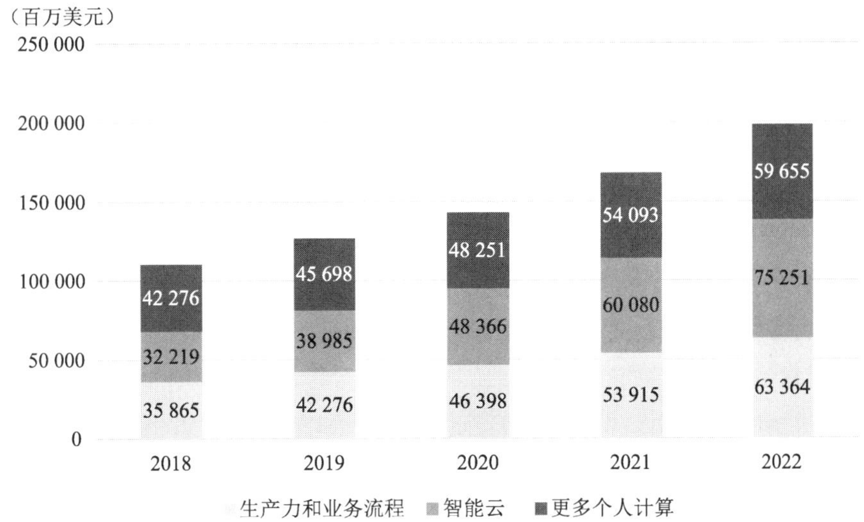

图 3-23　公司营收业务属性构成

微软的生产力和业务流程包括生产力、通信和信息服务组合中的产品和服务、各种设备和平台，如 Office(Microsoft 365)、LinkedIn 和 Dynamics 业务解决方案。在 2022 年这部分的增速(18%)主要由云服务收入和 LinkedIn 带动。

微软的智能云业务包括公共、私有和混合服务器产品以及云服务，可以为现代企业和开发人员提供支持，如服务器产品、云服务(Azure)和企业服务。Azure 和其他云服务是微软的主要增长来源，增速高达 28%。

微软的更多个人计算包括将客户置于微软技术体验中心的产品和服务，包括 Windows、设备、游戏、搜索和新闻广告。这部分增速较少，主要原因在于 Windows、设备、游戏的需求放缓，但是得益于搜索次数和搜索量的增长，搜索和新闻广告收入弥补了此部分增速。

(五) 公司产品与 ESG 的联系

微软拥有多个合作伙伴组织，雇用了超过 2 200 万名员工、数千家供应商以及各种规模、各个行业和世界各地的顾客，微软有巨大的能力和责任实施生态系统的变革。微软在其可持续发展网站中向顾客提供了四类产品，分别是可持续云服务、排放影响仪表盘、Azure 和 Surface 排放估算器，旨在通过这些产品与顾客建立 ESG 的联系，与微软一同完成可持续发展目标。

可持续云服务通过统一智能数据，为处于任何阶段的组织提供环境可持续性管理方案，几乎可以与任何业务系统集成。可持续云服务使用数据模型、自动化数据连接和计算，减少对手动流程的依赖。同时，可持续云服务使顾客能够持续了解其排放活动，更可靠地报告其影响和进展，并获得帮助减少环境足迹和业务转型所需的情报，从而更好地做出战略决策。

碳排放影响仪表盘分为 Azure 和 Microsoft 365 两项业务，分别在 2020 和 2022 年向顾客公开。向顾客公开其使用微软云服务而减少的碳排放数，增加顾客对于云服务对碳排放影响的了解，提高企业在范围 3 披露方面的精准度。

微软希望通过 Azure 帮助顾客和合作伙伴优化工作负载。微软同 GSF 合作，制定了新的技术指南 WAF，帮助顾客在五个方面实现高质量、稳定和高效的云架构：故障恢复的可靠性、应用程序和数据的安全、成本优化、运营流程保持、性能效率。2018 年的一项研究发现，与本地解决方案相比，使用 Microsoft Azure 云平台的能源效率最高可达 93%，碳效率提高 98%，通过该指南，顾客可以更有效地制定和满足在 IT 研发、部署、操作过程中的可持续要求和法规。

设备方面，微软一方面提高循环利用率，全面采用可回收包装，在整个产品生命周期实施可持续管理。另一方面，微软尝试通过设备建立顾客的碳意识。例如，在 Windows 11 更新时，系统会根据用电耗碳来源而更改安装时间。此外，微软发布 Xbox 云游戏平台，减少顾客对于主机设备的需求，而对于部分主机如 Xbox Series X，微软在其面板上设计能实时反映电源性能的显示屏。

二、ESG 发展沿革

(一) ESG 披露发展沿革——不同报告的侧重点

1. 公司 ESG 披露渠道的发展情况

微软在 2003 年发布第一份 ESG 报告，以 pdf 格式供投资者下载，披露内容简略，形式单一。

从 2004 年起，引入对 GRI 的参考和学习，在提供单独 ESG 报告的同时加入对 ESG 网页的链接，虽然披露内容仍然以案例为主，但体现微软对披露渠道的新的探索。

2009 年以后，微软进一步改进了 ESG 报告的披露结构，提高其可读性，加入更多数据和图表解释；披露渠道更加丰富，加入其他 ESG 报告和编制标准的外部链接。

2016 年起，微软开始向新的 ESG 披露模式探索，在原本的报告中加入报告中心(Reports Hub)，收录各类 ESG 相关报告和编制标准，提供微软 ESG 执行的历史文件。报告披露内容减少，报告主要作为 ESG 信息披露的枢纽，逐渐向网页化过渡。

2020 年至今，微软形成网页披露为主、多种披露渠道并行的格局，通过网页、博客、报告、视频等不同形式，向不同读者呈现不同层次的 ESG 信息，年报中也涵盖相关 ESG 信息，披露渠道逐渐完善。

2. 总体趋势分析

从趋势来看，微软的披露渠道呈现出稳定发展、大步创新、网页化的趋势。渠道建设的核心是通过网站实时更新、可读性强、延展性强等特点，提供多元化、多层次的信息披露。渠道由原先单一的 ESG 报告转向网页、视频等多种渠道。

3. 公司 ESG 披露情况现状总结

微软在 2016 年前的 ESG 披露以公民报告(Citizenship Report)为主，报告中附有相应的外部链接和数据；从 2016 年至今，微软将原有公民报告拆分为公司社会责任报告(CSR)、环境可持续报告(Environmental Sustainability Report)、全球多样性和包容性报告(Microsoft Global Diversity & Inclusion Report)，原先 ESG 报告篇幅缩短，更看重信息披露的多样性和即时性，提高披露的颗粒度。表 3-18 是微软 ESG 披露情况现状总结。

表 3-18　　微软 ESG 披露情况现状总结

<table>
<tr><th>披露内容</th><th>披露渠道</th><th>披露频率</th></tr>
<tr><td>ESG 实践</td><td>官方网站</td><td>实时</td></tr>
<tr><td>ESG 重点议题</td><td>投资者关系网站(会议纪要形式)</td><td>实时</td></tr>
<tr><td>ESG 实践</td><td rowspan="4">公司社会责任报告、环境可持续报告、全球多样性和包容性报告、年报</td><td rowspan="4">年度</td></tr>
<tr><td>ESG 绩效</td></tr>
<tr><td>ESG 政策</td></tr>
<tr><td>ESG 重点议题</td></tr>
</table>

（二）ESG 评级发展沿革

1. 各评级机构 ESG 评级情况

MSCI 的 ESG 评级提供了对公司 ESG 方面风险抵御能力的评估。如图 3-24、3-25 所示，微软在软件和服务公司中处于领先地位，且连续五年均保持 AAA 的评级。但是与其同行业竞争对手 SAP 相比略有不足，如图 3-26、3-27 所示，路孚特评分中微软和 SAP 分别为 89 和 91，可见微软在社区和股东以及创新领域需要重点关注。

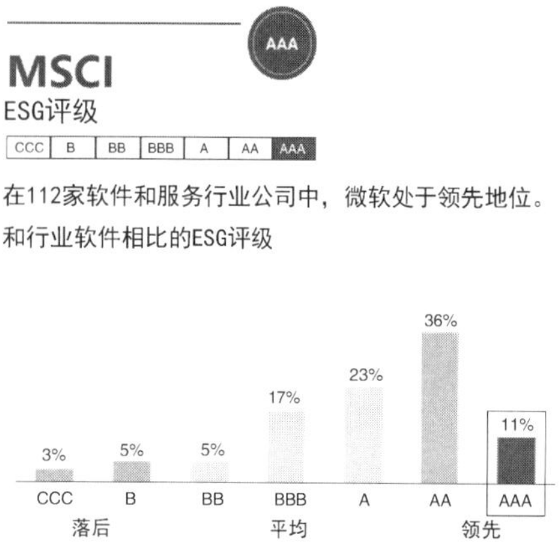

图 3-24 MSCI 对微软的评级

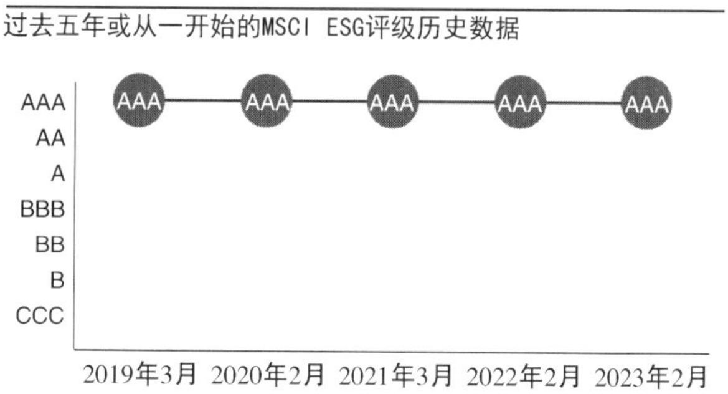

图 3-25 MSCI 对微软评级的时序变化情况

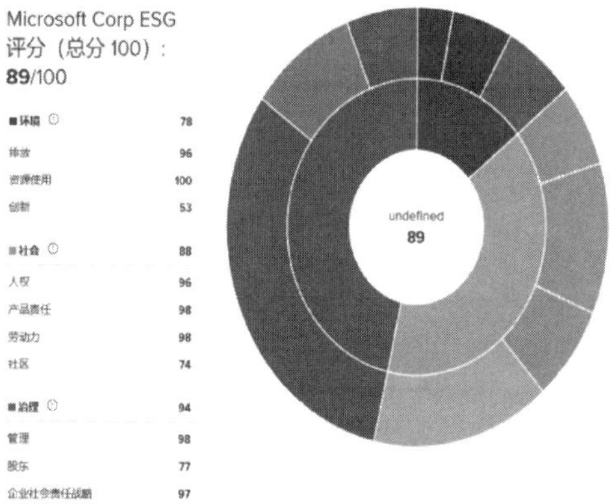

图 3-26 路孚特对微软的评分

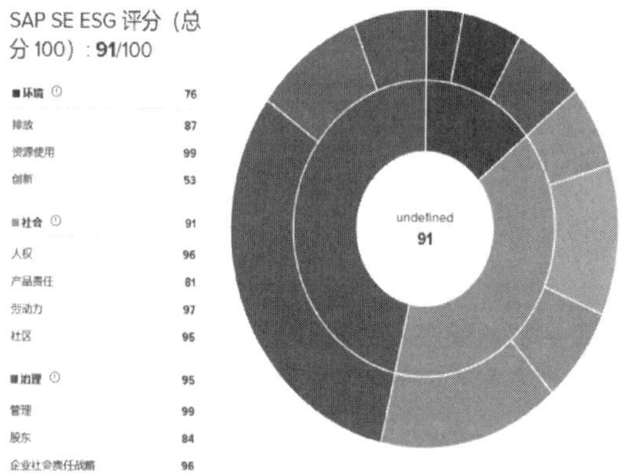

图 3-27 路孚特对 SAP 的评分

2. 环境(E)、社会(S)、治理(G)分别的评级与时序变动情况

微软在 MSCI 和路孚特评分中都处于行业领先地位，在 929 家同业公司中排名第四。但从图 3-26、3-27 的对比中，相比 S、G，微软 E 中的创新部分评分较低(53 分)，我们认为原因在于操作系统的成熟且微软的其他业务在近年间无较大变动。表 3-19 是微软在路孚特的 E、S、G 分别评级情况。

表 3-19　　微软路孚特 E、S、G 分别评级情况

领域	评分
E	78
S	88
G	94
总评分	89/100

3. 公司领先议题和落后议题

根据 MSCI 评判标准，微软在软件和服务行业共有 6 个关键议题。如表 3-20 所示，微软在公司行为(G)议题上处于行业滞后水平，在公司治理(G)、人力资源发展(S)、碳排放(E)议题上处于行业平均水平，在隐私与数据安全(S)、清洁能源技术机会(E)议题上处于行业领先水平。

表 3-20　　微软 MSCI 关键议题表现

<table>
<tr><th>关键议题</th><th>内容</th><th>与微软实质性议题联系[①]</th><th>行业水准</th></tr>
<tr><td>公司行为(G)</td><td>评估了对商业道德问题的监督和管理，如欺诈、行政不当行为、腐败行为、洗钱或反垄断违规行为</td><td rowspan="2">Systematic Risk Management(系统性风险管理)
Compliance(合规)</td><td>滞后</td></tr>
<tr><td>公司治理(G)</td><td>评估了公司的所有权、董事会和薪酬实践对投资者的影响</td><td rowspan="3">平均</td></tr>
<tr><td>人力资源发展(S)</td><td>根据其对劳动力人才要求以及吸引、留住和发展高技能劳动力的能力进行评估</td><td>Employee Engagement, Diversity and Inclusion(员工敬业度，多样性和包容性)</td></tr>
<tr><td>碳排放(E)</td><td>对公司运营的碳强度以及管理气候相关风险和机遇的努力进行评估</td><td>Energy Management(能源管理)</td></tr>
<tr><td>隐私与数据安全(S)</td><td>根据其收集的个人数据量、其对不断发展或不断增加的隐私法规的暴露程度、对潜在数据泄露的脆弱性以及其保护个人数据的系统进行评估</td><td>Customer Privacy(顾客隐私)
Data Security(数据安全)</td><td rowspan="2">领先</td></tr>
<tr><td>清洁能源技术机会(E)</td><td>对公司的清洁技术创新能力、战略发展举措和清洁技术产生的收入进行评估</td><td>Product Design and Lifecycle Management(产品设计和生命周期管理)
Supply Chain Management(供应链管理)
Materials Sourcing and Efficiency(材料采购和效率)</td></tr>
</table>

① 与 2020 年微软 SASB 标准交叉指引相比较。

四、公司 ESG 组织形式

(一) 公司目前 ESG 相关组织架构情况

1. 概述

微软从可持续发展的战略高度看待气候变化的治理问题,构建了由董事会与管理层齐抓共管、职责分明的气候治理结构,具体如图 3-28 所示。在有效缓释气候相关风险的同时,微软充分挖掘气候变化带来的机遇,在经济社会向净零排放方向转型的过程中发现和把握商机,努力将微软打造成为对环境做出净贡献的具有可持续发展前景的企业。

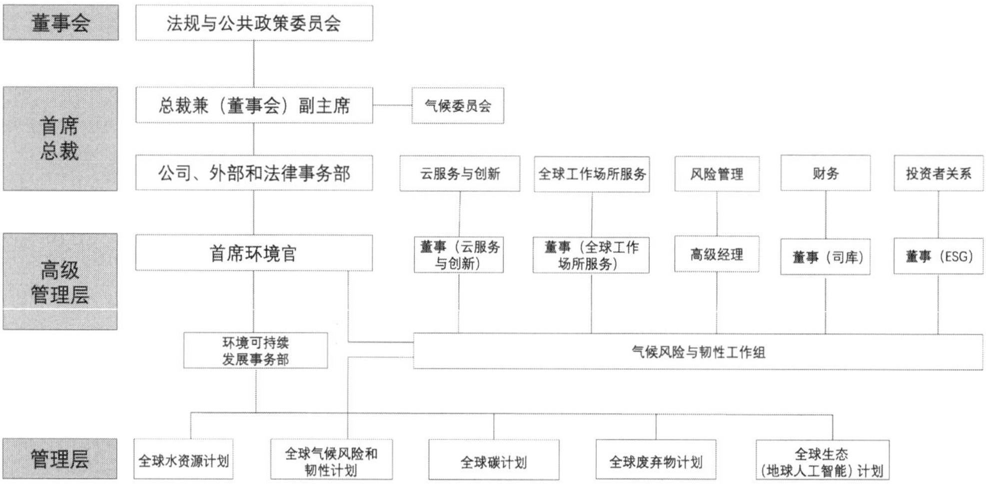

图 3-28　微软与气候相关的治理结构

2. 董事会

董事会督导和管理层主导是微软应对气候变化治理机制的鲜明特点。在董事会层面,董事会及其下属委员会负责环境可持续发展战略的监督和指导。微软采用综合化的治理机构设置方式,将应对气候变化的职责纳入董事会下属的法规与公共政策委员会。法规与公共政策委员会的章程明确规定,该委员会负责审查环境问题并向管理层和董事会反馈,负责督导微软的环境可持续发展战略和相关环境承诺的实施和兑现。气候变化是环境可持续发展的最重要分支,法规与公共政策委员会负责对气候相关的政策和计划进行审查并提供指导。该委员会的委员由董事长和四位独立董事组成。法规与公共政策委员会每年至少召开三次会议,讨论范围广泛的气候变化议题。该委员会每年还根据需要加开会议,2021 会计年度加开的一次会议专门听取总裁兼(董事会)副主席、首席法务官和首席环境官提交的环境可持续发展议题,包括微软应对气候变化做出的最新承诺和气候相关项目投资计划及进展。

3. 首席总裁

在管理层层面，总裁兼（董事会）副主席和首席环境官责成高级管理层做好环境风险管理，并建立相应的激励和问责机制。总裁兼（董事会）副主席直接领导公司、外部和法律事务部，该部门的主要职责是建立和保持客户、投资者和其他利益相关者对微软的信任，包括环境可持续发展和气候变化领域的信任问题。总裁兼（董事会）副主席向董事会下属的法规与公共政策委员会呈报包括环境可持续发展和气候变化在内的企业社会责任（CSR）政策和计划。

4. 高级管理层

首席环境官直接分管环境可持续发展事务部，领导环境可持续发展愿景和战略的制定，组织相关计划的实施。环境可持续发展事务部参与微软的企业风险管理（ERM），通过日常的报告和讨论，识别、评估和确定气候风险的优先等级，并协助高级管理层和董事会进行气候风险治理。在这个过程中，环境可持续发展事务部就环境议题（包括气候变化议题）在全公司范围内向相关专家征求意见和建议。2020 会计年度，微软设立了气候委员会，主席由总裁兼（董事会）副主席担任，成员来自全公司范围内的高级管理人员，包括首席环境官。气候委员会负责监督气候相关风险与机遇，并对全公司范围内的可持续发展行动进行协调和指导。

5. 管理层

为了兑现可持续发展和碳减排承诺，2020 年 2 月微软成立了气候风险与韧性（CR＋R）工作组，领导气候风险的评估、管理和应对工作，确保微软在应对气候变化方面的总体韧性。气候风险与韧性工作组每季度召开一次会议，与各关键业务条线的代表一起识别气候变化物理风险和转型风险所带来的风险和机遇，评估这些风险和机遇的影响，使其与微软管理层所采取的管理手段（包括气候脆弱性评估和相应的风险管理）保持一致，以增强微软的气候适应能力和总体韧性。其他工作组则与微软现有可持续发展战略保持一致。

（二）ESG 组织架构变动情况

自 2021 年披露 ESG 各议题组织架构后无明显变动。

五、议题选择

（一）重要性评估

1. 评估流程

微软在 2020 年报告的附录中首次系统性地披露了议题选择的标准，微软认为重要性评估可以阐明帮助微软和利益相关者阐明最重要的问题，对于识别和管理微软的风险和机遇以及有效应对微软的利益相关者至关重要。微软的重要性评估分为六个阶段，对 ESG 中 20 个相关议题进行了“公司业务—利益相关者”的二维评定，详细过程见表 3-21。

表 3-21 微软重要性评估过程

步骤	目的	行为
步骤一	识别议题	微软利用外部机构的专业知识、相关的可持续发展框架(包括 GRI 和 SASB)以及微软的业务和可持续发展使命和优先事项,确定了一系列潜在的重大主题,从而启动了重要性评估
步骤二	优化列表	微软进行了研究,并完善问题,以供利益相关者考虑和排名。微软的研究包括对最近与环境相关的媒体和社交媒体对话的评估,以及相关趋势和新出现的问题
步骤三	了解内部和外部利益相关者的观点	接下来,微软对主要利益相关者进行了一系列内部和外部访谈和调查,以了解他们对主要问题的看法。利益相关者是根据他们的专业知识和对微软业务的了解来选择的
步骤四	对问题进行评分	微软对利益相关者访谈和调查的结果应用了优先级标准和权重,以支持问题评分。问题评分还包括微软外部机构根据其行业知识、最佳实践和期望提供的意见
步骤五	确定问题的优先级	微软使用两个参数确定微软关键问题的优先级:每个问题对利益相关者的重要性、每个问题对业务成功的重要性
步骤六	验证结果	微软举办了一个研讨会,包括公司的环境可持续发展专家、首席环境官,小组在会上审查、完善并最终肯定重要性结果

通过 6 个步骤的重要性评估,微软生成关于 20 个相关议题的矩阵图(如图 3-29 所示),并披露了微软报告交叉指引(仅 1. 空气质量和 11. 气候错误信息两个议题微软当前没有披露)。

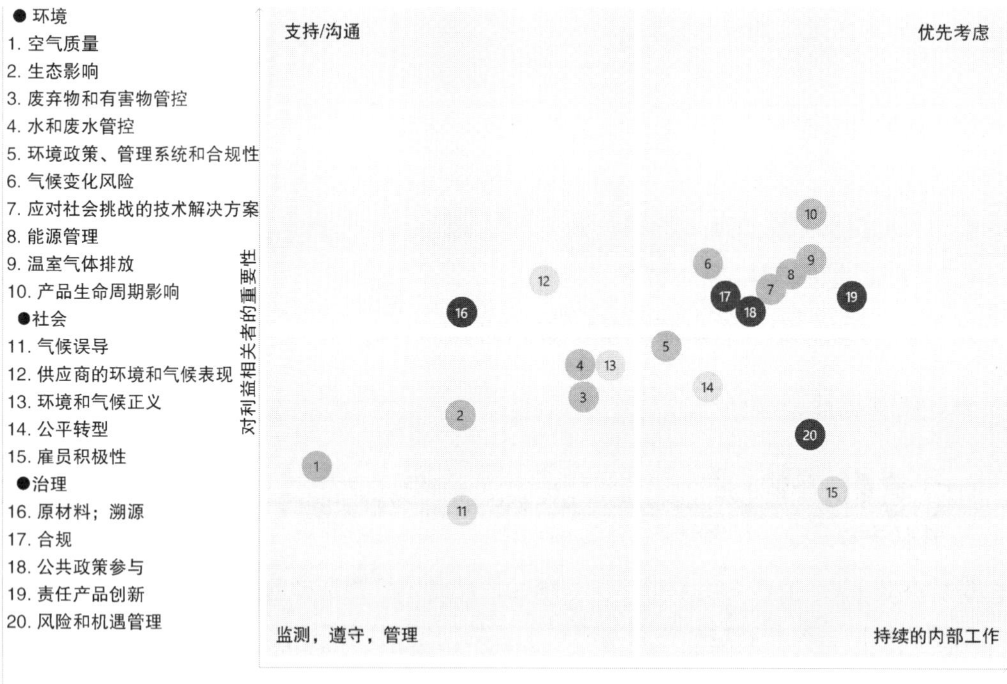

图 3-29 微软重要性议题矩阵图

2. 历年评估流程的变动情况

微软自 2011 年起在 ESG 报告中披露重要性评估过程，但没有归纳出具体的议题，也没有将评估过程展开；2012 年后，微软参考联合国全球契约标准，修改部分报告议题和结构，单独设立了可及性(Accessibility)议题，并提供了交叉索引；2016 年起，微软根据 GRI G4 框架调整重要议题，主要是结构变动，内容方面无较大变化；2020 年后，微软系统性披露重要性议题评估流程，采取“公司业务—利益相关者”的二维评定，归纳出 20 个关键议题并提供交叉索引，但之后并无变动，且原本微软没有披露的重要性议题在后续报告中也并未出现。图 3-30 是对微软历年 ESG 评估流程的时序变动的概括。

图 3-30　历年评估流程变动情况

(二) 根据 MSCI 梳理公司议题分类

表 3-22 是基于 MSCI 公布的 33 个 ESG 议题以及信息技术(IT)行业的议题评级权重，分析微软 ESG 的 20 个实质性议题对其覆盖程度。

表 3-22　　根据 MSCI 梳理微软 ESG 议题

3 大范畴	10 个主题	33 个议题	权重	微软 ESG 议题
环境(E)	气候变化	碳排放	2.4%	9. 温室气体排放
		对于气候变化的脆弱性	0	6. 气候变化风险
		财务环境影响	0	—
		产品碳足迹	0	—
	自然资源	生物多样性与土地利用	0	2. 生态影响
		原材料采购	0	10. 产品生命周期影响
		水资源压力	1.9%	—

续表

3大范畴	10个主题	33个议题	权重	微软ESG议题
环境(E)	污染与废弃物	电子垃圾	0.6%	—
		包装物料与废弃物	0	3. 废弃物和有害物管控
		有害排放和废弃物	0.2%	4. 水和废水管控
	环境机会	清洁能源技术机会	12%	7. 应对社会挑战的技术解决方案
		绿色建筑机会	0	—
		可再生能源机会	0	—
社会(S)	人力资本	员工健康与安全	0	—
		人力资源发展	19.5%	15. 雇员积极性
		劳动力管理	4.5%	—
		供应链人力标准	1.4%	—
	产品责任	化学品安全	2.6%	—
		金融产品安全	0	—
		隐私与数据安全	9.8%	—
		产品安全与质量	0.2%	—
		负责任投资	0	—
	利益相关方反对	社区关系	0	—
		有争议的采购	5%	14. 公平转型
		金融服务可得性	0	—
	社会机会	健康保健可得性	0	—
		营养与健康机会	0	—
治理(G)	公司治理	董事会	39.9%	17. 合规 18. 公众政策参与 20. 风险和机遇管理
		所有权和控制权(所有制)		
		薪酬		
		财务		
	公司行为	商业伦理		
		税务透明度		

总体来看,微软的ESG披露基本覆盖了MSCI对信息技术(IT)行业的评级的关键议题。其中E的权重为17.1%、S的权重为43%、G的权重为39.9%。

环境(E)方面,MSCI认为IT行业的关键议题为:清洁能源技术机会(12%)、碳排放(2.4%)、水资源压力(1.9%)、电子垃圾(0.6%)和有害排放和废弃物(0.2%)。微软在其环境可持续报告中重点提及了碳、水、废三个方面,清洁能源技术机会方面微软在碳章节中有所介绍(Reducing fossil fuels：开发氢燃料电池、全电力社区、电车通勤)。

社会(S)方面，MSCI 认为 IT 行业的关键议题为：人力资源发展(19.5%)、隐私与数据安全(9.8%)、有争议的采购(5%)、劳动力管理(4.5%)、化学品安全(2.6%)、供应链人力标准(1.4%)和产品安全与质量(0.2%)。该部分内容并没有全部覆盖，一方面，与微软现开展的业务和产品关联度不高；另一方面，微软的 S 披露占比趋于减少，对 S 的关注更加集中在教育、可及性、权益保障、包容性和多元化。

治理(G)方面，MSCI 认为其在 IT 行业的总权重为 39.9%，在各细分行业上占比较高。此部分内容在 2016 年后无单独报告披露，主要以公司官网、年报(10－K)、委托说明书中披露的相关信息为准。

(三) 历年选择议题的变动情况

表 3-23 简要概括了微软从 2003—2022 年的议题选择变动情况和详细分类状况，微软历年议题变动幅度大，根据编制标准的更新对披露的结构进行多次更改，虽然披露主题并没有太大变化，仅根据微软业务状况和新冠疫情有所改动，但是对各部分议题的关注度不断更改，体现微软在对 ESG 的不断实践中的思考。2022 年 S 部分有三个章节、E 部分有一个章节、G 无单独章节，且顺序分别为 S(经济条件)、S(基本权益)、E(可持续发展)、S(信息安全)，有逻辑性地展现微软对于 ESG 的关注重点，也和微软本身的使命相吻合：(1)让所有人和企业：微软的发展首先需要完善社会，得到他们的支持；(2)在地球上：微软的发展需要考虑到可持续发展，保障长期的盈利空间；(3)一同收获更多：同广大顾客建立信任关系，从而才能发挥各自的优势。

表 3-23　　微软 2003—2022 年议题选择变动情况

年份	重要性评估主题对标准则	章节变化
2003	无披露	分为以下板块： S：Partnering with Customers(与客户合作) S：Responsible Leadership(负责任的领导) S：Strengthening Communities(加强社区) E：Managing Environmental Impact(管理环境影响) S：Employees(员工)
2004	GRI(部分)	议题变动为： G：About Microsoft(关于微软) E、S：Responsible Business Practices(负责任的商业行为) S：Internet Safety and Policy Leadership(互联网安全和政策领导) S：Digital Inclusion and Education(数字包容与教育) S：Economic Opportunity(经济机会) G：Awards，Recognition and Memberships(奖励、认定和会员资格)
2005	无披露	G 顺序后移
2006	无披露	—

续表

<table>
<tr><th>年份</th><th>重要性评估
主题对标准则</th><th colspan="2">章节变化</th></tr>
<tr><td>2009</td><td>G3，MDGs、
UN Global
Compact</td><td colspan="2">仅保留两个议题：
S：Extending the Benefits of Technology（扩展技术的优势）
E、S：Responsible Business Practices（负责任的商业行为）</td></tr>
<tr><td rowspan="12">2010</td><td rowspan="12">G3</td><td colspan="2">将两个议题细化：</td></tr>
<tr><td rowspan="4">S：Extending Technology
（扩展技术）</td><td>Education（教育）</td></tr>
<tr><td>Jobs & Innovation（职业和创新）</td></tr>
<tr><td>Non-profits（非营利）</td></tr>
<tr><td>Humanitarian Response（人道主义响应）</td></tr>
<tr><td rowspan="6">S、G：Operating Responsibly
（责任经营）</td><td>Our People（我们的员工）</td></tr>
<tr><td>Environmental Sustainability（环境可持续性）</td></tr>
<tr><td>Responsible Sourcing（责任溯源）</td></tr>
<tr><td>Online Privacy and Safety（线上隐私和安全）</td></tr>
<tr><td>Governance & Compliance（治理和合规）</td></tr>
<tr><td>Public Policy & Advocacy（公关政策和主张）</td></tr>
<tr><td colspan="2"></td></tr>
<tr><td>2011</td><td>GRI</td><td colspan="2">分成 Governance & Compliance（治理和合规）两个主题披露
去除 Public Policy & Advocacy</td></tr>
<tr><td>2012</td><td>GRI</td><td colspan="2">新增 Employee Giving（员工福利）、单独设立 Accessibility（获得性）
主题名称部分改动，内容无影响</td></tr>
<tr><td>2013</td><td>G3.1</td><td colspan="2"></td></tr>
<tr><td>2014</td><td>G4</td><td colspan="2">G 顺序前移
主题重新分类，Working Responsibly（负责地工作）的 S 部分顺序前置，分别是 Our people（我们的员工）、Human Rights（人权），对 Extending Technology（扩展技术）的关注度降低</td></tr>
<tr><td>2015</td><td>G4</td><td colspan="2">—</td></tr>
<tr><td>2016</td><td>G4、SDGs</td><td colspan="2">主题重新分类为 Principle（原则）、People（人）、Planet（星球）
原 Extending Technology 部分后移</td></tr>
<tr><td>2017</td><td>G4</td><td colspan="2">—</td></tr>
<tr><td>2019</td><td>SDGs</td><td colspan="2">新增 AI</td></tr>
<tr><td>2020</td><td>SDGs</td><td colspan="2">更改为以下议题：
S：Support inclusive economic opportunity（支持包容的经济机会）
S：Protect fundamental rights（保护基本权利）
E：Create a sustainable future（创造可持续未来）
S：Earn trust（获得信任）
S：Empower our Employees（赋能我们的员工）
加入新冠疫情专题</td></tr>
<tr><td>2021</td><td>SDGs</td><td colspan="2">删除 S：Empower our Employees（赋能我们的员工）</td></tr>
<tr><td>2022</td><td>SDGs</td><td colspan="2">—</td></tr>
</table>

六、不同渠道披露之间的关系

（一）年报中 ESG 信息与 ESG 报告的查重率①

本文计算了微软历年年报 ESG 部分内容与 ESG 报告的查重率。如图 3-31 所示，微软历年的年报 ESG 与 ESG 报告查重率比较低，除 2017 年查重率为 17.95%，其他年份均小于 4%。2017 年查重率高的主要原因在于年报和 ESG 报告均披露了致股东的信，且内容几乎没有变动。在 2016 年前，微软年报对 ESG 信息的披露很少，因此查重率并不高。2017 年以后，微软在 ESG 报告中单独披露致股东的信，内容相关度降低，且微软年报部分加入 ESG 专题，提供更多增量信息，披露更多财务信息，使得查重率维持在较低水准。

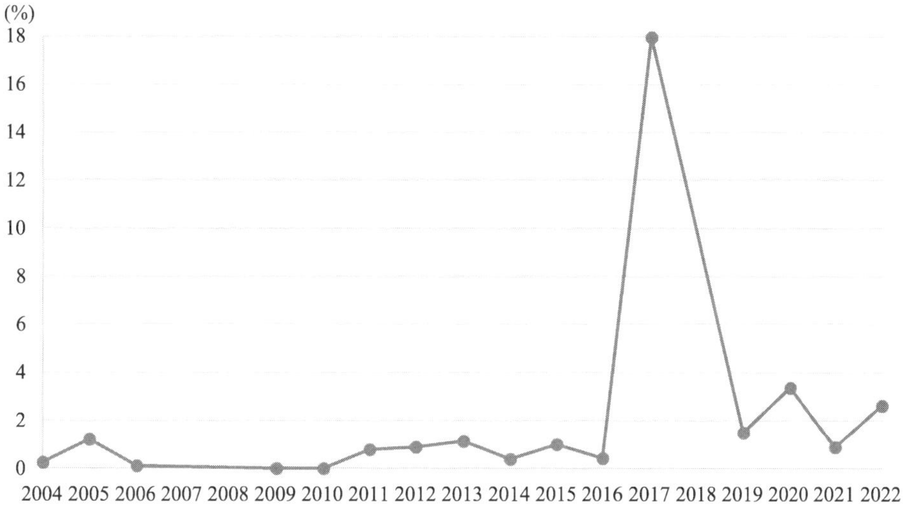

图 3-31　年报中 ESG 信息与 ESG 报告查重率

（二）不同 ESG 披露渠道的比较

表 3-24 概括了微软不同的 ESG 披露渠道，微软的 ESG 披露形式涉及广泛，有年度文件、网站、视频等多种形式，内容的颗粒度和专业程度随受众范围的减小而增加，提高了微软与各方面主体交流的效率，表 3-24 比较了各种披露渠道的差异。

表 3-24　　微软不同 ESG 披露渠道对比

披露渠道	披露方式	目标受众	披露内容	ESG 披露重点	交叉点
CSR 网站	公司官网	大众	E、S、G（少量，提供链接）	E、S	ESG 报告的网页形式，信息披露更加丰富和有时效性

① 使用 paperyy 自建库进行查重，以历年 ESG 报告为样本，年报为计算目标。由于 ESG 报告和年报篇幅较长，受到查重数字的限制，这里采用分部分查重，之后按照权重取平均值。2007、2008、2018 年报告由于篇幅过少不计入讨论。

续表

披露渠道	披露方式	目标受众	披露内容	ESG 披露重点	交叉点
视频	YouTube	大众	E、S	E、S	主要为成果展示和宣传，旨在建立大众的 ESG 意识
ESG 报告网站	公司官网	相关方	E、S、G（少量，提供链接）	E、S	ESG 披露主体
ESG 中心网站	公司官网	相关方	ESG 信息资源汇总	E、S、G	提供专题报告、数据、披露标准等文件链接，作为 ESG 的信息枢纽
年报（10－K）	投资者关系网站	投资者	财务信息为主，涉及部分 ESG 信息	E、S、G	从业务视角对 ESG 信息的概括，G 有部分增量信息
委托说明书	投资者关系网站	投资者	向股东披露内容及股东大会情况等	G，尤其是董事会详细情况、薪酬情况等	提供 G 增量信息

本文认为，微软采取三个层次的披露结构，分别是大众层面、相关方层面和投资者层面，内容由外向内呈现精简化、集中化的特点。

（1）大众层面：微软主要从 CSR 网站和 YouTube 视频向大众介绍微软 ESG 相关行动和成效，更多作为一种宣传的性质。CSR 的内容和结构与微软 ESG 报告大致相同，但形式更加丰富，加入更多图片和视频，提供多层次的网页链接，具有高时效性、可读性、扩展性的特点。在 YouTube 网站上，微软开设多个账号，发布 E 和 S 相关的视频，视频播放量均达到上千条，共有 125 万订阅者。相比公司官网，视频具有更高的受众人数，为微软与大众建立了更好的交流平台。

（2）相关方层面：微软主要以 ESG 报告和 ESG 中心网站披露。ESG 报告的信息披露范围更加集中，提供了更多量化数据和评定标准，为相关方提供了更细化的 ESG 信息。ESG 中心网站是 ESG 信息资源的汇总，分板块向相关方提供关键信息和历史文件，使得相关方可以更深入地了解微软 ESG 的历程和当下的处境。

（3）投资者层面：年报部分涉及的 ESG 内容较少，从业务视角对 ESG 信息的概括，G 有部分增量信息；委托说明书披露内容主要包括公司治理情况要点、董事情况、董事会及管理层薪酬情况、审查委员会情况、年度股东大会情况、股东和董事参与情况等信息。这两方面的披露内容更加精简，具有更严谨的格式和全面的财务数据支撑。

七、ESG 报告

本文讨论的范畴主要为微软年度发布的 ESG 报告，其他与 ESG 相关的报告如环境可持续发展报告、包容性和多样性报告仅在词频统计中考虑。

(一) 采用的标准

2003—2008 年,无明确编制标准,微软部分通过 GRI 评估。

2009—2010 年,微软公民报告根据 GRI:国际准则 G3 的核心选项编制,同时参考了 MDGs 和 UN Global Compact。

2011—2012 年,微软公民报告根据 GRI:核心选项编制。

2013 年,微软公民报告根据 GRI:国际准则 G3.1 的核心选项编制。

2014—2015 年,微软公民报告根据 GRI:国际准则 G4 的核心选项编制。

2016—2018 年,微软公司社会责任报告根据 GRI:国际准则 G4 的核心选项编制,同时参考了 SDGs。

2019 年,微软公司社会责任报告根据 GRI:国际准则 G4 的核心选项编制,同时参考了 SDGs、CDP。

2020 年,微软影响力报告和 ESG 中心根据 GRI:国际准则 G4 的核心选项编制,同时参考了 SDGs、CDP、SASB。

2021—2022 年,微软影响力报告和 ESG 中心根据 GRI:国际准则 G4 的核心选项编制,同时参考了 SDGs、CDP、SASB、TCFD。

(二) 内容结构

1. 查重率[①]

本文计算了微软 2004—2022 年 ESG 报告与前一年 ESG 报告查重情况。如图 3-32 所示,微软的 ESG 历年查重率变动幅度大,从最低 0.53%至最高 59.7%,且处在较高水准,直到近三年才开始降低。本文认为,在 2019 年前的查重率变动过大可能是因为微软遵循编制

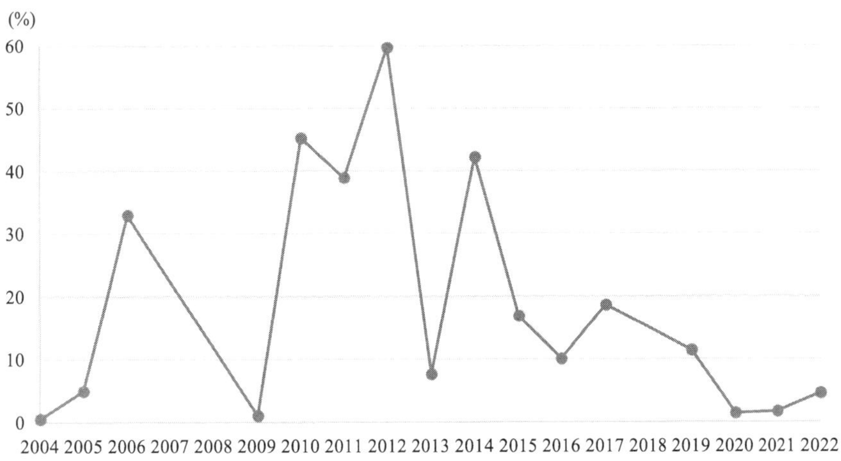

图 3-32 微软 ESG 报告查重率比较

---

① 使用 paperyy 自建库进行查重,以历年 ESG 报告为样本,年报为计算目标。由于 ESG 报告和年报篇幅较长,受到查重数字的限制,这里采用分部分查重,之后按照权重取平均值。2007、2008、2018 年报告由于篇幅过少不计入讨论。

标准的变动而更改 ESG 报告内容。而近三年间,微软对 ESG 披露更加重视,开设网站和各类细分报告,在 ESG 报告中提供更多差异化的内容,使得即使披露议题相同还能维持较低的查重率。

2. ESG 披露内容时序变动情况

(1) 交易所对 ESG 信息披露规定的变动情况[①]

1986 年,微软在纳斯达克交易所上市。在 ESG 信息披露要求方面,纳斯达克不强制要求上市公司披露 ESG 信息,本着自愿原则鼓励企业在衡量成本和收益时考量 ESG。2017 年 3 月,纳斯达克推出了首份《ESG 数据报告指南》,第一个版本是专门针对北欧和波罗的海公司。2019 年,纳斯达克证券交易所发布了《ESG 报告指南 2.0》。第二版指南将约束主体从此前的北欧和波罗的海公司扩展到所有在纳斯达克上市的公司和证券发行人,并主要从利益相关者、重要性考量、ESG 指标度量等方面提供 ESG 报告编制的详细指引。该指南参照了 GRI、TCFD 等国际报告框架,尤其响应了 SDGs 中性别平等、负责任的消费与生产、气候变化、促进目标实现的伙伴关系等内容。

(2) ESG 报告内容发展情况

表 3-25 总结了微软历年 ESG 披露具体发展情况,归纳了公司自 2003 财年起各期 ESG 报告的披露特点以及较上期披露的具体内容变动情况。微软历年 ESG 披露逐渐呈系统化、规范化,披露方式向图表数据的"定性+定量"分析模式,可读性不断提升,干货信息量不断增加。

表 3-25　　微软历年 ESG 披露具体发展情况

ESG 披露	披露特点	披露内容变动 (增量/减少信息)
2003 公民报告	■ 披露顺序为 S、E、S ■ 披露方式以文字为主,有少量数据、图表和极少量的网页链接作为补充,该部分叙述性较强,没有可比性 ■ 报告以陈述当前状况为主,没有对未来发展的报告	(首次披露)
2004 全球公民报告	■ 改变披露结构,以专题形式分别披露,结构大致为:概况、行动、展望 ■ 删除可比性弱的图片,增添了少部分定量的图表 ■ 报告内容部分重合度高 ■ 报告仍采用统一色调,但使用的色彩有所增多	■ 披露框架略有调整,精简整合 ■ 首次加入定量图表,可读性增强 ■ G 部分开始单独披露 ■ 开始使用 GRI 标准并提供简单交叉指引
2005 公民报告	■ 公司介绍顺序移至报告末尾 ■ 主题颜色由蓝色改成绿色,颜色仍较为单一	■ 增加案例内容,对全球化的讨论权重增加 ■ 版式从竖版改成横板,可读性增强

① https://www.casvi.org/h-nd-1092.html.

续表

ESG 披露	披露特点	披露内容变动 (增量/减少信息)
2006 公民报告	■ 披露框架与之前大致相同 ■ S 中提高对全球化的关注,对于相关案例的介绍篇幅增加,位置提前	■ 报告开始大量引入网页链接作为补充信息 ■ 开始有个性化报告标题和章节标题,有公司特色的报告图
2007—2008	■ 官网仅有简要报告	(披露内容不足)
2009 公司公民年度报告	■ 将重点内容用不同颜色标注,可读性增强 ■ 报告篇幅缩短,S 内容增加	■ 首次披露联合国青少年发展目标 MDGs 和联合国契约,调整披露议题
2010 公民报告	■ 通过颜色区分板块,加入更多叙述性图表,可读性增强 ■ 报告篇幅增加,页数从(20 多页上升至 70 多页) ■ 披露框架初见雏形,形成主副标题,报告逻辑清晰 ■ 披露顺序稳定为 S、E、G	■ 披露结构框架优化,有所精炼 ■ 首次通过定量图表的形式完整披露公司财务数据,对图表的使用量大大增加 ■ 添加其他表现报告链接和反馈渠道,透明度提升 ■ 更换 GRI 标准至 G3
2011 公民报告	■ 披露框架成熟,形成 Citizenship at Microsoft(微软的公民责任)、Our Company(我们的公司)、Serving Communities(服务社区)、Working Responsibly(负责任地工作)四个主题	■ 报告加入 pdf 链接 ■ 首次形成体系化的主题披露
2012 公民报告	■ 披露内容和框架相对稳定,与 2011 年基本一致 ■ 报告版式改为横板,页面利用度提升,可读性较好	■ 首次加入联合国全球契约十项原则标准交叉指引
2013 公民报告	■ 披露内容和框架相对稳定,与 2012 年基本一致 ■ 各部分主题重复度高	■ 更换 GRI 标准至 G3.1
2014 公民报告	■ G 部分从最后提至最前 ■ 重新拆分主题,但整体内容重复度较高 ■ 篇幅有所缩减,形式为概述和公司网页链接,强调网页在披露中的重要性,减少文字叙述	■ 更换 GRI 标准至 G4
2015 公民报告	■ 披露内容和框架相对稳定,与 2014 年基本一致	—
2016 公司社会责任报告	■ 将主题重新划分为 Principals(原则)、People(人)、Planet(星球),整体内容重复性较高 ■ 版面大幅调整,更加图文并茂,文字内容缩减,采用概述加文件链接 ■ 新增"Reports Hub"板块,提供过往报告和引用标准下载	■ 根据 G4 归纳出 10 个关键实质性议题 ■ 新增 SDGs 成果披露报告
2017 公司社会责任报告	■ 披露内容和框架相对稳定,与 2014 年基本一致	■ 新增视频链接 ■ 提供的文件等链接增多,性质上更倾向于披露信息的资源枢纽
2018 公司社会责任报告	■ 官网仅有简要报告	(披露内容不足)

续表

ESG 披露	披露特点	披露内容变动 （增量/减少信息）
2019 公司社会责任报告	■ 披露内容和框架相对稳定，与 2017 年基本一致	■ 新增 CDP 气候变化问卷报告
2020 ESG 中心和其他报告	■ 将主题重新划分为 How we work（我们如何工作）、Support inclusive economic opportunity（支持包容性的经济机会）、Protect fundamental rights（保护基本权利）、Create a sustainable future（创造一个可持续的未来）、Earn trust（赢得信任），并以报告的形式分别在网站上披露 ■ E 部分聚焦于碳排放、水资源、废弃物、生态环境四方面	■ 新增新冠疫情回应板块 ■ 新增 SASB 标准交叉指引，披露信息进一步增加 ■ 新增重要性议题评估流程披露 ■ 将原本单独的报告拆分为不同方向的报告并在网站上分别披露
2021—2022 ESG 中心	■ G 部分有所弱化	■ 新增 TCFD 标准交叉指引，披露信息进一步增加

（3）ESG 报告内容趋势分析

形式上：微软自 2003 年起就发布了第一份公民责任报告，彰显了微软对于 ESG 事业的重视。在对于 ESG 报告披露的逐渐探索中，微软从简单叙述到规范化、体系化再到集中化网页披露，形成了适合自己的 ESG 披露方法。本文将微软报告的披露趋势划分为四个阶段：

① 2003—2006 年：初步探索，陈述为主

此阶段的 ESG 报告有简单的披露框架，报告内容以 S 为主，弱化 E 和 G 部分。该阶段微软的披露内容多为陈述性文字，聚焦在微软当期 ESG 成果，包含少许图片，图表数据支撑，可比性不强。具体披露结构为寄语。公司介绍、各议题展开、未来展望，有清晰完整的逻辑结构，但议题重复性高，事例篇幅占比大。披露文件的排版较为简单，颜色点缀为主，无内外网页或文件链接，表现方式单一。在 2004 年报告中，微软已经开始使用 GRI 标准并提供简单交叉指引，开始进行初步的体系化披露标准。

② 2007—2009 年：改变风格，涉足全球化

该部分报告的披露篇幅大大减少，风格开始有所变化。在该阶段，微软首次披露联合国青少年发展目标 MDGs 和联合国契约，调整披露议题，将目光更多聚焦在全球化 ESG 治理当中。披露文件使用更加丰富的颜色和多元化的图片，加入少量外部链接。

③ 2010—2017 年：向体系化、标准化过渡

在此阶段微软形成了完整的体系化的 ESG 报告披露，E 和 G 部分占比回升，体现微软对于 ESG 各项议题的全面认识。报告中加入主副标题，使得板块划分更为合理和明显，并且通过不同的颜色区别，提高可读性。报告篇幅提升，加入更多数据和图表，并提供相关内容的外部文件、网页、视频链接，内容更加充实和即时。编制依据也在不断更新至 G4，新增联合国全球契约十项原则标准交叉指引和 SDGs 成果披露报告，相应披露框架也更为合理。

④ 2018—2022年：细化报告，向网页载体转型

2018年之后微软将原先的ESG拆分为不同板块的报告并发布在网页（Reports Hub）中，时效性加强，内容更有条理。原先的ESG报告减少篇幅，提供的文件等链接增多，性质上更倾向于披露信息的资源枢纽。网站目前披露文件包括环境可持续报告、影响力概括、年度报告、全球多样化和包容性报告等，包括各方面报告、编制依据、详细数据。微软在此阶段发布碳负排放的战略，新增SASB和TCFD标准交叉指引，对E的披露信息进一步增加。网站的形式可以为利益相关者提供文件、网页、视频等更多元化的了解渠道，信息的条理性和有效性更高。

内容上：ESG披露内容呈现减少相关度低的内容、增加图表数据和外部链接、细分化和网页化的趋势，使得报告干货内容信息量增加。从披露议题来看，微软会根据编制依据变动更改披露议题的内容和位置，增强公司业务和ESG的关联度。

环境（E）部分的增量信息最多，从单一板块到单独专题到单独报告，这与微软提出的碳负排放的战略相关。相关议题与公司产品关联度逐渐提高，最初只涉及循环经济，而后扩展到产业链和技术运用，最后分化为碳排放、水资源、废弃物、生态环境、顾客和全球可持续性。近期新增气候变化影响的相关议题披露。

社会（S）部分篇幅较为稳定，集中在社区、员工、数据安全和可及性四个方面，与微软所处行业和使命相吻合。后续加入了全球化、多元化等议题，整体篇幅减少，更多以网页和文件链接的形式披露，体现微软对于S治理的覆盖面。

治理（G）部分的披露相对弱化，不再以专题报告的形式披露，删除了成果披露和未来展望，目前主要在官网呈现，包括公司章程、治理指南、委员会章程、行为准则和道德规范等。

（4）ESG报告结构顺序的时序变动情况

表3-26记录了微软从2003—2022年ESG报告结构的变动情况，微软ESG报告的披露顺序变动情况多，总体来看对S部分的排序始终靠前，看重S（经济条件）和S（基本权益）；E部分位置较后，章节合并为一个，但微软提供了其他关于E的专题报告，此部分减少篇幅可以避免重复披露和占据过多内容的问题，方便相关方的阅读和微软E部分的编制；G部分位置一般出现在最前或最后，近期呈现减少披露内容的趋势，主要内容可在公司官网中查找，对G的关注度减少。

表3-26　　微软历年ESG报告结构顺序

年份	披露顺序	特点
2003	S、E、S	—
2004	G、S、E、S	
2005	S、G	G融入报告引言部分，顺序置后
2006	S、G	
2007—2008	S	弱化E，强化E
2009	S、E、S	

续表

年份	披露顺序	特点
2010	S、E、S、G	G 内容增加
2011	S、E、S、G	G 中“Compliance”单独分为一章节 G 中“Governance”加入“Integrity”内容
2012	S、E、S、G	S 中“Accessibility”单独分为一章节 S 中新增“Employee giving”章节 G 重新整合为一章节
2013	S、E、S、G	
2014	G、S、E	“Working Responsibly ”的 S 部分顺序前置，分别是“Our people” “Human Rights” G 顺序前置
2015	G、S、E	
2016	S、G、E、S、E	披露主题重新分类，导致结构较分散
2017	S、G、E、S、E	
2018	S、E	—
2019	S、E	S 中加入 AI S 中“Accessibility”加入“Broadband access”章节
2020	S、E、S	新增疫情专题板块 E 中“Responsible sourcing”并入一个章节 G 弱化
2021	S、E、S	
2022	S、E、S	

（三）环境（E）、社会（S）、治理（G）

1. 分别的披露侧重点

我们对于微软 ESG 报告 E、S、G 各范畴进行了词频统计，排除介词、连词、代词后，各范畴的词频统计结果如下。

（1）环境（E）

词频统计的样本是微软的 ESG 报告环境部分与环境可持续发展报告，如图 3-33 所示，微软 E 部分出现频率最高的词和微软环境发展的宏观战略高度重合，即碳、水、废、生态环境；同时，下降到执行层面微软的披露也相当充分，如 scope（碳排放测量）、cloud（云服务）、data centers（数据中心）、materials（原材料）、supply（供应商）、customers（顾客）。

（2）社会（S）

词频统计的样本是微软的 ESG 报告社会（S）部分与包容性和多样性报告，如图 3-24 所示，微软对于雇员和多样性的考虑居于首位，包含用词不限于 employees（雇员）、inclusion（包容）、people（人）、native（本地的）、diversity（多样性）、black（黑）、workforce（劳动力）、racial（种族的）等，并且微软将这部分数据详细披露，以量化的形式展现微软 S 的举措和目标。

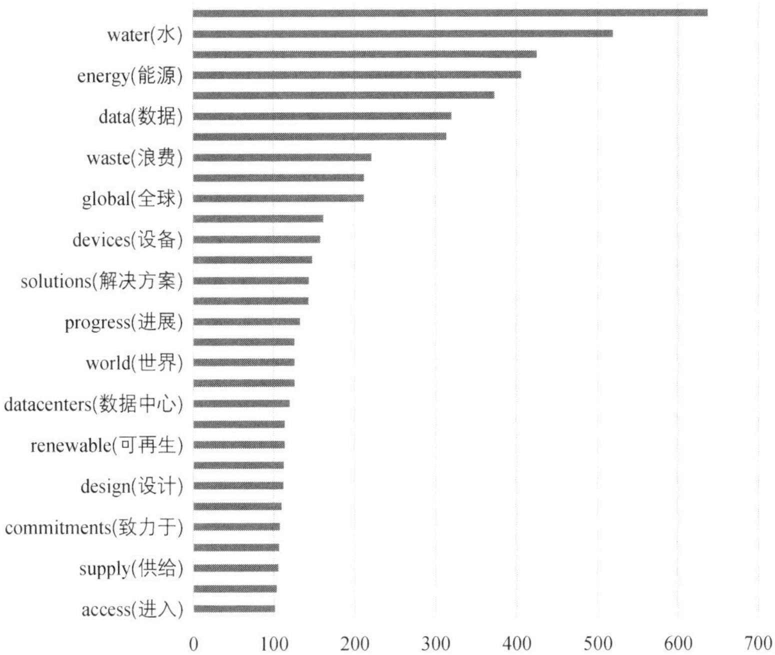

图 3-33　微软 ESG 报告 E 范畴词频统计

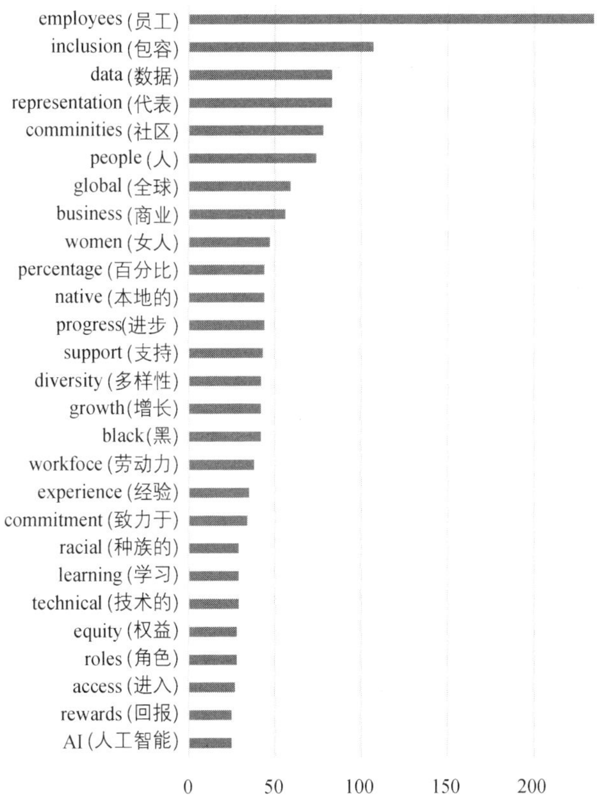

图 3-34　微软 ESG 报告 S 范畴词频统计

(3) 治理(G)

由于微软的ESG报告中已经没有对G的单独披露,网页内容较少,因此词频统计的样本是委托说明书。如图3-35所示,微软的G部分主要在网页和委托说明书中有较为详细的披露。披露重点主要集中在公司章程、组织架构、公司治理、行为准则和激励制度。

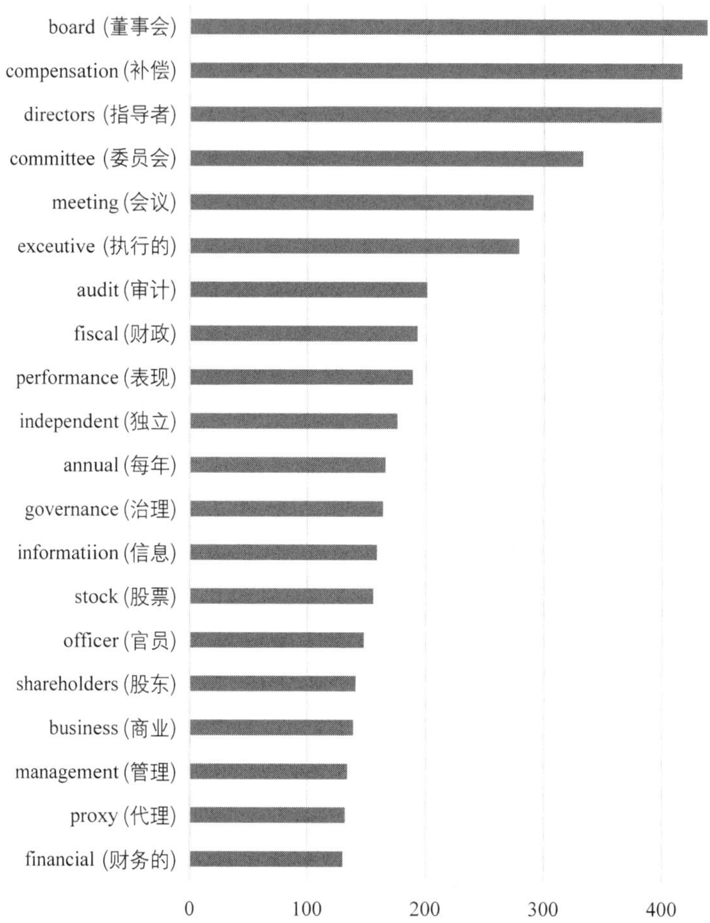

图3-35 微软ESG报告G范畴词频统计

2. 各自的披露特色

我们仅考虑微软ESG报告,实际上还有环境可持续报告(E)和多样性和包容性报告(S),但受篇幅和披露角度不同,暂时不记入。表3-27对比了微软ESG报告三部分内容的关键指标,其中不管从篇幅还是案例或照片来看,S最为丰富,E次之,G最后,报告有逻辑性地展现微软对于ESG的关注重点,也和微软本身的使命相吻合:让所有人和企业(S:经济条件、基本权益)在地球上(E:可持续发展)一同收获更多(S:信息安全)。G部分仅在最后链接至公司官网,因此内容较少。

表 3-27　　微软 ESG 报告关键指标统计

披露渠道	关键指标	E	S	G
2022 年微软 ESG 报告	报告页数	4	14	1
	案例数量	12	48	0
	关键数据和图表数量	4	9	0
	照片数量	3	15	0

（四）专题披露

1. 专题披露情况

微软在 2020 年和 2022 年的 ESG 报告中进行过专题披露，主要针对全球突发事件下微软的应对措施，同时在年报和网页上也发布相关报告和讨论，体现微软对新 ESG 议题的实时关注和持续学习。

微软在 2020 年 CSR 报告中加入关于对新冠疫情的响应，旨在披露微软向全球受影响人群提供的关键数字支持，与产品和业务的关联度高，主要分三个板块具体披露成果：保护公众健康、支持经济复苏、保护顾客免受网络威胁。表 3-28 具体介绍了微软新冠疫情专题的结构和具体行动。同时，微软在 2020—2022 年报中也有对新冠疫情应对的专题披露，在文化、健康、工作方式、投资数字技能等板块有所涵盖，着眼点主要是财务影响和业务模式，提供更多增量信息。

表 3-28　　微软新冠疫情专题披露简介

成果	具体行动
Protecting public health during the pandemic（保护公众健康）	利用 Azure 的高性能计算能力以及我们的数据科学家和微软研究人员来保护公众健康
	通过卫生领域的人工智能，重点资助一些项目，并提供数据帮助公共卫生当局就社交距离政策和卫生保健能力需求做出知情和有效的决策
	通过向使用卫生领域的人工智能应对 COVID－19 大流行的组织提供了 150 多项赠款
	帮助建立并提供 COVID－19 开放研究数据集
	微软的子公司 GitHub 也托管有关 COVID－19 传播的重要数据，使研究人员更容易使用和分析这些重要数据
Supporting the economy and recovery（支持经济复苏）	帮助世界各地的政府将关键工作负载转移到云端，这样重要的团队就可以使用 Office 365 和 Microsoft teams 以安全和高效的方式远程工作
	支持中小型企业如六个月免费访问 Office 365 的商业版，其中包括用于全球协作和视频会议的 Teams
	帮助失业人群获得不断变化的经济所需的新数字技能，并向世界各地为提供数字技能培训的非营利组织提供 2 000 万美元的财政赠款和技术支持

续表

成果	具体行动
Supporting the economy and recovery(支持经济复苏)	通过我们的 Airband 倡议,我们正在与 Airband ISP 合作伙伴合作,迅速扩大社区的 Wi-Fi 覆盖范围,以便社区成员可以在保持社交距离的同时安全地访问互联网
	将价值 19 亿美元的技术和服务(从 Microsoft 365 到 Power BI 再到 azure)捐赠给了非营利组织、人道主义组织、联合国及其全球机构
	仍然向员工发放工资,无论工作与否,并且鼓励员工进行公益捐款
Protecting customers from online threats(保护顾客免受网络威胁)	包括数字犯罪部门(DCU)在内的跨公司团队和威胁情报团队正在提供支持,以识别和应对针对客户(包括医疗保健客户)的 Covid－19 主题攻击
	微软 Office 365 高级威胁防护系统阻止了大规模的网络钓鱼活动,在 24 小时内捕获了大约 2 300 个冒充 COVID－19 财务赔偿信息文件的独特 HTML 附件
	微软的数字外交团队正在努力支持联合国和其他机构的努力,以保护医疗机构免受民族国家的网络攻击

2. 专题选择的时序特征

新冠疫情的专题微软只在 2020 年 CSR 报告中进行过一次专题披露,后续并无跟进,可能原因是疫情在西方的影响范围有限。但是从 2020 年年报开始,每年都在不同章节有过讨论,但着眼点主要是财务影响和业务模式,反映了微软对于突发事件的持续关注。

八、网页

(一) ESG 网页与 ESG 报告之间的联系

微软的 ESG 网页披露较为分散。图 3-36 是微软主网页下的板块分布,其中 E 和 S 相关内容在"Company-About-Values-Corporate Social Responsibility"[①]中披露,披露结构与微软的 ESG 报告完全一致,原有议题均披露在"overview"中(单独网页,以概述＋链接的形

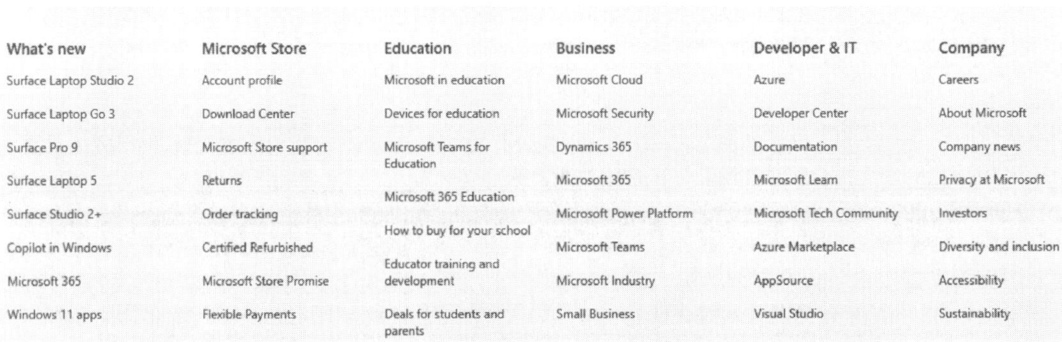

图 3-36 微软官网板块分布

① https://www.microsoft.com/en-us/corporate-responsibility.

式呈现），同时在每个主题中加入了更多议题的讨论（部分议题也曾出现在过往报告中）。此外，微软在官网中将可持续性、可接近性和多样性与包容性三个子议题单独展示，可见这些议题在微软 ESG 重要性考量的权重更大。G 相关的内容目前在微软的 CSR 报告中披露内容很少，仅在附录中有一小段文字解释和向官网治理部分的链接，主要重心向官网内容倾斜，可在"Company-Investors-Board & ESG-Corporate Governance"找到。[①]

（二）ESG 网页披露结构

微软自 2016 年起就开始布局网页化 ESG 信息披露，将报告的披露结构更改成"概述＋链接"的形式，并开设报告中心汇总往年各类报告，将 ESG 报告打造成信息披露的枢纽。目前，微软减少 ESG 报告的篇幅，网页结构已经日渐完善，主要功能是信息披露的枢纽以及增量信息的实时更新，细分各类群体的 ESG 信息覆盖。

1. 公司社会责任（Corporate Social Responsibility）

该网站是微软向相关方披露 ESG 的主要网站，不同于 2020 年之前的 ESG 报告单独成份，现在微软考虑到公司 ESG 披露对多个层级的影响效应，设立企业社会责任网站作为主要披露渠道，以报告、文章、图片、视频等多种形式展现 ESG 成效。如表 3-29 所示，该网站的结构与微软的 CSR 报告完全一致，主要作为报告内容的引申和增量信息的补充，展现公司当下 ESG 关注重点和与大众的交流。

表 3-29　　公司社会责任网页结构

板块	议题	备注
Our commitments（我们的承诺）	Support inclusive economic growth（支持包容性经济增长）	概述 CSR 报告中的所有议题，同时加入其他议题（部分议题也曾出现在往期报告中）
	Protect fundamental rights（保护基本权益）	
	Create a sustainable future（创造可持续未来）	
	Earn trust（获得信任）	
How we work（我们怎么做）	Our approach（我们的方法）	对应 CSR 报告的"Overview"部分
	Community engagement（社区参与）	
Reports（报告）	Microsoft reports（微软报告）	对应 CSR 报告的附录部分
	Transparency reports（透明报告）	

（1）支持包容性经济增长

这部分议题主要包含概述、计算机科学教育、数字素养、数据开放、工作技能。内容包括微软的实施方法、数字资源提供、案例、成果展示、目标承诺、未来展望。

（2）保护基本权益

这部分议题主要包含概述、可及性、互联网接入、民主进步、人权、人道主义行动和救

① https://www.microsoft.com/en-us/Investor/corporate-governance/framework.aspx.

灾、司法改革倡议、种族平等倡议、供应链完整性。内容包括产品介绍、最新消息、实施方法、案例、成果展示、数字资源提供、目标承诺、未来展望。

（3）创造可持续未来

这部分议题主要包含概述、可持续发展之旅、助力顾客、实现全球可持续发展、环境可持续报告、碳清除、气候创新基金。内容围绕碳、水、废、生态系统四个方面包括产品介绍、最新消息、实施方法、案例、成果展示、目标承诺、未来展望。该部分提供了自2020年起的环境可持续报告。

（4）获得信任

这部分议题主要包含概述、隐私和网络安全、在线安全、AI。内容包括实施方法、最新消息、网络规范。

（5）我们的方法

这部分议题主要包含工作方式、赋予员工权力、公共政策参与、SDGs。内容包括合作需求、实施方法、实施原则、目标承诺。

（6）社区参与

这部分议题主要包含员工参与、当地社区投资、非营利组织、美国农村伙伴关系、联合国、华盛顿州倡议。内容包括员工驱动力、TechSpark计划、目标承诺、成果展示、最新消息、案例、合作需求。

（7）微软报告

这部分微软汇总它的编制报告、编制方法和外界评价，旨在向大众公开披露所有与ESG相关的信息。

在报告中心中，微软主要面对利益相关者提供完整的相关ESG报告，帮助他们全面了解公司ESG行为，促进双方的交流，详细结构见后文。

“Reporting approach and governance”（报告方法和治理）明确微软ESG的重要性议题、组织架构以及遵循的披露标准，确保微软ESG执行的公开和公正。

“Awards and recognition”（奖项和认可）包含相关组织对微软的ESG评价，如FTSE Russell、CDP、MSCI等，披露ESG微软执行的实际效果。

（8）透明报告

该部分主要披露与微软产品相关的法务报告，如版权移除报告、数字安全报告、政府要求的内容移除报告、执行要求报告、信息内容移除报告、国家安全命令报告。披露微软对相应地区或内容的法规的积极响应，同时提供了往年报告和详细数据，确保微软的正常经营活动和ESG活动的执行。

2. 报告中心

该网站是微软企业社会责任网站下的一个子网站，在很多与ESG相关的网站中附有该网站的链接，主要作为微软最新报告和编制标准的披露平台，向利益相关方提供准确的报告和标准。表 3-30 详细介绍了该网站的具体结构。

表 3-30　　报告枢纽(Reports Hub)披露结构

<table>
<tr><th>主题</th><th>子主题</th><th>披露形式</th><th>披露范围</th><th>备注</th></tr>
<tr><td rowspan="4">Key reports
(关键报告)</td><td>Environmental Sustainability Report
(环境可持续报告)</td><td>文件</td><td>E</td><td></td></tr>
<tr><td>Microsoft Impact Summary
(影响力报告)</td><td>文件</td><td>E、S</td><td>ESG 报告的总括,作为披露信息的资源枢纽</td></tr>
<tr><td>年报</td><td>网页</td><td>E、S、G(G 部分内容较少)</td><td></td></tr>
<tr><td>Microsoft Global Diversity & Inclusion Report
(多样性和包容性报告)</td><td>文件</td><td>S</td><td></td></tr>
<tr><td rowspan="2">Our approach to environmental, social, and governance (ESG) reporting
(ESG 报告方式)</td><td>Company and shareholder data
(公司和股东信息)</td><td rowspan="2">网页</td><td rowspan="2">G</td><td rowspan="2">披露公司背景和编制标准</td></tr>
<tr><td>Public policy engagement
(公共政策参与)</td></tr>
<tr><td rowspan="5">ESG reports
(ESG 报告)</td><td>Create a sustainable future
(创造可持续未来)</td><td>网页,文件</td><td>E</td><td>包括可持续发展报告、气候变化报告和原材料采购报告等</td></tr>
<tr><td>Earn trust
(赢得信任)</td><td>网页,文件</td><td>S、G(少量)</td><td>包括透明度报告、隐私安全报告和道德行为</td></tr>
<tr><td>Support inclusive economic growth
(支持包容性经济增长)</td><td>网页,文件</td><td>E、S</td><td>SDGs 报告</td></tr>
<tr><td>Protect fundamental rights
(保护基本权益)</td><td>网页,文件</td><td>S</td><td>包括人权报告、种族平等倡议和设备可及性</td></tr>
<tr><td>Empowering employees
(赋予员工权力)</td><td>网页,文件</td><td>S</td><td>包括多元化和包容性报告、捐赠和志愿服务和工作环境调查</td></tr>
</table>

3. 全球多元化和包容性(Global Diversity and Inclusion)

自 2014 年起,微软开始关注多元化和包容性,并发布完整报告。在网站中,微软将此部分分为三个板块:Inside Microsoft(微软内部)、Beyond Microsoft(微软之外)、Annual D&I Report(年度多样性与包容性报告)。

(1) 微软内部

这一板块首先介绍微软对包容性的核心认识,认为创新是做出改变的关键,需要建立支持所有人的体系、打破访问的障碍、开拓员工的服务思维，同时提供网页链接和视频。其次，微软展现其员工多样性组成，包括九种资源小组：BAM、GLEAM、Disability at Microsoft、Military at Microsoft、Asians at Microsoft、Families at Microsoft、HOLA、Women at Microsoft、Indigenous at Microsoft。微软通过识别员工资源小组，帮助建立联系和提供关键支持，从而培养社区，激活微软的多样性和包容性。

（2）微软之外

在这部分，微软以公司外部的视角介绍它在多元化和包容性方面所做出的举措，将微软的数字技术与多元化和包容性相结合，并提供相应课程；披露多元化和包容性能为公司带来的益处，如公司文化、工作环境以及服务客户的方式；介绍此方面微软的合作伙伴。

（3）年度多样性与包容性报告

这部分的披露结构和微软发布的多元化和包容性报告结构大致相同，网页的功能主要是概括核心内容＋提供链接和视频；报告以介绍、状况、结论的结构，提供更多可视化的数据图表。内容涉及微软对包容性创新的理解和行动、各个资源社区的数据表现、薪酬公平亮点和数据亮点。

4. 可持续性(Sustainability)

2020 年 1 月，微软承诺到 2030 年实现碳负排放，并开始发布完整的环境可持续报告。其网站和报告侧重点有所不同：

网站将重点放在微软能向大众提供哪些产品和服务以实现环境可持续发展，提供了多类产品，并提供可持续发展指南和学习资源。同时，微软介绍其产品在不同行业上的运用，以及合作伙伴，旨在向大众和潜在客户建立环保意识，提供高效的解决方案。

环境可持续报告分为碳、水、废、生态系统、顾客可持续性、全球可持续性六个专题，其披露结构规范，具体为承诺与进展、详细数据展示、重要议题讨论、关键趋势分析、未来展望。在 2020 年报告中详细披露了重要性评估的流程，附录中也提供了编制标准和气候相关影响报告 TCFD 等。披露规格类似 CSR 报告，关注点主要为 E 部分的评估和成效，历年议题变动不大。

5. 可及性(Accessibility)

微软在官网中对可及性分单独板块介绍，可见微软对于可及性方面的重视程度。一方面，微软涉及的产品在提升大众可及性方面可以在多个领域起作用，在此网页中，微软列举了旗下无障碍产品如 Windows、Microsoft 365、Teams、Xbox，并分析 Microsoft 365 和 Teams 的可及性。另一方面，在微软的 CSR 报告中，微软将可及性的分类从经济条件移动至基本权益，形成从产品需求和大众需求的全面思考。在该网页中，微软向大众提供可及性创新的资助计划，并且向大众介绍微软提升可及性的具体流程，同时提供学习资源和博客，具有高时效性和互动性。

（三）ESG 网页披露特点

（1）ESG 网页披露形式多样，可视化程度高，可读性强。微软的 ESG 报告使用图片、博客、视频、文件链接等多种形式披露，在每个主题采取“概括＋链接”的形式，并将重点数据和内容着重突出，使得 ESG 信息的传达更加准确和形象，获取关键信息更有效率。

（2）ESG 网页披露内容更加丰富。相比 ESG 报告，ESG 网页在保留其内容的同时加入更多议题的讨论；在报告中心中，微软将 ESG 相关的各类报告和编制标准等（包括过去发布的）按 ESG 报告的结构分别披露，提供了增量 ESG 信息。但过多 ESG 信息在报告中心的堆叠使得信息的获取难度增加，ESG 网页并没有给每一类报告增加摘要，使得对 ESG 信息的深入理解更加不便和耗时。

（3）ESG 网页链接逻辑较为复杂，不便读者的整体理解和反复查看。微软的 ESG 网页根据不同的受众建立了不同的链接位置，旨在与各方建立更好的沟通。例如大众可在官网底部转到可持续性、可及性或多样性与包容性议题，再转到 ESG 主网页。从相关子网页中可以转到报告中心；而对于相关者和投资者，可以从投资者关系网站转到 ESG 主网页或报告中心。但是如果对于微软的网站结构不够熟悉，对于关键信息的获取较为困难。

（4）网页披露时效性高。ESG 网页可以实时更改披露内容，不受报告编制时间不同的影响。此外，微软也披露博客或会议纪要等实时信息，交流效率高。

九、年报中的 ESG 信息

微软在 2019 年年报中开始披露 ESG 相关信息，披露内容集中在致股东的信部分（Shareholders Letter）和财务回顾-商业部分（Financial Review-Business），主要披露 E 和 S 内容，G 部分只披露董事构成。表 3-31 简要对比年报和 ESG 报告披露内容之间的联系。

表 3-31　　历年年报 ESG 披露内容和联系

年份	主题	与 ESG 报告联系
2019	Environmental and Corporate Social Responsibility（环境与社会责任）	E 部分关注碳排放、可再生能源、生态环境；S 部分披露数字技能、宽带链接、住房、捐赠。重复度高
	Culture（文化）	S 部分关注多元化和公司职务构成
2020	Our Purpose（我们的目标）	与 CSR 报告结构完全一致，加入新冠疫情的内容
	COVID－19	披露疫情对业务的影响
	Commitment to Sustainability（对可持续发展的承诺）	E 部分与可持续发展报告重复度高
	Addressing Racial Injustice（解决种族不公正）	S 部分与 CSR 报告重复度高
	Investing in Digital Skills（投资数字技能）	S 部分披露对疫情的应对
2021	Our Purpose（我们的目标）	与 CSR 报告结构完全一致，加入网页链接
	COVID－19	（同上）

续表

年份	主题	与 ESG 报告联系
2021	Commitment to Sustainability（对可持续发展的承诺）	（同上）
	Addressing Racial Injustice（解决种族不公正）	（同上）
	Investing in Digital Skills（投资数字技能）	（同上）
	Our Culture（我们的文化）	S 部分披露微软的成长型思维：专注于对客户重要的事情；在我们所做的每一件事上变得更加多样化和包容性；作为一个公司运营，而不是多个孤立的业务；改变彼此、客户和我们周围世界的生活
	Diversity and Inclusion（多元化和包容性）	S 部分与多元化和包容性报告重合度高
	Total Rewards（总体奖励）	S 部分披露微软希望吸引、奖励和留住顶尖人才，使员工能够做到最好
	Pay Equity（薪酬公平）	S 部分与多元化和包容性报告重合度高
	Wellness and Safety（健康与安全）	S 部分披露对疫情的应对
	Learning and Development（学习与发展）	S 部分披露微软的内部学习理念
	New Ways of Working（新的工作方式）	S 部分披露对疫情的应对
2022	—	与 2021 年一致

十、公司 ESG 相关特点总结

（一）优点和缺点

1. 优点

微软在近些年将披露重心放在网站上，由此发展出以下优点：

（1）披露标准实时更新，种类多样。微软的 ESG 报告参考了丰富的编制标准，如 GRI、SDGs、UNGC、SASB、CDP、TCFD 等，并且根据标准的不同，发布不同的报告，更具有针对性。微软也会针对编制标准的变化对 ESG 披露进行更新，在 ESG 报告中，微软根据 GRI 标准的更新更改议题的披露顺序和分类，体现微软对于 ESG 信息变动的关注。

（2）披露结构成熟，多种披露角度和长远的跨度。微软的 ESG 报告披露以导向为主，披露内容篇幅不大，多数以“概述＋链接”的形式，节省阅读时间，也方便查找重点。在每个板块中，微软的披露结构为 Commitments（目标）- Impact（行动）- What we are learning（未来展望），从过去到现在到未来多维度考虑微软的 ESG 行动和目标，使得披露内容更全面。

（3）重点发展 ESG 网页披露。微软自 2016 年起减少 ESG 报告的披露篇幅，将 ESG 主要信息逐步导向网页信息披露，使得信息提供时效性高。同时，网页可以通过灵活的结构将 ESG 信息呈现，利用视频、博客、图片等多种形式向读者提供多样化的信息，提高内容的可读性。此外，微软将 ESG 网页划分为不同层次，向大众、相关者和投资者提供不同方向的内容，提高了信息的覆盖面和颗粒度。

（4）除 ESG 报告外，微软提供 E 和 S 细分报告。E 部分发布环境可持续报告，分碳、水、废、生态系统、客户和全球六个方面披露微软的举措和目标；S 部分发布多样性和包容性报告，讨论微软在公司内外的多元化方面的创新。两者都加入大量的图表和数据，并加入实际事例和图片，向读者提供更细化的 ESG 内容。

2. 缺点

微软在网页上所披露的体量较大，容易产生以下问题：

（1）披露报告过多，信息分布较分散，不利于读者查阅。微软的 ESG 信息可以通过许多渠道查找，而有些信息在一份报告中只以链接的形式呈现，这使得特定信息的查找较为困难。例如微软在 2020 年环境可持续报告中披露重要性评估流程，在其他年份 ESG 报告中仅在附录中提及或不披露，对于不熟悉微软 ESG 内容的读者而言寻找起来较为困难。

（2）ESG 网页链接逻辑较为复杂。

（3）G 部分无增量披露信息。微软的 G 部分披露主要为官网和委托说明书。微软在 2017 年之前在 ESG 报告中开设 G 部分的专题，披露治理成果和公司架构。而目前微软仅在公司官网中披露信息，对 G 的响应度降低，不利于读者对公司 G 部分的成果和时序变动进行分析。MSCI 评级同样认为微软在公司行为方面处于行业滞后水平。

（4）议题分类较为复杂。在微软的 ESG 报告中，微软会将不同议题分类到不同主题中，如 extending technology（扩展技术）-operating responsibly（负责任的运营）或 principle（原则）-people（人）-planet（星球）等。区分依据可能是编制规则的变动，但是过于频繁的变动使得读者无法感知微软目前的 ESG 重点。

（二）启示

微软从 2003 年起就开始 ESG 披露，不断学习披露标准，改善披露结构和议题，并多层面多渠道发展，形成今日的 ESG 披露体系。对于 ESG 披露较为薄弱的企业而言，可以吸取微软多年披露的经验，形成结构化、体系化的披露体系，开发多种披露形式和渠道，将更多编制标准纳入参考范围。

第三节　贝宝(PayPal)ESG 信息披露

一、公司简况

（一）公司简介和历史沿革

1. 公司简介

PayPal（纳斯达克股票代码：PYPL）于 1998 年 12 月在美国加利福尼亚州成立，是用户量仅次于支付宝和微信的全球领先的互联网第三方支付服务提供商。据官网数据，PayPal现有注册活跃账户3.25亿个，业务覆盖全球200多个国家和地区，收款业务支持超100种货币，提款业务支持56种货币，账户持有币种支持25种。

公司的主要业务电子钱包只有基本的付款与收款功能。特点是倾向于保护付款人、限制收款人，收款和提现都收取相比于其他支付工具更高昂的手续费。主要优势在于通过PayPal使用信用卡付款保护了隐私。用户注册时需要提供详细的个人或企业资料并经过严格审核；所有的支付和收款行为也受到实时严格监控，以保证通过PayPal资金流向的正当性。

2. 历史沿革

从公司发展历史来看，大致可以以被eBay收购和分拆作为分界点，分为三个时期：

(1) 1998—2002年，初创期

1998年彼得·蒂尔(Peter Thiel)和马克斯·列夫琴(Max Levchin)注意到互联网交易需要通过美国邮政服务寄送支票和汇票，线上交易的付款效率极低，于是创办了Confinity(PayPal公司原用名)，研发了基于电子邮件、银行和信用卡信息的身份认证和在线支付系统，以提供快速、低成本的付款服务。1999年，Confinity与定位于在线金融服务和电子邮件支付公司X.com合并以避免不必要的竞争。公司初期业务发展顺利，在开业三年内处理了来自1 020万个人消费者和260万商业客户的超过30亿美元的付款业务。

2000年前后，Confinity更名为PayPal，也明确了其作为互联网上消费者和企业之间数字支付平台的发展方向。开始拓宽全球范围内多币种的在线支付市场。

(2) 2002—2015年，作为eBay子公司和官方支付服务提供商活动

2002年10月，全球最大拍卖网站eBay以15亿美元收购PayPal，PayPal成为eBay的主要付款途径之一。此后，随电子商务发展，公司业务量和业务范围不断增加。

(3) 2015年至今，作为独立公司活动

2015年eBay分拆PayPal上市，PayPal再次成为一家独立公司，并在纳斯达克交易所挂牌上市。此后，PayPal大量收购，收购方向一是拓展业务领域，进入跨境汇款市场、网络借贷服务等相关领域；收购方向二是提升核心业务电子钱包的竞争力，如账单支付业务云端化、加强安全功能等。

(二) 所处行业和公司定位

1. 行业发展与竞争情况

PayPal所处的行业是金融服务业中的移动支付行业，主要提供数字钱包服务。在业务场景上，主要包括在线支付业务和线下的店内支付业务；地域上，在全球范围内中国区之外的市场上活跃。

(1) 行业市场现状和发展趋势

在实时支付(RTP)需求的驱动下，账户到账户(A2A)支付的交易额正在飞速增长。实

时支付使用场景的扩展逐渐让个人账户直接向企业账户的付款(P2B)成为可能。与信用卡相比,通过 A2A 实现支付所需要的成本更低。据 FISGlobal 机构数据,全球 A2A 交易额在 2022 年超过 5 250 亿美元,预计到 2026 年将以 13%的复合年增长率增长。

消费者仍然大量使用信用卡,但同时信贷来源正在多样化。尽管据机构预测信用卡在移动支付中所占的市场份额将小幅下降,但全球信用卡实体店和在线交易总额预计将持续上升。2022 年,所有渠道的信用卡消费超过 13 万亿美元。信用卡记账的市场份额逐渐被新兴信贷方式替代,消费者越来越多地通过数字钱包和银行、金融科技公司所提供的 BNPL("先买后付"分期付款方式)和 POS(销售点)服务支付。

数字钱包的全渠道优势在持续扩大。如图 3-37 和图 3-38 所示,支付宝、PayPal 和 Apple Pay 等数字钱包服务在全球电子商务在线支付中占据 49%的份额,在线下销售点支付占据 32%的份额,是主要的移动支付方式,占消费者支出的 18 万亿美元。并且,数字钱包仍然是增长最快的移动支付方式之一,预计到 2026 年,POS 的年复合增长率为 15%,同时电子商务的年增长率为 12%。

现金支付的地位虽然下降了很多,但仍然必不可少。由于消费者被数字支付的便捷性和安全性所吸引,现金的下降将持续到 2026 年,预计复合年增长率为-6%。然而,无现金社会还远不可能到来。现金在大多数经济体中继续发挥着至关重要的作用,2022 年全球现金消费支出超过 7.6 万亿美元。

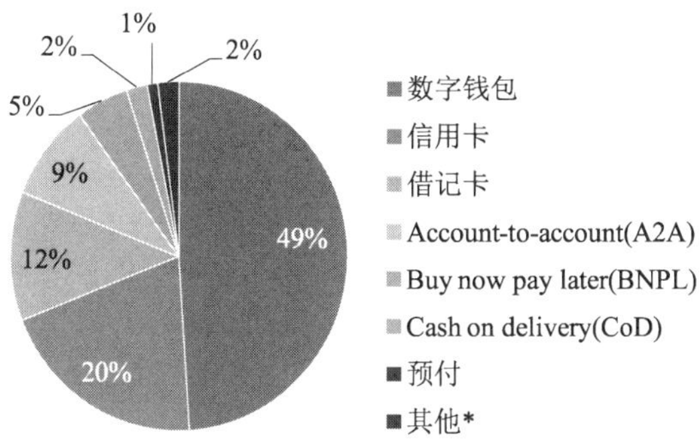

*:Others 包括 Cryptocurrencies, prepaid cards 和 PostPay。
数据来源:Worldpay from FIS®, The Global Payments Report 2023.

图 3-37　2022 年全球线上支付交易额分布情况

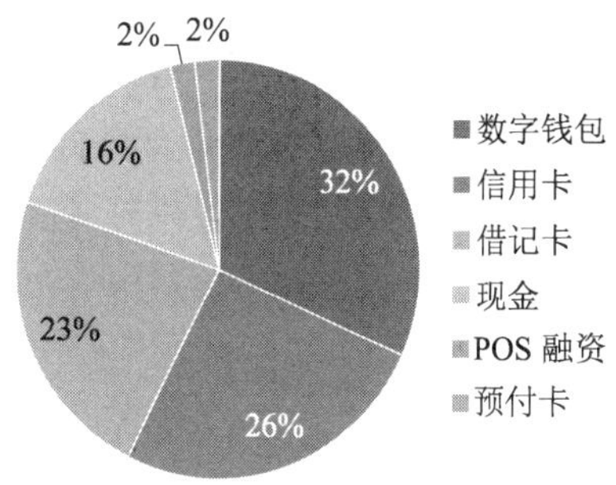

数据来源:Worldpay from FIS®, The Global Payments Report 2023.

图 3-38　2022 年全球线下销售点移动支付的交易额分布情况

移动支付的线上使用场景主要是电子商务交易。COVID-19 大流行前两年全球电子商务处于爆炸性增长,在 2022 年增速略微降低,但仍保持了高速发展的态势。如图 3-39 所示,2021—2022 年,全球电子商务交易额同比健康增长约 10%,2022 年全球电子商务交易额约 6 万亿美元,其中,亚太地区占比大约一半,北美地区占大约 1/3。

移动支付的线下使用场景就是店内支付,或称 POS(销售点)转账服务。COVID-19

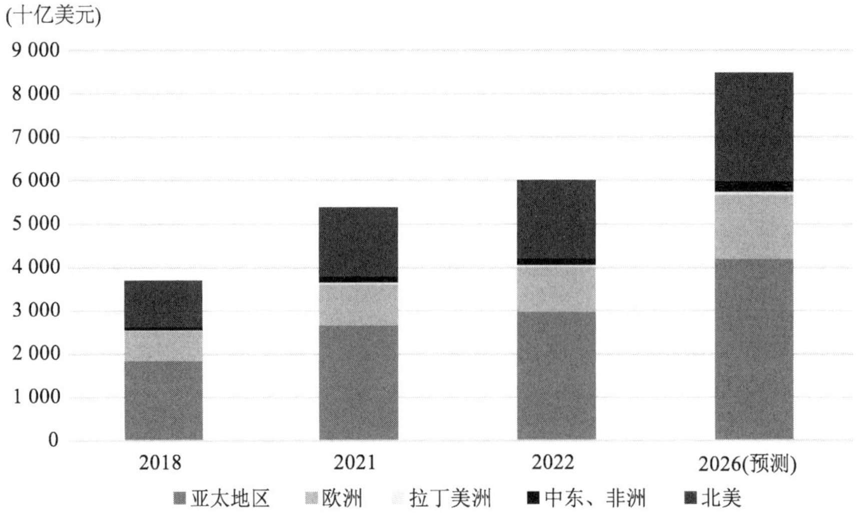

数据来源：Worldpay from FIS®，The Global Payments Report 2023.

图 3-39 2018—2026 年全球电子商务交易额的地区分布情况

让线下支付也向无接触趋势发展，现金支付大大减少，刷支付卡支付的场景也受到一定程度的冲击，随着二维码技术在北美市场的应用，数字钱包在线下支付的参与度逐年提高。

可见，移动支付行业尚保持高速增长的发展态势，市场尚未达到饱和，存在一定发展空间。

(2) PayPal 的竞争情况

PayPal 的业务面临着来自各种业务和各种形式的物理和电子支付的竞争。其中最直观的是同样提供数字钱包服务的 Google Wallet、Apple Pay、支付宝等；除此之外，还面临移动支付行业中非数字钱包服务的竞争，比如来自银行和金融机构的竞争，它们提供传统的支付方式，特别是信用卡和借记卡(统称为“支付卡”)、电子银行转账和信贷，并且有支持性的网络和服务(促进支付卡使用的支付网络或专有零售网络、支付卡处理器和“存档卡”服务等)；还有 Visa、万事达卡等信用卡公司，以及美国运通和 Discover 这两家信用卡发行商，它们充当发行方(向账户持有人发行产品的金融机构)和收单方(与商家签订合同的公司)之间的网络处理器。PayPal 和信用卡公司的大部分收入都来自交易费，因此，它们的目标都是增加交易量；不同点在于 PayPal 试图建立自己的支付生态系统，而后者只是金融机构之间的中间人。

竞争对手中商业银行和金融机构有相当大的业务规模，并且其提供的服务广泛重叠，分部门计算支付业务的收入很难。在不同国家和地区之间支付业务的市场规模和市场份额有较大方差。因此对移动支付行业的市场份额占比计算很难做到精确。据估算，PayPal 在北美移动支付市场的份额大约是 10%，仅略低于 Visa 卡的市占率，在移动支付中的数字钱包细分市场中占据主要领导地位。

2. 公司定位、使命与愿景

(1) 公司定位

20 多年来，PayPal 一直处于数字支付革命的前沿。PayPal 平台利用技术使金融服务和商业变得更加方便、实惠和安全，帮助人们和企业加入全球经济并在其中蓬勃发展。

(2) 公司使命和愿景

公司的使命是实现金融服务民主化，确保每个人无论背景或经济状况如何，都能获得负担得起的方便且安全的产品和服务，以掌控自己的财务生活。

(三) 公司的股权结构及子公司、孙公司等情况

1. 股权结构

PayPal 目前没有持股比例超过 50%的大股东，也即没有母公司或控股公司。截至 2022 年年底，PayPal 公司持股比例较大(超过 5%)的股东仅有两方机构投资者，其中先锋集团持股比例大约为 8.41%，贝莱德持股比例大约为 6.84%。PayPal 的公司高管及董事的持股比例都低于 1%。

2. 子公司情况

表 3-32 是 PayPal Holdings，Inc. 在 2022 财年对集团收入有重大影响的子公司列表，省略了被视为独立子公司但不构成重要子公司的子公司，共列出 13 家。其中，5 家是各个国家分部，包括澳大利亚、加拿大、巴西、新加坡以及美国本土；其余 8 家开展与数字钱包相关的金融服务行业中的其他服务：Bill Me Later，Inc. 是开展先用后付的微型信贷服务的子公司；Swift Financial，LLC 是通常作为非存款信贷中介活动的子公司，注册在卢森堡的两家子公司分别从事信贷和财产管理；Hyperwallet Systems Inc. 支持集团内部其他子公司在全球范围内提供移动支付服务，侧重于技术服务；Paidy Inc. 是 2008 年日本本土创立的移动支付行业独角兽公司，2021 年被 PayPal 收购，开展日本地区移动支付服务。

表 3-32　　对 PayPal 有重大影响的子公司及注册地区情况[①]

子公司	组织的司法管辖区
Bill Me Later，Inc.	美国特拉华州
Hyperwallet Systems Inc.	加拿大
Paidy Inc.	日本
PayPal (Europe) S. à r. l. et Cie，S. C. A.	卢森堡
PayPal Australia Pty Limited	澳大利亚
PayPal Canada Co.	加拿大
PayPal do Brasil Instituição de Pagamentos Ltda	巴西

① 资料来源：2022 10 - K.

续表

子公司	组织的司法管辖区
PayPal Global Holdings，Inc.	美国特拉华州
PayPal International Treasury Centre S. à r. l.	卢森堡
PayPal Payment Holdings Pte. Ltd.	新加坡
PayPal Pte. Ltd.	新加坡
PayPal，Inc.	美国特拉华州
Swift Financial，LLC	美国特拉华州

（四）财务绩效情况

1. 近五年收入情况

从营收端来看，PayPal 自上市以来的收入规模呈现持续的上升趋势。如图 3-40 所示，PayPal 近五年的收入分别是 154.5 亿美元、177.7 亿美元、214.5 亿美元、253.7 亿美元、275.2 亿美元，增长率分别是 18%、15.02%、20.72%、18.26%、8.46%。虽然 2020 年新冠全球大流行对全球经济造成了冲击，但大流行初期对电子商务和线上支付的刺激增长冲淡了经济下行带来的消费缩水，直到 2022 年，网购和线上支付的发展迎来平台期，全球经济增速下滑对 PayPal 业务的影响开始显现。不过，虽然 PayPal 近两年收入增速放缓，但仍然保持了增长的趋势。

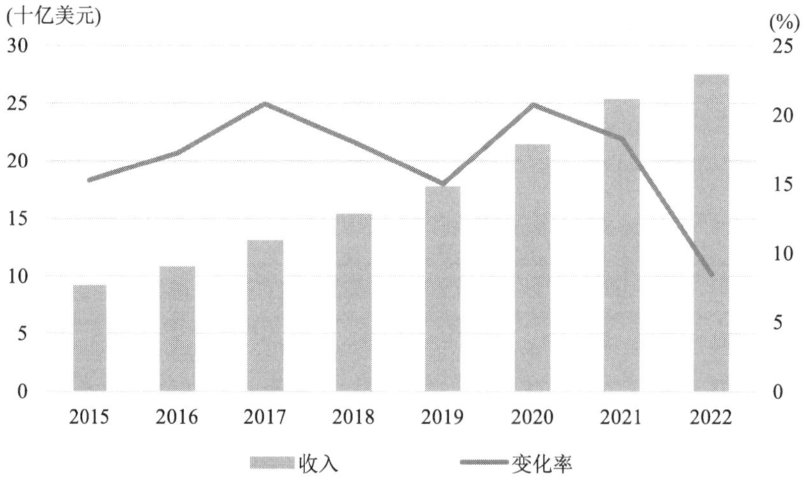

图 3-40 2015—2022 年 PayPal 收入情况

2. 近五年利润情况

如图 3-41 所示，PayPal 近五年的净利润分别是 20.6 亿美元、30.0 亿美元、42.0 亿美元、41.7 亿美元、24.2 亿美元，增长率分别是 14.3%、45.7%、40.1%、−0.7%、−42.0%。可见，PayPal 上市后到 2020 年前的利润保持了较高增速的增长，2021 年利润基本持平，

2022年有显著下滑。本文认为可能的原因有：

(1) 总支付金额(TPV)增长放缓，2022年增长9%至3 574亿美元，低于市场预期的3 654亿美元；

(2) 宏观经济环境挑战，除了全球经济增速下滑，通货膨胀压力也影响了可自由支配的消费支出，疫情后的支出模式仍在演变；

(3) 裁员和成本调整，PayPal在2022年1月下旬宣布将裁员2 000名员工，相当于公司员工总数的7%，这可能导致了一次性的成本支出，从而影响了公司的净利润；

(4) 先买后付服务(BNPL)微型放贷规模的进一步扩大，其所导致的违约率和坏账计提准备的增加都可能对公司当期净利润造成负面影响；

(5) 股权奖励支出，PayPal削减开支的举措帮助该公司在去年节省了9亿美元，并在2023年至少能节省13亿美元的成本，然而，这其中包括了预估约为15亿美元的股权奖励支出以及相关的雇主薪酬税，也可能作为或有事项影响本年度净利润。

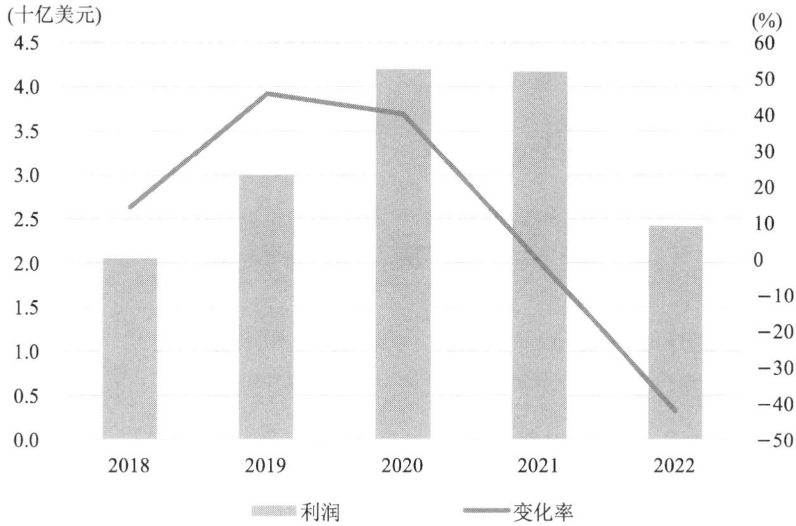

图3-41　2018—2022年PayPal利润情况

3. 近五年市值

PayPal在新冠大流行之前的市值保持平稳中有较高幅度增长的态势，与消费场景中对实时支付(RTP)的需求增长趋势基本相符。如图3-42所示，2020年PayPal的市值相较2019年翻倍有余，得益于疫情这一环境因素对电子商务和线上支付的增长刺激，使得2020年PayPal业绩增幅显著，全年全球支付交易结算总额为9 360亿美元，同比增长31%；净利润为42亿美元，同比涨超70%；净营收为214亿美元，同比上涨21%，远超预期。而2021年PayPal市值下滑的主要原因则可能是全球经济增速放缓，PayPal业绩高速增长的趋势未能保持，业绩表现未及市场预期。2022年，随着全球经济增速继续下滑，PayPal的增长放缓，利润大幅缩水。同时，PayPal的新用户增长也在放缓，尽管PayPal在最近一个季度结束时拥有431万活跃账户，但这个数字相比上一年同期只增加了200万，相比上一季度则下降了200万，这可能会影响其未来收入增长的预期，从而影响其市值。PayPal对于自己过高的经济预期持续落空，市值一路走低。从2021年股价封顶后，PayPal的市值从3 155亿美元一路跌至553亿美元(2023年10月28日)。

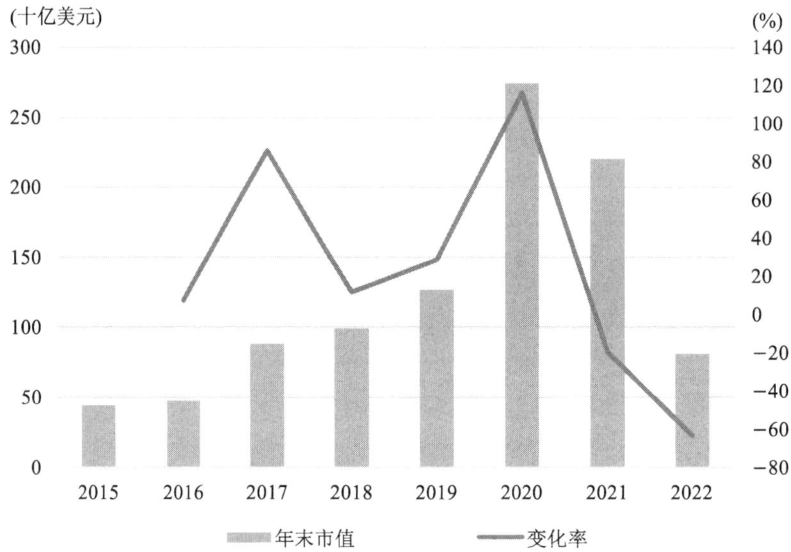

数据来源：https://companiesmarketcap.com/paypal/marketcap/.

图3-42 2015—2022年PayPal市值情况

4. 业务组成与分部财务数据

PayPal业务组成较单一，主要业务收入为收取交易手续费。如图3-43所示，公司通过收取交易手续费的形式实现的收入占总收入的91.6%。

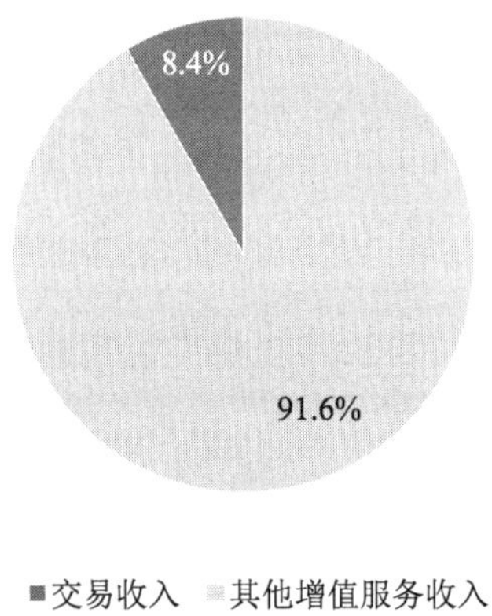

图3-43 PayPal业务组成

(五) 公司产品与ESG的联系

PayPal的主要产品是对全球消费者和企业提供的移动支付服务，其与ESG在环境和社会两方面有一定关联。

(1) 移动支付业务取代传统支付业务的过程中，对环境有正外部性影响。如同所有数字化技术在互联网时代的作用，线上的信息交换降低了交通、纸张、油墨和档案管理等成本。电子商务发展之初，采用的支付方式是邮寄账单和支票汇票的方式；线下交易中，通常使用现金或支票支付。价值的交换依赖实物凭证的交换，在这一过程中不可避免地会发生交通和通信成本，实物凭证的制作和认证过程也耗费资源、产生废弃物排放等环境负外部性影响。移动支付业务的推广有效降低了这部分环境负外部性。

（2）在维护移动支付交易和账户信息的数据安全和隐私保护过程中，对社会有正外部性影响。PayPal 看重其在全球社会环境中的影响力，非常重视数据安全和隐私保护。作为一家全球领先的在线支付服务提供商，PayPal 采用了多种安全措施保护用户的个人信息和交易数据：

① 数据加密：PayPal 在用户的电脑和 PayPal 服务器之间的所有信息传输都进行了加密，以防止数据在传输过程中被窃取。

② 欺诈防范：PayPal 有专门的欺诈防范团队，使用先进的欺诈检测系统监控所有交易活动，以便及时发现并阻止任何可疑活动。

③ 隐私保护：PayPal 严格遵守数据保护法规，不会在未经用户明确同意的情况下与第三方共享用户的个人信息。

④ 购物保障：如果用户购买的商品未按描述或未送达，PayPal 会调查问题，并可能退还全额款项。

这些与主营业务移动支付服务高度相关的实践为 PayPal 的社会范畴影响力带来了良好的正外部性。

二、ESG 发展沿革

（一）ESG 披露发展沿革

1. 公司 ESG 披露渠道的发展情况

2015 年，PayPal 于美国纳斯达克上市。

2017 年初，在 2016 年年报中首次披露 ESG 相关信息。PayPal 在议案 6 & 7 中（年报中共披露 7 个议案）披露股东提出的对 ESG 信息披露的需求，股东在提案中建议按年度披露单独的可持续发展报告和温室气体净零排放的评估报告，但两个提案都被董事会投票否决。其反对的理由是：

（1）提案中概述的报告准则建议大大超出了美国证券交易委员会的任何要求。

（2）开发和维护、收集和评估必要信息所需的基础设施以及编写和发布这类报告将需要大量的时间和费用，却不给股东带来实质性利益。

（3）汇编这些信息还将引导企业资源远离增加股东价值的活动和我们的社会影响举措。

（4）PayPal 已采取措施维护和宣传其作为负责任的企业公民的角色，董事会相信，编制该报告不会导致 PayPal 对环境、社会及治理问题的既定承诺或以对社会负责的方式开展业务的承诺发生任何变化。

其后，在年报中分条简要列举了其现有的 ESG 实践内容。

2018 年，董事会由原先的 9 人扩充到 11 人，增添一名黑人（Rodney C. Adkins）和一名女性（Ann M. Sarnoff）进入董事会。或许与董事会这一人事变动有关，也或许因为 ESG 披露逐渐成为共识，提案被否决一年后，PayPal增加了对ESG信息的披露渠道。

2018年初，首次披露ESG报告，名称为《PayPal 2017全球影响报告》(2017 Global Impact Report)，这份2017年全球影响报告是PayPal公司第一份全面的ESG相关信息披露报告。它反映了绩效数据并涵盖PayPal 2017年的全球业务。该报告涵盖四个关键优先领域：社会影响、环境责任、员工和文化以及负责任的商业实践。相较于ESG报告对环境、社会和治理影响的具体量化，PayPal的全球影响报告更关注企业的社会影响以及议题对利益相关方评估和决策的影响。

2021年初，发布第4份全球影响报告，实现ESG关键数据的独立鉴证。

2023年初，发布第6份全球影响报告。网页作为ESG披露渠道之一，信息同步更新。

2. 总体趋势分析

从趋势来看，PayPal披露渠道呈现较为稳定、整体逐步丰富化的趋势。主要渠道为在公司官网板块披露相关信息和文件。自2018年起，PayPal开始在全球影响报告、年报、网页披露相关信息。披露渠道整体连续性较强。

3. 公司ESG披露情况现状总结

PayPal目前的ESG信息披露机制如表3-33所示，PayPal仅有官方网站这一个非年度披露渠道，同时剩余信息均以年度为单位披露。官方网站上，实时披露的信息仅含有ESG实践，以新闻文章或外部链接的形式披露；按月度或季度更新的是一部分内含部分与ESG相关的数据、绩效以及关于PayPal参与的ESG倡议与政策的文件；网站上可查看的ESG治理架构、重点议题等内容与全球影响报告完全相同，视为每年度更新一次。此外，全球影响报告和年报均以年度为单位披露ESG信息，网站的相应内容也随之至少每年更新一次，内容包含ESG实践、ESG绩效、ESG政策、ESG重点议题等。

表3-33　　PayPal ESG披露情况现状总结

<table>
<tr><th>披露内容</th><th>披露渠道</th><th>披露频率</th></tr>
<tr><td>ESG实践</td><td>官方网站</td><td>实时</td></tr>
<tr><td>参与倡议</td><td rowspan="4">官方网站</td><td rowspan="4">月度/季度</td></tr>
<tr><td>ESG绩效</td></tr>
<tr><td>ESG政策</td></tr>
<tr><td>ESG数据</td></tr>
<tr><td>ESG管治</td><td rowspan="5">官方网站
全球影响报告
年报</td><td rowspan="5">年度</td></tr>
<tr><td>ESG实践</td></tr>
<tr><td>ESG绩效</td></tr>
<tr><td>ESG政策</td></tr>
<tr><td>ESG重点议题</td></tr>
</table>

（二）ESG 评级发展沿革

1. 各评级机构 ESG 评级情况

PayPal 在各评级机构的 ESG 评级如表 3-34 所示。PayPal 连续五期获得 MSCI“A”级评价，在行业内属于中等偏上水平。2022 年，PayPal 获得路孚特 81/100 分评价，在职业商业服务行业内排名 11/460。近五年标准普尔对 PayPal 的评分逐年上升，2022 年评级结果显示 ESG 评分结果为 58/100，高于行业平均得分 26/100。且标准普尔认为 PayPal 基于企业可持续发展评估（CSA）框架的基础信息披露率达 92%，相对于同行的数据可用性很高；另外，除 CSA 期望披露的信息之外的额外披露率为 72%，相对于同行的数据可用性为中等。

表 3-34　　PayPal 各评级机构 ESG 评级时序变动情况

年份	2018	2019	2020	2021	2022
MSCI	—	A	A	A	A
路孚特	—	—	—	—	81
S&P Global	13	34	41	49	58

可见，各机构对 PayPal 的 ESG 评级有一定出入，但基本认可 PayPal 的 ESG 评级在行业中大致处于中等偏上水平。

2. 公司 E、S、G 分别的评级与时序变动情况

本文中采用路孚特和标准普尔的 ESG 分别评级得分。由于不同评级机构的评分标准存在差异，PayPal 在不同评级机构所获得的评级结果差异较大。如表 3-35 所示，PayPal 在路孚特获得了 G 和 S 较高的评级，但是 E 评级较低，S&P Global 的评分恰恰相反，PayPal 在 E 获得了较高的评级，但是 S 和 G 的评级较低。

表 3-35　　PayPal 路孚特、S&P Global E、S、G 分别评级情况

2022 年评级	E	S	G
路孚特	65	82	91
S&P Global	75	49	58

3. 公司领先议题和落后议题

根据 MSCI 评级，PayPal 在社会影响范畴的部分议题保持领先。如图 3-44 所示，PayPal 在人力资源发展、金融可及性议题领先，在公司治理和碳排放议题属于平均水平，公司行为和数据安全隐私保护是落后水平。

作为一家提供多样化金融服务中移动支付服务的公司，PayPal 的使命和愿景就是实现金融服务民主化，确保每个人无论背景或经济状况如何，都能获得负担得起、方便且安全的

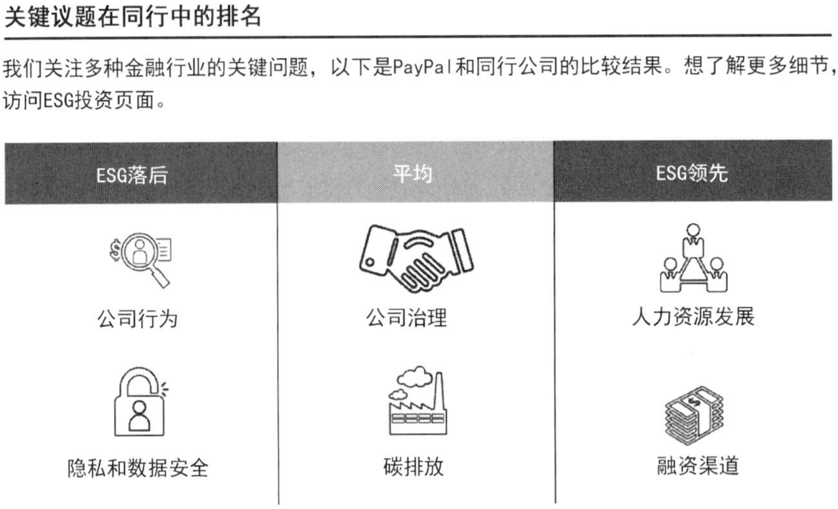

关键议题在同行中的排名
我们关注多种金融行业的关键问题，以下是PayPal和同行公司的比较结果。想了解更多细节，访问ESG投资页面。
ESG落后
平均
ESG领先
公司行为
公司治理
人力资源发展
隐私和数据安全
碳排放
融资渠道

图 3-44　PayPal MSCI 议题领先与落后情况

产品和服务，以掌控自己的财务生活。因此 PayPal 在金融可及性这一议题的实践中有天然的优势。同时，这类对数据和隐私安全极为敏感的业务也对 PayPal 在隐私和数据安全议题的实践中提出了更严格的要求。PayPal 于 2022 年 12 月身陷数据泄露丑闻，约 35 000 个 PayPal 账户遭到非法访问且多字段隐私信息被泄露。PayPal 称黑客并未入侵 PayPal，系其他服务的违规行为为撞库攻击提供了漏洞，导致近 35 000 个 PayPal 客户账户被未经授权的第三方犯罪分子访问。在此之前，2017 年，PayPal 所提供的辅助性服务数据库也曾遭到网络攻击。虽然因此身陷规模性诉讼，但 PayPal 对这项危机进行的迅速且透明的响应和补救挽回了一些声誉。PayPal 第一时间向受影响的个人提供了明确的信息，并迅速处置防止进一步的损害，积极重建消费者的信任。

作为一家技术平台和数字支付公司，PayPal 的碳足迹相对较小。这对 PayPal 开展节能减排等处于环境范畴内的议题实践有两面性的影响，一方面方便了其达到不错的环境影响结果，另一方面也限制了其在环境友好型实践中的投入力度。

三、公司 ESG 组织形式

（一）公司目前 ESG 相关组织架构情况

PayPal 的公司治理框架是建立了董事会和管理层问责制，公司经营由独立且高效的董事会监督，董事会下设 3 个委员会：治理委员会（Governance Committee）、薪酬委员会（Compensation Committee）和审计、风险与合规委员会（ARC 委员会），其中治理委员会全部由独立董事组成。

PayPal 没有单独设立负责管理 ESG 工作的委员会，由 3 个委员会分别监督管理与职能相适应的部分 ESG 工作。治理委员会负责监督 PayPal 的 ESG 计划并定期向董事会报告；薪酬委员会和审计、风险与合规委员会负责监督与其各自职责领域相关的 ESG 问题。

PayPal 提出的跨职能 ESG 计划由首席财务官（CFO）和首席企业事务官（CCAO）等高管合作指导和管理，并由跨职能工作组在 ESG 指导委员会（ESG Steering Committee，不属于董事会下常设部门，由多部门相关人员联合组成）的指导下实施。ESG 指导委员会的代表每季度向董事会委员会和执行领导层通报 ESG 问题，并至少每年与企业风险管理委员会的小组委员会（a Subcommittee of the Enterprise Risk Management Committee）举行会议，审查当前和新兴的 ESG 相关风险主题。

（二）ESG 组织架构变动情况

2018 年前，PayPal 未披露具体 ESG 组织架构，仅在全球影响报告中有少量文本提及董事会的公司治理和提名委员会对 ESG 相关工作进行总体监督、相关委员会监督具体活动。

PayPal 从 2019 年开始在全球影响报告中披露 ESG 组织架构。其组织架构分为三个层级：监督层、管理层和执行层（2020 年前称计划实施层，功能相同）。管理层先为执行副总裁、首席商务事务兼法律官，2020 年后说法更改为执行管理层，功能相同。这说明了 PayPal 公司对 ESG 的披露视角从作为公司商业活动的辅助支持活动之一，逐渐向独立的一个公司部门活动转变。

自披露之后，PayPal 公司总体的 ESG 组织架构稳定。

四、议题选择

（一）根据 MSCI 梳理公司议题分类

PayPal 根据 MSCI 议题分类标准进行议题分类情况如表 3-36 所示，根据 MSCI 议题分类标准，以 2022 年 PayPal 全球影响报告为例，PayPal 共覆盖 4 个环境范畴的议题，13 个社会影响范畴的议题，1 个治理范畴的议题。从内容篇幅来看，环境范畴占总体篇幅的 19.5%，社会影响范畴占总篇幅的 76.6%，治理范畴占总体篇幅的 3.9%。社会影响范畴所占篇幅最多，披露的议题数量最多，较为全面（指披露的议题数量占该范畴内所有议题数量的比例）。环境范畴所占篇幅不大，但相关议题涵盖较全面。治理范畴所占篇幅较少，披露的议题也相对有限。

表 3-36　　根据 MSCI 分类的 PayPal ESG 议题统计

MSCI 议题分类		2017—2018 年	2019 年	2020—2022 年	2022 年议题篇幅占比
Environment Pillar（环境）	气候变化	0	1	2	19.5%
	自然资本	1	1	1	
	污染和浪费	2	2	0	
	环境机会	1	1	1	

续表

MSCI 议题分类		2017—2018 年	2019 年	2020—2022 年	2022 年议题篇幅占比
Social Pillar（社会）	人力资本	6	3	3	76.6%
	产品债务	4	7	7	
	股东反对	2	2	2	
	社会机遇	3	1	1	
Governance Pillar（治理）	公司治理	1	1	1	3.9%
	公司行为	0	0	0	
总计		20	19	18	100%

考虑到 PayPal 披露全球影响报告，可能基于影响力披露的逻辑进行议题分类，本文参考 IFVI 所颁布的《一般方法论 1 号》中影响力识别工具对 PayPal 披露议题进行分类。如表 3-37 所示，PayPal 的议题披露逻辑与影响力识别框架逻辑有相似性，但并不完全相符。

表 3-37　　PayPal 影响力识别①

利益相关者群体类别	价值链环节	
	上游	自有业务
自然	使用清洁能源	自然资源管理、电子废物处置
消费者与终端用户	负责任采购	网络安全、数据隐私管理、金融健康和消费者便利
雇员与其他工人	—	员工文化、员工影响
政府与监管部门	—	内控
本地社区	—	中小企业金融服务可及性、金融健康、公益

（二）历年选择议题的变动情况

2018 年前，PayPal 未披露具体 ESG 重要性议题选择情况，仅在全球影响报告中少量文本提及关注的关键内容。

从 2019 年开始在全球影响报告中披露重要性议题矩阵之后，PayPal 公司总体的 ESG 重要性议题选择稳定，无明显变化。

表 3-38　　PayPal 2017—2022 年议题选择变动情况

年份	议题选择情况
2017—2018	未披露重要性议题。披露内容涉及的议题相同
2019	首次披露重要性议题矩阵。披露内容与之前涉及的内容几乎相同
2020—2022	重要性议题矩阵完全相同，与 2019 年首次披露的议题矩阵相比在形式上有微调，内容上几乎相同

① 资料来源：2022 年 PayPal 全球影响报告。

五、不同渠道披露之间的关系

(一) 年报中 ESG 信息与 ESG 报告的查重率

本文计算了 PayPal 历年全球影响报告与年报内容的查重率。如图 3-45 所示，2017 至 2019 年，全球影响报告与年报重复率稳定维持在较低水平，大约 1.5%。2020 至 2022 年全球影响报告与年报重复率呈波动上升趋势。

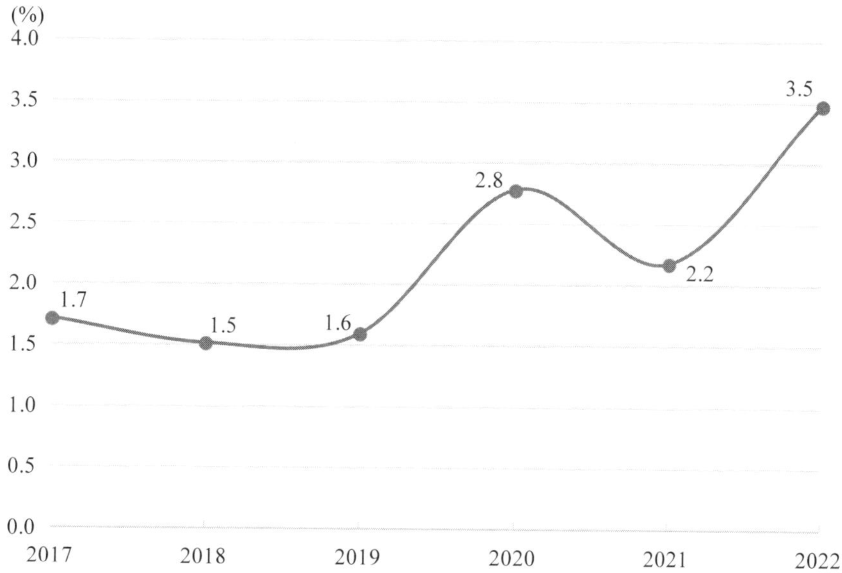

图 3-45　2017—2022 年 PayPal ESG 报告与年报中 ESG 信息的查重率①

本文分析认为，2017 至 2019 年重复率显著低于 2020—2022 年的主要原因是当时年报中对 ESG 相关内容的披露量非常少，且全球影响报告中几乎不包含财务和公司治理相关的部分，主要围绕 ESG 中社会影响相关的议题展开，因此查重率较低。自 2020 年起，PayPal 年报 ESG 部分与全球影响报告中的对应内容基本一致，因此重复率有所上升，但因为年报中 ESG 篇幅占比仍然很小，重复率保持在 5%以下的低位。

本文计算了历年年报 ESG 部分内容与当年全球影响报告内容的查重率，如图 3-46 所示，重复率保持在 10%左右。虽然重复率较低，但经人工逐段比对，年报 ESG 部分与当年全球影响报告的结构和内容有高度重复和相似性，只不过年报用大约 1/10 于全球影响报告的篇幅用高度精练语言概括重述，在查重时使用的文本相似度计算中未被判定为重复表述。结合人工比对结果，本文认为，基本可以认为年报 ESG 部分内容的披露仅是对当年全球影响报告内容的摘要抄录。

---

① 使用 Paper YY 自建库进行查重，以历年 ESG 报告为样本，年报为计算目标。由于 ESG 报告和年报篇幅较长，受到查重字数的限制，部分报告采用分部分查重，之后按照权重取平均值。下同。

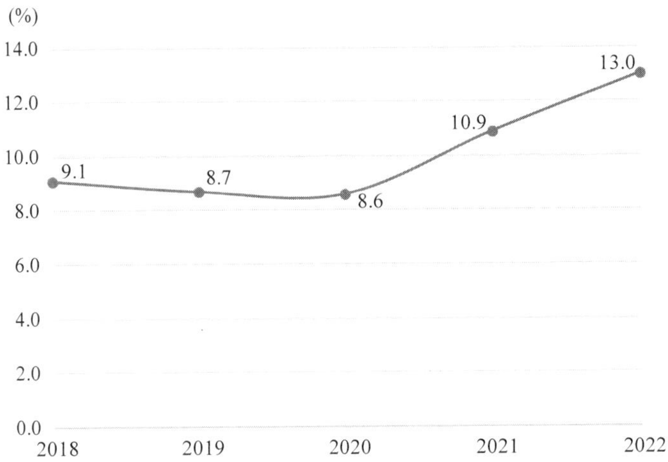

图 3-46　2018—2022 年 PayPal 年报 ESG 与 ESG 报告查重率①

(二) 不同 ESG 披露渠道的比较

表 3-39 展示了 PayPal 的不同 ESG 相关信息披露渠道的目标受众、框架结构、披露重点、是否有重复披露情况与披露内容风格等方面的比较，可见 PayPal 的不同 ESG 相关信息披露渠道存在针对不同受众的不同披露形式设计，但是在内容上仍以全球影响报告为主，其他披露渠道均与全球影响报告有重复披露的情况。

表 3-39　　PayPal 不同 ESG 披露渠道的比较

披露渠道	目标受众	框架结构	披露重点	重复披露	报告风格
全球影响报告	利益相关者	前言简介＋分板块披露＋附注	S	以全球影响报告为基准	严谨
年报中 ESG 披露部分	利益相关者	前言简介＋分板块披露	S	重复披露	严谨
网页	大众、潜在投资者	主要在两个板块，分别从对企业内部和外部的社会影响进行披露	S	重复披露	语言风格与报告相似，大量可视化图标、配图，排版设计丰富，文字较少

六、ESG 报告

PayPal 公司按年度频率定期披露的 ESG 相关独立报告为《全球影响报告》(*Global Impact Report*)，本节内容以该报告为主体进行相关分析。

(一) 采用的标准

自 2017 年起，PayPal 全球影响报告遵循联合国可持续发展目标(SDGs)，并主要参照

① 使用 Paper YY 自建库查重，以历年年报中 ESG 部分为样本，ESG 报告为计算目标。

全球可持续发展标准委员会(GSSB)发布的《GRI 可持续发展报告标准》(*GRI Standards*)编制报告。

2017 年,PayPal 主要参照可持续性会计准则委员会(SASB)的《可持续发展准则》(*SASB Standards*)和全球可持续发展标准委员会(GSSB)发布的《GRI 可持续发展报告标准》(*GRI Standards*)评估和编制。

2018 年,无明确编制标准,PayPal 主要针对 SDGs 评估和编制。

2019 年,PayPal 全球影响报告中首次出现交叉索引。其主要参考 SASB、GRI、SDGs 以及新添加的 TCFD 框架评估和编制。

2020—2022 年,PayPal 全球影响报告中包含的社会、环境的数据和信息根据 SASB、GRI、联合国全球契约十项原则和世界经济论坛的利益相关者资本主义指标框架(SCM)披露,此外,PayPal 还根据气候相关财务披露工作组(TCFD)的建议制定了一个单独的指数于网站披露。

(二)内容结构

1. 查重率

本文计算了 2017—2022 年 PayPal 全球影响报告与前一年全球影响报告的查重情况。如图 3-47 所示,PayPal 的查重率呈现逐渐上升的趋势。

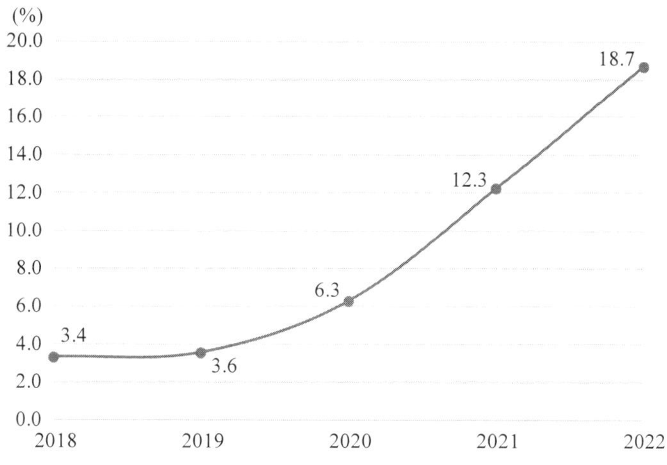

图 3-47 2018—2022 年 PayPal ESG 报告查重率①

在披露全球影响报告的初期,PayPal 持续探索适合该公司特点的影响力披露模式,因此全球影响报告与上一年度报告查重率维持在较低水平。每年 PayPal 都在添加披露的要素,如 2019 年首次进行重要性议题评估、首次提供交叉索引,2020 年首次进行独立鉴证、调整报告结构顺序等,相关变动于本文中其他相应板块说明分析。

① 使用 Paper YY 自建库查重,以上一年 ESG 报告为样本,当年 ESG 报告为计算目标。

而由于公司业务结构相对简单、变化小，ESG相关信息的披露在经历初期对适应该公司特点的披露形式的探索阶段后，全球影响报告的结构和披露内容趋于稳定，与前一年度全球影响报告的查重率显著上升，年际信息增量有减少趋势。

2. ESG披露内容时序变动情况

（1）交易所对ESG信息披露规定的变动情况

美国ESG信息披露的监管机构为美国证券交易委员会，纽约证券交易所及纳斯达克交易所。对于ESG或者可持续信息的披露要求，主要来源于美国SEC对上市公司的法规和披露文件要求。在这两个证交所上市的公司不仅要满足证交所对其信息披露的要求，同时也受美国证券交易委员会的监管。目前两大证券交易所纳斯达克、纽交所均不强制要求上市公司披露ESG信息，本着自愿原则鼓励企业在衡量成本和收益时考量ESG。

（2）ESG报告内容变动情况

由于公司业务结构简单且变化不大，PayPal的全球影响报告自2017年首次披露起，披露内容比较稳定，每年仅部分调整。其中相对重要的内容变动包括2019年，首次开始评估重要性议题，报告篇幅和披露内容量显著增加，并首次提供交叉索引；2020年，全球影响报告中G范畴的治理内容不再作为单独板块披露，首次提供鉴证报告，披露内容量再次增加。如图3-48所示。

2019年
开始评估重要性议题，
披露内容量显著增加，
提供交叉索引
2020年
治理不再作为单独板块提供鉴证报告，
披露内容量再次增加

图3-48 PayPal ESG报告内容变动情况

（3）ESG报告结构顺序的时序变动情况

PayPal的全球影响报告自2017年首次披露起，披露结构比较稳定，各板块顺序有调整，但变动影响相对较小。结构上，PayPal的全球影响报告有S板块占比越来越高的趋势，最初披露时E∶S∶G内容量约为2∶7∶1，目前E∶S∶G内容量约为2∶8∶0。报告结构具体逐年变动分析如表3-40所示。

表3-40 PayPal ESG报告结构顺序的时序变动情况

年份	披露顺序	披露特点
2017	SESG	披露内容量普遍较少。G最少，仅披露少量公司治理信息。S作为主体内容，人员管理和产品可靠度披露较多。E板块前的S板块关注公司外部的社会影响，如社区、金融安全等；E后S关注公司内部，如员工关怀、供应链管理、数据安全等

续表

年份	披露顺序	披露特点
2018—2019	GSES	G部分有“公司治理和ESG监督”作为单独板块，于报告正文最前披露，占比最少（约占总内容量的10%*）；S部分仍作为主体内容（约占总内容量的60%～70%），员工部分被前置到E之前，其他顺序与2017年相同。E部分约占总内容量的20%
2020	SE(G)S	G不再作为单独板块披露，有关公司治理和ESG监督的内容作为E后S的第一小节披露，内容变化不大。S内容占比进一步提升，稳定在70%左右
2021	(G)SES	G不再作为单独板块披露，有关公司治理和ESG监督的内容作为“关于PayPal”的部分在报告正文前披露
2022	(G)SE	S内容量进一步提升，在形式上S也更体现为报告主体。S分为产品相关、外部、内部三部分披露，披露思路更清晰

*：内容量以议题数量和所占报告篇幅（页数）反映。

（三）环境(E)、社会(S)、治理(G)

1. 分别的披露侧重点

本文对于PayPal全球影响报告中E、S范畴（2022年全球影响报告中不涉及G范畴主体内容披露）进行了词频统计，排除介词、连词、代词后，各范畴的词频统计结果如图3-49所示。

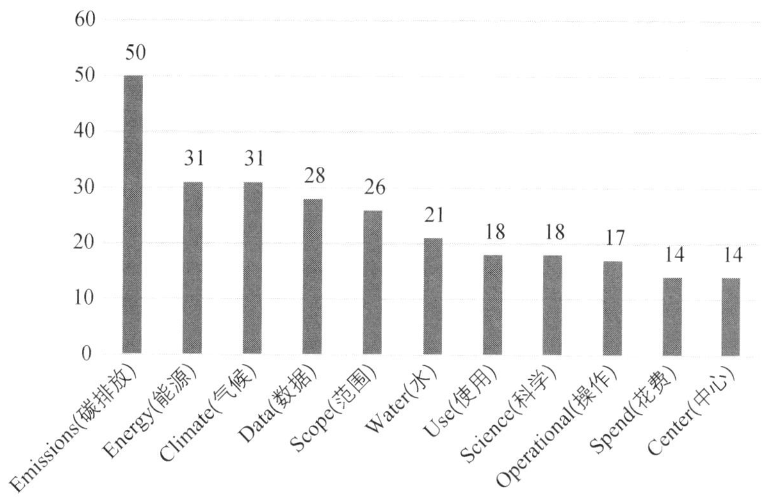

图3-49　PayPal ESG报告E范畴词频统计

PayPal全球影响报告E范畴中出现频率最高的词是Emissions（碳排放），其次是Energy（能源）和Climate（气候），可见PayPal十分注重对排放、能源使用和气候变化关怀内容的披露。其后Data（数据）、Scope（范围）的出现频率也较高，说明PayPal较为详细地披露了数据收集工作中的测量方法。Water（水）和Use（使用）也有相对较高的出现频率，且

Water(水)是具体资源名词中唯一一个进入词频前11位的单词,说明PayPal对水资源使用格外关注。

这11个高频词中并未出现有特色的具体专题,整体来看,PayPal在环境范畴的披露显得空洞,并不具体翔实。本文认为可能的原因是,环境范畴的披露需要在检测设备等基础设施上的大量投入,考虑到规模等因素PayPal并未进行太多行动实践,缺少行动支撑导致了披露空洞。

如图3-50所示,PayPal的全球影响报告在S范畴出现频率最高的单词是Employee(雇员,合并Emoployees的数量),可见PayPal采用了大量篇幅披露自己的员工文化和雇员管理。对PayPal来说最重要的议题中有数据安全和隐私管理,词频统计也支持了这一点,Data是S范畴词频第二高的单词,Privacy(隐私)是前11。Business(商业)、Financial(金融)、Access(可及性)也是S范畴较高词频单词,这与PayPal注重提高金融服务可及性高度相关,说明PayPal的确拿出较多篇幅用于披露自己在通过利用技术使金融服务和商业变得更加方便、实惠和安全,实现金融服务民主化上的努力。Management(管理)排在第5位,与其作为通用单词与Employee、Data等词组合有关。Global(全球的)的高词频从侧面反映了PayPal作为一家业务遍布全球的跨国公司,对全球化的关注。

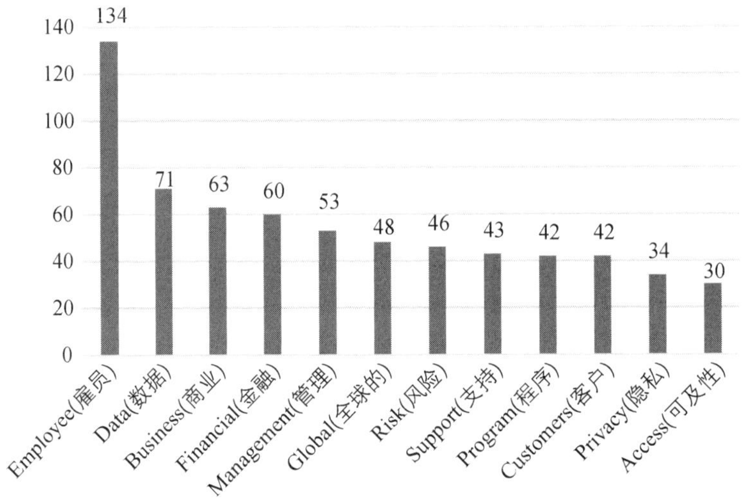

图3-50 PayPal ESG报告S范畴词频统计

2. 各自的披露特色

除了披露内容外,披露形式也是值得关注的重点。以PayPal 2022年全球影响报告为例,通过统计可以得到表3-41所示的结果。由于G不再作为单独板块披露,只统计E、S的指标。两部分都采用举措作为说明形式次数最多,同时使用较多数据说明。从披露形式来看,PayPal在S部分的举措、数据和图表支撑最翔实,这一结果与其将S部分作为披露主体的思路一致。

表 3-41　　PayPal ESG 报告关键指标统计

年份	关键指标	E	S
2022	举措数量*	9	50
	关键数据数量**	8	19
	照片数量	1	19

*：PayPal 全球影响报告中的举措数量按照单个案例故事计数。
**：PayPal 全球影响报告中的关键数据数量以单张数据图表计数。

七、网页

(一) ESG 网页披露结构及网页披露内容与 ESG 报告的联系

PayPal 网页中与 ESG 相关的信息被集中在两个板块披露：(1)"我们如何工作"披露企业对内部社群的影响力，如数据安全、员工文化等；(2)"行动中的价值观"披露企业对外部社会的影响力，如中小企业金融赋权、公益捐助等。

本文将 PayPal 公司 ESG 网页披露内容与 ESG 报告披露章节对比，并分别以 ESG 报告披露章节构成和 ESG 网页构成为基准建立了相关内容对照表，具体如表 3-42 和表 3-43 所示。由表 3-42 可知，PayPal 在全球影响报告中涉及的议题全部在网页简要披露，由表 3-43 可知，网页中与 ESG 相关的板块所披露的信息几乎完全来自全球影响报告（风险投资、关于我们部分在 PayPal 的影响力披露思路中不被涉及），基本可以认为网页信息和报告信息重复披露。

表 3-42　　PayPal ESG 网页披露内容与 ESG 报告披露章节对照

全球影响报告章节（以 2022 年为例）		网页是否披露
负责任的商业实践	管理风险与合规	是
	实现有效的网络安全管理	是
	丰富我们的全球数据管理隐私实践	是
	维护商业道德	是
社会创新	促进中小企业和企业家的经济机会	是
	促进金融健康和消费者便利	是
	为客户维护安全的平台	是
	创造更多的给予方式	是
员工与文化	管理我们的全球员工队伍	是
	以多元化、包容性、公平性和归属感为主导	是
	赋予员工社区影响力	是
环境可持续性	减轻与气候相关的风险	是
	管理我们的自然资源	是

表 3-43　PayPal ESG 报告披露章节与 ESG 网页对照

	主网页	分网页	网页信息是否在全球影响报告披露
关于我们	我们是谁	使命、愿景和价值观	否
		历史与事实	否
		行政领导	否
		董事会	否
		品牌家族	否
关于我们	我们如何工作	信任与隐私	是
		负责任的商业实践	是
		员工与文化	是
		多元化、包容性、公平和归属感	是
		环境可持续性	是
		PayPal 风险投资	否
	行动中的价值观	创造经济机会	是
		赋予小企业权力	是
		慷慨解囊	是
		加强社区	是
		建设公平的未来	是
		问题与倡导	是
		报告和其他资源	—
	投资者	略	—
	新闻中心	略	—

（二）ESG 网页披露特点

对于 PayPal 而言，官网网页中 ESG 信息披露板块是对其全球影响报告所披露的内容更精简、更视觉化的展示。两者之间的区别在于，全球影响报告是以年度为周期披露，ESG 网页是实时的；报告以文字为主，注重信息和表述的准确性，网页注重视觉效果和直观展现；网页相比报告有交互性的优势。

PayPal 网页披露内容的主体仍然是全球影响报告中已经披露过的信息。在披露形式上，通过排版设计和配图丰富性加强了视觉效果，减少了文字量，让信息披露更直观。在时效性上，通过在每个板块底部添加含多个链接的 Featured Stories（精选亮点故事）板块，增强了公司 ESG 实践的披露实时性。网页交互性的优势在 PayPal 的网页设计中没有得到明显发挥。

八、年报中披露的 ESG 信息

2015 年，PayPal 于美国纳斯达克上市，除 10-K 之外开始披露年报。本文中根据 PayPal 按年度披露的年报讨论其的 ESG 披露。

2016 年年报中，PayPal 首次提及 ESG 相关信息。PayPal 在“proposal 6 & 7”中(年报中共披露 7 个提案)披露股东提出的对 ESG 信息披露的需求，股东在提案中建议按年度披露单独的可持续发展报告和温室气体净零排放的评估报告，但两个提案都被董事会投票否决。其反对的理由是：(1)提案中概述的报告准则建议大大超出了美国证券交易委员会的任何要求；(2)开发、维护、收集和评估必要信息所需的基础设施以及编写和发布这类报告将需要大量的时间和费用，而不给股东带来实质性利益；(3)汇编这些信息还将引导企业资源远离增加股东价值的活动和我们的社会影响举措；(4)PayPal 已采取措施维护和宣传其作为负责任的企业公民的角色，董事会相信，编制该报告不会导致 PayPal 对环境、社会及治理问题的既定承诺或以对社会负责的方式开展业务的承诺发生任何变化。其后，在年报中分条简要列举了其现有的 ESG 实践内容。

2017 年年报中，PayPal 未提及除公司治理披露外的 ESG 相关信息。

2018 年年报中，PayPal 提及在 2018 年内，公司编制了 2017 年度全球影响报告，未提及具体披露内容。

2019 年后，年报中 ESG 板块披露形式趋于稳定，于公司治理板块之后、薪酬披露板块之前，披露当年全球影响报告中涵盖的四个关键优先领域：社会影响、环境责任、员工和文化以及负责任的商业实践。披露内容与全球影响报告内容重复。

上述情况如表 3-44 所示。

表 3-44　　PayPal 年报中 ESG 内容披露情况统计

年份	ESG 板块标题	篇幅(页)	位置(起始页/总页数)	披露内容
2015	—	0	—	—
2016	—	6	74/196	股东提案和董事会反对意见
2017	—	0	—	—
2018	Environmental and social sustainability oversight(环境和社会可持续性监管)	1	37/205	本公司已开始进行 ESG 信息披露
2019	ESG oversights and highlights(ESG 监管和重点)	2	46/226	全球影响报告摘要
2020	ESG oversights and highlights(ESG 监管和重点)	5	40/200	全球影响报告摘要

续表

年份	ESG 板块标题	篇幅（页）	位置（起始页/总页数）	披露内容
2021	ESG oversights and highlights（ESG 监管和重点）	7	45/216	全球影响报告摘要
2022	ESG oversights and highlights（ESG 监管和重点）	6	46/276	全球影响报告摘要

九、ESG 鉴证

自 2020 年起，PayPal 聘请必维国际检验集团英国公司（Bureau Veritas UK Ltd）进行全球影响报告的鉴证。必维国际检验集团于 1828 年在比利时安特卫普成立，后总部迁至巴黎，2007 年于巴黎泛欧交易所上市。其主要业务是专门从事测试、检验和认证，涉及多个行业，包括建筑和基础设施（占收入的 27%）、农产品和商品（占收入的 23%）、海洋和离岸（占收入的 7%）、工业（占收入的 22%）、认证（占收入的 7%）和消费品（占收入的 14%）。

该机构的有限保证鉴证报告附于当期全球影响报告文末。2020—2022 年三期 PayPal 全球影响报告均由该机构进行鉴证，其所依据的鉴证工作准则均为《国际鉴证业务准则第 3000 号》[International Standard on Assurance Engagements (ISAE) 3000]。

PayPal 报告鉴证部分总体而言变化不大，鉴证方主要在全球影响报告中的数据可靠性上进行有限保证。鉴证内容时序变动如表 3-45 所示，可见，纳入鉴证范围的指标数量逐年上升，PayPal 的披露有逐渐规范化、更可信的趋势。

表 3-45　　PayPal ESG 鉴证内容时序变动

	2020 年	2021 年	2022 年
员工调查-员工参与率（%）	无保证	有限保证	有限保证
员工调查-员工敬业度评分	有限保证	有限保证	有限保证
员工调查-留任意向得分	无保证	有限保证	有限保证
整体劳动力多样性（%）	无保证	有限保证	有限保证
全球性别多样性（%）	有限保证	有限保证	有限保证
美国种族多样性（%）	有限保证	有限保证	有限保证
离职率（%）	有限保证	有限保证	有限保证
估计最低员工可支配净收入（%）	有限保证	有限保证	有限保证
为非营利组织和个人事业筹集的资金（十亿美元）	有限保证	有限保证	有限保证
向非营利组织和个人事业捐款的捐助者人数（百万）	无保证	有限保证	有限保证
中小企业资本总额（十亿美元）	有限保证	有限保证	有限保证

续表

	2020 年	2021 年	2022 年
自 2013 年以来对中小企业的资本总额(十亿美元)	有限保证	有限保证	有限保证
平均国际汇款费用(%)	无保证	有限保证	有限保证
完成的年度风险与合规培训(%)	无保证	有限保证	有限保证
温室气体排放量	有限保证	有限保证	有限保证
能源使用	有限保证	有限保证	有限保证
水资源消耗	无保证	无保证	有限保证
以科学为基础的目标	无保证	有限保证	有限保证

十、公司 ESG 相关特点总结

(一) 优点

PayPal 从 eBay 分拆、作为一家独立公司运营和上市较晚，PayPal 开始 ESG 披露时，其他先行公司在 ESG 披露上已探索出了较成熟的披露模式，所以 PayPal 的 ESG 披露从一开始就相对正式，具备诸多优点：

(1) 依据多重准则。PayPal 在 ESG 信息披露的过程中，参考了多边标准，比如联合国可持续发展目标(SDGs)、全球可持续发展标准委员会(GSSB)发布的《GRI 可持续发展报告标准》(GRI Standards)、可持续性会计准则委员会(SASB)的可持续发展准则(SASB Standards)、气候相关财务披露工作组(TCFD)的建议框架等，并且制定了一个单独的指数于网站披露。PayPal 的报告编制和信息披露涵盖广泛的责任、利益相关者的需求和更多的可持续性方面。

(2) 提供数据和事例支撑。PayPal 在全球影响报告中呈现了数据和事实举措作为 ESG 实践成果的支撑，这些数据和事实有效增强了 PayPal 全球影响报告的全面性和可靠性。此外，PayPal 在附录的交叉索引中详细写明关键指标的来源，进一步增强了数据的可靠性。

(3) 披露结构相对全面且稳定。PayPal 的全球影响报告自 2017 年初次发布起就没有出现大规模的议题变化，涉及的议题也涵盖了尽可能多的重要关切。且报告模式相对固定，每年仅会出现个别议题的增减，不存在颠覆性改变的情况。这样相对稳定的披露结构有助于读者更好把握其时序变动。

(4) 披露渠道多元化。除了在全球影响报告和年报中披露，PayPal 官网中也有丰富的 ESG 信息。并且网页制作精美、用户界面设计逻辑清晰，便于用户访问。网页同步披露信息，信息更新较及时，对年度报告的时效性有一定程度的补充。

(二) 缺点

由于业务和投资者对于 ESG 的敏感度相对较低，PayPal 整体上对 ESG 披露并不看重，ESG 披露也存在许多缺点：

（1）内容相对单一。全球影响报告中的大量篇幅只聚焦员工文化、数据安全等少数议题，其他议题披露较少，常常一笔带过。其披露的数据和案例有强烈的侧重性，注重对自己选择的重要性议题的披露，但选择过程并未披露，其关切的议题是否真的符合利益相关者的重要关切也值得商榷。

（2）内容相对空洞。公司专门针对 ESG 开展的行动和投入有限，导致披露内容背后并无丰富翔实的实践资料支持。

（3）各渠道内容重复度高。年报和网页端 ESG 信息几乎都来自对全球影响报告的摘抄，没有很好地发挥渠道特色优势，有凑数之嫌。

（4）披露内容报喜不报忧。如 2022 年底 PayPal 数据泄露事件，是已经影响公司评级和引发集体诉讼的重大事件，但主动披露中未涉及。事实上披露负面事件＋后续处理紧急预案内容是诚恳且有效的披露行为。

（5）未做出具体目标承诺。公司通常较少做出承诺，因为一旦做出承诺但没有达成，公司就很容易面临诉讼的危险。

（三）启示

企业最看重的必然还是确保持续的盈利能力，一切企业活动都是围绕这个目标在进行的。由于 PayPal 所处的市场环境自由度较高，来自政府的管制较弱，PayPal 的生存及发展并不依赖于 ESG 实践。其主攻的移动支付业务本身不考虑外部性的情况下，与 ESG 的关联性也天然较弱，其客户与投资者对 PayPal 的 ESG 实践并不甚关心，ESG 做得如何对 PayPal 的盈利能力影响甚微。事实上，虽然 PayPal 董事会于 2016 年年报中否决 ESG 信息披露提案被迅速逆转，但其给出的四条理由所代表的认知并没有出错。ESG 之于 PayPal，的确并非必需。

PayPal 披露 ESG 信息的原因，本文推测，相当大一部分原因是大家都在做。ESG 成为某些指数（如标准普尔 500 ESG 指数等）的入指门槛，也在基金等投资产品中衍生出 ESG 贴标产品等门类。如果一个企业完全拒绝披露 ESG 信息，无异于堵死自己可行的路，对长期的盈利能力会造成不可忽视的负面影响，得不偿失。

因此，PayPal 的 ESG 信息披露倾向于压线合规。在逐渐走向规范化披露的同时，保持着略高于行业平均的及格线水平。

也正是因为此，PayPal 的 ESG 披露思路是发挥 ESG 的引导作用，尽量引导公众关注。具体的披露集中在两点上：第一，聚焦在不强调 ESG 情况下 PayPal 也在投入大量精力去做的事情，比如数据安全、雇员管理；第二，放大主营业务移动支付业务的正外部性，比如提升小微企业的金融服务可及性。

在不久的将来，ESG 推广到成为每一家企业都要完成的必修课时，这或许也会成为一种披露形态。

第四节　联合利华(Unilever)ESG 信息披露

一、公司简况

(一) 公司简介和历史沿革

联合利华是一家英国跨国消费品公司，由荷兰联合麦淇淋公司和英国利华兄弟公司合并而成，总部设在荷兰鹿特丹和英国伦敦。其产品包括食品、饮料、清洁剂和个人护理产品。它是世界第三大消费品公司之一，是世界上最大的家用及个人护理产品和食品生产商。联合利华股份有限公司(PLC)是联合利华集团的母公司，该集团于 1894 年根据英格兰和威尔士的法律注册成立。PLC 董事会实施了适用于英国注册股份有限公司的公司治理标准和信息披露政策，并于 1939 年 8 月 11 日在伦敦证券交易所和阿姆斯特丹泛欧证券交易所上市，1961 年 12 月 12 日在纽约上市，股票代码 UL。

从业务看产品，联合利华一共有五大业务部门：美丽与健康、个人护理、家庭护理、营养品与冰激凌。其中美丽与健康包括洗发水、护肤品等；个人护理包括牙膏、香皂等；家庭护理的主要品牌有金纺、奥妙等；营养品主要是其食品业务，比如家乐；冰激凌业务旗下有品牌梦龙、和路雪等。

联合利华名字由来可以部分反映公司发展历程。联合利华(Unilever)的名称起源于英国 Lever 公司与荷兰 Margarine Unie 公司于 1929 年成立的合资企业。Unie(荷兰语中的“联合”)加上 Lever(英语中的“杠杆”)，共同构成了 Unilever(联合利华)。具体来看，荷兰联合麦淇淋公司(Margarine Unie)的历史最早可追溯到 1872 年，约更斯在荷兰奥斯创办世界上第一家麦淇淋工厂(麦淇淋——人造黄油，可用于涂抹面包之类的)。1888 年，约根斯的奥斯同乡凡登伯格在克莱维创办了另一家麦淇淋工厂，两家公司在 1927 年合并称为联合麦淇淋。英国利华兄弟公司(Lever Brothers)在 1885 年由利华兄弟创办，最早生产肥皂，后来逐渐收购各种食品与日化用品生意。1929 年英国利华兄弟公司与荷兰联合麦淇淋公司签订协议，共同组建联合利华公司。2018 年 3 月 15 日联合利华曾宣布将荷兰路特丹设为今后法律上唯一注册的总部，并取消伦敦总部，但因为政治因素的考量，这一决定没有实施。2020 年 11 月 30 日联合利华结束了这种双总部的公司结构，将新的全球总部设在英国伦敦，家庭护理和美容及个人护理部门总部设在英国，但食品和饮料部门(40%销售额)的总部仍保留在荷兰鹿特丹。在 90 多年的发展中，联合利华利用集中化战略和本土化战略，实现了从分离到联合，从地区到国际，从单一到丰富品牌线，从盲目扩张到集中发展。现在的联合利华是国际快消巨头。

(二) 所处行业和公司定位

1. 行业发展与竞争情况

联合利华属于快消品行业，快消品行业有消费者敏感性高、市场竞争激烈、营销重要、渠道管理重要的特点。因此，本文将从以上方面分析该行业发展趋势。

首先，在消费者心态方面。随着经济下行，“精明消费学”正在重塑决策过程，消费者在决策中愈发趋于谨慎，倾向于跨平台多角度搜索产品信息，来决定下一步行动是否购买，并且以期挑沙捡金，做出最稳妥的决策。同时，消费者对于产品的诉求也不再局限于产品本身，而是全方位的考察和评估。消费者全方位诉求主要包括：随着社会对环保问题的关注和政府环保政策加强，消费者对于产品绿色环保的需求上升；食品方面对于产品有无获得专家认可的重视度提高；健康意识以及健康生活方式在消费者中更加普及，由此对产品的健康性要求更高。

其次，在市场竞争和营销方面。快速消费品本身产品技术壁垒不高，市场较为分散，主要代表企业是宝洁、联合利华等跨国企业，但随着经济发展，我国本土企业开始在洗涤用品、口腔护理等领域占有一席之地。市场上存在大量同质化产品，使消费者难以区分品牌间差距，从而加大了竞争压力。随着互联网电商发展，大品牌规模经济制造的进入壁垒优势在减小。在大电视时代和大快消时代建立一个品牌需要建立工厂，在媒体营销上投入上亿元规模预算，培养几千人销售团队，大品牌通过用这样十亿元级的体量打造高的进入门槛。但在如今数字营销时代，品牌与消费者的沟通模式已经转变，互联网电商将这门槛降得非常低，一个能盈利的品牌在电商渠道仅仅拥有一两亿元的门槛，这意味着大品牌遇到了“瓶颈”，品牌体量做到再大也没有规模优势。同时随着电商崛起和线下实体店压力的增加，快消品行业更加注重线上线下融合的发展趋势，如线上销售渠道的拓展、线下实体店体验优化等。这些措施将满足消费者多样化需求，提高品牌竞争力。

最后，关于竞争的其他方面，联合利华主要竞争对手在日常消费品方面包括宝洁、狮王、花王，在食品饮料方面包括雀巢、卡夫亨氏、可口可乐。联合利华产品跨领域广，有很多来自宝洁、欧莱雅、强生旗下的相似产品，替代品众多，客户选择余地大，对于缺乏品牌忠诚度的客户来说，容易因为价格等因素选择替代品，议价能力相对低。但联合利华积极发现“新规模优势”，如跟阿里巴巴联系紧密，比较其他初创品牌只能拿到公共报告，它可以拿到更加细分的数据分析，自 2018 年起联合利华开始打造 4S 供应链，推进智慧供应链的创新，全球协同采购与供应商管理及渠道管理，最大限度为供应链上下游企业提供一站式深度价值服务，实现数据互通，全链融合，提升企业的运营效率，提升收益。

2. 公司定位、使命与愿景

联合利华最初的愿景是“使清洁成为家常便饭”，但在 2009 年波尔曼上任后打造“全球最大的非营利性组织”成为公司的核心战略。联合利华现在的愿景是“让可持续生活触手可及”，并且坚信只有实现全产业链的可持续，才能推动真正的可持续性新消费。据此，联合利华建立了将业务目标与可持续目标紧密结合的“指南针”计划，从环境、人和社会三大综合支柱出发，打造从供应链侧到消费者侧，再到废弃物处理的可持续发展路径，并通过打造行业标准和方法学激发可持续消费行为。

(三) 公司的股权结构及子公司、孙公司等情况

1. 公司股权结构

联合利华的股东主要包括机构、董事会成员、公众(见表 3-46)。其中机构持股占比最大,达到 62.33%,罗素投资管理有限公司(Russell Investment Management LLC) 持股比例为 1.47%,I. C. M 投资银行(I. C. M. Investment Bank AG) 持股比例为 0.74%。

表 3-46　　联合利华股权结构

持股人类别	持股比例
公司管理层和董事会成员持有股份	2.22%
机构持有股份	62.33%
公众和其他持有股份	35.47%

2. 子公司、孙公司情况

联合利华在全球 75 个国家设有庞大的事业网络,集团拥有 500 家子公司,其中联合利华的海外上市公司印度联合利华,对联合利华经营有较大影响。按销售量计算,印度已经是联合利华最大的市场。根据联合利华的数据,联合利华上市子公司(HUL)成了印度最大的快消品企业,其旗下品牌 Lakmé 是印度最大的化妆品品牌,印度子公司目前占联合利华集团销售额的 10.7%左右。

(四) 财务绩效情况

1. 近五年收入情况

如图 3-51 所示,2018—2022 年,公司营收波动较大。2022 年营收增长 14.5%的主要原因是涨价:基本价格同比增长 11.3%,销售量同比下降 2.1%。宝洁 2018—2022 年实现营收额从 668 亿美元增长到 761 亿美元,增速明显高于联合利华。

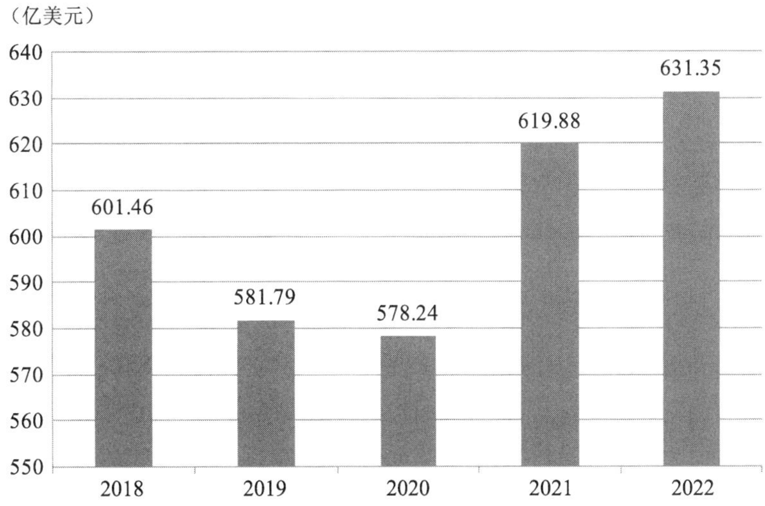

图 3-51　联合利华 2018—2022 年收入

2. 近五年利润情况

联合利华公司近五年净利润呈现先下降后缓慢上升的状态，2022 年联合利华净利润达到 80.32 亿美元(如图 3-52 所示)。

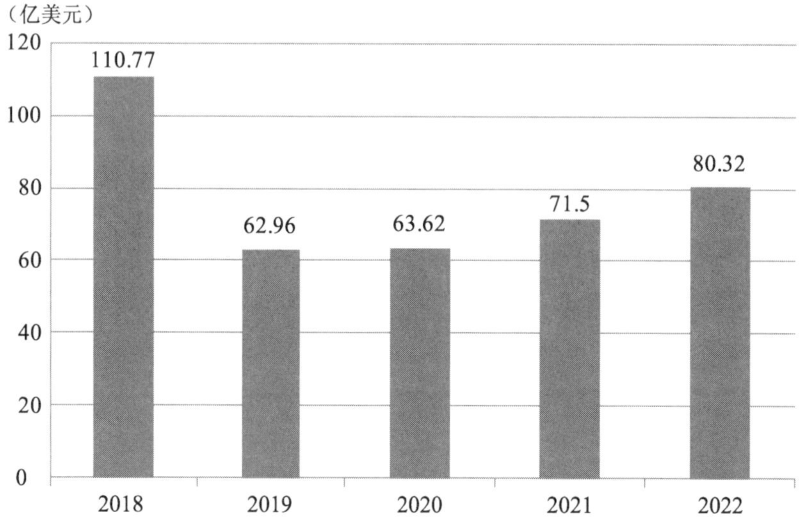

图 3-52　联合利华 2018—2022 年净利润

3. 近五年市值

联合利华近五年市值情况总体呈现先上升后下降的状态。如图 3-53 所示，联合利华公司市值于 2022 年达到 1 207.76 亿美元。

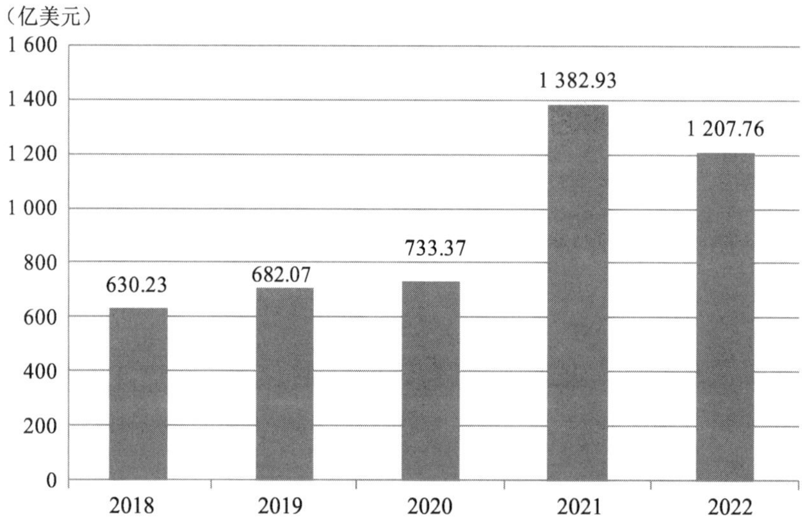

图 3-53　联合利华 2018—2022 年市值

4. 业务组成与分部财务数据

2020—2022 年业务组成为三大部分：美容和个人护理、食品饮料、家庭护理，其中美容和个人护理为主要收入来源，分别占 2022—2022 年收入的 40%、42%、41%。2022 年联合利华调整业务分类，由原三部分转变为四大部分：营养品、个人护理、家庭护理及其他，各部分具体财务数据如图 3-54 所示。

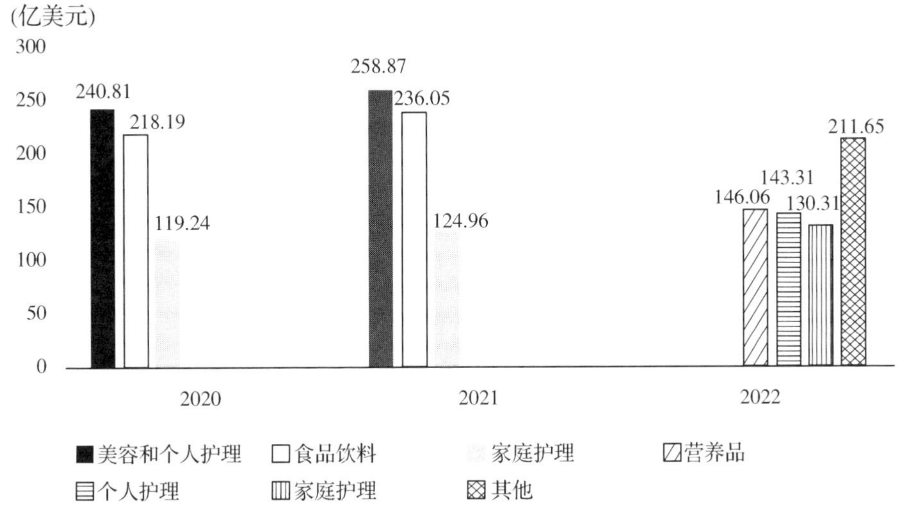

图 3-54　联合利华 2020—2022 年业务数据

(五) 公司产品及生产过程与 ESG 的联系

联合利华是一家覆盖制造端和销售端的公司，并且公司对外投资丰富且频繁。公司的直接客户是个体消费者，这与个人和社会紧密相关；同时，公司主要产品原料(茶叶、棕榈树等)和生产过程与自然息息相关，因此公司的 ESG 逻辑并不仅仅是产品对 ESG 的影响，还有投资生产制造过程对 ESG 的影响。

总体上看，联合利华产品种类多，覆盖范围广，差异性大，因此很难用同一逻辑和衡量指标表示具体某个产品对消费者个人某个方向的影响，这使得联合利华在进行 ESG 披露时没有依次梳理其产品的 ESG 效用，而是采取根据主要业务分类进行，同时由面(ESG 指标中某方面)到点(具体某个产品中的表现)的方式披露。需要强调的是，这里的点不仅仅包括产品的效用，还有投资生产制造过程中的效用。以 2022 年为例，联合利华作为全球领先的快消品巨头，直接承担了相应的社会责任：在投资生产制造过程中对联合利华石油化工工厂升级、投资改造制造环节的基础设施，以实现供应链无森林砍伐，原材料优先选用低碳乳制品等保护了自然环境；加大对中小和少数群体主导企业的投资，推动了社会的平等和进步；联合利华产品中凡士林等保护了消费者的手卫生、口腔健康和皮肤健康；营养品消费额的提高和产品中含盐量的下降，保护了消费者身体的健康。

二、ESG发展沿革

（一）ESG披露发展沿革

1. 公司ESG披露渠道的发展情况

联合利华可持续发展的行动与相关披露开始于1999年，是全行业最早的企业之一，并经历了一个不断完善、从无序到有序、从专题到全面的过程。

联合利华ESG报告从1999年起到2022年保持每年持续披露，但2010年前披露时间间隔不规律，主题和披露相关侧重变化较快，专题报告较多，整体呈现杂乱状态；2010年后披露逐渐有序进行，具体表现为披露报告主题变化少、数量趋向固定、时间间隔固定。其中，2013、2017、2018、2019年除常规三份报告外还增加了固定人权专题报告。

1999年，首次披露联合利华农业可持续报告，开启可持续进程。采取独特的切入视角——"农业与联合利华"，在其中创造性地提出了一些关于可持续的评判标准和对象，初步构建和定义了"联合利华的可持续"的内容和框架，设立了联合利华可持续性目标和行动，这份报告是联合利华ESG基因的初步展现。

2000年，分别首次披露联合利华环境表现报告以及联合利华社会回顾报告，持续到2004年。

2005年，更改披露形式，将以上两份报告合并，披露环境与社会报告。

2006年，披露可持续发展报告取代社会与环境报告，持续到2009年。

2010年，以披露联合利华可持续生活计划报告，此报告披露一直持续到2020年被年报取代。

2011—2022年，除主要报告披露，还有固定联合利华准备基础报告和普华永道独立有限保证报告。

2020年，披露首份年报，采取独特的"综合报告模式"，即在年报中披露（部分ESG信息）持续至今。

2. 总体趋势分析

联合利华可持续发展的行动与相关披露开创和定义了企业可持续发展，极其富有行业引导性。

从渠道上看，首先联合利华披露渠道整体比较丰富且与时俱进，形成官网、视频平台、微信公众号三位一体的披露体系，满足不同人群对不同层次信息的需求，形成对求职者、普通消费者、投资者的全面覆盖。最基础和复杂的年度报告在官网以文件形式披露；年度报告精简通过"小段文字＋图标＋突出颜色链接"的形式实现，提高了报告信息的可读性；ESG简约信息及新闻在官网网页界面以大面积图片方式实时出现和更新，同时官网有联合利华产品销售的国家（共108个）的所有语言设置，提高披露信息的可获取性和有效性。

从内容上看：

（1）披露的报告内容首先经历了一个不断体系化、可信化的过程，最终形成 ESG 结果报告，ESG 下指标的构建、来源、范围报告，独立外部可信性证明报告的完善体系。

（2）ESG 披露经历了从专题到全面、个性逐渐突出的过程。报告内容最初从农业或某个具体产品（如茶叶）出发开启对可持续性的探索，发展为公司对环境、对社会的影响，再到对人和地球的影响，出发点和作用端都逐渐全面化。

（3）个性化报告封面、代表性公司颜色和 Logo 形象、章节标题与传统报告形式不同，都能够体现联合利华特色。

3. 公司 ESG 披露情况现状总结

联合利华披露情况总结如表 3-47 所示。

表 3-47　　联合利华 ESG 披露情况总结

<table>
<tr><th>披露内容</th><th>披露渠道</th><th>披露频率</th></tr>
<tr><td>ESG 实践</td><td>官方网站</td><td rowspan="4">实时</td></tr>
<tr><td>ESG 政策</td><td>新闻媒体</td></tr>
<tr><td>参与倡议</td><td rowspan="2">股东公告</td></tr>
<tr><td>国际发声</td></tr>
<tr><td>ESG 合规情况</td><td>评级机构 ESG 信息沟通</td><td rowspan="2">月度/季度</td></tr>
<tr><td>ESG 重点议题</td><td>媒体沟通会</td></tr>
<tr><td>ESG 实践</td><td>ESG 报告</td><td rowspan="3">年度/半年度</td></tr>
<tr><td>ESG 绩效</td><td rowspan="2">年报</td></tr>
<tr><td>ESG 政策</td></tr>
<tr><td>ESG/可持续发展战略</td><td>ESG/可持续发展战略</td><td>3～5 年</td></tr>
</table>

（二）ESG 评级发展沿革

1. 各评级机构 ESG 评级情况

MSCI 的 ESG 评级提供了对公司环境、社会和治理（ESG）方面风险抵御能力的评估。如图 3-55 所示，联合利华 MSCI 的最新评级为“AAA”，处于 30 家家庭和个人产品公司的领导者地位。如图 3-56 所示，联合利华的 MSCI 评级自 2018 年至 2022 年处于家庭和个人护理行业的平均水平变为领先水平梯队并持续性进步，于 2021 年 6 月实现由“A”至“AA”的跃升，于 2022 年 10 月实现由“AA”到“AAA”的进步，与同行业竞争对手相比，宝洁和雀巢的评级始终保持“A”，联合利华保持领先状态。

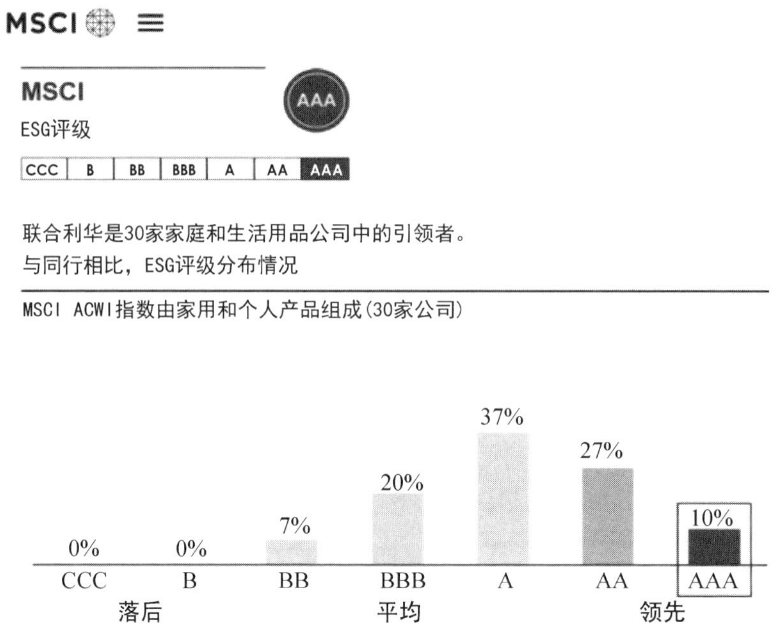

图 3-55 MSCI 对联合利华评级

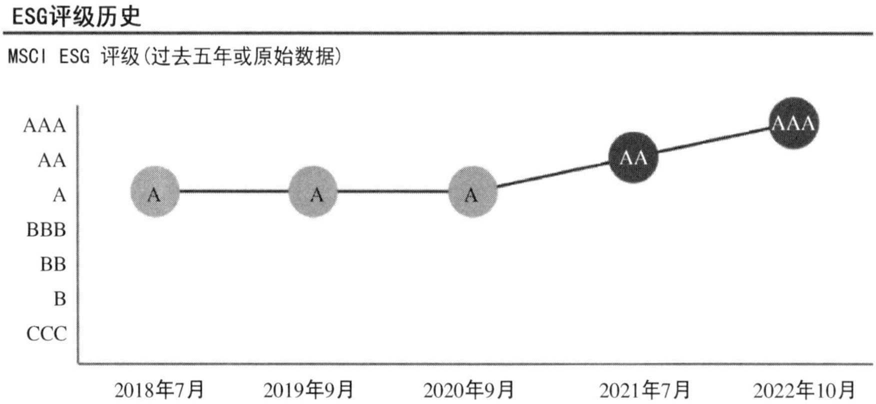

图 3-56 联合利华 MSCI 评级时序变化

本文对联合利华 2021 年和 2022 年 MSCI 评级上升原因进行了分析与探究。

(1) 依据官网报告披露，公司在 2021 年至 2022 年期间，增加和突出了年报中 ESG 部分(Planet & Society)比重，增加了 ESG 有效信息的披露。

(2) 报告中关键议题顺序调整，突出了 G。

(3) 根据联合利华准备基础报告，衡量指标由 2020 年(USLP performance 和 EOS performance)变为 2021 年(Compass performance 和 EOS performance)，减少了指标间交叉重复，增加了覆盖议题的全面性，选择性突出了符合公司业务发展、符合评价体系的人的健康和营养部分。

2. 公司 E、S、G 分别的评级与时序变动情况

参考其他机构对联合利华 ESG 的评级，标准普尔于 2023 年第二季度的评分为 89，位于行业顶尖(Best in class)水平。表 3-48 是标准普尔对联合利华 ESG 分别评分情况，E、S、G 评分均处于行业中上水平。

表 3-48　标准普尔对联合利华的评级

领域	评分
E	72
S	72
G	80
总评分	89

3. 公司领先议题和落后议题

如图 3-57 所示，在 MSCI 对家庭和个人产品行业确定的 8 个关键议题中，联合利华在原材料来源(E)、用水压力(E)方面处于中等位置，在公司治理(G)、化学品安全(E)、包装材料和废弃物(E)、产品安全和质量(S)、产品碳足迹(E)方面处于领先位置，在公司行为(S)方面处于弱势地位。公司在 6 个议题中的表现处于行业平均水平之上，在治理方面的表现较为突出，这结果与标准普尔(环境 72 分，社会 72 分，治理 80 分)一致。此外在 MSCI 评级中提到，虽然公司在治理方面表现较好，但公司的“公司行为”存在一定的争议。本文认为这种争议并不是公司对外部消费者或是自然环境有破坏力，而有可能是公司对内部员工的劳务派遣以及人文关怀等存在漏洞。

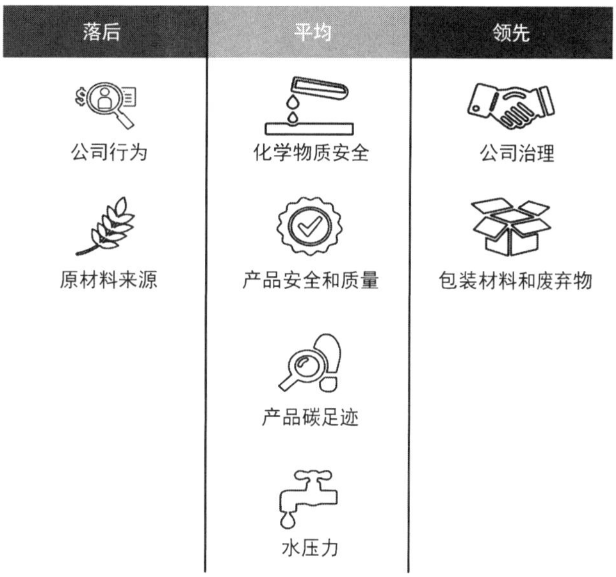

图 3-57　MSCI 对联合利华各议题的评价

三、公司 ESG 组织形式

联合利华对公司 ESG 架构无直接具体披露，但根据公司治理架构和相关部门职能，本文整理了公司的 ESG 架构，特点是自上而下以及监管性。

自上而下是指董事会通过公司治理委员会履行相应的责任，公司4个委员会之一的企业责任委员会负责监督联合利华作为一个负责任和有道德的全球企业的行为，审查与可持续性相关的风险和生育问题，并就可持续性和生育问题，向董事会提供指导和建议，具体指导方面主要包括安全、塑料包装、设置新的可持续发展进步指数与联合利华方针、企业声誉和诉讼等，企业责任委员会定期举行会议。企业责任委员会包含三名非执行董事：斯特拉夫·马希依瓦（Strive Masiyiwa，主席）、扬米·穆恩（Youngme Moon）、菲克·希贝斯马（Feike Sijbesma）。首席供应链官、首席可持续发展官和首席业务诚信官需要出席委员会的会议，首席法律官和集团秘书也可加入委员会的讨论。董事会通过的一些责任委员会提交预案，由ULE支持的首席执行官负责确保相关战略和业务计划能够落实，同时有外部专家对委员会提出建议。

监管性是指责任委员会的主席需要向审计委员会报告每次会议的调查结果，从而确保审计委员会能够履行其监督责任。同时责任委员会给出的报告，需要交由信息披露委员会负责监督披露的准确性、重要性和及时性，并评估和监督联合利华的信息披露控制和程序的充分性。

四、议题选择

（一）重要性评估

联合利华没有将议题评估过程披露或展开，但本文根据报告诸如“什么内容符合什么标准”表达，可推测历年联合利华参考的外部评估标准变化，具体在后文有展开。但更加重要的是联合利华作为一家产业链上覆盖制造和销售端、品牌上覆盖面广、可持续性意识觉醒较早、时间上和内容范围上部分理念甚至超越评估标准的公司，在2014年提出“将可持续性融入品牌推动业务成功”。

基于以上本文认为联合利华的议题选择和评估并不是以外部组织评估标准为准则，而是以保持自己的超越性和业务贴合度为出发点，构建自己内部评估标准，选择跟业务相关、颗粒度更细的议题和标准，并且议题和标准能根据实际业务变化及时调整。如图3-62所示，2014—2019年，公司在外部投资者或公司股东需要下，对极小部分内容进行市场化解释，如“什么符合什么标准”。这在2014—2019年报告中有体现，公司在可持续计划报告中自设议题；到2020—2022年，公司更加完全设立USLP、EOS、Compass标准，并明确披露议题计算范围和公式。

（二）根据MSCI梳理公司议题分类

表3-49是基于MSCI公布的34个ESG议题以及必需消费品行业的议题评级权重，分析联合利华ESG的8个实质性议题覆盖程度。

总体来看，联合利华的ESG披露覆盖了MSCI对必需消费品行业的评级关键议题，其中E的权重为31.6%，S的权重为34.2%，G的权重为34.2%。

表 3-49 联合利华实质性议题覆盖程度表

三大范畴	34 个议题	权重	联合利华 ESG 议题
环境(E)	水资源压力	8.8%	碳排放、产品碳足迹、水资源压力、包装材料与废弃物
	包装材料与废弃物	7.4%	
	产品碳足迹	7.2%	
	原材料采购	6%	
	生物多样性和土地利用	1.20%	
	碳排放	0.8%	
	电子废弃物	0.1%	
	有毒排放和废弃物	0.1%	
	气候变化脆弱性	0	
	环境影响融资	0	
	清洁技术的机遇	0	
	绿色建筑的机遇	0	
	可再生能源的机遇	0	
社会(S)	产品安全与质量	11.8%	公平、多样性和包容性，未来工作方式，职工健康和福祉，工作安全，诚信文化，人类健康和自信(好的营养、好的卫生)，支持人权
	营养与健康机会	7.1%	
	劳动力管理	3.8%	
	隐私与数据安全	3.3%	
	化学品安全	2.6%	
	供应链劳动标准	2.4%	
	健康与安全	2.2%	
	社区关系	0.9%	
	人力资本发展	0.1%	
	消费者金融保护	0	
	负责任的投资	0	
	有争议的采购	0	
	获得资金	0	
	获得医疗保健	0	
治理(G)	治理	34.3%	治理
	所有权与控制权	0	
	董事会	0	
	薪酬	0	
	会计	0	
	商业道德	0	
	税务透明度	0	

环境(E)方面,MSCI认为必需消费品行业的关键议题为水资源压力8.8%,包装材料与废弃物7.4%,产品碳足迹7.2%,原材料采购6%,生物多样性和土地利用1.2%,碳排放0.8%,电子废弃物0.1%,有毒排放和废弃物0.1%。其中,水资源压力、包装材料与废弃物、碳足迹、碳排放与联合利华的经营活动密切相关,联合利华目前致力于选择低碳奶源以及通过技术改进提高包装材料可降解率和回收率。对于前几大权重议题联合利华皆有覆盖,但电子废物和有毒排放没有相关披露。

社会(S)方面,MSCI认为必需消费品行业的关键议题为产品安全与质量11.8%,营养与健康机会7.1%,劳动力管理3.8%,隐私与数据安全3.3%,化学品安全2.6%,供应链劳动标准2.4%,健康与安全2.2%,社区关系0.9%,人力资本发展0.1%。从权重可知,S是MSCI对ESG评级相对看重的部分,联合利华ESG披露涵盖了一些关键议题,但对部分议题的披露相对省略。在营养与健康机会、产品安全与质量两方面联合利华进行了突出,而对于健康与安全、劳动力管理以及隐私与数据安全占比较大的其他方面较为省略。

治理(G)方面,MSCI认为必需消费品行业的总权重为34.3%,处于相对重要的位置。由于联合利华公司报告有治理报告的单独部分,因此披露较为详细。除了对最重要治理方面披露的数据和信息完整,对于没有要求的董事会和会计方面联合利华也积极主动地披露。

(三) 历年选择议题的变动情况

联合利华历年议题延续性较强,偶尔有变化,如表3-50所示,呈现出阶梯式变动特征,驱动原因主要是联合利华主营业务和战略方向变化,以及外部国际影响巨大的事件,如人权运动等。联合利华披露结构变化巨大,部分甚至体现出对编制标准的超越性,偶尔提及某议题对最新外部标准的符合。以上两方面体现联合利华在ESG议题选择和披露方面的实际性、及时性和领先性。

表3-50　　联合利华历年报告议题变化表

年份	部分评估议题或章节对标准则及框架	章节变化
2009	MDGS	分为以下板块: G:独立监督、规范治理 S:营养健康、卫生幸福 E:气候变化、水资源管理、包装物管理、制造过程废物 E、S:可持续性采购
2010	无披露	议题变动为: S:营养健康、卫生幸福 E:温室气体、水资源管理、废弃物管理 S、E:可持续性采购 S:惠及小农 G:治理委员会

续表

年份	部分评估议题或章节对标准则及框架	章节变化
2011	无披露	加入 S：多样性、人和员工权益、员工培训
2012	联合国全球影响	章节无明显变化
2013	无披露	加入 S：工作机会公平，无 G
2014	无披露	结构较为特殊，前面有 E 一小部分，以总结页为概括，分为 SE(ES)S，无 G
2015	SDGS	结构较为特殊，以总结页为概括，分为 SE(ES)S，无 G
2016	SDGS	无明显变化
2017—2019	无披露	只有总结页，分为 SE(ES)S，无 G
2020	TCFD	分为几个部分： S：多样性、员工权益、员工培训、工作安全 E：气候变化、水资源管理、包装物管理、制造过程废物、原材料 S：营养健康、卫生幸福
2021	TCFD	无明显变化
2022	TCFD	无明显变化

五、不同渠道披露之间的关系

（一）年报中的 ESG 信息与 ESG 报告的查重率

本文计算了联合利华年报 ESG 部分与 ESG 报告的查重率，如图 3-58 所示，联合利华历年年报 ESG 信息与 ESG 报告查重率呈现先低后猛增的趋势。在 2019 年前，联合利华在年报中对 ESG 信息披露较少，联合利华 ESG 报告主要采取“短语+结果概括”形式，因此查重率并不高。2020 年以后，联合利华 ESG 报告进行了一个结构的调整，主要构成是年报+“指南针计划”信息准备报告，整体内容重复较高，信息准备报告中有部分增量信息，但篇幅较少，因此查重率高。

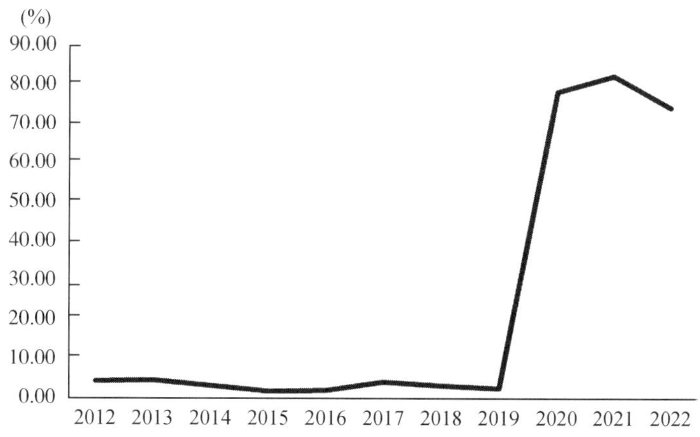

图 3-58　年报与 ESG 报告查重率

(二) 不同 ESG 披露渠道的比较

联合利华披露渠道整体比较丰富且与时俱进,形成官网、视频平台、微信公众号三位一体的披露体系,满足不同人群对不同层次信息的需求,形成三个披露层次,分别是大众、投资者和相关方(如表 3-51 所示)。

表 3-51 联合利华不同 ESG 披露渠道比较

披露渠道	披露方式	目标受众	披露内容	ESG 披露重点	交叉点
网页	公司官网	大众	E、S、G(少量,提供链接)	E、S	ESG 新闻信息披露,更加丰富和有时效性
视频	YouTube	大众	E、S	E、S	主要为成果展示和宣传,旨在建立大众的 ESG 意识
ESG 报告	公司官网	相关方	E、S(少量,提供链接)	E、S	ESG 披露主体
年报	投资者关系网站	投资者	财务信息有,涉及 ESG 信息	E、S、G	从业务视角对 ESG 信息的概括,G 有部分增量信息
投资者公告、新闻	公司官网	投资者	向股东披露内容及股东大会情况等	G,尤其是董事会详细情况、薪酬情况等	提供 G 增量信息

大众层面,联合利华主要从社交媒体账号推文和视频以及官网新闻栏目向大众介绍联合利华 ESG 的措施和成效,官网栏目内容和结构与 ESG 报告大概相同,但图片更加多样,颜色更加丰富,更加精简。社交媒体账号和视频网站账号上联合利华发布有关 E 和 S 的推文和视频,与官网相比有更多的受众人数。

投资者层面,从投资者关系栏目点击进入,获取的年报 ESG 信息较多,从官网投资者关系栏目点击进入,获取的有关 G 方面信息较多。

六、ESG 报告

(一) 采用的标准

本文统计了 2009—2022 年联合利华 ESG 报告,得出历年报告采用标准如下。

2009 年可持续发展报告部分用 MDGS。

2010—2011 年可持续生活计划无明确披露标准。

2012 年可持续生活计划部分用 UN Global Compact。

2013—2014 年可持续生活计划无明确披露标准。

2015—2016 年可持续生活计划部分用 SDGS。

2017—2019 年可持续生活计划无明确披露标准。

2020—2022 年年度报告用 TCFD。

（二）内容结构

1．查重率

本文计算了联合利华 2012—2022 年 ESG 报告与前一年 ESG 报告的查重情况。如图 3-59 所示，联合利华 ESG 历年查重率幅度变化呈现先小后大趋势，跨度从最高 82％到最低 3.9％。本文认为 2013 年到 2020 年变化幅度较小，主要是因为联合利华采用统一的"短语＋结果概括"形式，除年份具体数据信息外，重复度较高。2020 年后，联合利华对 ESG 披露更加重视，相关报告披露更加翔实，除结果外还有具体实施过程和目标来源，因此 2020—2021 年有很大的变化幅度。

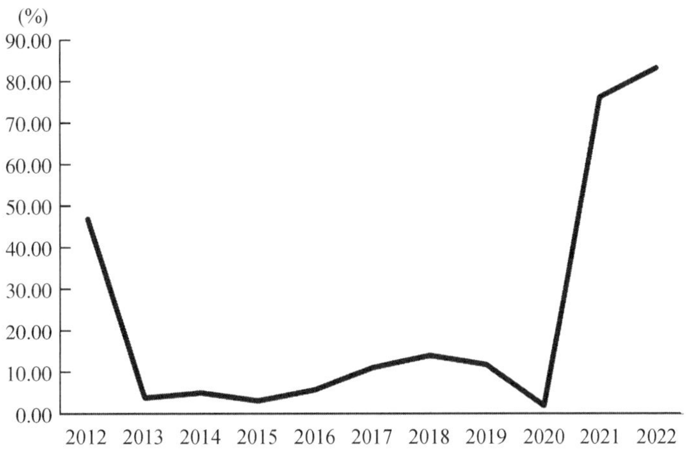

图 3-59　ESG 报告查重率

2．ESG 披露内容时序变动情况

（1）交易所对 ESG 信息披露规定的变化情况

联合利华在纽约交易所、伦敦交易所和荷兰上市。

2010 年 2 月美国证券交易委员会（SEC）发布《关于气候变化相关问题的披露指导意见》，美国上市公司环境信息披露开始发展，但是强制披露的内容较为有限。2021 年 6 月众议院通过《2021 年 ESG 信息披露简化法案》并提交至参议院。

纽约证券交易所在 2021 年 5 月也发布了《ESG 指南：可持续发展报告的最佳实践》。该指南详细介绍了公司准备 ESG 报告的八个关键步骤、ESG 指标、国际上广泛使用的 ESG 报告框架和标准、ESG 评级方法等信息，从而帮助公司进行 ESG 披露。纽交所表示"能够准确有效地与利益相关者沟通企业是如何应对 ESG 风险和机遇的，对于发行人来说至关重要。我们很高兴将该指南正式纳入纽交所为上市公司提供的广泛工具和资源，以支持它们实现 ESG 报告目标"。

欧盟市场中，EFRAG（欧洲财务报告咨询小组）于 2022 年 4 月 29 日发布了 ESRS（欧盟可持续发展报告标准）的征求意见稿，旨在披露环境、社会和治理（ESG）的相关事项。如果征求意见稿达成一致，符合 CSRD（公司可持续发展报告指令）要求的企业将会在 2024 年披露第一份可持续发展报告。届时，预计约 49 000 家公司将被要求进行信息披露，披露内容涵盖宏观信息、行业特定信息和公司特定信息。

伦敦证券交易所早在 2017 年便开始制定 ESG 报告指南，规范 ESG 报告的八大要点，即策略相关性、投资者重要性、投资等级数据、全球框架、报告格式、监管与投资者沟通、绿色收入报告和债券融资。而近年来伦敦证券交易所也在不断尝试 ESG 数据的标准化，旨在降低公司层面的数据差异。

(2) ESG 报告内容变动情况

联合利华 ESG 报告内容变动情况如图 3-60 所示。

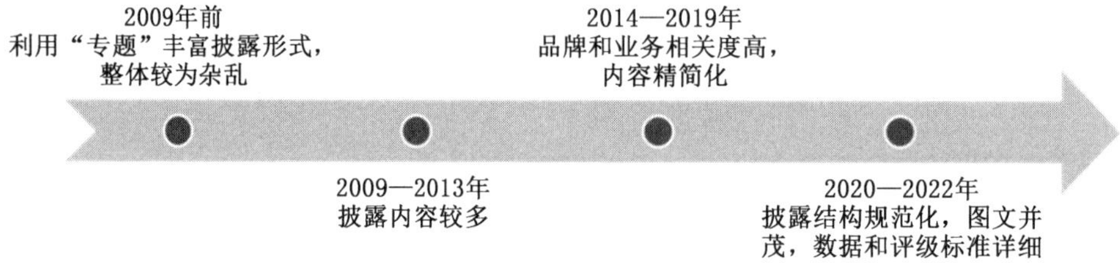

图 3-60 报告内容变动情况

(3) ESG 报告结构顺序的时序变动情况

联合利华 ESG 报告披露顺序变动不频繁，呈现阶梯式变动特征，总体上来看，S 部分排序始终靠前，看重 S 营养健康和 S 公平多样性，S 部分与 E 部分交叉衔接较为紧密，G 部分一般出现在最前或最后，近期呈现增大披露内容的趋势。

表 3-52 联合利华 ESG 报告结构时序变动情况

年份	披露顺序
2009	GSE(SE) 特点：G 在最前且占比较大，E 则是重点
2010—2013	SESG 特点：G 顺序调后且篇幅减小，S 部分逐渐增大侧重
2014—2019	a. 主要内容中抛去了议题概念，打破了 ES 各板块边界，以可持续为核心，可持续引导增长、可持续创新等作为分类标准横向切割（2014 年穿插有减少浪费这个议题分类），代表品牌作为归集对象，同一分类下不同品牌可能有不同议题行为。在报告最后部分有 SES（议题方向与前几年相同，下属细分标准有细微变化）内容总结 b. 从内容上来说没有 G c. 2016—2019 年只有最后内容总结图
2020	SESG，G 有单独一部分被强调突出
2021	SESG，因为我们的员工、消费者、供应的板块，导致前后内容重复性上升、不同类议题间交叉性提高
2022	SESG

（三）环境（E）、社会（S）、治理（G）

1. 分别的披露侧重点

词频统计的样本是联合利华的 ESG 报告“Planet & Society”和“Governance”的部分，排除介词、连词、代词后，各范畴的词频统计结果如下。

如图 3-61 所示，联合利华 ESG 报告，环境（E）范畴中出现频率最高的词是 Water（水），其次是 Climate（气候）和 Waste（废弃物），可见联合利华十分注重对气候变化、水资源和废弃物内容的披露。这与联合利华属于制造业企业，同时产品有洗涤剂等有关。

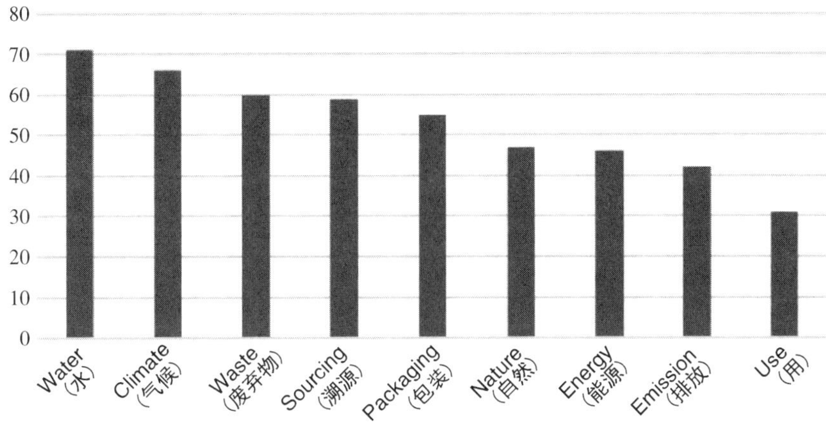

图 3-61　联合利华 ESG 报告 E 范畴词频统计

如图 3-62 所示，联合利华的 ESG 报告在社会（S）范畴出现频率最高的词是 People（人），与联合利华主营业务为日用品，消费者为普通人群的特性呼应。同时可以看到 Nutrition（营养）和 Health（健康），排名也较高，这是基于联合利华未来主要战略投资方向的选择性表达。而 Farmers（农夫）则与联合利华多年一直投入的“小农项目”有关。

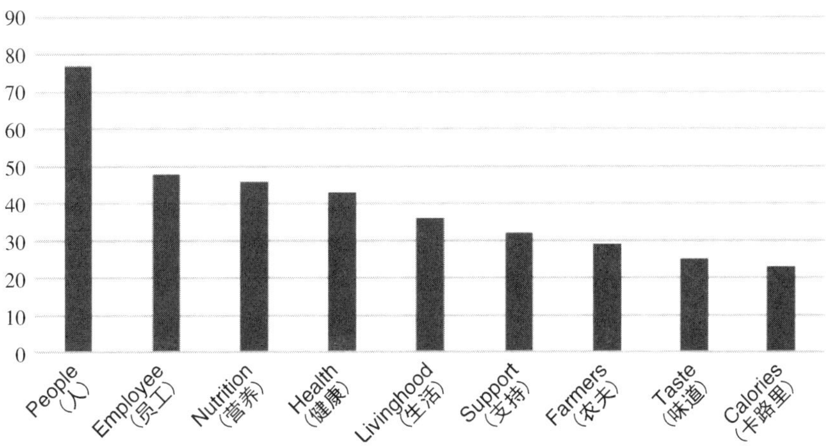

图 3-62　联合利华 ESG 报告 S 范畴词频统计

如图3-63所示，联合利华的ESG报告在治理(G)范畴，出现频率最高的词是Committee(委员会)和Directors(董事)，可见联合利华采用了大量篇幅披露自己的管理架构和领导者思想，也可见委员会作为核心管理架构中一环对联合利华影响巨大。Management(管理)排在第六位，与其作为通用单词与Employee(雇员)等词的组合有关。

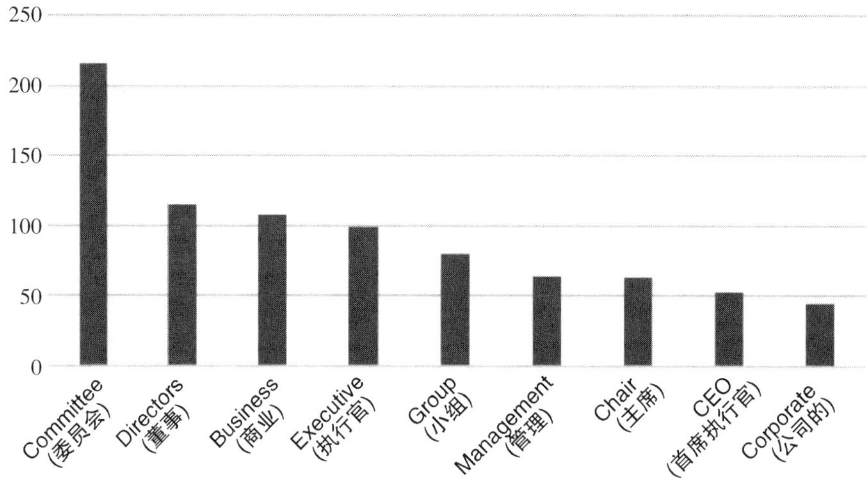

图3-63 联合利华ESG报告G范畴词频统计

2. 各自的披露特色

除披露文字内容外，披露形式也值得关注。通过统计联合利华2022年ESG报告可以得到如表3-53的结果，因为G作为单独的板块，有较长的篇幅，所以相关的三个指标数量较大。

表3-53 ESG报告关键指标数量

年份	关键指标	E	S	G
2022	举措数量	12	10	35
	关键数据数量	32	25	97
	照片数量	4	6	32

(四) 专题披露

1. 专题披露情况

联合利华专题出现时间不规律，2010年前出现较为频繁，专题主题与具体业务(地理划分或种类划分)相关，2010年后主要受国际事件影响，主题为人权，具体专题内容如表3-54所示。

表 3-54　　　　　　　　　联合利华专题披露情况

<table>
<tr><th>年份</th><th>专题名称</th></tr>
<tr><td>2002</td><td>追求可持续豌豆</td></tr>
<tr><td>2002</td><td rowspan="2">棕榈油：可持续的未来</td></tr>
<tr><td>2003</td></tr>
<tr><td>2003(对大范围茶评估)</td><td rowspan="2">可持续茶：好的农业实践指导</td></tr>
<tr><td>2003(对小农)</td></tr>
<tr><td>2003</td><td>为未来发展——菠菜：为可持续的未来
可持续菠菜：好的农业实践指导</td></tr>
<tr><td>2003</td><td>联合利华渔业可持续倡议</td></tr>
<tr><td>2004</td><td>可持续西红柿：好的农业实践指导</td></tr>
<tr><td>2005</td><td>可持续渔业在南非</td></tr>
<tr><td>2009</td><td>联合利华可持续农业：水资源</td></tr>
<tr><td>2009</td><td>农民学校计划：在肯尼亚发展可持续茶业</td></tr>
<tr><td>2013</td><td>劳动者权益在联合利华供应链中：从倡议到实践</td></tr>
<tr><td>2017、2020、2021</td><td>联合利华人权报告</td></tr>
</table>

2. 专题选择的时序特征

从专题名称便可直接感知联合利华的专题披露重点，2010 年前以 S(小农、可持续采购)、E(保护自然)为主，2010 年后全部为 S(人权)。

七、网页

(一) ESG 网页与 ESG 报告之间的联系

联合利华公司没有单独的 ESG 网站，公司官网中包含了所有 ESG 信息，并呈现出好的逻辑性和方便性。联合利华网页中与 ESG 相关的信息被集中披露在 3 个板块：

(1) 星球和社会。披露企业对于气候、自然、人的影响以及积极采取的措施，影响如：无废弃物世界、好的营养、好的健康和卫生、平等多样性以及包容；措施如：企业在产品安全和环境保护方面有关的技术的研发。

(2) 投资者—公司治理。披露企业管理方面的公告以及管理架构相关信息，如董事会和管理委员会成员、投票结果以上两方面信息的披露结构与 ESG 报告完全一致，并且先总后分，逻辑严密，方便受众，不用点开报告，能够直接在网页找到自己最感兴趣的一部分议题，原有议题皆披露在 overview(概述＋链接)中。

(3) 新闻。以少量文字摘要加图片和附有链接的形式实时披露公司 ESG 方面信息，并且还能根据品牌、行动、战略、时间检索，提高浏览者获取有效信息的效率。

（二）ESG网页披露特点

联合利华的ESG网页披露特点是：

（1）公司网页中ESG三类信息，是对其ESG报告披露内容更加视觉化和简约化的展示，具体体现为网页中ESG图片比重增加、文字叙述减少，同时又在信息边附有链接满足对相关内容感兴趣、希望看到细节信息的浏览者的需要。

（2）公司网页中ESG信息是对企业ESG相关措施更及时性的披露和展示，联合利华ESG报告以年度为周期，而官网新闻中ESG信息则是实时更新。

（3）官网ESG披露信息事件含量更大，联合利华ESG报告只包含公司当年ESG突出内容以及战略，而官网能够集合公司范围内所有ESG的措施，如S下公司有关气候和自然基金会的历程和目标。

八、年报中的ESG信息

2003—2006年，较为稳定的ESG板块是环境责任（Environmental responsibility）和公司治理（Corporate governance），除了2005年将环境（Environmental）和公司责任（Corporate responsibility）两部分拆开各一页。2007—2016年公司年报对ESG有关信息披露较少，偶尔有披露也仅限于G方面。2017年开始，公司年报披露ESG信息明显增多，板块也相对固定和集中在Society（社会）、Planet（星球）、Governance Report（治理报告）上，2022年公司G方面披露篇幅陡增。如表3-55所示。

表3-55 联合利华年报披露ESG信息情况

年份	ESG板块标题	篇幅（页）	位置（起始页/总页数）	披露内容
2002	—	0	—	—
2003	Environmental responsibility（环境责任）； Corporate governance（公司治理）	8	11；42/48	治理框架、董事会、公司环境责任
2004	Environmental responsibility（环境责任）； Corporate governance（公司治理）	8	11；47/53	治理框架、董事会、公司环境责任
2005	Environment（环境）； Corporate responsibility（公司责任）； Corporate governance（公司治理）	21	12；13；52/70	治理框架、董事会、公司环境责任；公司治理部分内容占比增大
2006	Environmental responsibility（环境责任）； Corporate governance（公司治理）	20	11；33/51	治理框架、董事会、公司环境责任
2007	—	0	—	—
2008	—	0	—	—
2009	Corporate governance（公司治理）	16	44/59	公司治理
2010	—	0	—	—

续表

年份	ESG 板块标题	篇幅（页）	位置（起始页/总页数）	披露内容
2011	Corporate governance（公司治理）	16	33/48	公司治理
2012—2016	—	0	—	—
2017	Society（社会）；Our people（我们的员工）；Corporate governance（公司治理）	55	16/20；20/22；29/78	人权；健康及卫生；公司治理
2018	—	0	—	—
2019	Society and environment（社会和环境）；Governance Report（治理报告）	18	13/15；36/50	社会与自然气候；董事会治理；委员会治理
2020	Society（社会）；Planet（星球）；Governance Report（治理报告）	16	18；19；47/60	人权；平等包容；自然气候；公司治理
2021	Planet&Society（星球和社会）；Governance Report（治理报告）	21	28/32；61/76	人权；健康卫生；营养；平等包容；自然气候；公司治理
2022	Planet&Society（星球和社会）；Governance Report（治理报告）	41	29/32；67/104	人权；健康卫生；营养；平等包容；自然气候；公司治理

九、ESG 的对外沟通情况

就对象（投资者、消费者、监管机构）而言，联合利华有三种沟通对象，而每种沟通对象又包括线上和线下两种途径，沟通载体有产品、活动、视频、文件等。

（一）对消费者

就对消费者沟通而言，联合利华属于快消品行业，同类型产品较多，竞争激烈，因此吸引消费者注意力并促进销售（营销推广）尤其重要，而吸引消费者注意力的方式首先是找到并满足消费者的新趋势和需求。根据《2023 中国六大消费趋势洞察》，疫情后消费者自我关爱正当时，表现出自我保健和预防性健康需求不断增加，同时日益频繁的极端天气，使越来越多消费者感受到气候变化与自己的生活息息相关，对有持续性属性和健康性属性的产品和品牌越来越偏好。以上几方面内容，既是联合利华大力发展 ESG 的重要原因，也能反映 ESG 对外沟通（消费者）对联合利华的重要性。

由前文所提联合利华有面向社会的展示渠道，在 Facebook、Twitter 等各大社交平台有官方账号，在视频及动态中介绍 ESG 的发展状况，同时官网 Planet and Society 下设有“Our position on”是对于社交平台上公众集中问题的回答。

同时由于 ESG 概念、产品或公司相关行为与消费者有“从概念到实际感受”“从他到自身”的距离，和主流单向“被宣传教育”的情况，公司开启紧跟风潮开发和选择线下场景“发现触点”从而让可持续观念可观可感，建立起真实的连接和有效互动。如联合利华选择以校园为阵地，招募校园大使，以校园为一个个小集合定向宣传 ESG；随着“City walk”（城市漫步）兴起，联合利华和达能脉动推出城市“循”游计划，以游戏的形式加强跟年轻人的互动，加深大家对“碳中和”的理解，同时达到宣传“脉动宣布所有生产工厂均被认证为‘碳中和’工厂，联合利华也计划在 2025 年前将现有产品包装中的原生塑料使用量减半”的效果。

（二）对投资者

对投资者来说，线上渠道有联合利华公司官网“Investors”下的专门界面，可以实时收集投资者有关问题，同时举行定期电话会公布 ESG 相关措施。就线下渠道来说，公司管理者积极参加 ESG 有关峰会或者在影响力大的经济论坛上分享企业 ESG 理念和战略，如联合利华前 CEO 乔安路在 2022 年世界经济论坛上论述 ESG 的必要性等。

（三）对监管部门

因为联合利华主营产品包含食品饮料，以英国为代表的一些国家向“高糖”“高盐”食品饮料征“糖税”等以引导民众消费，提高民众健康水平，而降低“含盐量”“含糖量”是联合利华“Planet&Society”下重要目标，因此公司也及时和积极就 ESG 成果和调整与税收部门沟通。

十、ESG 鉴证

从全行业公司来看，随着监管力度加大，ESG 鉴证从自愿走向强制已成为趋势。伦敦证券交易所 2006 年《公司法》规定，上市公司年度报告中需要披露温室气体排放量报告，于 2013 年 10 月 1 日生效。美国证券交易委员会（SEC）于 2022 年 3 月发布增强气候披露标准化的征求意见稿，要求企业披露的范围 1 和范围 2 排放数据得到独立第三方的核实和鉴证。

联合利华从 2011 年起一直有披露关于 ESG 独立第三方鉴证报告，一直由普华永道鉴证，使用了 ISAE 3000（有限的保证水平），并遵守了 ICAEW 的道德规范。鉴证内容主要是联合利华各年不同 ESG 有关计划的绩效数据，数据类别和范围远超有关规定的碳排放量和较为常见的管理评价等。本文认为此处绩效数据是与联合利华各年目标相对应的，由前文提到联合利华 ESG 之路是“业务贴合”“有引领性”的，这两点体现为目标是非常有独特性、业务贴合性的（如减少洗衣过程中的用水量，绩效衡量标准是使用联合利华的 One 漂洗护发素产品的家庭数量），PWC 也提到“没有全球公认的实践来评估和衡量选定的绩效数据，使用的不同但可接受的技术范围可能导致实质性不同的报告结果，这可能会影响与其他组织的可比性。因此，须阅读和理解联合利华用来评估和准备选定绩效数据的准备基础”，所以鉴证的出发点是联合利华的目标和自己评估选定绩效数据的准备基础。

十一、公司 ESG 相关经济后果

联合利华的机构投资者是公司重要股东。截至 2023 年 3 月 31 日，机构投资者共持联合利华公司股份的 62.33%。联合利华的主要持股机构投资者包括：德贝莱克（0.8%）、威灵顿管理公司（Wellington Management Company LLP，0.67%）、先锋（0.44%）、美国银行（Bank of America Corp，0.39%）等。

从机构投资者变动方面看，联合利华 ESG 措施有"做得好风平浪静，但相关行动有风险，马上有反应"的特点，这似乎与前面所说的 ESG 对消费影响带来正向经济效益矛盾，本文认为实际还是公司经济效益跟 ESG 披露公司措施、目标实现绩效相比存在时间滞后性和不完全对等性的原因，以及近期联合利华 ESG 行为以"收购""并购"为主，对公司即时（现金流等具体财务指标）影响（负向）较大。

公司 ESG 有关行为，影响机构投资者行为。在前 CEO 乔安路任期内，2021 年对葛兰素史克消费健康业务进行了三份投标，其中一份为 500 亿英镑。此举遭到了股东的反对，其中一些人还批评联合利华将可持续发展置于核心增长之上。从公司主要机构投资者看，2021 年，机构持股比例下降。在此次事件后，机构投资者入董事会，佩尔茨的特里安基金（Trian Fund）持有联合利华近 1.5%的股份，是第四大股东，佩尔茨宣布进入董事会，并参加首席执行官遴选。

十二、公司 ESG 相关特点总结

（一）优点

（1）联合利华披露内容和框架具有引领性和业务贴合性。联合利华有自己的 ESG 报告编制标准，但也会根据外部编制标准的变化适时调整，联合利华会根据自己业务的变化对披露的专题和公司计划进行调整。

（2）重点发展 ESG 网页披露，具有实时性。联合利华将 ESG 主要信息导向网页披露（News），使得信息提供时效性高。同时网页可以运用图片以及色彩强调等多种形式，向读者提供多样化的信息，提高可读性和信息获取的方便性。如前文所言，联合利华网页有针对三类受众的不同信息层次要求，达到了人群上的全方面覆盖。

（3）联合利华 ESG 披露历史信息完善，官网有公司 1999 年以后 ESG 有关的所有报告。投资者可以从官方渠道获知公司 ESG 发展情况。

（4）联合利华 ESG 对外沟通主动，在线上和线下端与三类沟通对象积极交流。有电话会议、公司官网渠道以及峰会与对外投资者交流。有线下活动（游戏、校园大使）、视频和官网公众问题解答与消费者互动交流。

（二）缺点

（1）披露内容过多，信息较为分散，不利于读者阅读。联合利华的信息可以通过许多渠道找到，而有一些信息只在报告中呈现，这使得找到特定信息较为困难。

（2）议题过于稳定，从 2009 年后开始，公司 E、S、G 方面关注议题基本保持不变，变化的只是健康、营养、水资源、废弃物管理、公司治理等板块名字，以及目标绩效和整体计划等。一部分原因可能是公司作为食品饮料制造消费行业，缺乏科技进步以及业务向外拓展的跨度小，从而导致难以发现和拓展 ESG（尤其是 E 和 G 方面）新的议题。

（3）公司 ESG 报告结构变化较多，从最开始的以可持续性为中心，进行过程和结果的披露，到只有结果的展现，再到与财务信息混合，从内容上分为社会、星球和治理。这个变化虽然体现了公司积极探索尝试，但对于外部阅读者梳理公司 ESG 进程，把握整体框架，对不同年份进行对比增大了难度。

（三）启示

联合利华从 1999 年开始 ESG 有关披露，不断根据自己的业务情况和对 ESG 领先的理解，调整披露的标准结构和议题，形成多方面的渠道发展，这与联合利华本身所处行业性质以及一些管理层等有关，但它的经验仍然有可借鉴性。对 ESG 披露较为薄弱的企业而言，可以吸收联合利华多年披露的经验，形成自己的体系化的披露体系和建设自己的标准，进行网页端多图片、信息及时的探索，以及加强 ESG 对外沟通，主动与消费者互动，主动发现场景增加触点等。

第四章 电力(核电)行业 ESG 信息披露案例研究[①]

第一节 中广核电力 ESG 信息披露

一、公司简况

(一) 公司简介和历史沿革

中国广核电力股份有限公司(简称“中广核电力”,英文简称“CGN Power”)是中国广核集团(简称“中广核集团”)旗下唯一核能发电平台公司,总部位于深圳福田。公司业务主要包括:建设、运营及管理核电站,销售核电站所发电力,组织开发核电站的设计及科研工作。中广核电力在成功建设大亚湾核电站的基础上,通过引进、消化、吸收、积累与再创新,积累了大量建设和运营管理核电站的丰富经验,建立了与国际接轨的、专业化的核电运维、设计建造、科技研发和人才培养体系。截至 2022 年年末,公司管理 9 大核电基地、26 台在运核电机组、7 台在建核电机组,总装机容量超过 35 000 兆瓦。中广核电力持续坚持在安全的基础上高效发展核电,以安全、经济、可靠的电力供应,力争成为引领核能新技术开发和应用拓展的领跑者,保持在国内核能发电的领先地位,并努力提高在国际核电市场的竞争力。

中国广核集团,原中国广东核电集团,总部位于广东省深圳市,是由国务院国有资产监督管理委员会(简称“国资委”)控股的中央企业。中广核集团是伴随我国改革开放和核电事业发展逐步成长的中央企业,于 1994 年 9 月正式注册成立,2013 年 4 月更名为中国广核集团。中广核集团是国际一流的清洁能源集团,致力于零碳排放的清洁能源生产与供应和全社会的节能减排与清洁能源利用。集团以“发展清洁能源,造福人类社会”为使命,经过 40 余年的发展,构建了“6+1”产业体系(如图 4-1 所示)。主营业务为核能发电,业务覆盖核能、核燃料、新能源、非动力核技术应用、数字化、科技型环保、产业金融等领域,目前拥有 2 个内地上市平台及 3 个中国香港上市平台。中广核电力作为集团中唯一核能发电平台,

---

① 刘心然、卢昶安、王皓鸣和李雪婷参与本章撰写。

且同时在港股及A股上市，在集团中的地位非常重要。

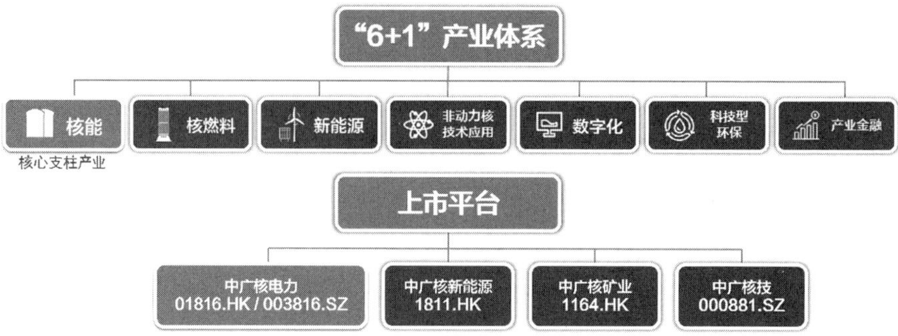

图4-1 中广核集团产业体系及上市平台

中广核电力通过中广核集团核电业务重组的方式设立。2013年12月4日，国务院国资委做出《关于中国广核集团有限公司核电主业改制并上市有关事项的批复》(国资改革〔2013〕1005号)，同意中国广核集团核电主业重组改制并境外上市方案，将核电主营业务和资产分批注入本公司。2014年3月13日，国资委再次同意公司国有股权管理方案，其中中国广核集团持有3 004 030万股，占总股本的85.10%；恒健投资持有总股本的10%；中核集团持有总股本的4.90%。同年3月14日，国资委同意设立该公司，总股本353亿股，每股面值人民币1.00元。最终，中国广核电力股份有限公司于2014年3月25日注册成立，2014年12月10日于中国香港联交所主板上市(中广核电力，代码1816.HK)，成为当时全球唯一纯核能发电的上市公司。此后，公司于2019年8月26日在深圳证券交易所上市(中国广核，代码003816.SZ)。

(二) 所处行业和公司定位

中广核电力的主营业务为核能发电，在申万行业分类中属于公用事业-电力-核力发电。由于电力是经济社会发展的重要支柱性资源，电力需求量未来将随着国家产业的发展而持续增长。

1. 行业发展与竞争情况

中广核电力所属行业是核能发电。核能发电行业的特点是有很高的壁垒，原因包括准入门槛高、技术难度大、资金及资产需求大等。因此我国核能发电行业的市场集中度较高，从在运机组数量、装机容量、发电量等来看，2021年行业的CR2达到90%以上。

根据中国核能行业协会发布的《中国核能发展报告(2022)》蓝皮书，目前我国全面跻身世界核电大国行列，核电安全运行业绩保持国际先进水平。截至2022年9月，我国商运核电机组53台，是2012年的3.5倍；总装机容量5 560万千瓦，是2012年的4.4倍；在建核电机组23台，总装机容量2 419万千瓦，在建规模继续保持世界领先，在运在建核电装机容量居全球第二。核电发电量在当前我国电力结构中的占比达到了5%左右，较十年前的约2%有了大幅度提高。

2023 年 1—5 月，全国累计发电装机容量 26.72 亿千瓦，同比增长 10.3%，增速环比上升 0.6pct，增速同比上升 2.4pct。其中，核电 5 676 万千瓦，同比增长 4.3%。从宏观政策而言，“十四五”期间，我国对环境质量和生态保护提出更高要求，提出“双碳”目标并加快能源绿色转型。随着能源减碳和碳市场建设稳步推进，新能源发电行业有望保持高发展预期。随着稳增长政策持续发力，我国经济有望持续向好。根据国家统计局 2023 年 1 月 18 日公布的资料，2022 年国内生产总值同比增长 3.0%，近两年平均增长 5.67%，我国经济持续恢复，经济长期向好的基本面没有变。综上所述，核电在短期和长期的发展前景较为良好。

截至 2023 年 9 月 30 日，中广核电力管理 27 台在运核电机组，装机容量 3 057 万千瓦，占国内在运核电装机约 53.79%；管理 9 台在建核电机组(包括已核准未 FCD 项目)，装机容量 1 083 万千瓦，占国内同口径在建装机约 27.73%。中广核电力在中国核能发电行业中占有重要地位。

2. 公司使命与愿景

中广核电力的使命是“发展核能，造福人类”。公司致力于核能发电为主的电力供应和服务，以“安全第一、质量第一、追求卓越”为基本原则，深入践行“严慎细实”的工作作风，为客户、股东、员工和社会创造最佳利益。公司的愿景是成为具有国际竞争力的世界一流核能供应商和服务商。可以看出其志在全球，希望面向国内、国际市场，追求公众信赖并承担责任，通过技术领先、更具实力、持续发展获得价值，成为受到尊敬的世界一流核能企业。公司着眼全球的愿景从其创立当年即在 H 股上市中可见一斑。

中广核电力强调，对于公司内部的生产，“严慎细实”是其坚持的工作作风和工作态度。公司认为“唯有如此，才能确保安全、达成质量、追求卓越，实现企业的使命和愿景”，可以看出公司作为核能发电行业领先者的业务自觉以及对工作环境及员工的关怀。

(三) 公司的股权结构及子公司、孙公司等情况

中广核电力是中国广核集团旗下核能发电的唯一平台。截至 2022 年 12 月 31 日，公司股东、持股数及较上年变动等情况如表 4-1 所示：中广核集团对该公司持有 58.91%的股权，有绝对的控制权；前十大持股比例占 92.02%，公司股权非常集中。

表 4-1　　中广核电力前十大股东情况

股东名称	持股数量(股)	持股比例	变动方向	变动股数(股)	持股比例变动	股本性质
中国广核集团有限公司	29 746 876 375	58.91%	比上期增加	41 933 000	0.08%	流通 A 股，流通 H 股
中国香港中央结算有限公司	9 400 178 244	18.61%	比上期增加	579 729 073	0.15%	流通 A 股，流通 H 股
广东恒健投资控股有限公司	3 428 512 500	6.79%	不变	0	0.00%	流通 A 股

续表

股东名称	持股数量(股)	持股比例	变动方向	变动股数(股)	持股比例变动	股本性质
中国核工业集团有限公司	1 679 971 125	3.32%	不变	0	0.00%	流通A股
贝莱德	673 008 059	1.33%	不变	96 171 619	0.19%	流通H股
中国人寿保险股份有限公司	666 006 000	1.32%	比上期增加	−786 108 000	−1.56%	流通H股
国新央企运营投资基金管理(广州)有限公司－国新央企运营(广州)投资基金(有限合伙)	403 989 000	0.80%	不变	0	0.00%	流通A股
中国国有企业结构调整基金股份有限公司	239 725 551	0.47%	不变	0	0.00%	流通A股
全国社保基金一零二组合	167 515 200	0.33%	不变	0	0.00%	流通A股
李革	68 300 000	0.14%	比上期增加	14 120 300	0.03%	流通A股
合计	46 474 082 054	92.02%	—	—	—	—

截至2022年底，中广核电力合并报表范围内共有37家公司，各公司的业务性质、持股比例等具体情况如表4-2所示。这些公司的主营业务都涉及核电，可大致分为两类，一类是各地方核电企业，另一类是负责研发、销售、投资、开发核电等活动的专门的公司。

表4-2　　纳入合并报表范围的各公司情况

公司名称	业务性质	持股比例	
		直接	间接
广东核电投资有限公司	投资	100.00%	
中广核核电投资有限公司	投资	77.78%	
台山核电产业投资有限公司	投资	60.00%	
广西防城港中广核核电产业投资有限公司	投资	60.00%	
中广核宁核投资有限公司	投资	56.52%	
中广核核电运营有限公司	提供管理、技术及咨询服务	100.00%	
福建宁核售电有限公司	售电业务、电力供应、配电网维护服务		100.00%
广西防核售电有限公司	售电业务、电力供应、配电网维护服务		100.00%

续表

公司名称	业务性质	持股比例	
		直接	间接
中广核电力销售有限公司	售电	100.00%	
河北中庄清洁热能有限公司	热力生产	100.00%	
贵州玉屏清洁热能有限公司	热力生产	100.00%	
中珐国际核能工程有限公司	其他专业技术服务		55.00%
中广核电进出口有限公司	进出口贸易		100.00%
中广核陆丰核电有限公司	核能发电	100.00%	
山东招远核电有限公司	核能发电	100.00%	
岭澳核电有限公司	核能发电	70.00%	30.00%
广西防城港第三核电有限公司	核能发电	61.00%	
阳江核电有限公司	核能发电	34.00%	25.00%
岭东核电有限公司	核能发电	25.00%	75.00%
台山核电合营有限公司	核能发电	12.50%	57.50%
广东核电合营有限公司	核能发电		75.00%
福建宁德核电有限公司	核能发电		46.00%
广西防城港核电有限公司	核能发电		61.00%
大亚湾核电运营管理有限公司	核电站运营管理		87.50%
阳西核电有限公司	核电站的投资、建设与经营		51.00%
中广核研究院有限公司	核电技术开发	100.00%	
苏州热工研究院有限公司	核电技术开发	100.00%	
中国大亚湾核电技术研究院有限公司	核电技术开发		100.00%
中广核南方科技有限公司	核电技术开发		100.00%
广东大亚湾核电环保有限公司	核电环保	100.00%	
中广核海洋能源有限公司	海上电站开发、建设、经营	100.00%	
三沙先进能源有限公司	海岛能源开发、智能电网投资、输配电、售电		60.00%
深圳中广核设计有限公司	工程设计		60.00%
中广核工程有限公司	工程建设	100.00%	
深圳市核鹏工程监理有限责任公司	工程监理、工程管理及技术支持服务	100.00%	
中广核(深圳)运营技术与辐射监测有限公司	辐射检测和评价、仪表检定		100.00%
中广核检测技术有限公司	电站测试及维修		81.52%

(四)财务绩效

1. 近五年收入

中广核电力近五年营业收入呈现稳定增长趋势,具体收入及增长率如图4-2所示。2018—2022年,公司营业总收入分别为508.28亿元、608.75亿元、705.85亿元、806.79亿元、828.22亿元。

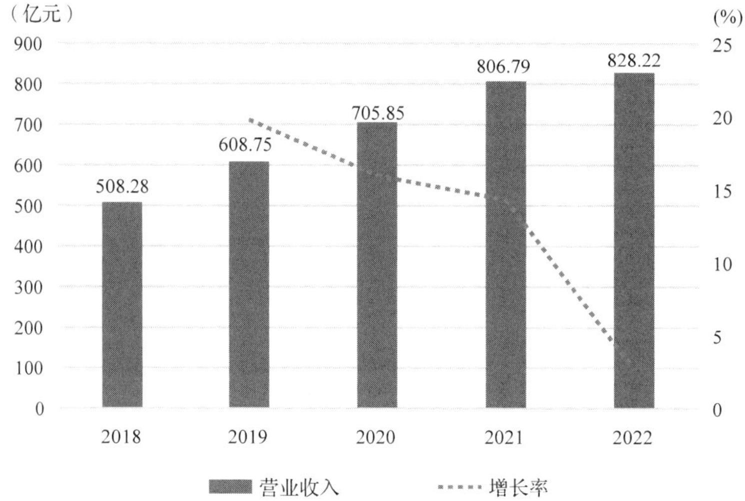

图4-2 中广核电力近五年营业收入及增长率

2. 近五年利润

近五年来,中广核电力的利润情况总体呈缓慢上升趋势,其中营业利润逐年上升,净利润波动上升。如图4-3所示,2018—2022年,中广核电力的营业利润为149.46亿元、165.88亿元、168.92亿元、183.54亿元、188.45亿元,净利润分别为136.82亿元、147.85亿元、148.76亿元、157.24亿元、152.43亿元。

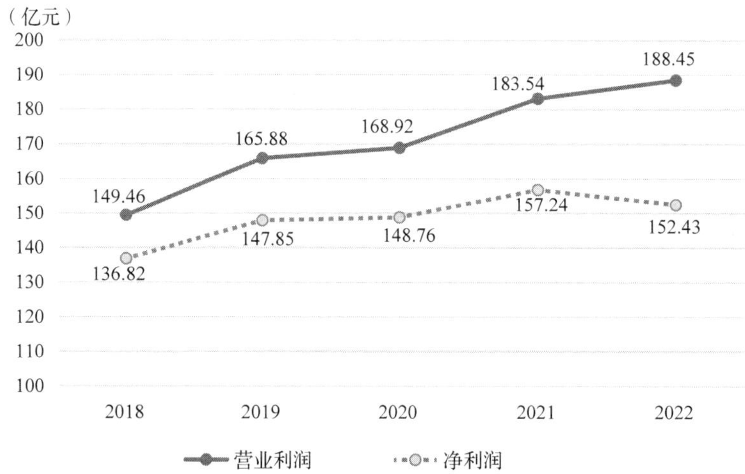

图4-3 中广核电力近五年营业利润及净利润

3. 近四年市值

中广核电力 2014 年在 H 股上市，2019 年在 A 股上市，为了数据可比，这里列示在 H 股和 A 股两地同时上市的 2019—2022 年的市值数据。① 如图 4-4 所示，市值整体保持稳定，2019—2022 年每年末的公司市值分别约为 1 624 亿元、1 266 亿元、1 448 亿元、1 244 亿元。

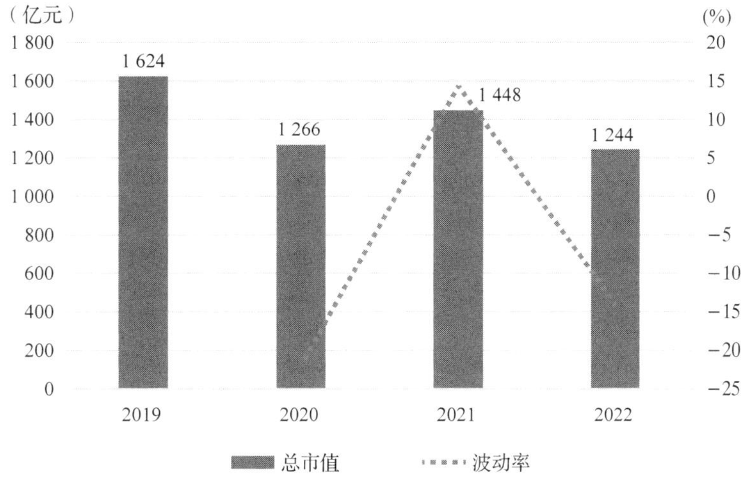

图 4-4　中广核电力近四年市值及波动率

4. 业务组成与分部财务数据

中广核电力的主营业务是电力行业中的销售电力及提供相关服务，此外占比较大的还有建筑安装与设计业务。如图 4-5 所示，2018—2022 年销售电力占营业收入的比例分别为 90.64%、86.71%、78.65%、72.77%、70.16%。

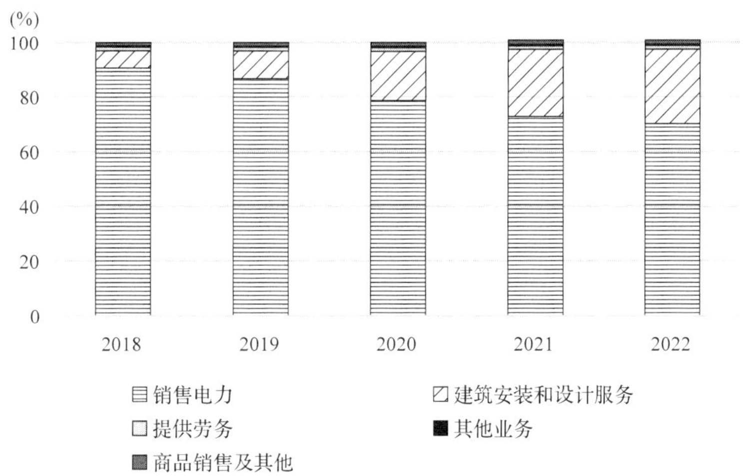

图 4-5　中广核电力 2018—2022 年分产品营业收入比例

① 数据来源：Wind 数据库，根据该指标说明，市值＝A 股收盘价×A 股合计＋H 股收盘价×H 股合计×人民币外汇牌价，其中外汇牌价为计算日即 12 月 31 日的外汇牌价。

(五) 公司产品与 ESG 的联系

公司的主要产品是核能发电的电力销售及服务，和 ESG 相关性较高。

从行业来看，核电有着“双刃剑”属性。一方面，核电产品属于清洁能源，使用核能电力可以大幅减少碳排放，与 ESG 要求的 E 中的碳排放、“碳中和”目标吻合。此外，相比风能、太阳能等其他清洁能源，核电有着高能量密度，不受天气、气候等因素影响的优点，因此在国家战略与能源安全等方面具有重要的作用，受到国家和国际社会的战略支持和关注。另一方面，由于核电在技术安全方面存在着核反应堆的技术监控、核废料的处理以及周边海域生态环境处理等挑战，若没有妥善处理，很容易造成复杂的环境和社会影响，本身被更加严格地监管，也符合 ESG 披露中的 E、S 方面议题。

中广核集团是直属于国资委的重要央企，鉴于其和能源保障息息相关的国家战略地位及行业的较大环境风险，公司在 ESG 相关信息的披露上较为积极主动。同时中广核电力 2014 年在港股上市，随后在 2019 年于深交所上市，同时面对着不同的政策要求，传统的年报披露模式不足以满足企业、政府、监管机构以及公众等利益相关方对核能发电行业公司的要求，因此中广核电力在 ESG 披露上主动选择，积极采取行动披露。

综上所述，本文认为，中广核电力在 ESG 披露相关内容上有独特的地位和较高的分析参考价值。

二、ESG 发展沿革

(一) ESG 披露发展沿革

1. 公司 ESG 披露渠道的发展情况

中广核电力的 ESG 信息披露始于第一份公开报告《2014 年年报》中的资本模块中环境资本、社会关系资本、人力资本，以及公司治理模块。目前，公司在 ESG 披露上有 ESG 报告和 H 股年报两大主要渠道。此外，2019 年以来的 A 股年报、公司官网、集团 ESG 报告也披露了部分 ESG 信息。公司 ESG 信息披露上的重要事件如表 4-3 所示。

表 4-3　　中广核电力 ESG 披露重要事件

时间	事件
2011 年 9 月	中广核集团公布第一份包含整合集团 ESG 信息的《企业社会责任报告》，此后每年发布（本文中为区别中广核电力的《环境、社会和管治报告》，称之为集团 ESG 报告）
2014 年 12 月	中广核电力公司成立并于中国香港联交所上市
2015 年 4 月	披露首份年报，采用独特的“综合报告模式”即在年报中披露（部分）ESG 信息
2015 年 10 月	确定单独编制 ESG 报告，但年报的“综合报告模式”不改变。年报和 ESG 报告中披露的 ESG 信息有所不同

续表

时间	事件
2016 年 7 月	首次披露 ESG 报告。应要求，规则中强制和建议披露指标共 32 个，中广核电力披露了 26 个，包括所有强制披露指标和部分建议披露指标
2017 年 4 月	第二份 ESG 报告与年报同日披露；涵盖港交所《ESG 指南》所有披露指标
2019 年 8 月	公司于深交所上市；明确 ESG 报告等效 A 股社会责任报告
2021 年 3 月	发布第六份 ESG 报告，满足香港、深圳两地所有要求；实现 ESG 关键数据的独立鉴证
2023 年 8 月	发布第八份 ESG 报告，突出董事会 ESG 方面的责任，充实合规与反腐实践，董事会 ESG 声明列为报告第一部分

2. 总体趋势分析

中广核电力在 ESG 披露上的整体态度较为积极，快速响应政策变化并一定程度上领先于最低的政策要求。港股近年来政策变迁可以分为建议披露、披露常态化及向强制披露过度三个阶段。对比港股政策的要求，可以看出中广核电力对于 ESG 信息的披露态度整体上较为积极。

在 2014 年公司上市时，港股相关政策建议上市公司披露 ESG 信息，但没有强制要求披露；同时对报告模式是单独出具 ESG 报告或(和)在年报中同时披露没有具体规定。中广核当年就在年报中以环境资本、社会关系资本、人力资本等模块披露了 ESG 信息，并以“综合报告模式”作为披露的格式。

在 2015 年，港股要求 ESG 披露常态化，要求上市公司对环境范畴二级披露项(KPI)“不遵守就解释”，但对三级细分项目的披露没有硬性要求。当年中广核电力发布了第一份 ESG 报告，其中对环境及社会的所有披露项进行披露，领先于港股政策。此后，公司也继续逐渐完善年报与 ESG 报告的披露格式和逻辑关系，并继续对港股 ESG 政策做出积极回应。

此外，中广核电力对 ESG 相关信息的披露越来越全面。公司按照上市两地的政策，披露的范围和内容都显著扩大和增加，并且通过独立鉴证使可靠性有所增强。

3. 公司 ESG 披露情况现状总结

中广核电力的 ESG 披露渠道较多，不同渠道所披露的内容有一定的交叉和重复。表 4-4 梳理了中广核电力目前不同 ESG 信息披露渠道的具体情况，可以看到公司在 ESG 报告中，披露 ESG 信息全面、具体；港股年报采取综合报告体系，把 ESG 视为资源进行报告；而 A 股年报的 ESG 相关信息强调了公司治理中的信息公开、生产安全中聚焦国家规范及完成情况，整体内容较为简略，需要结合 ESG 报告解读。例如，2022 年 A 股年报中第五节环境和社会责任章节内容有 5 页，不到 6 000 字，ESG 报告中安全与环境部分长达 45 页。

表 4-4　　中广核电力 ESG 信息披露渠道及特点

类别	披露时间及频率	披露渠道	内容	备注
港股年报	2014 年至今 季度/年度	联交所网站 （www. hkexnews. hk） 巨潮资讯网 （www. cninfo. com. cn） 公司官网 （www. cgnp. com. cn）	公司治理	
			ESG 资源	从人力资本、智力资本、环境资本、社会关系资本四个角度
			ESG 行动	
港股 ESG 报告	2015 年至今 年度	公司官网 联交所官网	ESG 战略	
			ESG 专题	
			ESG 议题选择及实践	
			ESG 成果	
			ESG 信息鉴证	
A 股年报	2019 年至今 季度/年度	公司官网 巨潮资讯网 深交所官网 （www. szse. cn）	公司治理	
			环保问题、标准及行动	
			ESG 行动	简略
A 股 ESG 报告	2019 年至今 年度	公司官网 深交所官网	公司治理	和港股 ESG 报告相同，仅仅字体改为简体
公司官网	定时更新	http://www. cgnp. com. cn/	ESG 理念	
			ESG 政策法规	
			ESG 实践	
集团企业社会责任报告	2013 年至今 年度	集团官网	公司治理	内容覆盖中国广核集团有限公司及其所属分、子公司
			ESG 专题	
			ESG 战略	
			ESG 行动	
			ESG 成果及绩效	

（二）ESG 评级发展沿革

1. 各评级机构 ESG 评级时序变动情况

（1）国外机构评级

表 4-5 展示了国外主要评级机构对中广核电力的 ESG 评级情况。在全球范围内，中广核电力在不同评级机构的差异较大，这可能是由于不同评级机构本身评级体系、议题框架及比重的不同造成的。

表 4-5　　国外机构对中广核电力的 ESG 评级

年份	明晟 MSCI	CDP 气候变化	CDP 水安全	欧洲晨星 Sustainalytics	美国 CSA	富时罗素
2023	BB	—	—	30.61（公用事业行业第 295/699 位）	43	2.4
2022	B	C	C	28.72（公用事业行业第 249/693 位）	39	2.8
2021	BB	B−	B−	29（电力行业前 31%，独立发电企业子领域前 16%）	44（领先 67%的电力行业上市公司）	2.4
2020	B	C	未达等级	31.9（电力行业前 36%）	40（领先 55%的电力行业上市公司）	—
2019	BB	—	—	41.4（电力行业前 54%）	—	—

（2）国内机构评级

表 4-6 展示了国内主要评级机构对中广核电力的 ESG 评级情况。对比国内外评级情况可以看出，公司在国内机构的评级整体高于在国际机构的评级，且普遍处于行业领先地位。从首次评级开始，中证和国证指数均对中广核电力给出了"AAA"（最高）评级，且位次处于行业内绝对领先地位。华证指数评级略低于中证及国证指数评级，近 5 次评级均在"BB"级至"BBB"级之间波动。

表 4-6　　国内机构对中广核的 ESG 评级

评级机构	评级时间	评级结果	行业排名
中证指数	2022 年 8 月 17 日（首次）	AAA（最高）	1/121
	2023 年 10 月 31 日	AAA（最高）	2/127（公用事业）
国证指数	2022 年 9 月 8 日（首次）	AAA（最高）	2/134
	2023 年 10 月 31 日	AAA（最高）	7/139（公用事业）
华证指数	2022 年 10 月 31 日	BB	—
	2023 年 1 月 31 日	BB	—
	2023 年 4 月 30 日	BBB	—
	2023 年 7 月 31 日	BBB	—
	2023 年 10 月 31 日	BB	—

2. 公司 E、S、G 分数与行业排名情况

华证指数公布了上市公司最近一次评级中 E、S、G 分别的分数、行业排名情况以及公司所处行业各议题的权重（如表 4-7 所示）。

表 4-7　　华证 ESG 细分议题得分与排名①

2023 年 10 月 31 日	E	S	G	ESG
分数	75.8	85.3	80.8	79.6　BB
权重	41.6%	20.2%	38.2%	
行业排名	6/21	3/21	7/21	3/21

三、公司 ESG 组织形式

中广核电力的 ESG 信息披露的责任方为董事会，在具体编制 ESG 报告时形成了管理层-组织层-执行层的三级管理体系，设立了专门的 ESG 推动小组具体推进相关工作。

（一）董事会

应政策要求，中广核电力在 2022 年第八份 ESG 报告中特别突出了董事会 ESG 方面的责任。报告强调中广核电力建立的以董事会为最高决策机构的 ESG 治理架构，董事会负责监管公司各项 ESG 事宜，带领管理层及各级员工实践 ESG 方针，实现公司 ESG 目标。

从具体行动而言，中广核电力的董事会需要定期听取经营管理情况、安全管理情况等 ESG 的有关事项，并在会议上提出 ESG 有关事项和要求。在董事会休会期间，每月向董事提供包括 ESG 有关事项的公司管理月报。

此外，董事会中的审计与风险管理委员会作为 ESG 推进小组的管理层，在审议有关重大事项及 ESG 报告后，需要向董事会整体汇报，并由董事会审议并最终决定。这一做法加强了董事会对 ESG 事项的监管。

（二）三级 ESG 管理体系

中广核电力 2015 年编制第一份 ESG 报告时就设立了如表 4-8 所示的三级联动的 ESG 管理体系，不断完善和加强公司可持续发展工作的管理，推动各部门、各下属公司参与配合 ESG 工作。

表 4-8　　中广核电力三级 ESG 管理体系

层级	责任
管理层	审计与风险管理委员会审议有关重大事项及 ESG 报告后，向董事会汇报，并由董事会审议决定，高级管理人员负责推动落实
组织层	根据业务及职能的划分，成立不同项目组，统筹协调各主要下属公司的相关工作，如绩效指标收集、分析、编制等
执行层	各主要成员公司成立专门的工作小组，配备专职人员，结合自身业务特点开展相关工作，如定期统计和报送绩效指标

中广核电力还设立了专门的 ESG 推进小组，具体负责 ESG 相关工作的沟通、推进、评估与管理。其工作职责包括：进行内外部 ESG 重要性评估，设立 ESG 目标；分析目标，改

① 该数据源于华证官网：https://www.chindices.com/esg-data.html.

进完善 ESG 数据收集体系,推动目标达成;持续与同行对标,提升 ESG 管理;落实 ESG 相关事宜的信息披露。其工作内容于 2019 年底从单纯的编制和披露 ESG 报告,扩展到跟进、推动相关业务的内容,以便通过日常相关业务的管理促进 ESG 相关披露数据的收集和规范化管理。小组的成员同时增加了公司战略管理、风险管理、安全质量环境管理、对外宣传管理的相关部门代表,进而推动 ESG 管理持续改进,改善 ESG 相关信息的对外发布和宣传,最终系统提升公司 ESG 内外部表现。

同时,中广核电力还邀请专家就可持续发展趋势不定期提供相关培训,以进一步提高 ESG 事宜管理水平。

四、议题选择

(一) 议题选择流程

从 2015 年第一份 ESG 报告起,中广核电力选择议题就已经形成了较为完善的工作流程,可总结为以下步骤。

1. 成立工作小组,研究规则及对比实际

工作小组需要持续跟进资本市场反馈、同行对标,跟进与推动相关业务的内容。小组的成员包括公司战略管理、风险管理、安全质量环境管理、对外宣传管理等部门代表,目的是系统提升公司 ESG 内外部表现。

工作小组持续研究中国香港及内地上市两地的监管规则、要求及变化,截至 2022 年底总结归纳出以下特色。

(1) H 股:责任上,对董事会及董事的责任要求增多、增强。披露内容上,注重气候影响,强调重要性、量化、平衡及一致性。披露要求上,从“指引”逐步转变为“强制”,披露的时间要求与年报披露时间一致。此外,鼓励独立鉴证。

(2) A 股:偏重社会责任,无具体定量指标要求。同时宣贯规则要求,对比规则与实际组织报告满足强制要求后,逐步推进满足各项要求。同时鼓励独立鉴证。

2. 确定报告范围、识别利益相关方

为了方便年报与 ESG 报告交叉对照,中广核电力经过讨论确定了业务及成员公司范围与年报保持一致、报告期与年报保持一致的披露规则。数据上选择增加前 1～2 年的数据以利于比较,同时细化了指标统计的口径和要求。

中广核电力结合港交所上市规则、ESG 指引及有关指南,将“董事”纳入“利益相关方”,并对广泛的利益相关方群体进行了识别,得出以下内外部利益相关方:公司管理层、公司员工、政府、证券监管机构、股东及投资者、客户(主要是地方电网、购电大用户)、供应商及合作伙伴、媒体、公众及社区居民。

3. 识别并确定重要性议题

议题选择由董事会负责,按照“议题识别→议题筛选→议题调查→议题审核”的顺序进行。

首先，初步识别潜在重要性议题形成议题库。中广核电力参考报告编制标准及指引、内部管理制度、媒体分析、同行对标分析及其他相关文件，识别能够反映中广核电力业务对环境和社会的影响或影响利益相关方对中广核电力的态度和行为的“潜在重要性议题”。

随后，设计重要议题问卷，并对上文步骤2识别出的利益相关方展开调研，请他们对潜在的重要性议题排序。同时也通过利益相关方沟通计划，与利益相关方全面深入的访谈，了解利益相关方所关注的优先议题。为确保问卷调查的代表性、让更多人参与(具体人数及选择方式未披露)，文件形式上采用了选择题，并发动业务对口单位多方式推广。得到问卷结果后对所有潜在重要性议题排序，形成重要性议题矩阵。选取矩阵中“对利益相关方重要性”及“对中广核电力重要性”程度均为“高”的议题具体阐述和分析。

议题选择存在一个特例：由于核电安全议题至关重要，直接将其列为重要性议题，不纳入调查问卷。

4. 总结及反馈

高级管理层审阅利益相关方筛选的重要性议题，确认议题对中广核电力的影响和ESG表现。

(二) 本文根据MSCI梳理公司议题分类

MSCI指数是全球投资组合经理最多采用的投资标的，其ESG评级结果已成为全球各大投资机构决策的重要依据。因此本文特别对公司的ESG议题与MSCI议题进行对比和分析。

中广核电力从第一份ESG报告开始，将议题分为环境、社会、管治及员工四个类别，每个类别下经过上文流程选出重要性议题。以2022年为例，公司重要性议题与MSCI指标的对应关系如表4-9所示。

表4-9　中广核电力披露议题与MSCI议题对比

重要性议题		MSCI范畴	MSCI主题	MSCI议题
环境	放射性物质管理	E	污染与废弃物	有害排放和废弃物
	资源利用	E	自然资源	生物多样性与土地利用
	非放射性污染物排放与管理	E	污染与废弃物	包装物料与废弃物
	企业环境政策的制定与实施	E		
社会	公开信息的透明度与准确性	S	社会机会	沟通可得性
	产品责任	S	产品责任	化学品安全、金融产品安全、健康和人口风险、隐私与数据安全、产品安全与质量
	供应链管理			
管治	商业道德	G	公司行为	商业伦理
	企业治理与企业风险管控	G	公司治理	
	投资项目风险管理	S	产品责任	负责任投资

续表

重要性议题		MSCI 范畴	MSCI 主题	MSCI 议题
员工	员工薪酬与福利	S	人力资本	劳动力管理
	职业健康与安全	S	人力资本	员工健康与安全
	员工发展与培训	S	人力资本	人力资源发展
	员工激励机制	S	人力资本	人力资源发展

对比中广核电力和 MSCI 可以看出，中广核电力更加看重员工相关责任及披露。这一议题在 MSCI 中为二级议题，即是隶属于社会(S)的主题；而在中广核电力为一级议题。

还有一部分议题虽然名称在中广核电力年报和 MSCI 框架中相似，但侧重点不同。例如，中广核电力将供应链管理放在了社会范畴，重点披露供应商管理、与供应商共同成长的内容；而 MSCI 将其放在了环境(E)范畴，关注原料采购时对自然资源的影响。

(三) 历年选择议题的变动情况

历年来中广核电力 ESG 报告中的 ESG 议题以及披露的特点如表 4-10 所示。2015—2018 年，中广核电力的 ESG 报告主要按照港股政策及逻辑披露；从 2019 年起，公司形成了按照固定的环境、社会、管治、员工四大重要性议题框架披露 ESG 信息。

表 4-10　　中广核电力历年选择的议题及变动

特点		2019—2022 年(使用环境、社会、管治、员工四大重要性议题框架)				2015—2018 年			
历年出现的议题	议题分类	2022	2021	2020	2019	2018	2017	2016	2015
放射性物质管理	E	√	√	√	√	√	√(废弃物管理)	√(废弃物管理)	√
非放射性污染物排放与管理	E	√	√	√		√			
资源利用	E	√	√	√	√	√	√	√	√
企业环境政策的制定与实施	G	√				√			
生态环境保护	E		√	√	√	√	√		√
绿色低碳投资机会	E			√					
抵御极端天气能力	E			√	√	√			
其他(2019 年前出现的议题)						提倡低碳生活、环境影响检测	应对气候变化、及时追踪环境影响、安全发展核电	应对气候变化、环境监测、生物多样性保持	发展清洁核电
公开信息的透明度与准确性	S	√	√	√	√		√		

续表

历年出现的议题	议题分类	2022	2021	2020	2019	2018	2017	2016	2015
产品责任	S	√	√	√	√				
供应链管理	S	√	√	√	√	√			
网络与数据安全	S		√	√					
知识产权保护	S		√	√	√				
公众健康与安全	S			√					
引领产业发展	S				√	√			
企业财富与收入	S				√				
其他(2019年前出现的议题)	S					国际合作、工程建设品质、社区投资、社区交流与沟通、关注公众及媒体舆论	打造产业联盟、开展战略合作、助力社区、关注民生	安全管理、工程建设、携手供应、社会沟通参与	安全生产、合作共赢、和谐社会、回馈社会
商业道德	G	√							
企业治理与企业风险管控	G	√	√	√	√			√(稳健运营)	√(经营管理提升)
投资项目风险管理	G	√							
强化自主创新	E、S		√	√				√(创新发展)	√
反腐倡廉	G		√						
投资项目的风险管理	G			√	√				
协助推动国家核能政策发展方向	S			√	√				
其他(2019年前出现的议题)									核电产业布局
员工薪酬与福利	S	√	√	√	√	√			
职业健康与安全	S	√	√	√	√	√	√	√(员工关怀与成长)	
员工发展与培训	S	√	√	√	√	√	√		√(员工发展)
员工激励机制	S	√	√	√	√				
工作与生活平衡	S		√						
雇佣与劳工权益保护	S				√				
其他(2019年前出现的议题)						员工管理	关爱员工促和谐		

五、不同渠道披露之间的关系

(一) 不同 ESG 披露渠道的选择与比较

中广核电力的 ESG 相关信息披露的渠道较多，包括 H 股年报、A 股年报、ESG 报告及集团社会责任报告、官网等，在不同渠道中 ESG 信息披露的形式与内容侧重等存在一定差异。

1. H 股年报

中广核电力的 H 股年报整体的特点是数据繁多，同时使用较多的图片、案例和精美的排版。年报作为给股东、潜在投资者等报告，需要基于财务绩效的视角，因此 H 股年报 ESG 信息披露时，将相关信息看作“资本”披露。

H 股年报 ESG 信息披露的重点在公司治理(G)上，采用了一整个章节，历年来长度基本在 30～50 页。在“资本”章节的环境资本、社会关系资本简要涉及环境及社会层面的 ESG 信息。此外，在“业务表现与展望”中“业务表现与分析”下的环境表现中也简要涉及环境信息。

2. A 股年报

A 股年报从 2019 年起编制披露，由于深交所对年报的编制披露具有固定的格式要求，故可认为 A 股年报中的 ESG 信息主要为响应内地相关信息披露的政策要求而进行的披露。

A 股年报中 ESG 信息主要集中在公司治理上，对环境及社会相关披露非常简略，并引导读者查阅 ESG 报告获取进一步的信息。ESG 内容位置包括第四节“公司治理”以及“环境和社会责任”部分。应政策要求，2020—2021 年 A 股年报格式有两项变动。首先，增加“环境和社会责任”章节，整合呈现 E、S 内容。其次，“公司治理”章节前提，进一步体现其重要性。

3. ESG 报告

中广核电力的 A 股 ESG 报告的内容和 H 股 ESG 报告完全一致，仅仅在字体的繁简选择上存在差异。本文中所有的“ESG 报告”同时指代这两份报告。

ESG 报告包括了全面成体系的 ESG 信息，首先符合港股对 ESG 信息披露的政策指南要求。整体而言，中广核电力的 ESG 报告的特点是图文并茂，包含大量案例和数据。披露涵盖 ESG 战略、目标、组织架构、案例、数据等全面的信息。此外，对 ESG 相关信息进行了汇总与分析，例如在 ESG 报告末尾提供关键绩效表(如图 4-6 所示)，总结整理了各个主要议题的数据情况，信息量大且清晰简明，包含有两年的历史信息供参考。

4. 集团《中国广核集团企业社会责任报告》

《中国广核集团企业社会责任报告》从集团角度介绍并披露 ESG 战略、行动、议题、绩效等。由于中广核电力是中广核集团旗下唯一核能发电平台，处于重要地位，因此集团 ESG 报告可以提供一定的信息参考。

关键绩效表

安全

项目名称	指标名称	绩效对比		
		2018年	2019年	2020年
核安全	在运机组数量（台数）	22	24	24
	机组 WANO 业绩指标先进值（前 1/4）所占比例	78.79%	76.39%	72.57%
	非计划自动停堆（次数）	2	3	5
	2 级及以上核事件（次数）	0	0	0
人身安全（含员工及承包商）	死亡（人数）	0	0	0
	工程建设 10 万人死亡率	0	0	0
	重伤（次数）	0	1	0
消防安全	火灾事故（次数）	0	0	0
辐射防护	超剂量照射事故（次数）	0	0	0
	放射源丢失（次数）	0	0	0
	内污染事件（次数）	0	0	0

图 4-6　2020 年 ESG 报告关键绩效表(节选)

5. 官网

除了报告形式的文件外，公司还通过官网等渠道传达 ESG 相关理念。官网可以同时汇集整理不同时间发布的新闻、文件等，所以在披露 ESG 相关新闻报道及文件公告上较有优势，涵盖了公司 2014 年成立至今的主要文件及 ESG 相关新闻。

(二) 年报中的 ESG 信息与 ESG 报告的查重率

中广核电力充分考虑到不同披露渠道中信息使用者的信息需求差异以及信息披露政策规定的差异，中广核电力在年报的 ESG 部分与 ESG 报告中进行了差异化的信息披露，公司的年报 ESG 部分与 ESG 报告的查重率很低。如图 4-7 所示，2015—2022 年，中广核电

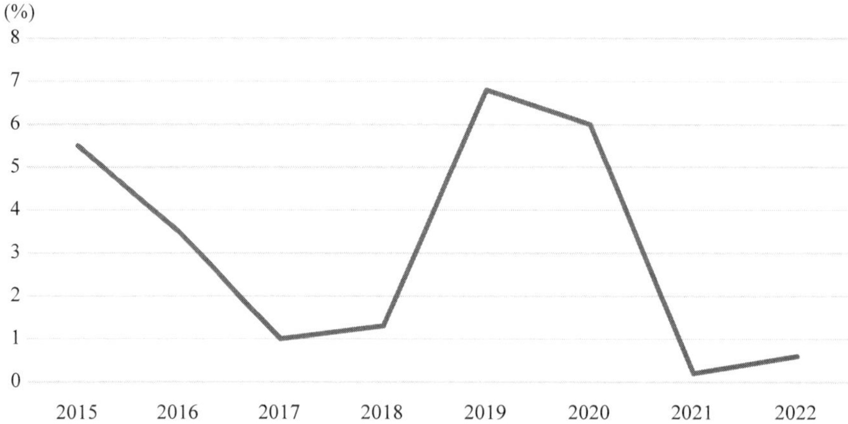

图 4-7　中广核电力 ESG 报告与当年 H 股年报的重复率(2015—2022 年)

力 ESG 报告与当年 H 股年报的重复率(以 ESG 报告的篇幅为基础)分别是 5.5%、3.5%、1%、1.3%、6.8%、6%、0.2%、0.6%。虽然该重复率环比变化幅度较大,特别是在 2019、2020 年两年出现了重复率的跃升,但整体而言中广核电力的年报 ESG 部分与 ESG 报告的查重率保持在一个较低水平,且整体呈现持续下降的趋势。

六、ESG 报告

(一) 采用的标准

首先,作为上市公司,中广核电力必须满足上市交易所(联交所和深交所)的监管规定及相关披露要求。这些标准及框架随着交易所不定期更新、新发布和废除而不断变动,限于篇幅在此不赘述。至 2022 年,公司 ESG 报告按照《香港联合交易所有限公司证券上市规则》(简称"《上市规则》")附录二十七《环境、社会及管治报告指引》以及《深圳证券交易所上市公司自律监管指引第 1 号——主板上市公司规范运作》(简称"《主板规范运作指引》")和《深圳证券交易所上市公司自律监管指南第 1 号——业务办理》对上市公司社会责任的相关要求编写。具体而言,由于公司先在中国香港上市并进行 ESG 相关披露,因此 ESG 报告编制中首先遵守联交所《环境、社会及管治报告指引》中"不遵守就解释"条文,以《环境、社会及管治报告指引》中的重要性、量化、平衡及一致性报告原则作为编制基础,同时参考联交所《气候信息披露指引》对气候相关议题做相关披露。随着公司 2019 年于深交所上市,公司 ESG 报告编制也遵循深交所的有关要求。

此外,公司在 ESG 报告编制过程中也参考了框架性指南或原则。自公司开始披露 ESG 报告以来,选择参考的原则机构没有变化,仅随之更新而变动,具体包括:全球可持续发展标准委员会(GSSB)《GRI 可持续发展报告标准》(*GRI Standards*)、联合国全球契约(*United Nations Global Compact*)、国际标准化组织《ISO 26000:社会责任指南(2010)》、国务院国有资产监督管理委员会(简称"国务院国资委")《关于中央企业履行社会责任的指导意见》、中国社会科学院《中国企业社会责任报告指南(CASS-ESG5.0)之基础框架》等。

(二) 内容结构

1. 交易所对 ESG 信息披露规定的变动情况

(1) 港股政策

近年来,港交所 ESG 信息披露政策变迁按照披露的强制性可以分为四个阶段。如表 4-11 所示,随着四个阶段的推进,港交所要求披露的范围不断扩大、框架不断更新完善、议题划分更加细致科学。

(2) A 股政策

A 股与 ESG 相关政策的文件中最早采用"社会责任"这一笼统的概念,包含了所有类型的指标且没有进一步细分环境、社会、管治等模块。

表 4-11　　港交所 ESG 信息披露政策变化情况

阶段	时间	态度及主要政策变化
阶段一	2012 年 12 月 31 日起	建议披露： 给出报告框架，共分为 4 个范畴、11 个层面；并对所有关键绩效指标建议披露
阶段二	2016 年 1 月 1 日起	披露常态化： 将框架由原先的四个范畴（工作环境质素、环境保证、营运管理、社区参与）整合为两个主要范畴：环境、社会。其下有 11 个层面、32 个关键绩效指标。其中 11 个层面为“一般披露项”，要求“不遵守就解释”，即进入“常态化”披露阶段。随后 2017 年 1 月 1 日起，环境范畴关键绩效指标的披露责任提升至“不遵守就解释”
阶段三	2020 年 7 月 1 日起	向强制披露过度： 新增“管治架构”范畴且强制披露，在环境范畴下新增“气候变化”层面；将社会范畴下的关键绩效指标的披露责任提升至“不遵守就解释”，从而与环境范畴下的 KPI 责任相同。至此《ESG 指引》框架由 3 个范畴、12 个层面、12 个一般披露项，以及 36 个 KPI 组成，其中管治范畴强制披露，其余每个 KPI 需遵循“不遵守就解释”的半强制披露
阶段四（目前处在征询意见阶段）	2024 年 1 月 1 日起	进入强制披露： 《环境、社会及管治报告指引》将改为《环境、社会及管治报告守则》

2006 年 9 月，深圳证券交易所发布《上市公司社会责任指引》，鼓励上市公司自愿披露《社会责任报告》，包括披露股东和债权人权益、职工权益、环境保护与可持续发展、公共关系和社会公益事业等内容。同时强制要求“深证 100 指数”的成分股上市公司披露《社会责任报告》。

2008 年 5 月，上海证券交易所发布了《上海证券交易所上市公司环境信息披露指引》，要求上市公司必须披露可能与股价相关的环境保护重大事件，同时鼓励企业自愿公开其他的环境信息。

我国逐步加强并完善了环境方面的信息披露要求。2016、2017 年，证监会两次修订上市公司低谷期报告内容与格式准则，强制要求重点排污单位披露主要环境信息，其他上市公司则施行“遵循或解释”环境披露信息政策，同时鼓励上市公司资源披露环境责任的相关信息。同时上交所也制定了《上市公司环境信息披露指引》，督促上市公司重视环境保护工作。

近年来，ESG 信息的披露更加强调公司治理层面。主要体现在《上市公司信息披露管理办法》、定期报告内容与格式准则、沪深证券交易所相关规则、证监会《上市公司治理规则》等文件的出台和修订。

2. ESG 报告内容变动情况

中广核电力的 ESG 报告内容上的变动主要体现在报告框架结构及议题选择上，可以明显地分为两个阶段。

首先,在 2015—2018 年,整体以符合港股的披露要求为主要思路。以 2017 年 ESG 报告为例,图 4-8 展示了 2017 年中广核电力 ESG 报告的目录情况。

2019—2022 年,中广核电力的 ESG 报告形成了较为固定的框架结构,包含四个重要性议题:环境、社会、管治、员工。公司每年延续使用这一框架,使得报告具有了连续性、体系性。此外,对于每个议题(环境、社会、治理、员工),报告中分别展示各议题重要性分析,提升了报告可信度。以报告披露的环境议题重要性分析为例[①],如图 4-9 至图 4-12 所示,可以看出相同议题的重要性每年有一定变化。

图 4-8　2017 年中广核电力 ESG 报告目录

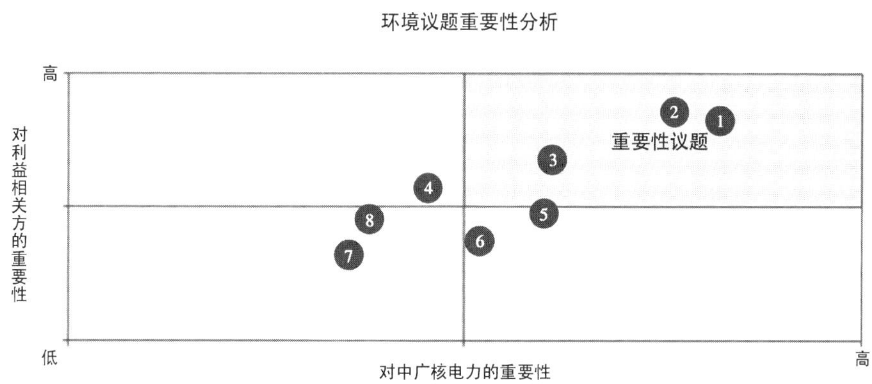

1. 放射性物质管理　2. 污染物排放与管理　3. 生态环境保护　4. 资源利用
5. 抵御极端天气能力　6. 企业内部环境政策制定与实施　7. 主动承担环保责任　8. 绿色低碳投资机会

图 4-9　2019 年 ESG 报告中的环境议题重要性分析

① 图片来源:2019—2022 年 ESG 报告。

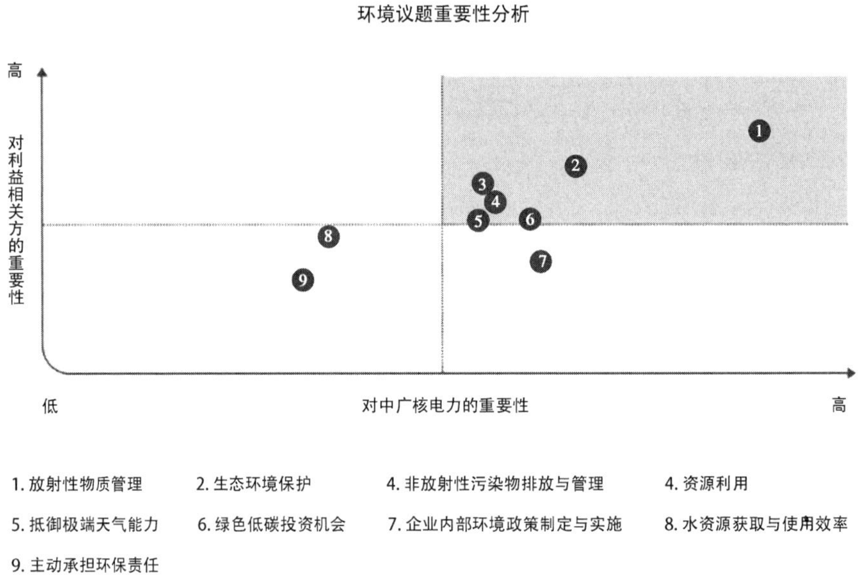

图 4-10　2020 年 ESG 报告中的环境议题重要性分析

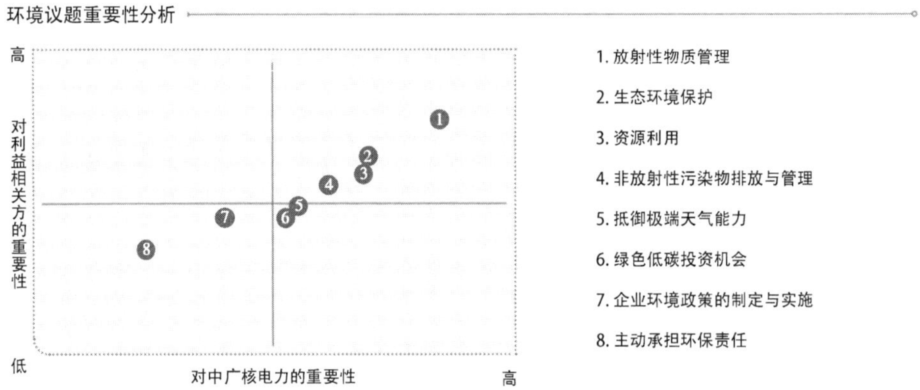

图 4-11　2021 年 ESG 报告中的环境议题重要性分析

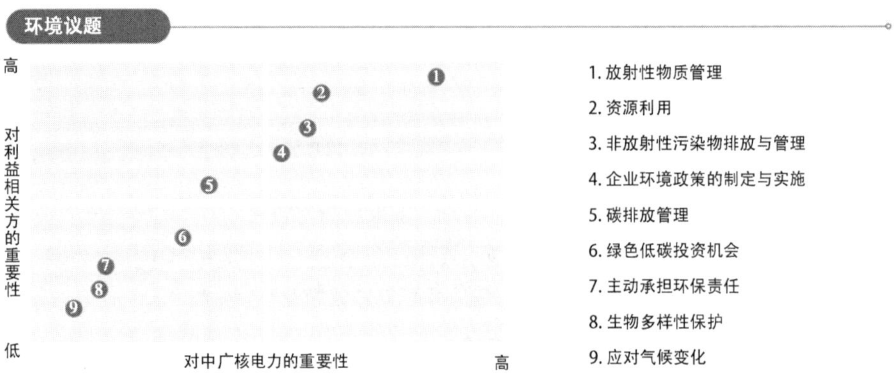

图 4-12　2022 年 ESG 报告中的环境议题重要性分析

目前,中广核电力 ESG 报告形成了稳定的内在逻辑,具体情况如图 4-13 展示。公司 ESG 报告中披露 ESG 信息的顺序始终是 GSES,首先讲合规与运营情况,其次分析气候、环境保护等议题,接下来讲社会和员工。报告最后一部分包含下一年展望、索引、重要数据目录、鉴证报告(2020 年起有独立鉴证报告)以及其他内容。

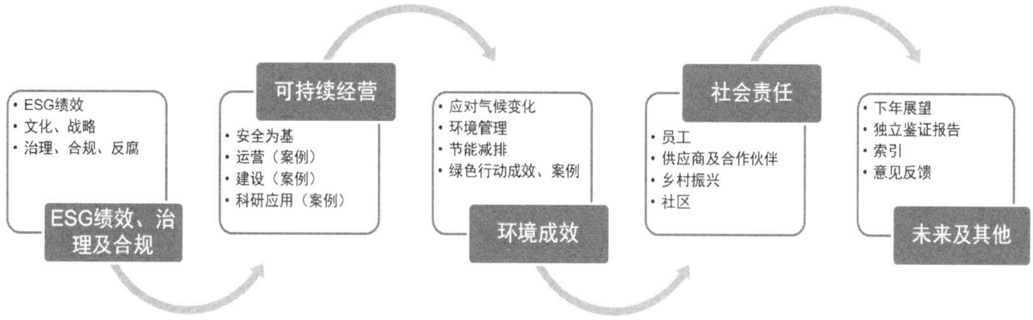

图 4-13　中广核电力 ESG 报告逻辑

(三) 环境(E)、社会(S)、治理(G)

1. 分别的披露侧重点

ESG 报告中各个类别对应的议题数量情况统计如表 4-12 所示,可以看出中广核电力选取的 S 相关议题远多于 E 和 G,侧面印证了对社会相关议题的重视。议题数目随时间呈现先增加后减少的趋势,体现了公司增加议题范围到近年来精简重要议题的过程。

表 4-12　　历年环境(E)、社会(S)、治理(G)的议题数量

年份	2015	2016	2017	2018	2019	2020	2021	2022
E	4	5	6	7	4	6	4	3
S	5	5	8	10	10	11	10	7
G	3	2	0	1	2	3	3	4
总数	12	12	14	18	16	20	17	14

本文对中广核电力的 ESG 报告进行词频分析。出于重要性考虑,本文筛选出频率大于 50 的词语,并删去无效词语(如公司相关词语、会计常用词等),最终得到 36 个关键词,结果如图 4-14 所示。除了公用的关键词之外,中广核电力在 E(环境)方面的关键词主要有核电、安全、环境、持续、风险、放射性等,说明公司在环境方面主要聚焦核能安全。在 S(社会)方面的关键词有安全、员工、供应商、健康、保障、能源、质量、创新、培训、应急、责任、社区等,涉及从公司内部的员工到行业内的供应商、买家以及整个社会等多个层次。在 G(治理)

方面的关键词有管理、发展、管治、风险、董事会、体系、责任、合规、监管等，主要涉及负责人、管理体系、合规及监管等方面。

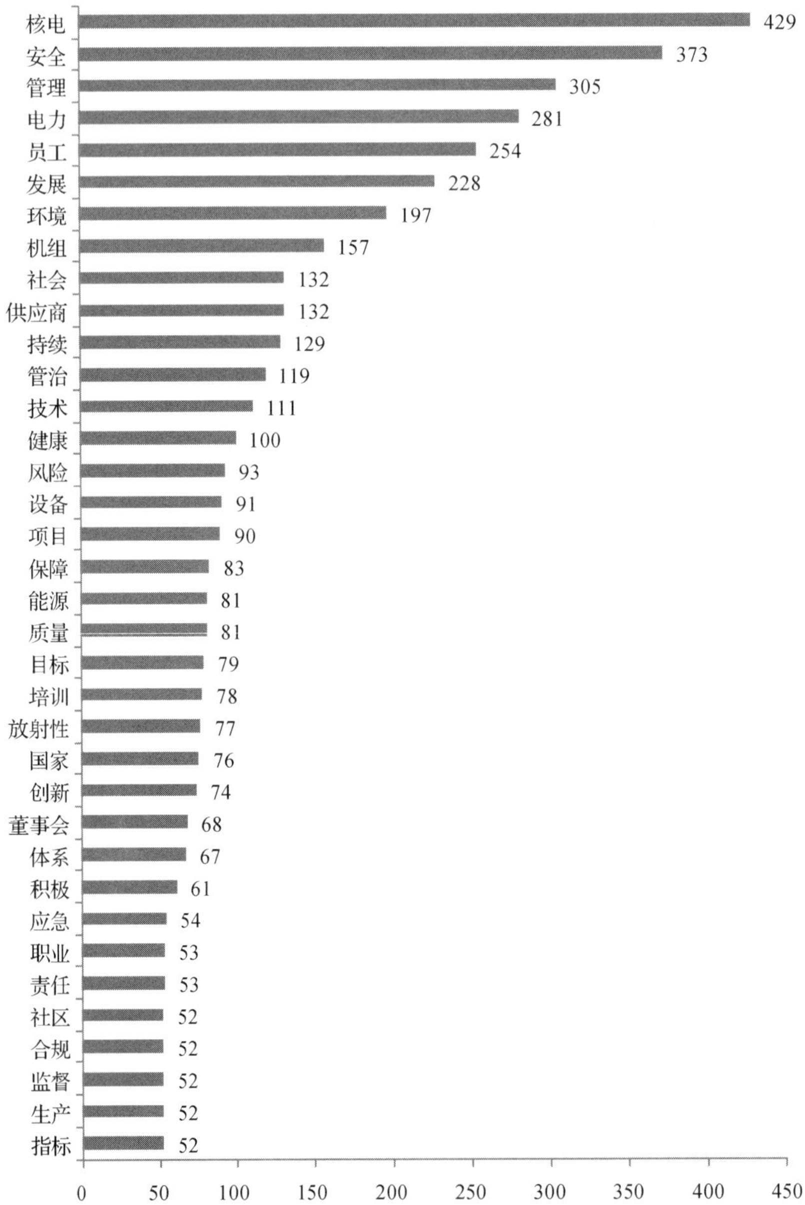

图 4-14　中广核电力 2022 年 ESG 报告词频分析

2. 各自的披露特色

中广核电力的 ESG 报告中，各个议题的披露特点不同，本文通过统计每个议题的篇幅、案例数、数据量以及图片数来分析。表 4-13 对中广核电力 2022 年 ESG 报告进行了拆分。

表中“有效图片数”指的是能对报告文字内容进行验证、补充等有价值的图片,而非仅仅有装饰性、不提供增量信息的图片。由于同主题的数据可能有多个或多种呈现方式,出于可比性考量,在统计中算为一组数据。

中广核电力报告框架中的“管治”议题对应 ESG 中的治理(G),具体包括 ESG 报告中“强化合规治理”板块披露相关内容。由于在 A 股与 H 股年报中披露了大量的治理相关内容,为实现 ESG 报告与年报的差异化披露,ESG 报告中该部分主要披露治理架构、流程及理念等定性信息,较少披露数据和案例等。

中广核电力报告框架中的“环境”议题对应 ESG 中的环境(E),具体包括 ESG 报告中“践行低碳发展”板块披露相关内容。该部分内容主要通过披露大量数据展示公司在环境方面的投入与成果,案例较少;同时,公司在该部分内容中介绍了公司与环境议题相关的理念和治理架构。

中广核电力报告框架中的“社会”和“员工”两个议题对应 ESG 中的社会(S)。其中,“社会”议题对应 ESG 报告中“促进互利共赢”板块;“员工”议题对应 ESG 报告中“注重员工成长”板块。ESG 报告中“社会”议题主要通过大量案例的披露突出公司“做了什么”并通过活动现场图片佐证披露的该信息;而“员工”议题的披露中包含大量的数据和案例,并辅以活动现场照片,展示公司的理念、行动和影响等内容。

表 4-13　　中广核电力 2022 年 ESG 报告内容(包括页数、案例数、数据数、图片数)

中广核 ESG 框架(一级议题)	所属 ESG 报告板块	二级议题	页数	案例数	数据(组)数	有效图片数
治理(G)	强化合规治理	公司治理、ESG 治理、风险管理、合规管理、反腐倡廉	13	2	11	1
安全(S)	保障运营安全	加强安全管理、确保稳定运营、打造工程典范、守护信息安全、坚持核电创新	18	11	23	9
环境(E)	践行低碳发展	应对气候变化、加强环境管理、减少废物排放、非放射性废弃物管理、高效资源利用、绿色核电生态	18	3	18	3
员工(S)	注重员工成长	保障员工权利、促进职业安全与健康、支持员工发展	13	13	29	14
社会(S)	促进互利共赢	携手供应商成长、促进行业发展、深化多元合作	14	11	7	6
	构建和谐社区	积极回馈社区、助力乡村振兴	10	13	13	13

（四）专题披露

在主要议题之外，中广核电力的ESG报告中还呈现过一些专题，统计整理如表4-14所示。

表4-14　ESG报告中历年专题及字数、涉及议题、案例

<table>
<tr><th></th><th colspan="3">2015年</th><th>2016—2019年</th><th>2020年</th><th>2021年</th><th>2022年</th></tr>
<tr><td>专题</td><td>自主研发成果</td><td>核电基地里的奇妙朋友（生物多样性保护，E相关）</td><td>公众开放日（S相关）</td><td rowspan="13">无</td><td>抗疫</td><td>“硬核”防疫，保障电力供应</td><td>凝聚“核”力量，奋进新征程</td></tr>
<tr><td>页数/字数</td><td>2页（共56页），约900字</td><td>2页（共56页），约250字</td><td>2页（共56页），850字</td><td>3页（共133页），约1 600字</td><td>4页（共124页），约1 120字</td><td>6页（共147页），约1 340字</td></tr>
<tr><td rowspan="5">涉及议题/主题</td><td>研发体系</td><td></td><td></td><td>安全稳定供电</td><td>守好疫情防线</td><td>核电安全</td></tr>
<tr><td>科技成果</td><td></td><td></td><td></td><td>保障电力供应</td><td>服务双碳目标</td></tr>
<tr><td></td><td></td><td></td><td></td><td></td><td>能源保供</td></tr>
<tr><td></td><td></td><td></td><td></td><td></td><td>核电创新</td></tr>
<tr><td></td><td></td><td></td><td></td><td></td><td>乡村振兴</td></tr>
<tr><td rowspan="6">案例</td><td>自主三代核电技术华龙一号</td><td></td><td></td><td>台山核电保障电力供应</td><td>“浴雪”奋战，稳电有我</td><td>陆丰核电5号及6号机组获国务院核准</td></tr>
<tr><td>ACPR50S海上小型堆核电站</td><td></td><td></td><td>保障员工安全</td><td></td><td>红沿河6号机组投入商业运行</td></tr>
<tr><td>国产核电机器人</td><td></td><td></td><td>携手共抗疫情</td><td></td><td>红沿河核电站核能供暖项目正式供热</td></tr>
<tr><td></td><td></td><td></td><td>核电站医疗专家组</td><td></td><td>三大核电基地服务粤港澳大湾区</td></tr>
<tr><td></td><td></td><td></td><td></td><td></td><td>红沿河核电多措并举做好迎峰度夏能源保供</td></tr>
<tr><td></td><td></td><td></td><td></td><td></td><td>科技创新成果亮相高交会</td></tr>
</table>

七、网页

目前，中广核电力的网页披露是通过官网上方功能栏为访问者提供选择，在点击选择后跳转网页通过直接文字或者文件附件展示。网页功能栏如图 4-15 所示。

图 4-15　中广核电力公司官网

整体而言，中广核电力的网页在公告方面披露较为全面，覆盖公司成立至今的所有报告。

表 4-15 展示了网页具体披露结构、内容、与 MSCI 主要议题的对应关系。从披露形式看，网页披露的文字披露篇幅较短、比较简练，一般在 600 字左右，大多是整体情况概览。从披露内容来看，网页披露内容大多为新闻或文件公告，且主要集中在公司治理方面。

表 4-15　　中广核电力网页的 ESG 信息披露情况

一级选择框	二级选择框	披露 ESG 内容	对应 MSCI 主题	披露形式特点
关于我们	核安全	安全管理体系、制度及文化	E-自然资源、环境污染及废弃物、环境机会	文字，589 字
			S-产品责任-化学品安全	
新闻资讯	公司要闻	公司新闻（包括 ESG 相关新闻）	S-社会机会-沟通可得性	跳转网页，新闻形式，3～5 天发布一篇，覆盖时间范围为 2017 年 11 月至今
	媒体聚焦	公司新闻（包括 ESG 相关新闻）	S-社会机会-沟通可得性	跳转网页，新闻形式，约 15 天发布一篇，覆盖时间范围为 2014 年 5 月公司成立至今
产业概览	科技研发	科技研发	E-自然资源-水资源压力、环境污染及废弃物-有害排放和废弃物、环境机会-清洁能源技术机会	文字，643 字
			S-产品责任-化学品安全	
投资者关系	公司治理	董事会、监事会、高管名单	G-公司治理	表格
		公司章程及制度	G-公司治理	跳转网页，更新至最新，时间范围：公司成立至今
		企业管治报告	G-公司治理	跳转 PDF，2014—2022 年每年一份

续表

一级选择框	二级选择框	披露ESG内容	对应MSCI主题	披露形式特点
投资者关系	股东大会	股东大会相关文件	G-公司治理	跳转PDF
	定期报告	定期报告	G-公司治理	跳转PDF
	公告和通函	公告和通函	G-公司治理	跳转PDF
	投资者联系	地址、邮箱、电话等	S-社会机会-沟通可得性	文字
	业绩推介	业绩、投资者关系活动记录表	S-社会机会-沟通可得性	跳转PDF
社会责任	责任理念	责任理念体系		文字,676字
	责任实践	责任实践,包含案例、数据、奖项等		跳转网页时间范围:公司成立至今
	政策法规	ESG相关内外部政策法规,及法规解读		跳转网页,时间范围:公司成立至今
核电科普	核电知识	核电知识	S-社会机会	跳转网页
	科普漫画	科普漫画	S-社会机会	漫画图片
	科普动态	科普动态	S-社会机会	跳转网页,新闻形式,时间范围:公司成立至今

八、年报中的ESG信息

由于公司在2019年A股上市前已经形成了较为完善的H股年报+ESG报告体系,这里主要分析H股年报披露的ESG信息及特点。

(一)信息特点

中广核电力的年报信息披露最大的特色是采用了综合报告模式,这是因为港股对于年报的格式、架构和内容逻辑没有限定和具体标准。企业对于强制披露的信息,可以自行安排组织报告格式;对于其他非强制披露的信息可以自行选择是否披露。企业选择披露的信息,可以自行决定顺序、逻辑和报告样式。

综合报告模式是将现行的年度报告及单独反映非财务信息的环境报告、社会责任报告等进行整合的企业新型报告模式。综合报告(Integrated Reporting, IR)是对组织的战略、治理、绩效和前景在组织外部环境背景下,在短期、中期和长期如何创造价值进行沟通的综合文件。综合报告在借鉴传统的财务报告、可持续发展报告、社会责任报告等形式的基础上,提倡用一种更连贯、更有效的方式披露公司持续创造价值的情况,以提高利益相关者可获得的信息质量,实现更具效率和效果的资本配置,以帮助企业持续创造价值。

中广核电力主要以国际综合报告委员会(International Integrated Reporting Council, IIRC)于 2013 年 12 月发表的《国际综合报告》(*International Integrated Reporting*)框架作为年报的指引。《国际综合报告》框架有七个指导原则:注重战略和面向未来,信息连通性,利益相关者关系,重要性、简练性、可靠性,完整性、一致性、可比性。

因此,中广核电力从 H 股第一份年报起就披露了大量 ESG 信息。体现 ESG 的主要章节有:“业务表现与分析”中的环境表现、六大资本涉及的环境和社会责任内容,以及公司治理章节。

(二) 年报与 ESG 报告差异化处理

如前所述,在报告编制之初,中广核电力慎重考虑并选择年报+ESG 报告的形式呈现 ESG 信息。这两份文件的出发点及侧重点便有所不同,具体情况如表 4-16 所示。

表 4-16　　中广核电力年报与 ESG 报告对比

	年报	ESG 报告
受众范围	资本市场为主	公众及其他相关方为主
编制思路	获得年度业绩的逻辑	可持续发展
内容重点	业务及财务相关内容	安全、环境及社会责任
报告风格	文字严谨、数据为主	生动活泼、图文并茂,以数据和案例为主

H 股年报与 ESG 报告的关系可以总结为:公司年报的编制目的及视角没有因为 ESG 信息的加入和 ESG 信息披露政策的要求而产生改变,还是以资本市场为主、年度具体业绩(财务)数据为核心的报告。在此基础上,ESG 报告是对公司年报的补充,有助于投资者和相关评级机构等其他相关方详细了解公司在 ESG 管理方面的具体成效。年报信息较为简略,具体信息指引读者参考阅读 ESG 报告。

整体结构而言,H 股年报中的 ESG 信息主要披露在“资本”章节中,该章节分为六个部分(即六大资本),如图 4-16 左半部分所示。ESG 报告中的 ESG 信息如图 4-16 右边部分所示,包括和谐共处、安全发展、环境友好三个部分。其中,H 股年报中生产资本和智力资本对应 ESG 报告中的安全发展部分(即 2019 年之后公司使用的 ESG 报告框架的“管治”议题);人力资本与社会关系资本对应 ESG 报告中的和谐共处部分(即 2019 年之后公司使用的 ESG 报告框架的“社会”及“员工”议题);环境资本对应年报中的环境友好部分(即 2019 年之后公司使用的 ESG 报告框架的“环境”议题)。

1. 治理(G)

年报侧重公司治理的整体情况,ESG 报告侧重 ESG 方面的治理实践,增加了合规管理及反腐倡廉的有关内容。ESG 报告中,治理方面的特色是披露三级联动的 ESG 管理体系,

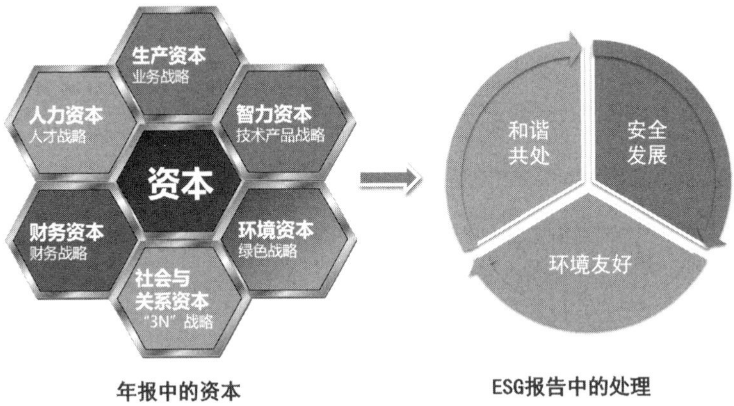

图 4-16　港股年报中 ESG 信息与 ESG 报告结构对比

加强和完善公司可持续发展的战略化、规范化和制度化管理等内容。同时 ESG 报告的公司治理、内控、风险管理、股东沟通相关内容引导读者参考年报。

2. 环境(E)

年报与 ESG 报告中呈现环境、社会议题的框架结构有所不同。年报中的环境及社会披露围绕"资本",披露侧重于公司战略、资源及直接绩效。ESG 报告的披露从 ESG 本身出发,基于更加宏观的公司外部视角入手评价与分析。ESG 报告中的环境部分比年报增加绿色发展,碳排放、生物多样性等内容,增加了大量的案例和数据(非财务指标),体现清洁核能的贡献。

3. 社会(S)

年报呈现少量社会(S)方面的相关案例和战略,并指引到 ESG 报告。而 ESG 报告重点披露,增添关爱员工、多方合作、共同富裕、供应链与合作伙伴等方面的内容,提供了大量的案例和数据,展现了合作共赢的态度。

九、ESG 的对外沟通

(一) 股东沟通

中广核电力始终秉承股东价值最大化的原则积极维护投资者及债权人的合法权益,持续增强与投资者的沟通互动,目前形成了多渠道的双向沟通模式。具体行动有以下方面:

首先,根据公司章程及各项法律法规依法行使对公司运营方针、利润分配等重大事项的决定权确定。利润分配方面,综合考虑业务表现、未来发展规划、公司承诺,并在股东大会上审批,从而达到为股东提供稳定的股息回报的目的。

其次,日常通过路演、反向路演、电话会议、业绩发布会等多元化的沟通方式,与股东及投资者积极互动。并通过简报、专题报告等多种形式,反馈董事会、管理层和相关部门,形成了较为有效的双向沟通渠道。积极采用互联网平台(如公司官网)发布公司年度业绩、新闻等情况,充分与中小投资者沟通,同步开展分析师电话会议及网上文字交流,达到全方位、多维度沟通的目的。

(二)其他利益相关方沟通

中广核电力积极与其他广泛的利益相关方沟通互动,并将态度和成果在 ESG 报告中“利益相关方沟通”章节披露。

沟通渠道分为日常沟通及问卷调查深度访谈两种方式。定期沟通从 2015 年第一份 ESG 报告开始,建立健全利益相关方沟通机制,通过多样化的渠道持续与利益相关方定期沟通并回应各利益相关方的期望与关切,同时向利益相关方及时披露生产经营、发展战略等方面的信息。从 2018 年开始在报告期内邀请利益相关方进行问卷调查,以了解其对公司的期望,并在企业战略和运营管理中融入利益相关方的期望与关注。

从 2015 年第一份 ESG 报告中,就提到了和利益相关方的沟通,并通过表格较为清晰地列示了相关方、相关方诉求、沟通方式及成果。2022 年 ESG 报告中“其他利益相关方”信息披露如图 4-17 所示。

主要利益相关方	期望与关切	沟通与响应方式
政府及监管机构	保障核安全 优化能源结构 遵纪守法、依法纳税 国有资产保值增值 节能减排	依法合规经营 执行国家能源政策 提高公司治理水平 接受监管审核 定期汇报工作
股东与投资者	持续稳定的回报 透明信息公开 保障股东权益 加强沟通	及时披露信息 定期汇报经营信息 完善日常管理 不定期举行多种沟通活动
客户	供应稳定 质量管理及服务保障	保持紧密沟通 积极配合电网调度
供应商及合作伙伴	信守承诺 公开、公平、公正采购 分享经验	开展战略合作 公开采购信息 开展定期交流活动
员工	具有竞争力的薪酬体系 员工健康与安全 公平晋升与发展 员工关爱	打造健康的工作环境 建立公平的晋升渠道 加强员工培训 关爱困难员工
媒体	透明信息公开 加强沟通	定期召开新闻发布会 接受记者采访 及时公开信息
社区居民	社区环境保护 核电生产安全 促进社区发展	社区沟通会议 加强环境监测和保护 参与社区建设
公众	公益慈善 公共关系 核电科普	参与乡村振兴 推动经济就业 核电教育和宣传

图 4-17　中广核电力 2022 年 ESG 报告中“其他利益相关方”信息披露

十、ESG 鉴证

为保证报告的真实性、可靠性，中广核电力邀请安永华明会计师事务所，按照《国际鉴证业务准则第3000号（修订）：历史财务信息审计或审阅以外的鉴证服务》（即“ISAE3000”）标准，对2020年ESG报告的关键数据进行第三方报告鉴证。此后每年都邀请安永华明会计师事务所鉴证，在报告中附有独立鉴证报告。

鉴证情况如表4-17所示。从鉴证内容来看，报告中分为安全、环境及社会三类，主要涉及核电安全、核电电量及员工组成。这些数据可以对ESG相关行动提供结果上的支持，特别对于环境层面的帮助较大。

表4-17　　中广核电力ESG报告关键信息鉴证情况

年份		2020	2021	2022
鉴证涉及子公司		岭澳核电有限公司	阳江核电有限公司（直接及间接持有61.20%股权）	福建宁德核电有限公司（间接持有33.76%股权）
		岭东核电有限公司		
		广东核电合营有限公司		
内容	安全	2级以上核事件次数	2级以上核事件次数	2级以上核事件次数
		WANO指标达到全世界1/10（卓越水平）比率	WANO指标达到全世界1/10（卓越水平）比率	WANO指标达到全世界1/10（卓越水平）比率
		WANO指标达到全世界1/4（先进）比率	WANO指标达到全世界1/4（先进）比率	WANO指标达到全世界1/4（先进）比率
	环境	在运装机容量	在运装机容量（兆瓦）	在运装机容量（兆瓦）
		核电上网电量	核电上网电量（吉瓦时）	核电上网电量（吉瓦时）
		核电上网电量等效减少标准煤消耗量	核电上网电量等效减少标准煤消耗量（万吨）	核电上网电量等效减少标准煤消耗量（万吨）
		核电上网电量对应二氧化碳减排量	核电上网电量对应二氧化碳减排量（万吨）	核电上网电量对应二氧化碳减排量（万吨）
		外购电力	外购电力（万千瓦时）	外购电力（万千瓦时）
		外购电力折算碳排放量	外购电力折算碳排放量（万吨）	外购电力折算碳排放量（万吨）
		淡水耗水量	淡水耗水量（万吨）	淡水耗水量（万吨）
		单位上网电量的耗水量	单位上网电量淡水耗水量（吨/吉瓦时）	单位上网电量淡水耗水量（吨/吉瓦时）
	社会	员工总数	员工总数（人）	员工总数（人）
			少数民族员工人数（人）	少数民族员工人数（人）
			应届毕业生人数（人）	应届毕业生人数（人）
			按性别、工种、年龄、学历、地区划分的员工百分比（%）	按性别、工种、年龄、学历、地区划分的员工百分比（%）

注1：2020年没有将鉴证内容分类为安全、环境及社会，2021年起开始分类；

注2：WANO即世界核电运营者协会，采用11类性能指标来对成员电站进行评估，包括机组能力因子、非计划能力损失因子、每7 000 h非计划停堆次数、强迫损失率、集体辐照剂量、工业安全事故率、安全系统性能、燃料可靠性、化学指标、电网相关损失率、承包商工业安全事故率。

十一、公司 ESG 相关特点总结

中广核电力对 ESG 披露的意识较强，在相关概念诞生之初就开始进行 ESG 相关的公司架构调整、理念传播，采取了与 ESG 相关的具体行动并披露。部分 ESG 信息的披露领先于政策要求，主动作为。中广核电力从 2014 年成立至今，通过多年研讨和实践形成了较为完善的披露组织架构和报告框架逻辑。

中广核电力的年报与 ESG 分别以不同的视角披露 ESG 信息，并且可以相互支持补充。这样的优点是避免年报过于冗长，突出了年报"为股东创造价值"的视角和目标，同时使得 ESG 报告面向广泛的利益相关者进行更为翔实的阐释。

第二节　爱克斯龙(Exelon)ESG 信息披露

一、公司简况

(一) 公司简介和历史沿革

1. 公司简介

美国爱克斯龙(Exelon)公司(纳斯达克股票代码：EXC)是财富 250 强企业之一，通过 6 家完全受监管的输配电公用事业公司——大西洋城电力公司(ACE)、巴尔的摩燃气与电力公司(BGE)、联邦爱迪生公司(ComEd)、德尔马瓦电力与照明公司(DPL)、PECO 能源公司(PECO)和波托马克电力公司(Pepco)，为客户提供电力和天然气服务。这些公司可以视作 Exelon 在不同地区的事业部，具有独立的领导层。每个公司都能独立开展 ESG 项目，并在 Exelon 的综合报告中向外界报告本公司 ESG 进展。

Exelon 在销售额和客户数量上是美国最大的受监管公共事业公司。2021 年公司客户达 1 030 万家，费率基础达 52 美元，均位于同行业公司中首位。图 4-18 对比了 Exelon 与同行业公司的用户数量和费率。超过 19 000 名 Exelon 员工通过可靠、经济、高效的能源供应、劳动力发展、公平、经济发展和志愿服务，为支持 Exelon 的社区奉献自己的时间和专业知识。

公司目前的 ESG 特征主要有以下三点：第一，公司剥离了全部发电设施(包括核电)；第二，公司致力于推动清洁能源和可负担能源选择；第三，公司致力于促进社会平等以及经济健康发展。

2. 历史沿革

Exelon 公司成立于 2000 年 10 月 20 日，由联通公司和 PECO 能源公司合并而成。合并后，公司成为美国最大的公用事业公司之一，总市值超过 400 亿美元。自成立以来，Exelon 取得了长足发展，收购了其他几家公用事业公司。2012 年 Exelon 收购了 Constellation 能源

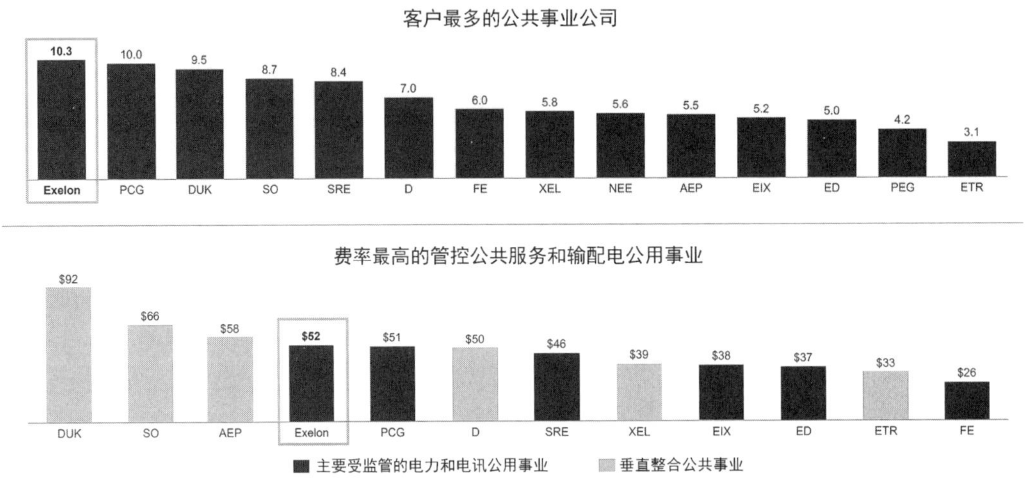

图 4-18　美国电力行业客户、费率的竞争情况

集团，持股50.01%。该集团拥有34吉瓦的发电能力（其中55%核电，24%天然气，8%可再生能源，7%石油，6%煤炭）。之后公司在2016年对Pepco控股公司的收购，在客户数量和总收入上成为美国最大受监管的公共事业公司。2022年2月，Exelon完成了与Constellation能源的分离，此时Constellation拥有23座核反应堆。

（二）所处行业和公司定位

1. 行业发展与竞争情况

（1）行业未来趋势

Exelon公司属于公用事业行业下的能源行业。能源行业的发展正面临以下三个主要趋势：

其一，顾客对能源的期望一直在提升。客户希望更好地控制能源使用情况，以及得到更方便的、定制化的服务。客户将更加关注能源网络运营和基础设施的安全。同时，他们希望这些能源是清洁的、可靠的，尽管他们为清洁能源支付额外价格的能力有限。

其二，科技正快速进步。新技术的发展和普及为客户创造新的机遇，并且正在改变能源供应和需求模式。可再生能源发电量占美国发电总量的比重从2015年的13%增长到2022年的22%。美国能源信息署预计，可再生能源将很快超过煤炭，成为第二大发电能源。近年来，人们对生物甲烷和氢气等低碳燃料的兴趣明显增加，因为它们有可能帮助工业、重型运输和老式建筑中难以电气化的终端去碳化。随着氢能领域的新势头，人们对氢的兴趣显著增加。作为《通货膨胀削减法案》的一部分，每公升氢气可获得3美元补贴。在新能源汽车领域，电动汽车（EV）激励措施作为《通货膨胀削减法案》一部分，旨在促进电动汽车的发展，以实现到2030年电动汽车销量达到50%的目标。专家预计道路上的电动汽车将在2030年达到1 200万辆，在2050年达到4 700万辆。此外，DER（包括分布式太阳能、储能和灵活负载)预计将在2022—2026年占美国新增发电量的40%。太阳能将占DER总资本支出的60%,电动汽车占20%。第三方企业正在推出整合DER的工具,令电网、顾客和运营商从中获益。

其三,人们更加关注清洁能源和气候变化政策。美国致力于到2030年削减50%～52%的温室气体排放。Exelon公司所在的州发布了相应的政策来帮助实现这一目标。政策制定者将发电行业视为最容易去碳化,以及帮助其他行业去碳化的行业。这些政策要求兼顾对传统业务可靠性的投入和对新技术、客户需求的投入,以此来支持和适应这场能源变革。

(2) 行业监管环境与ESG行为的关系

美国的电力行业作为不可缺乏基础产业之一,其公司的性质却是投资者持有的私有企业,不被电力的消费者所掌控。这一经济状态使大型电力公司具有垄断能力,并且公司可以利用垄断能力影响能源市场的有效性、环境和气候政策的有效性以及公共事业监管的充分性。尽管监管部门为了适应环境变化以及增加竞争做出了许多努力,但外界依然对公司能否维持道德行为持怀疑态度。鉴于建设新能源设施需要高额的初始投入,即便新能源技术持续进步且市场对新能源的需求不断提升,推进新能源发展的政策也不会起到很好的效果。再者,根据SEC对电力企业的监管重点可知,社会各界担心电力公司会利用垄断地位控制地方电费,使消费者利益受损。

上述电力行业的监管环境现状是电力公司重视ESG披露的重要理由。美国主要的电力公司在一定程度上需要向投资者证明公司没有滥用垄断地位且将会积极关注社会各方利益,以免机构投资者投资决策时将ESG作为负面考虑因素。对应上述现状,“促进清洁能源和可负担能源选择”“游说合规性”“政治捐款”“环境与气候”等相关ESG行为及投资都是需要详细披露的内容。另外,公司需要良好的ESG披露来提升企业形象,使得公司在与监管部门官员的互动中处于较为主动的地位。

(3) 竞争环境

电力行业的行业壁垒极高,进入该行业需要大量初始投入用于建设设施,且需要获得各方监管机构批准以及各种合规程序。另外,公司需要形成规模经济效应来维持价格优势。这些因素对于新进入者都是极为不利的,因此Exelon的竞争者都是相对成熟的老牌企业。Exelon的主要竞争者有太平洋煤电、杜克能源、美国南方公司。Exelon与竞争对手在输电、分销以及天然气业务上均有重合。然而这些竞争者与Exelon的经营地区几乎没有重合,可以认为Exelon在其经营的地区处于垄断地位。

2. 公司的使命、愿景和价值

(1) 使命

公司的使命:为我们的客户和社区提供更清洁、更光明的未来。

在2016年之前,公司的使命陈述中包括“成为领先的多样化能源公司”,Exelon在收购波托马克(Pepco)公司后实现了这一目标。

(2) 愿景

在 Exelon,我们相信可靠、清洁和可负担得起的能源对于更光明、更可持续的未来至关重要。这就是为什么我们致力于提供创新、一流的性能和思想领导力,以帮助推动我们的客户和社区取得进步。

(3) 价值

公司致力于为员工、客户和工作的社区保持最高标准的安全性和可靠性。作为公司文化和运营的基本组成部分,Exelon 团队的每一位成员都致力于将安全放在首位。

公司追求卓越。公司认识到不断改进的价值,因此在遵守规定的基础上不断改进流程,开发更高效的能源。公司在所做的一切中,满怀激情地超越行业标准和为自己设定的标准,为股东、客户和社区创造价值。

公司将每一个挑战都视为发挥我们的聪明才智和竞争精神的机会。公司鼓励好奇心和探索精神,以开发出提供清洁能源的更好方法。公司专注创新,为客户创造最重要的解决方案。

公司致力于做正确的事。公司与所服务的社区有着深厚的联系,这使公司对自己的工作负责,并积极寻找参与和回馈的方式。公司重视环境,努力减少对后代的影响。

公司培养一种信任、协作和绩效的包容性文化。公司欢迎并尊重具有不同观点、背景和特质的人,因为多元化的团队能推动取得强大的成果。

(三) 公司的股权结构及子公司、孙公司等情况

截至 2023 年 9 月,Exelon 公司的前五大股东为威灵顿管理公司、先锋领航、贝莱德、道富、普信集团,分别占股 9.13%、9.08%、8.71%、6.32%、2.27%。Exelon 公司的主要股东类型为投资经理、银行、政府养老金、对冲基金,分别占比 75.25%、3.50%、2.55%、2.14%,个人投资者包括公司高管持股占比 0.12%。可见 Exelon 的主要股东为外部机构投资者,且不存在任何一方对公司形成绝对控制。

Exelon 由大西洋城电力公司(ACE)、巴尔的摩燃气与电力公司(BGE)、联邦爱迪生公司(ComEd)、德尔马瓦电力与照明公司(DPL)、PECO 能源公司(PECO)和波托马克电力公司(Pepco),以及为 Exelon 提供企业服务的 Exelon 企业服务公司组成。这些公司都经营电力运输及分销业务,其中 BGE、PECO、DPL 三家子公司还经营天然气运输及分销业务。自从 2022 年 2 月 1 日 Constellation 公司与 Exelon 公司分离,Exelon 不再拥有任何发电设施。

(四) 财务绩效情况

1. 近五年收入情况

Exelon 公司近五年来的收入呈先下降后上升的趋势,在 2018—2022 年的收入分别为 359.78 亿美元、344.38 亿美元、330.39 亿美元、363.47 亿美元、190.78 亿美元。2022 年由

于公司重组，Generation的财务状况不再计入集团合并报表，导致2022年销售收入显著下降。若调整2020、2021年的合并范围，两年的收入为166.63、179.38亿美元。根据2021、2022年公司年报中“管理层讨论”披露的内容，2020年之后收入的上升主要得益于电费费率的上升。

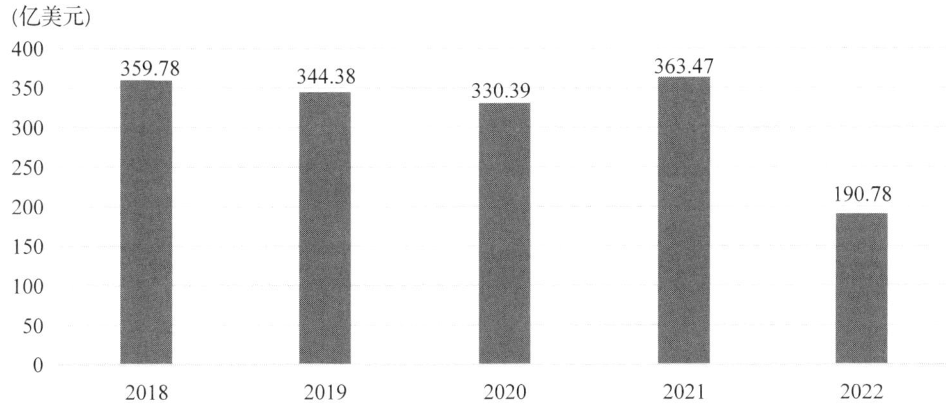

图4-19　Exelon公司2018—2022年总收入

2. 近五年利润情况

Exelon公司近五年利润除2019年外较为稳定，在2018—2022年的净利润分别为20.79亿美元、30.28亿美元、19.54亿美元、18.29亿美元、21.71亿美元。2019年净利润与收入的显著趋势差异是由2019年高额的其他营业外收入引起的。

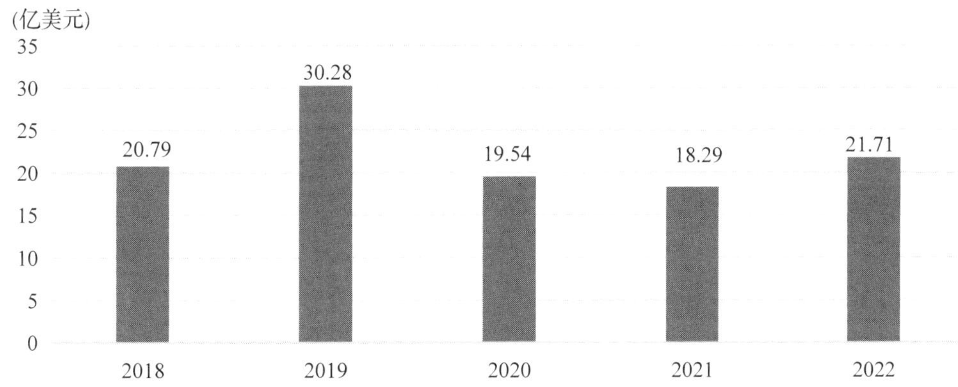

图4-20　Exelon公司2018—2022年净利润

3. 近五年市值

Exelon公司市值在2020年以前保持稳定，自2021年起迅速上升。在2018—2022年年末的市值分别为6 147.71亿美元、6 265.98亿美元、5 833.21亿美元、8 371.45亿美元、9 038.53亿美元。公司股价的变化趋势与纳斯达克指数的变化趋势基本一致。公司股本在五年间逐年增加，由2018年的191.16亿股增加到2022年的209.08亿股。2022年第一季度到2023年第一季度Exelon占电力行业的市场份额为5.24%，Constellation占6.93%。

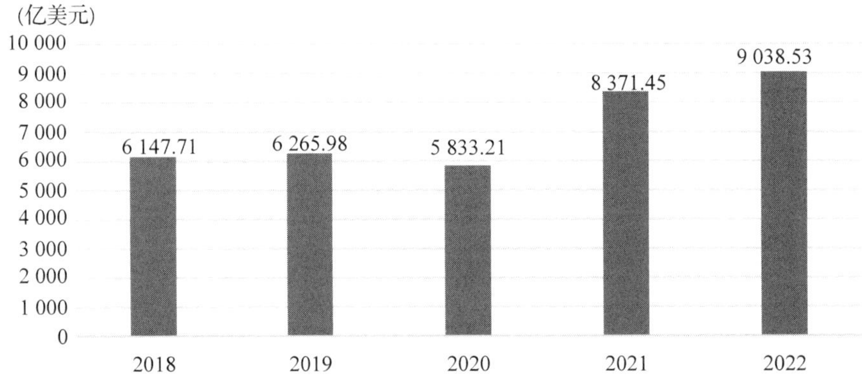

图4-21 Exelon公司2018—2022年年末市值

4. 业务组成与分部财务数据

Exelon公司的业务有电力服务和天然气两部分。2022年，90%的服务收入来自电力，10%来自天然气。其中天然气服务增长迅速，从2021年到2022年增长超三成。天然气业务的增长表明公司积极跟随能源行业偏好低碳能源的趋势。

2022年的合并净收入相比2021年增长4.38亿美元。根据年报披露的内容，ComEd、PECO、PHI得益于电费费率的提升，导致ComEd、PECO、PHI的收入有显著增长。同时，发电设施分离后公司分摊企业共享服务费用的减少导致其他业务收入显著增长。

（五）公司服务与ESG的联系

Exelon作为公共事业中的能源企业，其行业性质决定了ESG对于公司具有重大意义。电力服务的整个价值网络都与ESG有着天然的联系，因此ESG行为不仅是公司生存的必要条件，也是体现公司价值的重要角度。

保证电力供应的稳定以及生产设施的安全是对电力公司服务质量最为基本的考量维度，具有显著的现实意义。这两方面的ESG投资可以切实增强公司的运营能力。从稳定性、可靠性相关的ESG披露中，利益相关者可以直观地理解公司对这些要素的重视程度，以及公司对这些要素的管理能力。

能源行业是与碳排放直接相关的行业，电力公司的碳排放受到社会各方的密切关注。在当下对清洁能源有高需求的环境中，碳排放是消费者挑选服务的重要标准。为了保证公司的服务满足温室气体排放的要求，公司需要将降碳的意图根植于运营的各个环节之中。例如，治理层需要制定气候变化政策以及建立通向清洁能源项目的道路，并且监督和支持这些政策的执行。同时企业需要建立环境相关的内部控制程序来实施发现、评估和管控生产过程中与环境相关的风险。

公司为民众生活提供基本保障，因而对于提供一般家庭可负担的清洁能源以及提升服务体验有直接责任，是 Exelon 的使命所在，即服务的核心价值。智能监测设备的投入，不仅有助于降低运输成本，也能为客户提供更多能源使用信息，帮助客户提升能源使用效率。在两者的共同作用下，公司提供的电力费率得到有效控制。根据官网披露，Exelon 公司提供的费率比美国前 20 的大城市的平均费率低 23%。此外，公司的各个分部均为当地中低收入家庭提供经济援助，缓解这些家庭的能源负担。

另外，服务质量的提升取决于劳动力的整体素质。提升服务质量需要引入新技术，而新技术的建设需要大量创新性人才。公司重视吸引、培养各类人才，提供多样化、稳定的工作环境，为创造产品价值提供基础。

总之，对于能源行业来说，践行 ESG 的作用不仅是合规或满足社会对企业的道德要求。在 ESG 行为中的投入能够给公司的服务带来实际的价值，提升公司整体达成战略目标的能力，从而帮助公司在能源变革之中取得成功。

二、ESG 发展沿革

（一）ESG 披露发展沿革

1. 公司 ESG 披露渠道的发展情况

2000—2011 年：Exelon 公司的 ESG 披露处于起步阶段，信息披露的渠道十分有限。公司仅在年度总结报告中简要陈述企业社会责任的相关要求和理念。

2012—2018 年：Exelon 公司在收购 Constellation 能源之后开始编写可持续发展报告。其年度总结报告依然得以保留，而内容有所变化。改版初期，年度总结报告主要反映绩效信息以及公司战略，而到了 2017、2018 年，报告几乎完全由企业社会责任组成，财务信息与报告主体相分离。这使得年度总结报告成为 ESG 主要披露渠道之一。

2019—2023 年：Exelon 公司的 ESG 披露在近五年较为成熟。公司将年度总结报告改为 ESG 年度报告，用于向投资者展示 ESG 价值。另外，这段时间内公司新增了许多专题报告，如 2020 年开始的多样性、平等和包容性(DEI)专题报告。2022 年 Constellation 能源的分离并未使 Exelon 的披露渠道发生重大变化。

2. 公司 ESG 披露情况现状总结

Exelon 公司的 ESG 披露可分为综合性披露和专题披露。综合性披露文件包括年度 ESG 报告和可持续发展报告。专题披露位于官网“ESG 资源”页面，包括以下几个专题：多样性、平等与包容；慈善事业和政治贡献；游说和与政府官员的互动；治理；政策；环境和安全。公司在年报和发布会上也会披露少量 ESG 信息。表 4-18 整理了 Exelon 公司各个 ESG 披露渠道包含的 ESG 信息种类。

表 4-18 Exelon 公司的 ESG 披露情况

渠道类别	披露渠道	披露内容	披露频率
专门的 ESG 披露渠道	可持续发展报告、ESG 报告	ESG 政策、ESG 实践或 ESG 项目、ESG 绩效,可持续发展战略	年度
	网站	ESG 政策、实践、绩效、战略及各类专题披露	实时
可能包含 ESG 信息的其他渠道	年报	公司治理、环境政策	年度
	公告	高管持股变动	实时
ESG 对外沟通渠道	发布会	战略,ESG 绩效	季度,时间不定
	分析师日	ESG 重点,可持续发展战略	五年内仅一次

(二) ESG 评级发展沿革

1. 各评级机构 ESG 评级情况

Exelon 在 2023 年 1 月 23 日的 MSCI 评级为"AA"级(如图 4-22 所示),在 ACWI 指数成分股公用事业(141 家公司)中排名前 13%～39%。MSCI 评级在五年内维持在"A"到"AA"区间(如图 4-23 所示)。

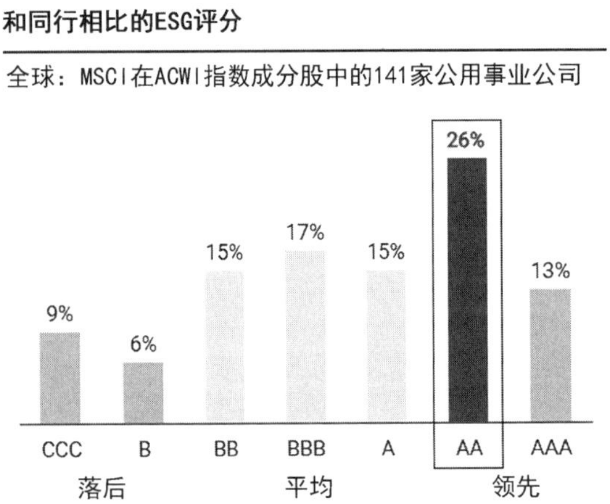

图 4-22 MSCI 评级情况

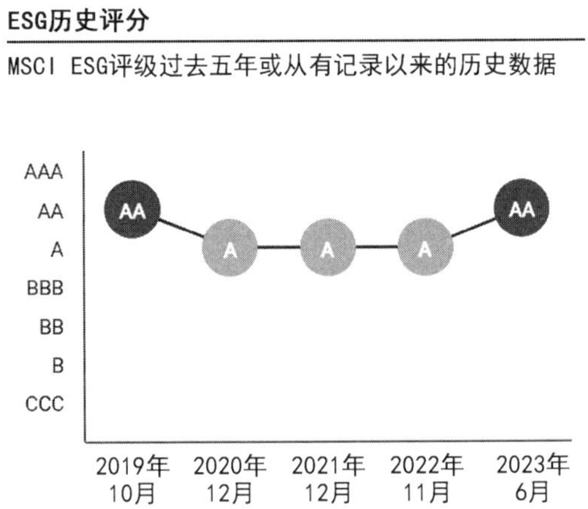

图 4-23 MSCI 近五年评级

路孚特基于公司 2021 年披露的数据给出的评分为 60 分,其中环境 59 分,社会 57 分,治理 65 分,在 305 家同行业公司中排名第 105 位。公司有较好的 ESG 表现,且在 ESG 信息透明度方面表现处于中等水平。

2. 公司领先议题和落后议题

MSCI 评级认为在公共事业行业有六个关键议题与公司相关:(1)公司治理;(2)人力资本发展;(3)可循环能源机会;(4)碳排放;(5)公司道德行为;(6)有毒物质排放。公司在六个议题中的表现均处于行业平均水平之上，在环境方面的表现较为突出。具体而言，如图 4-24 所示，Exelon 公司在公司治理、人力资本发展、可再生能源机会、碳排放四个议题中的表现处于平均水平，在公司行为和有毒物质排放两个议题中的表现处于领先水平。这一结果与彭博(环境 89.70 分、社会 29.00 分、治理 67.70 分)和 ISS(环境 2、社会 5、治理 5)给出的 ESG 评分是一致的。

此外，在 MSCI 评级中提到尽管公司在治理和社会两方面的表现整体较好，公众可能对公司的客户关系和舞弊行为存在一定争议。本文认为，这种争议并不代表公司存在实质上的管理漏洞，而更可能是行业环境造成的。美国电力企业的垄断地位降低了公众对他们的信任程度，加之 Exelon 处于该行业龙头地位，公众对公司行为产生一些非议是常态。

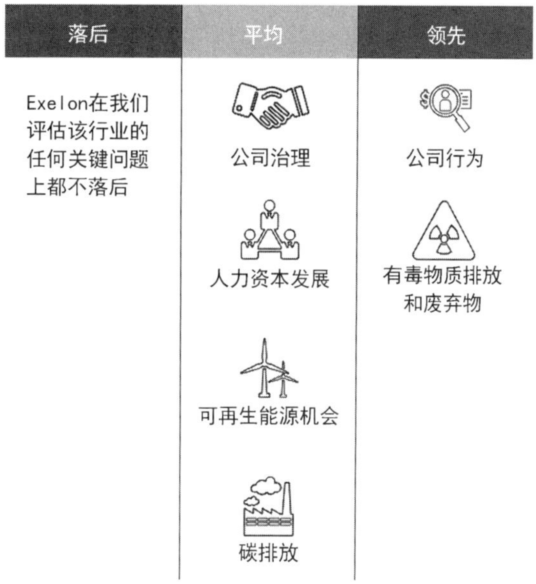

图 4-24　MSCI 指出的公司领先和落后议题

三、公司 ESG 组织形式

(一) 公司目前 ESG 相关组织架构情况

Exelon 公司具有完整的可持续型治理结构，对可持续发展战略实施评估并度量可持续型发展的表现和影响。根据“可持续发展治理”中的披露，公司的 ESG 组织架构可分为监管和执行两个层面。其中监管工作由公司董事会和各个委员会承担，其具体的责任划分如表 4-19 所示。可持续发展理事会的下属理事会负责 ESG 战略的制定和执行，其具体分工如表 4-20 所示。

表 4-19　管理层对 ESG 的监管职责

部门	对 ESG 责任
董事会	监督所有未被委员会分管的 ESG 事项， 参与讨论多样性、人力资源发展、企业文化
	评估气候变化相关的商业风险和投资机会， 接收年度有关多样性意见和供应商多样性的报告
	监管网络安全， 检阅慈善事业和政治贡献报告

续表

部门	对 ESG 责任
审计与风险委员会	审查美国证券交易委员会有关人力资源管理、气候和环境相关披露
	监管金融组织和审计师团队的多样性
薪酬委员会	确保企业薪酬制定方法与企业战略、目标一致
	制定人才培养和多元、平等、共融相关政策
	监督人力资源管理相关事项，包括吸引、培养、留住人才，员工参与度和福祉，绩效管理，报酬平等
公司治理委员会	监督可持续性和气候变化的战略，努力改善环境
	监管合规事项，政治捐款相关流程
	审查公司慈善事业
执行委员会	就公司、运营公司和业务领域战略、资源分配和其他战略运营事宜向首席执行官提供建议

表 4-20　　可持续发展理事会的执行职能

理事会	职能
可持续性发展理事会	领导制定 Exelon 及其公用事业公司的综合可持续发展战略
	推荐内部和外部 ESG 关键绩效指标和目标，作为可持续发展战略的基础
种族公平工作组	重点关注六个关键领域：文化与客户、社区、赋权、政策改革、劳动力发展和环境正义
	每两周召开一次会议，并定期向执行委员会简要介绍正在开展的工作
环境审查委员会	管理和调整战略性业务、环境问题，提高运营环境绩效，并协调资源分配，确保实现 Exelon 的总体环境目标
	协调 Exelon 对战略性环境公共政策和监管问题的回应
安全委员会	确定并评估新出现的战略安全问题，考虑监管和立法方面的发展、利益相关者的意见、市场、机会、品牌/声誉、客户
	审查整个企业的安全计划和绩效，并向执行委员会提供信息输入

（二）ESG 组织架构变动情况

2014 年，公司将可持续发展小组并入公司战略职能部门，董事会全体成员被要求参与可持续发展战略的讨论。

2022 年，执行委员会建立了可持续发展理事会并任命了首席可持续发展官领导该理事会。该理事会由公司各部门领导组成，共同协作向执行委员会报告可持续发展相关问题。在 2022 年间企业战略团队还与 Exelon 董事会和高级管理团队举行了为期两天的务虚会，关注公司在能源转型中的角色。

2023 年，董事会薪酬委员会批准了增补的年度激励计划(AIP)，该计划增加了一项环境、社会和治理增补项目，根据该项目，每名指定高管的 AIP 薪酬总额最多可受±10%影响。根据该规定，每名指定高管的 AIP 薪酬总额中将受到环境和社会措施的影响，与 Exelon 在“清洁之路”和 DEI 目标方面的进展相一致。在该计划实施后，高管将更有动力投入更多精力研究和实施环境、社会相关政策。这一举措有助于落实 ESG 治理的改善，是公司高度重视 ESG 发展最有说服力的行动。

四、议题选择

(一) 重要性评估

1. 评估流程

2022 年，Exelon 公司没有详细披露重要性评估的具体流程，仅在可持续发展报告中介绍了重要议题的来源和选择议题时的考量。Exelon 在选择议题时考量了以下因素：

(1) 与客户、社区、政策制定者、投资者、员工的接触；

(2) 关于可持续发展信息的调查和请求；

(3) 行业和 Exelon 公司的股东提议；

(4) 爱迪生电气研究所(EEI)对大型公用事业投资者的调查；

(5) 电力研究所(EPRI)，电力行业的优先可持续发展问题；

(6) 年度最佳行为标杆管理所认可的同行的披露；

(7) 媒体和利益相关者对行业和公司的看法；

(8) 年度 Ceres 利益相关者对话；

(9) 可持续发展披露和评级框架：包括全球报告倡议组织(GRI)、可持续发展会计标准委员会(SASB)、CDP、与气候相关的财务披露工作组的建议(TCFD)、标准普尔全球企业可持续发展评估(CSA)、道琼斯可持续发展指数(DJSI)、MSCI、可持续性分析和气候行动 100+基准。

2. 历年评估流程的变动情况

在 2012 年，关于重要性评估的信息十分简略。2013 年的可持续发展报告中披露，2012 年重要性评估流程仅有咨询内部专家和收集投资者反馈这两部分。

2013 年，流程中新增了“根据 GRI G4 准则将关键议题与价值链相匹配”，“合并相似议题”两个部分。

2014、2015 年都没有披露重要性评估的流程，本文推测公司在流程上延续了上一年的做法。

自 2016 年，公司开始列示议题选择参考的具体资料，包括 EEI 对大型公用事业投资者的调查、EPRI：北美电力行业的重大可持续发展问题、Exelon 公司风险热力图、Exelon 2016 年 DJSI 评分表、Ceres 利益相关者参与的总结。在后续年度，公司都以这种形式披露重要性评估内容，而重要性评估参考的内容每年都有变动或增补。这些增补的内容更多地考虑了除投资者之外其他利益相关者的意见。

2021年，Exelon在选择议题时的考量因素中加入股东提议书，且不再参考企业风险热力图。2022年，Exelon新增了标杆行为管理，借鉴同行的ESG披露并将其列为考量因素。

（二）根据MSCI梳理公司议题分类

Exelon在2022年可持续性发展报告中披露了8个可持续性发展主题及下属23个关键议题。表4-21将23个议题按照MSCI制定的公共事业的关键议题分类。

表4-21　根据MSCI梳理公司议题

3大范畴	10个主题	33个议题	权重	Exelon关键议题
环境(E)	气候变化	碳排放	12%	1. 温室气体排放 2. 引领清洁能源转型
		对于气候变化的脆弱性	0	
		财务环境影响	0	
		产品碳足迹	0	
	自然资源	生物多样性与土地利用	3.9%	15. 栖息地和生物多样性
		原材料采购	0	
		水资源压力	8.8%	16. 水资源管理
	污染与废弃物	电子垃圾	0	
		包装物料与废弃物	0	
		有害排放和废弃物	9.2%	废弃物回收、环境管理
	环境机会	清洁能源技术机会	0	3. 能源可负担性 4. 清洁能源价值 5. 有利的电气化
		绿色建筑机会	0	
		可再生能源机会	11%	4. 清洁能源价值
社会(S)	人力资本	员工健康与安全	3.7%	19. 安全和身心健康
		人力资源发展	11.8%	17. 多元化、公平性和包容性(DEI) 20. 劳动力发展
		劳动力管理	0	18. 员工参与度
		供应链人力标准	0	
	产品责任	化学品安全	0	
		金融产品安全	0	
		隐私与数据安全	0.2%	8. 网络安全和物理安全

续表

3 大范畴	10 个主题	33 个议题	权重	Exelon 关键议题
社会(S)	产品责任	产品安全与质量	1.5%	9. 能源系统恢复能力
		负责任投资	0	10. 对能源系统基础设施的投资
	利益相关方反对	社区关系	1.3%	11. 空气质量 12. 社区活力 13. 环境正义 14. 公众健康和安全
		有争议的采购	0	
	社会机会	金融服务可得性	0	
		健康保健可得性	0	
		营养与健康机会	0	
治理(G)	公司治理	董事会	36.7%	21. 公司治理和道德 22. 政策参与度 23. 可持续供应链
		所有权和控制权(所有制)		
		薪酬		
		财务		
	公司行为	商业伦理		
		税务透明度		

在 MSCI 制定的公用事业关键议题中，环境占比为 44.9%，社会占比为 18.4%，治理占比为 36.7%。Exelon 关键议题中有 7 个关于环境，11 个关于社会，3 个关于治理。另外，“议题 6：创新性产品和服务”“议题 7：对客户的服务”不在 MSCI 的议题中。Exelon 所选择的关键可持续性发展议题覆盖了除“有毒物质排放和废弃物”之外的所有 MSCI 议题。而“有毒物质排放和废弃物”在环境责任中“废弃物回收”和“环境管理”两个部分得到充分披露。

作为公司的竞争优势，公司在 MSCI 不做要求的“清洁能源技术机会”和“负责任投资”两个议题中披露了对智能电网的建设、对电能生产稳定性的投资。其中详细介绍了智能电网的分析能力对提升能源效率以及帮助客户规划等方面的潜力。

(三) 历年选择议题的变动情况

1. 2012—2019 年议题变动情况

Exelon 公司在这一时期的议题选择是比较稳定的。其中的调整与公司业务的变动密切相关。根据这一时期的可持续发展报告中“可持续性发展治理”或“关键可持续发展议题”中列示的议题，可以总结出以下重大变动：

(1) 2013 年开始关注核电的可负担性，不再关注能源自主性。

(2) 2014年拓展了新能源的讨论范围，开始关注新能源的设备投资和生产稳定性，并且减少了对煤电相关问题的关注。该年还新增了“网络和物理安全”议题。

(3) 2016年为了配合公司的并购活动，议题中新增了“达成我们的承诺”这一部分。

(4) 2018年将气候问题从环境影响中分离，作为独立的主题。

(5) 2019年临时加入主题“公司在应对新冠中的角色”。

具体议题变动与重大事件的联系如表4-22所示。

表4-22　　公司重大事件与议题变动的联系

年份	重大事件	议题变动
2012	收购Constellation能源，获得了其5座核电站约一半的电力	增加“核电的可负担性”
2014	至2014年公司已经处置了所有主要的火电资产。公司在这年投资了215兆瓦的新能源发电设施	新增“清洁能源的价值”“燃料多样性”“发电设施可靠性”，移除“废物管理”（与煤灰处理相关）
2016	经过两年协商，公司得到所有监管部门批准，正式收购Pepco公司	新增“达成我们的承诺”
2018	《巴黎协定》细则谈判完成	新增主题“应对气候变化的挑战”

2. 2022年重组前后议题的具体变动

Exelon在2019—2022年可持续性发展报告中披露了每年的关键可持续性发展议题。4年内议题的数量未有增加，均为23项，而议题选择有所变化。表4-23列出了2019年公司披露的23项议题。

表4-23　　2019年的主题和议题

主题	议题
建造下一代的能源公司	1. 能源系统可恢复性
	2. 发电效率
	3. 对能源基础设施的投资
	4. 清洁能源的价值
应对气候变化的挑战	5. 气候变化的风险和机会
	6. 温室气体排放
为客户创造价值	7. 能源可负担性
	8. 创新性产品和服务
	9. 提供给客户的服务
与社区合作	10. 社区发展
	11. 公共健康和安全

续表

主题	议题
安全、创新、高回报的工作环境	12. 多样性和包容性
	13. 员工参与度
	14. 安全和身心健康
	15. 吸引、培养、留住人才
管理我们的环境影响	16. 空气质量
	17. 栖息地和生物多样性
	18. 核燃料循环
	19. 水资源管理
有效的治理	20. 公司治理
	21. 网络安全和物理安全
	22. 政策参与度
	23. 可持续供应链

2020 年的议题相比 2019 年没有显著变化，仅增补了个别议题的内容。2020 年议题将劳动力发展并入“10. 社区发展”中；将平等并入“12. 多样性和包容性”中，合称 DEI。此外均无改动。

2021 年 Exelon 将 SDG11 可持续性城市和社区加入优先考虑的 SDG。同时，2021 年发电设备从 Exelon 分离，这一事件造成对公司价值、文化等方面的一系列影响，使得本年的议题选择和顺序较去年发生显著改动。具体变动如下：

(1) 取消“建立未来的能源公司”主题，将下属议题“能源系统可恢复性”“对能源系统基础设施的投资”归于“安全地为可靠性和复原力提供动力”主题；议题“清洁能源价值”归入“推进清洁能源和负担得起的能源选择”主题。

(2) 取消议题“发电效率”，取消议题“核燃料循环”。

(3) 将“空气质量”议题重分类并归入“支持社区”主题，将“能源可负担性”议题归入“推进清洁能源和负担得起的能源选择”主题。

(4) 在“支持社区”主题下新增“环境公正”主题，在“管理气候变化的风险和机会”主题下新增“有利的电气化”议题。

(5) 将“能源可负担性”“清洁能源价值”“创新性产品和服务”等强调公司产品价值的议题列于首要位置。

2022 年重组之后，公司的运营较为稳定，议题选择在 2022 年没有结构性变化。该年的关键议题披露变动如下：

(1) 将“有利的电气化”议题归入“推进清洁能源和负担得起的能源选择”主题。

（2）将“气候变化的风险和机会”议题改为“引领清洁能源转型”，以体现公司在能源行业中的龙头地位。

（3）将气候变化议题置于产品价值议题之前，反映了社会对能源行业在气候变化这一方面责任的要求。

五、不同渠道披露之间的关系

（一）ESG报告与可持续发展报告的查重率

Exelon公司主要通过可持续发展报告和ESG年度报告披露ESG信息。如图4-25所示，Exelon在出具的ESG年度报告相对可持续发展报告的重复率总体稳定在比较低的水平。2019—2022年的查重率分别为9.5%、7%、14.1%、15.4%。这组数据证明了公司能够清楚地认识投资者对ESG行为独特的关注点，并且能够在对投资者的报告中提供更多有效信息。

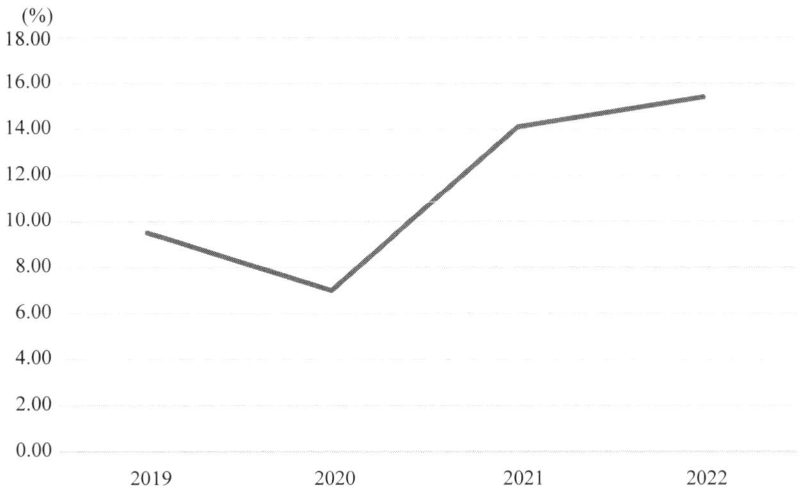

图4-25　ESG报告对可持续发展报告的查重率

观察重复率的变化趋势可以发现，重组后报告的查重率显著高于重组前。在2019年和2020年，两份报告的重复几乎完全在注释和声明，而实际内容几乎没有重合。在2021年和2022年，ESG报告引用了一部分可持续发展报告中对ESG行为的描述。这一现象并不一定代表ESG报告的信息价值有所下降。重组之后，公司的ESG战略更为强调ESG行为对客户和产品带来的实际价值。因此，在公司的可持续发展报告中，投资者关注的内容所占比例有所增加，从而导致两篇报告的重复率上升。

（二）不同ESG披露渠道的比较

Exelon公司具有丰富的ESG披露渠道。公司网站是各类披露渠道的平台，在网站的“ESG资源”专栏中可以找到历年的可持续发展报告、ESG报告和各项专题报告。表4-24简要对比了三类综合性报告的受众、内容、披露重点、特点。

表 4-24　　不同 ESG 披露渠道的比较

披露渠道	目标受众	披露内容	ESG 披露重点	特点
可持续性发展报告	所有利益相关者,尤其是监管部门	公司简介、议题选择及对每一项议题的详细介绍	产品价值、以气候变化问题为主的环境责任,重点关注未来	ESG 披露主体,信息最为全面
ESG 年度报告	投资者	公司简介、公司的 ESG 项目及成果	关于环境、社会相关各项目实施情况的客观信息和数据、治理的客观信息	针对投资者的演示文件,详细介绍项目绩效为投资提供参考
年报	投资者	所有财务信息、内部控制、少量环境、治理信息	政府关于气候变化和环境责任的要求、管理层人员	非 ESG 披露主要渠道,主要涉及 ESG 中对经营管理有直接影响的内容

在综合性报告中,可持续性发展报告与 ESG 年度报告都是 ESG 披露主体。从目的来说,ESG 年度报告用于在投资者大会上向投资者展示公司的 ESG 情况,而可持续性发展报告没有具体受众,是向公众披露 ESG 信息的常规方式。

从内容上看,ESG 年度报告侧重于介绍 ESG 相关各类技术、项目及绩效,例如绿色能源链接项目、TechEXChange 平台等。这些信息大部分是客观信息,反映了公司当下的技术水平和项目发展情况。可持续性发展报告没有特别的侧重,通过详细介绍公司所选的 23 个议题完整地展现公司 ESG 的总体情况。该报告中的内容比 ESG 年度报告的覆盖面更广,且包含更多主观信息,呈现了公司的长期 ESG 战略思想和未来的 ESG 目标。

从形式上看,ESG 年度报告比可持续性发展报告更为简洁。以 2021 年为例,ESG 年度报告的长度为 36 页,可持续发展报告为 133 页。更为显著的差异在于 ESG 的报告以数据为核心,在报告中大量运用统计图表向投资者直观地展现绩效。相比之下,可持续性发展报告中图表的占比较小,主要通过文字阐述公司的 ESG 理念。

另外,年报中也有少量 ESG 信息。其中关于环境方面的部分主要是政策要求,这项披露没有出现在其他综合性报告中。

六、ESG 报告(可持续发展报告及 ESG 年度报告)

(一) 采用的标准

1. 报告标准

Exelon 在年度可持续发展报告的"关键可持续发展议题"部分,提及了报告内容采用的标准,即全球报告倡议组织(GRI)标准。报告中所涉及的议题来自 GRI 标准中代表了公司对经济、环境、人最显著影响的关键议题。另外,报告内容可根据联合国可持续发展目标(SDGs)分类。Exelon 从中选择了与行业密切联系的四个目标——SDG7、SDG9、SDG11、SDG13 作为首要目标。所有内容均与这四个目标相关。

Exelon在年度ESG报告中声明除了个别指标，报告中披露的所有财务数据均符合GAAP要求。

2. 变动情况

公司自2012年起始终采用GRI标准编制可持续发展报告。此外报告中提及2012—2014年，公司被列入北美道琼斯可持续发展指数以及CDP全球500强气候披露领先指数。

(二) 内容结构

1. 查重率

(1) 可持续发展报告的查重率

图4-26为近三年可持续发展报告相比上一年的重复率变动情况，2020、2021、2022年三年的重复率分别为43.5%、22.9%、21.8%。可持续发展报告在公司重组之前有极高的查重率，重组之后查重率则显著下降且在两年内保持稳定。查重率下降的原因，一是重组后公司业务发生变化。2021年，公司大幅改动了所选议题、报告内容的整理方式以及报告重点，使得当年的查重率降低近半。二是报告具体内容有所变化和丰富。2022年，报告在未发生重大结构改动的情况下仍能保持较低的查重率。这是因为重组后公司ESG发展较为迅速，在每个ESG议题下出现了新的行为和细分项目。

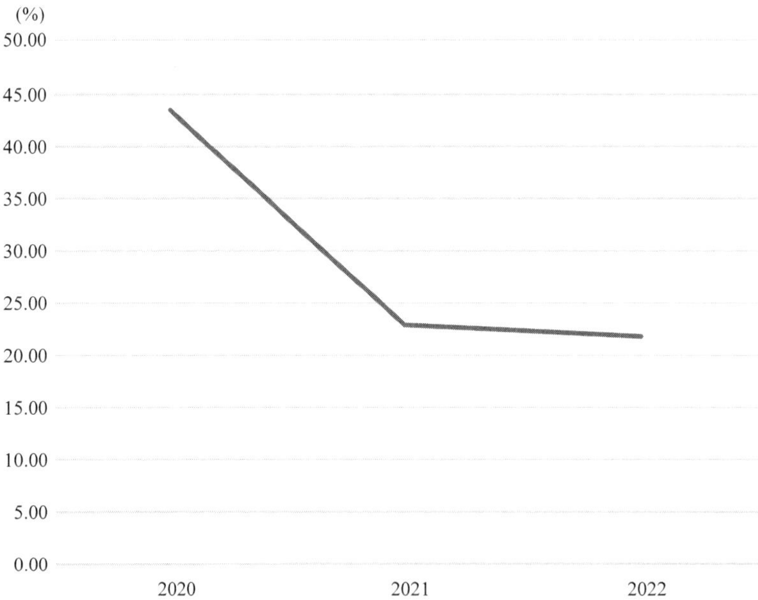

图4-26 可持续发展报告查重率

(2) ESG年度报告的查重率

图4-27为近三年ESG年度报告相比上一年的重复率变动情况。2020、2021、2022年的重复率分别为30.5%、12.5%、26.7%。对比可持续发展报告，2021年的ESG年度报告查重率同样大幅下降。这是因为重组前后业务发生变动导致披露内容随之改变。其中环

境、社会的改动最大。具体来说,2021年"环境"中无需披露任何发电相关的内容,而加入了有关新能源汽车、减排科技等方面的项目。在"社会"中无需披露新冠的应对,增加了扶贫的项目。上述改变导致"环境""社会"的重复率较低。

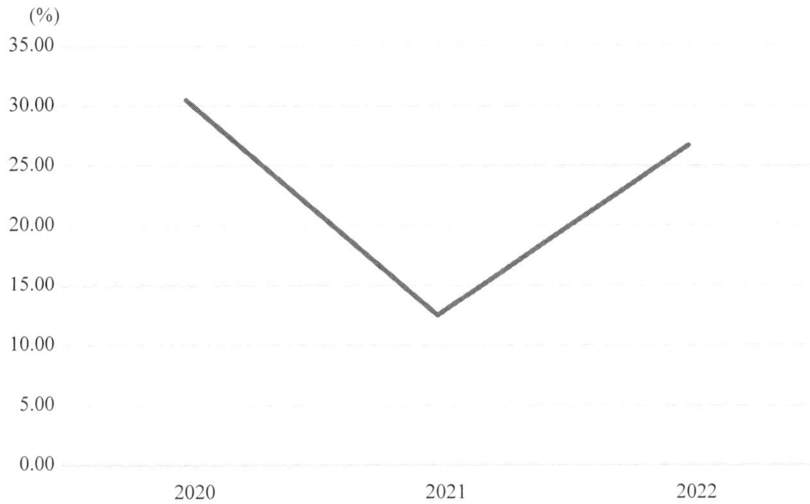

图4-27　ESG年度报告查重率

2022年ESG年度报告的查重率回到了改版之前的水平,与可持续发展报告的变化趋势有所不同。这表明改版后报告的披露内容趋于稳定,很多2021年的重大项目延续到了2022年,继续作为披露内容。另外,2022年可持续发展报告中新增的内容可能没有充分体现于ESG报告中。

2. ESG披露内容时序变动情况

(1) 交易所对ESG信息披露规定的变动情况

2017年3月,纳斯达克推出了首份ESG数据报告指南,第一个版本是专门针对北欧和波罗的海公司。2019年,纳斯达克证券交易所发布了《ESG报告指南2.0》。第二版指南将约束主体从此前的北欧和波罗的海公司扩展到所有在纳斯达克上市的公司和证券发行人,并主要从利益相关者、重要性考量、ESG指标度量等方面提供ESG报告编制的详细指引。该指南参照了GRI、TCFD等国际报告框架,尤其响应了SDGs中性别平等、负责任的消费与生产、气候变化、促进目标实现的伙伴关系等内容。

(2) ESG报告内容变动情况

Exelon的可持续发展报告在内容上的发展从2012年开始在每一个阶段具有类似的规律。而这些规律在公司2021年重组前后最为显著。因此公司可持续发展报告在重组前后的变动情况可以作为11年以来发展情况的代表。

① 可持续发展报告在重组前后的变化

公司可持续发展报告在内容上不断完善。其一,公司在2019—2022年的可持续发展报告中涉及的问题大类有所增加。具体表现在自 2020 年报告新增了可持续性与可恢复性，以及将公司的未来发展分为传递可持续的价值和促进清洁的、可负担的能源供应两方面披露。其二，每个问题的解释逐年细化，引入更多数据和模型。例如，对于气候变化这一议题，披露的内容由 2019 年的两个部分逐年增加到八个部分，并且在这八个部分中包含了各分部温室气体排放量的数据。其三，气候变化问题重要性有所提升，体现在对该问题解释的多样化以及对待环境问题的态度。值得注意的是，2019 年报告中对气候问题的披露重点在于如何满足该方面的监管要求，而 2022 年报告将气候问题视为促进成功的主要因素之一，体现了公司如何将环境意识根植于运营的每个要素中。其四，报告附录中披露的指数数量逐年增加。其他关于环境责任、工作环境以及治理等较为普遍的披露事项在内容上基本保持不变。

从外观上说，由于公司商标设计发生变化，报告在颜色选择上由淡蓝色转为以深蓝、紫色为主。报告的页面布局一直保持较为简约的风格，较少有不包含信息的图片及装饰。

② ESG 年度报告在重组前后的变化

ESG 年度报告的内容变动主要集中在 2021 年，而其他年份均没有发生显著变化。2021 年的内容变动在“查重率”中有具体描述。从报告特点来说，2021、2022 年的报告数据含量有所增加。这是报告中的项目数量增加导致的。公司需要通过具体数据向投资者展示这些项目是否有成效。ESG 报告中有关分布式能源(DER)的披露，其他项目的披露都具有类似的样式。

(3) ESG 报告结构顺序的时序变动情况

① 可持续发展报告的披露顺序

自 2013 年起报告的结构大致都按“环境→社会→治理”的顺序排列。实际上，在 ESG 这个概念形成之前，公司就已经有了自己的披露结构。从 ESG 的视角看，公司选定的披露主题“推动清洁和可负担能源发展”“减少我们对环境的影响”“管理气候变化”等可以归入“环境”。“更好地服务客户”“与社区协作”“安全、高回报和有活力的工作环境”等可以归入“社会”。“有效的治理”“可持续发展治理”可以归入“治理”。其中部分主题包含了 E、S 两方面的信息。表 4-25 整理了 2013 年以来可持续发展报告的主题排序。

表 4-25　　可持续发展报告的披露顺序

年份	披露顺序(不包括临时添加的主题)
2013—2015、2016	公司概况、推动清洁能源发展、服务客户、环境影响、工作环境、为社会创造价值、治理
2017	公司概况、建造下一代能源公司、为客户创造价值、与社区协作、工作环境、环境影响、治理
2018—2020	公司概况、建造下一代能源公司、应对气候变化挑战、为客户创造价值、与社区协作、工作环境、环境影响、治理

续表

年份	披露顺序(不包括临时添加的主题)
2021	公司概况、传递可持续的价值、推动清洁可负担能源发展、提供世界一流的客户体验、加强可靠性和可恢复性、支持社区、气候变化挑战和机遇、环境责任、工作环境、治理
2022	公司概况、传递可持续的价值、气候变化挑战和机遇、推动清洁可负担能源发展、提供世界一流的客户体验、加强可靠性和可恢复性、支持社区、环境责任、工作环境、治理

② ESG 年度报告的披露顺序

自公司出具 ESG 年度报告以来,报告都严格按照环境、社会、治理的顺序整理披露内容。

(三) 环境(E)、社会(S)、治理(G)

1. 分别的披露侧重点

图 4-28 统计了可持续发展报告中各个主题出现次数较多的 ESG 相关词汇。根据词频统计,可以大致认识公司各个板块的披露重点。

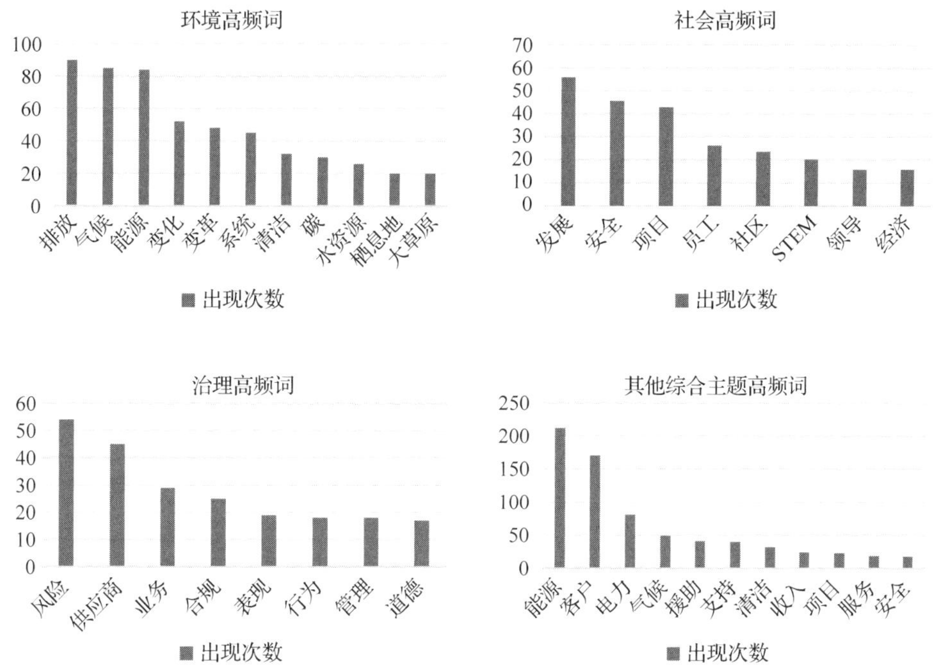

图 4-28　可持续发展报告各主题高频词(重复 15 次以上)

在"环境"这一部分中,排放、气候、能源的频率都在 80 次以上,可知报告中关于温室气体排放和应对气候变化的内容占了大部分篇幅。变化、变革出现了 40 次以上,展现了公司适应变化的能力。其余关键词体现了对环境责任的常规披露。

"社会"这一部分中,发展、安全、项目出现的频率最高。这说明了劳动力管理、工作环境安全为社会议题下的重点内容，以及报告中充分披露了针对这些主题开展的项目。值得注意的是，公司关注的平等问题并未出现在高频词中，证明了 DEI 专题报告与可持续发展报告没有太多重复，具有较高的信息价值。

“治理”这一部分较为常规。这些高频词可以直接与公司的运营环节相联系，如风险管理、供应链、绩效管理、企业合规、企业道德。其中风险出现的频次最多，反映了风险管理对于公共事业企业的首要地位。

除了可以分入 E、S、G 这三部分的主题之外，还有“传递可持续发展价值”“推动清洁、可负担的能源”“一流的客户体验”“推动稳定性和可恢复性”四个主题用于展现公共事业行业基本的 ESG 要求和公司战略及价值。在这四个部分中，客户出现了 170 次，体现了公司对客户群体利益的重视，而这恰巧是美国电力行业备受争议的话题。援助出现了 40 次左右，可以推知公司开展了一些公益项目。其余高频词则反映了公司在设备稳定性、清洁能源方面的投资。

2. 各自的披露特色

表 4-26 统计了可持续发展报告中披露每一个主题的方式。对比每个主题的篇幅可以发现，“传递可持续价值”“通过转变和适应性规划应对气候变化”“安全、创新、高回报的工作环境”三个主题的内容最为丰富。比较数据量与篇幅的比值可以发现，一些主题偏重数据披露，其他主题偏重文字披露。其中“传递可持续价值”主题中的数据含量明显低于“通过转变和适应性规划应对气候变化”。这是因为前者注重对战略的描述，后者需要量化控制温室气体排放的成果和目标。另外，“推动清洁和可负担的能源选择”“支持社区”“环境责任”都是偏重数据披露的主题。图片、图表包括插图和思维导图，可以帮助读者快速理解报告内容。图片图表的含量在各个主题之间没有明显的差异。

表 4-26　　可持续发展报告各主题关键指标

主题 关键指标	项目或行为 大类数目	关键数据 （包括表格、统计图）	图片、图表数量 （不包括数据）	篇幅
传递可持续价值	5 类	2 处	15 张	22 页
通过转变和适应性规划应对气候变化	7 类	7 处	15 张	21 页
推动清洁和可负担的能源选择	7 类	6 处	10 张	12 页
提供一流的客户体验	3 类	2 处	2 张	4 页
助力可靠性和可恢复性	3 类	1 处	4 张	7 页
支持社区	4 类	6 处	5 张	11 页
环境责任	5 类	5 处	11 张	14 页
安全、创新、高回报的工作环境	3 类	3 处	11 张	22 页
公司治理	5 类	2 处	5 张	11 页

(四) 专题披露

公司官网披露了 6 个专题：(1)多元化、平等与包容性；(2)慈善事业和政治贡献；(3)游说和与官员的互动；(4)治理；(5)政策；(6)环境和安全报告或调查。披露顺序为 SGE。每个专题中有数个独立报告，如表 4-27 所示。

表 4-27　　公司的专题报告内容

专题	报告
多元化、平等与包容性(DEI)	DEI 年度报告
	多元化企业赋能报告
	EEO-1 雇主信息报告
慈善事业和政治捐款	慈善事业报告
	政治捐款报告
	企业政治捐款指南
游说和与官员的互动	游说合规概述
	政策：对参与政治活动的第三方的尽职调查和监督程序
	政策：与联邦、州和地方政府官员的互动
	政策：公职人员关于就业决定的转介、建议和要求
	政策：与公职人员有关联或由公职人员介绍、推荐或要求的销售商和供应商
治理	委托声明书
	董事会成员简介
	关联方交易政策
	商业行为准则
	公司治理原则
政策	环境政策
	水资源管理政策
	生物多样性和栖息地政策
	环境变化政策
	安全政策
	人权政策
	环境公正政策
环境和安全报告或调查	CDP 气候调查
	温室气体排放和范围 3 温室气体排放核查声明
	EMS 认证声明

专题报告和综合报告在DEI专题有部分重合。DEI年度报告对综合报告中的DEI披露有所增补，包括详细的人员组成数据、多样性治理等。专题报告的其他部分与综合报告没有重合，其内容主要是公司ESG各项政策和标准，以及第三方认证声明。这些报告并非对ESG某一方面的完整介绍，而是对综合报告的补充，可以加深使用者对可持续发展报告的理解以及增加可持续发展报告的可信度。

七、网页

（一）网页结构

Exelon公司没有单独的ESG网站，公司官网中包含了所有ESG信息。对于Exelon来说，网站并未提供更多ESG信息，其功能局限于整理和展示ESG报告和文件。公司官网首页的第一级索引有公司、电网、职业、位置、可持续性、社区六个标题，有关ESG的信息分散在每个标题中。“公司”标题下有公司信息、领导力和治理、投资者关系、分部四块内容，在投资者关系中可以找到公司所有对外公布的文件。“职业”标题下有多元化、平等和包容性相关信息。“可持续性”标题下有近年的可持续发展报告，以及可持续发展影响、表现、责任、安全、战略的展示页面。“社区”主题下有教育、捐赠、志愿者活动、劳动力发展等社会相关的话题。网页设置了检索功能，用户可以在首页直接搜索文件名来查找资料。另外，“投资者关系”中包含了“环境、社会和治理资源”页面，整合了综合报告和专题报告的链接。

页面布局对于每一项内容是大致相同的。每一页展示页面均有对相应内容的概括性描述，长度大约在五行之内。文字的旁边附有对应文件或报告的链接，以及相关内容的链接。

（二）网页特点

从使用者的角度来看，网站有以下优点或缺点：

（1）网页内容简介专业。页面主体由简介和链接组成，主题和网页内容的相关度高，没有过于烦琐的布局和图片，便于使用者快速了解公司概况及查找资料。

（2）网页的索引设计较为清晰具体。网页对所有报告的类别进行了细分，且分类较为准确明了。通过浏览首页的索引，用户可以快速地定位自己所需信息的位置，从而节省查找资料的时间。

（3）网页本身的信息价值不高。作为ESG信息披露的主要渠道之一，网页少有涉及报告内容之外的重要信息。网页中的文字几乎都是对相关内容模糊的介绍，用户无法通过参阅网站迅速理解ESG对于企业的价值。由于投资者可能没有时间完整地研究ESG报告，这可能会影响投资者对公司的印象。

（4）网页的历史资料不齐全。2021年Exelon重组后网页进行了改版，不再披露公司早期的ESG信息。在“环境、社会和治理资源”界面提供的链接中仅能找到最新的ESG报告和近三年的可持续发展报告。在网站资源库中也只能找到最早2019年的报告，这些报告都相对成熟，使用者未能从网站得知公司的发展。

八、ESG 的对外沟通情况

Exelon 有两种对外沟通方式。就事件来说，Exelon 公司仅在季度发布会上向投资者展示 ESG 成果，旨在向投资者展示 ESG 行为带来的价值。此外 Exelon 也有面向社会的展示渠道。Exelon 在 Facebook、twitter、YouTube 等各大社交网站均有官方账号，在视频及动态中介绍 ESG 发展状况。视频的形式以员工个人采访居多。大部分视频的播放量在 1 000 以下，可见社会宣传的效果一般。

九、ESG 鉴证

Exelon 公司在 2022 年聘请劳盛(LRQA)进行了碳排放量的鉴证。劳盛是一家以质量认证和工业检验为主营业务的公司，在美国获得 ANAB 的认可。Exelon 在官网分别披露了温室气体排放鉴证报告和范畴 3 温室气体排放鉴证报告。除此之外，公司没有对可持续发展报告或 ESG 年度报告进行总体的鉴证。两份报告中列示了劳盛在范围 1、范围 2 和范围 3 的鉴证指标(如图 4-29 所示)。

温室气体排放范围	数量	单位
范围 1	452 011	二氧化碳公吨
范围 1 生物基因	8 781	二氧化碳公吨

温室气体排放范围	数量	单位
范围 2 位置	4 855 103	二氧化碳公吨
范围 2 位置——生物基因	52	二氧化碳公吨
范围 2 市场	5 267 532	二氧化碳公吨
范围 2 市场——生物基因	52	二氧化碳公吨
注：范围 2 位置和范围2市场由第3版TCR GHG规程定义		

范围 3 的分类	二氧化碳公吨
购买的食物和服务	684 062
消费品	932 676
不包括在范围1或2中的燃料能源相关活动(电力)	69 760 314
不包括在范围1或2中的燃料能源相关活动(天然气)	2 167 447
上游运输和分配	22 936
经营产生的废弃物	24 686
商业出差	4 645
上游租赁资产	1 836
使用售出产品(使用售出天然气)	11 226 014
注：范围3由气候登记总报告协定第3版定义	

图 4-29 Exelon 公司 ESG 鉴证的指标

十、公司 ESG 相关经济后果

ESG 披露是电力企业生存的必要条件，但没有任何证据表明领先的 ESG 披露能够使公司获得机构投资者的额外关注。2012 年公司收购 Constellation 能源后，机构投资者在三年内迅速增持。而之后机构投资者的持股比例一直稳定在 80%左右。2016 年收购 Pepco 公司之后，持有公司股票的机构数由将近 1 000 家上升到 1 200 家左右。由此可见，公司受到机构投资者关注的主要原因是扩张带来的积极信号。另外，以先锋领航为首的机构投资者也并未将 ESG 列入投资评估的主要因素。只要有基本的 ESG 行为作为保证，这些投资者更为关心公司的运营能力和产品的实际价值。

不难发现公司管理层已经认识到了 ESG 行为的尴尬处境，正不断思考高标准的 ESG 行为对于公司达成战略目标的现实意义。近两年来，公司确实做出了一些将 ESG 行为与公司价值相联系的尝试，如强调对智能电网和清洁能源项目的投资。我们认为，如果将来公司能够更好地向投资者展示 ESG 的战略意义，ESG 在投资者眼中的地位必然会不断提升。

十一、公司 ESG 相关特点总结

（一）优点

（1）Exelon 的 ESG 披露内容与时俱进。在可持续发展报告中主动展示了公司视角中能源行业未来的趋势。另外，该报告中所展示的重点根据外部环境不断变化，例如 2022 年对气候变化责任的强调。由此可知，公司时刻关注行业未来的趋势和 ESG 政策环境的变化。

（2）Exelon 强调 ESG 活动为产品增添价值，有利于提升 ESG 在投资者认知中的重要性。Exelon 在公司战略中表明 ESG 是在能源行业变革中取得成功的关键因素。几乎所有 E、S、G 议题披露中都提及了某项行为如何提升客户体验或提升能源效率。

（3）Exelon 的 ESG 披露覆盖面广，披露渠道多样。Exelon 的 ESG 披露虽侧重于环境，却对 ESG 各个方面均有完整的介绍，完全覆盖了 MSCI 对公共事业行业制定的重要议题。另外，Exelon 面对公众和投资者制定了不同的报告，便于利益相关者获取自己感兴趣的信息。

（4）Exelon 设有多方面的专题报告，这些报告为 ESG 披露提供了更为详细的信息以及真实性保障。

（二）缺点

（1）官方渠道中的历史信息大量缺失，投资者难以从官方渠道披露中获知公司 ESG 事业的发展情况。

（2）Exelon 公司缺乏实时披露内容。目前 Exelon 实时披露内容仅限于管理层持股变动和重要事件，与 ESG 关联性不大。关于 ESG 的项目进度的披露都是以年度为频率的。

（3）Exelon 公司 ESG 情况对外沟通缺乏主动性。目前 Exelon 仅在发布会和分析师日主动展示 ESG 情况,且并非每次活动都提及 ESG 相关内容。鉴于 Exelon 的主要投资者为机构,且这些机构未将 ESG 作为首要考虑因素,公司的消极态度在一定程度上是合理的。

(三) 启示

从 Exelon 公司的 ESG 披露发展情况看,如今 ESG 报告的底层逻辑将不会停留于诸如"企业公民责任""合规"这些十分基本的要求或朴素的道德观念。有效的 ESG 披露应当是务实且独特的。对于公共事业行业来说,ESG 行为和企业的业务是天然紧密关联的。企业提升核心能力的过程即是企业 ESG 发展的过程。因此 ESG 披露不仅是公司持续经营的必要条件,也可以成为公司向利益相关者展现竞争力的平台。不难发现 Exelon 已经对上述思想做出一些具体尝试,极大地提升了 ESG 报告的信息质量。我们认为以下几点值得其他大型企业参考:

(1) 向不同的利益相关者分别传递他们所关心的 ESG 信息,可以极大增加沟通效率。

(2) 以产品和服务为核心,以 ESG 为媒介,根据投资者认知中的商业逻辑展开 ESG 报告。

(3) 将 ESG 行为与外界大趋势相联系,随时调整 ESG 的关注点以展现企业应对变化的能力。

(4) 从企业价值网络的各个部分解释 ESG 行为,体现企业落实战略目标的能力。

(5) ESG 披露的进步需要长久努力,却不一定是平缓发展的。公司内部的变动或许可以成为推动 ESG 发展的动力。

第三节　中电控股 ESG 信息披露

一、公司简况

(一) 公司简介和历史沿革

1. 公司简介

香港中电集团于 1901 年在中国香港成立,于 1980 年在港交所上市(00002. HK),是香港两大电力供应商之一,同时也是亚太区规模最大的私营电力公司之一,业务遍及中国香港、中国内地、澳大利亚、印度、东南亚及中国台湾等多个国家和地区。业务范畴涵盖能源价值链:从发电、输配电到零售及智慧能源服务的每个主要环节。

ESG 治理方面,中电控股是包括道琼斯可持续发展指数(DJSI)、富时社会责任指数(FTSE4Good)、恒生可持续发展企业指数(HSSUS)在内的多支主流 ESG 指数的成分股,表明公司的 ESG 治理及披露成效在行业内处于领先地位,因此其 ESG 管理及披露方法具备一定参考性。

2. 历史沿革

从公司发展历史看,大致可以分为四个时期以及两条主线。

（1）四个时期

1901—1969年：以中国香港为主阵地发展供电配电业务。

1970—1996年：稳步扩张至中国内地，投资核电站、水电等可持续发展能源。

1997—2002年：港股上市，快速成长横向收购子公司，踏足泰国、澳大利亚、印度，可持续发展能源投资继续加强。

2003年至今：发布并实现多项减排目标，可再生能源组合拓展持续推进，业务重心以澳大利亚、中国香港为主，以中国内地为未来增长点。

（2）两条主线

① 中电发展的第一条主线是供电地区的拓展。

1998年前，公司稳步拓展。成立初期，公司在香港本地牢筑根基；1979年，公司经营范围涉足内地（广东）；1996年涉足中国台湾。

1998年港股上市后，公司收购节奏明显提速。分别于1998年、2001年、2002年涉足泰国、澳大利亚、印度供电市场。

② 中电控股发展的第二条主线是开发可持续能源组合，做出可持续发展目标的承诺。

业务组合方面，公司在多条可持续能源赛道实现从0到1的突破。公司原先的燃料以燃油、燃煤为主。1985年首次投资核电站；1994年首次投资分水蓄能电站；1996年中国香港首间燃气电站——龙谷滩发电厂——正式分段投产，同年在中国台湾花莲兴建燃煤发电厂。1997年投资广东怀集水力发电项目。2015年，首度发行绿色债券，为印度的风电项目筹集资金。

可持续发展目标承诺方面，2004年中电发表环保宣言——《改善空气善用能源》，公布可再生能源发展目标，争取于2010年底前，以可再生能源生产相当于集团总发电量5%的电力。2007年中电发表《气候愿景2050》，并宣布减排目标，争取于2050年底前把集团发电组合的二氧化碳排放强度减少约75%至每度电0.2千克。2010年，成功达至《气候愿景2050》订下的中期减排目标，把碳排放强度降低至每度电0.8千克。2019年，于最新版本的《气候愿景2050》中，承诺不再投资新的燃煤发电容量，并于2050年前，逐步把所有余下的燃煤发电资产退役。

（二）所处行业和公司定位

1. 行业发展与竞争情况

中电控股所属行业为电力行业。

首先从需求端来看，电力能源作为必需品具有较强的逆周期抗性，近五年内增速受疫情等因素影响也仅是在±5%间小幅震荡；同时，电力行业充分受益经济发展的拉动作用，因此预计未来下游用电需求有望迎来修复性增长机会。

从全球能源署发布的用电量统计来看，近五年全球用电量稳中有升，如图4-30所示。在2020年由于疫情导致的−1.1%小幅下跌之后，2021年、2022年迅速复苏，分别同比增长6.2%、5.4%。

从中国香港能源统计年刊发布的香港用电量统计来看,近五年用电量则呈现小幅震荡的状态。2020 年同样由于受到疫情影响同比减少 2%,2021 年迎修复式增长同比增加 4%,2022 年受到全球燃料价格上升叠加疫情二轮高峰的影响,同比减少 2%,为 2015 年至今的最大跌幅。

但从整体上看,中国香港用电量增长率波动在－2%～4%,电力作为刚性必需品而言需求相对稳定,且受到疫情影响前的 2018、2019 年呈现明显的上升趋势,分别同比增长 1.0%和 1.4%,如图 4-31 所示。考虑到随着经济发展,商业、工业及住宅用户对电力的需求接口不断增加,用电需求的上升具有较强确定性,因此预计未来随着疫情因素淡化、新能源发电方式发展,中国香港用电量有望与经济整体发展齐增长。

图 4-30　全球用电量统计(2018—2022 年)

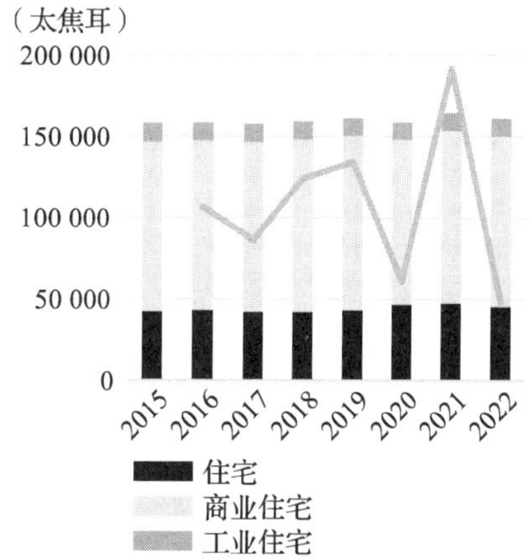

图 4-31　中国香港用电量统计(2015—2022 年)

从供给端来看,目前中国香港电力行业只有两家电力公司,分别为香港中电(下称"中电")以及香港电灯(下称"港灯"),形成双寡头垄断的格局。

业务方面,中电与港灯均主要在中国香港经营电力业务,且两家公司的业务都集发电、输电、配电、售电于一体。由于供电网络的建设及维护都属于这两家公司的业务内容,网络效应已为香港供电行业筑起了极高的壁垒,双寡头垄断格局有望在未来较长时间内延续。

从供电地区来看,中电业务范围明显大于港灯。港灯的唯一业务是为香港特别行政区供电,主要负责供电给港岛、鸭脷洲、南丫岛和蒲苔岛;中电集团同样也为香港部分地区供电,但供电范围更大,包括九龙、新界、长洲、竹篙屿、大屿山、喜灵洲、东平洲等一些离岛,在香港的供电面积约占香港地区总面积的 91%。此外,中电集团在港供电之余,亦有在中国内地、澳大利亚、印度等经营能源业务,集团在澳大利亚的 Energy Australia 子公司是当地领先的发电及电力零售商之一。

接下来,我们对中电以及港灯的财务数据进行比较分析,如图 4-32 所示。

从营收端来看,中电控股营收规模明显大于香港电灯,并且呈现出更稳定的增长态势,2022 年中电与港灯营收增速分别为 20%和－5%。这主要系中电业务范围更广所致。以下

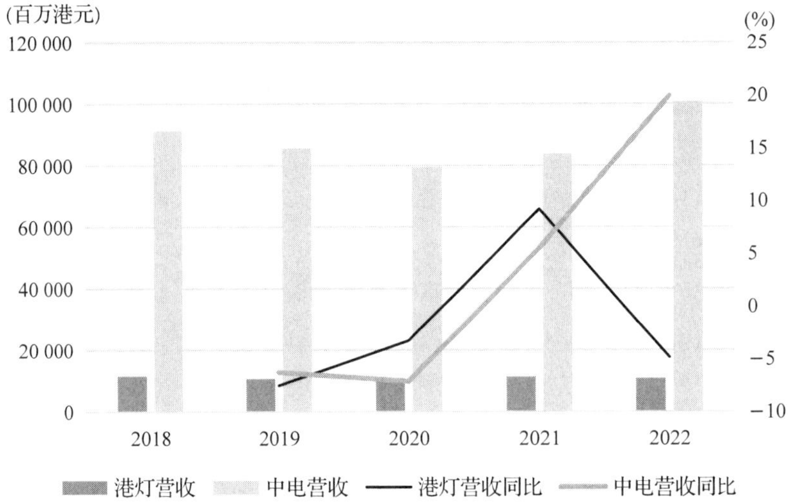

图 4-32 中电控股与香港电灯营收及增速对比(2018—2022 年)

是 2018—2022 年中电控股及香港电灯的营收及增速对比:

但从利润端来看,中电在海外的业务虽然的确为其带来了巨大的营收增量,同时也导致了净利率的下调和更大的风险敞口。由于香港电灯只做香港的垄断生意,净利率自然较高,2022 年净利率达 27.4%;对比之下,中电在澳大利亚的业务不仅让其受到能源波动的巨额损失,在 2022 年净利率下滑至 0.9%;同时,澳大利亚能源市场的激烈竞争使得公司的净利率被整体拉低,即使在 2018 年,净利率也只有 14.8%,与香港电灯形成鲜明对比。

图 4-33、图 4-34 是 2018—2022 年中电控股及香港电灯的净利与净利率对比情况。相比于香港电灯,中电控股的经营策略是以略低的净利率和更大的风险敞口为代价,换取更广的经营范围。这意味着在能源价格稳定时期,中电控股的确能够获得更大的收益,但是一旦能源价格开始震荡,中电控股的经营杠杆则将给其带来巨大的运营压力。

图 4-33 中电与港灯净利润及增速对比(2018—2022 年)

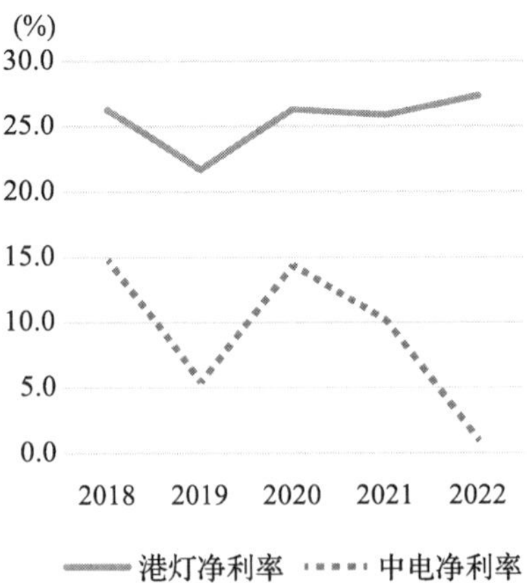

图 4-34 中电与港灯净利率对比(2018—2022 年)

2. 公司定位、使命与愿景

根据中电控股在年报中的披露,公司以提供能源方案及服务为使命,包括发电、输配电及智慧能源服务等能源价值链的所有主要环节。而公司的愿景则是要完成向可持续发电方式的转型,为股东、客户、雇员和其他利益相关者创造更大价值。

(三) 公司的股权结构及子公司、孙公司等情况

从集团的持股比例看,公司目前由嘉道理家族控股,持股比例达35%,为公司最大股东。此外,机构投资者持股比例合计30%,投资机构主要来自北美、英国、欧洲及亚洲;散户投资者持股比例合计30%,投资者主要来自中国香港。图4-35显示了集团的持股比例。

从集团的子公司来看,截至2022年12月31日中电集团下属有19家子公司,业务地区包含中国香港、中国内地、澳大利亚及其他国际地区。表4-28是中电控股的子公司名单。主营业务方面,中电子公司业务以发电、供电、售电为主,涉及9家子公司;此外还包括了电力项目投资公司5家,其他项目投资公司4家和1家抽水蓄能公司。

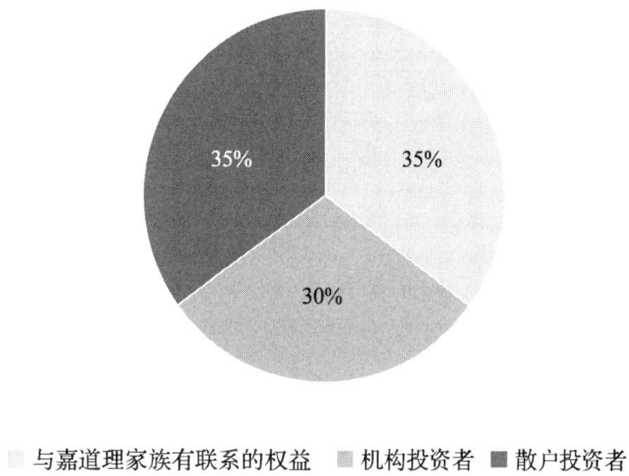

图4-35　中电控股集团持股比例

表4-28　中电控股的子公司名单

业务地区	名称	持股比例	主营业务
中国香港	中华电力有限公司	100%	发电及供电
中国香港	青山发电有限公司	70%	发电及售电
中国香港	香港抽水蓄能发展有限公司	100%	抽水蓄能
中国香港/中国内地	香港核电投资有限公司	100%	电力项目投资
中国香港/英属维尔京群岛	中电核电投资有限公司	100%	电力项目投资
中国香港	中电源动控股有限公司	100%	能源及基建解决方案和电子商务业务投资
国际/中国内地/英属维尔京群岛	中电亚洲有限公司	100%	电力项目投资
国际/英属维尔京群岛	中电国际有限公司	100%	电力项目投资
中国内地/中国香港/英属维尔京群岛	中华电力(中国)有限公司	100%	电力项目投资

续表

业务地区	名称	持股比例	主营业务
中国香港	中电地产有限公司	100%	物业投资
中国香港	CLP Innovation Enterprises Limited	100%	创新项目投资
澳大利亚	EnergyAustralia Holdings Limited	100%	能源业务投资
澳大利亚	EnergyAustralia Yallourn Pty Ltd	100%	发电及供电
澳大利亚	EnergyAustralia NSW Pty Ltd	100%	电力及天然气零售
中国内地	中电四川(江边)发电有限公司	100%	发电
中国内地	广东怀集长新电力有限公司	84.9%	发电
中国内地	广东怀集高塘水电有限公司	84.9%	发电
中国内地	广东怀集威发水电有限公司	84.9%	发电
中国内地	广东怀集新联水电有限公司	84.9%	发电

(四)财务绩效情况

1. 近五年收入情况

从营收端来看,中电控股近五年内营收呈现出震荡上升的态势。

如图 4-36 所示,2020 年营收增速−7.1%,主要系疫情因素影响所致;2021、2022 年随疫情防控形势逐渐稳定,营收端迎修复式抬升,分别同比增长 5.5%、19.9%。

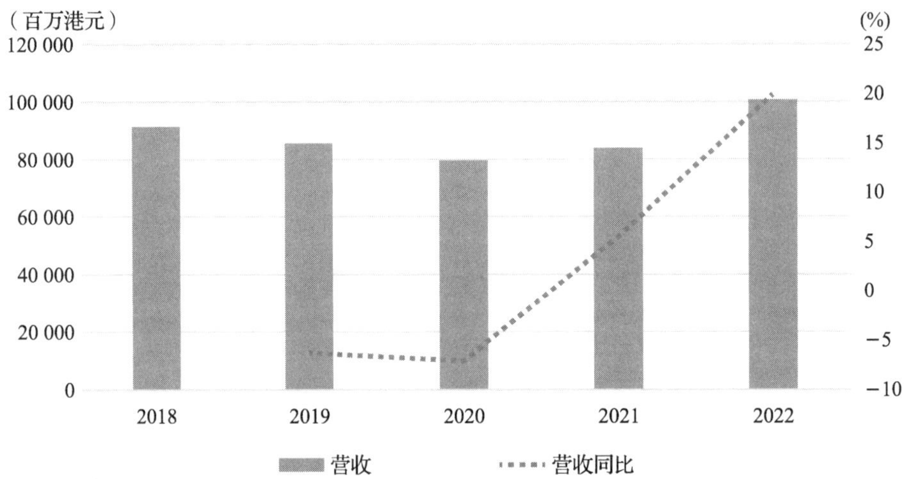

图 4-36 中电控股近五年营收变动

2. 近五年利润情况

从利润端来看,公司近五年的盈利则呈现出震荡下跌的态势,表明公司在澳大利亚的传统发电业务正面临着巨大的运营挑战。

如图 4-37 所示,2019 年公司净利减少 65.6%,又在 2020 年增长 146%,主要系集团在

2019年为澳大利亚业务做出大幅商誉减值所致。2021年净利润同比减少25.9%,则主要系澳大利亚发电组合盈利显著减少以及中国内地煤炭价格高企所致;2022年净利润进一步扩大跌幅至－89.1%,则主要系澳大利亚能源市场遭受极端天气致使放电量不稳、俄乌冲突导致煤炭天然气价格飙升所致。

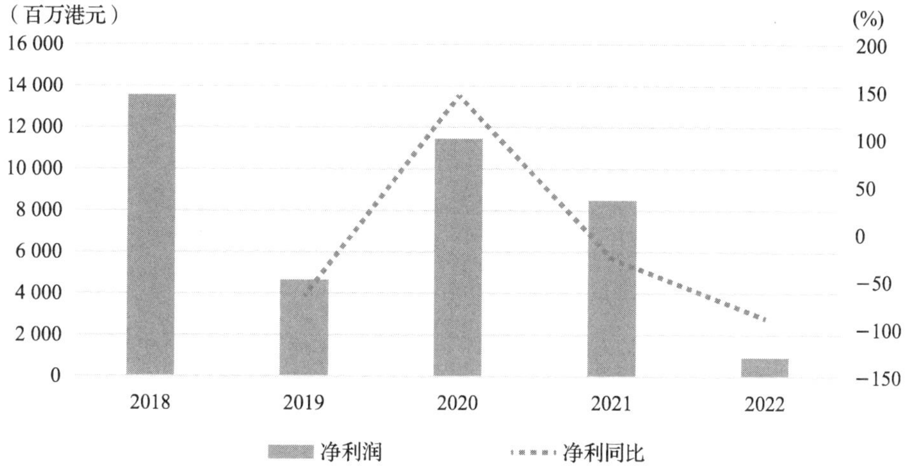

图 4-37　中电控股近五年净利润变动

3. 近五年市值

从公司近五年的股价及市值来看,受到净利润不断下滑的影响,2018—2022年整体呈现出震荡下跌的态势。

如图4-38所示,2019—2020年中电控股市值分别同比下跌7.5%、12.5%;2021年可能是由于触及投资者的底部预期故而有所回升,增幅9.8%;但在2022年净利大幅亏损后市值直接缩水27.7%,达五年内最大跌幅。

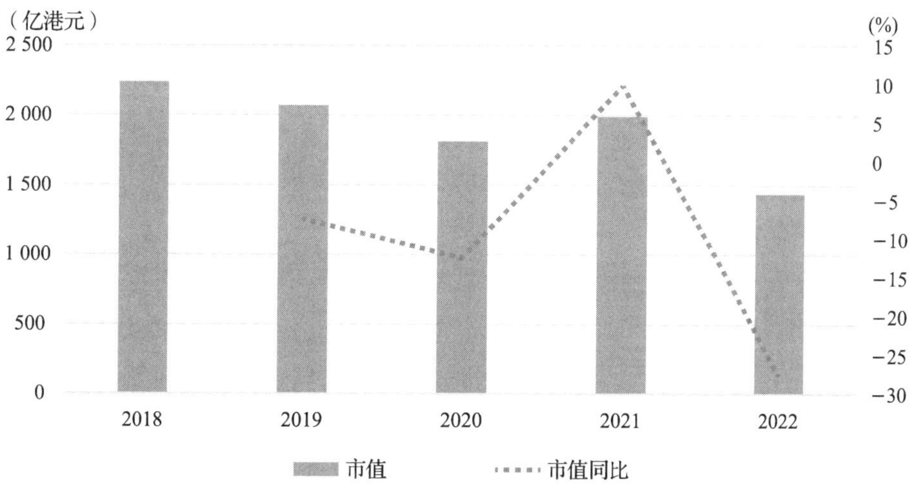

图 4-38　中电控股近五年市值变动

因此，从短期看，公司业绩直接受到能源价格回落的经营环境影响，但这一因素并非公司所能控制的；从中长期看，公司能做的只有尽快加速向清洁能源转型，扩充发电方式，减小风险敞口，这既是公司在ESG治理方面的目标，也是公司经营层面的当务之急。

4. 业务组成与分部财务数据

(1) 营收分布

从2022年营收的地区分布来看，公司收入来源以中国香港及澳大利亚为主。图4-39、图4-40是2022及2021年中电控股营收的分布情况。

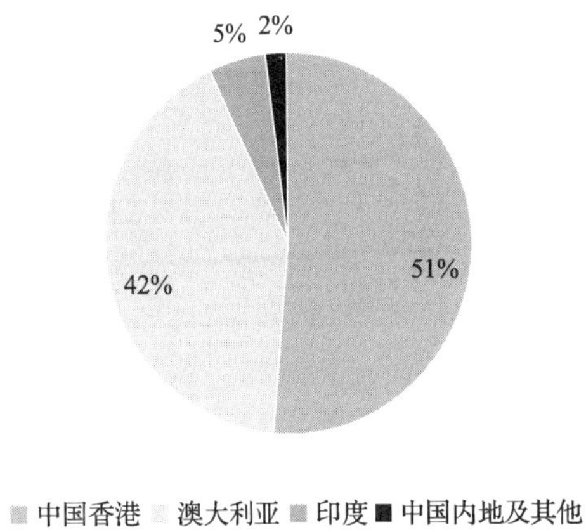

图4-39 中电控股2022年营收分布

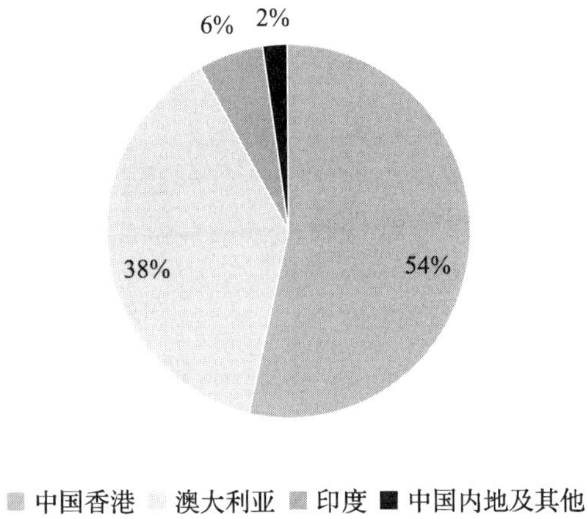

图4-40 中电控股2021年营收分布

中国香港方面，香港的电力行业受管制计划协议规管，由两间电力公司营运(另一家为香港电灯)，分别向不同地区提供纵向式综合电力服务。其中以中电集团全资附属公司中华电力有限公司规模较大，为九龙、新界及大部分离岛超过275万个客户提供可靠度逾99.997%的世界级电力服务，客户数目约占本港八成人口。

澳大利亚方面，集团子公司Energy Australia是“全国电力市场”最大私营发电商之一，也是新南威尔斯州、维多利亚州、南澳大利亚及澳大利亚首都的主要天然气及电力零售商，并在昆士兰州经营电力零售业务。“全国电力市场”的私营发电商与由政府持有的多项发电资产，在有竞争的电力批发市场提供发电服务。电力零售市场部分受规管，而输配电行业则仍在很大程度上受规管。

中国内地方面，中国内地的电力市场主要由国家管控。输配电业务主要由两家国有企业经营，而发电市场则开放予私人企业投资。中电于1979年首次踏足中国市场，开始为广东省供应电力。现时，中电中国是中国内地能源业的最大境外投资者，在全国16个省、直辖市及自治区拥有超过50个电力项目，除把握智慧能源服务的机遇外，还专注发展低碳能源，包括核电和可再生能源。

印度方面，印度的电力行业很大程度上一直由联邦及邦政府拥有并管控。自2006年起，政府鼓励私人企业投资发电行业，其后更扩展至输电行业。至于配电方面，联邦政府最近亦积极推出更多措施推动私营化。中电于 2002 年进军印度市场，现已建立了多元化的业务组合，涵盖风电、太阳能光伏发电、超临界燃煤发电和输电资产，并准备进军智能电表基建市场。由加拿大国际投资集团 CDPQ 持有 50％股份的业务于 Apraava Energy 品牌下经营，专注发展洁净能源、输电及其他以客户为本的能源业务。

(2) 发电量分布

图 4-41 是 2022 年中电控股不同发电方式的发电量统计。从整体的发电方式看，公司目前仍以燃煤发电为主，同时正处于向天然气等清洁能源转变的阶段。

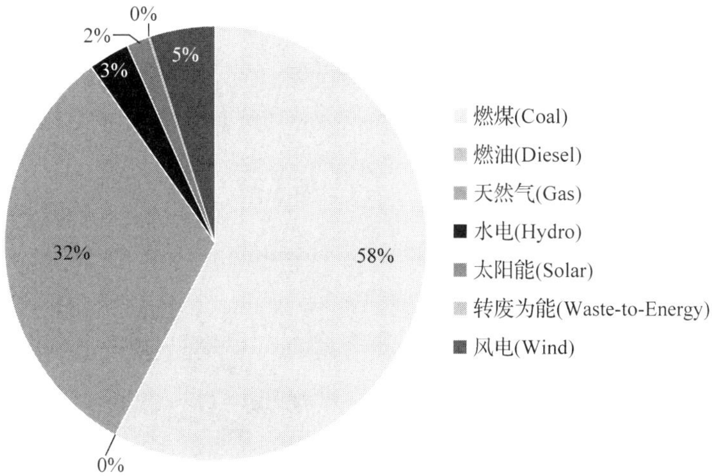

图 4-41　中电控股 2022 年不同发电方式发电量统计

图 4-42 是中电控股 2022 年不同地区的发电量统计。从不同地区的发电量看，公司目前各地区的发电量相对平均，发电量按照从大到小依次为中国香港、澳大利亚、中国内地、印度。

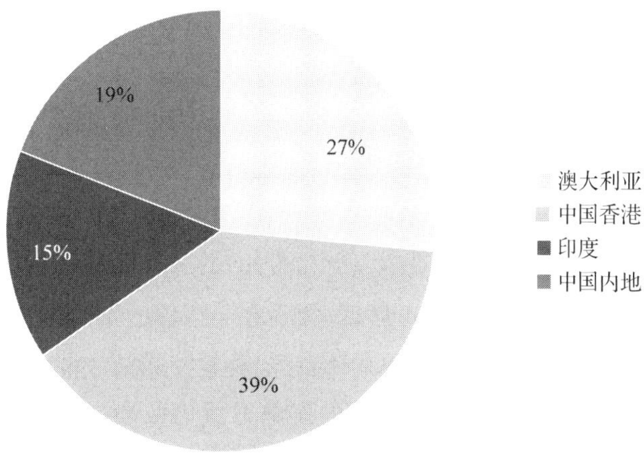

图 4-42　中电控股 2022 年不同地区发电量统计

图 4-43 至图 4-46 分别为澳大利亚、中国香港、印度、中国内地各发电方式的发电量统计。从各地区的发电方式来看，各地区的能源转型进度、特点均有所差异。中电在中国香港的发电方式已率先完成转型，以天然气为主，以燃煤为辅。澳大利亚、印度、中国内地发电目前仍均以燃煤为主，同时

澳大利亚的天然气发电、印度的风能发电、中国内地的风电＋水电也均已占据了约30％的比例，充分体现出各地区的可持续能源转型特点。（中国内地的核能发电也是重要的转型方向之一，但由于仅属于公司参股而非拥有，因此不在资产表现统计中。）

随着公司未来出售燃煤电厂和可持续能源电厂的投产建成，预计除中国香港外各地区也将逐渐完成向可持续能源的转型。

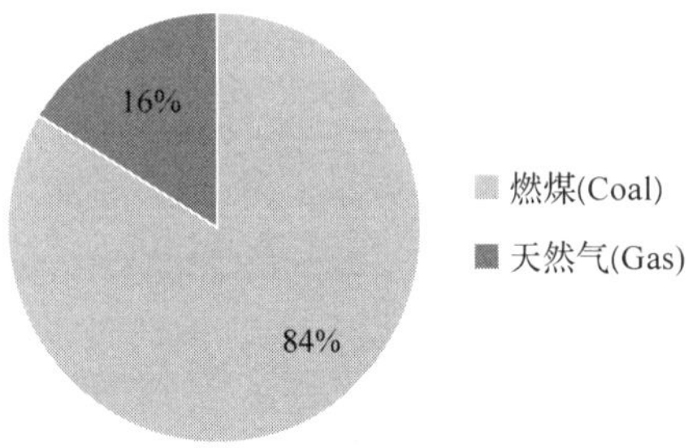

图4-43 中电控股2022年澳大利亚不同发电方式发电量统计

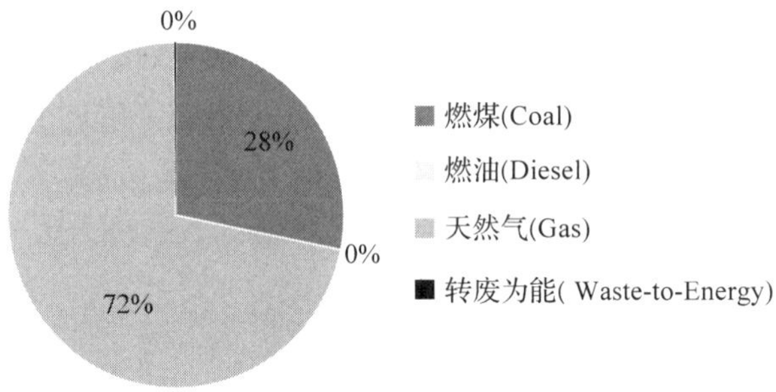

图4-44 中电控股2022年中国香港不同发电方式发电量统计

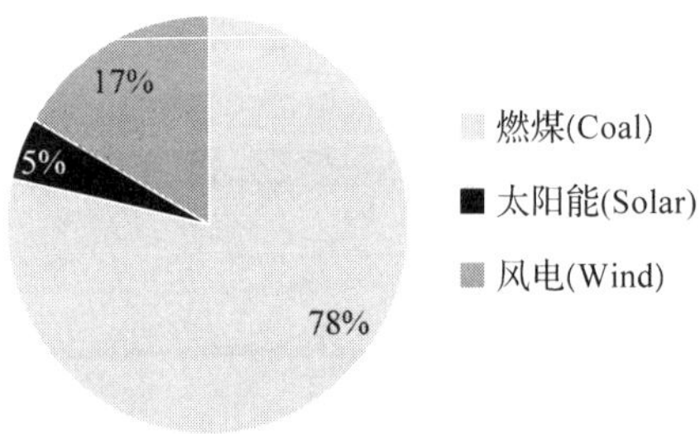

图4-45 中电控股2022年印度不同发电方式发电量统计

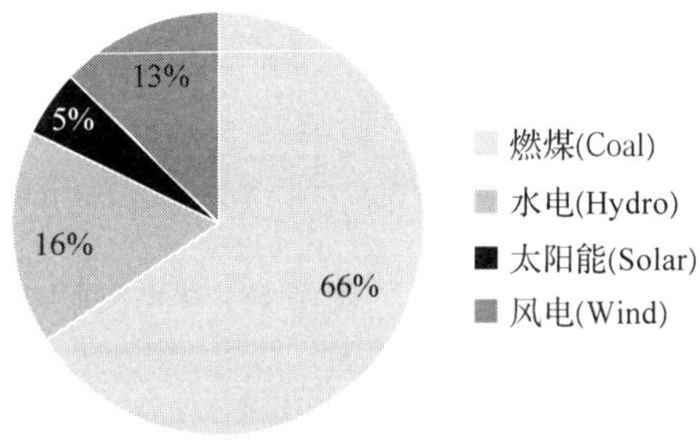

图4-46 中电控股2022年中国内地不同发电方式发电量统计

（五）公司产品与ESG的联系

首先，中电控股作为大型发电、供电、配电、售电集一体的能源集团，其产品涉及住宅、商业及工业的用电可靠度、关乎社会运作的重要动力，因此，集团供电能力的提升既与财务业绩相关，也与ESG的“社会”范畴紧密联结。

其次，中电控股目前的发电方式仍以燃煤为主，并且近年来由于煤炭价格波动已使得公司遭受到了巨大的损失，通过向可持续能源转型来分摊风险和降低成本既符合公司的财务利益，也有助于提升公司的ESG中“环境”范畴相关的评级。

接下来，我们进一步分析了公司的业务转型与ESG的关联度。

图4-47是公司在官网上披露的目前策略重点。公司目前的战略定位正处于数字化转

型、可持续能源业务转型、人才转型三大方向上的转型期。中电具体的发展战略则包括：创建可持续发展业务组合、加速应对气候变化、运用科技提供卓越的客户体验以及建立一支灵活创新的团队。

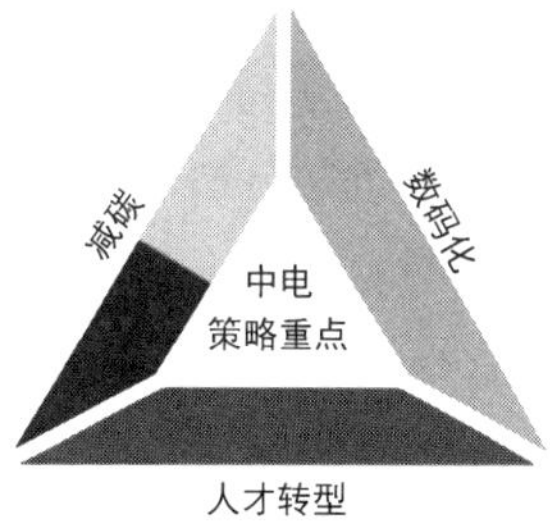

图 4-47 中电控股当前策略重点

数字化转型方面，中电意在通过数字化手段加强供电、配电的稳定性与合理性，对应使命中的“为股东、客户、雇员和广大社群创造增值”。公司的具体战略是“满足对能源方案日益增长的需求”和“运用科技提供卓越的客户体验及营运表现”。供配电是公司的主责业务，同时由于供电业务的特殊性质，公司业务的稳健性本身就涉及了 ESG 中的“社会”概念；此外，供电系统与配电网络的数字化技术应用也有助于节省电能，可与 ESG 中的“环境”概念相对应。

可持续发展能源的业务转型方面，中电正在削弱传统发电方式在发电业务中的占比，同时加强可持续发展发电方式的权重，对应愿景中的“提供可持续发展的能源方案”。公司的具体战略是“创建可持续发展业务组合”以及“为业务及营运所在地社群加速应对气候变化”。新能源转型是能源供电行业的发展趋势，公司提前布局新能源领域有望支撑公司在不断变化的市场环境中保持自身的良好风险抗逆性，同时也与 ESG 中的“环境”有较强相关性。

人才转型方面，中电正在努力建设一支多元化且具有强大科创能力的人才队伍，对应使命中的“为股东、客户、雇员和广大社群创造增值”。公司的具体战略是“投放资源建立一支灵活创新的队伍”。为完成科技人才队伍的建设，中电集团一方面致力于增加队伍中创新科技人才的卓越性，另一方面则是提倡集团内部的性别均衡性。前者与公司的业绩关联，后者则与公司的业绩以及 ESG 中的“社会”均有关联。

不难发现，公司的发展战略中这三个转型，不仅与公司业绩和未来发展有较强关联性，而且与 ESG 指标的考察方向重合度较大。这体现出中电集团在 ESG 治理方面的独特性——业务发展与 ESG 发展高度融合。我们认为这种高度融合是公司能在监督、管理、业务等各层级都贯彻 ESG 理念的重要原因之一，同时也为其他业务发展与 ESG 发展重合度较高的企业提供了一个 ESG 推进的参考案例。

二、ESG 发展沿革

(一) ESG 披露发展沿革

1. 公司 ESG 披露渠道的发展情况

公司于 2002 年起开始披露可持续发展报告，于 2021 年开始披露气候相关议题报告，于 2011 年起，年报皆为综合报告。

2. 公司 ESG 披露情况现状总结

公司目前的 ESG 披露由可持续发展报告、气候相关议题报告以及综合报告三部分组成。

公司的可持续发展报告主要是对 ESG 中的“环境”及“社会”范畴进行披露，遵循的是港交所发布的 ESG 报告指引；气候议题相关报告主要披露的是港交所指引中的“环境范畴—气候变化”这一主题，以 TCFD 框架为主要的行文结构；综合报告中主要对 ESG 的“治理”信息进行了披露，参照了联交所《上市规则》《企业管治守则》及《国际整合性报导架构》。同时，公司的三份报告共同覆盖了 GRI 中所有相关指标和 SASB 中的部分指标。

（二）ESG 评级发展沿革

1. 公司各评级机构 ESG 评级时序变动情况

如图 4-48 所示，MSCI 给中电控股 2018—2022 年的 ESG 评级分别为“AA”“AA”“AA”“AA”“A”，其中“AA”属于领导者级别，“A”属于平均者级别。值得注意的是，公司 2022 年获取的“A”评级是对公司 2021 年 ESG 表现的评价，而 2021 年恰好是公司可持续发展报告的内容变动节点，有关内容变动和 ESG 评级的关联将在后文“ESG 报告”章节详述。

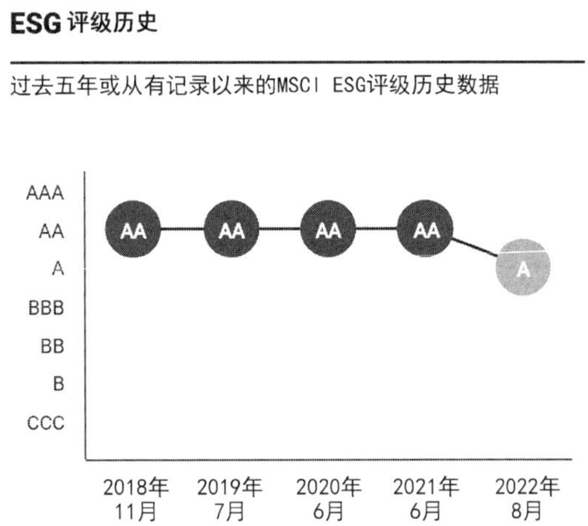

图 4-48 MSCI 给中电控股的历年 ESG 评级

如图 4-49 所示，华证给中电控股 2018—2022 年的 ESG 评级分别为“BBB”“BBB”“BBB”“BBB”“BBB”，具体分数分别为 81.23、81.65、83.88、83.6、83.6，整体波动较小，在 2020 年出现相对明显的涨幅。

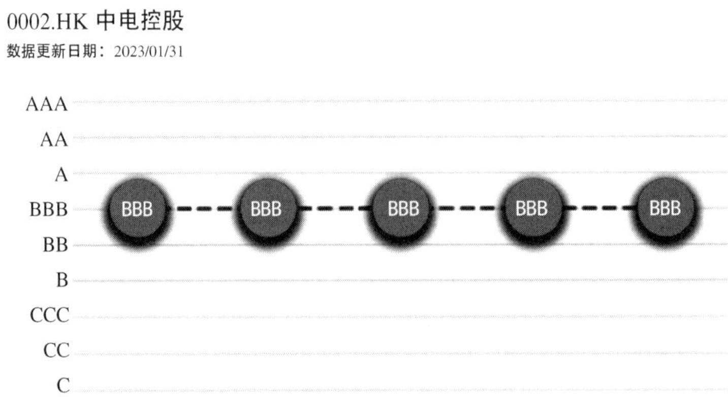

图 4-49 华证给中电控股的历年 ESG 评级

2. 环境(E)、社会(S)、治理(G)分别的评级与时序变动情况

表 4-29 是华证给中电控股的评分细则。根据华证于 2022 年给中电控股的评分情况，中电控股在 E、S、G 各范畴内的得分分别为 79.4、85.5、87.2，均位列行业第二，表明公司在 ESG 的环境、社会及治理范畴内的治理成果相对均衡。

表 4-29　　华证给中电控股的评分细则

	得分	权重	行业排名
环境(E)	79.4	42%	2/8
社会(S)	85.5	20%	2/8
公司治理(G)	87.2	38%	2/8

3. 公司领先议题和落后议题

中电控股目前人力资源管理处于领先水平，且各议题评级较为均衡，没有明显的劣势议题。

根据 MSCI 于 2022 年的评分，中电没有处于“落后”水准的议题；处于“平均”水准的议题包括公司治理、商业行为、碳排放、水资源压力、清洁能源机会、有毒物质排放和废弃物；领先议题为人力资源管理。

三、公司 ESG 组织形式

(一) 概述

一个强而有力的治理架构，是确保中电所面对的可持续发展议题均能纳入公司议程的关键。可持续发展治理已被纳入集团的企业管治架构，涵盖从董事委员会到管理层层面的集团职能部门和业务单位。表 4-30 是中电控股可持续发展相关的管理层级。

表 4-30　　中电控股 ESG 管理层级

<table>
<tr><th>管理层级</th><th>相关部门</th><th>职能</th></tr>
<tr><td>最高治理机构</td><td>董事会</td><td>负责中电的 ESG 汇报及可持续发展</td></tr>
<tr><td rowspan="2">董事会层面(确认标准、监督)</td><td>可持续发展委员会</td><td>确认可持续发展目的与架构、审核可持续发展报告</td></tr>
<tr><td>审核及风险委员会</td><td>风险、内控、商业道德等方面的管理</td></tr>
<tr><td>管理层面
(确认战略、执行)</td><td>可持续发展执行委员会</td><td>制定实际的可持续发展项目，确认可持续发展报告中的使用准则及重大主题</td></tr>
<tr><td>协调层面
(气候议题&ESG 动向更新)</td><td>集团可持续发展部</td><td>汇报和检讨实现《气候愿景 2050》和执行 TCFD 建议方面的进度；致力提升 ESG 报告及表现管理方面的能力，并进行跨机构、跨行业及跨国的经验交流</td></tr>
</table>

从职能结构看，中电董事会全盘负责集团的可持续发展管理和报告，并将职能下放至各管理层级。可持续发展委员会与审核及风险委员会分别负责最高层级的战略决策、监督与审核。可持续发展执行委员会负责实际项目的制定与评估。集团可持续发展部致力提升 ESG 汇报能力和气候相关议题的管理。

（二）具体分析

1. 可持续发展委员会

可持续发展委员会在监督集团可持续发展事宜的管理方面扮演主要角色，主要负责可持续发展的战略的确认、成果评估以及汇报。具体来看，该委员会负责确认可持续发展的目的、优次、标准和架构；在实施可持续发展战略后，他们还负责评估可持续发展表现并给出建议；最终，他们还将审核可持续发展报告，并上交董事会建议通过。

2. 审核及风险委员会

审核及风险委员会的主要职责是监督中电的财务监控、风险管理及内部监控流程，并确保备有完善系统以履行职务。

3. 可持续发展执行委员会

可持续发展执行委员会负责督导集团的可持续发展策略，并审批有关工作目标。

成员方面，首席执行官为可持续发展执行委员会主席，他作为行政人员代表负责处理与 ESG 有关的事宜。可持续发展执行委员会在 2016 年成立，由集团高层管理人员担任成员。表 4-31 是中电控股可持续发展执行委员会的任职名单。

表 4-31　　中电控股可持续发展执行委员会的任职名单

可持续发展执行委员会中的职位	姓名	公司职位
主席	蓝凌志	首席执行官
成员	庄伟茵	企业发展总裁
成员	戴思力	财务总裁
成员	柏德能	营运总裁
成员	司马志	策略、可持续发展及管治总裁
成员	具雅丽	人力资源总裁
成员	罗汉卿	集团可持续发展总监

职能方面，执行委员会负责启动或制定可持续发展项目、确认可持续发展报告使用的准则、确认可持续发展报告的重大主题等。

4. 集团可持续发展部

由总监领导的集团可持续发展部定期向可持续发展委员会及可持续发展执行委员会汇报并寻求指引。

该部门负责管理集团的气候变化策略，包括汇报和检讨实现《气候愿景 2050》和执行 TCFD 建议方面的进度，以及监察持份者期望的转变及有关转变对公司的影响。该部门履行职能，将可持续发展理念融入现有的实务，并为业务策略的发展和规划流程提供意见。

集团可持续发展部监察可持续发展事宜，并向可持续发展委员会及可持续发展执行委员会汇报新的风险和机遇，同时领导企业可持续发展汇报工作以及协助识别集团营运表现的改进空间。

在执行最佳实务方面，集团可持续发展部致力提升 ESG 汇报及表现管理方面的能力，并进行跨机构、跨行业及跨国的经验交流。该部门亦支持及举办与可持续发展相关的活动，并与各界持份者紧密合作。例如，召开可持续发展论坛，协助集团各职能部门和各地区的业务单位定期召开研讨会，就如何促进可持续发展分享经验和见解。

四、议题选择

(一) 重要性评估

1. 评估流程

从重要性评估的流程来看，中电的评估流程大致可分为观察、访谈、识别、评估与验证五大步骤。其中观察可分为观察全球的最佳实务、大趋势分析；访谈对象按照三年周期逐年变化；识别可分为 ESG 相关的 SWOT 分析及 ESG 相关的影响、风险与机遇识别；评估则是从大趋势开始对之前的识别结果逐级分类及筛选；验证则是由高级管理层审核最终的重要性议题。评估步骤的具体筛选层级如表 4-32 所示。

表 4-32　　中电控股重要性评估筛选层级

序号	筛选层级
1	9 个大趋势识别
2	80 个影响、风险及机遇
3	15 个影响重大主题、25 个财务重要主题
4	12 个影响重大主题、14 个财务重要主题
5	4 个影响重大主题、5 个财务重要主题

从可持续发展重点的确定周期看，中电于 2021 年开始执行以三年为一周期的双重重要性评估程序，评估过程的广度和范围每年均有所不同。集团在第一年全面评估，而在第二年及第三年则以较短时间评估并重新验证，把逐年的转变考虑在内。表 4-33 是中电控股在可持续发展报告中披露的评定流程及周期。

表 4-33　　中电控股重要性评估流程及周期

评估流程		第一年	第二年	第三年
观察	审视全球标准以符合不断演变的最佳实务	是	是	是
	进行全面的大趋势分析	是	否	否
访谈	进行访谈	内部高级行政人员	外聘专家	内部职能部门及业务单元的管理人员
识别	编制针对 ESG 的 SWOT 分析	是	是	是
	识别与中电相关的 ESG 正面及负面影响、风险及机遇	是	是	是
评估	评估与中电相关的 ESG 正面及负面影响、风险及机遇	是	是	是
	整合影响、风险及机遇为重大事项，并按企业价值及持份者影响为重大事项作出分类	是	是	是
	进行同业回顾	是	否	否
验证	与高级行政人员验证重要性评估结果	是	是	是

具体而言：

第一年的评估项目最为全面，涉及观察、访谈、识别、评估以及验证的所有子项目。包括审视全球标准、进行全面的大趋势分析、与内部高级行政人员访谈、针对 ESG 的 SWOT 分析、识别 ESG 相关的正负面影响与风险机遇、按企业价值及持份者影响为正负面影响及风险机遇分类、进行同业回顾、与高级行政人员验证重要性评估成果。

第二、三年则继承第一年的大趋势分析、同业回顾结果，不再重新评估这两个项目；同时第二年的访谈对象变更为与重要主题有关的外聘专家，第三年的访谈对象变更为内部各职能部门和业务单位的高层管理人员。

2022 年公司采用的是第二年的评估流程，也即观察、访谈、识别、评估与验证，其中，就不断转变的最佳实务以及最佳实务是否符合中电当前的汇报方法，收集与重要主题有关的外聘专家的意见。

以三年为周期变动的评估程序的合理性在于：

其一，在营运环境没有重大变动的情况下，与公用事业相关的重大事项不太可能在短时间内发生转变，因此每个周期可以继承第一年的大趋势相关结论，只需对其逐年验证。

其二，访谈人员从高层管理人员、外部专家到业务单元中层管理人员的变化，实质上反映的是 ESG 战略从制定、验证到实施结果评估的战略流程，因此访谈人员的变动与战略流程的侧重点相匹配。

2. 历年评估流程的变动情况

表 4-34 是 2018—2022 年的重要性评估程序。从历年评估流程的变动看，中电确认重要主题的方式不断发展，趋于成熟和合理，主要的变动节点为 2019、2021 年。

表 4-34　　中电控股 2018—2022 年的重要性评估程序

步骤	2018 年	2019 年	2020 年	2021 年	2022 年
观察	大趋势分析	大趋势分析	大趋势分析	大趋势分析	大趋势分析
访谈	—	—	—	与管理层访谈	与外部专家访谈
识别	识别重大议题	识别重大议题	识别重大议题	识别重大议题	识别重大议题
评估	确定重大议题的优次排序	确定重大议题的优次排序	确定重大议题的优次排序	确定重大议题的优次排序	确定重大议题的优次排序
验证	—	访谈外部专家	以 2020 年的角度验证结论		

2019 年的评估程序中首次加入了专家访谈。当年中电举办了两次专题研讨小组工作坊及与 15 位来自各界的专家面谈，内容涉及 ESG 报告、金融及投资、工业、气候变化、数码转型、人权、性别及可持续发展。

2020 年，由于新冠疫情导致经营环境发生巨大变动，2020 年增加了“以 2020 年的角度验证主题”的环节，但在 2021、2022 年随着新冠疫情因素的影响递减，公司便删去了这一环节。从长期看，这一变动并不具备可持续性，因此不把 2020 年视作为主要变动节点。

2021 年，中电首次引入双重重要性原则，并开始了以三年为周期变动的评估程序。评估程序的长期规划表明公司经过多年的摸索已找到了成熟、长期可用的重要性评估方法，提示了公司评估方法的可借鉴性。

(二) 根据 MSCI 梳理公司议题分类

基于 MSCI 公布的 33 个 ESG 议题以及电力行业的议题评分权重，我们还分析了公司综合报告、可持续发展报告、气候相关议题披露报告中具体内容对这些议题的覆盖程度。表 4-35 是 MSCI 电力行业议题评分权重及对应的公司披露情况整理。

表 4-35　　中电控股 2022 年披露议题与 MSCI 评分标准对应整理

3 大范畴	10 个主题	33 个议题	供电行业权重(%)	是否披露	披露索引
环境影响	气候变化	碳排放	10.3	是	可持续发展报告-ESG 数据；气候相关议题报告-指标与目标；资产表现报告
		金融环境影响	0	否	—
		对于气候变化的脆弱性	0	否	—
		产品碳足迹	0	否	—

续表

3 大范畴	10 个主题	33 个议题	供电行业权重(%)	是否披露	披露索引
环境影响	自然资源	生物多样性与土地利用	3.4	是*	可持续发展报告-环境影响-生物多样性与土地使用
		水资源压力	8.5	是	可持续发展报告-环境影响-水；可持续发展报告-ESG 数据；年报-持份者-客户；年报-持份者-社群；资产管理报告
		原材料采购	0	否	—
	污染与废弃物	有害排放和废弃物	13.5	是	有害排放：可持续发展报告-环境影响-气体排放；可持续发展报告-ESG 数据 废弃物：可持续发展报告-环境影响-废物；可持续发展报告-ESG 数据；资产管理报告
		电子垃圾	0	否	—
		包装物料与废弃物	0	否	—
	环境机会	可再生能源机会	12.6	是	可持续发展报告-可持续发展方针；可持续发展报告-环境影响；年报-持份者-资本提供者、伙伴；年报-业务；气候议题相关报告
		清洁能源技术机会	0	是#	可持续发展报告-可持续发展方针；可持续发展报告-环境影响；年报-持份者-资本提供者、伙伴；年报-业务；气候议题相关报告
		绿色建筑机会	0	否	—
社会影响	人力资本	人力资源发展	14.4	是	可持续发展报告-社会影响-雇员；可持续发展报告-ESG 数据
		员工健康与安全	0.1	是*	可持续发展报告-社会影响-雇员；可持续发展报告-ESG 数据
		劳动力管理	0	是#	可持续发展报告-社会影响-雇员；年报-管治
		供应链人力标准	0	是#	可持续发展报告-社会影响-供应链管理
	产品责任	产品安全与质量	0	是#	可持续发展报告-社会影响-社群；可持续发展报告-社会影响-伙伴-遵纪守法；可持续发展报告-社会影响-客户
		隐私与数据安全	0.2	是*	可持续发展报告-社会影响-客户；可持续发展报告-社会影响-伙伴-遵纪守法
		化学品安全	0	是#	可持续发展报告-社会影响-社群-核安全
		金融产品安全	0	否	—
		负责任投资	0	否	

续表

3大范畴	10个主题	33个议题	供电行业权重(%)	是否披露	披露索引
社会影响	利益相关方反对	社区关系	1.6	是*	可持续发展报告-社会影响-社群;可持续发展报告-可持续发展方针
		有争议的采购	0	否	—
	社会机会	健康保健可得性	0	否	
		金融服务可得性	0	否	—
		营养与健康机会	0	否	
管治	公司治理	董事会	35.5	是	年报-管治;可持续发展报告-可持续发展方针
		薪酬		是	年报-管治-人力资源及薪酬委员会报告
		所有权和控制权(所有制)		是	年报-管治-人力资源及薪酬委员会报告
		财务		是	年报-财务数据;年报-业绩速览
	公司行为	商业伦理		是	可持续发展报告-社会影响-伙伴-纪律规范及反贪污;可持续发展报告-ESG 数据
		税务透明度		是	年报-财务数据;年报-管治-审计及风险委员会报告

注：是否披露栏的“是*”表示：MSCI 认为该议题是供电行业内部分公司的特殊披露，不适用于行业内所有公司，但中电控股仍然披露了的特殊披露；“是#”表示：MSCI 给该议题的权重为 0，但中电控股仍然披露了的特殊披露。

从整体看，中电控股覆盖了 MSCI 标准中电力行业所有 11 个泛用重要议题、所有 4 个 MSCI 认为行业内部分公司可能涉及的特色披露议题，除此之外中电控股还额外补充了 6 个非 MSCI 电力行业标准的重要议题。

从环境范畴看，MSCI 认为电力行业普遍重要的议题包括有害排放和废弃物、可再生能源机会、碳排放和水资源压力；对于部分公司可能重要的是生物多样性及土地使用。在此基础上，公司还公布了清洁能源技术机会。

其中，额外公布清洁能源技术主要系公司除了常规发电业务，主营业务还涉及输配电，并且正在进行输配电业务的数字化转型所致；此外，公司积极布局清洁能源的基础上，也对已有发电站的设备更新换代，增强其发电效率，降低给环境带来的负担。生物多样性及土地使用是港交所“不披露就解释”项目，并且中电在该议题方面确实有许多实际举措，包括中华电力开发的植物预测管理系统、海洋保育提升资助计划(MCEF)及渔业提升资助计划(FEF)、防治沙漠化项目等。

从环境范畴侧重点看：其一是可再生能源转型和清洁能源技术机会，由于这是 ESG 指标与公司经营业务的重合点，也是公司重要的发展战略，因此在综合报告、可持续发展报告、气候议题相关报告中反复被提及。其二是碳排放及废物排放，由于传统电力行业的特殊性，公司在排放物检测方面有完善的设备体系，并且由于公司的净零转型战略，废物排放数据的确每年都有改善增量，因此在废物排放方面公司有话讲并且也愿意讲。

从社会范畴看，MSCI 认为电力行业普遍重要的议题是人力资本发展；对于部分公司可能重要的是社区关系、员工的健康及安全、隐私与数据安全；在此基础上，公司还公布了劳动力管理、供应链人力标准、产品质量与安全、化学品安全。

其中，化学品安全的披露主要系公司参股核电站，业务涉及核安全所致；供应链人力标准、劳动力管理、产品质量与安全、社区关系、员工的健康及安全、隐私及数据安全，则都属于港交所规定"不披露就解释"的常规披露项目，因此公司详细披露。

从社会范畴的侧重点看：其一是产品安全与质量，这可能是由于公司供电行业的业务实际，让公司的产品与社会福祉关系产生了较强的关联，因此公司认为产品安全与质量的重要性较高，此外这是公司的主营业务，当然也很有话讲。其二是人力资本管理，这有可能是由于公司处于从传统能源向清洁能源转型期间，对高技术人力资本的需求较高，在此基础上叠加公司"为股东、客户、雇员和广大社群创造增值"的经营策略，因此公司认为该话题较为重要。

从管理范畴看，公司公布了包括董事会、薪酬、所有权和控制权（所有制）、财务、商业伦理、税务透明度在内的所有 MSCI 评分重要议题。公司在这方面更多是强调合规性，而非强调公司的发展优势，所以各议题之间的分布较为平均。

综上所述，公司的议题覆盖程度呈现出关键议题覆盖＋特色议题重点披露的特点。

关键议题覆盖方面，公司覆盖了 MSCI 评分体系中所有电力行业常规＋非常规的议题。这一方面体现出了 MSCI 重点议题选择的合理性——许多电力行业权重为 0 的议题，由于业务差异，公司的确无需披露。另一方面，从一定程度上解释了公司评级领先行业的原因——满足所有评分标准的基础上，进一步从非评分标准的议题加以补充。

此外，议题的侧重点分布与公司的可持续发展重点体现出较好的匹配度，可以看出公司的 ESG 报告披露侧重以自身的实际行动与策略为导向，而非完全以评级指标为导向，具有相对鲜明的公司特性。公司的可持续发展重点包括：规划及落实净零转型（对应"可再生能源""清洁能源技术机会""碳排放"和"废物排放"）、加强能源安全及供应可靠度（对应"产品质量与安全"）、业务活动能配合社群、雇员及客户的期望（对应"产品质量与安全""人力资本发展"）、在不断变化的营运管理环境中加强抗逆力（对应"产品质量与安全""人力资本发展"）。

五、不同渠道披露之间的关系

（一）年报中的 ESG 信息与 ESG 报告的查重率

本文分别将中电可持续发展报告以及气候相关议题报告与当年综合报告、将气候议题相关报告与可持续发展报告比较，计算了不同报告之间的查重率。图 4-50 展示了中电控股 2018—2022 年 ESG 报告与当年年报的查重率。研究发现，近五年内各报告之间的查重率均在 3％及以下，且总体呈现出逐年下降的趋势，这表明中电的气候议题报告、可持续发展报告以及综合报告各司其职，披露内容明显差异化，而并非将当年措施在不同报告中多次叙述；同时，这也表明了中电控股出具的三份报告具有合理的内容划分，披露信息的重叠性较低。

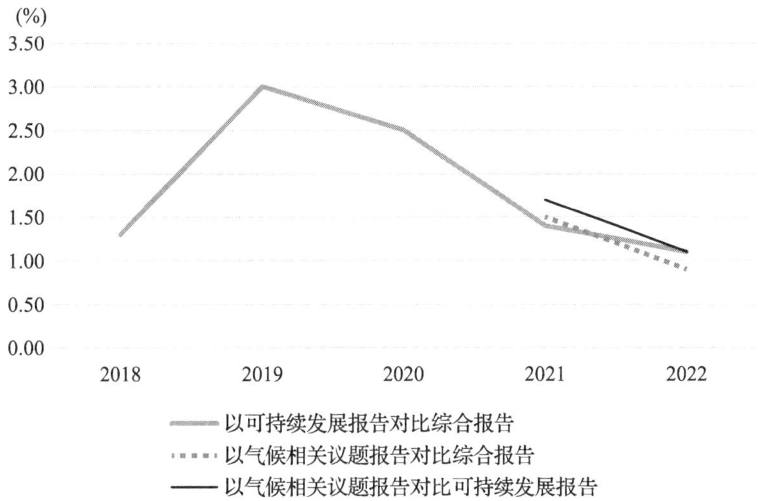

图 4-50　中电控股 2018—2022 年 ESG 报告与当年年报的查重率

(二) 不同 ESG 披露渠道的比较

中电控股通过综合报告、可持续发展报告及气候相关议题报告共同完成 ESG 信息的披露。三份报告的披露范围具有明确的划分，这是各报告之间查重率较低的核心原因。

从披露范围看，综合报告的管治章节主要披露的是 ESG 中的“治理”范畴相关内容，包括董事会名单、薪酬等信息；可持续发展报告主要就 ESG 中的“环境”范畴与“社会”范畴披露；气候相关议题报告则是将港交所指引中环境范畴内的气候变化章节单拎出来，根据 TCFD 框架披露。

从披露形式看，综合报告的披露形式以存量信息为主，即描述公司现有的董事会架构、审计系统等；可持续发展报告的披露形式以增量信息为主，即披露公司当年在环境与社会范畴内的新举措；气候相关议题报告以存量信息为主，如披露公司的排放物指标及目标等。

六、ESG 报告

(一) 采用的标准

公司的 ESG 披露由综合报告、可持续发展报告、气候相关议题报告三部分构成。

从报告参考的准则看，中电参考了多个报告准则及架构，包括港交所 ESG 报告指引、SASB 电力公用事业及发电行业准则、GRI 通用准则 2021、GRI G4 电力行业披露以及 TCFD 框架。

其中，可持续发展报告行文结构主要参考了港交所 ESG 报告指引；气候相关议题披露报告则以 TCFD 框架为主要行文结构；综合报告参照了《上市规则》《企业管治守则》及《国际整合性报导架构》。同时,公司的三份报告共同覆盖了 GRI 中所有相关指标和 SASB 中的部分指标。

从港交所 ESG 报告指引来看,公司的综合报告和可持续发展报告均以该指引为主要逻辑;同时根据该报告原则下的 ESG 报告框架,中电采用双重重要性评估辨认重要 ESG 主题。财务重要主题刊载于年报中,而影响重大的主题刊载于《可持续发展报告》。

从 TCFD 框架看,公司的气候环境相关披露报告以该框架为主要逻辑。

从《上市规则》《企业管治守则》《国际整合性报导架构》来看,公司综合报告整体上以《上市规则》为基本要求,治理部分以《企业管治守则》为框架,资本/持份者部分以《国际整合性报导架构》的资本原则为框架。

从 GRI 标准的角度看,公司以重要议题为主线,通过综合报告、可持续发展报告、气候相关披露报告以及其他信息披露报告(如资产)共同覆盖了 GRI 通用准则 2021、GRI G4 电力行业披露的所有披露项目。

从 SASB 电力公用事业及发电行业准则看,公司则同样通过各报告覆盖了其中大部分项目,但并非和 GRI 标准一样覆盖了所有项目。

由于气候相关议题报告及综合报告的结构相对简单,出于逻辑的连贯性考虑,将在"年报中的 ESG 信息"及"气候相关议题报告"章节单独分析,本章节仅就可持续发展报告的内容及结构展开详细论述。

(二)内容结构

1. 查重率

本文将中电可持续发展报告逐年与以前年度的可持续发展报告比较,计算了不同年份可持续发展报告的查重率。图 4-51 展示了中电控股 2019—2022 年自建库查重情况。研究发现,中电控股近五年的社会责任报告间的查重率均在 6%以下,表明中电控股每年的可持续发展报告的文字部分中均包含充足的增量披露信息,而并非将以前年度的措施简单复述来扩充内容。

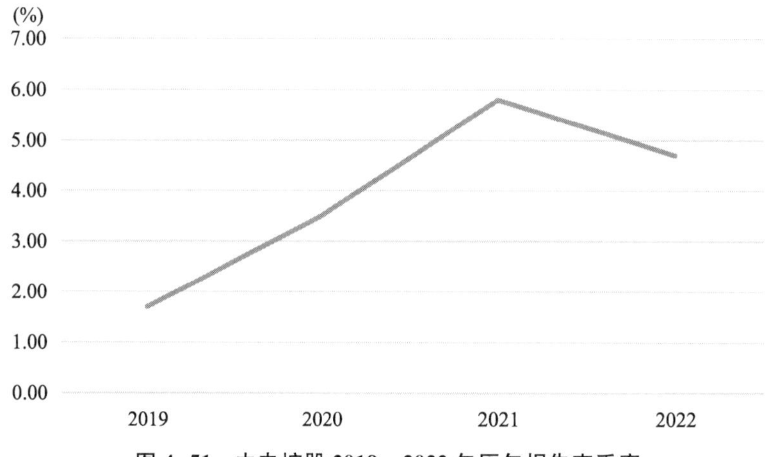

图 4-51 中电控股 2019—2022 年历年报告查重率

2. ESG 披露内容时序变动情况

(1) 变化概述

公司自 2002 年起开始披露可持续发展报告，而从近五年公司的披露情况看，2021、2022 年是公司近期披露形式转变的重要节点：

2021 年前，公司已形成了相对稳定的披露形式；

2021 年公司做出了小幅的修改，删去了重大议题的分别描述，将原先开篇介绍的 ESG 管理架构并入了 ESG 标准披露的管治部分(这次不太成功的修改可能是公司 2021 年评分下降的原因之一)。

2022 年公司则做出了较为重大的结构调整：行文结构调整为了港交所 ESG 报告指引的格式；恢复了重大议题的分别描述；可持续发展报告中的“管治”章节只包含 ESG 管理架构，并且调回至开篇引言部分，其他的管治信息在综合报告中披露。

表 4-36 是 2018—2022 年公司可持续发展报告的主要章节整理以及页数统计。

(2) 2021 年的主要变化

可以看出，公司可持续发展报告结构在 2021 年发生的变动主要有两个部分：一是减少了“中电集团业务”部分，二是减少了对重要性主题的分别描述。

“中电集团业务”章节的减少产生了两个方面的影响：

其一，不再具体描述公司的经营业务和历年 ESG 评级，这的确使得可持续发展报告更为精简，减少了与年报的重合度，也减少了在可公开获取信息上浪费的笔墨。

其二，把公司可持续发展方式的披露下放到了 ESG 标准披露的企业管治中披露。这样做的好处是避免了重复和割裂的尴尬：前文中讲了公司的 ESG 管理架构，后文又要提一遍公司的整体管理架构。但坏处则是，公司的可持续发展方针不能在开篇中就提出，可能使得整篇报告不能很清晰地传达出公司可持续发展战略。

重要性主题的分别描述原先是公司的披露特色之一，能够使得报告更清晰地呈现出公司 ESG 改善的具体实践策略。这部分的删除，虽然使得报告更加精炼，避免了重要性议题与后文的重复，但也使得报告无法清晰地传达出公司的 ESG 战略和实践主题，使得报告思路缺乏整体统领。

从富时罗素的评级变化看，2022 年 8 月的评级对应 2022 年 3 月公司对 2021 年的披露，即使 2021 年公司额外出具了气候相关议题报告，该次评级依旧出现了明显下滑。这说明富时罗素对于以上变动的观点可能是弊大于利，对于重大议题详细描述的删除和对 ESG 管理战略的模糊化处理，从外界看来有可能是一种心虚的信号，表明公司对于当年在这些主题上的推进成果并不值得着重强调。

而公司 2022 年的报告结构变动可以看出，公司也认识到了“重大议题详细描述”和“开篇就表明自身 ESG 管理战略”的重要性。公司 2022 年的报告中，将管治、风险管理、持份者管理、重要性评估程序、重要性评估结果并为 ESG 管理方针在第一部分就披露，同时在第二部分还原了原先重大议题的详细披露。

表 4-36　2018—2022 年公司可持续发展报告的主要章节整理以及页数统计

2018 年可持续发展报告		2019 年可持续发展报告		2020 年可持续发展报告		2021 年可持续发展报告		2022 年可持续发展报告	
标题	页数	标题	页数	标题	页数	标题	页数	标题	页数
关键性评估	4	关键性评估	7	重要性评估	11	重要性评估	19	达到可持续性的策略	
我们的业务	4	中电集团业务		中电集团业务				公司治理	5
主要可持续发展评级	2	业务	7	概述	8			风控	2
主要 ESG 奖项	1	可持续发展管治	3	可持续发展的方式	5			持份者管理	3
可持续发展方针	4	指导架构	2	主要可持续发展评级及 ESG 奖项	3			相关性评估	5
可持续发展管治	3	主要可持续发展评级及奖项	3					相关性指标	1
重要主题		关键议题		重要主题		重大主题(未单列)		可持续性重点主题	
建设新世代的公用事业	3	建设新世代的公用事业	1	建设新世代的公用事业	2	规划及落实净零转型	0	碳零转型	5
本着宗旨发展业务	9	应对气候变化	20	应对气候变化	25	在香港及大湾区探索增长机会	0	业务符合社区、员工、顾客期待	2
应对气候变化	10	善用科技力量	8	善用科技力量	11	在不断变化的营运环境中加强抗逆力	0	增强能源安全性、可靠性	4
善用科技力量	7	加强网络防护能力	6	加强网络防护能力	7	建立一支灵活创新的团队	0	在可变的运营环境里加强适应性	2
加强网络防护能力	6	建立灵活、共融和可持续的团队	13	建立灵活、共融和可持续的团队	14	业务活动能配合社群、雇员及客户的期望	0		
建立灵活、共融和可持续的团队	9								
ESG 标准披露		ESG 标准披露		ESG 标准披露		ESG 标准披露		环境影响	
企业管治	9	主要表现数据	9	主要表现数据	6	企业管治	12	环境	1
安全	6	企业管治	10	企业管治	11	安全	15	环境管理	3
环境	14	安全	13	安全	11	环境及气候变化	20	排气	3
气候变化	8	环境	17	环境	14	资产管理	12	生物多样性	3
营运	9	气候变化	14	气候变化	10	供应链	6	排废物	6
与世界各界紧密联系	7	营运	15	营运	13	社区	19	排水	4
雇员	8	供应链	13	供应链	13	雇员	17	社会影响	
客户	10	社区	17	社区	11	客户	17	顾客	29
供应链	4	雇员	16	雇员	13	主要表现数据	8	员工	16
		客户	5	客户	6			合作伙伴	16
								社区	13
页数合计	151	页数合计	212	页数合计	207	页数合计	163	页数合计	180

(3) 2022 年的主要变化

接下来,我们着重分析公司 2022 年修改后的可持续发展报告的内容及脉络。表 4-37 是 2022 年公司的可持续发展报告章节整理及页数统计。

表 4-37　　2022 年公司的可持续发展报告章节整理及页数统计

标题	页数
可持续发展方针	16
管治	5
风险管理	2
持份者管理	3
重要性评估程序	5
重要性评估结果	1
可持续性重点主题	13
规划及落实净零转型	5
加强能源安全及供应可靠度	2
业务活动能配合社群、雇员及客户的期望	4
在不断变化的营运管理环境中加强抗逆力	2
环境影响	20
环境概览	1
环境管理及合规	3
气体排放	3
生物多样性及土地使用	3
废物	6
水	4
社会影响	74
客户	29
员工	16
合作伙伴	16
社群	13

首先，不考虑准则参考的情况下，从公司2022年的报告目录可以看出，公司目前披露顺序是可持续发展方针（包含ESG管治）＋重点主题＋环境（E）＋社会（S）。

而如果结合港交所的报告指引分析看，那么公司的披露顺序更准确的分类是引言＋环境（主要范畴A）＋社会（主要范畴B）。

其中指引的引言部分包含整体方针、ESG管治、汇报原则及汇报，对应中电报告中的“可持续发展方针”，是港交所ESG报告指引中的强制披露内容。

具体来看，报告中的管治、风险管理、持份者管理对应的是《环境、社会及管治报告指引》中的管治架构；重要性评估程序及结果则对应的是汇报原则与汇报范围。

值得注意的是，这里的“ESG管治架构”并非常规意义上ESG指标中的“管治”。ESG中的“管治”涉及公司整体的管理架构、薪酬、管理成效等议题，这部分已在综合报告的管治章节中披露；而可持续报告中的“ESG管理架构”仅简单介绍了ESG相关的管理结构，并顺带简单概述了公司的管理层级。

接下来，指引将环境、社会及管治主要范畴（以下简称“主要范畴”）分成两大类：环境（“主要范畴A”）及社会（“主要范畴B”）。关于管治的披露，港交所则是在《企业管治守则》中提供了指引，且要求公司在整合报告中披露。

其中《环境、社会及管治报告指引》的环境范畴主要对应报告中的环境影响章节，包含排放物、资源使用、环境及天然资源、气候变化五个层面。

其中，排放物主要对应报告中的环境管理及合规、废物、气体排放，此外还与社会影响中的社群-核安全、ESG数据相关部分对应。资源使用主要对应报告中的环境管理及合规、水，此外同样与ESG数据相关部分对应。环境及天然资源主要对应报告中的环境管理及合规、生物多样性及土地使用、水。气候变化在可持续发展报告中没有对应内容，只在气候相关披露报告中呈现。

社会范畴主要对应报告中的社会影响章节，包含雇佣、健康与安全、发展及培训、劳工准则、供应链管理、产品责任、反贪污、社区投资八个层面。

其中，雇佣、健康与安全、发展及培训、劳工准则主要与报告中的员工相对应。此外，劳工准则还与伙伴-供应链管理中部分内容对应，主要系供应链中包含了中电对供应链体系中劳工雇佣的合规审查所致。供应链管理主要与报告中的伙伴-供应链管理、伙伴-负责任采购章节对应。产品责任主要与报告中的客户章节对应。反贪污主要与报告中的伙伴-《纪律守则》及反贪污、伙伴-遵守法规相对应。社区投资主要与报告中的社群章节相对应。

综上，中电可持续发展报告中的可持续发展方针、环境影响、社会影响均能在港交所ESG披露指引中找到对应内容，且行文顺序也与指引基本吻合。

不同点在于：

① 公司在报告中更多以作用对象作为章节的划分依据，而港交所的指引则以作用过程作为划分依据，这可能是出于方便报告使用者的阅读所致。举例来讲，公司会将用水效率

和废水排放集中在同一个章节,但港交所则把用水效率和其他资源利用效率归类为资源使用、把废水排放归类于对环境及天然资源造成重大影响——这个例子中水是作用对象,而用水、排水则是作用过程。此外,社会影响章节中也可以看出这种变化,公司报告中以客户、员工、合作伙伴等作用对象作为分章依据,港交所的指引中则以雇佣、健康与安全、发展及培训等作用过程作为分章依据。

② 港交所 ESG 指引的“环境范畴-气候变化”章节,公司不在可持续发展报告中做任何披露,而是依托了 TCFD 框架,在气候相关议题披露报告中详细阐述。气候议题的单独披露是公司的披露特色之一。

③ 除此之外,可持续发展报告中的可持续发展重点主题章节无法在港交所 ESG 披露指引中找到对应内容,同样属于公司披露的特色内容。

可持续发展重要议题部分,是公司根据双重要性原则选出持份者影响重要性议题后,对这些议题进行的概括性说明,且公司还在这部分附上了后文相关章节的链接以便查阅。这部分内容使得读者能够不受 ESG 框架的限制,能够更好地从议题角度理解后文的思路。

由于公司在经营中是以这些议题为实际的策略,而不是以各个 ESG 指标为指引,因此这种理解方式更加贴合公司的经营实际。

(三) 战略(E)、社会(S)、治理(G)

1. 分别的披露侧重点(话题)

我们对可持续发展报告以及气候议题相关报告进行了统计,并通过去除“中电”“包括”等无效词语后得到的排序结果,对 E、S、G 的各部分重点内容进行了分析。

(1) 环境(E)范畴方面

如图 4-52 所示,在可持续发展报告的环境影响章节以及气候相关议题报告中,词频排序前十的词汇从高到低分别为气候、目标、排放、能源、转型、电厂、评估、变化、废物及发电。

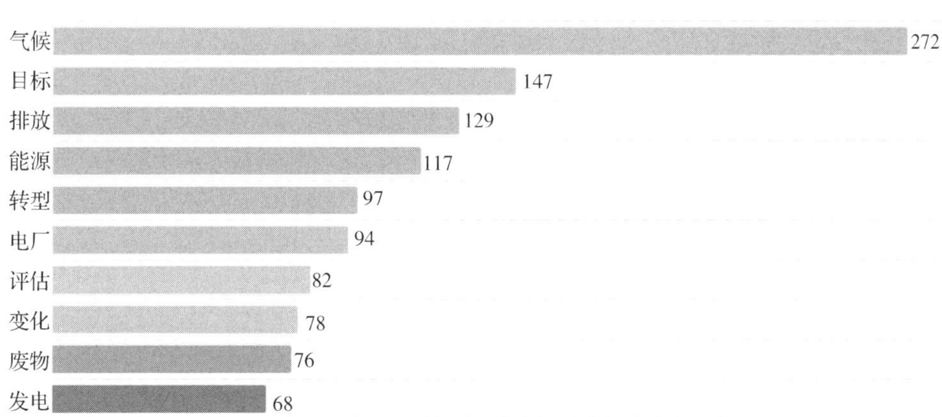

图 4-52　环境范畴词频统计

环境范畴词频统计的结果，充分对应了中电的重点议题“规划及落实净零转型”，表明中电处于传统能源向清洁能源的转型期，持续投资可持续能源组合，并关注废物及气体排放、关注自身对气候变化的影响与抗逆力，同时也具有明确的规划与目标。此外，废物与气体排放的高词频与传统电力行业的特性相吻合，表明中电并没有逃避对自身劣势项目的披露。表 4-38 是环境相关的重要主题及副主题。

表 4-38　　环境相关的重要主题及副主题

重要主题	副主题
规划及落实净零转型	在洁净能源转型中担当可靠的合作伙伴
	投资洁净电力基建
	减少环境影响
	应对不断变化的规管环境

(2) 社会(S)范畴方面

如图 4-53 所示，在可持续发展报告的社会影响章节，词频排序前十的词汇从高到低分别为客户、能源、员工、安全、数据、方针、管治、工作、社群、伙伴。

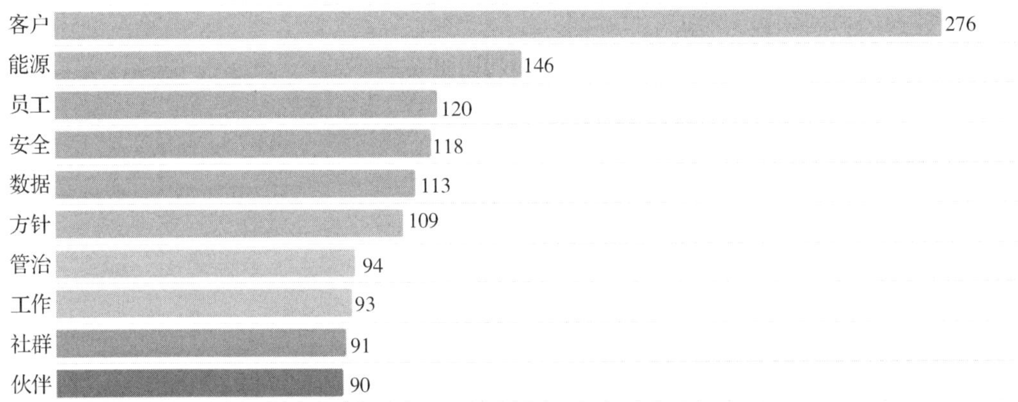

图 4-53　社会范畴词频统计

首先，“客户”和“能源”充分对应了中电的重要议题“业务活动能配合社群、雇员及客户的期望”。对于中电控股这样为大面积客户、商铺、工厂供电的企业而言，供电产品本身的可靠性就涉及了社会民生的考量，与 ESG 中的“社会”范畴具有较高相关性；此外，近年能源价格波动叠加中电正处于能源转型期，客户可能因此需要中电对其供电稳定性作出进一步的承诺。因此，“客户”和“能源”是中电可持续发展报告社会影响章节的重点。

其次，“员工”“安全”则与“建立一支灵活创新的团队”相对应，表明公司积极促进工作场所安全及员工福祉、努力吸引及挽留人才。

再次,“数据”“安全”还与“在不断变化的营运环境中加强抗逆力”的副主题“加强网络防御能力和保障资料安全”相对应。由于中电提供关键电力基建设施,重大的网络安全漏洞可能导致基本能源服务的短暂停止,对当地经济可能受到严重影响;此外,中电的网络防御能力和有效的资料安全保障措施,使员工和客户的活动免受网络攻击或有关威胁影响。表 4-39 是社会相关的重要主题及副主题。

表 4-39　　社会相关的重要主题及副主题

重要主题	副主题
业务活动能配合社群、雇员及客户的期望	提供以客户为本的能源方案
	营造灵活性、多元化和包容性
	维护供应链上的人权
建立一支灵活创新的团队	促进工作场所安全及员工福祉
	吸引及挽留人才
	提升技术及数码能力

(3) 治理或管治(G)范畴方面

如图 4-54 所示,在综合报告的管治章节,词频排序前十的词汇从高到低分别为管理、风险、薪酬、管治、成员、可持续、年报、独立、审计、策略。

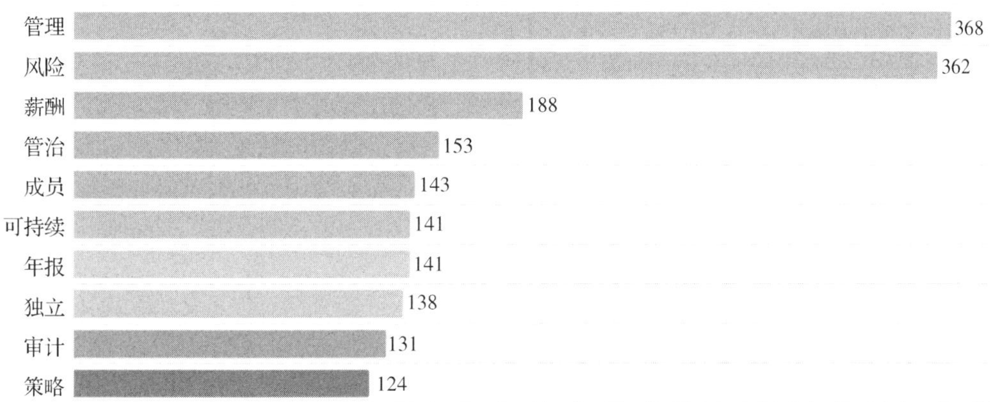

图 4-54　管治范畴词频统计

从词频统计的结果看,管治范畴内,中电控股比较注重的是对董事会成员、董事会独立性、薪酬以及审计信息的披露。

2. 各自的披露特色

表 4-40 为对 E、S、G 各部分的案例、数据表及图片的统计结果。

表 4-40　　对 E、S、G 各部分的案例、数据表及图片的统计结果

	E	S	G
案例	8	10	0
数据表	31	30	19
图片	4	8	14
总页数	61	77	115
案例密度系数①	0.13	0.13	0.00
数据表密度系数	0.51	0.39	0.17
图片密度系数	0.07	0.10	0.12

除去披露内容以外，我们还以 E、S、G 各部分的案例、数据表以及图片数量为指标分析了 E、S、G 各部分的披露特色。其中，E 部分的统计范围包括可持续发展报告的“环境影响”章节以及气候相关议题报告，S 部分包括可持续发展报告的“社会影响”章节，G 部分包括综合报告的“管治”章节。

首先，从页数看，管治部分的篇幅在 E、S、G 中最多，含 115 页；社会影响部分其次，含 77 页；环境影响的篇幅最小，即使在包括了气候相关议题报告的情况下，也只含 61 页。

其次，从各统计量的密度系数看，社会和环境的汇报风格较为接近，只是环境部分的数据表更加密集，社会部分的图片更加密集；而管治部分的数据表密度系数、案例密度系数、图片密度系数均较低，其披露方式以文字说明为主。

（四）专题披露

1. 专题披露情况

中电 2022 年的重要主题共 6 个，包括加强能源安全及供应可靠度、规划及落实净零转型、在不断变化的营运环境中加强抗逆力、建立一支灵活创新的团队、在核心市场探索能源增长机会以及业务活动能配合社群、雇员及客户的期望。

对重要主题的专门披露一直是中电可持续发展报告的特色之一，使得中电可持续发展报告能够更清晰地展示出中电 ESG 方面所做出的实质性努力。

我们根据 MSCI 公布的 33 个 ESG 议题以及电力行业的议题评分权重，对中电控股选择的重要主题进行了分析。表 4-41、4-42 分别是 MSCI 评分标注与涉及的重要性主题对照表及重要主题所占评分权重的统计表。

① 密度系数的计算公式为：X 的密度系数 $= X$ 的数量 $\div Y$ 的页数，其中 $X =$ 案例或数据表或图片，$Y = E$ 或 S 或 G。

表4-41　　MSCI评分标注与涉及的重要性主题对照

3大范畴	10个主题	33个议题	供电行业权重(%)	相关的重要性主题
环境影响	气候变化	碳排放	10.3	规划及落实净零转型
		金融环境影响	0	—
		对于气候变化的脆弱性	0	在不断变化的营运环境中加强抗逆力
		产品碳足迹	0	—
	自然资源	生物多样性与土地利用	3.4	规划及落实净零转型
		水资源压力	8.5	规划及落实净零转型
		原材料采购	0	业务活动能配合社群、雇员及客户的期望
	污染与废弃物	有害排放和废弃物	13.5	规划及落实净零转型
		电子垃圾	0	—
		包装物料与废弃物	0	规划及落实净零转型
	环境机会	可再生能源机会	12.6	规划及落实净零转型
		清洁能源技术机会	0	规划及落实净零转型
		绿色建筑机会	0	—
社会影响	人力资本	人力资源发展	14.4	建立一支灵活创新的团队
		员工健康与安全	0.1	建立一支灵活创新的团队
		劳动力管理	0	建立一支灵活创新的团队
		供应链人力标准	0	业务活动能配合社群、雇员及客户的期望
	产品责任	产品安全与质量	0	加强能源安全及供应可靠度;业务活动能配合社群、雇员及客户的期望
		隐私与数据安全	0.2	在不断变化的营运环境中加强抗逆力
		化学品安全	0	—
		金融产品安全	0	—
		负责任投资	0	—
	利益相关方反对	社区关系	1.6	业务活动能配合社群、雇员及客户的期望
		有争议的采购	0	—
	社会机会	健康保健可得性	0	—
		金融服务可得性	0	—
		营养与健康机会	0	—

续表

3大范畴	10个主题	33个议题	供电行业权重(%)	相关的重要性主题
管治	公司治理	董事会	35.5	—
		薪酬		—
		所有权和控制权（所有制）		—
		财务		—
	公司行为	商业伦理		—
		税务透明度		—

表 4-42　　重要主题所占评分权重的统计

相关权重	重要主题	重要副主题
0	加强能源安全及供应可靠度	为客户提供可靠及价格合理的能源
		应对地缘政局动荡
34.8%	规划及落实净零转型	在洁净能源转型中担当可靠的合作伙伴
		投资洁净电力基建
		减少环境影响
		应对不断变化的规管环境
0.2%	在不断变化的营运环境中加强抗逆力	建立抗逆力以应对气候变化和不断转变的营商环境
		加强网络防御能力和保障资料安全
0	在核心市场探索能源增长机会	开展“能源服务一体化”商业模式
		与合适的伙伴共同深化业务理念
		随着其他行业电气化，开拓新盈利来源
1.6%	业务活动能配合社群、雇员及客户的期望	提供以客户为本的能源方案
		营造灵活性、多元化和包容性
		维护供应链上的人权
14.5%	建立一支灵活创新的团队	促进工作场所安全及员工福祉
		吸引及挽留人才
		提升技术及数码能力

其一，中电的重要主题设置并不包含管治范畴。这可能是由于中电已经具备了良好的管治架构，无需再将反贪污、薪酬等方面作为努力的改进方向提进议程。

其二，公司的重要主题在能覆盖所有除管治范畴的电力行业评分项目的基础上，同时对其他在公司业务实际中较为重要的方面增添补充。

具体而言，“规划及落实净零转型”占据了评分权重的 34.8%，建立一支灵活创新的队伍占据了评分的 14.5%，已经几乎覆盖了所有除管治外的 MSCI 评分项目。在此基础上，中电控股还披露了包括“原材料采购”“劳动力管理”“员工安全及健康”等项目在内的额外增添信息。

由此，可以看出 MSCI 评分标准并非中电控股设置重要性主题的依据，我们认为这主要是评分标准和重要性主题的设置目的不同所致——MSCI 评分标准更多是对公司目前 ESG 成果的存量评估，但重要性主题则是公司对未来发展方向的增量提示。

2. 专题选择的时序特征

从中电专题选择的时序变动看，2021 年是主要的变动节点，同时每年都会根据当年的策略制定及实施情况修改往年专题。表 4-43 为 2018—2022 年重要主题变动情况。

表 4-43　　2018—2022 年重要主题变动

2018 年	2019 年	2020 年	2021 年	2022 年
建设新世代的公用事业(总题)	建设新世代的公用事业(总题)	建设新世代的公用事业(总题)	规划及落实净零转型	规划及落实净零转型
本着宗旨发展业务	应对气候变化	应对气候变化	在不断变化的营运环境中加强抗逆力	业务符合社区、员工、顾客期待
应对气候变化	善用科技力量	善用科技力量	业务活动能配合社群、雇员及客户的期望	增强能源安全性及供应可靠性
善用科技力量	加强网络防护能力	加强网络防护能力		在不断变化的营运环境中加强抗逆力
加强网络防护能力	建立灵活、共融和可持续的团队	建立灵活、共融和可持续的团队		
建立灵活、共融和可持续的团队				

2021 年中电重要专题的形式变化相对较大，主要系更换了重要议题评估方式所致。但是专题的内容实质仍有不少共通之处：首先，应对气候变化对应到“规划及落实净零转型”；“建立灵活、共融和可持续的团队”则与“建立一支灵活创新的团队”相对应。其次，“善用科技力量”和“加强网络防护能力”被归类为副主题，使得重要主题的设定形式更具有概括性：“善用科技力量”被归类为财务重要性主题“建立一支灵活创新的团队”的副主题；“加强网络防护能力”被归类为“在不断变化的营运环境中加强抗逆力”的副主题。

2022 年公司则在 2021 年的基础上增改。增加了“增强能源安全性及供应可靠性”主题，原因可能是由于当年煤炭价格波动叠加澳大利亚极端天气因素，使得中电 2022 年的电力供应受到较大影响，因此增加了该重要主题。

七、年报中的ESG信息

（一）概述

中电控股自2011年起开始披露综合报告，且始终参照《上市规则》《企业管治守则》《国际整合性报导架构》等标准编制。

从披露结构看，近五年来中电的综合报告结构整体相对稳定，且可以分为引言、业务、资本/持份者、管治、财务数据五大部分。其中引言、业务、管治、财务数据部分的披露项目没有任何变动；而资本部分在2022年变动较大，虽然同样是讲述公司价值创造的过程、同样遵循《国际整合性报导架构》的资本原则，但是讨论的口径从资本划分转变为了持份者角色划分。以下就各部分结构及变化展开分析。

（二）具体分析

1. 引言部分

表4-44展示了中电控股2022年综合报告引言部分的结构情况，历年都较为相似。引言部分包含公司业务速览、主席报告、策略回顾及财务回顾，这部分主要是对于公司全年经营情况、策略的概述和依托主席报告的引入。

表4-44　　2022年综合报告引言部分结构

序号	标题
一、	引言
（一）	2023年中电业务速览
1.	关于中电集团
2.	财务摘要
3.	策略架构
4.	为持份者创造增值
（二）	主席报告
（三）	首席执行官策略回顾
（四）	以可持续发展为业务策略
（五）	财务回顾

2. 业务部分

表4-45是2022年中电控股业务表现及展望章节的目录，该部分内容对应综合报告中的“业务表现及展望”，包含公司对各个地区经营情况的复盘及指引，历年都较为相似。

表 4-45　　2022 年综合报告业务部分结构

序号	标题
二、	业务表现及展望
(一)	中国香港
(二)	中国内地
(三)	澳大利亚
(四)	印度
(五)	东南亚及中国台湾

3. 资本/持份者部分

表 4-46 展示了 2018 及 2022 年资本/持份者部分的章节目录。该部分内容遵循《国际整合性报导架构》的资本原则,讨论的是中电为利益相关者创造价值的过程与结果。

表 4-46　　2018 和 2022 年综合报告资本/持份者部分结构

2018 年	2022 年
三、资本	三、持份者
(一) 财务资本	(一) 概述
(二) 制造资本	(二) 资本提供者
(三) 智慧资本	(三) 客户
(四) 人力资本	(四) 员工
(五) 社会与关系资本	(五) 伙伴
(六) 自然资本	(六) 社群

2018—2021 年,公司以"资本"作为框架,汇报中电在创造价值的过程中如何运用资源。章节按照《国际整合性报导架构》的框架,分为财务资本、制造资本、自然资本、智慧资本、人力资本,分别讲述公司如何利用这些资本为持份者创造价值。

2022 年,公司转变为以"持份者"作为框架,从持份者的角度阐述中电为各利益相关方分别缔造了什么价值。章节按照持份者的角色划分为资本提供者、客户、伙伴、员工及社群,分别披露公司为这些持份者创造价值的策略、过程与成果。

值得注意的是,该部分与可持续发展报告的社会影响章节看起来有些相似,但实际存在较多不同之处。

其一,利益相关方的范畴不同。年报的"持份者"章节包含资本提供者,但这在"社会影响"中是没有的。

其二,讨论的议题不同。根据双重重要性原则,年报中讨论的是财务重要主题,而可持续发展报告中讨论的则是影响重要性议题。

其三,论述的逻辑不同。年报的"持份者"章节和可持续发展报告的"社会影响"章节具有完全不同的论述逻辑,其中持份者章节的论述逻辑是措施导向的增量披露,但社会影响章节则是体制导向的存量披露。以员工为例，年报中主要的笔墨都用于讲述公司通过哪些措施改善了员工福祉和技术水平，但在可持续发展报告中，则会以副议题为论述单元，每个单元内都会从方针、标准及程序、举措及进展、监察及跟进等方面整体评估。

其四，披露的目的不同。本质上，论述逻辑差异的实质是披露目的的不同。年报持份者章节的披露目标是当年为持份者创造了什么价值，而可持续发展报告社会影响章节的披露目标则是回答持份者关注的议题，而这需要进行体制现状的概述。

4. 管治部分

表 4-47 是 2018 及 2022 年管治部分的章节目录。管治部分主要依托《企业管治守则》以及《中电企业管治守则》编制，且五年内结构完全一致。在本章节，公司依照董事会、高层管理人员、企业管治报告、风险管理报告、审核及风险委员会报告、可持续发展委员会报告、提名委员会报告、人力资源及薪酬福利委员会报告、董事会报告的顺序披露。该部分披露的内容包括公司的价值观、战略、管理层各人员的详细介绍、薪酬、各部门工作报告等。

表 4-47　　2018、2022 年综合报告管治部分结构

2018 年	2022 年
四、管治	三、持份者
（一）董事会	（一）董事会
（二）高层管理人员	（二）高层管理人员
（三）企业管治报告	（三）企业管治报告
（四）风险管理报告	（四）风险管理报告
（五）审核及风险委员会报告	（五）审核及风险委员会报告
（六）可持续发展委员会报告	（六）可持续发展委员会报告
（七）提名委员会报告	（七）提名委员会报告
（八）人力资源及薪酬福利委员会报告	（八）人力资源及薪酬福利委员会报告
（九）董事会报告	（九）董事会报告

八、气候相关议题报告

气候变化是对电力公司影响最大的议题之一，且 TCFD 具有独立的报告逻辑参考，因此公司于 2021 年起将“港交所 ESG 披露指引-环境范畴-气候变化”章节拎出来单独报告。

中电控股是典型的传统电力公司，公司目前燃煤发电等传统发电方式虽在逐步向可持续能源转变，但仍占据了一定的份额。因此，随着对气候议题的关注日益增加，中电认为以独立文件阐述该公司应对气候变化的措施及其对业务的影响更为合适，这可以避免适用准则之间的矛盾，依靠 TCFD 框架更细致地披露气候相关议题，并能以完整的逻辑展示中电在气候议题方面的现状和做出的努力。

（一）采用的标准

自公司 2021 年开始披露气候相关议题报告以来，一直采纳 TCFD 的建议。

其中,2021 年的报告主要遵循了 2021 年 11 月发布的 ISSB《气候相关披露准则样稿》。此外,还采纳了 TCFD 最新出版物上刊登的其他建议,包括《非金融公司情境分析指南》(2020 年 10 月)、《附录:实施气候相关财务披露工作小组的建议》(2021 年 10 月),及《指标、目标及过渡计划指引》(2021 年 10 月)。

2022 年,中电为进一步加强披露,报告参考标准变动不大,但有所更新。中电参考了 ISSB 于 2022 年 3 月发布的《国际财务报告可持续披露准则第 2 号——气候相关披露(草案)》以及 TCFD 发布的不同刊物,并根据来自投资者及持份者的反馈小幅修改了报告的行文结构。

(二) 气候相关议题报告结构顺序的时序变动情况

2021—2022 年公司的气候相关议题报告虽然在内容上并无较大变动,但披露逻辑发生了从问题导向转变为行为导向的变化。

首先,我们可以先从 2021 年公司气候相关议题披露报告入手分析。

总的来看,公司采用了 TCFD 建议的四大核心议题,即管治、气候相关风险、策略、指标和目标四大要素。

具体来看,如表 4-48 所示,2021 年中电的气候相关议题报告公司报告分为以下部分。

表 4-48　　2021 年中电气候议题报告结构

大章节	大章节内容	细分章节	细分章节内容
一、管治	披露了公司如何在董事会的监督下,将气候变化事宜内化到企业管治体系内	管治章节无细分章节	
二、气候相关风险	披露了公司如何透过企业风险管理架构来管理气候事宜,详细分析了公司所面对气候变化带来的风险与机遇,并识别了最重大的议题	1. 风险管理	披露了公司气候风险相关的管理架构,并给出风险与机遇识别结果的概述
		2. 实体风险	详细论述了有可能损害中电资产完整性或对公司业务造成影响的风险
		3. 转型风险	详细论述了政策与技术发展对公司所处行业造成的影响,并可能迫使公司转型加速的风险
三、策略	披露了公司的减碳承诺路线图《气候愿景 2050》,并通过情境分析进一步分析政策对公司经营策略的影响	1. 中电《气候愿景 2050》	回顾了公司曾做出的减碳承诺
		2. 开拓机遇	论述了气候议题对行业带来的变化和与公司相关的发展机遇
		3. 投放资源,支持减碳	展示了公司近年在转型方面的资源投入和建设进展
		4. 情境分析	通过缓慢微弱转型、及时强势转型、延迟颠覆性转型的三种情境,评估了公司的气候议题相关策略是否能充分应对风险、把握机遇

续表

大章节	大章节内容	细分章节	细分章节内容
四、指标和目标	披露了公司的量化目标和目前实现情况	1. 《气候愿景2050》目标表现	主要展示了公司在原先承诺中涉及的指标实现情况(如每度电的二氧化碳当量排放等)
		2. 中电的温室气体概况	主要展示了上一部分未涉及的其他温室气体排放相关指标
		3. 能源转型推动因素	主要就公司识别出有关能源行业的机遇与风险,披露了公司在各机遇与风险方向上作出的努力

进而,我们可以总结出公司2021年气候相关议题报告的行文逻辑(如表4-49所示)。

表4-49　　2021年中电气候议题报告行文逻辑

序号	对应章节	内容
1	管治	公司具备良好的气候风险管理体系,这是风险评估、策略及目标的前提
2	气候相关风险	通过风险评估,确定对于企业而言产生影响的气候议题
3	策略	通过阐述公司拟定的气候策略,展现公司对这些风险议题做出的反应;并通关情境分析,考量公司策略对风险与机遇的应对有效程度
4	目标和指标	通过目标和指标,体现公司应对策略的实现程度,并对未来公司在气候议题方面将取得的成果给出指引

接下来,我们分析公司2022年气候相关议题报告的准则、内容及行文逻辑。

披露内容方面,中电同样采用了管治、策略、气候风险管理、指标和目标四大议题,但顺序和细分章节均有所修改,体现公司的气候相关议题披露体系进一步完善。表4-50是2021、2022年气候相关议题报告的结构对比。

表4-50　　2021、2022年气候相关议题报告的结构对比

2021年气候相关议题报告	2022年气候相关议题报告
摘要	摘要
背景	背景
一、管治	一、管治
二、气候相关风险	二、策略
1. 风险管理	1. 中电《气候愿景2050》
2. 实体风险	2. 2022年进展
3. 转型风险	3. 开拓机遇

续表

2021 年气候相关议题报告	2022 年气候相关议题报告
	4. 投放资源,支持减碳
三、策略	三、气候风险管理
1. 中电《气候愿景 2050》	1. 风险管理
2. 开拓机遇	2. 情境分析
3. 投放资源,支持减碳	3. 实体风险
4. 情境分析	4. 转型风险
四、指标和目标	四、指标和目标
1.《气候愿景 2050》目标表现	1.《气候愿景 2050》目标表现
2. 中电的温室气体概况	2. 中电的温室气体概况
3. 能源转型推动因素	3. 能源转型推动因素

顺序方面,公司调换了“策略”和“气候风险管理”两章的位置,变为“策略”在前。

细分章节方面,将“策略”章节中原先在《气候愿景 2020》中披露 2022 年进展单列一个小章节出来,强调了公司在气候议题方面贯彻了提出的承诺与策略;同时将“策略”章节的“情境评估”小章节放到了“气候风险管理”章节,这应该是由于情境评估中以风险评估为主体,“气候风险管理”章节关联度更高。

由此,我们可以分析出公司的报告逻辑的演变情况,如表 4-51 所示。

表 4-51　　2022 年中电气候议题报告行文逻辑

序号	对应章节	内容
1	管治	公司具备良好的气候风险管理体系,这是风险评估、策略及目标的前提
2	策略	通过策略及承诺,展现公司近年来在气候议题方面提出的承诺与策略,并展现了这些目标的实现成果
3	气候风险管理	通过情境分析,确定了各情境下公司要应对的机遇和风险类型;进而从实体风险与转型风险两大角度详细论述这些机遇和风险
4	目标和指标	通过目标和指标,体现公司应对策略的实现程度,并对未来公司在气候议题方面将取得的成果给出指引

综上,从报告逻辑的变化、细分章节的变化中,我们可以看出公司从问题导向演变为了行动导向,重点突出了公司在气候议题方面的策略与行动,降低了对于公司策略有效性论证的侧重。2021 年的行文逻辑是:气候议题对公司有什么影响,公司做出了什么回应;2022 年的行文逻辑则是:公司对气候议题做出了什么行动,而这些行动在气候议题有关的

风险中将起到什么作用。

之所以产生这种逻辑变化的原因，一方面有可能是由于公司参考了投资者的建议，而投资者相比于公司策略的严谨性，更在乎公司策略的落实进度，因此公司将报告的问题导向修改为行动导向；另一方面也有可能系公司对于2021年的风险评估结果并无太多修改所致。这种逻辑变化是公司对2021年首次披露的一种改进，同时也与公司所处的风险识别阶段相匹配，因此预计该变化将在未来中短期内具有持续性。

九、公司ESG披露相关特点总结

（一）优点

（1）中电采用了气候相关议题+综合报告+可持续发展报告的ESG汇报形式，且三份报告具有明显的范围划分，并遵从不同的框架编制，因此三份报告的内容重叠率较低，能够避免单份报告过于冗长不方便阅读的弊端，同时还能增强公司ESG报告的逻辑完整性。

（2）公司的气候相关议题报告采用了TCFD框架，该框架下公司可以对排放进行详尽的披露，因此能更准确地展现出公司在气候相关方向上的进展。

（3）公司的报告注重阅读者的体验和看法，并会逐年改进。例如，中电的气候相关议题报告从问题导向演变为行动导向，重点突出了公司在气候议题方面的策略与行动；又例如，公司在可持续发展报告中更多以作用对象作为章节的划分依据，而非像港交所的指引一样，以作用过程作为划分依据，这同样使得公司对议题的描述更加具象化。

（4）重要性主题的分别描述同样也是公司的披露特色，能够使得报告更清晰地呈现出公司ESG改善的具体实践策略。由于公司在经营中是以这些议题为实际的策略，而不是以各个ESG指标为指引，因此这种理解方式更加贴合公司的经营实际。

（5）公司的披露议题在能覆盖所有除管治范畴的电力行业评分项目的基础上，同时对其他在公司业务实际中较为重要的方面增添补充。

（二）缺点

（1）由于公司采用的TCFD标准披露指标有更严格的限制，而公司为了采集这些指标可能意味着更大的财务开支。

（2）公司删去了报告中对于历年ESG评级的披露，改为在网站上仅披露当年的ESG评级。这不利于投资者了解公司的ESG评级变动情况。

（三）启示

（1）虽然中电控股披露气候相关议题报告与其所处的电力行业有关，但其他行业的公司也可以寻找与本行业相关的议题，单列报告重点披露。这样能使得公司的ESG披露更具有针对性，且更契合行业特点。

（2）公司在披露ESG信息时应该从阅读者的视角出发，通过问卷、访谈等形式采集利益相关者的观点，并修改 ESG 报告的披露结构。具体修改方式及流程，可以参考中电控股可持续发展报告及气候议题相关报告叙述形式的历年变动。

(3) 重点主题的单独阐释虽然并非交易所的硬性规定，也并非 ESG 评级标准的考核内容，但重点主题能够表达出公司正在实行的具体 ESG 战略，有利于阅读者从战略层面把握公司的 ESG 行动。

(4) 对评级机构考核标准以及交易所规定披露内容的覆盖是 ESG 披露的最低要求；在此基础上，公司还可以结合自身业务实际，判断公司具体需要改进且在财务预算内可以努力的目标，并通过双重重要性标准等理论模型评估，进而找到 ESG 的改进方向，进行实践和成果披露。

第五章　证券行业 ESG 信息披露案例[①]

第一节　国泰君安 ESG 信息披露

一、公司简况

(一) 公司简介

国泰君安(601211.SH/02611.HK)由均创设于 1992 年的国泰证券和君安证券于 1999 年 8 月 18 日合并成立，注册资本 89.07 亿元，是中国证券行业长期、持续、全面领先的综合金融服务商。经营范围包括：证券经纪、证券自营、证券承销与保荐、证券投资咨询、与证券交易和证券投资活动有关的财务顾问、融资融券业务、证券投资基金代销、代销金融产品业务、为期货公司提供中间介绍业务、股票期权做市业务、中国证监会批准的其他业务等。国泰君安跨越了中国资本市场发展的全部历程和多个周期，始终以客户为中心，深耕中国市场，为个人和机构客户提供各类金融服务，确立了全方位的行业领先地位。在多年创新发展过程中，国泰君安逐渐形成了风控为本、追求卓越的企业文化，成为中国资本市场全方位的领导者以及中国证券行业科技和创新的引领者。

其子公司国泰君安国际(1788.HK)1993 年成立于中国香港，1995 年开展业务，并于 2010 年成为首家获中国证券监督管理委员会批准通过 IPO 方式于香港联合交易所主板上市的中资证券公司。立足中国香港，通过新加坡和越南推动东南亚发展，成为连接优质中国及全球企业与资本市场的桥梁。近年来由于多元化发展策略得到充分落实，国泰君安国际已从传统型单一的经纪型证券公司转型至以多元化业务为主导的大型综合金融服务商。公司提供多样化综合金融服务，核心业务包括经纪、企业融资、资产管理、贷款及融资与金融产品等，业务覆盖包括个人金融(财富管理)、机构金融(机构投资者服务与企业融资服务)与投资管理三大维度。

---

① 本章内容由饶艳超、何俊完成。

近年来，国泰君安综合业务实力显著提升，投资银行等核心业务能力稳中有升。截至2022年，国泰君安投行IPO规模三年复合增长率达62%，财富管理代销金融产品净收入三年复合增长率达82%，权益场外衍生品新增规模三年复合增长率达83%。国泰君安2022年资产总额为8 607亿元，员工总数达14 492名，2022年业绩保持稳健态势，实现营业收入354.71亿元，归母净利润115.07亿元；资产规模稳步扩张，报告期末总资产8 607亿元；分红比例稳中有升，计划实施每股分红0.53元（含税），分红比例41.02%。以证券业协会统计的母公司口径，2022年，国泰君安代买卖净收入（含席位租赁）排名全行业第一，融资融券余额全行业第三，期货公司客户权益全行业第二，私募基金托管数量全行业第二，IPO承销家数全行业第四。

（二）所处行业和公司定位

1. 行业发展与竞争情况

证券行业是我国金融行业的重要组成部分。证券行业依据企业的注册资本划分，可分为3个竞争梯队。其中，注册资本大于100亿元的企业有中信证券、海通证券、中国银河、申万宏源等；注册资本在50亿～100亿元的企业主要有国泰君安、华泰证券、中信建投以及广发证券等；注册资本在50亿元以下的企业有光大证券、浙商证券、国元证券、财达证券等。

根据中国证券业协会数据显示，2022年前三季度中国证券全行业实现营业收入3 042.42亿元。营收排名方面，中信证券、国泰君安、中国银河、华泰证券、海通证券营收占比分别约为16.4%、8.8%、9.0%、7.8%、6.2%，为行业营收排名前五的公司。其中，中信证券2022年前三季度营收规模达498亿元，为行业内最大的公司。目前，国内证券行业发展相对成熟，行业内公司较多，竞争较为激烈，市场集中度还有待提升。2022年一季度至三季度中国证券行业CR4[①]为41.89%，较2021年40.35%提升约1.54个百分点。随着中信证券、国泰君安、中国银河、华泰证券等头部公司的规模进一步扩大，市场集中度未来有望得到提升。

证券行业在我国已经发展多年，目前逐步迈向成熟，行业内拥有众多上市公司。在上市公司中，公司证券业务营业收入占比均高于70%，普遍集中在85%～100%，如西部证券、东方证券等多家公司的证券业务营收占比均达100%；从业务布局区域看，小型证券行业上市企业重点布局各自本部地区，大型证券行业上市公司针对全国布局，中信证券、中信建投、华泰证券、海通证券等头部公司都已经开始走向海外市场。

2. 公司定位、使命与愿景

国泰君安的使命是在服务实体经济高质量发展、满足居民财富管理需求、建设中国特色现代资本市场的征程中持续彰显金融国企的使命担当；其愿景是让金融有温度，让人民更幸福；其公司定位是成为客户首选的金融服务提供商，致力于为客户提供全方位的金融服务和解决方案。公司以客户为中心，不断创新服务模式，提升服务质量，为客户创造更多

---

① CR4是指中国证券行业前四大企业的市场份额总和。

的价值。同时，国泰君安秉承着稳健的风险管理和持续的创新精神，努力成为行业的领军者和标杆企业。

（三）公司股权结构，及子公司、孙公司等情况

1. 股权结构

截至 2023 年 9 月 30 日，国泰君安的股权较为分散，未有股东持股超过 50%。前五大股东分别是上海国有资产经营有限公司、中国香港中央结算（代理人）有限公司、上海国际集团有限公司、深圳市投资控股有限公司、中央证券金融股份有限公司，分别持股 21.35%、15.63%、7.66%、6.84%以及 2.93%。

2. 子公司、孙公司情况

截至 2022 年 12 月 31 日，国泰君安拥有 6 家境内子公司和 1 家境外子公司，分别是国泰君安金融控股有限公司、上海国泰君安证券资产管理有限公司、国泰君安期货有限公司、国泰君安创新投资有限公司、国泰君安证裕投资有限公司以及上海国翔置业有限公司。

（四）财务绩效情况

1. 近五年收入情况

近五年来，国泰君安的营业收入先上升，后下降（参见图 5-1），2018—2022 年的总营收分别是 227.19 亿元、299.49 亿元、352.00 亿元、428.17 亿元、354.71 亿元，总营收呈稳中向好态势。2019—2022 年的收入增长率分别为 31.8%、17.5%、21.6%、−17.2%，其中 2022 年收入增长率为负。

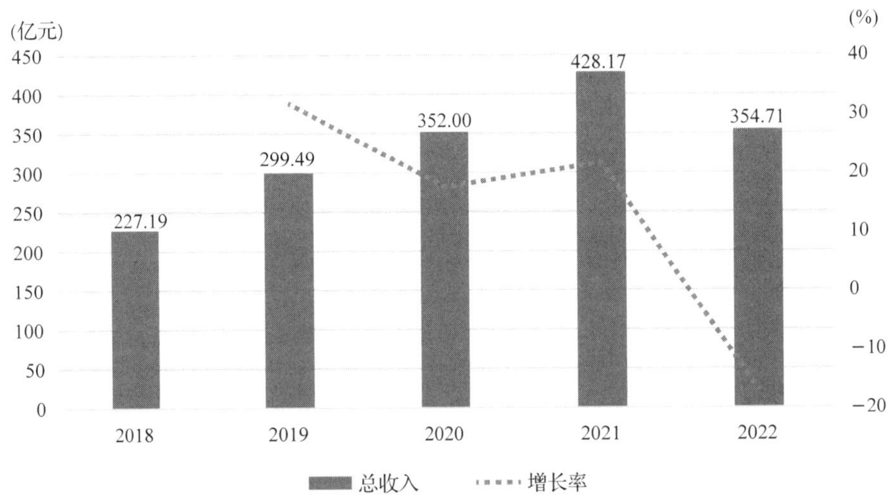

图 5-1 国泰君安近五年收入情况

2. 近五年利润情况

近五年来，国泰君安的利润情况总体趋势与收入相同，净利润呈先上升后下降的趋势（参见图 5-2）。2018—2022 年，国泰君安的净利润分别为 70.70 亿元、90.51 亿元、117.37

亿元、153.03 亿元、116.21 亿元，在 2021 年达到峰值 153.03 亿元，于 2021—2022 年下滑。净利率在五年内保持相对稳定，2018—2022 年，净利率分别为 31.1%、30.2%、33.3%、35.7%、32.8%。

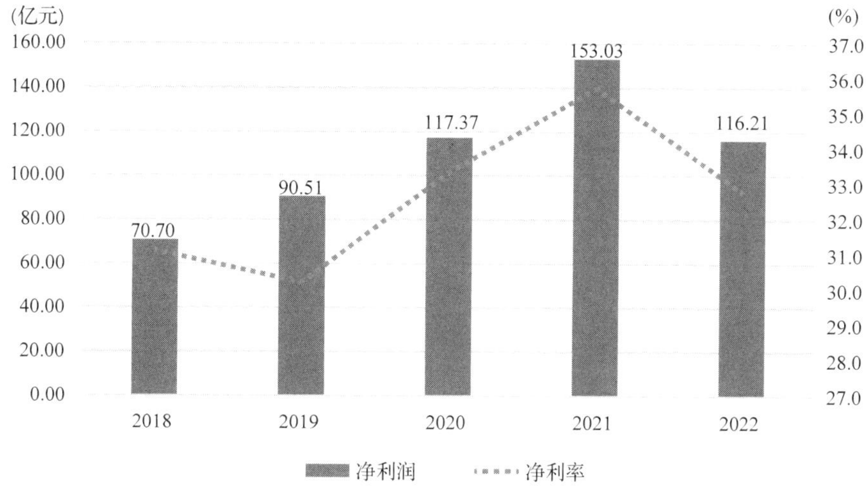

图 5-2　国泰君安近五年利润情况

3. 近五年市值情况

近五年来，国泰君安的市值呈波动态势（参见图 5-3），2018—2022 年的市值分别为 1 317.72 亿美元、1 561.79 亿美元、1 450.03 亿美元、1 482.42 亿美元、1 130.55 亿美元，市值变化幅度较大。2019—2022 年的增长率分别为 18.5%、−7.2%、2.2%、−23.7%，其中 2020 年、2022 年市值增长率为负。

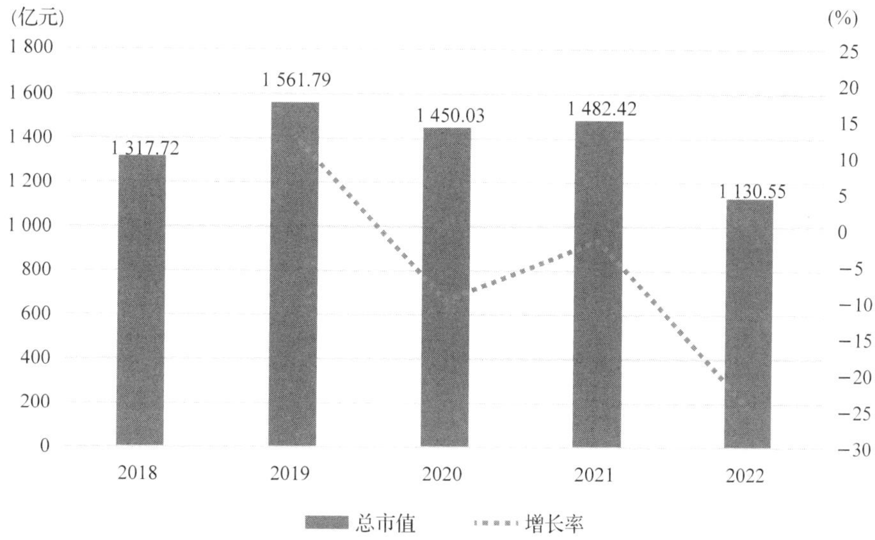

图 5-3　国泰君安近五年市值情况

(五) 公司产品与 ESG 的联系

近年来,国泰君安持续践行 ESG 理念,2021 年在行业内率先发布实施《国泰君安践行碳达峰与碳中和的行动方案》,并成为全球首批入围穆迪 ESG 评级标准的三家中资证券公司之一。

2022 年 5 月,为落实该公司“第二个三年”战略规划要求,国泰君安发布实施《国泰君安全面提升绿色金融服务能级的行动方案(2023—2025 年)》,将 ESG 融入公司经营管理各个环节,以全方位提升绿色金融服务能级。

国泰君安深耕绿色低碳产业,提供绿色投融资服务;打造碳金融领先优势,提供绿色资产交易服务;开展绿色低碳运营,强化绿色科技引领。产品与 ESG 的联系主要体现在参与境内外绿色股债融资,承销发行了全国首单碳中和绿色科技创新债券、全国首单 5 年期上市公司碳中和公司债等创新融资品种。2023 年 1—8 月,国泰君安承销发行境内绿色债券 50 只,发行规模超过 2 100 亿元。

同时,国泰君安加大绿色产业投资力度,2020 年以来参与绿色债券投资交易规模累计约 858 亿元。国泰君安最早发起设立券商系市场化母基金等产业基金,通过私募股权投资参与节能环保、清洁能源、污水处理、废气处理等领域项目。

在碳金融方面,国泰君安也早有布局。据该公司介绍,2014 年,国泰君安在证券行业内率先成立场外碳金融业务团队,2015 年首批获得中国证监会碳交易牌照,2016 年成为首家加入国际排放贸易协会(IETA)的中资证券公司。该公司先后完成了证券公司首单 CCER(国家核证自愿减排量)开发交易业务、首单上海碳配额远期交易等多个“首单”业务。

2023 年上半年,国泰君安实现碳交易量约 240 万吨,历史累计交易量约 6 700 万吨,交易规模在多个碳排放交易试点区域位居前列。

在自身公司运营方面,国泰君安也实施绿色办公、采购、出行等措施。2022 年,国泰君安人均碳排放、人均耗电量、人均耗水量分别较 2021 年下降 7.14%、1.29%和 15.82%,数字化办公节约纸张约 1 000 万张。

二、ESG 发展沿革

(一) ESG 披露发展沿革

1. 公司 ESG 披露情况

2015 年,国泰君安首次披露了社会责任报告(《国泰君安 2015 年度社会责任报告》),介绍了公司积极承担经济、社会和环境责任方面的活动及表现,并在报告中提到公司为支持环保事业,投身公益项目所做的贡献,这一点正是 ESG 中与 E 相关的议题。随着时间的推移,国泰君安的社会责任报告内容越来越丰富,从 2015 年的 14 页,到 2020 年的 28 页,再到 2022 年的 54 页,报告内包含的与 ESG 相关的内容也越来越多。国泰君安(601211.SH)面向沪市披露的 ESG 主题相关报告名称仍旧使用了社会责任报告,但是国泰君安(02611.

HK)面向中国香港联交所披露的 ESG 主题相关报告使用的名称是《环境、社会及管治报告》,两份报告的名称虽然不同,但是报告的内容完全相同。

报告披露了董事会 ESG 管理声明、组织架构、业务布局、公司战略、利益相关方沟通及实质性分析、助力可持续发展目标(SDGs)、ESG 管理方针与关键绩效、ESG 量化绩效表等内容。国泰君安尚未设立专门的 ESG 委员会或是其他专门组织机构来负责 ESG 相关工作。

公司战略愿景"受人尊敬、全面领先、具有国际竞争力的现代投资银行"充分体现并贯彻了 ESG 理念。"受人尊敬"是公司的目标愿景。唯有对国家、民族、社会和行业有更多正向价值创造和引领,更多彰显企业社会责任,更多增加客户和股东的获得感,更加模范践行"合规、诚信、专业、稳健"的行业文化,才能真正做到受人尊敬,实现基业长青、永立潮头。"全面领先"是指"总体无短板、局部有特色"。实现全面领先,不仅要部分业务领先,而且是要全局领先,不仅要规模、效益等"硬指标"领先,而且要制度、文化等"软实力"领先,不仅要当前领先,更是要面向未来的长期领先。"具有国际竞争力的现代投资银行"指公司要具备代表中国的证券行业在世界金融舞台参与全球竞争合作和资源配置的能力,并在技术、制度、文化层面拥有中国特色。建设现代投资银行,必须苦练内功,加强学习,不断提升专业水平和核心竞争力,打造自身高质量发展的坚实基础。

国泰君安国际《环境、社会及管治报告》披露了公司的可持续管制架构,专门设立了 ESG 委员会,指导 ESG 协调办公室和 ESG 工作小组分别负责 ESG 相关工作。ESG 工作小组下设包括可持续金融职能小组、低碳办公室职能小组、披露职能小组,同时接受 ESG 委员会和 ESG 协调办公室的领导。

2. 总体趋势分析

从披露渠道看,国泰君安披露渠道整体较为单一,始终在官网和指定网站上以文件形式披露社会责任报告,并且没有单独披露 ESG 报告,披露渠道及方式整体连续性较强,创新性有限。

3. 公司 ESG 披露情况现状总结

目前,公司可持续发展报告沿用社会责任报告的形式,披露频率为一年一次,披露内容包括 ESG 实践、ESG 绩效、ESG 政策、ESG 重点议题以及社会责任重点议题等;公司官网、App 平台主要披露公司 ESG 实践与 ESG 政策,披露具有实时性(参见表 5-1)。

表 5-1　公司 ESG 披露情况现状总结

披露内容	披露渠道	披露频率
ESG 实践	App 平台、官网	实时
ESG 政策		
ESG 实践	研讨交流会	不定期
ESG 政策		

续表

披露内容	披露渠道	披露频率
ESG 实践	社会责任报告	年度
ESG 绩效		
ESG 政策		
ESG 重点议题		

(二) ESG 评级发展沿革

1. 公司各评级机构 ESG 评级时序变动情况

表 5-2 展示了近年来国内各大机构对国泰君安的 ESG 评级结果，整体而言，国泰君安 ESG 评级处于中等水平，且近年来评级结果有升有降，并不稳定，仍有一定的进步空间。

表 5-2　　国泰君安最新 ESG 评级结果

评级机构	华证	盟浪	秩鼎	华证碳中和
2022 年 1 月 31 日	BBB	BBB	A	
2022 年 4 月 30 日	A	A	A	B
2022 年 7 月 31 日	A	A	A	
2022 年 10 月 31 日	A	A	AA	B
2023 年 1 月 31 日	BBB	A	AA	
2023 年 4 月 30 日	BBB	A	AA	BBB
2023 年 7 月 31 日	A	A	AA	

2. 公司 E、S、G 分别的评级与时序变动情况

从表 5-3 的 ESG 评级细分结果可见，不同 ESG 评级机构的评分方法和评分结果差异整体较大。而从 E、S、G 三部分各自的评级看，只有少数机构在环境(E)上给出“A”以上的评分，说明环境(E)的得分整体不及其他两部分。

表 5-3　　国泰君安最新 ESG 评级细分结果

评级机构	ESG 评级	行业排名	E 得分	S 得分	G 得分
中证	BB (2023 年 10 月 27 日)	52/125	0.90	0.90	0.14
华证	A(85.66) (2023 年 7 月 31 日)	E：32/50 S：5/50 G：5/50	CCC(65.06)	AA(91.77)	A (87.30)
	BBB(84.32) (2023 年 4 月 30 日)	—	CCC (65.06)	A(89.44)	A(86.24)

续表

评级机构	ESG 评级	行业排名	E 得分	S 得分	G 得分
华证	BBB(84.58) (2023 年 1 月 31 日)	—	B (70.71)	A(87.87)	A(86.24)
	A(85.13) (2022 年 10 月 31 日)	—	B (70.71)	A(87.87)	A(87.30)
	A(85.42) (2022 年 7 月 31)	—	B (70.71)	A(88.71)	A(87.30)
秩鼎	AA(71.21) (2023 年 5 月 31 日)	—	CCC (44.43)	A(64.44)	AAA(88.51)
	AA(71.16) (2023 年 4 月 30 日)	—	CCC (44.28)	A (64.12)	AAA(88.69)
	AA(73.66) (2023 年 3 月 31 日)	—	BBB (59.78)	A (63.39)	AAA (87.71)
	AA(71.47) (2023 年 2 月 28 日)	—	AA (75.48)	B (49.78)	AAA (85.97)
	AA(71.45) (2023 年 1 月 31 日)	—	AA (75.40)	B (49.76)	AAA (85.98)
中诚信绿金	A(67.56) (2022 年 12 月 31 日)	—	BB (45.28)	AA(75.94)	AA(71.41)
	A(65.19) (2021 年 12 月 31 日)	—	C (28.51)	AA (78.41)	AA (71.89)
	A(61.50) (2020 年 12 月 31 日)	—	B (31.31)	AA(73.66)	A (67.21)

3. MSCI 评级时序变动情况

MSCI 的 ESG 评级提供了对公司环境、社会和治理(ESG)方面风险抵御能力的评估。国泰君安 MSCI 的最新评级是“B”,处于 126 家投资银行和经纪行业公司的落后水平。公司从 2018 年开始在 MSCI 的评分始终保持“B”级的水平,由此可见,近年来国泰君安的 ESG 表现相对一般,ESG 评级仍有较大进步空间。

4. 公司领先议题和落后议题

在 MSCI 针对该行业确定的 6 个关键议题(公司治理议题、公司行为、人力资源发展、责任投资、隐私与数据安全、融资环境影响)中,国泰君安在此 6 个议题全部处于行业平均水平,既没有处于领先地位的议题,也没有处于落后地位的议题。综上,根据 MSCI 评级分析,国泰君安在 ESG 方面的表现整体相差不大,都处于行业平均水平,仍有较大的改进空间。

三、公司 ESG 组织形式

(一) 公司目前 ESG 相关组织架构情况

为全面贯彻 ESG 理念,国泰君安持续强化 ESG 顶层设计及治理体系建设,建立健全

“董事会—经营层—执行层”三级 ESG 工作组织体系，其中，董事会肩负着领导决策和监督检查的最终责任，经营层承担组织协调和推进落实的管理责任，执行层担负着实施行动和达成目标的执行责任。各层级的主要职责如表 5-4 所示。

表 5-4　　国泰君安 ESG 管理架构

层级	职责描述
监督层	
董事会	监督、审议、决策公司 ESG 战略和目标的制定，监督、审议、决策公司 ESG 实质性议题的识别、评估和排序； 监督公司对 ESG 战略的执行情况及目标完成进度； 评估 ESG 工作对公司业务模式的潜在影响和相关风险，听取内部及外部对于 ESG 工作的反馈意见，并就下一步的 ESG 工作提出改善建议
董事会战略及 ESG 委员会	研究公司中长期发展战略并提供咨询建议； 研究须经董事会批准的重大投融资方案并提出建议； 研究公司的 ESG 治理并提供决策咨询建议，包括 ESG 治理愿景、目标、政策等； 研究其他影响公司发展的重大事项并提出建议； 检查、评价以上事项的实施，并适时提出调整建议； 董事会授予的其他职责
管理层	
ESG 与可持续发展委员会：下设投资交易工作组、绿色融资工作组和风险管理工作组	在公司经营层的指导下，贯彻落实董事会、经营层关于 ESG 与可持续发展工作的战略部署和决策要求，向董事会、经营层提出 ESG 与可持续发展相关的规划及实施建议，汇报 ESG 与可持续发展工作情况； 讨论制定 ESG 与可持续发展相关的目标规划、制度建设、机构设置、职责分工、考核激励、资源保障等事项的具体方案，将 ESG 因素全面融入公司经营管理各个环节； 评估公司 ESG 与可持续发展工作进展，明确工作重点及实施路径，持续提升工作绩效，稳步提高公司 ESG 评级，不断增强公司可持续发展能力； 识别对公司具有重大影响的 ESG 机遇和挑战，根据需要成立敏捷组织等跨单位的工作组，协调解决关键问题，抢抓业务发展机遇，应对可持续发展挑战，推动 ESG 与可持续发展工作有序高效开展； 践行 ESG 与可持续发展理念，推动可持续金融实践，组织落实《国泰君安全面提升绿色金融服务能级的行动方案(2023—2025 年)》； 研究解决其他影响公司 ESG 与可持续发展的基础性、全局性、长远性的重大事项
执行层	
各业务职能部门	执行公司董事会、董事会战略及 ESG 委员会、公司 ESG 工作领导小组有关 ESG 工作的决策和指示； 推进公司 ESG 日常工作，收集和统计公司 ESG 信息和数据，及时向公司 ESG 工作领导小组汇报； 完成 ESG 相关考核指标，实现 ESG 与经营管理有机融合； 协同开展公司 ESG 方面的宣传和公共关系工作，协同处置公司 ESG 风险事件

资料来源：国泰君安官网。

（二）ESG组织架构变动情况

此前，国泰君安尚未设立专门的ESG委员会或其他专门组织机构负责ESG相关工作。2020年12月底，公司在董事会层面设立了董事会战略及ESG委员会，在经营层设立ESG与可持续发展委员会，并在执行层成立投资交易、绿色融资和风险管理三个工作组。

四、议题选择

（一）重要性评估

1. 评估流程

根据国泰君安2022年发布的社会责任报告，国泰君安结合行业发展趋势、自身发展战略，依据GRI《全球可持续发展报告标准》、中国香港联交所《环境、社会及管治报告指引》中对实质性议题的界定流程和方法，识别、排序、总结出对于公司和利益相关方具有重要性的21项社会责任实质性议题，对议题重要性排序，并在本年度社会责任报告中重点披露高实质性议题的管理与绩效，以更好地回应利益相关方的诉求与期望（参见表5-5）。

表5-5　国泰君安实质性议题分析流程

步骤	措施
识别阶段	解读宏观政策与行业热点，结合公司发展战略，明确国泰君安履责的政策导向与发展机遇；根据上交所及中国香港联交所ESG信息披露要求、国内外ESG评级机构关注议题以及同业对标，对国泰君安的社会责任实质性议题进行更新及调整
评估阶段	在日常经营活动中持续与利益相关方沟通，了解利益相关方的关注重点，结合公司重点部门访谈、外部专家判断等，评估各社会责任实质性议题的影响程度，并从对利益相关方的重要性和对国泰君安的重要性两个维度评估21项议题
报告阶段	根据议题评估结果构建国泰君安的社会责任实质性议题矩阵，结合议题重要性的高低程度，获得议题的排序结果，重点披露在报告中高实质性的议题，由公司董事会对其进行审议及监督

资料来源：国泰君安2022年社会责任报告。

2. 历年评估流程的变动情况

（1）2021年以前

国泰君安在2021年以前的社会责任报告中均未披露企业选择实质性议题的评估流程，相应地，对ESG本身的披露也很少。

（2）2021年以后

2021年，公司依据GRI《全球可持续发展报告标准》、中国香港联交所《环境、社会及管治报告指引》中对实质性议题的界定流程和方法，识别、排序、总结出对于公司和利益相关方具有重要性的20项社会责任实质性议题，并在本年度社会责任报告中重点披露实质性议题的管理与表现，以更好地回应利益相关方的诉求与期望。图5-4是国泰君安实质性议题矩阵。

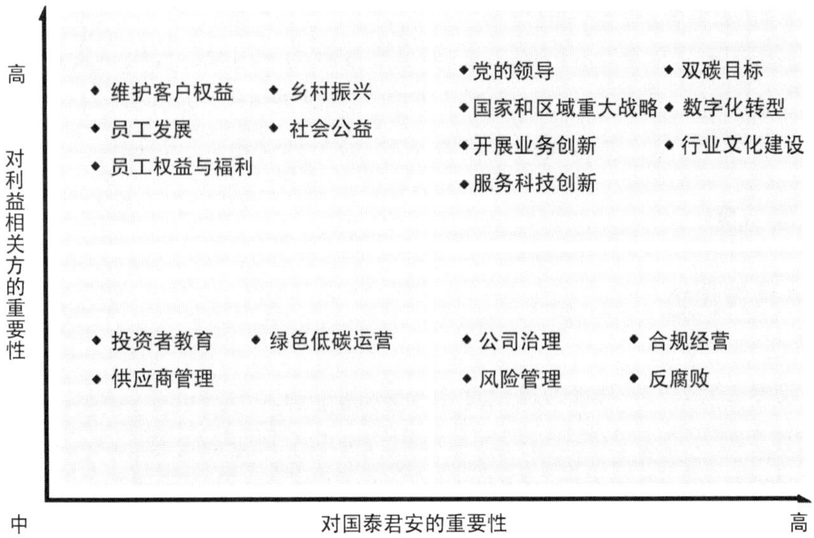

图 5-4　国泰君安实质性议题矩阵

(二) 历年选择议题变动情况

1. 2021 年以前

2021 年以前国泰君安社会责任报告中未披露重要性议题。

2. 2021 年

2021 年国泰君安按照对国泰君安的重要性和对利益相关方的重要性，总结出了对于公司和利益相关方具有重要性的 19 项重要议题。具体如表 5-6 所示：

表 5-6　**2021 年重大议题**

议题分类	具体议题
环境(E)	绿色低碳运营、双碳目标
社会(S)	维护客户权益、乡村振兴、员工发展、社会公益、员工权益与福利、投资者教育、党的领导、国家和区域重大战略、行业文化建设、服务科技创新、开展业务创新
治理(G)	供应商管理、数字化转型、公司治理、合规经营、风险管理、反腐败

3. 2022 年

与 2021 年相比，国泰君安在实质性议题的选择上有些许变动，具体变动为：

将 2021 年“开展业务创新”“服务科技创新”合并为新实质性议题“服务实体经济”，变动的原因是响应国家“服务实体经济高质量发展”要求，展现公司作为资本市场“看门人”全方位服务实体经济的责任，体现公司社会责任重点及特色。

另外，将 2021 年“反腐败”议题扩展为四个新议题：商业道德、数据安全及客户隐私保护、负责任投资、ESG 风险管理。变动原因是更全面地回应监管机构、ESG 评级机构及资本市场的关注点。

五、不同渠道披露之间的关系

公司 ESG 披露渠道共有社会责任报告和 ESG 网页两种披露渠道，总体上呈现社会责任报告为主、ESG 网页为辅的披露渠道特征。

不同 ESG 披露渠道的比较如表 5-7 所示。

表 5-7　　不同 ESG 披露渠道的比较

渠道	目标受众	框架结构	披露重点	重复披露	报告风格
社会责任报告	利益相关者	按照承诺与模型、ESG 组织架构、利益相关方沟通、实质性议题分析四部分展开	E、S 部分占比较多	以综合报告为基准	严谨、具体
ESG 网页	大众	基本与 ESG 报告保持一致，相比于报告多披露了遵守的政策	E、S、G 分配较为平均	与报告重复度较高	多以大框架介绍为主

六、ESG 报告

目前公司 ESG 报告只有一种形式，即沿用社会责任报告的形式，ESG 相关内容在社会责任报告中披露，报告中涵盖公司 ESG 的大部分内容。国泰君安从 2016 年开始披露社会责任报告，2020 年报告中才开始出现关键词"ESG"，该关键词在 2020 年社会责任报告中出现 2 次，在 2021 年社会责任报告中出现 63 次，而在最新的 2022 年社会责任报告中出现 203 次。这可以说明国泰君安从 2021 年才开始在报告中披露 ESG 相关事项，介绍内容以国泰君安在社会公益方面的 ESG 行为为主。

（一）采用的标准

在 2022 年可持续发展报告中，公司披露报告编制遵循全球报告倡议组织（GRI）最新标准以及联交所《环境、社会及管治报告指引》，并依据联合国可持续发展目标（SDGs）作为参考。2022 年可持续发展报告中首次引入了 TCFD 框架识别气候相关风险与机遇。

（二）E、S、G 分别的披露侧重点

1. 环境（E）

国泰君安在 ESG 报告中对环境（E）的披露内容较少，主要有"支持双碳目标"以及"绿色低碳运营"两个方面。图 5-5 是国泰君安 2022 年社会责任报告环境（E）范畴的词频统计结果，结果显示 E 部分披露的主要关键词是绿色、低碳、森林、风险、排放、生态、"碳中和"、开放、海洋等。该报告关键词的词频统计结果表明国泰君安在 E 部分的披露侧重点主要在以上方面。

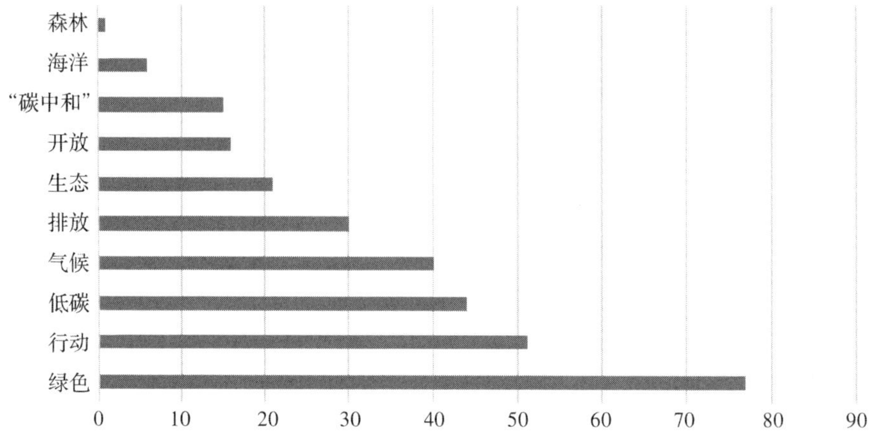

图 5-5 国泰君安 ESG 报告 E 范畴词频统计

(1) 在支持双碳目标方面,国泰君安着重披露全面落实“双碳”行动方案,公司深刻认识到“碳达峰”“碳中和”目标的重大意义,积极落实国家与上海“双碳”战略部署,将绿色低碳发展理念深入思想、融入组织、落于行动。2021 年 5 月 28 日,公司率先在行业内发布《践行碳达峰与碳中和行动方案》,锻造“融资、投资、交易、跨境、风控”五大能力,落实以“构建行业全面领先的碳金融综合服务体系”为代表的八大行动计划,并举了一些案例加以说明,例如公司协同子公司参与助力宿松县乡村振兴碳普惠体系建设、落地国内首单基于 CCER 减排量交易协议的融资业务等。表 5-8 展示了 2021 年度及 2022 年度国泰君安在环境方面的绩效。

表 5-8 国泰君安环境绩效指标表

指标	单位	2021 年	2022 年
温室气体排放总量(范围 1 和范围 2)	吨二氧化碳当量	39 174.95	39 595.60
其中,范围 1 温室气体排放量	吨二氧化碳当量	3 054.07	2 109.56
其中,范围 2 温室气体排放量	吨二氧化碳当量	36 120.88	37 486.04
人均温室气体排放量(范围 1 和范围 2)	吨二氧化碳当量/人	2.94	2.73
单位面积温室气体排放量(范围 1 和范围 2)	吨二氧化碳当量/平方米	0.09	0.09
自有车辆汽油消耗量	升	888 358.87	599 469.14
天然气消耗量	立方米	299 565.00	234 287.54
人均天然气消耗量	立方米/人	22.45	16.17
单位面积天然气消耗量	立方米/平方米	0.71	0.50
耗电总量	千瓦时	61 905 744.94	66 376 550.90
人均耗电量	千瓦时/人	4 640.26	4 580.22
单位面积耗电量	千瓦时/平方米	147.58	142.68

续表

指标		单位	2021年	2022年
耗水总量		立方米	259 800.33	237 466.20
人均耗水量		立方米/人	19.47	16.39
单位面积耗水量		立方米/平方米	0.62	0.51
无害废弃物	生活垃圾	吨	—	400.00
	厨余垃圾	吨	—	250.00
	废纸	吨	—	2.40
有害废弃物	硒鼓墨盒	个	—	250

(2) 在低碳绿色运营方面，主要披露了绿色数据中心的建设。国泰君安作为金融企业，数据中心的能源消耗在公司总体能耗中占比较高，因此推进绿色数据中心建设是公司低碳运营的重要行动。国泰君安有四个数据中心，包括1个自有数据中心和3个租赁数据中心，根据数据中心特点，构建了以来安路中心、金桥中心为主，外高桥中心作为同城双活中心、南方中心作为异地应用级容灾中心的“两地四中心”灾备模式。在数据中心建设过程中，国泰君安采用了多项高效节能技术。表5-9展示了国泰君安2022年数据中心节能优化措施及成效。

表5-9　2022年数据中心节能优化措施及成效

优化措施	节能成效
根据数据中心机房内部不同功能区的机柜能耗及散热量的差异，调整活动地板以调节送风量，按需供给制冷量，避免冷量损失，提高机房内精密空调的使用效率； 全力推进老旧物理服务机下线后的云化处理，以及低负载物理机的云化处理，促进节约用电量，2022年共完成184台物理服务机的云化工作； 2022年，针对16台不间断电源设备(UPS)进行电容、风扇等老化部件的替换，大幅提升机房的供电效率，有效降低能耗	初步估算节约电 92 000 kW·h 2020—2022年，实现连续三年 PUE值持续降低， PUE值从1.92下降至1.84， 能源利用效率逐步提升

2. 社会(S)

国泰君安对社会(S)的披露侧重于乡村振兴、社会公益、员工发展、数据安全与隐私保护、知识产权保护以及供应商管理。

(1) 在乡村振兴方面，国泰君安披露了其成立的社会公益基金会在成立的10年间对社会做出的贡献。此外，还披露了乡村振兴的领域及典型项目，主要有产业帮扶、教育帮扶、理疗帮扶以及民生帮扶四个领域。图5-6展示了各领域的典型项目。

(2) 在社会公益方面，国泰君安披露了近十年来公司参与的大型公益项目，具体包括：

2011年5月，国泰君安参与建设的云南丹丹希望小学建设完成。

2012年1月，国泰君安成立社会公益基金会。

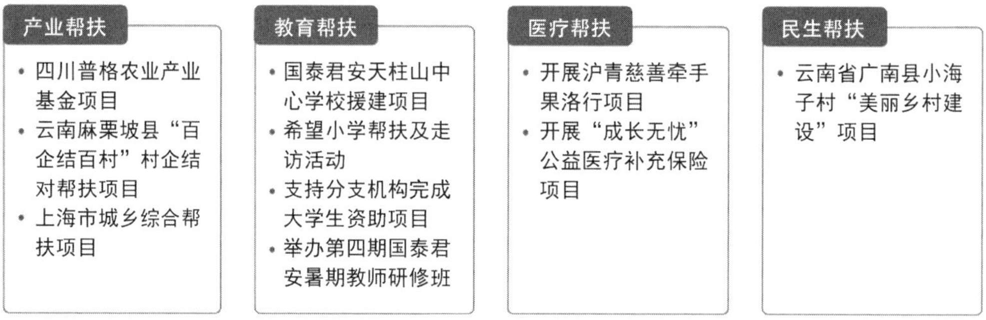

图 5-6　国泰君安乡村振兴典型项目

2013 年 9 月，国泰君安江西晓坑希望小学建成。

2016 年，国泰君安与江西吉安、四川普格和安徽潜山签署结对帮扶协议。

2017 年 6 月，国泰君安开展“在一起”留守儿童关爱项目。

2018 年 8 月，国泰君安出资 1 000 万元，成立四川普格农业产业扶贫基金，同月，国泰君安帮扶云南省麻栗坡县和广南县。

2020 年 1 月，国泰君安设立 2 420 万元抗疫专项基金，助力打赢武汉保卫战，同年 11 月，国泰君安结对的 5 个国家级贫困县先后脱贫摘帽。

2021 年 3 月，国泰君安全体员工开展“一日薪，暖人心”爱心捐赠。同年 4 月，国泰君安捐赠的爱心午餐在 5 所学校落地。同年 11 月，国泰君安作为发起人参与“证券行业促进乡村振兴共同行动计划”。

2022 年 2 月，国泰君安天柱山中心小学揭牌。同年 3 月，国泰君安设立 2 000 万元抗疫专项基金，助力打赢大上海保卫战。

(3) 在员工发展方面，国泰君安在“坚持以人为本，赋能人才发展”专题内披露。主要披露了公司人才吸引与激励的措施以及人才培养体系。

(4) 人才吸引方面，国泰君安根据年度人才招聘方案及完善的人才引进机制，针对不同用人主体和不同专业领域，评估、预测公司各部门招聘需求，通过校园招聘、社会招聘等途径，借助官方网站、微信公众号、直播宣讲会等渠道不断加强雇主品牌宣传，通过测评、面试、实习考察、答辩等多种工具，提升人才引进的精准性。

(5) 人才培养方面，国泰君安的人才培养体系主要分为四个板块，分别是业务人才培养、管理人才培养、国际化人才培养以及通用素质培养，通过上述培养以确保员工的可持续发展。

(6) 在数据安全与隐私保护方面，国泰君安披露了公司数据安全管理框架、数据安全应急响应机制以及客户隐私保护的主要措施。

(7) 在知识产权保护方面，国泰君安披露了 2022 年公司开展的专利、著作权、商标等知识产权保护工作。其中提交商标及著作权登记 61 件，处理商标驳回复审 8 件，商标续展注册 14 件，软件著作权登记 1 件，专利申请 46 件。

(8) 在供应商管理方面，国泰君安披露了供应商的考核内容以及供应商的评估方式，此外，还披露了公司针对供应商反腐败的管理。例如，对内要求相关工作人员在信息技术服务外包、商业合作、物品和服务采购等业务活动中，遵守公平公正原则，不得滥用职权输送或谋取不正当利益；对外规定金额 30 万元以上的采购项目，供应商需签署《廉洁承诺书》或在相关协议中加入反商业贿赂条款。

3. 治理(G)

国泰君安对治理(G)的披露主要侧重于公司治理、商业道德、股东及债权人权益保障、信息披露与投资者沟通以及合规管理。

(1) 在公司治理方面，国泰君安披露了董事会、监事会构成及三会召开情况，具体而言，国泰君安董事会中共有 17 名董事，其中 14 名为非执行董事，独立的非执行董事有 6 名，另外 3 名为执行董事，女性董事只有 1 名；监事会共有 6 名监事，其中职工监事有 3 名；2022 年国泰君安共计召开股东大会 2 次，董事会会议 14 次，董事会各专门委员会会议 19 次，监事会会议 5 次，共计审议议案 62 项。

(2) 在商业道德方面，国泰君安披露了在反洗钱和反腐败工作上的责任与成果(参见表 5-10)。在反洗钱方面，国泰君安充分发挥金融机构第一道防线作用，组织开展“远离洗钱犯罪，共建美好未来”的系列反洗钱主题宣传活动，助力公司员工和社会公众的反洗钱意识提升。2022 年，国泰君安未受到监管机构反洗钱相关处罚。在反腐败方面，国泰君安根据最新监管要求，持续对相关制度规范进行修订更新，不断建立健全公司反腐败管理体系。

表 5-10　　反腐败绩效

指标	单位	2020 年	2021 年	2022 年
对本集团及员工提出的并已审结的贪污诉讼案件数	件	0	0	1
反贪污相关培训次数	次	26	73	33
参与反贪污相关培训员工人数	人	717	5 722	10 969
员工人均接受反贪污培训小时数	小时	0.17	1.54	20.54
参与反贪污相关培训董事人数	人	17	17	17

(3) 在股东及债权人权益保障方面，国泰君安披露了 2022 年的实际分红方案，公司实施了 2021 年度分红方案，每 10 股分配现金红利 6.8 元，分红比例在行业内处于领先地位。

(4) 在信息披露与投资者沟通方面，国泰君安披露了 2022 年投资者沟通活动成果，公司通过业绩发布会、路演、投资者开放日等渠道与投资者、分析师沟通和交流，实现与投资者之间的双向沟通与良性互动。

(5) 在合规管理方面，国泰君安披露了公司在 2022 年为合规经营而做出的重点举措(参见表 5-11)。

表 5-11 国泰君安 2022 年度合规管理重点实践

合规管理举措	具体内容
完善合规管理制度	● 制定《从业人员投资行为管理办法》； ● 修订形成《员工合规手册(2022 版)》《分支机构一线合规与风控管理办法》《投资银行类业务利益冲突管理办法》等系列制度、规范
强化业务合规管控	● 强化分支一线合规风控管理，落实一线职责清单，修订完善分支机构年度合规考核指标； ● 建立分支机构合规风控双月会议机制，完善总分一线合规人员沟通交流渠道； ● 助力交易投资业务一线合规风控联席会议形成长效机制； ● 推进母子公司跨境业务一体化协作，开展证券公司与境外子公司跨境合作的合规分析； ● 落实碳金融场外衍生品交易业务等创新业务的合规管理
加强数字化合规管理	● 完成合规制度库、风险事件库迁移及建设工作； ● 完善法律合规平台及各监测类信息系统，如信息隔离器系统、反洗钱监控系统、异常交易系统等； ● 协助子公司做好合规风控类系统建设，为其提供系统复用、功能输出及数据服务； ● 为远程居家办公提供支持，为众多业务部门居家办公情况进行合规提示和审核把关； ● 探索合规管理工作智能化程度，完善 RPA 合同协议实时智能流转
推进合规文化建设	● 在公司"看见"平台开辟合规文化、廉洁文化专栏，加大宣传频次，提升宣传可阅读性与可视化程度； ● 在办公楼道电视屏幕上循环播放合规培训课件，扩大宣传受众面； ● 组织线上线下合规培训，定期统计线上培训课程完成情况，加强督导各单位内部传达学习，打造合规宣传引导闭环

七、网页

目前，国泰君安的 ESG 网页披露形式主要是网页信息的直接展示，可读性和及时性相比于报告存在其优点，同时也存在一定的局限性。

国泰君安的 ESG 网页位于公司官网的菜单栏，以可持续发展命名，未直接以 ESG 命名，不够醒目。ESG 网页分为新闻动态、管理框架、管理实践、制度及政策声明、荣誉与认可以及社会责任报告六个模块。

(一) 新闻动态模块

在新闻动态模块，国泰君安披露了与可持续发展战略相关的新闻，读者可以自行阅读。

(二) 管理框架模块

在管理框架模块，主要披露了承诺与模型、企业 ESG 组织架构、利益相关方沟通以及实质性议题的分析流程等内容。

(三) 管理实践模块

在管理实践模块，主要披露了国泰君安考虑的实质性议题，环境议题有绿色运营、气候风险管理以及可持续金融；社会议题有股东及债权人权益保障、员工权益保障与职业发展、客户服务与权益保障、促进经济发展以及公益慈善事业；治理议题有党的领导与文化建设、董事会、监事会、风控合规、审计监督以及数字化运营。

（四）制度及政策声明模块

在制度及政策声明模块，主要披露了国泰君安全面提升绿色金融服务能级的行动方案（2023—2025年）、国泰君安践行“碳达峰”与“碳中和”的行动方案、负责任投资政策、对外形式投票表决权声明、ESG风险管理声明、绿色运营倡议书、反腐败及廉洁从业管理政策以及数据安全及隐私保护管理声明。

（五）荣誉与认可模块

在荣誉与认可模块，主要披露了2021年和2022年公司获得的奖项以及颁发机构。

（六）社会责任报告模块

在社会责任报告模块，披露了从2015年以来公司的社会责任报告，公众可以自行下载阅读。

总的来说，国泰君安的ESG网页内容较为丰富，ESG网页上披露了一些报告中未提及的信息，这可以视为对ESG报告的有力补充。同时，相较于ESG报告，网页有以下优点：

1. 可以提升可视化效果

通过网站可以将ESG报告中的数据和信息以图表、动画等形式呈现，更直观地展示企业的ESG表现。

2. 提高传播效率

通过网站可以更快速、更广泛地传达企业的ESG信息，吸引更多的利益相关方关注和了解。

3. 增强互动性

网站可以设置互动功能，如留言板、在线问答等，让利益相关方更方便地与企业互动和交流，但目前国泰君安ESG网页还没有该功能。

但同时，ESG网页应该是对ESG报告的最新更新和补充，但国泰君安没有充分发挥这一作用，其ESG网页仍主要基于2022年的报告数据。这导致读者在阅读完ESG报告后，很难从公司网站获取新的、不同的信息，使得这一披露渠道至今仍主要起辅助作用，未能充分发挥其独特作用。

八、年报ESG

国泰君安年报中ESG披露在环境（E）、社会（S）、治理（G）部分都有相关涉及。

在环境（E）方面，年报主要披露了公司有利于保护生态、防治污染、履行环境责任的相关信息，包括切实落实公司“双碳”行动方案、提供领先的碳金融综合服务、提供全链条的绿色投融资服务以及开展绿色低碳运营的具体成果和措施。

在社会（S）方面，年报主要披露了公司在乡村振兴方面做出的贡献。

在治理（G）方面，年报主要披露了公司内部的ESG组织架构，包括介绍战略及ESG委员会的成员、报告期内战略及 ESG 委员会召开的三次会议、出席情况以及战略及 ESG 委员会的职责等。

九、ESG 的对外沟通情况

国泰君安根据业务发展战略和运营特点，在日常经营的各个环节积极拓展与利益相关方的沟通渠道，识别了政府与监管机构、投资者、客户、员工、供应商与合作伙伴、社区与环境的关键利益相关方，并通过建立与利益相关方的常态化沟通机制，充分倾听并回应利益相关方的期望与诉求。

公司主要沟通的利益相关方有政府与监管机构、投资者、客户、员工、供应商与合作伙伴以及社区与环境，具体沟通的事项如表 5-12 所示。

表 5-12 利益相关方期望与回应

关键利益相关方	关注的实质性议题	沟通方式与渠道
政府与监管机构	● 坚持党的领导 ● 服务国家和区域重大战略 ● 合规经营 ● 风险管理 ● 支持“双碳”目标 ● 乡村振兴 ● 行业文化建设	● 高质量党建引领高质量发展 ● 服务上海重大战略任务 ● 落实政府及监管政策 ● 接待调研走访 ● 建立全面风险管理体系 ● 发布“碳达峰”与“碳中和”行动方案 ● 服务共同富裕目标 ● 深入开展行业文化建设
投资者	● 公司治理 ● 合规经营 ● 风险管理 ● ESG 风险管理 ● 商业道德	● 召开股东大会 ● 完善公司治理机制 ● 强化信息披露及投资者沟通 ● 建立全面风险管理体系 ● 加强合规经营及反洗钱管理 ● 完善反腐败制度
客户	● 维护客户权益 ● 数字化转型 ● 服务实体经济 ● 数据安全及客户隐私保护 ● 负责任投资 ● 投资者教育 ● 绿色金融	● 优化客户咨询与投诉处理机制 ● 提供优质投融资服务 ● 推动数字化转型项目落地 ● 升级国泰君安君弘 App ● 践行责任投资策略 ● 开展投资者教育活动 ● 落实适当性管理
员工	● 员工发展 ● 员工权益与福利	● 推进人才强司战略 ● 完善薪酬与福利保障体系 ● 赋能员工职业发展 ● 开展员工关怀活动
供应商与合作伙伴	● 供应商管理 ● 商业道德	● 日常沟通 ● 推动行业合作交流 ● 开展招投标活动 ● 反对商业贿赂 ● 实施供应商考核评价

续表

关键利益相关方	关注的实质性议题	沟通方式与渠道
社区与环境	● 支持“双碳”目标 ● 乡村振兴 ● 社会公益 ● 绿色低碳运营	● 促进绿色投融资服务 ● 推进乡村振兴四大帮扶项目 ● 打造专业公益平台 ● 开展公益志愿活动 ● 落实节能减排举措

十、ESG 鉴证

目前，国泰君安并未针对 ESG 报告专门聘请外部机构进行专业鉴证。

十一、公司 ESG 相关经济后果

公司的 ESG 评级情况可能会对机构投资者或境外投资者有一定的影响，而从国泰君安的投资者数据看，两者间的关联性有限。

如图 5-7 所示，国泰君安的机构投资者近十年来数量先升后降，持股比例不断下降，近年来稳定在 18%左右。因此综合机构投资者与合格境外机构投资者的数据来看，国泰君安的 ESG 表现对机构投资者的吸引力没有明显体现。

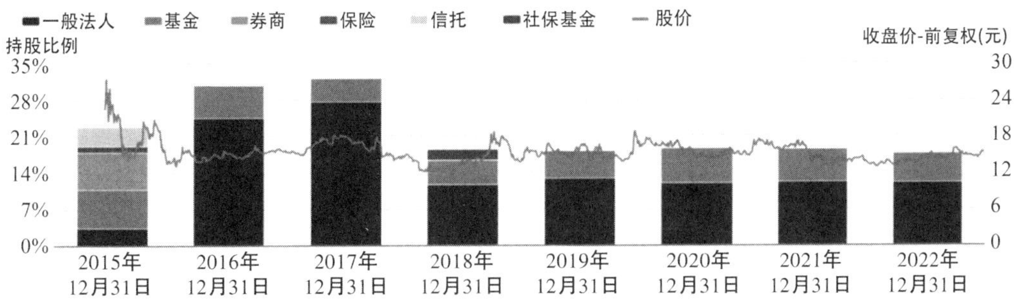

图 5-7　机构投资者汇总数据

十二、公司 ESG 相关特点总结

(一) 优点

从报告中我们可以发现，国泰君安 ESG 的相关优点主要包括披露渠道相对平衡，网页和报告并重；报告总体上可读性较强，注重定性与定量相结合；与时俱进，逐渐完善等，具体总结如下：

1. 披露渠道相对平衡，网页和报告并重

相较于一些其他企业在 ESG 网页上并没有披露什么实质性内容，国泰君安在 ESG 报告和 ESG 网页中披露的信息并非简单重复，ESG 网页是对 ESG 报告的概括和补充，满足不同利益相关者的需求。

2. 报告总体上可读性较强，注重定性与定量相结合

国泰君安披露的ESG报告在主体部分重点披露定性信息，而在报告的最后设置了单独的ESG绩效量化表部分，该部分披露的是国泰君安ESG的定量数据。这种设置可以帮助读者定位不同的信息，迅速找到报告的重点。

3. 与时俱进，逐渐完善

国泰君安近年来从顶层设计出发，建立健全了"董事会—经营层—执行层"三级ESG工作组织体系，其中，董事会肩负着领导决策和监督检查的最终责任，经营层承担着组织协调和推进落实的管理责任，执行层担负着实施行动和达成目标的执行责任，职责分工明确，符合监管机构及资本市场对环境、社会和公司治理(ESG)的要求。

（二）缺点

从报告中我们可以发现，国泰君安ESG的相关优缺点主要包括未单独披露ESG报告；缺少ESG评级披露；ESG评级表现一般，甚至处于行业落后水平；ESG相关内容披露起步时间较晚；报告未经第三方机构鉴证，具体总结如下：

1. 未单独披露ESG报告

国泰君安没有单独披露ESG报告，而是将披露的ESG相关内容嵌入社会责任报告，这样会使ESG信息在整个报告中显得不够突出，难以吸引投资者和利益相关者的关注，影响信息的传达效果。

2. 缺少ESG评级披露

国泰君安可持续发展报告中没有披露历年或当年的ESG评级，不利于利益相关者了解公司ESG评级变动情况，也不利于可持续发展报告客观性的提高。

3. ESG评级表现一般，甚至处于行业落后水平

近年来，MSCI对国泰君安给出的评级都为"B"级，处于行业落后水平，这代表国泰君安在同行业公司中的ESG表现不佳，这可能会影响投资者的投资信心。

4. ESG相关内容披露起步时间较晚

国泰君安的社会责任报告中2020年首次出现ESG，2021年才开始披露ESG相关内容。这可能会使外界认为国泰君安对ESG方面重视程度不高，投入不够，由于外界政策压力才披露ESG相关报告。

5. 报告未经第三方机构鉴证

国泰君安的社会责任报告中的ESG相关内容未经第三方机构鉴证，缺乏独立性和客观性，公司可能美化或掩盖自己的ESG表现。此外，缺乏第三方机构鉴证的ESG报告可能会引发投资者和利益相关者的质疑和不信任，因为他们可能认为公司不愿意接受外部审查和验证。

(三) 启示

从国泰君安 ESG 行为与披露的发展历程中，我们可以看出，作为金融未来服务碳密集和高环境影响行业低碳转型的重要金融手段，ESG 已成为全球金融机构实现可持续发展的“必答题”。金融机构应积极主动地将 ESG 理念融入自身的发展战略。全球金融业正在积极践行 ESG 理念，就是以更大的社会责任、更长的时间维度、更宽广的视野格局，推动经济社会发展，从而更好地平衡社会责任和经济责任、短期利益和长期利益之间的关系。

但是在国泰君安践行 ESG 过程中，仍存在一些问题，值得改进。我们认为证券行业在践行 ESG 过程中，需要注意以下具体事项：

1. 重视独立性原则

独立性是保证 ESG 报告客观、公正的重要因素，在披露企业的 ESG 报告前，需要以诚信、客观、专业胜任能力及应有的专注、保密和良好职业行为作为基本原则，依据相关规定执行 ESG 鉴证工作，形成专业的鉴证结论。

2. 强化 ESG 与投资收益和信用风险的相关性研究

证券行业应深入研究 ESG 与投资收益和信用风险的相关性及其影响程度，以便进行量化，将其纳入决策流程。这需要构建 ESG 指标体系、融入投融资管理系统等，并推进和规范相关流程。

3. 持续跟踪和研究 ESG 投资趋势

证券行业应持续跟踪和研究全球 ESG 投资趋势和最新动态，以便及时调整自身的投资策略和服务方向。同时，应积极探索新的 ESG 投资领域和机会，如碳交易、绿色建筑等，以实现更好的社会效益和经济效益。

第二节　摩根士丹利(Morgan Stanley)ESG 信息披露

一、公司简况

(一) 公司概况

1. 公司简介

摩根士丹利(Morgan Stanley)是一家成立于美国纽约的国际金融服务公司，提供包括证券、资产管理、企业合并重组和信用卡等多种金融服务，目前在全球 27 个国家的 600 多个城市设有代表处，雇员总数达 5 万多人。

摩根士丹利总公司下设 9 个部门，包括：股票研究部、投资银行部、私人财富管理部、外汇/债券部、商品交易部、固定收益研究部、投资管理部、直接投资部和机构股票部。涉足的金融领域包括股票、债券、外汇、基金、期货、投资银行、证券包销、企业金融咨询、机构性企业营销、房地产、私人财富管理、直接投资、机构投资管理等。

2. 历史沿革

摩根士丹利原是JP摩根大通公司中的投资部门,1933年美国经历了大萧条,国会通过《格拉斯-斯蒂格尔法》(Glass-Steagall Act),禁止公司同时提供商业银行与投资银行服务,摩根士丹利于是作为一家投资银行于1935年9月5日在纽约成立,而JP摩根则转为一家纯商业银行。1941年摩根士丹利与纽约证券交易所合作,成为该证交所的合作伙伴。

公司在20世纪70年代迅速扩张,雇员从250多人迅速增长到超过1 700人,并开始在全球范围内发展业务。1986年摩根士丹利在纽约证券交易所挂牌交易。进入20世纪90年代,摩根士丹利进一步扩张,于1995年收购了一家资产管理公司,1997年又兼并了西尔斯公司下设的投资银行迪安·威特公司(Dean Witter),并更名为摩根士丹利迪安·威特公司。2001年公司改回原先的名字摩根士丹利。

1997年的合并使得美国金融界两位最具个性的银行家走到了一起:摩根士丹利的约翰·麦克(John Mack)与迪安·威特的菲利普·裴熙亮(Philip Purcell),两人的冲突最终以2001年7月约翰·麦克的离职而结束,自此裴熙亮一直担任摩根士丹利主席兼全球首席执行官的职务。在他的带领下摩根士丹利逐渐发展成为全方位的金融服务公司,提供一站式的多种金融产品。

在2001年的“9·11”事件中,摩根士丹利丧失了在世界贸易中心11万平方米的办公空间。公司后来在曼哈顿附近新购置了7万平方米的办公大楼,是摩根士丹利的全球总部。

2023年3月,成为OpenAI发布的GPT-4的首批客户。

2023年5月,美国摩根士丹利银行计划再次裁员,波及大约3 000人,上述裁员拟在2023年第二季度实施。

2023年7月18日,三菱日联金融集团(MUFG)和摩根士丹利发布公告称,将整合机构客户日本股票销售业务,以及企业渠道、研究和一部分的执行服务。两家银行还同意在外汇交易方面展开协调。

(二) 所处行业和公司定位

1. 行业发展与竞争情况

金融服务行业作为全球经济的重要驱动力,近年来经历了前所未有的变革。技术进步、全球化和ESG因素的崛起都对这一行业的发展产生了深远的影响。

从行业规模看,金融服务行业持续壮大,总资产与总收入不断增长。随着数字化的推进,金融科技公司的崛起也对传统金融机构产生了一定的冲击,形成了新的竞争格局。

竞争方面,金融服务行业的竞争日益加剧。传统银行、证券公司、保险公司等金融机构与新兴的金融科技公司共同竞争,使得市场份额的争夺更为激烈。为了维持竞争优势,许多金融机构加大了在技术创新、人才培育和国际化战略等方面的投入。

此外,随着全球对环境、社会和治理(ESG)的关注度提高,ESG投资逐渐成为金融服务行业的新热点。越来越多的机构投资者和个人投资者希望将资金投向符合ESG标准的企业和项目。这为金融服务机构提供了新的业务机会，但同时也带来了 ESG 信息披露和评级的挑战。

2. 公司定位、使命与愿景

摩根士丹利的定位是一家全球顶级的金融服务公司，为客户提供全方位的投资银行、财富管理和交易服务。公司的使命是通过其专业知识和经验，帮助客户实现他们的财务目标，创造长期价值。

愿景方面，摩根士丹利致力于成为全球金融服务的领导者，推动行业的创新和变革。同时，公司也注重自身的可持续发展，致力于在全球范围内推动 ESG 议程，为社会创造更大的价值。

（三）公司股权结构及子公司设立情况

截止至 2022 年 12 月 31 日，摩根士丹利的前四大股东分别是 MUFG、State Street Bank and Trust Company、贝莱德集团公司、领航集团有限公司，分别持股 22.60%、7.20%、5.30%以及 6.70%，合计持股 41.80%。

截至 2023 年 11 月，摩根士丹利在官网上披露的子公司有 Morgan Stanley Smith Barney LLC、Morgan Stanley Bank, N. A. 、E* TRADE Securities LLC、Morgan Stanley Finance LLC、Morgan Stanley Finance II Limited、Morgan Stanley Capital Services LLC、Morgan Stanley Capital Group Inc、Morgan Stanley Capital Group（Singapore）Pte. 、Morgan Stanley & Co International plc、Morgan Stanley B. V. 、Morgan Stanley India Primary Dealer Pvt. Ltd、Morgan Stanley Menkul Değerler A. S. 、Bank Morgan Stanley AG、Morgan Stanley Europe Holding SE Group、Morgan Stanley Europe SE。

（四）财务绩效情况

1. 近五年收入情况

近五年来，摩根士丹利的营业收入先上升，后下降，具体如图 5-8 所示，2018 年至 2022 年的总营收分别是 401.07 亿美元、414.19 亿美元、481.98 亿美元、597.55 亿美元、536.68 亿美元，总营收呈稳中向好态势。2019—2022 年的收入增长率分别为 3.3%、16.4%、24.0%、－10.2%，其中 2022 年收入增长率为负。

2. 近五年利润情况

近五年来，摩根士丹利利润情况总体趋势与收入相同，净利润呈先上升后下降的趋势。如图 5-9 所示，2018—2022 年，摩根士丹利的净利润分别为 88.83 亿美元、92.37 亿美元、111.79 亿美元、151.20 亿美元、111.79 亿美元，在 2021 年达到峰值 151.20 亿美元，于 2021—2022 年下滑。净利率在 5 年内相对保持稳定，2018—2022 年，净利率分别是 22.1%、22.3%、23.2%、25.3%、20.8%。导致 2022 年收入和利润下滑的主要原因是美联储加息抑制通货膨胀，经济增长前景蒙上阴影，市场环境持续恶化，这对投行来说尤其痛苦，摩根士丹利各项业务基本受到了影响。

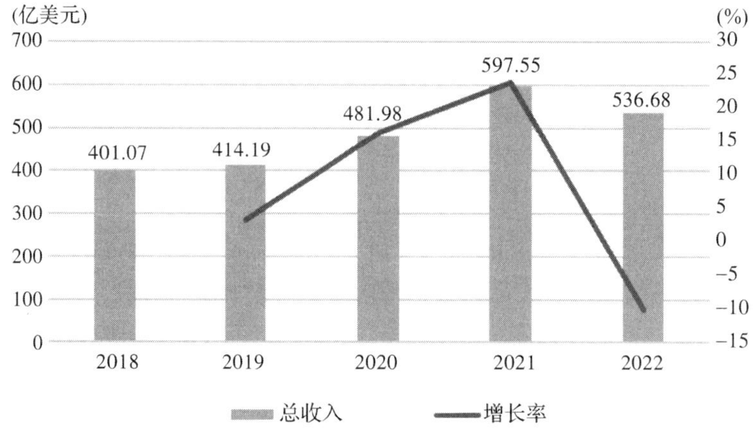

图 5-8 摩根士丹利近五年营业收入(2018—2022 年)

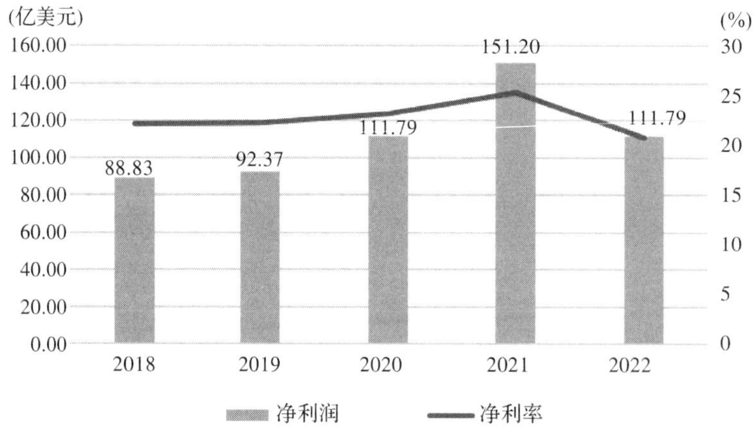

图 5-9 摩根士丹利近五年净利润(2018—2022 年)

3. 近五年市值情况

近五年来,摩根士丹利的市值先上升,后下降(如图 5-10 所示),2018—2022 年的市值分别是 673.98 亿美元、814.84 亿美元、1 240.14 亿美元、1 739.62 亿美元、1 436.93 亿美元,市值变化幅度较大。2019—2022 年的增长率分别为 20.9%、52.2%、40.3%、-17.4%,其中 2022 年市值增长率为负。

(五) 公司产品与 ESG 的联系

摩根士丹利产品与 ESG(环境、社会和治理)理念紧密相连。作为金融服务行业的领导者,不仅有责任为客户提供卓越的投资回报,还有义务推动可持续发展,为社会的长期福祉做出贡献。

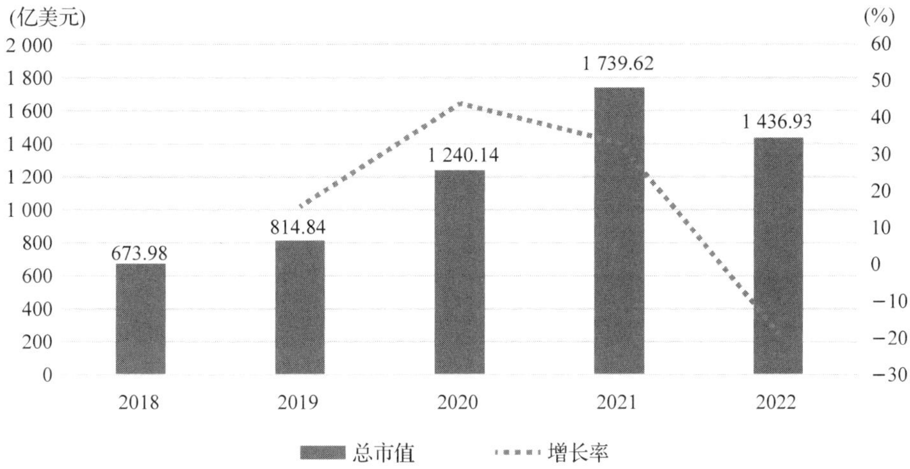

图 5-10　摩根士丹利近五年市值(2018—2022 年)

1. ESG 理念融入产品设计

摩根士丹利已经将 ESG 因素纳入多种产品。例如,摩根士丹利的投资基金和理财产品积极筛选并投资那些具有良好 ESG 表现的公司。摩根士丹利通过评估公司的环境影响、社会责任感和治理水平,以确保投资不仅追求经济回报,而且注重社会和环境价值。

2. 创新 ESG 产品

为了满足客户对可持续投资日益增长的需求,摩根士丹利还推出了一系列创新的 ESG 产品。这些产品包括专注于清洁能源、可持续农业和社会公正等领域的投资产品。摩根士丹利与客户合作,共同实现他们的财务目标,同时推动积极的社会和环境变革。

3. ESG 研究与咨询

ESG 不仅仅是一种投资策略,更是一种全面的发展理念。因此,摩根士丹利还提供 ESG 研究和咨询服务,帮助客户了解 ESG 因素对其投资组合的影响,并提供有关如何优化 ESG 表现的建议。摩根士丹利与客户共同探索如何将 ESG 因素纳入他们的长期战略,以实现更可持续的业务模式。

二、ESG 发展沿革

(一) ESG 披露发展沿革

1. 公司 ESG 披露情况

2018 年,摩根士丹利首次披露了可持续发展报告,报告主要介绍了公司可持续发展、气候变化、ESG 整合、员工以及风险等相关议题。随着时间的推移,摩根士丹利的可持续发展报告内容越来越丰富,从 2018 年的 38 页,到 2020 年的 58 页,再到 2022 年的 115 页,报告的内容越来越具体,报告披露了董事会 ESG 管理声明、组织架构、业务布局、公司战略、利益相关方沟通及实质性分析、助力可持续发展目标(SDGs)、ESG 管理方针与关键绩效、ESG

量化绩效表等内容。

2. 总体趋势分析

从全球范围看，ESG 披露正逐渐成为企业和投资者关注的焦点。随着社会对可持续发展日益重视，越来越多的企业开始认识到 ESG 因素对长期价值创造的重要性。在这一背景下，金融行业 ESG 披露的趋势也日益明显。金融机构纷纷加大 ESG 数据的收集和披露力度，以提高市场的透明度和信任度。摩根士丹利作为行业领导者，一直密切关注这一趋势，并通过不断完善自身的 ESG 披露制度，积极响应市场的需求。从披露渠道看，摩根士丹利披露渠道以可持续发展报告为主，此外特定年份还在官网中单独披露气候报告和年度多元化与包容性报告，披露内容较为详细充分。

3. 公司 ESG 披露情况现状总结

目前，公司 ESG 披露形式主要有可持续发展报告以及公开网站，可持续发展报告披露频率为每年一次，公开网站的信息披露具有实时性，根据需要实时更新(参见表 5-13)。

表 5-13　　公司 ESG 披露情况现状总结

披露形式	披露内容	披露频率
可持续发展报告	环境、社会和治理绩效指标等	每年一次
公开网站	ESG 领域的最新动态和绩效数据	根据需要更新

(二) ESG 评级发展沿革

1. MSCI 评级时序变动情况

MSCI 的 ESG 评级提供了对公司环境、社会和治理(ESG)方面风险抵御能力的评估。摩根士丹利 MSCI 的最新评级是“AA”，处于 126 家投资银行和经纪行业公司的领先水平。公司在 2019 年、2020 年的 MSCI 评级为“A”，而在 2021 年至今保持“AA”评级。由此可见，近年来摩根士丹利的 ESG 表现较好，ESG 评级也较为稳定。

2. 公司领先议题和落后议题

在 MSCI 针对该行业确定的 6 个关键议题——公司治理议题、公司行为、人力资源发展、责任投资、隐私与数据安全、融资环境影响中，摩根士丹利的三个议题处于领先水平，两个处于平均水平，一个处于落后水平。处于领先水平的议题是：公司治理议题、责任投资以及融资环境影响；处于平均水平的议题是：人力资源发展、隐私与数据安全；处于落后水平的议题是公司行为议题。综上，摩根士丹利在公司行为方面，仍有较大改进空间。

三、公司 ESG 组织形式

(一) 公司目前 ESG 相关组织架构情况

摩根士丹利董事会各委员会对损益、气候和可持续发展负有明确的监督责任。其中，治理和可持续发展委员会的前身是提名和治理委员会，多年来一直监督 ESG 倡议。董事会风险委员会监督气候风险。薪酬、管理、发展和继任(CMDS)委员会协助董事会监督与人力资本有关的战略、政策和做法,包括多元化和包容性。审计委员会监督事务所的自愿公开可持续性和气候信息披露。董事会各委员会酌情向全体执行局通报每个主题的专题。摩根士丹利董事会下设 ESG 委员会、风险委员会、审计委员会以及薪酬委员会。其中与 ESG 相关的有 ESG 委员会下的公司 ESG 委员会,风险委员会下的气候风险委员会,审计委员会下的 ESG 披露委员会;公司 ESG 委员会以及气候风险委员会又对 ISG ESG 委员会、MSWM ESG 委员会、亚太地区 ESG 委员会、日本 ESG 委员会、EMEA ESG 委员会、排放检查委员会以及公司气候风险管理指导委员会负责。

(二) ESG 组织架构变动情况

2022 年,摩根士丹利致力于加强全公司的 ESG 治理,将 ESG 组织结构正规化和标准化。摩根士丹利创建或修改了现有的区域和业务单元级别的委员会,以帮助确保成员、结构和报告线的一致性。这些 ESG 相关委员会现在向公司 ESG 委员会报告,该委员会监督全公司的 ESG 战略,并向气候风险委员会报告气候风险相关事宜。此外,ESG 披露事项由 ESG 披露委员会审查,某些气候信息披露也由气候风险委员会审查。

四、议题选择

摩根士丹利的 ESG 议题主要有人与文化、多样性和包容性、气候、可持续性,在 ESG 报告中各占一个模块,但 ESG 报告中并没有披露具体的实质性议题的界定流程和方法,也未对不同议题的重要性排序。

五、不同渠道披露之间的关系

公司 ESG 披露渠道共有可持续发展报告、ESG 网页两种披露渠道,总体上呈现可持续发展报告为主、ESG 网页为辅的披露渠道特征。不同 ESG 披露渠道的比较如表 5-14 所示:

表 5-14　　不同 ESG 披露渠道的比较

渠道	目标受众	框架结构	披露重点	重复披露	报告风格
可持续发展报告	利益相关者	按照人与文化、多样性和包容性、气候、可持续性以及解决方案五部分展开	E、S、G 分配较为平均	以综合报告为基准	严谨、具体
ESG 网页	大众	基本与 ESG 报告保持一致,内容较为具体,展现某些方面的成果	E、S、G 分配较为平均	与报告重复度较高	多以大框架介绍为主

六、ESG 报告

目前公司 ESG 报告只有一种形式,即可持续发展报告,ESG 相关内容在可持续发展报告中披露，报告中涵盖公司 ESG 的大部分内容。摩根士丹利从 2018 年开始披露可持续发展报告，当年 ESG 关键词在报告中出现 60 次，2021 年该关键词出现 83 次，而 2022 年报告中该关键词出现 241 次。这说明近年来公司对于 ESG 相关事项的披露内容越来越充分。

（一）采用的标准

在 2022 年可持续发展报告中，公司披露报告编制遵循全球报告倡议组织（GRI）最新标准，GRI 是全球公认的可持续发展报告标准，为组织提供了框架和指导，以披露其经济、环境和社会绩效。在披露其气候风险管理策略和成果时，摩根士丹利遵循气候相关财务信息披露工作组（TCFD）的建议。

（二）E、S、G 各自的披露侧重点

1. 环境（E）

摩根士丹利 2022 年的 ESG 报告中关于环境（E）的披露主要分为三部分：气候战略、气候风险管理以及气候指标和目标。

（1）气候战略方面，摩根士丹利致力于在整个业务、运营和风险管理活动中考虑气候变化。为了支持这项工作，公司有一项四支柱气候战略，其总体目标是在 2050 年前实现净零融资排放。这部分 ESG 报告中主要披露了净零转型方法、通知气候政策方法、“碳中和”方法。

净零转型方法，公司主要采取三种方法实现净零转型，分别是规模低碳机会、支持客户实现气候转型、管理贷款组合。首先，摩根士丹利长期以来一直专注于投资和融资等业务促进低碳过渡；其次，通过实现客户的气候相关承诺，为实体经济脱碳做出贡献，摩根士丹利许多客户将需要资本和专业知识来实现他们的目标，并确保他们的商业战略在脱碳经济中具有弹性，客户在转型过程中也面临复杂的问题，摩根士丹利致力于在气候之旅的各个阶段与他们合作；最后，随着时间的推移，可能会有一些客户无法及时过渡。公司认识到，在客户能够看到温室气体排放的减少之前，可能会有一段时间来计划和实施他们的战略。公司打算更加关注投资组合贷款决策如何影响实现目标的进展，并在推动公司战略时考虑到这一点。公司将继续与客户合作，制定他们的过渡战略，并考虑他们的气候应对方法，以达到 2030 年中期净零目标。

通知气候政策方法，报告披露了公司作为一家具有全球影响力的金融公司，在参与支持向低碳经济有序过渡的国家和全球气候政策方面发挥的作用。公司支持与科学相关的、并在可能的情况下以市场为基础的政策，包括碳价格，并与决策者、行业团体和贸易协会接触，以促进有效的全球和国家气候政策。在欧盟，公司定期与欧盟委员会、理事会和议会就 ESG 法规的制定接触。议题包括制定尽职调查报告要求、企业可持续发展报告要求和建立欧盟绿色债券标准等。在英国，公司与政策制定者合作，并就一系列立法和政策文件的制定提供评论中国的绿色金融战略、信息披露要求以及绿色分类法的发展。

“碳中和”方法，报告披露公司在 2022 年全球业务中实现了对“碳中和”的承诺。通过在

基础设施中采用项目来提高房地产效率，从而减少能源使用。截至2022年底，全球温室气体排放量（基于地点的核算）比2012年的基线减少了41%。在实现这一目标的同时，将员工数量增加了43%，而总占地面积大致相同。

（2）气候风险管理方面，摩根士丹利根据TCFD以及各种非政府组织、监管机构和金融机构的信息，将与气候变化相关的风险分为两类：转型风险和物理风险。转型风险指的是与低碳经济转型相关的风险，物理风险则指的是气候变化的物理影响对人和财产的损害，以及气候模式的长期变化。常见的转型风险有政策和法律风险、技术风险和市场风险；常见的物理风险有急性风险（如洪水、野火）和慢性风险（如海平面上升、全球变暖）。分类后，公司针对这两类风险进行风险情景分析以更好地提出应对策略。

此外，报告还披露了摩根士丹利的风险管理框架，摩根士丹利通过应用其标准风险管理框架管理气候风险。该框架主要包括识别、测量、管理和沟通四个步骤。

（3）气候指标和目标方面，为了评估公司在气候变化方面的风险和机遇，ESG报告提供了与气候相关的各种指标，如温室气体排放量、能源消耗量、可再生能源使用比例等。这些指标可以帮助投资者和其他利益相关者了解公司在应对气候变化方面的表现和进展。此外，还披露了2030年的排放目标，公司预计2030年相较于2019年在汽车制造行业的排放减少35%，能源行业降低29%，这些目标反映了公司在应对气候变化方面的承诺和战略规划，并为公司提供了明确的行动方向。报告还披露了温室气体历史排放数据，如表5-15所示。

表5-15　摩根士丹利温室气体排放数据

温室气体排放量（公吨二氧化碳当量）	2012年	2017年	2018年	2019年	2020年	2021年	2022年
范围1	28 098	29 684	29 081	25 913	23 470	25 571	27 268
范围1：房地产	24 005	25 545	24 694	21 942	21 213	22 043	22 805
范围1：移动源燃烧	4 093	4 139	4 387	3 971	2 257	3 528	4 463
范围2（基于位置）	331 917	233 876	247 716	215 911	191 772	186 255	196 553
范围2（基于市场）	345 738	236 745	256 950	224 092	201 922	198 648	40 150
范围1和范围2（基于位置）的总排放量	360 015	263 560	276 797	241 824	215 242	211 826	223 821
范围1和范围2（基于市场）的总排放量	373 836	266 429	286 031	250 005	225 392	224 219	67 418
范围3类别6&13的总排放量	113 349	112 203	125 666	105 039	20 624	25 306	57 268
范围3：类别6商务旅行	112 921	111 974	125 457	104 832	20 451	25 168	57 057
范围3：类别13下游租赁资产	428	229	209	207	173	138	211
基于位置的总排放量	473 364	375 763	402 463	346 863	235 866	237 132	281 089
基于市场的总排放量	487 185	378 632	411 697	355 044	246 016	249 525	124 686

2. 社会(S)

摩根士丹利对社会(S)的披露主要在于以下两个方面：人与文化、多样性和包容性。

(1) 人与文化方面，ESG 报告主要介绍了摩根士丹利的企业文化、福利和幸福感以及对赖以生存的社区的回馈。摩根士丹利的企业文化是把客户放在第一位，做正确的事情，以卓越的想法来领导，致力于多样性和包容，并回馈社会。公司在全球多地设有办事处，雇用了全球多国员工，其中女性员工占比美洲地区为 39%，欧洲、中东和非洲为 38%，亚太和日本地区为 42%。

报告披露，超过 90%的员工为在摩根士丹利工作感到自豪，报告列举了公司的文化和行为、对 D&I 的承诺，以及在工作场所的尊严和尊重。员工也分享了关于他们的职业生涯和幸福的有希望的反馈。84%的员工表示，他们的直接经理能够有效地管理他们，82%的员工表示，他们觉得自己对工作很有价值。在支持员工的个人生活方面，85%的员工表示，该公司提供了他们所需的资源来支持他们的健康和福祉。

回馈社会已深深植根于摩根士丹利的文化之中，公司已经积极支持世界各地的社区超过 85 年了。在 2022 年，基金会和员工共同向世界各地的非营利组织的捐赠超过了 1.6 亿美元；在关注孩子方面，摩根士丹利关注孩子们的身心健康，为了解决孩子们的身心健康问题，公司建立了摩根士丹利联盟儿童心理健康协会；在志愿服务方面，公司向数百个非营利组织提供了超过 210 万美元的支持，公司员工作为敬业的志愿者或董事会成员参与各种志愿活动。

(2) 多样性与包容性(D&I)方面，报告主要披露了 D&I 战略、员工、社会和市场四个部分的内容。公司的 D&I 战略，旨在为劳动力、市场和社会产生持久的影响，并为公司、客户和股东提供有意义的利益。在 2022 年，公司继续进行重大投资，董事长兼首席执行官、董事会和其他领导人都深入参与推进 D&I 战略。员工层面，摩根士丹利认为，多元化的员工队伍对公司持续的成功和服务客户的能力至关重要。公司努力吸引和留住在所有层次和所有角色中代表不足的人才，不基于种族而歧视任何个人、性别。此外，公司注重招聘多样化的人才以及培养代表性不足的人才。

社会层面，摩根士丹利通过有意的投资、慈善事业和充实项目来支持服务不足的社区，这些项目寻求解决教育、职业、经济机会和健康方面的不平等问题。市场层面，摩根士丹利有着多样的供应商，包括那些由不同种族的个人、妇女、退伍军人、残疾人和 LGBT+社区成员拥有的企业，反过来供应商多样性的指导原则支持了公司供应商池的持续扩大。

3. 治理(G)

摩根士丹利 ESG 报告在治理(G)方面披露的内容相对环境(E)、社会(S)较少，主要集中在风险管理和公司治理两方面。

(1) 在风险管理方面，公司认为风险是金融服务的固有组成部分，有效的风险管理对公司治理的成功至关重要。摩根士丹利的政策和程序可以确定、衡量、监控、升级、减轻和控制三个业务和更大的公司所面临的主要风险。企业风险管理(ERM)框架将风险管理的不同角色集成到一个整体的企业结构中,并将风险评估集成到公司的决策过程中。摩根士丹利的业务活动主要风险包括市场(包括非交易风险)、信贷、运营、模式、合规、网络安全、流动性、战略、声誉和行为风险。战略风险被纳入业务计划,嵌入所有主要风险的评估,并由董事会监督。公司通过谨慎的冒险行为来追求风险调整后的回报,以保护资本基础和特许经营。这一理念是通过 ERM 框架实现的,其中五个关键原则包括:完整性、全面性、独立性、问责制和透明度。

(2) 在公司治理方面,摩根士丹利强大的治理和诚信的声誉降低了商业风险,并为成功提供了基础。公司的核心价值观支撑着这种文化,推动其努力满足客户的需求,为投资者提供价值,并帮助为一个包容和公平的社会做出贡献。公司的治理政策每年审查一次,并在必要的时候更新,任何拟议的修正案均将提交全球特许经营委员会批准,而实质性的修正案将提交董事会的治理和可持续发展委员会批准。

七、网页

目前,摩根士丹利的 ESG 网页披露形式主要是网页直接的信息展示,可读性和及时性相比于报告存在其优点,同时也存在一定的局限性。

摩根士丹利的 ESG 网页位于官网投资者关系板块里,设立 ESG 网页的目的是披露可持续发展相关信息,让利益相关者了解公司如何动员和扩大资本规模,以创造一个更可持续的世界。

摩根士丹利的 ESG 网页可分为五大板块,分别是概述、解决方案和服务、全公司的可持续发展、报告和见解、可持续投资研究所。

(一) 概述板块

概述模块主要披露了公司的业务活动和可持续运营的三个支柱:解决方案和服务、可持续投资研究所和全公司的可持续发展。此外,简单列举了公司近期的可持续发展举措以及公司对可持续发展的承诺。

(二) 解决方案和服务板块

解决方案和服务板块披露了公司业务在可持续发展方面的具体实践。公司的机构证券业务融入了可持续发展思想,自 2013 年以来,摩根士丹利一直是绿色和可持续发展债券的领导者。随着可持续金融日益成为主流,公司的商业团队不断拓展业务,开拓新产品、新服务和新市场。

在财富管理业务上,摩根士丹利寻求产生市场利率财务回报和可衡量的积极环境和社会影响的客户提供一系列投资产品、投资组合解决方案、工具和分析,并专注于多个可持续发展目标,包括气候行动;促进多样性、公平性和包容性;以及基于信仰的投资。

2022 年,摩根士丹利管理的客户资产为 680 亿美元,分配给不同资产管理公司的产品超过 140 亿美元，投资有影响力平台的客户数量超过 328 000 个。

在投资管理业务上，摩根士丹利投资管理团队是负责任的长期投资者，为客户提供长期价值的共同目标指导着可持续发展业务议程、投资和管理活动。2021 年 3 月，摩根士丹利收购了 Eaton Vance 及其附属公司，包括子公司 Calvert Research and Management（美国责任投资管理公司中的长期领导者）和子公司 Parametric（定制、ESG 和税务管理解决方案的领先提供商），将在业务、计划、行业合作伙伴关系和人员中对 ESG 的努力和承诺相结合。

社区发展融资方面，ESG 网页披露了摩根士丹利帮助美国各地的社区带来持久的积极变化，2010—2022 年摩根士丹利对社区发展和投资贡献额超过 320 亿美元，对小企业贷款额超过 4.26 亿美元。

（三）全公司的可持续发展板块

全公司的可持续发展板块，网页披露了可持续发展治理与风险管理、可持续商业实践的相关内容。可持续发展治理方面，介绍了公司的可持续发展委员会以及利益相关者的参与情况。股东方面，公司与股东保持密切对话，努力满足他们对可持续发展信息的要求；员工方面，公司鼓励员工通过活动和公司内部网络培养可持续发展意识，并通过调查收集反馈；客户方面，公司为全球客户举办 ESG 会议，通过直接接触，更好地了解他们的 ESG 偏好，并就解决方案和服务合作，以满足他们的需求；非营利组织和社会方面，公司重视外界对公司 ESG 战略的看法，通过个人和小组对话以及行业团体和第三方活动获得他们的评价。

可持续商业实践方面，网页披露了公司关注的重点领域，主要有培养包容性的员工队伍和文化、建立可持续的供应链、提高工作场所的可持续性和弹性以及吸引员工。包容性方面，摩根士丹利致力于成为多元化和包容性的全球领导者，将同事、社区和客户聚集在一起，共同创造一个更为公平的社会，为此，摩根士丹利设立了包容性风险投资实验室和包容性研究所；可持续供应链方面，摩根士丹利寻求雇用多元化的全球员工和供应商，以满足业务需求的多元化，其次，摩根士丹利对于供应商有一套自己的行为准则，包括对人权和劳工权利、环境保护和商业道德实践的要求，最后，摩根士丹利努力维护负责任企业的全球标准，包括机会平等和集体谈判自由，以及消除童工和强迫劳动等。

（四）报告和见解板块

报告和见解板块，网页主要披露了 2018 年至今发布的可持续发展报告，读者可以自行下载，此外，该模块还展示了有关公司可持续发展观点和见解的文章，如标题为《扩大可持续金融：从战略到解决方案》《对 LGBTQ＋投资需求不断增长》《投资可持续“蓝色经济”的 4 种方法》《可持续金融：4 个投资者优先事项》《气候变化对妇女的影响以及投资者可以做什么》，从不同视角剖析了金融投资的可持续发展。

（五）可持续投资研究所板块

可持续投资研究所板块披露了摩根士丹利可持续发展研究所的详细信息，包括最新的可持续投资见解、公司的详细举措等信息。

总的来说,摩根士丹利ESG网页的内容十分丰富,具有综合性、互动性以及频繁更新的特点。相对于ESG报告,摩根士丹利ESG网页的优势包括:①时效性。由于网页可以频繁更新,因此能够更及时反映公司的ESG表现和最新进展。②互动性。网页的互动元素可以提高用户的参与度和体验,从而增加用户对公司ESG表现的了解和认可。③全球化。网页可以更容易地被全球范围内的用户访问,从而扩大公司ESG表现的传播范围和影响力。但同样,相对于ESG报告,由于网页篇幅的限制,可能无法像ESG报告那样深入详细地介绍公司的ESG表现。

八、年报ESG

摩根士丹利的年报中并未出现ESG关键词,ESG报告和年报互相独立,年报披露的主要内容都是财务绩效,并未涉及ESG有关内容。这种分离的报告方式可能使年报更简洁,同时ESG报告提供更专注于可持续发展的详细信息和数据。

九、ESG的对外沟通情况

摩根士丹利在ESG对外沟通上的策略明确,其目标是向广大利益相关者,包括投资者、客户、员工和公众,传达公司在ESG领域的努力、进展和成果。通过有效的沟通,摩根士丹利希望增强公司的品牌形象,吸引更多的ESG投资者,并与各利益相关者建立良好的关系。

沟通工具主要是上文所述的ESG网页和ESG报告。ESG报告作为主要的沟通工具,摩根士丹利定期发布ESG报告,详细介绍公司在各个ESG领域的策略、目标、进展与成果。摩根士丹利的网站设有专门的ESG板块,集中展示公司的ESG信息,包括报告、数据、新闻和活动等。

通过多元化的沟通工具和策略,摩根士丹利在ESG领域的努力得到了广泛的认可。其ESG表现得到了投资者、客户、员工和社会的积极评价,提升了公司的声誉和品牌价值。同时,这种对外沟通也促进了公司内部ESG实践的深化和完善。在对外沟通ESG信息时,摩根士丹利面临的挑战主要包括如何更准确地传达公司的ESG策略与成果,如何回应外部对公司的ESG实践与期望,以及如何持续创新沟通方式与工具以吸引更多的关注。展望未来,随着ESG投资的日益增长和公众对可持续发展的更高期望,摩根士丹利将继续加强其在ESG领域的对外沟通,促进与利益相关者的多方合作,共同推动可持续发展的进程。

十、ESG鉴证

2022年,摩根士丹利的ESG报告内的温室气体排放指标经过德勤有限责任公司的审查,德勤认为其符合世界资源研究所/世界可持续发展商业理事会发布的企业会计和报告标准。而其他内容，不受德勤会计师事务所的审查，因此，德勤没有对此类信息表达结论或任何形式的保证。此外，截至 2022 年 12 月 31 日有关前瞻性陈述、目标和目标进展的信息，不受德勤的审查，因此，德勤不对这些信息表示结论或任何形式的保证。

十一、公司 ESG 相关经济后果

公司的 ESG 评级情况可能会对机构投资者有一定的影响，而从摩根士丹利的机构投资者数据来看，两者间的关联性有限。

如图 5-11 所示，摩根士丹利的机构投资者近五年来数量先升后保持稳定，持股比例却几乎保持不变，近年来稳定在 86%左右。因此从综合机构投资者的数据来看，ESG 表现对机构投资者的吸引力没有明显影响。

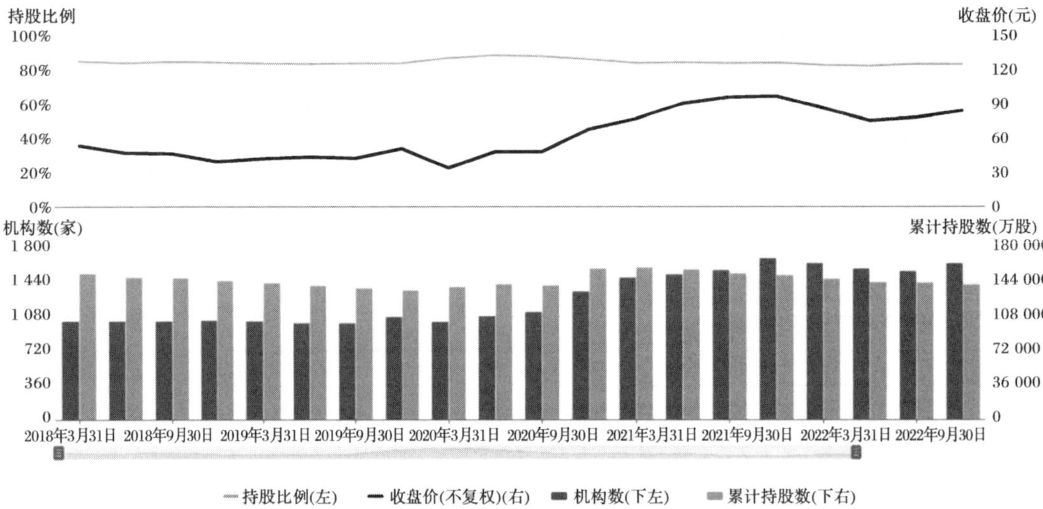

图 5-11 摩根士丹利机构投资者数量

十二、公司 ESG 相关特点总结

(一) 优点

从报告中我们可以发现，摩根士丹利 ESG 的相关优点主要包括披露渠道相对平衡，网页和报告并重；报告内容充实，注重定性与定量相结合；ESG 表现良好，可持续发展思想融入业务，具体总结如下：

1. 披露渠道相对平衡，网页和报告并重

相较于一些其他企业在 ESG 网页上并没有披露什么实质性内容，摩根士丹利在 ESG 报告和 ESG 网页中披露的信息并非简单重复，ESG 网页是对 ESG 报告的概括和补充，满足不同利益相关者对信息的需要。

2. 报告内容充实，注重定性与定量相结合

摩根士丹利披露的 ESG 报告在以定量信息为主，辅以定性信息，这样的优势在于以数字和统计数据为基础，避免了主观偏见和解释的模糊性。这使得基于定量数据的分析更具客观性和准确性，同时增强了摩根士丹利信息披露的透明度。

3. ESG 表现良好，可持续发展思想融入业务

在投资银行业务中，摩根士丹利积极引导和帮助客户进行可持续投资。他们提供咨询服务，协助客户制定和实施可持续发展战略，推动绿色金融和可持续基础设施的投资。通过与客户合作，他们努力将可持续性纳入投资决策，促进对环境和社会负责的资本配置。

（二）缺点

从报告中我们可以发现，摩根士丹利 ESG 的相关缺点主要包括缺少 ESG 评级披露；部分内容未经鉴证，具体总结如下：

1. 缺少 ESG 评级披露

摩根士丹利可持续发展报告中没有披露历年或当年的 ESG 评级，不利于利益相关者了解公司 ESG 评级变动情况，也不利于可持续发展报告客观性的提高。

2. 部分内容未经鉴证

虽然部分内容得到了外部鉴证，但报告的其他部分未经鉴证可能会使利益相关者对整个报告的可信度产生疑问。为了进一步提高透明度和可信度，公司可以考虑扩展外部鉴证的范围。

（三）启示

1. 将 ESG 融入核心业务策略

从摩根士丹利的实践中看到，金融服务行业将 ESG 融入核心业务策略不仅是应对外部压力的举措，更是为了长期的业务持续性和增长。金融服务企业在制定业务战略时，应更全面地考虑环境、社会和治理因素，以确保资金流向有益于可持续发展的领域，助推全球经济向更绿色、更包容的方向发展。

2. 强化 ESG 信息的披露与鉴证

摩根士丹利的部分 ESG 报告内容经过外部鉴证的做法，提醒金融服务行业在披露 ESG 信息时，应重视信息的真实性和可信度。为了增强利益相关者的信任，企业应考虑通过独立的第三方机构对 ESG 信息进行鉴证，确保所披露的信息准确、完整地反映了企业的 ESG 实践。

3. 推动资本市场对 ESG 的认知和行动

摩根士丹利在投资银行业务中融入可持续发展的思想，为资本市场带来了新的投资机会和评估标准。金融服务行业作为资本市场的中介和参与者，应积极传播 ESG 理念，推动资本市场对 ESG 的认知从单纯的“责任投资”上升到“价值投资”的高度。通过引导和助力资本向更可持续的项目流动，金融服务行业可以促进全球可持续发展的进程。

第三节 高盛(Goldman Sachs)ESG信息披露

一、公司简况

(一) 公司概况

1. 公司简介

高盛集团是一家全球领先的金融服务公司,成立于1869年,是全世界历史悠久及规模最大的投资银行之一,总部位于纽约。其业务涵盖投资银行、资产管理、证券、私募股权、直接投资以及众多其他金融服务。自1869年创立以来,高盛一直以其卓越的专业知识和创新能力,提供高质量的金融服务,满足全球各类客户的复杂需求。

在业务层面,高盛集团的投资银行业务提供包括证券承销、交易、企业融资、并购建议等在内的全方位服务。其资产管理业务则提供投资管理、咨询服务以及一系列投资产品。在证券业务方面,高盛提供股票、固定收益、货币和商品市场的交易服务。此外,高盛的私募股权业务和直接投资业务,专注于为企业提供成长资本和策略投资。

作为全球领先的金融服务公司,高盛集团对其在环境、社会和治理(ESG)方面的责任有深刻理解。公司认为,有效的ESG实践对于其长期成功至关重要,不仅有助于其自身业务的可持续发展,也有助于推动全球社会的可持续发展。因此,高盛集团已经开始积极披露其ESG实践情况,以此展示其在环境、社会和治理方面的绩效。这些披露包括公司在减少碳排放、提高能源效率、推动多样性和包容性、强化风险管理以及促进社区发展等方面的具体行动和成果。

2. 历史沿革

高盛集团起源于1869年,由德国移民马库斯·戈德曼创立。初创时期,高盛主要从事商业票据交易。在19世纪90年代到第一次世界大战期间,投资银行业务开始形成,高盛逐渐崭露头角。

20世纪初,随着股票承销和首次公开募股业务的兴起,高盛逐渐转型成为真正的投资银行。1906年,高盛帮助西尔斯-罗马克(Sear Roebuck)公司实现了当时规模最大的首次公开募股,进一步巩固了其在金融界的地位。

在之后的年代里,高盛经历了多次经济周期和金融市场的变迁,但始终保持着其在投资银行业务领域的领先地位。随着时间的推移,高盛的业务范围也进一步扩大,涵盖了资产管理、证券、私募股权、直接投资等众多金融服务领域。

上市以来,高盛更是成为全球知名的金融服务巨头,其影响力和业务范围遍布全球。同时,高盛也一直注重自身的企业文化和社会责任,积极推行ESG实践,致力于可持续发展。

以下是高盛发展过程中的重要时间点及其事件:

1869 年：高盛集团创立，初期主要从事商业票据交易。

19 世纪 90 年代：高盛成为全美最大的商业本票交易商，营业收入大幅增长。

1906 年：在创二代亨利和萨姆的领导下，高盛开始了它的第一次承销业务，成为真正意义上的投资银行。

1929 年：金融危机期间，由于决策失误，高盛损失了 92%的原始投资，濒临倒闭。但经过一系列的调整和恢复，公司最终渡过了难关。

20 世纪 30 年代至 70 年代：在这段时期，高盛逐渐从单一的票据业务发展至多元化的金融服务，包括证券承销、交易、企业融资等。

1999 年 5 月：高盛集团在纽约证券交易所上市，进一步增强了公司的资本实力和公信力。

2008 年金融危机后：高盛转型为银行控股公司，开始去杠杆并削减自营投资，同时布局金融科技领域，寻求新的增长点。

这些时间点标志着高盛在历史发展进程中的重要阶段和转折点，也反映了公司如何随着市场环境的变化不断调整和创新自己的业务模式。

（二）所处行业和公司定位

1. 行业发展与竞争情况

金融服务行业作为全球经济的重要驱动力，近年来经历了前所未有的变革。技术进步、全球化和 ESG 因素的崛起都对这一行业的发展产生了深远的影响。

从行业规模看，金融服务行业持续壮大，总资产与总收入不断增长。随着数字化的推进，金融科技公司的崛起也对传统金融机构产生了一定的冲击，形成了新的竞争格局。

竞争方面，金融服务行业的竞争日益加剧。传统银行、证券公司、保险公司等金融机构与新兴的金融科技公司共同竞争，使得市场份额的争夺更为激烈。为了维持竞争优势，许多金融机构加大了在技术创新、人才培育和国际化战略等方面的投入。

此外，随着全球对环境、社会和治理（ESG）的关注度提高，ESG 投资逐渐成为金融服务行业的新热点。越来越多的机构投资者和个人投资者希望将资金投向符合 ESG 标准的企业和项目。这为金融服务机构提供了新的业务机会，但同时也带来了 ESG 信息披露和评级的挑战。

2. 公司定位、使命与愿景

高盛集团定位为全球领先的金融服务公司，专注于为全球各类客户提供全方位、高质量的金融服务。作为市场的创新者和引领者，高盛始终保持着对市场变化的高度敏感，通过专业的知识和经验，助力客户实现其战略目标。

基于其深厚的合作传统与 150 多年的丰富经验，高盛集团的使命是调动其全球的员工、文化、技术和理念，以客户为中心，推动客户的成功。在此过程中，高盛致力于扩大个人的繁荣，并加速全球的经济进步，为所有利益相关者创造长期、可持续的价值。结合其价值观，高盛集团在追求使命的过程中，强调团队合作、归属感和服务思维，努力赢得并维护客户的信任，同时坚守最高的道德标准，追求卓越的业务成果，从而为公司、股东和社区带来骄傲和自豪。

高盛集团的愿景是持续作为全球最卓越的金融机构，不断巩固和深化其与世界领先企业、企业家和机构的合作关系。在变化的全球经济环境中，通过创新、专业性和卓越的服务，成为全球金融服务的标杆。在这一愿景下，高盛继续秉持其四大核心价值观，确保每一位员工都深深体会到这些价值观，并将其融入日常工作。通过这样的方式，高盛不仅为客户创造卓越的价值，也为员工提供一个充满挑战和机遇的成长平台，进一步推动全球经济的繁荣与进步。

（三）公司股权结构及子公司、孙公司等情况

截至 2023 年 2 月 27 日，高盛的前三大股东分别是贝莱德集团公司（BlackRock Group）、领航集团有限公司（Navigator Group）以及美国道富集团（State Street Corporation），分别持股 6.98%、8.85%、6.22%，合计持股 22.05%。

高盛在 2022 年年报中披露了子公司的有关情况，高盛集团在美国的子公司主要有 GS Bank USA，Goldman Sachs & Co.，LLC（GS&Co.），J. Aron & Company LLC（J. Aron）and Goldman Sachs Asset Management，L. P.；在欧洲的子公司主要有 Goldman Sachs International（GSI），GSIB and Goldman Sachs Asset Management International（GSAMI）；Goldman Sachs Bank Europe SE（GSBE）；Goldman Sachs Paris Inc. et Cie（GSPIC）；在亚洲的子公司主要有 Goldman Sachs Japan Co.，Ltd.（GSJCL）。

（四）财务绩效情况

1. 近五年收入情况

近五年来，高盛集团的营业收入先上升，后下降，具体如图 5-12 所示，2018—2022 年的总营收分别是 366.16 亿美元、365.46 亿美元、445.6 亿美元、593.39 亿美元、473.65 亿美元，总营收呈稳中向好态势。2019—2022 年的收入增长率分别为−0.2%、21.9%、33.2%、

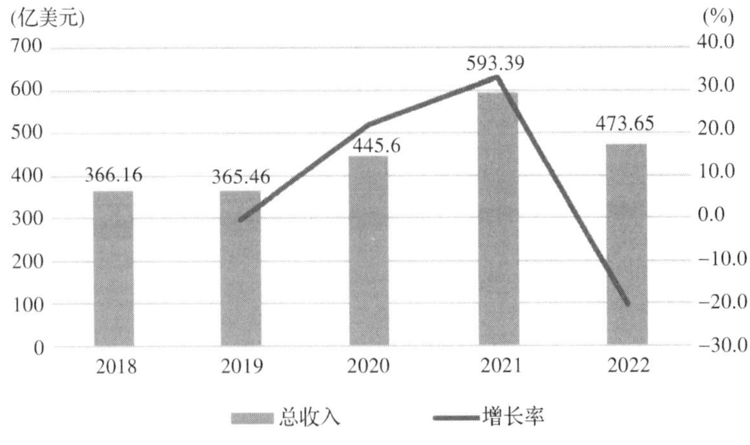

图 5-12 高盛近五年营业收入情况

—20.2%，其中2019年、2022年收入增长率为负。高盛营业收入波动的原因可以概括为市场环境的变化和业务竞争的加剧。全球经济状况、金融市场的波动、竞争态势、监管压力以及公司自身策略调整等因素都可能对其营业收入产生影响。在这些因素的综合作用下，高盛的营业收入表现出了上升和下降的波动趋势。

2. 近五年利润情况

近五年来，高盛集团利润情况总体趋势与收入相同，净利润呈波动趋势。如图5-13所示，2018—2022年，高盛集团的净利润分别为104.59亿美元、84.66亿美元、94.59亿美元、216.35亿美元、112.61亿美元，在2021年达到峰值216.35亿美元，于2021—2022年下滑。净利率在五年内相对保持稳定，但2021年净利率有明显上浮，2018—2022年，净利率分别是28.6%、23.2%、21.2%、36.5%、23.8%。

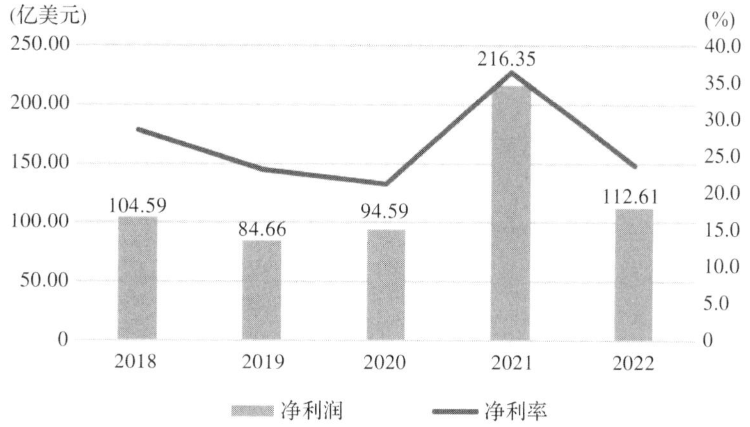

图5-13 高盛近五年净利润情况

3. 近五年市值情况

近五年来，高盛集团的市值先上升，后下降，如图5-14所示，2018—2022年的市值分别

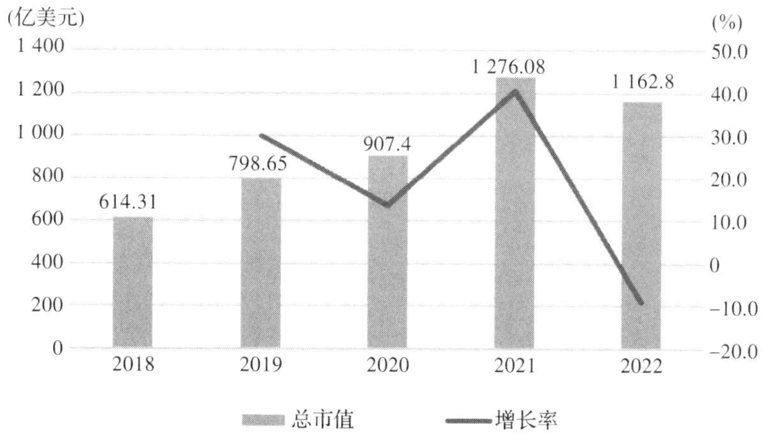

图5-14 高盛近五年市值情况

是614.31亿美元、798.65亿美元、907.4亿美元、1 276.08亿美元、1 162.8亿美元，市值变化幅度较大。2019—2022年的增长率分别为30.0%、13.6%、40.6%、−8.9%，其中2022年市值增长率为负。可以看到，2021年高盛集团的市值增长幅度达到了40.6%，主要原因是2021年出色的业务表现，2021年，高盛所有四大核心业务的收入都实现了同比增长。

（五）公司产品与ESG的联系

高盛公司的业务和产品与ESG（环境、社会和治理）有着紧密的联系。近年来，随着社会对可持续发展和环保意识的增强，高盛公司积极将ESG理念嵌入其产品和业务。

首先，在业务层面，高盛致力于为企业提供ESG相关的咨询服务。这包括帮助企业制定可持续发展战略，优化环保和社会责任实践，以及提升公司治理水平。此外，高盛还通过其投资银行业务，积极推动绿色债券和可持续发展项目的融资活动。

在产品线方面，高盛推出了一系列与ESG相关的金融产品。例如，高盛推出了ESG主题的交易所交易基金（ETF），为投资者提供了投资于符合可持续发展目标公司的机会。此外，高盛还开发了ESG评分和筛选工具，帮助投资者评估和选择符合其ESG标准的投资标的。

为了将ESG理念更深入地嵌入其产品和业务，高盛采取了以下措施：

（1）内部建设。高盛加强内部ESG专业团队的建设，提升员工对ESG理念和可持续发展的认知。同时，公司还制定了与ESG相关的政策和指导原则，确保业务和产品符合ESG标准。

（2）合作与伙伴关系。高盛积极与环保组织、非政府机构和其他利益相关者合作，共同推动可持续发展。通过与这些伙伴的合作，高盛能够更深入地了解ESG领域的最新动态和标准，从而更好地为客户提供ESG相关服务。

（3）创新与发展。为了满足客户对ESG产品的不断增长的需求，高盛持续投入研发和创新，开发更符合ESG理念的新产品和服务。

二、ESG发展沿革

（一）ESG披露发展沿革

1. 公司ESG披露情况

高盛一直是ESG实践的倡导者和先行者。自2006年开始，高盛便主动发布了环保报告，此举体现了其在环境保护方面的早期觉醒。报告中详细披露了公司在减少自身运营和业务活动对环境的影响所做的努力，如碳排放的减少、能源消耗的降低以及水资源的合理使用等。

2010年，高盛进一步扩展了披露范围，开始发布ESG报告。在原有的环保基础上，报告纳入了社会和治理方面的内容。在社会层面，高盛强调了员工的多元化和包容性，以及社区投资和金融服务的普及；在治理方面，公司阐述了其反腐败、反贿赂的立场，以及如何保护股东权益,确保公司的稳健治理。

2018年是一个重要的转折点,高盛的ESG报告正式更名为可持续发展报告。这一变化标志着公司的关注点不仅是短期的环境和社会问题,更是长远的可持续发展。这种可持续发展的视角也深入高盛的长期目标和战略。

2. 总体趋势分析

高盛作为金融行业的领先者,在ESG披露方面起步较早,并一直保持着前瞻性和创新性。其ESG披露的主要渠道包括ESG报告和ESG网站,这两种渠道相辅相成,提供了一个全面且多元化的视角,使利益相关者能够更深入地了解高盛在ESG方面的实践和成果。

从披露的内容看,随着时间的推移,高盛的ESG披露内容变得越来越充实。早期的披露可能更多地集中在环保方面,但随着时间的推移,社会和治理方面的议题也逐渐被纳入披露范围。这意味着高盛对E、S、G三个层面的重视都在增强,展示了一个更为全面和深入的ESG实践画面。此外,高盛也积极响应全球ESG披露趋势,不断调整和加强其披露策略。例如,从环保报告到ESG报告,再到可持续发展报告的名称变化,都显示了高盛与全球趋势的紧密接轨和对可持续发展的持续承诺。

3. 公司ESG披露情况现状总结

目前,公司ESG披露形式主要有可持续发展报告以及公开网站,可持续发展报告披露频率为每年一次,公开网站的信息披露具有实时性,根据需要实时更新(参见表5-16)。

表5-16 公司ESG披露情况现状总结

披露形式	披露内容	披露频率
可持续发展报告	环境、社会和治理绩效指标等	每年一次
公开网站	ESG领域的最新动态和绩效数据	根据需要更新

(二) ESG评级发展沿革

1. MSCI评级时序变动情况

MSCI的ESG评级提供了对公司环境、社会和治理(ESG)方面风险抵御能力的评估。高盛集团MSCI的最新评级是"A",处于126家投资银行和经纪行业公司的前30%左右水平。公司在2020年以前的MSCI评级为"BBB",表现相对一般,评级在2021年以后有了上调,为"A"级。由此可见,近两年来高盛集团的ESG表现有所进步。

2. 公司领先议题和落后议题

在MSCI针对该行业确定的6个关键议题(公司治理议题、公司行为、人力资源发展、责任投资、隐私与数据安全、融资环境影响)中,高盛集团在三个议题处于领先水平,两个处于平均水平,一个处于落后水平。处于领先水平的议题是责任投资以及融资环境影响、隐私与数据安全;处于平均水平的议题是公司治理议题、人力资源发展;处于落后水平的议题是公司行为议题。综上,高盛集团在公司行为方面,仍有较大改进空间。

三、公司 ESG 组织形式

(一) 公司目前 ESG 相关组织架构情况

高盛在年报中披露了部分 ESG 组织架构情况，具体如下：

高盛成立了一个可持续金融小组，作为推动整个公司的气候战略和可持续发展努力的集中小组，包括与其业务一起进行的商业努力，以推动气候转型和包容性增长。高盛还设立了可持续发展和包容性增长全球主管这一角色，该倡议旨在促进公司在气候转型和包容性增长两方面的全部能力的应用。例如，公司最近成立了可持续银行小组，该小组的重点是支持银行客户减少其直接和间接的碳排放。高盛将对气候相关风险的监督纳入风险管理治理结构，从高级管理层到董事会及其委员会，包括风险和公共责任委员会。董事会风险委员会负责监督包括气候风险在内的全公司金融和非金融风险，并作为其监督的一部分，接收有关高盛应对气候风险的风险管理方法的最新信息。董事会公共责任委员会协助董事会监督全公司可持续发展战略和影响其可持续发展风险，包括气候变化方面的风险。作为监督工作的一部分，公共责任委员会定期收到关于公司可持续发展战略的最新信息，并定期审查治理以及可持续发展和气候变化相关风险的相关政策和进程。高盛还实施了一项环境政策框架，以指导公司处理可持续性问题的总体方法。高盛集团在评估交易的环境、社会风险和影响时应用此框架。

(二) ESG 组织架构变动情况

高盛集团的年报以及 ESG 报告中暂未披露有关 ESG 组织架构的历史变动情况。

四、议题选择

高盛集团在可持续发展报告中披露了其 ESG 框架，主要分为两部分：推进气候转型和推进包容性成长，而支撑这两个战略的则是九个关键议题：清洁能源、可持续运输、可持续粮食和农业、废物和材料、生态服务系统、无障碍和创新医疗保健、财务包容性、可获得和负担得起的教育、社区。但 ESG 报告中并没有披露这些议题的界定流程和方法，也未对不同议题的重要性排序。

五、不同渠道披露之间的关系

高盛 ESG 披露渠道有官方报告披露、ESG 网页披露两种披露渠道，高盛的 ESG 报告与其他公司存在较大差异，将不同话题的报告拆开披露，而非整合为单独的 ESG 报告，高盛关于 ESG 的报告主要有可持续发展报告、气候相关财务信息披露报告、环境政策框架报告、商业行为和道德准则报告、反贿赂和反腐败声明等。不同 ESG 披露渠道的比较如表 5-17 所示：

表 5-17　　不同 ESG 披露渠道的比较

渠道	目标受众	框架结构	披露重点	重复披露	报告风格
官方报告	利益相关者	围绕气候转型和包容性增长两方面展开	E、S、G 分配较为平均	以综合报告为基准	严谨、具体
ESG 网页	大众	基本与 ESG 报告保持一致，内容较为具体，展现某些方面的成果	E、S、G 分配较为平均	与报告重复度较高	以框架、案例、成果介绍为主

六、ESG 报告

目前公司 ESG 报告多种形式并存，但主要信息在于可持续发展报告，ESG 相关内容在可持续发展报告中披露，报告中涵盖公司 ESG 的大部分内容。除了可持续发展报告，高盛还披露了气候相关财务信息披露报告、环境政策框架报告、商业行为和道德准则报告、反贿赂和反腐败声明等。高盛从 2006 年开始披露环保报告，后改名 ESG 报告，现又改名为可持续发展报告。披露的内容也从仅仅披露环境方面信息转变到现在披露环境、社会和治理多方面的内容。这说明近年来公司对于 ESG 相关事项的重视程度越来越高。

（一）采用的标准

在 2022 年可持续发展报告中，公司披露报告编制遵循全球报告倡议组织（GRI）最新标准，GRI 是全球公认的可持续发展报告标准，为组织提供了框架和指导，以披露其经济、环境和社会绩效。在披露其气候风险管理策略和成果时，高盛集团遵循气候相关财务信息披露工作组（TCFD）的建议。

（二）内容结构

高盛集团 2022 年披露的 ESG 报告的目录，直接明了地反映了高盛报告的行文逻辑：报告披露的第一个模块是公司可持续财务策略，接下来是公司如何与客户合作帮助客户实现 ESG 转型，之后的两个模块是公司自身可持续发展建设，最后介绍了公司的关键指标和目标。

（三）E、S、G 各自的披露侧重点

1. 环境（E）

高盛关于环境（E）的内容主要披露在可持续发展报告中，而气候相关财务信息披露报告也披露了部分 E 的内容，这部分主要集中在气候治理方面。

在气候治理方面，高盛披露了董事会和管理层治理结构、监督机构如何将气候因素纳入其监督职责的一部分。高盛正在为与气候和可持续性相关的问题建立一个有效和有弹性的治理和风险环境，为了实现这一目标，同时也为了将与气候相关的风险嵌入公司的风险管理实践，高盛将对气候相关风险和机会的监督整合到组织多个层次的治理结构中，包括董事会、管理团队，以及特定职能组、高盛、业务部门、业务部门和法律实体级别的治理职

责。具体如表5-18所示。

表5-18 董事会监督机构与承担的责任

治理机构	承担的责任
董事会	董事会负责监督气候战略,包括管理与气候相关的风险和机会,并在适用情况下监督未来与气候相关的目标和目标的进展活动。与气候相关的讨论频率是可变的,并取决于这些讨论在董事会风险和审计委员会举行的频率。董事会的各委员会更详细地讨论与气候相关的主题,并在董事会级别上总结研究结果。如,2022年董事会收到了关于其业务线(包括私人财富管理和私人市场投资)的战略和业绩的定期更新,其中包括气候变化
董事会风险委员会	董事会风险委员会根据气候相关风险审查风险管理框架的有效性,考虑在管理气候相关风险方面的风险,并根据需要将气候相关风险问题升级到董事会。如,2022年董事会风险委员会多次通过定期简报讨论与气候相关的话题,并作为重点议题
董事会审计委员会	董事会审计委员会负责建议和协助董事会,特别是监督的系统、控制,会计,财务报表和财务报告过程的完整性。如作为其中的一部分,在2022年,该委员会被简要介绍了与这些系统和控制有关的与气候相关的主题

与气候相关的治理将嵌入公司业务线中和其他功能团队中的各个角色之间,如表5-19所示。

表5-19 公司业务线与可持续性整合

公开市场投资	在公共市场投资中,可持续投资专业人士得到了集中的SIIP的支持。重点是加强和发展可持续投资数据和工具,可持续投资内部教育,提供可持续投资战略建议和分析,以及加强投资战略中的ESG整合(包括气候)。此外,公共市场投资公司还任命了ESG业务中嵌入公司资产类别中的负责人,具体资产类别包括:股票、固定收益、多资产解决方案和外部投资集团[前身为另类投资和自营集团(Alternative Investment & Manager Selection, AIMS]
私人市场投资	在私人市场投资中,可持续发展影响着团队领导企业的可持续发展战略。此外,从2022年开始,一直持续到2023年,私人市场投资已经在私募股权、基础设施、私人信贷、房地产和SIG(Susquehanna International Group)业务中建立了ESG业务线索。他们负责在适用的情况下,将可持续性最佳实践和气候战略整合并实施到其业务部门的投资过程中。到2023年,这些团队成员得到了私人市场投资气候战略负责人的支持。这些个人与投资团队密切合作,以支持与气候相关的工作和分析、过渡规划、投资和资产级气候集成,以及可持续的投资产品开发
私人财富管理	在私人财富管理领域,可持续解决方案集团(Sustainable Solution Group, SSG)成立于2021年,旨在支持我们为私人财富管理客户提供的可持续发展能力(包括气候能力)的发展。SSG就客户多资产类别投资组合的可持续投资组合解决方案的所有问题为业务提供建议。该团队既面向客户,又具有战略性,与公司内的其他团队合作,以确保私人财富管理平台充分满足客户的需求

此外，在可持续发展报告中，环境(E)的披露主要表现在高盛如何帮助客户推进气候转型战略。高盛的可持续银行集团正在积极向多个行业寻求脱碳解决方案。通过数据驱动的见解、建议和资本，高盛与客户合作提供帮助他们提高了碳效率，建立了更有弹性的长期业务。为此，ESG报告中披露了以下案例：雪佛龙收购生物燃料的领导者、Enel首次与欧盟分类挂钩的可持续性债券、稳定智利电价，支持从煤炭向可再生能源转型、北美地区与ESG相关的融资开发银行、清洁氢的整体规模化生产促进印度和越南关键公共交通的电气化。就成果来看，高盛2020年实现420万吨碳减排，同时生产5.19亿加仑生物柴油和可再生柴油，斥资9.08亿美元，用于将为智利服务的发电公司的应收账款证券化。除了帮助客户实现气候转型，ESG报告还披露了高盛自身在环境方面所做出的努力，这部分内容以定量的数据来展示，主要有近四年公司能量的耗用情况、温室气体的排放量情况、用水量情况以及废物处理情况、负责任采购情况以及供应链情况。表5-20和表5-21展示了部分数据。

表5-20　　　　用水量及废物处理情况

	2021—2022年趋势	2022年	2021年	2020年	2017年(基准)
水					
全球用水(立方米)	↑	930 682	826 151	834 530	1 026 286
全球用水量较基线降低比例(%)		−9%	−20%	−19%	N/A
办公室用水强度(立方米/办公室座位)	↑	12.7	11.2	12.7	19.0
办公室用水强度较基线降低比例(%)		−33%	−41%	−33%	N/A
废弃物					
全球商业废弃物(公吨)	↑	3 676	2 820	2 485	5 979
回收/堆肥材料占比		55%	58%	67%	57%
填埋材料占比		3%	3%	3%	7%
垃圾转能占比		42%	39%	30%	36%
全球电子废物(公吨)	↓	193	321	301	265
翻新和再利用的材料占比		0%	0%	0%	0%
回收材料占比		100%	100%	100%	100%
全球建筑垃圾(公吨)	↑	676	158	1 621	4 171
回收/堆肥材料占比		61%	84%	61%	99%
填埋材料占比		25%	16%	39%	1%
垃圾转能占比		14%	0	0	0

表 5-21 **温室气体排放情况**

	2021—2022 年趋势	2022 年	2021 年	2020 年	2017 年（基准）
温室气体排放					
范围 1——直接排放（公吨二氧化碳当量）	↑	11 980	11 847	9 330	10 750
天然气占比		43%	47%	56%	63%
其他能源燃料占比		31%	27%	12%	11%
HFC 制冷剂占比		26%	26%	32%	26%
范围 2（基于位置）——非直接排放（公吨二氧化碳当量）	↑	158 151	145 264	142 990	192 296
购买电力占比		98%	98%	98%	99%
购买蒸汽和冷冻水占比		2%	2%	2%	1%
范围 2（基于市场）——非直接排放（公吨二氧化碳当量）	↓	9 840	12 635	6 776	21 107
购买电力占比		66%	73%	61%	89%
购买蒸汽和冷冻水占比		34%	27%	39%	11%
范围 3：类别 6 商务旅行（公吨二氧化碳当量）	↑	57 233	23 802	29 295	120 001
商业航空占比		86%	68%	69%	88%
其他旅游出行占比		14%	32%	31%	12%
范围 1 和范围 2（基于位置）的总排放量（公吨二氧化碳当量）	↑	170 131	157 111	152 320	203 046
范围 1 和范围 2（基于市场）的总排放量（公吨二氧化碳当量）	↓	21 820	24 482	16 105	31 857
范围 1、范围 2（基于市场）和范围 3 类别 6 的总排放量（公吨二氧化碳当量）	↑	79 053	48 284	45 400	151 858
范围 1、范围 2（基于市场）和范围 3 类别 6 的净排放量（公吨二氧化碳当量）		0	0	0	0
经核实的碳避免排放信用（公吨二氧化碳当量）		57 233	26 116	43 225	146 950
经核实的碳清除信用（公吨二氧化碳当量）		21 820	20 000	0	0

2. 社会（S）

高盛 ESG 报告对社会（S）的披露主要表现在推进包容性建设、可持续供应链管理两方面，利用作为金融机构的专业知识，高盛努力实现更具包容性的经济，追求创新的商业和慈善解决方案，以解决美国和全球社区的经济和社会挑战。

推进包容性建设方面，高盛倡议“一百万名黑人女性计划”“一万名女性计划”和“一万名小企业”计划。“100 万名黑人女性计划”是高盛最近 10 年的承诺，目标是到 2030 年对至少 100 万名黑人女性的生活产生积极影响，该计划将部署 100 亿美元的直接投资资本和 1 亿美元的慈善资本，用于经济适用房。创造就业机会、优质教育、医疗保健、获得资本等，所有这些都聚焦于缩小黑人妇女的机会差距。迄今为止，该倡议已经部署了大约 20 亿美元的投资资本和超过 2 300 万美元的慈善基金，为影响 21.5 万名黑人女性奠定了基础。

“一万名女性计划”是一项全球性计划，旨在为世界各地的女性企业家提供获得资金、商业教育、指导和人脉渠道。2008 年成立以来，高盛通过面对面和在线商业教育为超过 5 万名女性提供了服务，从 15 个国家扩展到 150 个国家，为其中 60％的人创造了新的就业机会，70％的人有了更高的收入，90％的人通过指导其他女性来传递爱。

而“一万家小企业计划”则为企业家提供商业教育、获得资金的途径和支持服务，他们是繁荣经济的基础。10 000 家小型企业通过商业教育为美国、英国和法国的 16 000 多名企业家提供了服务，并通过社区发展金融机构（CDFIs）向美国约 38 000 家小型企业提供了 16 亿美元的可负担资本。此外，还为大学毕业生的收入增长、就业机会增长做出贡献，数据显示，大学生毕业后 6、18、30 个月的收入增长分别为 66％、71％、73％，就业机会增长率分别为 47％、52％、54％。

可持续供应链管理方面，高盛持续关注建立负责任供应链的一部分，并在 2022 年更新并重新向所有活跃供应商发布了《供应商行为准则》。在过去的一年里，高盛与供应商密切合作，共同应对宏观供应链的挑战，同时也重申了对供应商遵守准则的期望。该准则涉及道德商业行为、劳工和人权（包括支付生活工资），以及创建包容性的劳动力实践和多样化的供应链，解决供应商业务对环境的影响，并管理向我们提供商品和服务的业务连续性风险。高盛还推进了到 2025 年对 100％供应商进行 ESG 风险评估的承诺，继续与负责供应商管理和采购的团队密切合作，每年举办关于可持续供应链计划关键要求的培训课程。除了关于现代奴隶制的强制性在线培训外，高盛还与英国国际正义使命组织（International Justice Mission UK）合作，为负责供应商管理和采购的团队提供培训。英国国际正义使命组织是一个全球性的非营利组织，致力于保护贫困人口免受现代奴隶制和人口贩运之害。

2022 年，公司在小型和多样化的供应商上花费了超过 4.5 亿美元，这比 2020 年增加了 70％，超过了到 2025 年增加 50％的承诺，使公司在短短 3 年内的累计支出超过 10 亿美元。高盛与小型和多样化供应商的可寻址支出比例也从 5％增加到 7％。高盛正在为 2025 年设定一个新的目标：在未来 3 年内，向小型和多样化的供应商再投入 15 亿美元。

3. 治理（G）

ESG 报告中关于治理（G）的披露主要在于董事会、高级管理人员和指标原则三部分。

董事会方面，报告披露了董事会及其委员会负责监督公司最重大风险的管理的职责。鉴于可持续性监督的跨学科性质，以及与这些活动相关的财务和非财务风险，包括与气候相关的风险，董事会直接在整个董事会层面以及通过其委员会监督这些事项。这可能包括定期更新公司的可持续发展战略，包括公司的方法、目标和进展，关于公司用于评估物理和过渡风险的气候模型的讨论，以及对我们的可持续发展和气候相关报告的审查，以及对“一百万名黑人妇女”等倡议的介绍。

高级管理人员方面，报告披露了高盛内部委员会架构。作为监督的一部分，委员会负责持续审查、批准和监控企业风险管理框架，以及风险限制和门槛政策，通过授权给全公司风险偏好委员会。全公司企业风险委员会还审查新的重大战略业务计划，以确定它们是否与公司风险偏好和风险管理能力相一致。此外，全公司企业风险委员会强化审查公司每个业务部门的重大风险事件和新出现的风险以及整体风险和控制环境，以提出提升建议，确定所有业务部门的共同要素，并分析公司面临的综合剩余风险。该委员会向管理委员会报告，由总裁兼首席运营官和首席风险官共同担任主席。

指导原则方面，高盛的相关指导方针包括环境政策框架、商业行为和道德准则、人权声明、现代奴役和人口贩运声明以及供应商行为准则。值得注意的是，环境政策框架是指导公司解决可持续发展问题的总体方法，包括管理广泛行业和产品的环境和社会风险。除了确保与环境政策框架保持一致外，与公司就环境和社会风险管理进行现场讨论是更广泛方法的关键要素。高盛与业务团队和客户合作，帮助他们考虑环境和社会影响，以及社区健康和安全。

七、网页

目前，高盛的ESG网页披露形式主要是网页直接的信息展示，可读性和及时性相比于报告存在其优点，同时也存在一定的局限性。不同于其他企业，高盛并没有ESG首页界面，而是将内容拆分到不同模块分别披露。目前高盛ESG网页披露主要分为多元化和包容性、社区参与和可持续性三个模块。

（一）多元化和包容性模块

多元化与包容性模块呈现了一个引领行业的、多元化的、包容性的工作与环境政策全景。该模块下设五个子模块：概述、女性领导、种族平等、供应商多样性以及董事会成员多样化，凸显了高盛在各个领域内的最佳实践与承诺。概述部分描述了高盛对于公司、员工、客户的坚定承诺，以及为打造包容性环境所做出的不懈努力。高盛深知，一个多元化的团队能带来更广阔的视角和更丰富的经验，因此它致力于构建一个能反映各种背景、观点和经验的团队。此外，高盛还强调供应商的多样性，确保供应链的公平与包容。值得一提的是，高盛公开发布性别薪酬差距报告，显示其对缩小这一差距的决心。在英国，高盛甚至签署了金融界女性宪章和工作竞赛宪章，进一步印证了其在性别平等上的领导地位。“女性领导”模块展示了其在女性领导力发展上的四大计划与举措，分别是“一万名女性计划”“一百万名黑人女性计划”“扩大女童教育并提高妇女在劳动力中的比例计划”，以及确保高盛在包容性和机会方面成为世界上最好的工作场所计划。“种族平等”子模块中，高盛详细描述了其为消除种族不平等所采取的一系列行动和计划。无论是通过招聘、培训还是社区投资，高盛都在努力确保各种族背景的员工都能在公司内部找到属于自己的位置和发展空间。“供应商多样性”和“董事会成员多样化”两个子模块则进一步强调了高盛在多元化和包容性方面的全方位努力。通过积极寻找和合作与各种背景的供应商，高盛不仅拓宽了自己的供应链，还为这些供应商带来了更多的商业机会。

（二）社区参与模块

社区参与模块披露了高盛参与办公室释放潜力，部署催化资本，帮助创造公平的竞争环境，并激发世界各地人民和社区的经济增长的愿景。该模块主要分为社区捐赠和社区发展两部分。社区捐赠方面，高盛近年来实施“Goldman Sachs Gives”计划，致力于培育创新理念，解决经济和社会问题，并在全球服务不足的社区取得进步。通过一个捐赠者建议基金，高盛的高级员工共同向符合条件的非营利组织推荐赠款，帮助它们实现目标，作为高盛对慈善事业的持续承诺，高盛捐赠已经捐赠了超过22亿美元，并与影响全球140个国家的9 400家非营利组织合作。

社区发展方面，披露了高盛如何与各类机构合作，以促进社区的经济和社会进步。高盛认识到，健康的社区环境对于企业的成功至关重要，因此它致力于参与各种项目，如教育推广、职业技能培训和基础设施建设，以实际行动支持社区成长。

（三）可持续性模块

以上两个模块披露的重点是社会(S)和治理(G)方面，而在可持续性模块中，高盛的披露重点则是放在了环境(E)。可持续性模块主要内容分为可持续金融和可持续发展报告两部分。可持续金融方面，网页披露了高盛总体气候策略，即到2030年，高盛将在投资、融资和咨询活动中投入7 500亿美元，并利用商业专长帮助客户加速气候转型，具体表现在清洁能源、可持续交通、可持续粮食与农业、废物和材料、生态系统服务方面；可持续发展报告方面，网页披露了历年可持续发展报告，可以在网页直接下载阅读。

八、年报ESG

高盛的年报中并未出现关键词ESG，年报主要聚焦于公司的财务绩效和运营状况，未将ESG信息纳入。这可能是因为年报的主要目的是满足法定的和监管的信息披露要求，以向股东和投资者提供公司的财务和运营绩效为主的综合信息。然而，尽管年报中没有涉及ESG相关内容的详细披露，高盛却通过单独的可持续发展报告展示其在ESG方面的实践和绩效。这种分开披露的方式凸显了ESG议题在高盛整体报告体系中的相对独立地位。在可持续发展报告中，高盛披露了关于环境(E)、社会(S)以及公司治理(G)三个维度的全面信息。其中，关于公司治理(G)方面的内容，高盛在公司年报和可持续发展报告中都披露了。

九、ESG的对外沟通情况

高盛公司的ESG对外沟通情况呈现了一种多元化和专业化的态势。其主要的披露渠道为可持续发展报告以及官方网站上的ESG网页，为用户提供了详尽且全面的ESG信息。值得注意的是，其中可持续发展报告的部分内容已经经过了普华永道的鉴证，这在一定程度上增强了其信息的可靠性和公信力。高盛的对外沟通对象广泛，涵盖了政府、非政府组织、股东、客户以及员工等多个利益相关者群体。这种广泛的沟通对象显示了高盛在ESG领域中的领导地位，以及其积极与各方对话和合作的决心。在具体形式上，高盛采用了多种方式与其利益相关者互动。例如，通过定期的股东大会，高盛与股东就公司的ESG战略和实践深入交流。同时，高盛也会参加由政府和非政府组织主办的各类论坛和研讨会，以分享和讨论ESG的最新动态。在鉴证方面，高盛选择了普华永道作为其可持续发展报告的鉴证机构。普华永道作为全球知名的专业服务机构，其审查为高盛的ESG信息提供了独立且权威的验证，进一步增强了高盛在ESG披露上的公信力。

十、ESG鉴证

2022年，高盛的ESG报告的103—109页经过普华永道的审查。这部分内容为定量数据，披露了高盛2022年发行的可持续债券金额为975 100 000美元（扣除承销费后为971 448 575美元）。而普华永道律师事务所不对其他内容表达结论或任何形式的保证，不受普华永道会计师事务所的审查，不评估本文所述公司的任何证券或贷款交易的价值，也不应以此作为任何ESG相关交易或任何其他投资决策的依据。

十一、公司ESG相关经济后果

公司的ESG评级情况可能会对机构投资者有一定的影响，而从高盛的机构投资者数据看，两者间的关联性有限。

如图5-15所示，高盛的机构投资者近五年来数量从2018年的1 254家到1 836家，增长了46.4%，持股比例却几乎保持不变，近年来稳定在69%左右。因此，从综合机构投资者的数据看，ESG表现并没有对机构投资者的吸引力有明显影响。

十二、公司ESG相关特点总结

（一）优点

高盛集团在ESG方面值得称道的是其早期就开始披露环保信息，自2006年起就发布环保报告，显示出对环境和社会责任的关注。

随着时间推移，高盛在2010年开始扩展披露范围，发布ESG报告，进一步确认了其在ESG领域的领先地位。

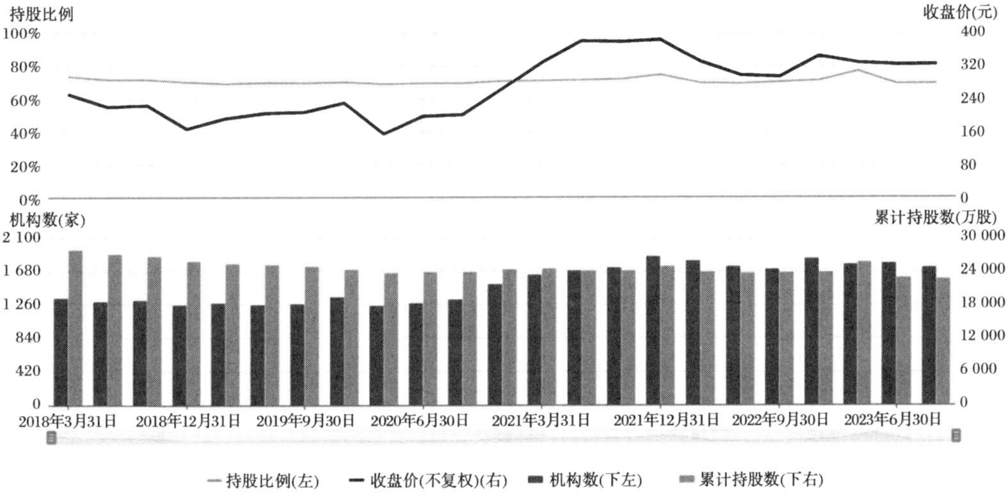

图 5-15 高盛机构投资者数量

除此之外,高盛还将可持续发展的理念融入其业务,帮助客户实现可持续发展目标,显示出在业务实践中的深思熟虑和战略远见。

(二) 缺点

高盛的 ESG 信息披露的复杂性可能会给利益相关者带来理解上的困难。公司采用了多种报告形式,包括可持续发展报告、单独的气候相关财务信息披露报告和环境政策框架报告等,这种复杂性可能会分散读者的注意力,增加信息理解的难度。

同时,值得注意的是,高盛的 ESG 报告中并未包含外部机构对其的 ESG 评级信息,这可能会影响外部利益相关者对其 ESG 绩效的全面评估。

(三) 启示

从高盛的 ESG 实践中,我们可以得出一些启示。

首先,尽早关注 ESG 议题对企业的长期发展是有益的,这可以使企业更及时地应对相关风险并识别机遇。

其次,将可持续发展的理念融入业务运营是一种值得借鉴的做法,这有助于深化企业与客户的关系,并在竞争激烈的市场环境中获得优势。

再次,为了提高信息的可达性和易读性,企业在设计 ESG 报告时应尽量采用统一、简洁的格式和结构。

最后,考虑到外部 ESG 评级对企业声誉和市场地位的重要性,企业应在 ESG 报告中纳入相关信息,以提高其 ESG 实践的透明度和公信力,从而增强利益相关者对企业的信任和认可。

第二篇

ESG 评级

第六章　A 股上市公司 ESG 评级研究报告[①]

第一节　国内外 ESG 评级机构介绍

目前，尽管有许多机构在针对企业的 ESG 表现进行评级，但在国际上还没有形成一个统一的评价标准。这主要是由于 ESG 信息的多样性，大部分为定性信息，使得不同机构在衡量企业在环境、社会和治理方面的表现时采用了不同的评价标准和方法。因此，对于同一家企业，不同评级机构的 ESG 评级结果可能会存在一定的差异。

一、国外 ESG 评级机构及指标体系

自 1983 年 Vigeo Eiris 作为首家 ESG 评级机构成立以来，全球 ESG 评级机构的数量已经超过了 600 家。其中，MSCI（明晟）、FTSE Russell（富时罗素）、S&P（标准普尔）、Sustainalytics（晨星）、Thomson Reuters（汤森路透）等机构发布的评级指数在国际市场上具有较大的影响力。而在国内，目前已经有约 20 家 ESG 评级机构，其中较为公众熟知的有中证指数、华证指数、商道融绿、中财绿金院、Wind（万得）、嘉实基金、社会价值投资联盟以及润灵环球等。这些机构在推动企业提高 ESG 表现方面发挥着重要作用。

（一）MSCI

MSCI 是一家提供全球指数及相关衍生金融产品标的的国际公司，其推出的 MSCI 指数广为投资人参考，是全球投资组合经理采用最多的投资标的，其覆盖了全球范围内 8 500 多家公司，以及超过 68 万种股权和固定收益证券。MSCI 先后推出了七大指数，ESG 指数是 MSCI 七大指数类别之一，MSCI ESG 指数的评级对象为所有被纳入 MSCI 指数的上市公司。

MSCI 的 ESG 评级体系包含环境、社会及治理三个层面的一级指标、10 个二级议题指标，具体为气候变化、自然资源、污染与废物、环境机遇、人力资源、产品责任、利益相关方、

---

① 本章由饶艳超、陈宏韬、何俊完成。

社会机遇、企业治理、企业行为，每个主要议题下又细分了37个三级关键核心指标和1 000多个具体数据点(参见表6-1)。

表6-1　　MSCI评级指标

一级指标	二级指标	三级关键核心指标
环境	气候变化	碳排放、财务环境影响、产品碳足迹、气候变化脆弱性
	自然资源	水资源稀缺、原材料采购、生物多样性和土地使用
	污染与废物	有害气体和废物排放、电子垃圾、废弃材料和包装物
	环境机遇	清洁技术机遇、可再生能源机遇、绿色建筑机遇
社会	人力资源	劳工管理、人力资源发展、安全与健康、供应链劳工标准
	产品责任	产品质量与安全、隐私与数据安全、化学安全、责任投资、金融产品安全、健康和人口风险
	利益相关方	争议根源
管治	企业机遇	事先沟通、关爱健康、赢得收益、获得营养与健康机遇
	企业治理	董事会、所有权、薪酬、审计
	企业行为	企业道德、腐败、不正当竞争、稳定的财务制度、透明纳税

资料来源：行行查研究中心。

MSCI评级体系的行业差异特性主要体现为：在完成基本指标打分后，MSCI按照全球行业划分准则(GICS)将被评分者分为11大类，24个行业组别，69个行业及158个子行业，并按照不同行业中各议题的风险将各项核心议题分配5%～30%的权重。首先，在考察不同行业ESG表现时，MSCI根据影响程度和作用时间对每个三级关键问题指标赋予不同权重，例如，隐私和数据安全分项在能源、金融、信息科技和通信服务的权重分别为0.1%、10.1%、10.1%和24.1%；然后，各指标自下而上加权汇总后的得分会与行业同类公司比较，得到公司最终的ESG评级，企业的评分等级从高到低分为"AAA""AA""A""BBB""BB""B""CCC"七个等级。

MSCI的ESG评级体系优势在于其指标较为全面，且在计算的过程中考虑了不同行业的差异，同时还考虑了时间维度的差异。具体而言，在测定特定主体ESG评分时，首先会基于不同的行业赋予不同指标不同的权重，另外，在评分过程中还会考虑争议事件的影响，主要考虑主体涉及争议事件的影响范围和严重程度。

对底层指标评分时，MSCI主要考察公司的管理能力和风险敞口两个维度，其中管理能力主要考察公司战略和业绩表现，如果出现争议事件将扣除相应分数；风险敞口主要考虑公司的业务特征，例如核心产品特点、运营地点、生产是否外包、对政府订单依赖程度。公司的管理能力越强、风险敞口越小，得到的分数就越高，反之越低。

(二) FTSE Russell

FTSE Russell的ESG评级体系有三层结构(参见图6-1)：

第一层是环境、社会和治理三个支柱。

第二层是14个主题指标，其中环境类指标包括生物多样性、气候变化、污染与资源、水安全、供应链环境5项，社会类指标包括劳工标准、人权与社区、健康安全、消费者责任、供应链社会影响5项，治理类指标包括反腐败、公司治理、风险管理、税收透明度4项。

第三层是适用于分析每家公司具体情况的300多个独立评估指标。指标权重的给定是参考敞口大小，最重要的ESG问题被赋予最大的权重。最终每家符合条件的公司会获得一个分值在0至5分之间的ESG整体评分。

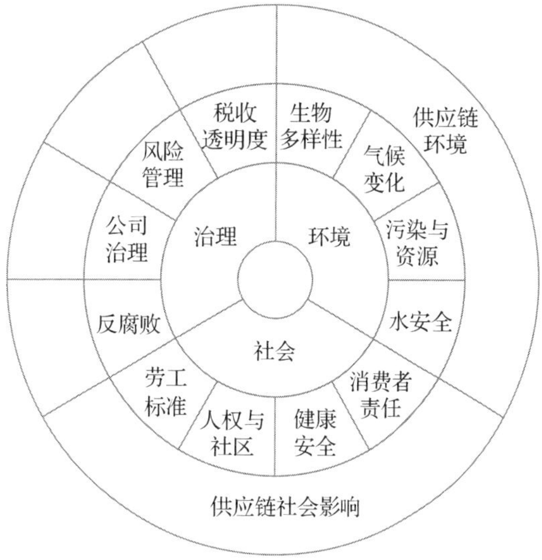

图 6-1　FTSE Russel 评级指标

资料来源：天风证券研究所。

值得一提的是，在进行ESG评分时，FTSE Russel仅使用公开资料，不会向公司发送问卷，但公司可以通过网络研究平台对评分结果进行反馈以获得可能的更正。

（三）晨星

晨星旗下Sustainalytics是全球领先的ESG评级和公司治理产品及服务提供商，覆盖9 000多家公司。Sustainalytics的评估体系从ESG风险角度出发，根据企业ESG表现进行风险评估。Sustainalytics的数据来源主要有三种渠道，分别是公司的事件跟踪记录、结构化的外部数据以及公司报告和第三方研究。Sustainalytics的ESG评级体系主要由三个计分模块组成，分别为公司治理模块、实质性议题模块及特殊议题模块。三个模块中，公司治理模块主要聚焦公司管理不善的可能风险，没有行业差异性，权重通常为20%；实质性议题模块主要关注公司所属行业商业模式和商业环境的潜在风险，是ESG评价的核心和关键；特殊议题模块主要对应公司的“黑天鹅事件”，不涉及行业特征引发的共性问题。

Sustainalytics结合风险敞口和管理能力对各项指标进行评分（参见图6-2），步骤如下：首先，通过事件追踪、公司报告、外部数据和第三方研究计算行业的风险敞口，根据生产、融资、事件和地域特征确定每个公司的贝塔系数，两者相乘得到公司的风险敞口；其次，考察公司对员工的管理能力（如职业健康和安全）、外部参与者对公司管理能力的影响（如网络安全）、问题的复杂性（如全球供应链）以及创新的技术限制（如碳排放）四个主要因素，确定行业层面风险敞口有多大比例不可控，得到可控风险因子（MRF-Manageable Risk Factor），继而计算出公司可控风险敞口大小；再次，根据管理体系和管理结果计算公司的管理得分，再乘以可控风险敞口得到受控风险；最后，用公司风险敞口减去受控风险，对公司未管理风险进行评分。

结果呈现形式上，Sustainalytics 按照企业 ESG 风险得分划分风险等级，其中 0～10 分为可忽略的风险水平，10～20 分为低风险水平，20～30 分为中等风险水平，30～40 分为高风险水平，40 分以上为严峻风险水平。

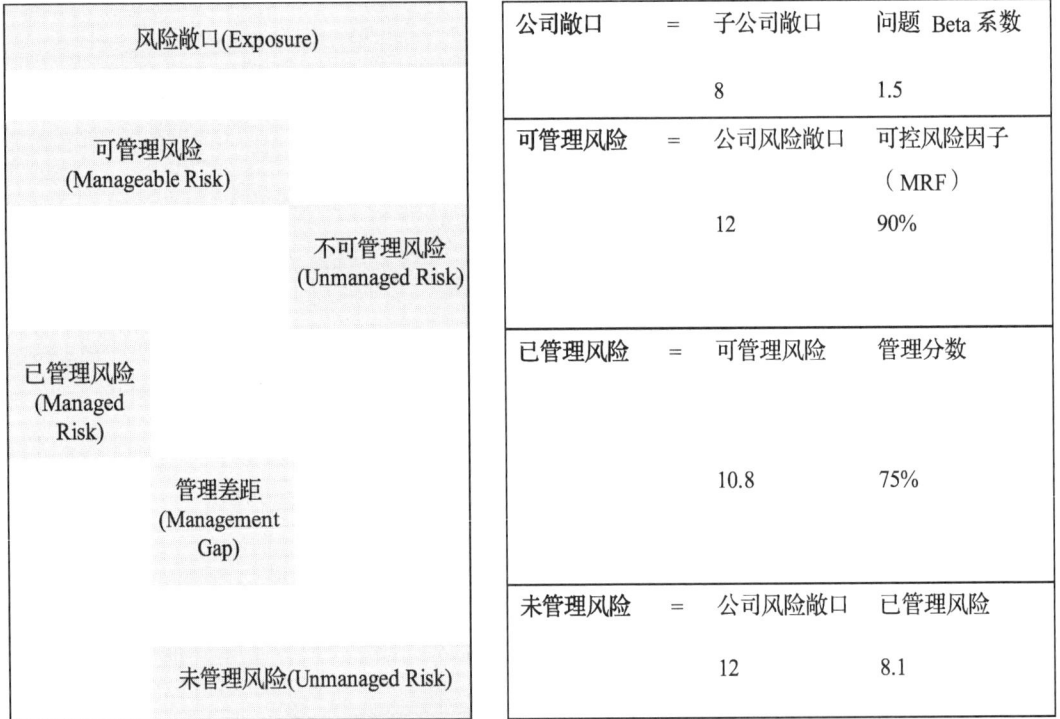

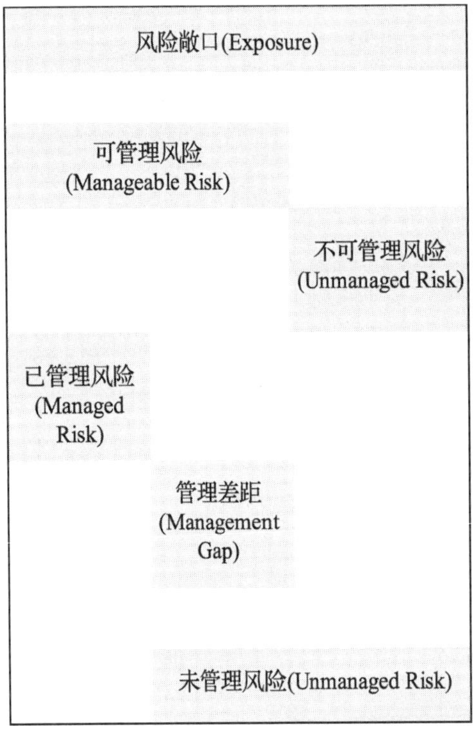

公司敞口	=	子公司敞口	问题 Beta 系数
		8	1.5
可管理风险	=	公司风险敞口	可控风险因子（MRF）
		12	90%
已管理风险	=	可管理风险	管理分数
		10.8	75%
未管理风险	=	公司风险敞口	已管理风险
		12	8.1

图 6-2　Sustainalytics 评分方法

资料来源：天风证券研究所。

（四）标准普尔

标准普尔 ESG 评价主体范围覆盖 61 个行业、超过 7 000 家上市公司。该评价结果主要用于公司非财务状况分析、ESG 投融资、公司战略规划和公司投融资评估。该 ESG 评价也是公司能否纳入 DJSI 可持续发展指数的决定性因素之一。

标准普尔 ESG 评价体系在环境、社会、公司治理及业绩表现三个一级指标下设有二级指标和三级关键核心指标(参见表 6-2)。标准普尔得出每个评价对象 ESG 细分项得分后，将不同维度各自的细分项得分乘以相应权重并相加，得到不同维度的分数。将不同维度得分加权求和，从而得到 ESG 评分总分。

在标准普尔全球 ESG 评分体系下，参与问卷调查的公司的得分范围是 0 到 100 分，并与所在行业的其他公司进行排名，得分越高的公司 ESG 表现越好。

表6-2　　标准普尔评级指标

一级指标	二级指标	三级关键核心指标
环境	环境报告	环境报告范围、环境报告担保
	环境政策及管理系统	环境管理政策范围、环境管理系统的认证/审计/验证
	运营生态效率	温室气体直接排放(范围1)、温室气体间接排放(范围2)、能源消耗、水消耗、废弃物处理
	气候应对策略	气候风险管理、气候相关管理激励措施、气候变化应对策略、气候变化财务风险、气候变化财务机遇、气候风险测算——物理风险、气候风险测算——转型风险、实质性气候风险适应措施、气候相关目标、温室气体排放(范围3)
社会	社会信息披露	社会报告范围、社会报告担保、歧视及骚扰
	劳工实践	劳工分类1：性别;劳工分类2：种族及国籍;劳工分类3：少数民族、不同性别薪酬、结社自由
	人权	人权维护承诺、人权尽职调查过程、人权评估、人权矛盾缓解和问题解决措施
	人力发展	培训及发展投入、雇员培训计划、人力投资回报
	人才吸引和留存	雇佣、人才分析、策略性雇佣计划、个人表现评估方法、雇员长期激励措施、员工周转率、员工参与趋势
	公司对城市的贡献及慈善	公司城市影响策略、慈善活动、慈善贡献
公司治理及业绩表现	公司治理	董事会结构、董事多元化政策、董事性别多样性、董事会有效性、董事平均薪酬、董事业界经验、CEO薪酬——成功标准、CEO薪酬——长期业绩表现、管理者所有制、管理者所有制要求、政府所有制、家庭所有制、双类股份、CEO雇员薪酬比例
	固定资本	固定资本问题、固定资本信息披露
	风险及危机管理	风险治理、潜在风险、风险治理文化
	商业行为规范	行为规范、行为规范范围、腐败及贿赂、行为规范系统及过程、反竞争操作、腐败及贿赂案例、报告违规行为
	客户关系管理	客户满意度衡量
	策略影响	贡献和其他花费、最大贡献和花费
	供应链管理	供应商行为规范、关键供应商认可、供应链风险披露、供应商风险管理措施、供应链管理策略中ESG观念的融合、供应链透明度和报告
	税务策略	税务策略及治理、税务报告、有效税率
	信息安全/网络安全及系统	IT安全/网络安全治理、IT安全/网络安全措施、IT安全/网络安全治理过程及基建

二、国内ESG评级机构及指标体系

国内主流的ESG评级体系有华证ESG评级、中证ESG评级、商道融绿ESG评级、万得ESG评级、嘉实ESG评级、社会价值投资联盟ESG评级等。其中，华证、中证、商道融绿、嘉实评级范畴覆盖全部A股上市公司，其他机构以中证800、沪深300成分股为主。

几乎所有评级均构建金字塔式评分体系，从ESG三个一级指标出发，分层拆解细化至公司层面百余项底层数据指标。评级结果的呈现是在指标权重分配的基础上，考虑不同行业之间的差异性，结合绝对分数和相对排名来呈现ESG评价结果。与国际ESG评级体系不同的是，我国ESG评级融入了更多贴合当前发展阶段的指标，如华证ESG评级考虑了信息披露质量、违法违规情况、精准扶贫等指标。部分中国ESG评级机构及其ESG评级体系介绍如下：

（一）华证指数

华证ESG评级体系分为ESG评级和ESG尾部风险两个部分。ESG评级涵盖一级指标3个、二级指标14个、三级指标26个，底层数据指标超过130个（参见表6-3），相较境外市场融入了更多贴合国内当前发展阶段的指标，如信息披露质量、证监会处罚、精准扶贫等。底层指标自下而上按照行业权重矩阵加总，即可得到公司的ESG评分和最终"AAA"至"C"的九档评级。ESG尾部风险更侧重负面信息的监控，将公司分为严重警告、警告、关注、低风险四类。

表6-3　　　　华证ESG评级指标体系

环境	社会	公司治理
■ 内部管理体系 ■ 经营目标 ■ 绿色产品 ■ 外部认证 ■ 违规事件	■ 制度体系 ■ 经营活动 ■ 社会贡献 ■ 外部认证	■ 制度体系 ■ 治理结构 ■ 经营活动 ■ 运营风险 ■ 外部风险
● 环境管理体系 ● 碳足迹 ● 产品或公司获得环境认证 ● 环境违法违规事件 ……	● 扶贫 ● 上市公司社会责任报告质量 ● 社会责任相关的捐赠 ● 负面经营事件 ……	● 整体财务可信度 ● 信息披露质量 ● 上市公司及子公司违规违法事件 ……
超过130个底层数据指标，由AI大数据引擎提供支持 集成传统数据+另类数据，全面提升ESG评价的广度、深度、时效性		

资料来源：华证指数、天风证券研究所。

（二）商道融绿

商道融绿ESG评级指标体系在国际通用ESG评级方法框架基础上进行本土化完善，

共包含三级指标体系：一级指标为环境、社会和公司治理三个维度；二级指标为环境、社会和公司治理下的13项分类议题，如环境一级指标下的二级指标包括环境管理、环境披露、环境负面事件等；三级指标涵盖具体的ESG指标，共有127项三级指标，例如社会方面的三级指标包括劳动政策、女性员工、供应链责任管理等30多项指标（参见表6-4）。

商道融绿ESG评级体系中，根据不同的指标对于企业的重要及影响程度，每项ESG评级指标将依据行业的不同被赋予不同的权重。在对ESG信息评价打分后，评级体系将会加权计算出一家公司的整体ESG绩效分数，从而得出企业ESG评级。

表6-4　　商道融绿ESG指标体系

一级指标	二级指标	三级指标
环境（E）	E1 环境管理 E2 环境披露	环境管理体系、管理目标、员工环境意识、节能和节水政策、绿色采购政策等 能源消耗、节能、耗水、温室气体排放等
	E3 环境负面事件	水污染、大气污染、固废污染等
社会（S）	S1 员工管理	劳动政策、反强迫劳动、反歧视、女性员工、员工培训等
	S2 供应链管理	供应链责任管理、监督体系等
	S3 客户管理	客户信息保密等
	S4 社区管理 S5 产品管理	社区沟通等 公平贸易产品等
	S6 公益及捐赠	企业基金会、捐赠及公益活动等
	S7 社会负面事件	员工、供应链、客户、社会及产品负面事件等
公司治理（G）	G1 商业道德	反腐败和贿赂、举报制度、纳税透明度等
	G2 公司治理	信息披露、董事会独立性、高管薪酬、董事会多样性等
	G3 公司治理负面事件	商业道德、公司治理负面事件

资料来源：行行查研究中心。

（三）社会价值投资联盟

社会价值投资联盟的评级体系实行“先筛后评”的机制，由“筛选子模型”和“评分子模型”两部分构成。“筛选子模型”是社会价值评估的负面清单，按照5个方面（产业问题、财务问题、重大负面事件、违法违规、特殊处理）、17个指标，对评估对象进行“是与非”的判断。如评估对象符合任何一个指标被判定为资质不符，无法进入下一步量化评分环节。在“筛选子模型”遴选出符合资质的上市公司后，“评分子模型”对其社会价值贡献进行量化评分。“评分子模型”分为通用版、金融专用版和地产专用版，包括3个一级指标（目标、方式和效益）、9个二级指标（价值驱动、战略驱动、业务驱动，技术创新、模式创新、管理创新，经济贡献、社会贡献、环境贡献）、27个三级指标和55个四级指标。

（四）Wind

Wind 的 ESG 评级体系由管理实践得分（总分 7 分）和争议事件得分（总分 3 分）组成，并给予“AAA”至“CCC”七档评级。其中管理实践得分旨在反映公司长期 ESG 管理实践水平，由 E/S/G 维度得分加权而得，具有 3 个维度，27 个议题，300＋指标；争议事件得分旨在反映公司短期突发事件风险，由新闻舆情、监管处罚、法律诉讼三大来源事件扣分加权而得。

三、ESG 评价机构的差异

不同评级机构采用的评级方法和评级指标体系的考察范围和底层指标各有侧重、不尽相同，对争议事件和风险敞口的处理认定也各有特色，所以即使对同一家公司评级，往往也会得出不一致的公司 ESG 评级结果，使得投资者难以根据评级结果准确区分公司 ESG 表现的优劣，在一定程度上削弱 ESG 评级的公信力和影响（参见表 6-5）。

表 6-5　　不同机构 ESG 评级的异同

共同点	差异
基本覆盖了上市公司披露文件（如年度报告、可持续发展报告、社会责任报告）、政府和非政府组织信息、专业数据库、媒体资源等	ESG 数据披露频率不同
基本采用了自上而下构建、自下而上加总的方式，从环境、社会和公司治理三个层次延伸开来，逐级拆解至底层的几十乃至上千数据点	不同评级体系的考察范围和底层指标各有侧重
评级体系在指标设计和权重分配上基本考虑了行业的差异性	国外的“人权”和“社区影响”等指标被普遍使用，国内则有“扶贫”等特色化指标
各机构、组织和交易所的披露原则和指导逐步完善，推动了当地上市公司信息披露的质量和水平	

（一）定性比较

根据国外和国内主流 ESG 评级机构构建的 ESG 评级体系，表 6-6 和表 6-7 分别列示了国外和国内 ESG 评级体系的对比情况。

表 6-6　　国外评级指标体系的异同

指标	KLD	MSCI	Sustainalytics	汤森路透	富时罗素	标准普尔道琼斯	Vigeo Eiris
是否考虑产品安全性	√	√		√			√
是否考虑财务指标		√	√	√		√	√
是否考虑有争议事件	√	√	√	√			
是否排除敏感行业	√	√			√		

续表

指标	KLD	MSCI	Sustainalytics	汤森路透	富时罗素	标准普尔道琼斯	Vigeo Eiris
是否将评级标准化		√			√	√	
是否考虑公司主动暴露问题	√				√		
是否与企业沟通		√	√		√		
是否采用打分法	√	√	√	√		√	√
是否考虑ESG的风险与机遇		√			√		√

表6-7　　　　国内评级指标体系的异同

指标	商道融绿	社投盟	嘉实基金	中财大绿金院	华证	RKS	中国证券投资基金协会
是否考虑产品安全性	√		√			√	√
是否考虑财务指标	√	√	√	√	√		√
是否考虑有争议事件		√	√				
是否排除敏感行业		√					
是否考虑公司主动暴露问题							√
是否采用打分法	√		√			√	
是否考虑ESG的风险与机遇			√	√	√	√	

（二）定量比较

为进一步探究ESG评级结果的差异性和权威性，表6-8提供了国外主要ESG评级的描述性统计分析结果，以2017年为基准数据选取年度，公司总样本为924家。

可以看出，4家ESG评级机构的平均数和中位数都处于较高水平，但MSCI和KLD这两家评级机构的平均数和中位数相对较低。这表明当前大多数ESG评级机构倾向于对ESG表现较好的企业进行跟踪评级，而较为通用的MSCI和KLD评价标准更为严格。

表6-8　　　　国外主要机构ESG评级结果的描述性统计分析

项目	MSCI	KLD	ASSET4	Vigeo Eiris	Robeco SAM	Sustainalytics
样本量	924	924	924	924	924	924
平均数	5.18	2.56	73.47	34.73	50.49	61.86
标准差	1.22	2.33	23.09	11.31	20.78	9.41
最小值	0.6	−4	3.46	6	14	37
中位数	5.1	2	81.48	33	47	62
最大值	9.8	12	97.11	66	94	89

近年来,ESG评级机构数量增长迅速,与ESG评级机构数量众多这一事实所不符的是评级机构ESG评级结果的低相关性。表6-9列示了目前国外主流的6家ESG评级机构评级结果的相关性。从中可以看出,各评级机构评级结果的相关性不高,相关系数总体在0.38~0.71,平均仅达到0.54左右。

表6-9　　国外主要机构评级结果的相关性

评级机构	MSCI	KLD	ASSET4	Vigeo Eiris	Robeco SAM	Sustainalytics
MSCI	1.00	0.53	0.38	0.42	0.38	0.46
KLD		1.00	0.42	0.49	0.44	0.53
ASSET4			1.00	0.69	0.62	0.67
Vigeo Eiris				1.00	0.70	0.71
Robeco SAM					1.00	0.67
Sustainalytics						1.00

为进一步探究我国ESG评级发展现状和相关性,本文根据ESG评级数据的完整性和权威性,选取华证指数、商道融绿指数和社投盟指数3家评级机构的指数进行研究,得出以下分析结果(参见表6-10和表6-11)。

表6-10　　国内主要机构评级分析结果

项目	华证指数	商道融绿指数	社投盟指数
样本量	441	441	441
平均数	6.26	4.81	10.72
标准差	1.26	0.89	3.61
最小值	3	3	1
中位数	5.8	4.5	10
最大值	9	7	17

表6-11　　国内主要机构评级结果的相关性

指数	华证指数	商道融绿指数	社投盟指数
华证指数	1.00	0.13	0.40
商道融绿指数		1.00	0.26
社投盟指数			1.00

(三)比较结果分析

根据国内外评级体系的定性和定量比较分析可以得出ESG评级存在以下现象:

第一，国外 ESG 评级体系发展程度较高，而国内的相关研究还处于起步阶段，现有 ESG 评级研究的社会认知度和市场影响力有限，大多数市场主体缺乏对 ESG 的基本认知，企业在 ESG 信息披露过程中缺乏统一标准，信息披露质量较差。

第二，不同评级体系的结果一致性较低，相关性不高，甚至对于一些公司会给出截然相反的评价；评级体系主要面向部分行业或领域的 A 股上市公司，尚未建立完善统一的 ESG 评级体系，其中最为突出的就是 ESG 评级结果存在分歧。造成这些现象的原因有很多，比如技术、社会背景等。

参照伯格等（Berg et al.，2022）归纳的 ESG 评级结果出现分歧来源，表 6-12 列示了导致评级结果分歧的原因，最根本的还是社会原因。

表 6-12　　评级结果差异原因

原因类型	原因	具体解释
社会原因	ESG 数据不具备传统财务数据的价值中立性	由于企业非财务信息的界定和度量均涉及评级者的认知水平、社会背景与价值观系统，ESG 评级受 ESG 数据供应者及评级者立场影响
技术原因	评级对象选择差异	
	主题覆盖差异	由于评级机构基于不同属性集进行评级造成的情况
	指标度量差异	由于评级机构使用不同的指标衡量同一属性造成的情况
	权重设置差异	由于评级机构对属性的相对重要性采取不同观点造成的情况
	跟踪研究不足	缺乏长期的跟踪研究，不具备连续性，最终导致 ESG 评级结果可信度不高
其他原因	外部环境影响	外部影响评级标准很难统一，各评级机构在评级过程中存在主观判断
	信息来源差异	评级机构的信息来源主要是公司披露的信息，但这些信息并不能保证真实地反映企业情况
	研究相对分散	除研究机构外，基金公司等金融企业也进行了相关研究，但均各成一派，缺乏有绝对说服力的指标体系和评级方法

第二节　A 股上市公司 ESG 评级分析

本部分主要以 Wind 评级机构的标准与评级数据结果为研究基础，时间范围为 2021—2023 年，主要内容是 A 股上市公司 ESG 评级情况统计。

一、根据市场总体状况统计

Wind ESG 评级得分由高到低分为“AAA”“AA”“A”“BBB”“BB”“B”“CCC”七级。

根据截至2021年12月31日公开ESG的信息进行评估，结果显示在纳入Wind的4 583家A股上市公司中，获评“AAA”级的企业14家，名单如下：焦点科技、乐普医疗、华测检测、欣旺达、迈瑞医疗、中国联通、海尔智家、新奥股份、新天绿能、海油发展、药明康德、金域医学、心脉医疗、海尔生物，占比为0.31%。获评“AA”级的企业122家，占比为2.66%；获评“A”级的企业465家，占比为10.15%；获评“BBB”级的企业1 906家，占比为41.59%；获评“BB”级的企业1 746家，占比为38.10%；获评“B”级的企业316家，占比为6.90%；获评“CCC”级的企业14家，占比为0.31%(参见图6-3)。

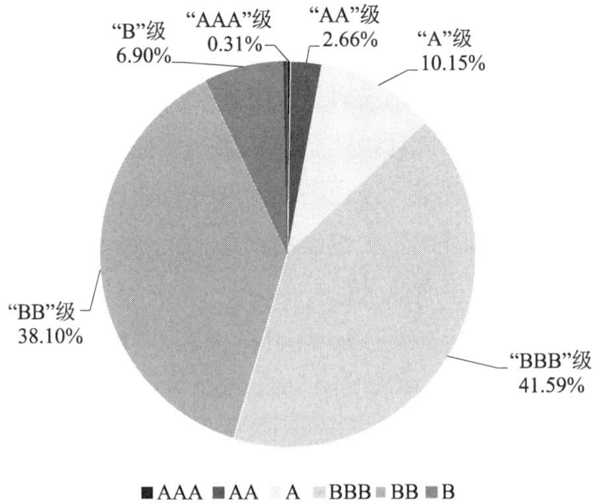

图6-3 Wind 2021年A股公司ESG评级分别分布

根据截至2022年12月31日公开ESG的信息进行评估，结果显示在纳入Wind的4 769家A股上市公司中，获评“AAA”级的企业4家，名单如下：华测检测、海尔智家、上海艾录、新联通，占比为0.08%。获评“AA”级的企业74家，占比为1.55%；获评“A”级的企业438家，占比为9.18%；获评“BBB”级的企业1 838家，占比为38.54%；获评“BB”级的企业2 041家，占比为42.80%；获评“B”级的企业338家，占比为7.09%；获评“CCC”级的企业36家，占比为0.75%(参见图6-4)。

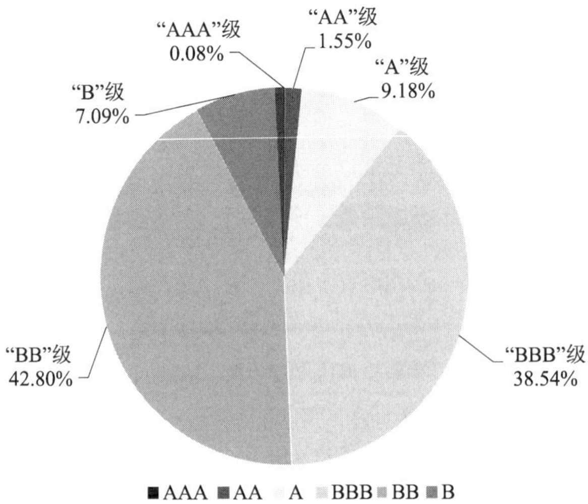

图6-4 Wind 2022年A股公司ESG评级分别分布

根据截至2023年11月30日公开ESG的信息进行评估，结果显示在纳入Wind的5 104家A股上市公司中，获评“AAA”级的企业2家，名单如下：中国移动、海尔生物，占比为0.04%。获评“AA”级的企业83家，占比为1.63%；获评“A”级的企业505家，占比为9.89%；获评“BBB”级的企业1 516家，占比为29.70%；获评“BB”级的企业2 558家，占比为50.12%；获评“B”级的企业426家，占比为8.35%；获评“CCC”级的企业14家，占比为0.27%(参见图6-5)。

根据以上数据，可以看到近 3 年不同评级的 A 股上市公司所占比例处于不断变化当中，其中获评“BBB”级的公司所占比例不断下降，而获评“BB”和“B”级的公司所占比例不断上升（参见图 6-6），与此同时，获评“AAA”级的公司数量从 2021 年的 14 家下降为 2023 年的 2 家。这些数据表明就 Wind 评级结果来看，A 股上市公司的 ESG 评级总体表现有退步的趋势，造成该现象的原因可能是 A 股上市公司在 ESG 方面的表现不佳或者是 Wind 对上市公司 ESG 评级的日趋严格。

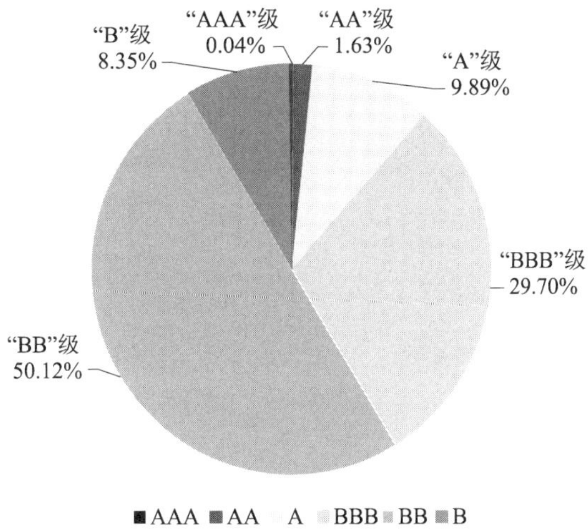

图 6-5　Wind 2023 年 A 股公司 ESG 评级分别分布

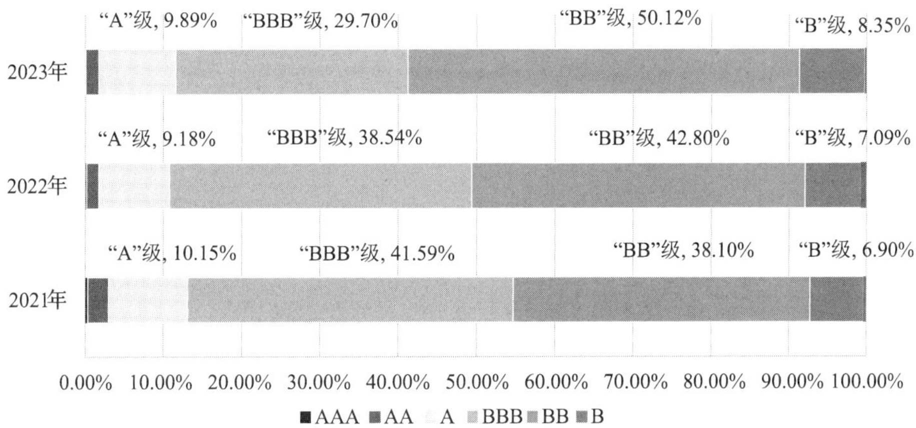

图 6-6　Wind 近 3 年 A 股公司 ESG 评级对比

二、根据行业统计

根据 Wind 对 A 股上市公司划分的 19 个行业大类，本部分统计了不同行业的 ESG 综合平均得分以及 E、S、G 维度的得分情况。

从 2021 年各行业平均得分情况来看，住宿和餐饮业，信息传输、软件和信息技术服务业以及卫生和社会工作得分位列前三，得分分别为 6.42、6.33、6.27；得分最低的三个行业为农、林、牧、渔业，居民服务、修理和其他服务业、建筑业，得分分别为 5.41、5.23、5.22（参见图 6-7）。

具体到各维度的得分，2021 年在环境（E）方面得分最高的三个行业为金融业、采矿业以及电力、热力、燃气及水生产和供应业，得分分别为 3.09、2.31、1.99；在社会（S）方面得分最高的三个行业分别为电力、热力、燃气及水生产和供应业、科学研究和技术服务业以及制造

图 6-7　2021 年行业 ESG 平均得分情况

业，得分分别为 4.73、4.60、4.57；在治理(G)方面得分最高的三个行业分别为教育业、交通运输、仓储和邮政业以及金融业，得分分别为 7.48、7.18、7.05(参见表 6-13)。

表 6-13　2021 年各行业环境(E)、社会(S)、治理(G)分别得分情况

行业	环境(E)得分	社会(S)得分	治理(G)得分
采矿业	**2.31**	4.23	6.46
电力、热力、燃气及水生产和供应业	**1.99**	**4.73**	6.50
房地产业	1.19	1.98	6.33
建筑业	1.07	3.04	6.34
交通运输、仓储和邮政业	1.63	4.04	**7.18**
教育	0.92	3.46	**7.48**
金融业	**3.09**	4.41	**7.05**
居民服务、修理和其他服务业	0.00	2.11	5.91
科学研究和技术服务业	0.95	**4.60**	6.43

续表

行业	环境(E)得分	社会(S)得分	治理(G)得分
农、林、牧、渔业	1.20	2.77	6.24
批发和零售业	1.08	2.83	6.81
水利、环境和公共设施管理业	1.70	3.83	6.30
卫生和社会工作	1.62	4.13	6.99
文化、体育和娱乐业	0.53	2.39	6.30
信息传输、软件和信息技术服务业	1.61	4.24	6.57
制造业	1.86	**4.57**	6.55
住宿和餐饮业	1.24	3.51	6.89
综合	1.77	3.03	6.80
租赁和商务服务业	0.36	2.98	6.38

2022年ESG评分较2021年略有下降，行业最高得分从6.42降低为6.30，2022年金融业、信息传输、软件和信息技术服务业以及住宿和餐饮业得分位列前三，得分分别为6.30、6.25、6.20；得分最低的三个行业为教育业、建筑业以及居民服务、修理和其他服务业，得分分别为5.39、5.38、4.91(参见图6-8)。

图6-8　2022年行业ESG平均得分情况

具体到各维度的得分，2022年在环境(E)方面得分最高的三个行业为金融业、住宿和餐饮业以及采矿业，得分分别为3.65、3.27、2.43；在社会(S)方面得分最高的三个行业分别为制造业、科学研究和技术服务业以及采矿业，得分分别为4.26、4.05、4.05；在治理(G)方面得分最高的三个行业分别为卫生和社会工作、交通运输、仓储和邮政业以及金融业，得分分别为7.19、7.12、7.02(参见表6-14)。

表6-14　2022年各行业环境(E)、社会(S)、治理(G)分别得分情况

行业	环境(E)得分	社会(S)得分	治理(G)得分
采矿业	**2.43**	**4.05**	6.81
电力、热力、燃气及水生产和供应业	2.26	3.40	6.51
房地产业	1.04	1.97	6.85
建筑业	1.23	2.92	6.79
交通运输、仓储和邮政业	1.72	3.63	**7.12**
教育	0.62	2.01	6.69
金融业	**3.65**	3.98	**7.02**
居民服务、修理和其他服务业	0.00	1.37	5.91
科学研究和技术服务业	1.35	**4.05**	6.54
农、林、牧、渔业	1.66	2.06	6.50
批发和零售业	1.10	2.42	6.96
水利、环境和公共设施管理业	1.97	3.84	6.71
卫生和社会工作	1.60	2.87	**7.19**
文化、体育和娱乐业	0.39	1.82	6.79
信息传输、软件和信息技术服务业	1.80	3.84	6.75
制造业	2.12	**4.26**	6.71
住宿和餐饮业	**3.27**	2.60	6.99
综合	1.65	1.82	6.78
租赁和商务服务业	0.51	2.35	6.80

从2023年各行业平均得分情况来看，金融业、住宿和餐饮业以及卫生和社会工作得分位列前三，得分分别为6.45、6.40、6.32；得分最低的三个行业为综合业、居民服务、修理和其他服务业以及教育业，得分分别为5.41、5.03、5.02(参见图6-9)。

具体到各维度的得分，2023年在环境(E)方面得分最高的三个行业为住宿和餐饮业、采矿业和金融业，得分分别为4.88、3.36、3.27；在社会(S)方面得分最高的三个行业分别为电力、热力、燃气及水生产和供应业、金融业和采矿业，得分分别为4.43、4.41、3.95；在治理(G)方面得分最高的三个行业分别为金融业、卫生和社会工作以及交通运输、仓储和邮政业，得分分别为7.19、7.04、6.99(参见表6-15)。

图 6-9　2023 年行业 ESG 平均得分情况

表 6-15　　2023 年各行业环境(E)、社会(S)、治理(G)分别得分情况

行业	环境(E)得分	社会(S)得分	治理(G)得分
采矿业	**3.36**	**3.95**	6.50
电力、热力、燃气及水生产和供应业	2.95	**4.43**	6.45
房地产业	1.61	2.57	6.60
建筑业	2.41	3.47	5.97
交通运输、仓储和邮政业	2.40	3.74	**6.99**
教育	1.55	1.64	5.62
金融业	**3.27**	**4.41**	**7.19**
居民服务、修理和其他服务业	0.00	1.41	5.81
科学研究和技术服务业	1.76	3.54	6.29
农、林、牧、渔业	1.50	2.58	6.27

续表

行业	环境(E)得分	社会(S)得分	治理(G)得分
批发和零售业	1.61	2.59	6.48
水利、环境和公共设施管理业	2.27	3.74	6.28
卫生和社会工作	2.44	3.89	**7.04**
文化、体育和娱乐业	0.52	2.35	5.84
信息传输、软件和信息技术服务业	2.82	3.67	6.17
制造业	2.55	3.81	6.30
住宿和餐饮业	**4.88**	3.08	6.63
综合	1.85	2.03	6.33
租赁和商务服务业	0.76	2.62	6.22

根据以上各行业ESG评级数据，可以看出在2021—2023年，只有住宿和餐饮业保持三年ESG综合平均得分都处于前三水平，此外，信息传输、软件和信息技术服务业在2021年和2022年处于前三水平；卫生和社会工作在2021年和2023年处于前三水平；金融业在2022年和2023年处于前三水平。另外，居民服务、修理和其他服务业在三年间都处于ESG综合评分后三水平，此外，教育业在2022年和2023年处于后三水平；建筑业在2021年和2022年处于后三水平。由此可见，不同行业的ESG评级差异较大，而Wind对住宿和餐饮业的ESG评分较高且稳定，可以认为住宿和餐饮业在近三年ESG平均表现较好，其中ESG评分较高的企业有：首旅酒店、锦江酒店、金陵饭店。相反，居民服务、修理和其他服务业近三年ESG表现不佳，进一步研究发现，该行业目前只有百邦科技一家企业，故该行业数据的参考作用有限。

三、根据省份分类统计

根据2021年Wind数据，从省份ESG平均得分来看，北京、上海、天津排名前三，得分分别为6.29、6.29、6.24。其中，天津企业仅有62家，但总体ESG得分较高，主要是由于企业得分之间差距较大，领先企业获得高分，拉高了平均水平；北京企业有411家；上海企业有376家。黑龙江省、广西壮族自治区、青海省排名后三，得分分别是5.61、5.60、5.59，企业数量分别是37家、38家、10家(参见图6-10)。

2021年14家“AAA”级企业中，有4家来自广东省，占比为28.57%；3家来自北京，占比为21.43%；另有2家分别来自河北省、江苏省、山东省，占比分别为14.29%；1家来自上海，占比为7.14%。由此可见，获得“AAA”评级的公司最多的省份为广东省。而在2021年14家评级为“CCC”的企业中，有8家来自广东省，占比为57.14%，占比同样最高(参见表6-16)。

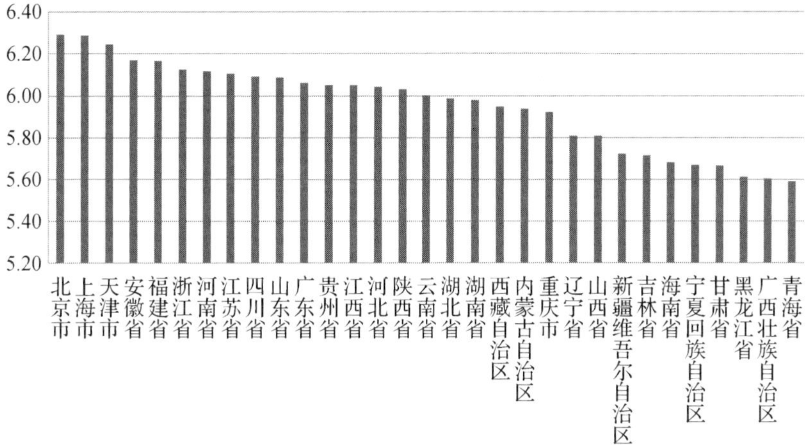

图6-10 2021年按企业省份的ESG评分情况

表6-16　　2021年企业ESG评级的省份分布情况　　单位：家

省份	AAA	AA	A	BBB	BB	B	CCC	总计
广东省	4	24	79	286	284	55	8	740
浙江省		13	53	293	206	30	2	597
江苏省	2	7	44	267	212	27	1	560
北京市	3	15	72	176	124	21		411
上海市	1	19	48	160	131	17		376
山东省	2	3	34	106	103	19		267
福建省		5	17	69	59	7		157
四川省		4	16	64	57	10	1	152
安徽省		3	17	65	53	11		149
湖南省		4	10	49	63	6	1	133
湖北省		5	6	48	55	12		126
河南省		3	7	43	36	6		95
辽宁省		1	4	25	37	9		76
江西省		2	5	29	32	1	1	70
河北省	2	1	7	20	33	4		67
陕西省		4	5	25	25	5		64
天津市		2	10	30	14	6		62
重庆市		2	5	24	22	9		62
新疆维吾尔自治区			1	16	33	5		55
吉林省			2	18	21	6		47

续表

省份	AAA	AA	A	BBB	BB	B	CCC	总计
云南省		3	3	12	16	5		39
山西省			2	16	17	4		39
广西壮族自治区			2	10	18	8		38
黑龙江省			4	7	18	8		37
贵州省			3	15	11	4		33
甘肃省				12	16	5		33
海南省			2	9	11	6		28
内蒙古自治区		2	2	3	12	5		24
西藏自治区			3	6	11	1		21
宁夏回族自治区			2	1	10	2		15
青海省				2	6	2		10
总计	14	122	465	1 906	1 746	316	14	4 583

根据2022年数据，从省份ESG平均得分来看，上海、北京、四川排名前三，得分分别为6.26、6.25、6.17。其中，上海企业有392家，北京企业有430家，而四川省企业较少，只有160家。西藏自治区、甘肃省、宁夏回族自治区排名后三，得分分别是5.76、5.67、5.63，企业数量分别是21家、35家、15家(参见图6-11)。

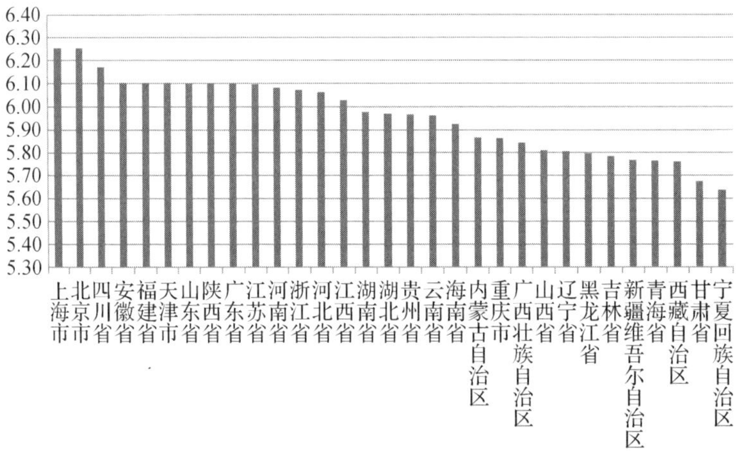

图6-11 2022年按企业省份的ESG评分情况

2022年4家“AAA”级企业中，有2家来自上海，在全部4 769家企业中占比为0.042%；1家来自山东省，占比为0.021%，另有1家来自广东省，占比为0.021%。由此可见，2022年获得“AAA”评级的公司最多的省份为上海。而在2022年36家评级为“CCC”级的企业中，有8家来自广东省，占比为22.22%，占比最高(参见表6-17)。

表 6-17　　2022 年企业 ESG 评级的省份分布情况　　单位：家

省份	AAA	AA	A	BBB	BB	B	CCC	总计
广东省	1	13	81	299	301	72	8	775
浙江省		4	48	273	255	33	5	618
江苏省		9	43	244	268	29	3	596
北京市		10	56	172	165	25	2	430
上海市	2	13	55	145	153	22	2	392
山东省	1	7	21	110	116	20	2	277
福建省		3	14	59	75	9	1	161
四川省		2	19	69	66	4		160
安徽省		2	10	68	66	6	1	153
湖南省		1	8	53	62	11		135
湖北省		1	8	49	60	14		132
河南省		1	8	39	42	6	2	98
辽宁省			4	25	35	14	1	79
江西省			9	25	35	4		73
河北省		2	6	24	28	7	2	69
陕西省			7	25	32	4		68
天津市		2	6	27	26	2	2	65
重庆市			5	21	29	9	1	65
新疆维吾尔自治区		1	2	11	36	5		55
吉林省			6	10	26	4	2	48
山西省				16	21	3		40
云南省		1	4	11	20	3		39
广西壮族自治区			3	9	23	2	1	38
黑龙江省			6	4	20	7		37
甘肃省				12	15	8		35
贵州省		1	2	11	15	3	1	33
海南省		1	2	10	12	3		28
内蒙古自治区			3	5	12	4		24
西藏自治区			1	6	12	2		21
宁夏回族自治区				3	11	1		15
青海省			1	3	4	2		10
总计	4	74	438	1 838	2 041	338	36	4 769

根据2023年Wind数据，从省份ESG平均得分来看，北京市、天津市、云南省排名前三，得分分别为6.21、6.15、6.13。其中，北京企业有459家，天津、云南企业较少，分别为70家和41家。山西省、黑龙江省、甘肃省排名后三，得分分别是5.75、5.61、5.56，企业数量分别是40家、39家、35家(参见图6-12)。

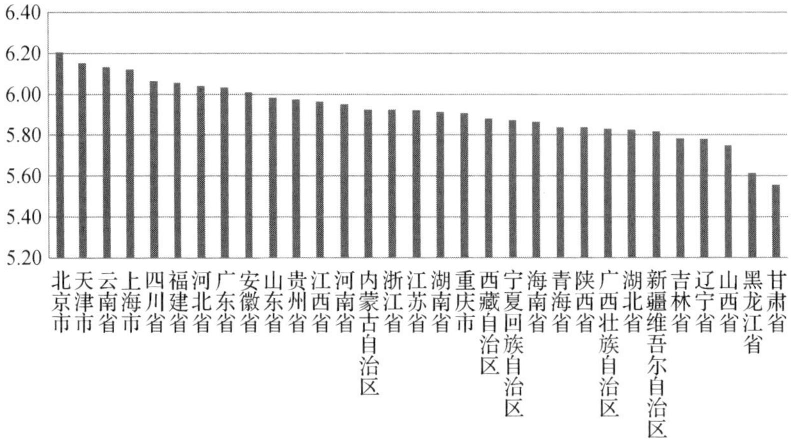

图6-12 2023年按企业省份的ESG评分情况

2023年2家"AAA"级企业中，有1家来自北京市，另一家来自山东省。而在2023年14家评级为"CCC"级的企业中，有5家来自广东省，占比为35.71%，仍然占比最高(参见表6-18)。

表6-18　　2023年企业ESG评级的省份分布情况　　单位：家

省份	AAA	AA	A	BBB	BB	B	CCC	总计
广东省		16	90	245	404	70	5	830
浙江省		9	49	204	356	48	2	668
江苏省		3	50	175	365	54		647
北京市	1	12	64	185	162	33	2	459
上海市		10	57	131	194	28	2	422
山东省	1	7	31	74	152	29	1	295
四川省		3	22	51	87	7		170
安徽省		3	15	56	85	9		168
福建省		5	20	43	88	10	1	167
湖北省			13	34	79	15		141
湖南省		2	11	42	74	11		140
河南省		1	9	30	58	10		108
辽宁省			3	28	41	12		84

续表

省份	AAA	AA	A	BBB	BB	B	CCC	总计
江西省			7	23	45	5		80
陕西省			2	29	37	7		75
河北省		3	8	16	39	7		73
天津市		5	7	22	31	5		70
重庆市		2	3	24	32	8		69
新疆维吾尔自治区			7	12	35	6		60
吉林省			3	13	22	10		48
云南省		1	6	12	17	5		41
广西壮族自治区			3	11	20	6		40
山西省			1	9	25	5		40
黑龙江省			2	9	23	4	1	39
贵州省			5	10	15	5		35
甘肃省			3	4	22	6		35
海南省			3	8	15	2		28
内蒙古自治区		1	4	5	12	3		25
西藏自治区			2	6	12	2		22
宁夏回族自治区			4	2	7	2		15
青海省			1	3	4	2		10
总计	2	83	505	1 516	2 558	426	14	5 104

根据以上各省份ESG评级数据，可以看出在2021—2023年，上市公司数量最多的省份都为广东省、浙江省、江苏省，截至2023年11月30日，这三个省上市公司数量占所有A股上市公司的比例分别为16.26%、13.09%、12.68%。在ESG评分方面，只有北京的上市公司在三年内ESG平均得分都处于前三的水平，此外，上海市于2021年和2022年处于前三，天津市于2021年及2023年处于前三，四川省于2022年排名第三，云南省于2023年排名第三。没有某个省份在三年间都处于ESG平均评分最后三名，但黑龙江省、甘肃省分别有两年处于后三水平。在ESG评级方面，2021年获得“A”级及以上评级的企业占所有“A”级及以上评级企业的比例最高的三个省份分别为广东省、北京市、上海市，占比分别为17.80%、14.98%、11.31%；2022年比例最高的三个省份分别为广东省、上海市、北京市，占比分别为18.41%、13.57%、12.79%；2023年比例最高的三个省份分别为广东省、北京市、上海市，占比分别为17.97%、13.05%、11.36%。由此可见，2021至2023年评级结果为“A”级及以上的公司大多集中在广东省、北京市和上海市。但与北京市和上海市不同的是，广东省获得“CCC”评级企业的比例也相对较高，呈现两极分化现象，这部分企业在可持续发展方面仍有很大的进步空间。

四、根据企业规模分类统计

根据2021年Wind数据，从不同规模企业看，2021年14家“AAA”级企业中有13家是大型企业，1家是小微型企业。大型企业在“A”级及以上的分布占比高于中型和小微型企业，在大型企业中获得“A”级及以上评级的企业占比14.8%，在中型及小微型企业中获得“A”级及以上评级的企业占比分别为5.4%、8.8%。大部分企业评级集中在“BBB”和“BB”级，获得“BBB”级的大、中、小微型企业分别占各类企业的41.32%、29.2%、44.1%，获得“BB”级的大、中、小微型企业分别占各类企业的38.2%、46.2%、36.9%(参见图6-13)。

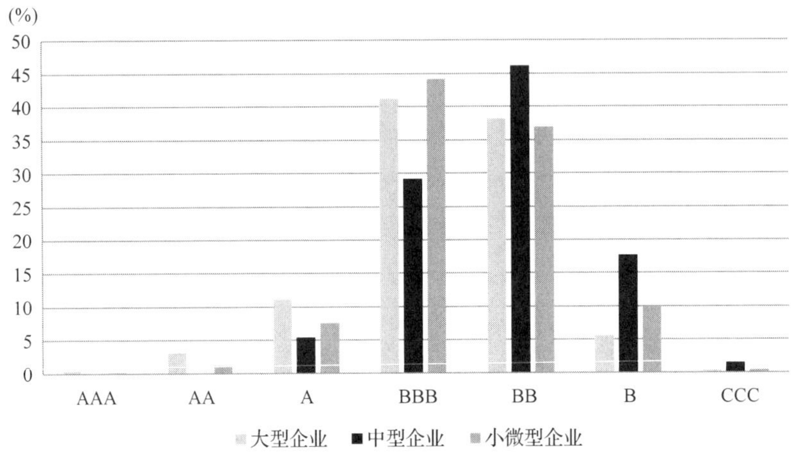

图6-13 2021年按企业规模的ESG评级分布情况

从各议题的得分均值看，大型企业在环境和公司治理方面的评分高于中型和小微型企业，但在社会方面的优势并不明显，甚至低于中型企业。小微型企业在E、S、G方面的平均得分均低于中型和大型企业，这种现象可能是小微型企业资源和能力有限，在ESG建设方面投入不足所导致的，从这个意义上讲，小微型企业需要更加重视ESG相关问题(参见图6-14)。

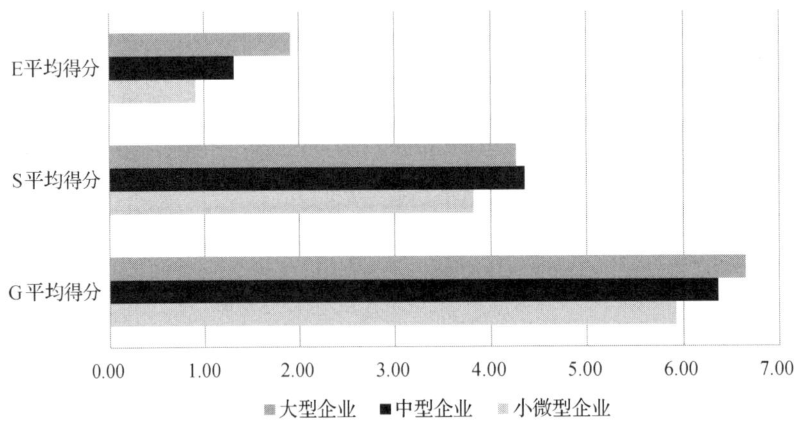

图6-14 2021年按企业规模的ESG单项得分情况

根据2022年Wind数据，从不同规模企业看，2022年4家“AAA”级企业中有3家是大型企业，1家是小微型企业。大型企业在“A”级及以上的分布占比仍然高于中型和小微型企业，在大型企业中获得“A”级及以上评级的企业占比12.1%，在中型及小微型企业中获得“A”级及以上评级的企业占比分别为3.5%、8.0%。获得“BBB”级的大、中、小微型企业分别占各类企业的37.9%、25.7%、41.9%，获得“BB”级的大、中、小微型企业分别占各类企业的43.6%、49.3%、39.7%（参见图6-15）。

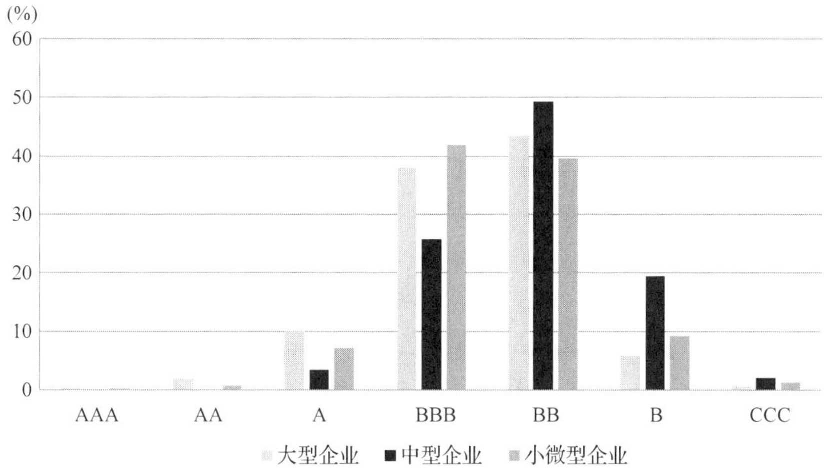

图6-15　2022年按企业规模的ESG评级分布情况

从各议题的得分均值看，2022年大、中、小微型企业在E、S、G各方面平均得分情况与2021年大致相同，表现最差的依然是小微型企业，而大型企业在各个维度的评分都相对较高（参见图6-16）。

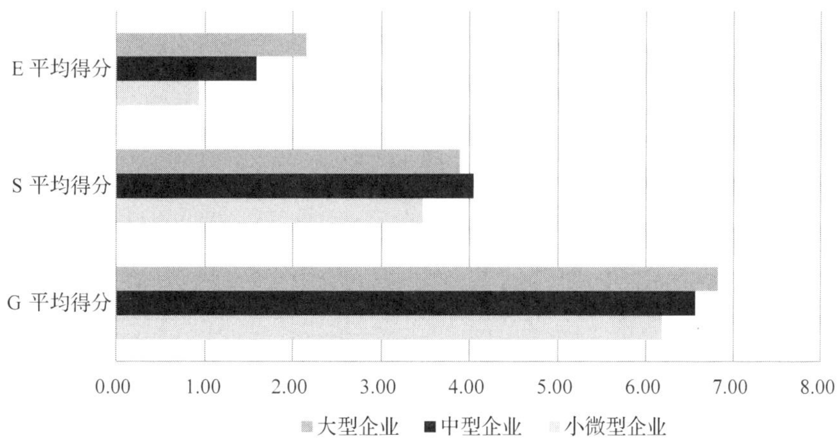

图6-16　2022年按企业规模的ESG单项得分情况

根据2022年Wind数据，从不同规模企业来看，2022年4家“AAA”级企业中有2家是大型企业，2家是小微型企业。大型企业在“A”级及以上的分布占比依旧高于中型和小微型企业，在大型企业中获得“A”级及以上评级的企业占比14.1%，较2022年有所上升，在中型及小微型企业中获得“A”级及以上评级的企业占比分别为3.9%、5.9%。获得“BBB”级的大、中、小微型企业分别占各类企业的31.5%、19.7%、26.1%，获得“BB”级的大、中、小微型企业分别占各类企业的47.5%、56.2%、56.3%(参见图6-17)。

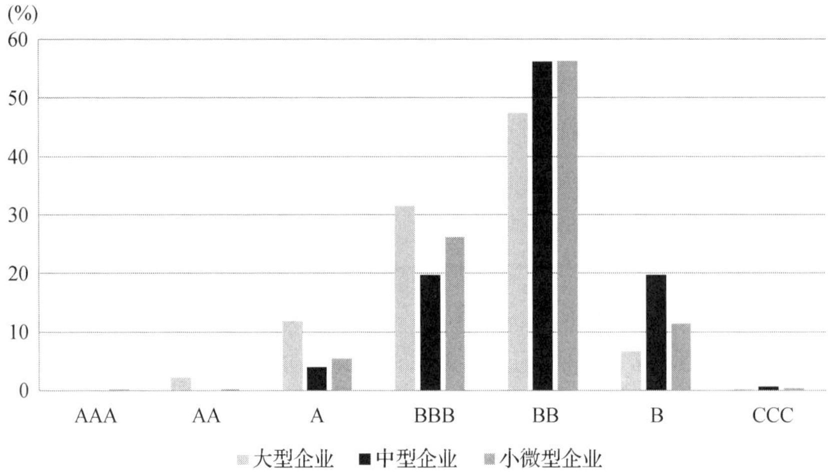

图6-17 2023年按企业规模的ESG评级分布情况

从各议题的得分均值看，2023年大、中、小微型企业在E、S、G各方面平均得分情况与前两年大致相同，不同的是大型企业在S方面的评分首次超过中型企业，至此，大型企业在三个维度的平均得分都处于最高水平(参见图6-18)。

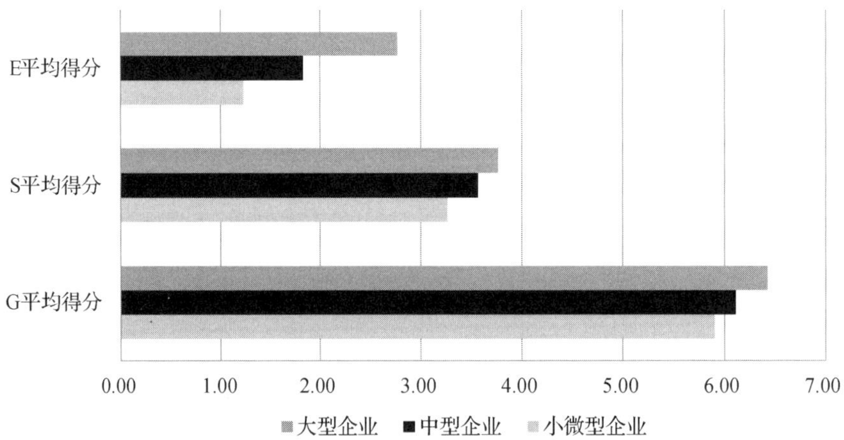

图6-18 2023年按企业规模的ESG单项得分情况

根据以上不同规模企业ESG评级及单项得分数据，可以看出大型企业在ESG方面表现最佳，其次是中型企业，表现最差的是小微型企业。但就获评“AAA”级的企业来说，三年间只有中型企业没有获得过“AAA”评级。大型企业通常在环境、社会和公司治理(ESG)方面表现较好，这可以归因于它们往往有更多的资源和更大的责任感来推动可持续发展和社会责任。相比之下，中型企业可能面临更多的经营压力和资源限制，因此在ESG方面的投入和表现可能不如大型企业。然而，小微型企业通常面临更大的生存压力，很难在经营中考虑到ESG因素，因此表现最差。针对以上现象，建议小微型企业可以从自身实际情况出发，逐渐提高ESG意识和实践。具体而言，可以先从某些方面入手，比如节能减排、员工福利等，逐渐提升企业社会责任和可持续性。同时，可以积极寻求政府、社会组织等相关方的支持和合作，共同推动企业可持续发展。在经营过程中，注重平衡经济效益和社会责任，树立企业良好形象，为企业的可持续发展奠定基础。

五、根据企业权属分类统计

根据2021年Wind数据，从企业权属方面来看，2021年的4 583家上市企业中，有1 316家国有企业，3 113家民营及其他类型企业，154家外资企业(注：国有企业包括中央国有企业和地方国有企业；民营与其他类型企业包括民营企业、集体企业、公众企业、中外合资企业等其他类型企业)。数据显示，不论国企、外企或民企等其他企业，获得“BBB”与“BB”级的企业占大多数，获得“BBB”级的企业分别占34.9%、50.6%、44.0%，获得“BB”级的企业分别占41.1%、37.2%、31.2%，这与按企业规模分布的评级结果具有一致性。“A”级及以上国企占全部国企的15.4%，该数字在外企及民营等其他类型企业分别是11.7%、12.2%(参见图6-19)。

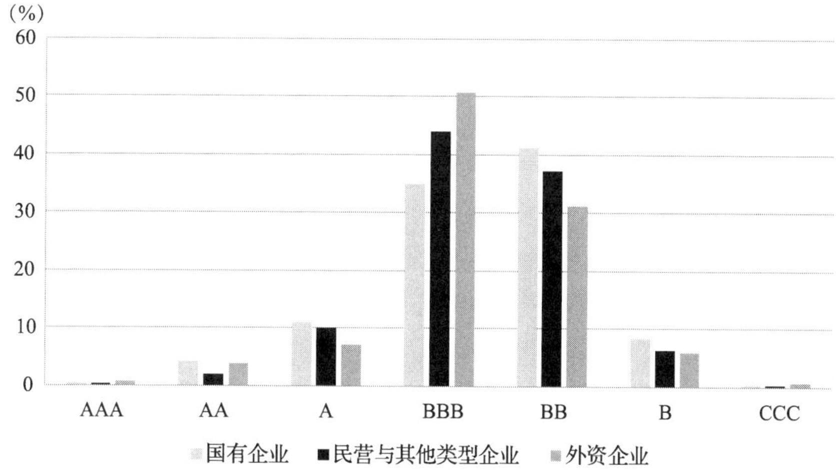

图6-19　2021年按企业权属的ESG评级分布情况

根据2022年数据，“A”级及以上外企占全部外企的14.5%，超过了国企的11.6%，民企及其他类型企业仍然最低，只有10.3%。而从评级分布情况看，2022年与2021年的分布情况大致相同，国企、外企或民企等其他企业中获得“BBB”级的企业占比分别为33.4%、40.4%、40.5%，获得“BB”级的企业占比分别为48.4%、37.3%、40.8%(参见图6-20)。

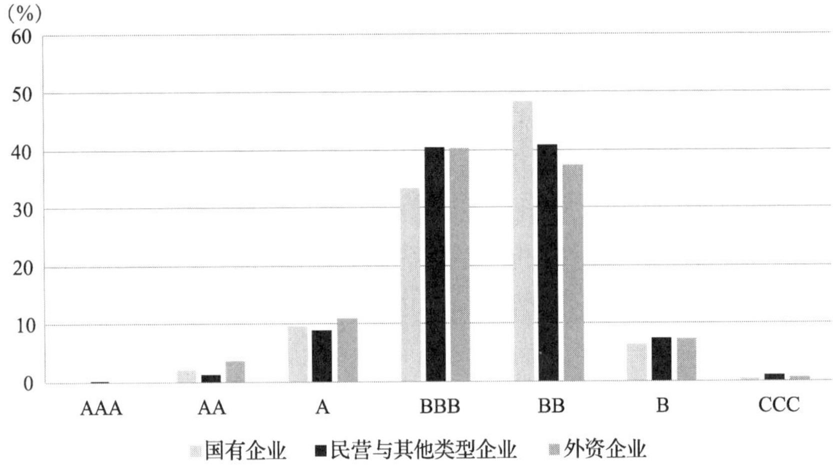

图6-20 2022年按企业权属的ESG评级分布情况

根据2023年数据，在民营与其他类型企业中，有54.3%的企业获得“BB”评级，该数字明显高于国企和外企，“A”级及以上国企占全部国企的18.7%，该数字也明显高于前两年，并且重新反超外企的13.6%，民企及其他类型企业依然最低，只有8.7%(参见图6-21)。

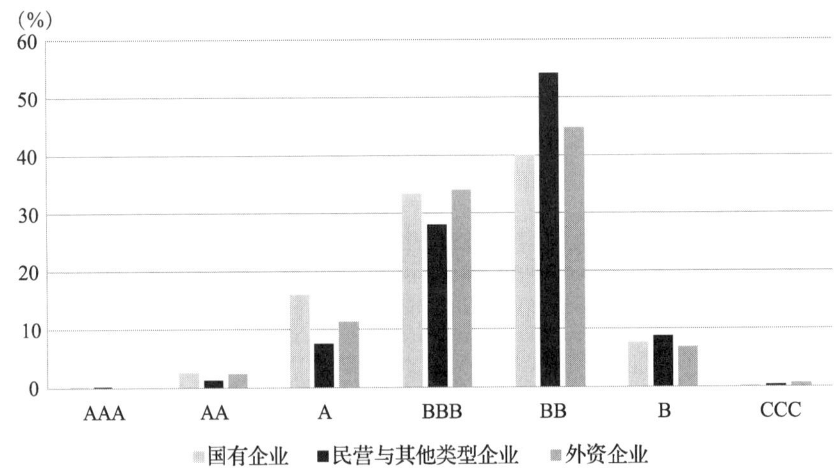

图6-21 2023年按企业权属的ESG评级分布情况

根据以上不同权属企业ESG评级数据，可以看出国有企业在ESG表现方面要优于外企以及民企等其他类型企业，在E、S、G单项得分方面，国有企业也超过了另外两种类型的企业。从时间维度看，近三年民企与其他类型企业在ESG表现方面有所下降，获得“A”级及以上评级的企业占所有民企与其他类型企业的占比从2021年的12.2%下降到2022年的10.3%，在2023年进一步下降至8.7%。民企与其他类型企业的绝对数量占所有A股企业的70%左右，ESG表现却相对较差，主要原因可能有两点：一是与民企及其他类型的企业相比，国企在政策和监管环境方面通常更加有利，可以获得更多的支持和指导，而民企在这方面可能面临一定的挑战，需要更加努力地适应和应对政策和监管的变化；二是与民企及其他类型的企业相比，外资企业受到国外文化的影响，往往更加注重企业的社会责任和可持续发展，将ESG理念融入企业文化和战略，而民企在这方面的意识和文化可能相对较弱，缺乏对ESG的深入理解和实践。故要想更好地推动中国经济的可持续发展，我们应该更加重视民营企业的ESG发展，提供更多的支持和指导，帮助它们提高ESG水平，实现经济、社会和环境的共赢。

第七章　ESG 评级案例分析

第一节　国泰君安 ESG 评级分析

一、研究背景

证券行业作为国民经济组成中具备资源配置功能的行业之一，是经济命脉上非常关键的一环。虽然证券行业自身在世界各国都是一个小的产业部门，但其联系面却极广，可以联系证券的购买者、证券的供应者、证券行业的内部产业(如经纪公司)，还可以联系交易所和各种证券协会、管制者、直接的支持性服务设施[如证券转让机构、其他支持性服务部门(如会计师、审计师、律师事务所和教育机构)]等。在我国，证券公司数量众多，证券公司同质化竞争激烈，同时创新业务和产品也日趋多样化，证券行业的发展潜力依然巨大。

新发展阶段下，ESG 理念和行为在证券行业中的重要作用与证券行业自身的特殊地位密切关系，对证券行业有新要求。贯彻 ESG 理念，将 ESG 理念融入证券业务，既是 ESG 政策传导至实体产业的有力抓手，也是证券行业高质量发展的必然选择。证券公司既是 ESG 理念的实践者，也是 ESG 发展的重要推动者。

(一) 将 ESG 理念融入证券业务是 ESG 政策传导至实体产业的有力抓手

证券公司贯彻 ESG 理念将在促进实体经济发展目标中发挥举足轻重的作用。将 ESG 理念融入证券业务，帮助实体企业合理配置资源，倡导公平与效率并重，倒逼产业模式升级。服务实体经济、促进绿色生态发展、推动高水平对外开放、增进民生福祉和推进乡村振兴等工作，正在成为券商贯彻 ESG 理念，将 ESG 政策传导至实体产业的重要抓手。

当前各证券公司都已经开始纷纷践行 ESG 投资理念，大力发展绿色金融，建立健全 ESG 治理体系，打造可持续发展新动能。作为资本市场的中介机构和参与方，证券公司通过秉持 ESG 理念创新金融工具，架设更多连接实体产业和投资者的桥梁。证券公司通过争当 ESG 管理的排头兵，影响和鼓舞更多企业，共同建设 ESG 生态，服务实体产业的高质量发展。在建设 ESG 生态的过程中，证券公司通过加强对 ESG 领域的研究，充分发挥自身投研等专业优势，带动产业生态链上各利益相关方共同关注、实践 ESG 理念。

以“双碳”相关政策为例，随着中国“双碳”实践持续深化，二十大报告明确了积极稳妥推进“双碳”目标的总体要求，为了符合“双碳”政策要求，实现“双碳”目标，各不同类型不同行业的实体企业都在积极推进并践行 ESG 理念。证券公司作为综合性极高的金融机构，可以充分利用自身丰富的资源，深入企业的不同发展阶段，多角度布局可持续金融产品和服务，充分发挥资源配置的职能，服务实体，为实体经济可持续发展注入金融动能。

（二）贯彻 ESG 理念是证券行业高质量发展的必然选择

证券公司是证券市场最重要的中介机构之一，是资本市场的“看门人”、直接融资的“服务商”、社会财富的“管理者”、金融创新的“领头羊”。随着全球证券市场不断发展，ESG 因素在证券公司自身的经营决策中也需要发挥更重要的作用。贯彻 ESG 理念是证券行业高质量发展的必然选择。

贯彻 ESG 理念，将其融入证券业务，能够帮助证券公司自身防范证券业务风险、提高证券产品收益、改善证券公司运营能力，实现证券公司的升级迭代和高质量发展。

近年来，ESG 已成为一种全新的投资方式，全球 ESG 投资取得蓬勃发展。国内外的众多研究表明，企业 ESG 绩效和财务回报之间存在正向关系。长期而言，ESG 表现好的公司股票价值和财务表现好于同行业公司，在公司的回报能力和长期价值上表现更佳。根据美国投资公司协会（ICI）数据，截至 2021 年年末，全美共有 740 只基金采用 ESG 投资策略，资产规模达 5 290 亿美元，分别同比增长了 26.9%和 38.8%。国内 ESG 主题基金也加速扩容，Wind 数据显示，截至 2022 年 7 月末，国内 ESG 投资基金达 274 只，总规模超 3 600 亿元。

随着 ESG 投资理念逐渐获得资本市场的认可，ESG 评级已经成为衡量一家企业可持续发展能力的重要标尺。我们将国内外 ESG 评级机构对我国证券行业的 ESG 评级情况和差异进行研究。

二、A 股证券行业上市公司 ESG 报告披露情况统计

在 A 股市场，推动 ESG 信息披露规范化需要多部门的共同努力。在监管部门强化 ESG 信息披露的大环境下，A 股证券行业上市公司 ESG 信息披露的质量和数量都有了一定的提升，图 7-1 展示了从 2018 年到 2022 年 A 股证券行业上市公司的 ESG 报告披露情况。从绝对数量上看，选择披露 ESG 报告的公司数量逐渐上升，而从变化趋势上看，自 2018 年以来，A 股证券行业上市公司的 ESG 总体披露率逐年上升，在 2022 年达到了峰值 75%，随着 ESG 大环境的改善，该数字在 2023 年有望得到进一步的突破。

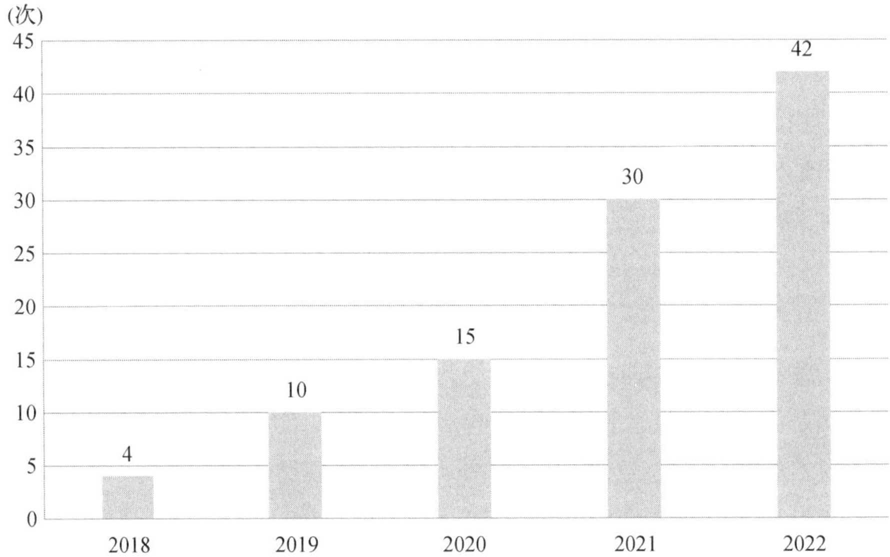

图 7-1　A 股证券行业上市公司 ESG 报告披露情况

三、证券行业 ESG 评级分析

各评级机构给出的证券行业 ESG 评级平均得分均高于评级机构覆盖标的平均得分，行业内绝对分值一致性较差，但相对排名具有一定一致性，各评分机构对业内排名头部企业和尾部企业的评分认知一致性较高，但也有某一评级机构给出高评级而另一机构给出低评级的情况存在。

根据查询到的上市证券公司 MSCI ESG 评级结果，只有东方证券、华泰证券、海通证券、中金公司被评定为“A”级。中信证券、中信建投、兴业证券、国元证券则被评为“BBB”级；国信证券、南京证券、浙商证券、东兴证券被评为“CCC”级，被评为“B”级的券商占比最高。而国内评级机构给出的评级相对较高，梳理万得对券商的 ESG 评级情况发现，2018 年至 2023 年内地上市券商 ESG 评级基本维持在稳定水平。从获得“BBB”及以上评级的券商数量来看，2021 年是整个行业评级最好的一年，共有 3 家券商获得“AA”级，8 家券商获得“A”级，18 家获得“BBB”级。2022 年内地上市券商整体水平相较上一年略有下降，但仍有部分券商的评级获得了一定的提升，获得“A”级的券商数量有明显增加。而 2023 年被 Wind 评为“A”级及以上的券商有 19 家，占比约为 32.2%，而仅有 35.6%的券商被评为“BB”级及以下。这个结果进一步表明国内外不同机构在对证券公司评级时，评级方法存在差异，具体原因下文将针对国泰君安公司进行分析。此处仅给出 2023 年华证、MSCI 以及 Wind 对部分上市证券公司的 ESG 评级，结果如表 7-1 和表 7-2 所示。

表 7-1　　部分上市证券公司 ESG 评级结果(华证与 MSCI)

排序	代码	证券简称	华证评级	ESG综合得分	环境	社会	治理	MSCI评级	所处行业水平
1	600958	东方证券	A	86.80	83.10	87.70	87.20	A	AVERAGE
2	600030	中信证券	A	86.80	73.10	90.00	88.40	BBB	AVERAGE
3	601688	华泰证券	A	86.60	70.60	90.10	88.70	A	AVERAGE
4	600109	国金证券	A	85.60	78.60	85.70	87.60	BB	AVERAGE
5	000776	广发证券	BBB	85.00	73.00	89.90	85.00	BB	AVERAGE
6	601377	兴业证券	BBB	84.80	80.30	89.70	82.90	BBB	AVERAGE
7	601108	财通证券	BBB	84.50	69.00	87.10	87.00	BB	AVERAGE
8	601211	国泰君安	BBB	84.30	65.10	89.40	86.20	B	LAGGARD
9	000728	国元证券	BBB	84.00	70.10	82.60	88.90	BBB	AVERAGE
10	000166	申万宏源	BBB	83.70	68.50	88.00	85.00	B	LAGGARD
11	601555	东吴证券	BBB	83.50	69.60	87.50	84.60	B	LAGGARD
12	600061	国投资本	BBB	83.00	61.80	87.30	85.90	B	LAGGARD
13	601881	中国银河	BBB	82.80	75.60	83.60	84.30	BB	AVERAGE
14	002736	国信证券	BBB	81.70	73.00	84.00	82.60	CCC	LAGGARD
15	002939	长城证券	BBB	81.40	74.80	79.60	84.50	B	LAGGARD
16	601788	光大证券	BBB	81.30	76.80	85.00	80.00	B	LAGGARD
17	600837	海通证券	BBB	81.20	71.40	87.80	79.50	A	AVERAGE
18	002500	山西证券	BBB	80.90	82.30	82.60	79.30	B	LAGGARD
19	600918	中泰证券	BBB	80.60	67.20	78.80	85.60	B	LAGGARD
20	000783	长江证券	BBB	80.40	73.70	75.90	85.20	B	LAGGARD
21	601990	南京证券	BBB	79.00	61.00	77.30	85.20	CCC	LAGGARD
22	300059	东方财富	BBB	78.90	64.50	86.70	76.20	B	LAGGARD
23	600369	西南证券	BBB	78.00	64.20	85.10	77.20	B	LAGGARD
24	002926	华西证券	BBB	77.50	55.80	78.30	83.00	B	LAGGARD
25	600999	招商证券	BB	77.40	79.70	85.00	71.70	BB	AVERAGE
26	601696	中银证券	BB	76.50	68.80	74.50	80.00	B	LAGGARD
27	601878	浙商证券	B	73.80	55.80	75.60	77.60	CCC	LAGGARD
28	601901	方正证券	B	72.50	62.03	77.00	72.40	BB	AVERAGE
29	601198	东兴证券	CCC	69.30	55.80	71.10	71.80	CCC	LAGGARD

表 7-2　　上市证券公司万得 ESG 评级结果

排序	代码	证券简称	ESG 评级	ESG 综合得分	争议事件得分	管理实践	环境	社会	治理
1	600030	中信证券	A	8.00	2.51	5.48	7.05	8.26	7.74
2	601688	华泰证券	A	7.85	2.66	5.19	8.06	7.75	6.78
3	002797	第一创业	A	7.70	2.80	4.89	5.46	6.51	8.14
4	600837	海通证券	A	7.53	2.68	4.85	6.81	6.34	7.56
5	601377	兴业证券	A	7.52	2.57	4.95	6.74	6.17	8.11
6	601881	银河证券	BBB	7.41	2.75	4.67	3.49	6.47	8.27
7	601211	国泰君安	A	7.37	2.61	4.77	4.30	6.59	8.15
8	000728	国元证券	A	7.37	2.79	4.58	4.80	4.94	8.91
9	600958	东方证券	A	7.28	2.72	4.56	3.93	6.35	7.84
10	600999	招商证券	A	7.27	2.48	4.79	6.09	5.26	8.75
11	600705	中航产融	A	7.27	2.91	4.36	5.93	4.30	8.29
12	000750	国海证券	A	7.25	2.75	450	5.23	5.12	8.27
13	002736	国信证券	BBB	7.21	2.80	4.41	5.90	5.59	7.18
14	000166	申万宏源	A	7.20	2.87	4.33	5.12	4.44	8.39
15	600109	国金证券	A	7.20	2.67	4.53	4.88	5.31	8.34
16	601555	东吴证券	A	7.19	2.82	4.37	4.19	5.73	7.66
17	600369	西南证券	A	7.14	2.77	4.37	3.37	5.79	7.97
18	601162	天风证券	A	7.07	2.80	4.28	3.47	5.66	7.74
19	601995	中金公司	A	7.01	2.62	4.39	3.77	5.66	7.99
20	600906	华安证券	A	6.96	2.68	4.28	4.56	5.12	7.82
21	601375	中原证券	A	6.88	2.63	4.24	3.21	5.31	8.08
22	600918	中泰证券	BBB	6.87	2.73	4.14	2.99	5.35	7.80
23	601066	中信建投	BBB	6.79	2.37	4.42	3.93	6.56	7.11
24	601990	南京证券	BBB	6.61	2.85	3.76	2.56	4.53	7.46
25	601788	光大证券	BBB	6.60	2.59	4.01	3.16	4.98	7.63
26	002945	华林证券	BBB	6.53	2.83	3.70	1.53	4.74	7.50
27	600621	华鑫证券	BBB	6.46	2.80	3.65	0.72	5.69	6.74
28	000776	广发证券	BBB	6.44	2.29	4.16	4.05	6.15	6.58
29	601136	首创证券	BBB	6.43	2.79	3.64	1.56	4.12	7.89
30	000617	中油资本	BBB	6.41	2.87	3.53	2.65	4.97	6.19

续表

排序	代码	证券简称	ESG 评级	ESG 综合得分	争议事件得分	管理实践	环境	社会	治理
31	000783	长江证券	BBB	6.35	2.89	3.46	3.48	3.34	7.19
32	002799	中国华融	BBB	6.33	2.53	3.80	2.12	4.64	7.69
33	600061	国投资本	BBB	6.28	2.82	3.46	2.68	4.00	6.89
34	002500	山西证券	BBB	6.27	2.86	3.42	1.79	5.13	5.99
35	600906	财达证券	BBB	6.25	2.90	3.35	0.48	4.04	7.44
36	601456	国联证券	BBB	6.11	2.77	3.34	3.08	3.52	6.77
37	002939	长城证券	BBB	6.10	2.75	3.35	4.40	3.22	6.54
38	000290	国富创新	BBB	6.03	2.95	3.08	3.00	2.57	6.84
39	300059	东方财富	BB	5.99	2.84	3.15	0.05	4.48	6.49
40	600390	五矿资本	BB	5.98	2.90	3.08	0.90	3.58	6.78
41	000686	东北证券	BB	5.94	2.43	3.51	2.38	3.88	7.32
42	601108	财通证券	BB	5.85	2.57	3.28	2.65	3.44	6.83
43	601696	中银证券	BB	5.76	2.84	2.92	0.58	2.57	7.37
44	600155	华创云信	BB	5.73	2.82	2.91	0.46	3.76	6.17
45	001062	国开国际投资	BB	5.62	3.00	2.62	0.67	2.18	6.66
46	601236	红塔证券	BB	5.61	2.87	2.74	0.30	2.56	6.87
47	002423	中粮资本	BB	5.53	2.90	2.63	0.00	3.39	5.79
48	002673	西部证券	BB	5.49	2.87	2.62	0.56	2.28	6.62
49	600095	湘财证券	BB	5.44	2.85	2.59	0.06	2.82	6.19
50	601099	太平洋	BB	5.42	2.53	2.89	0.29	3.56	6.41
51	601878	浙商证券	BB	5.41	2.88	2.53	0.36	1.90	6.79
52	601901	方正证券	BB	5.39	2.81	2.58	0.37	1.78	7.04
53	002926	华西证券	BB	5.34	2.79	2.55	0.05	2.68	6.23
54	002670	国盛金控	BB	5.34	2.91	2.43	0.00	2.60	5.87
55	601198	东兴证券	BB	5.30	2.50	2.79	0.41	2.80	6.78
56	600643	爱建集团	BB	5.06	2.85	2.20	0.15	1.44	6.19
57	000356	鼎立资本	B	4.87	2.95	1.92	0.97	1.45	4.82
58	601059	信达证券	B	4.81	2.57	2.24	0.21	1.47	6.25
59	001911	华兴资本控股	BB	3.98	2.92	1.06	0.59	147	1.95

四、国泰君安案例介绍

(一) 案例公司简介

国泰君安(601211. SH/02611. HK)由均创设于 1992 年的国泰证券和君安证券，于 1999 年 8 月 18 日合并成立，注册资本 89. 07 亿元，是中国证券行业长期、持续、全面领先的综合金融服务商。经营范围包括证券经纪；证券自营；证券承销与保荐；证券投资咨询；与证券交易、证券投资活动有关的财务顾问；融资融券业务；证券投资基金代销；代销金融产品业务；为期货公司提供中间介绍业务；股票期权做市业务；中国证监会批准的其他业务等。国泰君安跨越了中国资本市场发展的全部历程和多个周期，始终以客户为中心，深耕中国市场，为个人和机构客户提供各类金融服务，确立了全方位的行业领先地位。在多年创新发展过程中，国泰君安逐渐形成了风控为本、追求卓越的企业文化，成为中国资本市场全方位的领导者以及中国证券行业科技和创新的引领者。

其子公司国泰君安国际(1788. HK)于 1993 年成立于中国香港，1995 年开展业务，并于 2010 年成为首家获中国证券监督管理委员会批准通过 IPO 方式于香港联合交易所主板上市的中资证券公司。立足中国香港，通过新加坡和越南推动东南亚发展，成为连接中国及全球优质企业与资本市场的桥梁。近年来由于多元化发展策略得到充分落实，国泰君安国际已从传统型单一的经纪型证券公司转型至以多元化业务为主导的大型综合金融服务商。公司提供多样化综合金融服务，核心业务包括经纪、企业融资、资产管理、贷款及融资与金融产品等，业务覆盖包括个人金融(财富管理)、机构金融(机构投资者服务与企业融资服务)与投资管理三大维度。

从财务数据上看，国泰君安综合业务实力显著提升，投资银行等核心业务能力稳中有升。截至 2022 年，国泰君安投行 IPO 规模三年复合增长率达 62%，财富管理代销金融产品净收入三年复合增长率达 82%，权益场外衍生品新增规模三年复合增长率达 83%。国泰君安 2022 年资产总额为 8 607 亿元，员工总数达 14 492 名，2022 年业绩保持稳健态势，实现营业收入 354. 71 亿元，归母净利润 115. 07 亿元；资产规模稳步扩张，报告期末总资产 8 607 亿元；分红比例稳中有升，计划实施每股分红 0. 53 元(含税)，分红比例 41. 02%。以证券业协会统计的母公司口径，2022 年，国泰君安代买卖净收入(含席位租赁)排名全行业第一，融资融券余额全行业第三，期货公司客户权益全行业第二，私募基金托管数量全行业第二，IPO 承销家数全行业第四。

(二) MSCI 评级

MSCI 对国泰君安给出的 ESG 评级是“B”(落后者)，在投资银行和经济行业的公司中处于落后地位。

MSCI 对国泰君安的评级从以下几个方面衡量：

(1) 公司对减少碳排放的贡献如何?

MSCI 认为国泰君安没有设置脱碳目标，并且在计算隐含温升时也没有考虑到脱碳目标。

(2) 该公司的排放目标是否足以将全球变暖控制在1.5℃以内?

MSCI基于自己的一套评估和碳排放计算方法,判断公司是否和《巴黎协定》中最低目标相一致(《巴黎协定》的长期目标是将全球平均气温较前工业化时期上升幅度控制在2℃以内,并努力将温度上升幅度限制在1.5℃以内)。国泰君安在这一套计算方法下得出的是1.5℃,符合全球气候标准。

(3) 公司在管理可能影响其财务的环境、社会和治理(ESG)问题方面做得如何?

MSCI对国泰君安的ESG综合评级是"B","B"属于对应的投资银行与经纪业的落后水平。

(4) 公司是否被指控有任何与环境、社区、员工或客户有关的有争议的行为?

MSCI认为国泰君安没有卷入任何重大争议。

(5) 公司是否参与了一些投资者回避的商业活动?

MSCI认为国泰君安没有涉及被禁的争议武器的研究、赌博、烟草和酒精领域。

(三) Wind评级

2023年4月,Wind ESG对国泰君安给出的评级是"A",在资本市场行业排名前10%,其ESG综合得分7.27,由管理实践得分(4.71)与争议事件得分(2.56)两部分构成;环境得分3.99,社会得分6.54,治理得分8.14(参见表7-3)。

表7-3　国泰君安Wind评级得分情况

排序	代码	证券简称	ESG评级	ESG综合得分	争议事件得分	管理实践得分	环境	社会	治理
1	600030.SH	中信证券	A	7.91	2.28	5.63	8.26	8.23	7.74
2	601688.SH	华泰证券	A	7.74	2.56	5.18	8.06	7.73	6.78
3	601377.SH	兴业证券	A	7.70	2.75	4.95	6.74	6.17	8.11
4	002797.SZ	第一创业	A	7.55	2.66	4.89	5.46	6.51	8.14
5	600837SH	海通证券	A	7.48	2.68	4.80	6.61	6.27	7.56
13	601211.SH	国泰君安	A	7.27	2.56	4.71	3.99	6.54	8.14

Wind ESG根据公司所属行业具有的ESG风险与机遇,以及相对于同行的绩效表现,按照分值区间给公司评为"AAA"到"CCC"的结果。Wind ESG评级每年度更新,或随重大事件更新。Wind ESG评级框架与国际主流ESG体系架构接轨的同时,充分考虑中国资本市场现状、监管政策和中国企业具体ESG实践。

最终评级结果主要考虑企业的管理实践得分和争议事件得分。Wind ESG综合得分由管理实践得分与争议事件得分组成。

管理实践得分由环境、社会以及治理得分加权求和构成。权重设定反映不同ESG议题给各行业公司带来的相对实质性风险或机遇，以及对各利益相关方的正面或负面贡献。

争议事件得分与ESG综合得分每日更新，环境、社会、治理以及管理实践得分跟随底层数据不定期链式更新，相关数据发布在Wind金融终端等平台。

（四）华证评级

华证A股及港股ESG评级以ESG核心内涵为基础，充分借鉴国际经验，并考虑中国特色及具体实践，科学构建评级框架和指标体系，按季度给予公司从“AAA”到“C”的9档评级。

2023年7月，华证ESG对国泰君安给出的评级是“A”，在公司所在GICS三级行业排名为6/56。具体得分如表7-4所示：

表7-4 国泰君安华证评级得分情况

	得分	权重	行业排名
环境(E)	65.1	14.3%	31/56
社会(S)	91.8	34.4%	5/56
公司治理(G)	87.3	51.3%	5/56

公司历史ESG评级展示公司在ESG治理表现上的历史变化趋势，帮助投资者研判投资标的ESG治理改善情况。华证ESG对国泰君安的历史评级分别为：2022年7月“A”级，2022年10月“A”级，2023年1月下降为“BBB”级，2023年4月“BBB”级，2023年7月重新升为“A”级。

由于各行业的核心议题及权重均不相同，公司ESG评级与同行业公司对比更具有可比性。图7-2为华证ESG对于证券行业评级的具体分布情况：

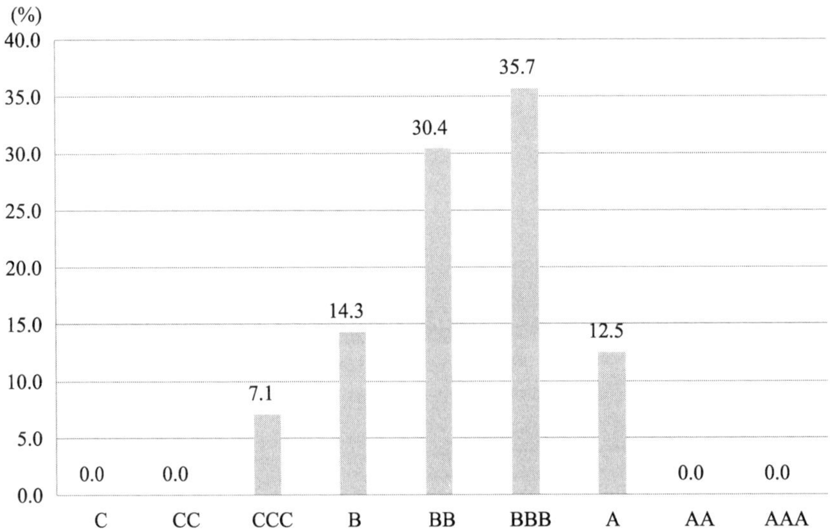

图7-2 证券行业华证ESG评级结果分布

华证ESG尾部风险动态跟踪公司在违法违规、负面经营、股东行为、过度扩张和财务可信度五大维度的风险暴露，给予公司低风险、关注、警告和严重警告四档风险分类。华证ESG对于国泰君安尾部风险给出低风险的类别。

（五）评级差异分析

MSCI对国泰君安给出的评级为“B”级，处于同行业落后水平，而国内多家评级机构（如Wind ESG、华证ESG）对国泰君安给出的评级均为“A”级，处于同行业领先水平，可见国内外评级机构对案例企业的ESG评级存在差异，具体原因可以从社会和技术两个视角分析。

表7-5　国泰君安ESG各维度评级差异

MSCI ESG评级	Wind ESG评级
公司治理（=）	公司治理（8.18/6.61）
金融面临的环境影响（=）	环境与气候变化（5.07/2.36）
商业行为（=）	商业道德（6.60/3.02）
人力资本发展（=）	员工发展（5.90/2.46）

注：=表示与行业平均水平持平。下同。

1. 社会方面的原因

社会方面的主要差异包括评级机构自身的社会背景、历史渊源、核心使命、法律身份等。从法源来看，大陆法系机构（如穆迪ESG Vigeo Eiris等）重视利益相关者，旨在为其服务，围绕程序正义、民众权益等更多元的软议题以定性为主的方式完成度量；而英美法系下机构（如明晟等）强调独尊股东，并主要以围绕实质性效益的硬议题以定量方式完成度量。这种类型的差异体现在商业行为以及人力资本这两个方面。

（1）商业行为

MSCI ESG评级	Wind ESG评级
商业行为（=）	商业道德（6.60/3.02）

MSCI认为国泰君安的商业行为处于行业平均水平，而Wind则认为其商业道德表现较好，远超行业平均水平。造成该差异的原因可能是评级机构间的社会背景以及关注重点存在差异，MSCI更注重公司在商业活动中的道德标准和社会责任感，因此对国泰君安的商业道德水平可能有更严格的评判标准；而Wind可能更倾向于将公司的商业道德水平与行业内其他公司比较，可能更注重公司在行业内的位置和表现。

（2）人力资本

MSCI ESG评级	Wind ESG评级
人力资本发展（=）	员工发展（5.90/2.46）

在人力资本发展方面，MSCI 可能更加注重公司的人力资本管理和发展，包括员工培训、福利待遇、多样性和包容性等方面。他们可能会将企业的人力资本与全球最佳实践比较，从而对其进行评估。在这种情况下，国泰君安可能被认为处于行业平均水平，因为在全球范围内会存在一些公司在人力资本方面做得更好。而 Wind 可能更加注重公司在招聘、员工素质和整体人才储备方面的表现。他们可能更倾向于将公司与国内同行比较，从而得出国泰君安在人力资本方面处于行业上游水平的评价。

2. 技术方面的原因

第二类是技术原因。主要差异包括指标差异、衡量差异、权重差异。

首先，在 ESG 大框架下，各个 ESG 评级机构基本对核心议题的选择达成了共识。例如气候变化、资源消耗、雇佣管理、供应链管理和董事会结构等议题，几乎被所有的 ESG 评级纳入其中。但同时，仍有诸多的 ESG 议题只是被个别评级机构使用。如果深入具体指标层面时，各家 ESG 评级机构又采用了不同数量、不同内容的指标。有的 ESG 评级体系包含上千个指标，而有的不足 100 个。采用不同指标框架评价同一家公司时，势必会产生差异化结果。

其次，当面对同一家公司的 ESG 信息时，不同 ESG 评级关注的重点不同，因此采用的评分标准也不同。例如，国内评级机构主要关注绩效结果，有的关注政策、管理措施，而有的会把信息披露考虑进来。而 MSCI 则会评估 ESG 管理与相应风险敞口的一致性。这种衡量标准的不同导致了 ESG 评级差异。

最后，MSCI 会考虑各议题对公司及行业的影响程度和影响时间的长短。如果影响程度大、影响发生快，MSCI 会给予该议题更高的权重。而国内一些 ESG 评级机构由于技术原因，多是设置了通用指标和行业指标，权重分配差异只体现在行业指标上。权重差异的存在，导致各指标得分对 ESG 评级的贡献度不同。

该方面的差异体现在公司治理、环境和气候变化上。

(1) 公司治理

MSCI ESG 评级	Wind ESG 评级
公司治理(=)	公司治理(8.18/6.61)

该领域的差异可能主要源自这两个机构间的指标差异以及衡量差异。MSCI 和 Wind 在评估公司治理时，可能采用了不同的评估指标。例如，MSCI 可能更加注重公司治理的结构、程序和透明度等方面，而 Wind 则可能更加注重公司的管理层素质、董事会构成和股东权益保护等方面。这种指标的差异可能导致评级结果的差异。其次，衡量方面，MSCI 和 Wind 在评估公司治理时，可能采用了不同的数据来源。例如，MSCI 可能更加依赖于国际公开信息渠道和第三方数据提供商，而 Wind 则可能更加依赖于国内公开信息渠道和自身数据采集与分析能力。这种数据来源的差异可能导致对同一个指标的不同评级。

（2）环境和气候变化

MSCI ESG 评级	Wind ESG 评级
金融面临的环境影响(=)	环境与气候变化(5.07/2.36)

MSCI 和 Wind 在对证券行业上市公司进行环境方面的评分时，在指标的覆盖程度以及权重分配上有所差异。MSCI 主要关注的议题有碳排放、金融面临的环境影响以及气候变化脆弱性，而 Wind 关注的议题有能源与气候变化以及绿色金融。①碳排放和能源与气候变化：MSCI 关注的是公司的碳排放情况，而 Wind 则更关注公司的能源使用和气候变化方面的表现。这两个议题虽然有一定的关联，但侧重点不同。碳排放是衡量公司对气候变化的影响，而能源使用和气候变化则更关注公司在应对气候变化方面的努力和策略。②金融面临的环境影响和绿色金融：MSCI 关注的是金融业务本身对环境产生的影响，如贷款和投资活动可能对环境产生的压力和风险。而 Wind 则更关注公司在推动绿色金融方面的表现，如公司在绿色金融产品和服务方面的创新和实践。这两个议题也具有不同的侧重点，前者更关注金融业务的潜在环境影响，后者更关注公司在绿色金融领域的贡献和实践。

五、局限性与进一步研究

（一）尚未形成统一的 ESG 信息披露标准

当面对同一家上市公司所披露的 ESG 信息时，不同 ESG 评级机构所关注的重点不同，选取信息的标准不同，量化信息的方式也不同，因此最终得出的 ESG 评级也不同。目前，全球没有统一的 ESG 信息披露标准，无论是国际市场还是国内市场对应的监管机构都没有发布统一、详细和可供参考的信息披露标准，多数准则中还存在多项模糊表述，导致各上市公司只能依照自身对 ESG 的理解进行信息披露，披露水平参差不齐，以定性描述为主，辅以定量数据，因此 ESG 评级机构获得的 ESG 数据存在非结构化的特征，ESG 的关键评级信息的整体可比性较差，与实际的评级机构所需要的信息存在差异。以证券行业为例，证券公司在披露信息时由于所涉及的环境议题较少，因而更加侧重社会和治理两个方面。而在披露社会议题的指标时，涉及的数据多以思想层面为主，量化较为困难，导致企业自身信息披露的差异性较大，不符合 ESG 评级机构所需的信息标准，所以在使用时会产生较大的差异。

（二）顶层设计尚有完善空间

相较于银行及投资机构可直接提供资金支持低碳产业，券商的参与方式更加多元，桥梁纽带作用更加突出。这需要证券机构从顶层设计上统筹规划可持续金融发展方略。目前仅部分头部券商推出了公司层面的可持续金融战略规划。中小券商则实践相对零散，整体呈现出“点状发展，未成体系”的现状。

（三）业务模式有待理清

券商除了在投资银行业务中可助力绿色企业及项目融资外，在自营投资、资产管理、行业研究、碳市场交易等业务中，依然存在大量的可持续金融业务空间有待挖掘。在券商各业务模式中如何融入ESG，助力国家双碳战略，仍有较大探索空间。

第二节　五粮液ESG评级分析

【摘要】 ESG是企业非财务信息的披露框架，是一种关注非财务绩效的投资理念和企业评价标准，近些年来受到了学术界与实务界的广泛关注。ESG评级是ESG发展中的关键环节，而当前全球ESG评级机构数量繁多，背景迥异，且评级分歧较大，对同一主体的评级尚难以产生共识，阻碍了ESG研究的深入推进。基于此，本文在梳理国内外著名ESG评级机构情况的基础上，对评级机构间存在的差异进行对比分析，并以白酒行业龙头五粮液为例，探讨海外评级机构与本土评级机构ESG评级差异的原因。文章发现，外资机构对我国白酒行业的ESG评级普遍低于本土机构的评级。进一步，文章将目前国内外ESG评级机构的差异区分为社会原因与技术原因，并基于此对五粮液ESG评级差异原因展开深入分析。最后，文章总结了目前ESG评级研究中存在的不足与改进之处，并据此提出我国未来ESG发展的若干建议。

【关键词】 ESG评级；非财务信息；评级机构；信息披露

一、研究背景

（一）ESG的定义

ESG理念最早起源于20世纪70年代。直至2004年，联合国环境署首次将ESG概念进行明确，要求企业在发展过程中应当注重环境保护责任、履行社会责任并完善公司治理。ESG表现是由环境、社会和公司治理三大方面构成，是一种关注环境、社会、公司治理绩效而非仅仅关注财务绩效的价值理念和评价工具，是用来评估企业可持续发展的金融价值的重要指标。其中E关注的是企业所需要的资源、使用的能源、排放的废物以及企业经营活动和投资行为对环境的影响；S关注的是企业与其利益相关者之间的内外部关系，以及企业能否与其利益相关者之间做到协调与平衡；G关注的是包括企业结构、管理层薪酬以及商业道德等在内的内部机制规范性。

（二）ESG的发展背景及意义

随着人们对环境、生态等因素的重视程度不断提高，股东、投资者、客户、供应商、政府等利益相关者对企业ESG问题的兴趣迅速增加。但传统的报表体系更加关注的是资产、负债、所有者权益、收入、费用、利润等会计要素如何确认、计量和报告，这限制了对企业具有价值但不符合确认条件的补充要素列入的可能性，亦可能忽视了企业的可持续发展能力，这种限制性促使企业有必要提供另外一组信息——非财务信息。在此背景下，ESG报告日渐受到人们的重视。2006年联合国环境规划署金融倡议(UNEPFI)组织成立,正式提出希望金融机构能够把环境、社会和公司治理(ESG)纳入决策过程。自此,各国政府部门和监管机构都展开了ESG理论框架与法律法规的建设。美国纳斯达克证券交易所于2017年与2019年分别发布了《ESG报告指南1.0》与《ESG报告指南2.0》,为上市公司ESG信息披露提供指引,欧盟要求企业在“遵守或解释”的基础上强制披露ESG。中国于2016年发布了《关于构建绿色金融体系的指导意见》,奠定了可持续发展的基础,推动了我国经济逐步实现绿色转型。近些年来,国家颁布了关于企业ESG建设的一系列文件,提升了企业对ESG表现的重视度。2021年7月国务院国资委党委委员、秘书长在“ESG中国论坛2021夏季峰会”开幕致辞中指出:“国务院国资委明确公布将ESG纳入企业履行社会责任的重点工作”。同时,中国上市公司协会会长在第十一届公司治理国际研讨会中指出:“在国际市场体系中,上市公司的ESG情况将是投资者考虑的首要因素。”图7-3梳理了我国在环境、企业社会责任以及公司治理领域的政策发展。

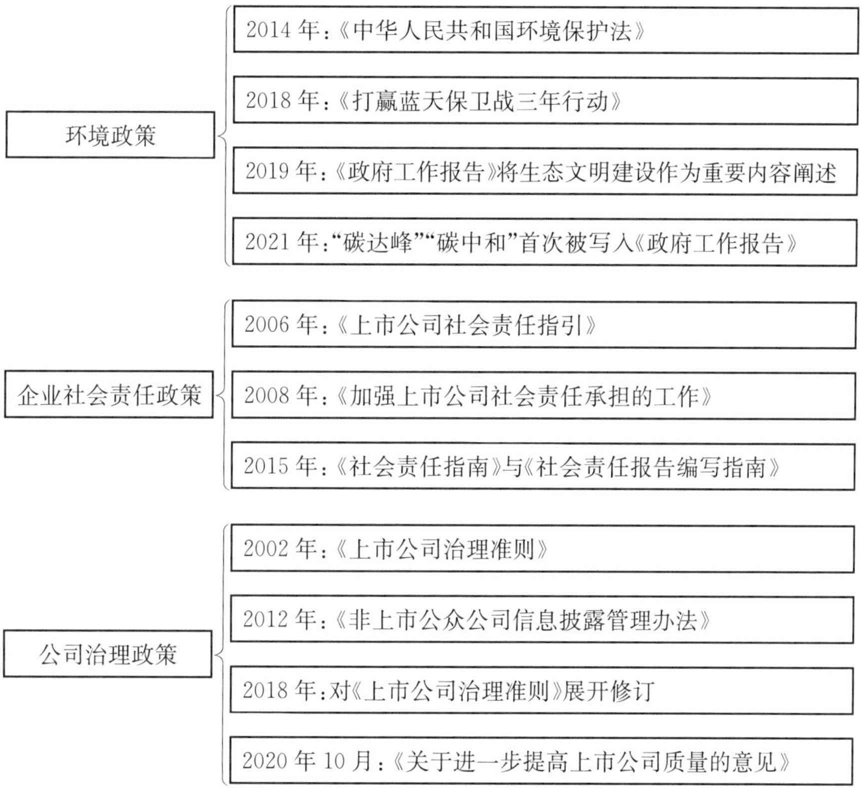
环境政策
2014年:《中华人民共和国环境保护法》
2018年:《打赢蓝天保卫战三年行动》
2019年:《政府工作报告》将生态文明建设作为重要内容阐述
2021年:“碳达峰”“碳中和”首次被写入《政府工作报告》
企业社会责任政策
2006年:《上市公司社会责任指引》
2008年:《加强上市公司社会责任承担的工作》
2015年:《社会责任指南》与《社会责任报告编写指南》
公司治理政策
2002年:《上市公司治理准则》
2012年:《非上市公众公司信息披露管理办法》
2018年:对《上市公司治理准则》展开修订
2020年10月:《关于进一步提高上市公司质量的意见》

图7-3 我国推进ESG发展的政策背景

无论是在学术界、实业界还是政府界,ESG的重要性与存在的必要性都非同小可。一方面,ESG丰富了绿色投资与责任投资的理念;另一方面,ESG作为一种衡量标准,能够对当前国际社会中企业绿色可持续发展水平进行可靠分析,能为企业、投资方等在投资选择时提供参考标准，对于企业、经济和社会的意义十分重大。目前 ESG 投资理论在国内外均有实践应用，基于不同国家的发展阶段和制度特点，各国对 ESG 的内涵界定、要求与应用也展现出了不同的特征。新时代下的 ESG 理论、政策与实践应立足中国问题，关注中国企业现状，对于解决我国社会环境、企业内部治理及经济社会可持续发展具有重要意义。

（三）国内外 ESG 评价研究综述

1. 国外 ESG 评价研究综述

当前国外学者对 ESG 的评价体系多数建立在一些知名的第三方 ESG 报告和评级提供商的基础上，Drempetic 等（2020）提出对 ESG 成绩的全面调查是文献中一个常常被忽视的话题，在利用汤森路透 ASSET4 ESG 评级体系的基础上，探究企业规模对企业 ESG 得分的影响，并指出目前的 ESG 得分并不能真实地反映一家公司的可持续性规模，它们还取决于主要提供 ESG 数据的数据可用性与资源的公司规模。Drempetic 等（2020）的研究全面考察了 ESG 评分，使学者能够获得更透明和更深入的见解。Widyawati（2021）指出由于 ESG 评级的质量存在缺乏透明度与缺乏标准化两个问题，ESG 评级的测量质量值得怀疑，研究收集了四大评级机构公开披露的评级方法数据，发现四个 ESG 评级可能对 ESG 结构有不同的解释，并在可持续性主题方面有不同的关注点，ESG 评级的用户需要选择与应用评级的特定情境一致的评级。García 等（2020）将 ESG 评分与企业财务绩效指标联系起来，实证分析企业特征对 ESG 评级的影响，结果表明，当企业聚集在三个或四个均衡的群体中时，所考虑的变量可用于预测 ESG 排名，但当计算更多的组时，预测能力便消失了。Del Giudice 和 Rigamonti（2020）调查了企业不当行为曝光后 ESG 得分的变化，研究发现独立审计的企业有助于提高 ESG 得分的可靠性。

通过综合梳理国外文献，我们发现，对企业而言，ESG 评级较高的企业相较同行业企业更具竞争力，这种竞争优势可能源于其对资源更有效的利用、更好的人力资本运用或更好的创新管理，推动企业实现长期可持续发展。因此，对投资机构与个人投资者而言，将 ESG 因素纳入投资决策能够便于投资者识别企业面临的风险，衡量企业的可持续发展能力，促进企业更好地关注环境、社会和治理，推动企业可持续发展。

2. 国内 ESG 评价研究综述

近些年来，ESG 研究受到了国内学者的广泛关注。中国工商银行绿色金融课题组等（2017）借鉴国际评级机构的经验与国内绿色信贷及风险识别的实践，结合中国国情突出了环境因素在整个评价体系中的权重，使评级结果对企业环境的敏感性较强。操群和许骞（2019）参考联合国责任投资倡议组织针对环境、社会和治理方面的考虑因素，并重点结合世界银行、国际金融公司，探索性地提出了一些金融 ESG 的衡量指标，为金融机构设立、评判其他企业 ESG 表现提供借鉴。孙冬等（2019）采用 Zhao（2018）的综合评价法，融合 P-S-R 模型，充分考虑了电力行业的特点，得到 8 个二级指标与 38 个三级指标，使 ESG 得分具有较强的说服力。晓芳等（2021）采用商道融绿 ESG 评级数据，实证检验发现上市公司公布

ESG评级能够显著降低审计收费，这主要是通过影响公司信息风险和经营风险实现的。

通过对国内文献中的评价体系梳理和总结，我们可以看出国内已有一些学者对ESG评价体系进行了构建和应用，但尚未形成统一，且学者们使用的评价体系也存在较大差异。这也为本文的研究留下了一定的空间。

二、A股上市公司ESG报告披露情况统计

(一) 根据市场总体状况统计

在A股市场，多部门共同推动ESG信息披露规范化。在监管层强化ESG信息披露的背景下，A股上市公司ESG信息披露的质量及数量相比往年均有明显提升。图7-4列示了我国自2018年至2022年4月ESG报告的披露情况。从绝对数量看，披露独立ESG报告数量的公司逐年上升，截至2022年4月30日，已有1 410家A股上市公司披露独立ESG报告，占全部A股公司数的29%，较上年增长22.5%。从变化趋势看，自2018年以后，A股上市公司的ESG总体披露率逐年上升，在2022年4月达到峰值29.83%。

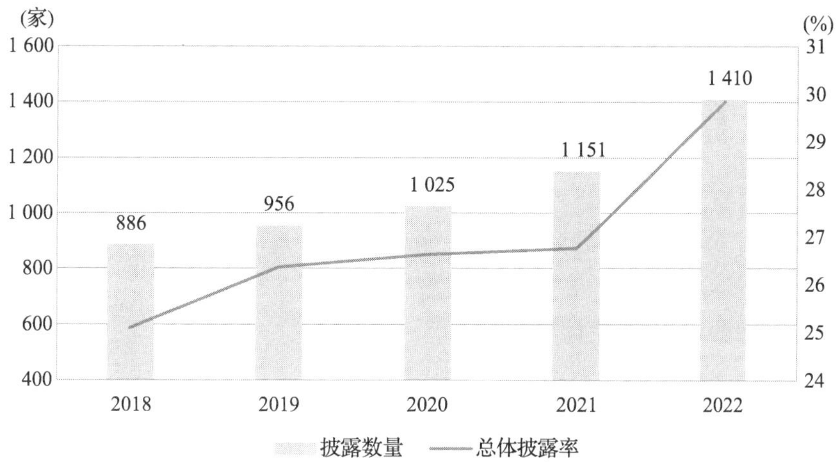

图7-4 ESG报告整体披露情况

(二) 根据行业分类统计

图7-5列示了各个行业ESG报告的披露情况，从图7-5中可以看出，披露独立ESG报告的工业公司数量最多，共计314家。金融业的披露率最高，高达89.6%，这与上市金融机构面临更加严格的ESG信息披露、ESG治理框架的要求有关。

(三) 根据省份分类统计

如图7-6所示，从地域看，近三年来广东、浙江、北京、上海这四个地区的ESG报告披露数远高于其他省份。其中，广东地区披露数在2021年超过北京，并连续两年稳居第一，浙江地区披露数量则在2022年超过北京、上海，跃居第二。

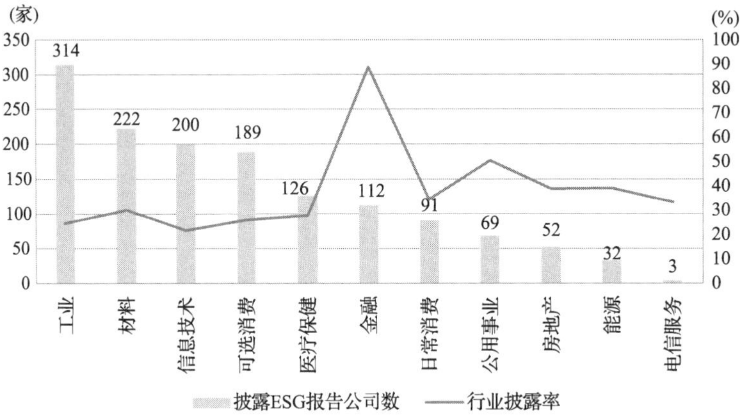

图 7-5 上市公司 ESG 报告披露分行业统计

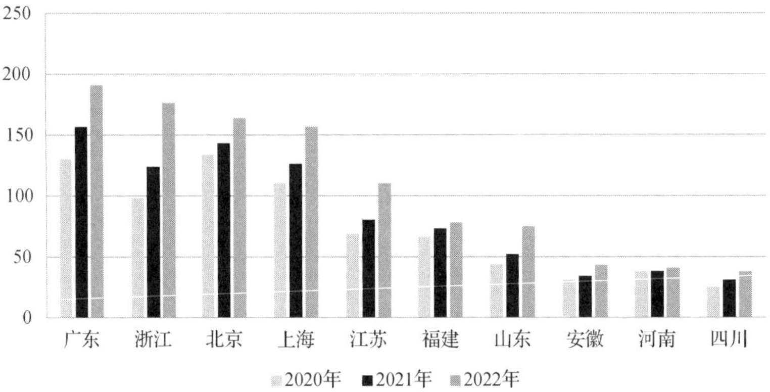

图 7-6 上市公司 ESG 报告披露分省份统计

(四) 根据指数成分股统计

如图 7-7 所示。按指数成分股划分,沪深 300 指数成分公司披露率最高,2022 年已有 89%的公司披露独立 ESG 报告。中证 1000 指数成分公司的增长速度最快,较 2021 年披露率上升 8%,这说明头部公司 ESG 信息披露意识相对较强。

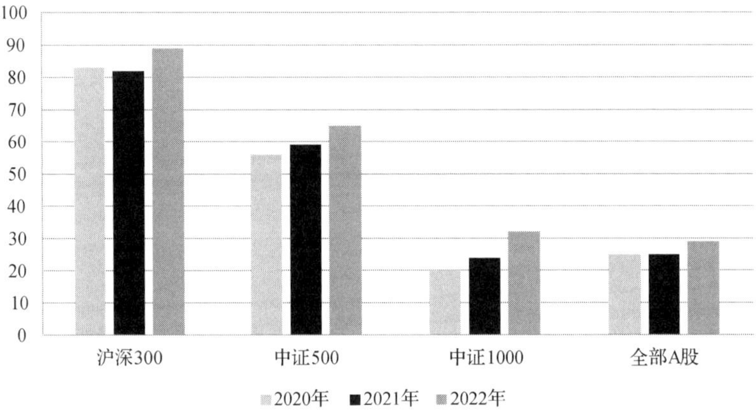

图 7-7 上市公司 ESG 报告披露分指数成分股统计

三、白酒行业ESG评级分析

从表7-6不难看出，外资评级机构对我国白酒企业的评级得分普遍偏低。在MSCI ESG评级中，白酒企业被归到“饮料”行业，该行业中共有53家企业。主要议题有7项，分别是公司治理、商业行为、产品安全和质量、工作环境健康和安全、水资源消耗、包装材料及废弃物、产品碳足迹，而后MSCI ESG会根据每一条细项打分，将各个企业分为“低于行业平均水平”“平均水平”“行业领先”三个档次做简要展示。根据总得分情况，企业按“CCC”至“AAA”共7个档次评级，并同样分为上述三档。贵州茅台与酒鬼酒处于吊车尾的状态(行业后4%)，而其中得分最高的洋河股份和顺鑫农业评级也只有“BB”(大概处于行业前57%～70%的位置)，而在Wind ESG中，白酒类企业亦被归类到“饮料”行业中，该三级分类中共有30家企业，主要议题则涵盖了水资源、废水、原材料与废弃物、能源与气候变化、产品质量、客户、供应链、公司治理、商业道德9项议题。在Wind ESG的评级下，各大白酒行业的评级则体现出了一定的内部差异，这可能与各大酒企的生产模式与经销方式不同有关。

表7-6 主要白酒企业ESG评级

代码	名称	MSCI评级	富时罗素	Wind ESG	商道融绿
600519.SH	贵州茅台	CCC	1.2	BB	B−
000858.SZ	五粮液	B	1.2	A	B
600809.SH	山西汾酒	B	—	A	B
000568.SZ	泸州老窖	B	0.6	BBB	B−
002304.SZ	洋河股份	BB	1.1	A	B+
000860.SZ	顺鑫农业	BB	1.3	BBB	B
000799.SZ	酒鬼酒	CCC	—	BB	B−

从MSCI对白酒企业ESG各个维度的评级结果看，国内大部分白酒企业的项目都被认定为落后于行业平均水平。从单项上看，重灾区集中在了商业行为、包装材料及废弃物、产品碳足迹等领域。商业行为主要是MSCI ESG对企业涉及商业道德问题的监督和管理进行评估，包括欺诈、高管不当行为、腐败行为、洗钱或垄断行为等。这可能与西方评级机构对中国商业交易模式常常存在的关系型交易不够理解，也和中国白酒企业中多有国资背景有关。

与此同时，白酒企业在经营过程中亦会面临严重的环境风险。首先，白酒在酿造的过程中将产生大量废水。有些工艺流程废水浓度非常高，有些相对浓度比较低，但是排放量很大，总体工艺、成分比较复杂，浓度不太一致，色度比较高，所以需要耗费企业大量资金与精力治理污水。其次，白酒在酿造过程中需要依靠锅炉，生产过程中有可能产生恶臭气体，污水处理过程中也可能会产生异味、恶臭、有毒气体。最后，在生产工艺与用电过程中都将产生与废气相关联的温室气体排放，如二氧化硫等会对环境、气候产生较大的影响，对企业的ESG评级产生了较大的影响。

表7-7　　主要白酒企业MSCI ESG各维度得分

名称	公司治理	商业行为	产品和质量安全	工作环境安全健康	水资源消耗	包装材料及废弃物	产品碳足迹
贵州茅台	—	—	—	—		—	—
五粮液	—	—				—	
山西汾酒	—	—		—		—	—
泸州老窖		—		—		—	—
洋河股份						—	
顺鑫农业		—			—		—
酒鬼酒	+	—	—	—			—

注：—表示该项低于行业平均水平，+表示行业领先，无标记表示与行业平均水平持平。

四、五粮液案例介绍

（一）案例公司简介

五粮液集团是一家以酒业为核心，涉及智能制造、食品包装、现代物流、金融投资、健康产业等领域的特大型国有企业集团。其主导产品五粮液酒历史悠久，文化底蕴深厚，是中国浓香型白酒的典型代表与著名民族品牌，2019年，公司销售收入突破1 000亿元，2020年，五粮液市值突破万亿元；2021年，名列“全球品牌价值500强”“中国品牌价值100强”。

从财务数据看，2021年，五粮液实现营业收入662.09亿元，同比增长15.51%；归属上市公司股东的净利润233.77亿元，同比增长17.15%。2022年第一季度，实现营业收入275.48亿元，同比增长13.25%；归属上市公司股东的净利润108.23亿元，同比增长16.08%。

在保持较好财务业绩的同时，公司深度参与社会精准扶贫。“十二五”以来，五粮液在抗洪救灾、对口扶贫、希望工程、朝霞工程、公共设施建设、社会办学等社会公益事业中累计捐款逾10亿元，先后捐建了“五粮液玉树县结古希望小学”“兴文县五粮液希望小学”等10多所中小学，并在清华大学、四川大学、重庆大学等一些高等院校设立了教学基金，在宜宾设立了“五粮液教育基金”，还积极为“情暖彝区、关爱未来”助残公益项目捐款，成为民族品牌在企业社会责任中的领军企业。

（二）评级差异

尽管五粮液深度参与扶贫工作，积极履行社会责任，但海外评级机构似乎并不太看好五粮液的ESG发展。以明晟评级为例，自2018年4月被MSCI的ESG评级系统纳入后，五粮液在国际上的ESG评级一直处于“B”级，在饮料行业53家企业中处于落后位置。富时罗素机构也仅给予五粮液ESG表现1.2分，在整个A股市场中垫底。与之相反，本土评级机构则对五粮液的ESG发展十分认可，中证指数ESG给五粮液打出了“AAA”的最高评级，位列行业第一，Wind ESG则给予了五粮液“A”类评级，位居行业前列，与海外评级机构产生了较大差异。基于此，本文聚焦于MSCI ESG与Wind ESG评级中具体维度的差异，并深入分析差异背后存在的原因。

表7-8　　五粮液ESG各维度评级差异

MSCI ESG评级	Wind ESG评级
产品质量和安全（－）	产品质量＋（7.08/5.04）
商业行为（－）	商业道德＋（4.36/1.08）
包装材料及废弃物（－）	原材料及废弃物＋（3.67/0.92）
公司治理（＝）	公司治理＋（8.69/8.57）
水资源压力（＝）	水资源＋（4/0.8）
产品碳足迹（＝）	能源与气候变化＋（5.07/1.17）
人力资本（＝）	客户、供应商＋（8.3/2.72）（2.52/1.71）

注：－表示该项低于行业平均水平，＝表示与行业平均水平持平。

（三）评级差异分析

1. 社会方面的原因

第一类差异是社会原因。当评级机构源于相同的背景，有共享的法律法规、社会常识以及文化认知模式时，才会通过共同的理论框架来理解ESG，也才能提供和塑造出相近的ESG数据和评价（操群和许骞，2019）。换句话说，ESG数据不像传统数据一样具有价值中立特征，会受到评级机构自身的文化背景、历史渊源、使命、法律身份等主观因素所影响，并反映于ESG评价，这种类型的差异体现在产品质量和安全、商业行为以及人力资本这三个领域。

（1）产品质量和安全

MSCI ESG评级	Wind ESG评级
产品质量和安全（－）	产品质量＋（7.08/5.04）

大部分白酒企业在酿造传统酱香白酒时仍然坚持采用传统人工制曲的方式，经过挑选的员工在端午前后光脚在酒曲上踩压，直到酒曲成块密实成型，帮助曲块外紧内松，提升白酒的口感。但这种传统酿造方式可能无法被国外的评级机构人员所接受，他们可能质疑这类酿造方式的卫生性与安全性。此外，国外机构对品牌质量相对更加看重，据统计，五粮液

的贴牌酒多达上千种，价格从几十到上千元不等，它们的外形包装乃至商标都差不多，造成消费者难以分辨，降低了产品的质量统一，造成国内外评级机构对五粮液的ESG表现产生认知差异。

（2）商业行为

MSCI ESG评级	Wind ESG评级
商业行为(一)	商业道德＋(4.36/1.08)

该领域的差异可能亦源于评级机构间的社会文化背景与价值观不同。MSCI ESG对企业涉及商业道德问题领域的监督和管理项目(包括欺诈、高管不当行为、腐败行为、洗钱或垄断行为等)，而Wind ESG在这个领域则主要关注的是公司反腐建设与内部举报和投诉，二者本身在指标覆盖范围上就存在一定出入。此外，二者在指标解读上亦存在较大差异，基于欧美企业运营体系下构建的国际通用指标更追求利润最大化，而国有企业是我国特有的政策执行载体，是引导市场发展方向和维持市场稳定性的重要组成部分，更多地体现企业行政性特点和稳定市场的设置，因此作为国有企业的五粮液可能被西方评级机构带上"有色眼镜"看待。此外，五粮液在行业内的垄断行为可能也成为其在该领域得分较低的原因。早在2013年，五粮液与茅台就曾因为实施价格垄断被处罚金4.49亿元。2020年11月，五粮液华东营销中心杭州基地强迫其经销商杭州华商糖业烟酒公司在泸州老窖与五粮液中"二选一"，这场要求经销商站队的故事具有极强的垄断意味，剥夺了下游经销商的自主选择权和多元化经营自由，降低了市场配置资源的效率，使外资机构在商业行为领域给予五粮液较低的分数。

（3）人力资本

MSCI ESG评级	Wind ESG评级
人力资本(＝)	员工发展(2.52/1.71)

国际评级机构十分注重员工的工会参与、集体谈判等社会权益保护以及员工的民族、国籍、人种的多样性。但国内评级机构更注重的是员工职业发展、培训体系以及"五险一金"缴纳情况，此外，中国白酒企业通常雇佣的都是当地员工，没有那么复杂的构成。即使销售网络遍布全国，汉族人口比例超过90%，汉族员工一定占绝大多数。

2. 技术方面的原因

第二类差异是技术原因。包括ESG指标的选取、度量和评价方法等。Berg et al.(2020)将技术面的评级分歧区分为主题覆盖差异、指标度量差异以及权重设置差异三个方面。实证发现三者分别解释了ESG评级差异的53%、44%和3%，这类差异原因体现在包装材料及废弃物、公司治理、水资源压力与产品碳足迹上。

（1）公司治理

MSCI ESG 评级	Wind ESG 评级
公司治理(＝)	公司治理＋(8.69/8.57)

该领域的差异可能主要源于两家机构的主题覆盖不一致。Wind ESG 评级在公司治理维度主要关注董监高特征、股权及股东特征、业务连续性管理与审计特征四个领域，兼顾考虑争议事件。而 MSCI ESG 在公司治理维度的评级项目则更加多元，包含了董事会的独立性、多元化，高管薪酬透明度以及控制权稳定性、税收情况、会计指标与会计政策、争议事件等维度。海外评级机构与本土评级机构使用不同的评级范围，造成两类评级出现分歧。

（2）水资源压力

MSCI ESG 评级	Wind ESG 评级
水资源压力(＝)	水资源＋(4/0.8)

该领域的差异可能主要源于两家机构的主题覆盖范围不一致。MSCI ESG 关注上市公司所在地区面临的水缺乏的风险程度，刻画的是企业环境风险，该数据基于全球水资源分布的宏观数据和地图，结合不同地区流域颗粒度的水的数据，分析上市公司的外部风险环境。而 Wind ESG 关注的是企业的节约用水措施建设情况，并通过企业水循环与再利用率及每百万元营收新鲜水用水量等定量数据，对企业的节约用水表现赋分。由此造成海外评级机构与本土评级机构在该领域上的分数有所不同。

（3）产品碳排放

MSCI ESG 评级	Wind ESG 评级
产品碳足迹(＝)	能源与气候变化＋(5.07/1.17)

该领域的差异主要源于两家机构的指标覆盖程度不一致。Wind ESG 关注企业清洁能源使用与节能减排目标较上一期的变化情况，据 Wind ESG 2020 年五粮液 ESG 评分细则所述："五粮液在 2020 年内购置 38 台电动新能源客车，与同等数量柴油车相比，全年可减少二氧化碳排量约 1 150 吨。此外，五粮液积极开展生物质能开发利用，目前已建成国内最大的固态白酒生产企业酿酒废水沼气发电示范项目，通过综合利用五粮液废水站厌氧发酵产生的沼气发电，2020 年减少温室气体排放约 9 300 吨。"可以发现，Wind ESG 更注重企业当期清洁能源使用与节能减排的情况。而 MSCI ESG 所使用的测度工具更加精细，MSCI ESG 针对企业实现脱碳目标构建了 ESG 目标记分卡，从全面性、进取性和可行性三个关键维度评估企业的气候目标。全面性维度考察企业排放总量在其公布的排放目标中的占比，MSCI ESG 的分析着眼于企业目标所覆盖的排放范围、活动以及地域。进取性维度是分析企业减排目标的力度及速度，MSCI ESG 将根据企业公布的减排信息和时间表，绘制其未

来排放轨迹，让投资者了解企业在实现 2030 年和 2050 年两个关键时间节点的净零排放目标。可行性维度是评估既定目标的可行性及投资者对企业实现目标的信心，MSCI ESG 将通过比较公司过去的初始目标排放量及目标年度的报告排放量评估公司的业绩。不难发现，相较于更加注重企业当期表现的 Wind ESG，MSCI ESG 更加注重企业长期碳排放目标的设立，造成海外评级机构与本土评级机构的分数差异。

（4）包装材料及废弃物

MSCI ESG 评级	Wind ESG 评级
包装材料及废弃物＋	原材料与废弃物＋(2.65/0.92)

该领域的差异主要源于两家机构的指标度量程度不一致。Wind ESG 主要关注企业原材料与包装材料管理制度、废弃物处置与每百万元营收产生的有害废弃物总量，而 MSCI ESG 除了关注原材料与包装材料管理制度，亦十分关注企业产品包装的可重复使用率。以连续三年在 MSCI ESG 饮料行业 ESG 评级中得到“AA”级，并在包装与废弃物管理指标中获得行业领导者评价的可口可乐为例：2018 年，可口可乐确立了三大“天下无废”目标，承诺到 2025 年，在全球范围内使包装 100％可回收，到 2030 年，在包装中至少使用 50％的回收材料，2021 年，可口可乐推出首个由 100％植物性塑料制成的 PET 饮料瓶(除瓶盖和标签外)，并已生产约 900 个原型瓶，这些举措受到了 MSCI ESG 的推崇，体现了 MSCI ESG 在包装材料及废弃物领域的要求相较 Wind ESG 更加严格。

五、局限性与进一步研究

（一）信息披露不够详细

截至目前，大部分 ESG 评级机构所披露的评级信息并不详细，MSCI ESG 官网上对于具体指数编制的信息并不完整，仅能从外部了解指数大致的编制方法和过程，但具体指标选取，指标结果处理及权重分配仍然在黑箱之中，与此同时，虽然 MSCI 基于客观规则的 ESG 评分，并利用 AI 技术提取和验证非结构化数据，但从 MSCI ESG 编制过程看，仍然具有较强的主观性。Wind ESG 虽然给出了 ESG 各个具体维度上的得分，但是没有阐明打分的具体原因，许多差异原因只能依靠分析师的职业判断与笔者的推测展开，这限制了研究的深入推进。

（二）缺少具有中国特色的体系建设

无论是海外评级机构还是本土评级机构，目前的 ESG 评级中缺少具有中国特色的指标，如精准扶贫、疫情防控与党建等。

1. 精准扶贫

2015 年起，五粮液集团承接了对口帮扶省级贫困地区宜宾市兴文县、国家级深度贫困地区甘孜州理塘县、国家级贫困地区宜宾市屏山县的脱贫攻坚任务。截至目前，五粮液集团累计投入和整合帮扶资金 27.78 亿元，帮扶点位均已全部高质量脱贫摘帽，受益贫困群众超过 15 万人，惠及群众近 100 万人。不难看出，五粮液集团近些年来积极践行社会责任，彰显了其作为国企的担当。但这些信息尚未被纳入 MSCI ESG 与 Wind ESG 的指标体系，使得评级结果难以客观真实地衡量企业的社会责任水平。

2. 新冠疫情

与此同时，五粮液在新冠疫情暴发后积极履行国企社会责任，率先支援武汉等城市抗疫，累计捐款逾 9 200 万元，为疫情防控贡献力量。但是目前国内外的 ESG 评价体系中大部分都未将企业抗击疫情的工作纳入社会责任评价体系，造成评价体系无法完全客观真实地反映企业的 ESG 表现。

3. 党建工作

已有研究发现，党建工作在中国企业的公司治理中亦发挥着十分重要的作用，可以抑制高管的超额薪酬现象，降低高管与普通员工间的薪酬差距（马连福，2013），亦可以提升国有企业的审计质量（程博等，2017），但这些富有中国特色实践的指标都未被纳入 ESG 评级体系，使得评价体系的有效性和可比性都有所下降。

综上所述，若想要在中国市场持续推动 ESG 信息披露的发展，其重点应当是在国际成熟评价体系的基础上，积极适应和融合目标市场特色，提出既具备有效性和可比性，又不局限于既有国际 ESG 指标下的评价体系，形成一套既能兼收并蓄，借鉴国外已有评价体系先进经验，又能扎根国情，适合中国特色社会实践的 ESG 指标体系，推动 ESG 披露惠及更多利益相关者，为中国资本市场的长期良性发展添砖加瓦。

第三篇

ESG 信息鉴证

第八章　可持续发展报告鉴证：准则、现状与经济后果[①]

第一节　引　　言

近年来，企业可持续发展情况或企业在环境、社会和治理（ESG）方面的表现越来越受全球各方关注。在资本市场上，投资者风险意识不断提升，可持续发展越来越多地成为投资人选择投资标的时的重要考虑因素之一。随着联合国负责任投资原则（PRI）的提出和广泛被采用，越来越多的大型机构投资者致力于通过责任投资行为推动被投资企业采取更多行动来改善环境和社会，企业的可持续发展报告[②]作为重要决策信息来源也因此越来越受到投资者及其他利益相关者的关注。

根据国际会计师联合会统计，2021 年各国市值最大的 1 350 家上市公司中，95%都披露了可持续发展报告。根据 Wind 数据库统计，2022 年，我国 A 股上市公司中有 1 741 家公司（占比 34%）披露了可持续发展报告。披露可持续发展相关信息的公司数量持续增加的同时，笔者注意到相较于财务报告，可持续发展报告在信息采集、报告依据的标准和监管环境等方面远远不如财务报告那样成熟，可持续发展报告存在错报和漏报的风险相对更高，"漂绿"等负面事件频繁发生（黄世忠，2021；2022），投资者和其他利益相关者对于可持续发展报告的披露质量始终存疑。此外，企业披露的可持续发展报告在完整性、可靠性、相关性、中立性和可理解性等方面均存在很大差异。高质量的第三方鉴证将有助于提高可持续发展报告的质量。

根据国际审计与鉴证准则理事会（International Auditing and Assurance Standards Board，IAASB）的定义，可持续发展报告鉴证的作用是"独立第三方就某个鉴证对象（如可持续发展报告/社会责任报告/ESG 报告中披露的关键数据）依据鉴证工作准则陈述一个结论，用以提高该对象责任方以外的预期使用者对该鉴证对象产出结果的信任程度"。一般

---

① 本章内容由陈嵩洁、薛爽和张为国撰写。原文发表于《财会月刊》2023 年第 13 期。

② 目前有可持续发展报告、社会责任报告、ESG 报告等称谓。本文对这些称谓不做严格区分。除特别说明外全文统称可持续发展报告。

而言，在鉴证过程中，独立鉴证有助于发现企业在可持续发展管理体系以及报告编制方面存在的不足，从而提出有效的改进建议并帮助企业更好地提升可持续发展管理水平。此外，外部鉴证可以在一定程度上降低误报、错报及漏报的风险，从而提高企业可持续发展报告的可信度。因此，为了提高可持续发展信息的有用性，公司可以或应该寻求第三方对其可持续发展报告进行独立鉴证。

可持续发展报告鉴证与传统的财务报告审计在诸多方面存在差异（详见表 8-1）。第一，从信息使用者的角度看。国际会计准则将投资者作为财务报告的首要使用者。国际可持续发展准则理事会（International Sustainability Standards Board，ISSB）目前采用的也是投资者导向。但在可持续发展报告准则上走在最前面、影响力最大的欧盟则采用的是利益相关者导向。第二，从鉴证对象来看。财务报告审计的对象主要是定量信息，而可持续发展报告鉴证的对象只有少量定量信息，却有大量定性信息。第三，从定量信息的计量单位看。财务报告中基本上都是货币计量信息，而可持续发展报告中非货币计量信息更多，比如二氧化碳排放量等，相当多内容可能超出传统意义上会计师的专业知识范围。第四，从信息之间的关系看。财务报告基于复式记账的范式，有严谨系统的方法论体系，不同会计科目之间存在严密的勾稽关系，可以相互印证；可持续发展报告目前还缺少系统的方法论，各项信息之间也不存在严密的勾稽关系，数据之间难以形成闭环，鉴证中发现漏洞的难度更大。第五，从报告编制的基础看。财务报告编制基于严格、详细及全球公认的会计准则，而可持续发展报告的编制尚缺乏这种基础。第六，从信息边界看。财务报告有明确的报告主体，但可持续发展报告的范围却没有这种明确的报告主体，如要披露的范围 1、范围 2 和范围 3 二氧化碳排放信息中，范围 3 的边界很可能是不够清晰的。

表 8-1　　财务报表审计和可持续发展报告鉴证的比较

项目	财务报表审计	可持续发展报告鉴证	可能存在的问题
信息使用者	主要是股东和债权人	除了股东和债权人外，还包括其他利益相关者，如员工、供应商、客户、监管机构、非政府组织、环境工作者等	中立性：可持续发展报告及鉴证应该对哪个利益相关者负责？如何中立？
鉴证对象	定量信息	定量信息＋定性信息	可靠性：是否可以，以及如何对相对主观的定性信息进行鉴证？
定量信息的计量单位	货币计量	货币计量＋非货币计量（例如二氧化碳排放量、废水和固废回收利用的吨数等）	可靠性：部分数据的鉴证超出了注册会计师的专业知识范围；非货币计量的前瞻性数据可能存在重大估计或判断
信息之间的关系	存在严密的勾稽关系	不存在严密的勾稽关系，信息之间难以相互印证	可靠性：如何收集证据来验证其真实性（不同时期、不同站点的采样结果均可能有所不同）

续表

项目	财务报表审计	可持续发展报告鉴证	可能存在的问题
报告编制基础	存在系统、严格、详细及全球公认的会计准则	目前暂不存在系统、严格、详细及全球公认的准则	可理解性：不同的公司可能采用不同的编报基础
信息边界	存在明确的会计主体	边界较难确定（如范围3的边界）	完整性及可靠性：公司和鉴证方可能随意选择和商定披露及鉴证范围

以上诸多差异使得要验证或确认可持续发展报告的完整性、可靠性、中立性和可理解性等面临非常大的挑战。尽管如此，随着利益相关方对企业可持续发展报告的关注，可持续发展报告鉴证已经蓄势待发。本文在介绍各国及地区法律法规对可持续发展报告鉴证的要求及不同鉴证准则的基础上，分析我国企业可持续发展报告鉴证的现状及经济后果，并结合案例，指出可持续发展报告鉴证中值得关注和深入探讨的问题，以期引起我国可持续发展报告编制者、鉴证服务的提供者和监督者更多的思考。

第二节　国内外可持续发展报告鉴证相关规定

一、各国及地区对可持续发展报告鉴证的要求

除欧盟外，全球主要国家及地区的监管机构都尚未出台法规强制要求对可持续发展报告进行鉴证（详见表8-2），目前公司请独立第三方对其可持续发展报告进行鉴证是自发行为。欧盟《企业可持续发展报告指令》（Corporate Sustainability Reporting Directive，CSRD）对可持续发展报告鉴证提出了明确的时间表；美国证券交易委员会（SEC）在加强和规范气候相关信息披露的咨询文件中要求对温室气体排放数据逐步进行第三方鉴证，并对大型上市公司给出了具体的时间表；我国内地和香港特别行政区则对可持续发展报告鉴证没有强制要求，但采取了鼓励的态度。从目前各国及地区最新立法趋势可以预期，监管机构将在越来越多的企业能够提供较高质量可持续发展报告后，逐步要求或倡导企业进行第三方鉴证，从而进一步提升可持续发展报告质量。

表8-2　　各国及地区监管方对可持续发展报告鉴证的要求

国家（地区）	法律法规	可持续发展报告鉴证要求
欧盟	公司可持续报告指令	明确要求
美国	加强和规范投资者气候相关信息的披露草案	仅对气候信息要求
中国香港	环境、社会及管治报告指引	鼓励

续表

国家(地区)	法律法规	可持续发展报告鉴证要求
中国内地	银行业保险业绿色金融指引;公开发行证券的公司信息披露内容与格式准则第2号——年度报告的内容与格式(2021年修订)	鼓励

1. 欧盟已明确要求公司进行可持续发展报告的第三方独立鉴证

欧盟现已出台了多项法规和指令来提高企业在可持续发展报告方面的责任。其中一些法规和指令的设计也逐步考虑到了独立鉴证的必要性,旨在通过鼓励或要求第三方鉴证来提高企业可持续发展报告的可信度和可靠性。

根据欧盟2014年实施的《非财务报告指令》(Non-Financial Reporting Directive, NFRD),在欧盟经营的大型企业在其年度报告中要披露与环境、社会和治理相关的非财务信息,以让利益相关者更好地了解公司在可持续发展方面的表现,鼓励公司改善其可持续发展方面的实践。但NFRD并没有强制要求,而是鼓励企业就可持续发展报告进行独立第三方鉴证,以提高可持续发展报告的可信度和可靠性。2022年11月28日,欧盟正式批准并颁布了CSRD。该法规以更严格、更全面的强制性要求替代了已颁发8年之久的NFRD,成为欧盟可持续发展报告的核心法规,也使欧盟成为全球可持续发展信息披露与投资的领跑者。其中,相较于NFRD仅鼓励独立第三方鉴证机构对企业是否按照规定对非财务报告进行鉴证,CSRD正式引入了独立鉴证机制,明确要求企业聘请审计师或其他独立机构对其可持续发展报告进行第三方鉴证。此外,该法规还明确规定在最初几年独立第三方对可持续发展报告仅做出有限保证,但在以后阶段逐步转向合理保证。预计该法规的推行将极大地提升欧盟企业、非欧盟企业在欧盟子公司以及与这些公司经营活动相关的整个供应链上企业可持续发展报告的质量。

2. 美国目前仅要求对气候信息披露作独立第三方鉴证

与欧洲市场可持续发展报告"政策法规先行"的发展路径不同,美国的可持续发展报告的发展更多体现出市场驱动的特点。美国在联邦政府层面较少有主动性的作为,相关政策主要源于民间金融机构对可持续发展的自发推动,如加州公务员退休基金、纽约州共同退休基金等基金是最早贯彻联合国负责任投资原则的资产管理机构。美国虽然有可持续发展信息披露要求与指南,但目前仍主要侧重于对气候信息披露的监管。

SEC于2022年3月发布加强和规范气候相关信息披露的咨询文件。该文件对不同规模在美上市公司温室气体排放和气候变化相关风险的信息披露提出了相应的要求:在美上市公司需要报告其自身运营以及消耗的能源所产生的温室气体排放数据(范围1、范围2及范围3),并对其排放量逐步获取独立第三方鉴证,且保证类型需要逐步从有限保证过渡至合理保证,具体见表8-3。由表8-3可知,对温室气体排放信息的鉴证要求主要适用于全球累计市值达到或超过7亿美元的大型申报人和全球累计市值达到或超过7 500万美元但小于7亿美元的申报人。大型申报人对2024年度温室气体排放信息可以进行有限保证的第三方鉴证，但从2026财年开始，要对温室气体排放信息进行合理保证；与大型申报人相比，中型申报人所有执行时间都延后一年。但对市值较低的公司，仅要求从2025财年开始申报，目前没有第三方鉴证的要求。由于美国国内两党政治斗争等原因，上述提案能否以及在何时成为正式法规尚难确定。

表8-3　　SEC加强和规范气候相关信息披露咨询文件主要内容

申报类型	范围1、范围2温室气体披露要求	范围3温室气体披露要求	有限保证	合理保证
大型申报人（市值≥7亿美元）	2023财年（2024年申报）	2024财年（2025年申报）	2024财年（2025年申报）	2026财年（2027年申报）
中型申报人（7 500万美元≤市值<7亿美元）	2024财年（2025年申报）	2025财年（2026年申报）	2025财年（2026年申报）	2027财年（2028年申报）
小型报告公司（公众流通持股小于2.5亿美元，或年收入低于1亿美元且公众流通持股<7亿美元）	2025财年（2026年申报）	豁免	豁免	豁免
其他申报人（上述三种类型以外）	2024财年（2025年申报）	2025财年（2026年申报）	豁免	豁免

3. 我国内地及香港特别行政区均鼓励企业进行可持续发展报告鉴证

在各监管部门、证券交易所以及行业协会的努力下，我国A股市场也初步形成可持续发展报告披露要求的体系，但目前对可持续发展报告鉴证的要求同样仅限于鼓励而非强制。2021年6月中国证监会发布《公开发行证券的公司信息披露内容与格式准则第2号——年度报告的内容与格式（2021年修订）》，鼓励公司披露核查机构、鉴证机构、评价机构、指数公司等第三方机构对公司环境信息进行核查、鉴定、评价的相关信息。2022年6月中国银保监会发布《银行业保险业绿色金融指引》，鼓励银行和保险机构对于履行环境、社会和治理责任的活动进行第三方鉴证、评估和审计。

我国香港特别行政区向国际看齐，目前已经初步形成了半强制性的可持续发展报告编制要求，但其对于企业可持续发展报告鉴证的态度仍为鼓励而非强制。其中，中国香港联合交易所（HKEX）在2019年12月发布的《环境、社会及管治报告指引》中提到，发行人可寻求独立鉴证，以提升可持续发展报告的质量。发行人如果取得独立鉴证，则需要在可持续发展报告中清晰描述鉴证的保证程度、范围和所采用的工作流程等。

4. 其他组织及评级机构积极倡议企业进行可持续发展报告鉴证并将其纳入考评范围

除各国或地区出台的有关规定外，一些较有影响力的国际组织也在积极倡议企业对其可持续发展报告进行独立第三方鉴证。其中联合国负责任投资原则组织（UN PRI）于2018年4月就曾倡议签署成员单位及其投资企业对可持续发展报告进行独立第三方鉴证；全球报告倡议组织(GRI)和国际金融公司(IFC)也建议公司对可持续发展报告进行外部鉴证。此外,不少评级机构也将企业是否对其可持续发展报告进行鉴证纳入评级指标体系。比如,碳披露项目(CDP)、道琼斯可持续发展指数(DJSI)和摩根士丹利资本国际公司(MSCI)以及国内的华证等评级机构在其 ESG 评分过程中均考虑了可持续发展信息是否获得第三方的鉴证。

二、可持续发展报告鉴证准则及保证程度

如前所述,截至目前,世界各国及地区对企业可持续发展报告无强制鉴证要求,企业可自主选择是否聘请独立第三方对其可持续发展报告进行鉴证。如果企业决定对可持续发展报告进行鉴证,选择不同的鉴证机构时所依据的鉴证准则很可能是不同的。遵循不同的鉴证准则将会对鉴证机构的工作基础和方向产生重要影响。目前在我国内地及香港特别行政区应用较为广泛的可持续发展报告鉴证准则主要有两类:《鉴证业务国际准则》第 3000 号和第 3410 号(International Standard on Assurance Engagements 3000/3410, ISAE 3000/3410)、《AA1000 审验准则》(AA1000)。二者在使用条件、保证程度等方面均存在一定的差异。此外,IAASB 也在紧锣密鼓地加速制定 ISSA 5000 准则(International Standard on Sustainability Assurance, ISSA 5000),预计该准则将成为所有可持续发展鉴证业务的一般要求。

1. ISAE 3000/3410 鉴证准则

ISAE 3000 和 ISAE 3410 都是 IAASB 发布的准则。其中,ISAE 3000 覆盖了更广泛的鉴证业务,适用于审计或审查历史财务报告以外的任何保证业务,包括但不限于 ESG 报告、可持续发展报告、企业社会责任报告、企业温室气体排放报告和公共部门的服务绩效报告等。ISAE 3410 则专门针对温室气体排放数据的相关鉴证做出了要求,且该准则常常与 ISAE 3000 作为组合形式被使用(王鹏程,2022)。

使用 ISAE 3000/3410 准则具有一定的前提,即:(1)从业人员必须遵守国际会计师职业道德准则理事会发布的《国际会计师职业道德守则》(IESBA 守则)的 A 部分和 B 部分;(2)项目合伙人所在的会计师事务所适用并遵守国际质量控制准则(ISQC 1)或其他至少与 ISQC 1 同样严格的专业要求或法律法规要求;(3)鉴证报告中的声明由来自适用 ISQC 1 的会计师事务所且执行项目的从业人员完成。基于以上重要前提,目前使用 ISAE 3000/3410 的第三方鉴证机构通常为会计师事务所,其他鉴证机构更倾向于选择其他鉴证准则,或者仅在鉴证报告中提到该准则但未将其作为主要参考准则。

在 ISAE 3000/3410 鉴证准则下,第三方鉴证机构对公司可持续发展报告的保证程度分为两个等级:合理保证和有限保证。其中:合理保证是指“注册会计师将鉴证业务风险降至该业务环境下可接受的低水平”;而有限保证是指“注册会计师将鉴证业务风险降至该业务环境下可接受的水平,但风险高于合理保证下的水平”。根据 IAASB 准则中的定义,“可接受的低水平”“可接受的水平”和“风险高于合理保证下的水平”这几个词都比较主观,

可能造成对合理保证和有限保证的界定较为模糊。此外，从取证程序看，合理保证需要实施更多的程序，包括检查、观察、询问、重新计算、重新执行和分析性程序等，而有限保证仅仅实施询问和分析性程序。

2. AA1000 系列准则

AA1000 是社会和伦理责任协会制定的针对组织关于社会责任信息披露及其相关表现的全面且公开的系列鉴证准则。目前，仅有该机构许可的鉴证服务提供方才可以使用该准则。实践中，除会计师事务所之外的其他第三方专业鉴证机构常使用该准则。

该准则的制定主要基于四项基本原则：(1)包容性。人们应该对影响他们的决定有发言权。(2)实质性。决策者应确定并明确重要的可持续发展主题。(3)回应性。各组织应就重要的可持续发展问题及其相关影响采取透明的行动。(4)影响性。组织应监测、衡量其行动如何影响更广泛的生态系统，并为之负责。采用该准则鉴证的机构在其签发的鉴证报告中一般会详细说明其鉴证工作具体是如何体现这四项原则的。

AA1000 有两个主要的保证级别：高度保证和中度保证。每个级别下还设有第一类型和第二类型这两个二级子级别，对保证进行了进一步的细分。此外，该准则尤其关注鉴证事项的重要性，相关鉴证人员从一开始就需要关注可持续发展报告的完整性和准确性，并进行初步的重要性分析，其对各个事项的保证程度与该事项的重要性水平相关。

3. ISSA 5000 鉴证准则

IAASB 正在加速制定新的可持续发展报告鉴证准则 ISSA 5000，IAASB 已于 2023 年第二季度发布该准则征求意见稿，并计划于 2024 年第二季度正式发布最终准则。预计该准则将成为一系列新的鉴证准则——“国际可持续发展鉴证准则”(ISSA)——中的第一个总体准则，并成为所有可持续发展鉴证业务的一般要求。

该准则预计成为统领性准则的理由是其涉及所有的可持续发展话题，并旨在适用于 ISSB、欧盟等制定的所有可持续发展报告准则的要求。ISSA 5000 仍将可持续发展报告鉴证等级划分为合理保证和有限保证，并将对这两种保证类型提出一般要求和具体指导。重要的是，该准则集中关注了诸多目前可持续发展报告鉴证中可能出现的问题并积极寻求解决方法。具体见表 8-4。

表 8-4　　ISSA5000 目前的优先关注领域

关注事项	具体内容
保证程度	有限和合理保证之间工作量的差异
适用的报告准则	适用于按各种可持续信息披露准则(比如 ISSB 即将发布的 ISDS、GRI)等编制的可持续发展报告的鉴证
项目范围	根据适用的报告准则，鉴证业务范围是否适当
证据的充足性	用作证据的信息的可靠性以及构成充分适当证据的内容

续表

关注事项	具体内容
企业的内部控制系统	主体的内部控制系统是否足够成熟，以支持证据的收集和鉴证工作更好地推进
重要性水平	在可持续发展报告的情景下，重要性考量包括评估多个可持续发展报告鉴证对象主题和定性信息

三、可持续发展报告鉴证和会计师事务所的关系

可以预期，可持续发展报告编制及其鉴证在不久的将来将逐步从自愿转向强制，全球可持续发展报告及其鉴证准则也在为此而加速整合和完善。无论是否有强制鉴证的要求，各国和地区尚未就鉴证机构的资格进行详细的规定。但考虑到 ISSB 与 IAASB 的关系，ISSA 5000 的制定机构也为 IAASB，再加上 IAASB 对采用其鉴证准则的机构有明确的要求，且将这样的机构等同于会计师事务所，未来会计师事务所或许会成为可持续发展报告鉴证服务的重要提供方。

一方面，会计师事务所对可持续发展报告进行鉴证的优势在于：它们在鉴证准则和执业准则体系下执业，具有严格的财务专业标准、较强的独立性和受到监管部门较强的监督等特征。同时，会计师事务所在以往的财务报表审计中已经积累了较为丰富的经验和形成了系统的方法论，这些对于确保可持续发展报告鉴证结果的可靠性、独立性等至关重要。此外，会计师事务所对企业及其商业模式、风险机遇、业务周期和系统流程更为了解，与财报审计、内控审计可以形成一定的协同效应。

另一方面，会计师事务所从事可持续发展报告鉴证的劣势也不容忽视。可持续发展报告不仅涵盖环境、社会和治理等诸多领域的定性信息，还包括各主题、各领域下的大量非货币化定量数据，例如气候变化、“碳排放”和“碳中和”、生物多样性、水和海洋资源等。这些非货币化定量数据需要使用大量的行业准则和指标体系来进行专业的评估与核实，熟悉各行业已有准则指标体系的其他第三方鉴证服务提供商在这些方面拥有强大的专业知识优势和经验累积。

第三节　我国上市公司可持续发展报告鉴证现状

鉴于目前我国监管机构对可持续发展报告鉴证并未提出强制性要求，A 股上市公司可持续发展报告鉴证率普遍偏低。以 2022 年为例，披露可持续发展报告的 A 股上市公司有 1 745 家，其中仅有 96 家对其可持续发展报告进行了独立第三方鉴证，且这些公司中大部分为金融行业上市公司或非金融行业 A+H 股公司。因此，本文主要选取可持续发展报告质量相对较好、鉴证率也相对较高的 A 股金融行业、A+H 股、纯 H 股及红筹股公司[①]作为

① A+H 股公司指注册地在我国内地且同时在我国内地及香港上市的公司；纯 H 股公司指剔除了 A+H 股样本后，注册地在内地、上市地在香港的中资公司；红筹股公司指在我国境外注册、上市地在我国香港的带有内地概念的股票。

主要研究样本。本文的行业及财务数据主要来源于 Wind 数据库，可持续发展报告鉴证相关数据则主要来自华证指数和手工搜集，时间范围是 2017—2022 年。共计获得年度公司观测值 3 373 个，其中：A 股金融公司观测值为 695 个，A+H 股公司中非金融和金融行业观测值分别为 662 个和 208 个；纯 H 股公司观测值中，非金融和金融行业观测值分别为 593 个和 193 个；红筹股公司中，非金融和金融行业观测值分别为 910 个和 112 个。基于该数据，本部分将对这几类上市公司的可持续发展报告鉴证率变化趋势、行业特征、第三方鉴证机构、使用的鉴证准则、保证类型及其保证的独立性进行详细的描述性统计分析，以期从中发现一定的规律及启示。

表 8-5　　样本类型及分布

第一部分：各板块公司总数

板块类别	2017 年	2018 年	2019 年	2020 年	2021 年	2022 年	合计
A 股(金融)	102	108	116	118	124	127	695
A+H(非金融)	105	109	110	112	113	113	662
A+H(金融)	34	34	35	35	35	35	208
纯 H 股(非金融)	76	82	92	99	113	131	593
纯 H 股(金融)	24	29	32	35	36	37	193
红筹股(非金融)	143	146	150	155	158	158	910
红筹股(金融)	18	18	19	19	19	19	112
总计	502	526	554	573	598	620	3 373

第二部分：各板块公司中披露了 ESG 报告的公司数

板块类别	2017 年	2018 年	2019 年	2020 年	2021 年	2022 年	合计
A 股(金融)	80	89	99	103	114	117	602
A+H(非金融)	93	95	95	101	111	109	604
A+H(金融)	32	33	33	35	35	35	203
纯 H 股(非金融)	38	37	46	57	62	74	314
纯 H 股(金融)	17	20	22	24	26	26	135
红筹股(非金融)	74	79	86	90	97	100	526
红筹股(金融)	6	6	6	8	9	10	45
总计	340	359	387	418	454	471	2 429

第三部分：各板块公司中披露了 ESG 报告且鉴证的公司数

板块类别	2017 年	2018 年	2019 年	2020 年	2021 年	2022 年	合计
A 股(金融)	18	22	24	27	28	30	149
A+H(非金融)	10	12	11	15	17	23	88
A+H(金融)	15	18	19	20	20	21	113
纯 H 股(非金融)	2	2	3	3	4	5	19
纯 H 股(金融)	6	9	12	12	13	14	66
红筹股(非金融)	7	10	11	11	13	19	71
红筹股(金融)	0	0	1	1	1	1	4
总计	58	73	81	89	96	113	510

注：A 股非金融行业的公司中，发布可持续发展报告并进行鉴证的公司很少，因此 A 股公司仅统计了金融行业的样本。

一、总体趋势

本部分基于表 8-5 的数据，分析在上述各板块中可持续发展报告经过第三方鉴证的公司比率。A 股公司披露的经过鉴证的可持续发展报告多数来自金融类公司，非金融类公司非常少，因此后续分析中，对 A 股公司主要分析 A 股金融类公司。

2017—2022 年，在上述各板块发布了可持续发展报告的上市公司中，报告鉴证率均呈不断上升趋势(参见图 8-1)。2017 年，仅有 20%的 A+H 股公司、15%的纯 H 股公司、10%的红筹股公司对其可持续发展报告进行了第三方鉴证。但 2022 年，A+H 股、纯 H 股、红筹股公司中该比例分别增长至 31%、19%和 18%。

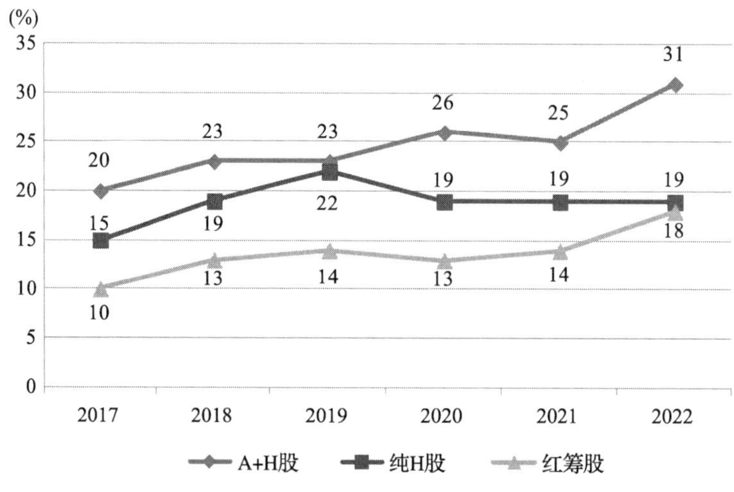

图 8-1 A+H 股公司、纯 H 股及红筹股 ESG 报告鉴证率

下面将 A＋H 股、纯 H 股和红筹股公司进一步分为金融类和非金融类样本，分别统计可持续发展报告的鉴证率及其变化。在非金融行业上市公司中(详见图 8-2)，增长最快的是 A＋H 股公司，鉴证率由 2019 年的 11％增长至 2022 年的 21％，紧随其后的红筹股公司的鉴证率也由 2017 年的 9％增长至 2022 年的 19％。虽然纯 H 股非金融行业上市公司的鉴证家数有所上升，但由于披露独立可持续发展报告的上市公司数量也在快速增长，这导致该板块鉴证率维持在相对稳定的水平。

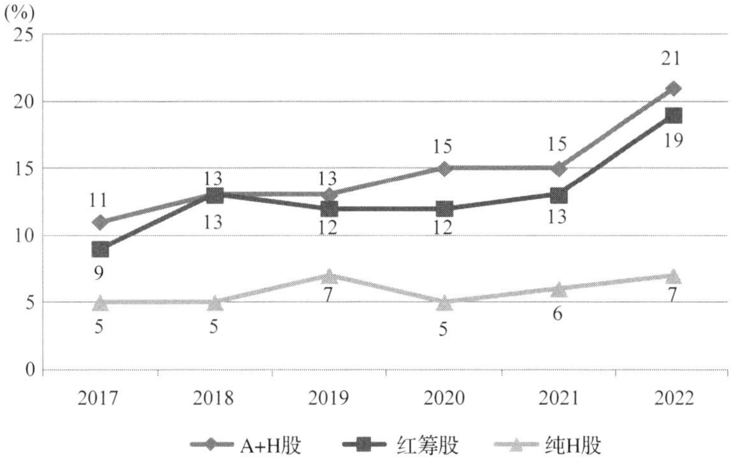

图 8-2　非金融上市公司 ESG 报告鉴证率

再看金融行业上市公司鉴证情况。尽管金融行业上市公司鉴证率普遍高于非金融行业上市公司，但五年来其鉴证率一直维持在相对稳定的水平(参见图 8-3)。2022 年，在所有金融行业上市公司中，A＋H 股公司以较高的鉴证率(60％)保持领先，纯 H 股公司(54％)紧随其后；A 股公司(26％)和红筹股公司(10％)则维持相对较低的可持续发展报告鉴证率。

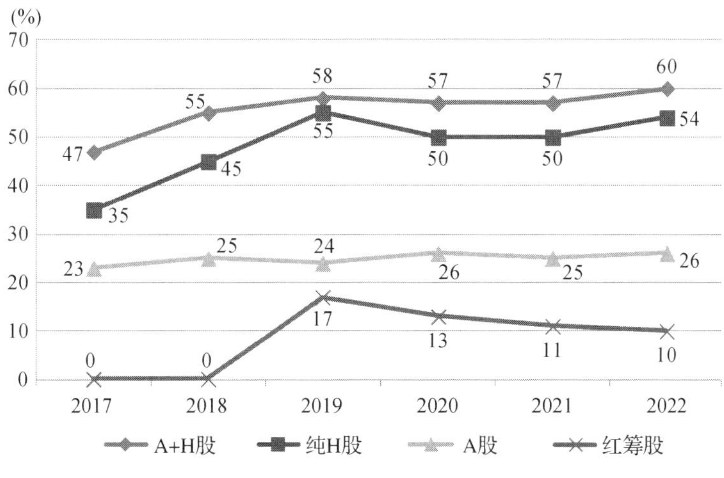

图 8-3　金融行业公司 ESG 报告鉴证率

二、行业特征

由于公司可持续发展报告编制及鉴证行为具有一定的行业特征和同伴效应，本文参考中国证监会发布的《上市公司行业分类指引》(2012 年修订)和恒生行业分类系统分别对 A+H 股、纯 H 股和红筹股公司的可持续发展报告鉴证情况进行分行业统计。由表 8-6 可见，电讯业[①](A+H 股 100%、纯 H 股 0%、红筹股 50%)、金融业(A+H 股 56%、纯 H 股 49%、红筹股 9%)和能源业[②](A+H 股 34%、纯 H 股 17%、红筹股 25%)的行业鉴证率最高。但由于样本中各行业细分的上市公司数量相对较少，行业样本数量多少将对结果产生较大的影响，因此本文还统计了各行业对其可持续发展报告进行了独立第三方鉴证的公司数量。结果显示，金融行业上市公司数量(A+H 股 113 家、纯 H 股 66 家、红筹股 4 家)遥遥领先于其他行业，其次则是原材料业(A+H 股 18 家、纯 H 股 0 家、红筹股 5 家)、能源业(A+H 股 16 家、纯 H 股 1 家、红筹股 6 家)和工业(A+H 股 13 家、纯 H 股 6 家、红筹股 12 家)等碳排放较多的行业。

表 8-6　　A+H 股、纯 H 股和红筹股分行业鉴证情况

	鉴证数量			鉴证率		
	A+H	纯 H 股	红筹股	A+H	纯 H 股	红筹股
必需性消费	0	0	2	0%	0%	6%
地产建筑业	0	2	15	0%	4%	12%
电讯业	8	0	6	100%	0%	50%
非必需性消费	16	0	1	20%	0%	2%
工业	13	6	12	8%	10%	14%
公用事业	4	0	23	8%	0%	24%
金融业	113	66	4	56%	49%	9%
能源业	16	1	6	34%	17%	25%
医疗保健业	7	10	1	9%	19%	5%
原材料业	18	0	5	24%	0%	15%
资讯科技业	6	0	0	19%	0%	0%

在金融行业中，所有类别样本中都以银行的鉴证数量和行业鉴证率最高(参见表 8-7)。在独立披露了可持续发展报告的 A 股、纯 H 股和红筹股银行中分别有 118 家、53 家和 4 家

① 电讯业主要包含了提供卫星及无线通信和电讯服务的公司，代表企业有中国移动有限公司、亚太卫星、中信国际电讯等。

② 能源业主要包括汽油生产商、油气设备与服务和煤炭的厂商，代表公司有中国石油化工、中海油田和延长石油国际等。

对可持续发展报告进了第三方鉴证，鉴证率分别为52%、67%和67%。保险行业的鉴证数量和鉴证率则紧随其后，该二级行业A+H股、纯H股和红筹股的鉴证数量（鉴证率）分别为12家（33%）、7家（50%）和0家（0%）。券商和其他金融机构在各板块中鉴证数量和鉴证率都相对较低。

表8-7　　A股、纯H股和红筹股金融细分行业鉴证情况

	鉴证数量			鉴证率		
	A股	纯H股	红筹股	A股	纯H股	红筹股
银行	118	53	4	52%	67%	67%
保险	12	7	0	33%	50%	0%
券商及其他	19	6	0	7%	14%	0%

三、第三方鉴证机构

可持续发展报告的鉴证机构大致可分为会计师事务所和其他鉴证机构两大类。会计师事务所和其他第三方鉴证机构在外部监管、内部风控及专业性方面都有着各自的优势。但由图8-4时间序列分析可见，2017—2022年，会计师事务所在可持续发展报告鉴证服务市场中所占的行业份额有逐年递减的趋势。其中2017年，独立第三方鉴证报告中有约59%的报告是由会计师事务所出具的，但该比例在2022年已经逐步下滑至45%；相反，其他鉴证机构的市场占有率则由2017年的41%上升至55%，并在2021年首次超过了会计师事务所的市场占有率。

图8-4　第三方鉴证机构占比情况

此外，本文在对样本公司行业进行进一步细分后发现，金融和非金融行业上市公司对鉴证服务提供方有着不同的选择偏好（参见图8-5和图8-6）：非金融行业更加偏好会计师

事务所以外的其他鉴证机构，而金融行业则更多地选择了会计师事务所。一般而言，非金融行业相较于金融机构需要披露更多可持续发展主题，而其他鉴证机构在这部分主题上可能具有更强的专业优势，因此更能获得非金融行业上市公司的青睐。

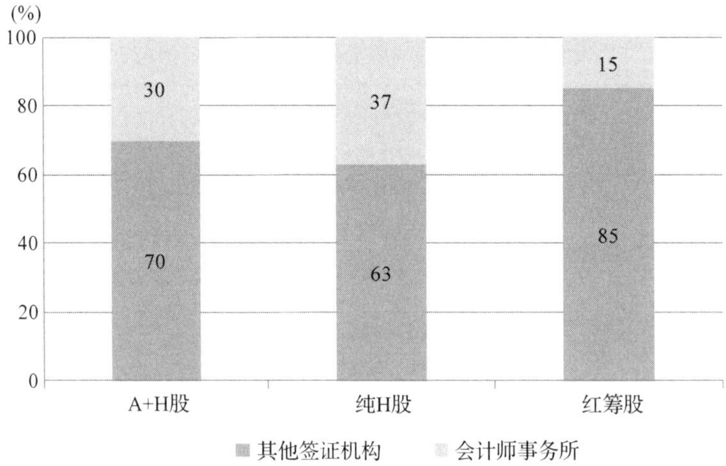

图 8-5 非金融行业第三方鉴证机构占比

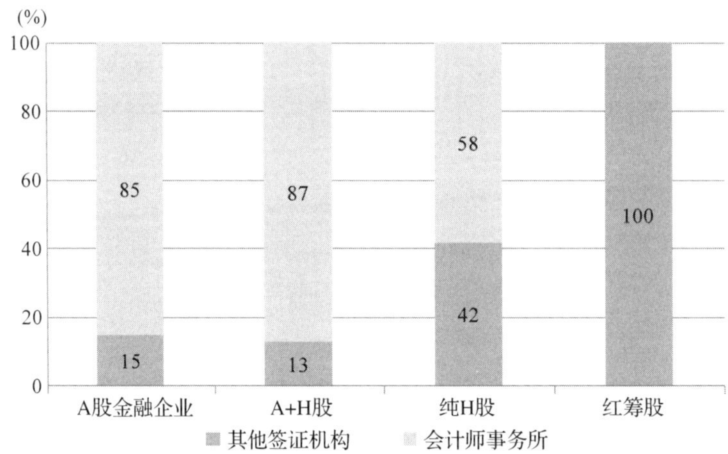

图 8-6 金融行业第三方鉴证机构占比

在 2021 年以前，样本中提供可持续发展报告鉴证服务的会计师事务所仅包含国际四大会计师事务所，2022 年有 1 家非四大会计师事务所。图 8-7 统计了由会计师事务所提供可持续发展报告鉴证服务的样本中，四大会计师事务所各自的市场占有率。安永目前占有相对较大的市场份额，市场占有率由 2017 年的 23%逐渐提升至 2022 年的 42%。紧随其后的是毕马威和普华永道，2022 年的市场占有率分别为 28%和 20%。德勤的市场份额相对较小，其 2022 年的市场占有率仅为 10%。此外，2022 年致同会计师事务所首次对中石化炼化工程(H 股)提供了可持续发展报告鉴证服务，这可能代表着非四大会计师事务所在未来也准备逐步进入可持续发展报告鉴证市场。

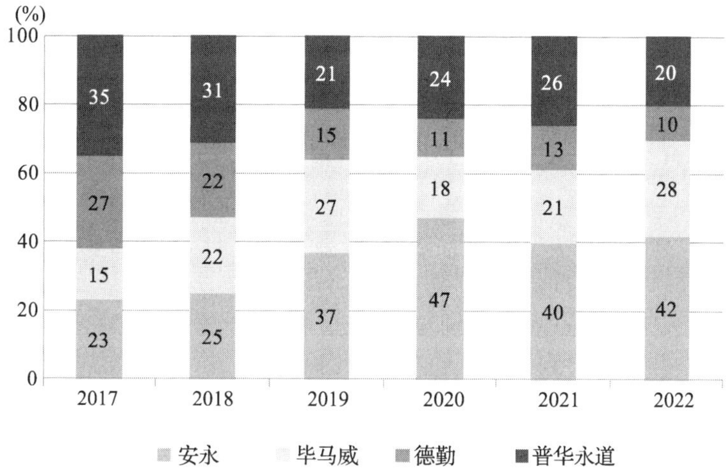

图 8-7　四大鉴证服务竞争格局

四、可持续发展报告鉴证依据的准则

鉴证准则在指导鉴证机构鉴证工作中起着重要作用。目前，IAASB 制定的 ISAE 3000 是使用率最高的鉴证准则。由图 8-8 和图 8-9 可知，64%的可持续发展报告鉴证中遵守该准则，且在由会计师事务所进行的可持续发展报告鉴证中，该比例达到了 100%。这也很容易理解，因为传统上，IAASB 编制的各项业务准则针对的就是会计师事务所。此外，由 Account Ability 制定的 AA1000 系列准则也被第三方鉴证机构广泛采用：样本中有 30%的鉴证报告披露其采用的审验准则主要为 AA1000。图 8-9 显示，该准则目前主要被会计师事务所以外的其他鉴证机构(62%)采用。

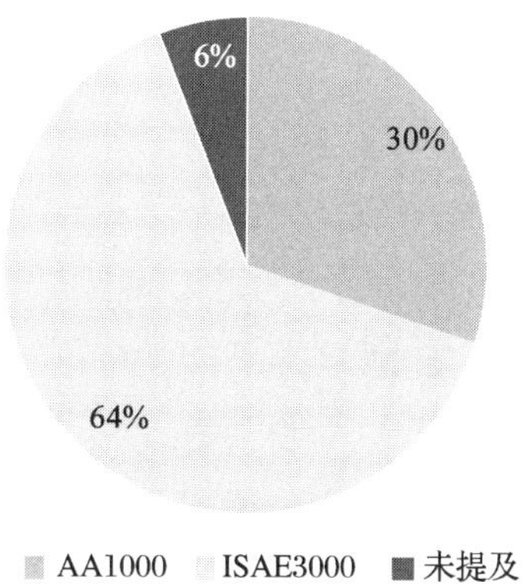

图 8-8　鉴证准则使用情况

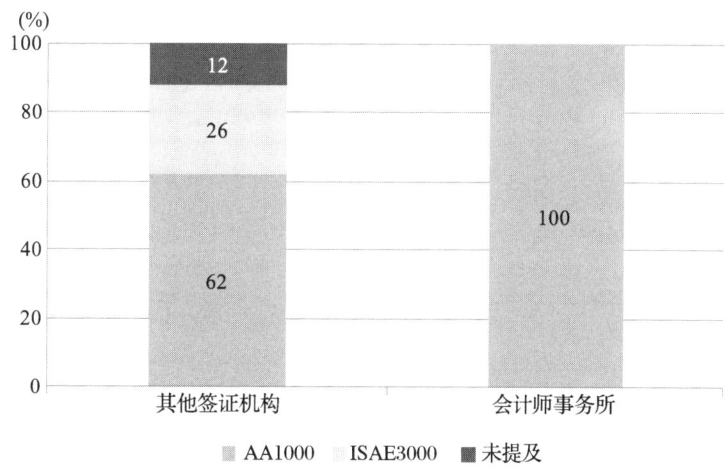

图 8-9　不同类型鉴证机构采用鉴证准则情况

五、保证类型

在 ISAE 3000 和 AA1000 准则下，鉴证机构出具的鉴证意见或保证程度都主要分为两级。总体而言，ISAE 3000 的合理保证或有限保证和 AA1000 的高度保证或中度保证类似，但 AA1000 在高度保证和中度保证下，又进一步分为第一类和第二类保证。由于可持续发展报告中很多定性信息具有一定的主观性，因此大部分鉴证机构只对相关信息做出有限保证或者中度保证。由图 8-10 可知，在鉴证报告中明确提出参考了 ISAE 3000 准则的样本中，有 86%是有限保证，剩下 14%则对其鉴证报告做出了合理保证，且做出合理保证的鉴证报告均出自我国香港的一家鉴证机构，即香港品质保证局。在对这些合理保证的鉴证报告进行深入分析后，发现这些报告也只是对可持续发展报告中具有代表性的数据进行了保证。

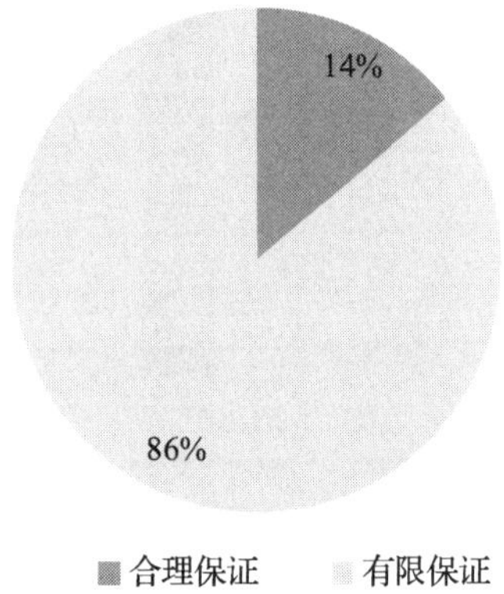

图 8-10　ISAE3000 准则下的保证类型

在依据 AA1000 准则进行鉴证的报告中，没有出现明确的高度保证，除了 33%未明确说明对报告的保证程度，其他均为中度保证(详见图 8-11)。有 24%的样本只说明是中度保证，但未明确是中度保证下的类型 1 还是类型 2。明确类型 1 和类型 2 中度审验等级的比例分别为 5%和 38%。

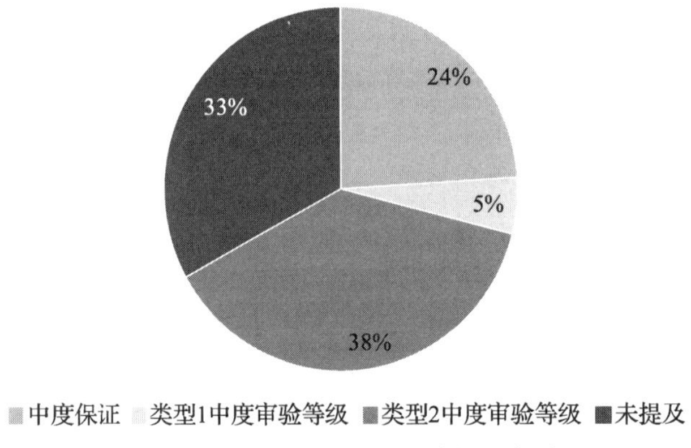

图 8-11　AA1000 准则下的保证类型

第四节　可持续发展报告鉴证的经济后果

一、可持续发展报告鉴证与可持续发展评级分歧度

随着可持续投资理念的不断深入，可持续发展评级机构作为资本市场的信息中介之一

正在发挥越来越重要的作用。评级机构运用一系列可持续发展指标，对公司的可持续发展绩效进行第三方评估（这些产品多称为 ESG 指数或评级），承担了收集、解读、整合可持续发展报告及发布可持续发展指数或评级的重要任务。由于评价方法论、数据来源、主题覆盖范围、指标度量方法等的不同，以及受到所在地区的法律法规、文化认知模式等外部因素的影响，第三方评级机构在对同一家公司进行可持续发展评级时，可能会得出不同的评级结果，这些结果的差异有时甚至非常大。

可持续发展报告作为可持续发展评级最为重要的信息来源，报告中可持续发展信息的可靠性、完整性对评级结果的一致性可能造成较大的影响。因此通过对报告进行独立第三方鉴证，公司可持续发展报告中的定性与定量数据在经过一定程度的验证和核实后，可能会部分消除评级机构之间的信息不对称，从而降低不同评级机构间可持续发展评级结果的分歧度。为了验证这一点，本文将 A 股金融企业样本及 A＋H 股上市公司发布了可持续发展报告的样本分为经过第三方鉴证的样本和没有经过第三方鉴证的样本两类，来探究两类样本公司的可持续发展评级分歧度是否有明显差异。其中，可持续发展评级分歧度为华证、Wind 和商道融绿三家 ESG 评级指数对同一家公司评级的标准差。

由图 8-12 和图 8-13 可知，独立第三方鉴证的样本拥有相对更低的可持续发展评级分歧度，这在一定程度上验证了前文的观点，即对可持续发展报告进行第三方鉴证能部分降低评级机构之间的信息不对称程度，从而降低评级机构之间的可持续发展评级分歧度。此外，可持续发展报告是否经过鉴证与可持续发展评级分歧度之间 T 检验的结果（详见表 8-8）也支持了该结论。

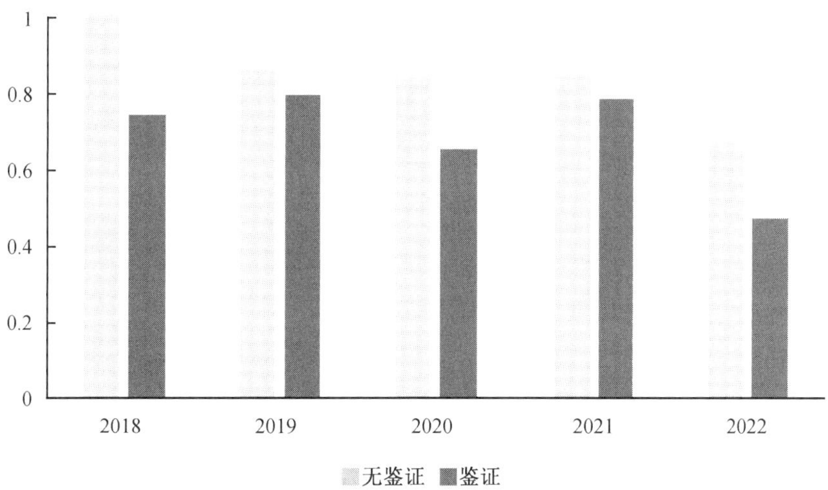

图 8-12　A 股金融行业可持续发展评级分歧度

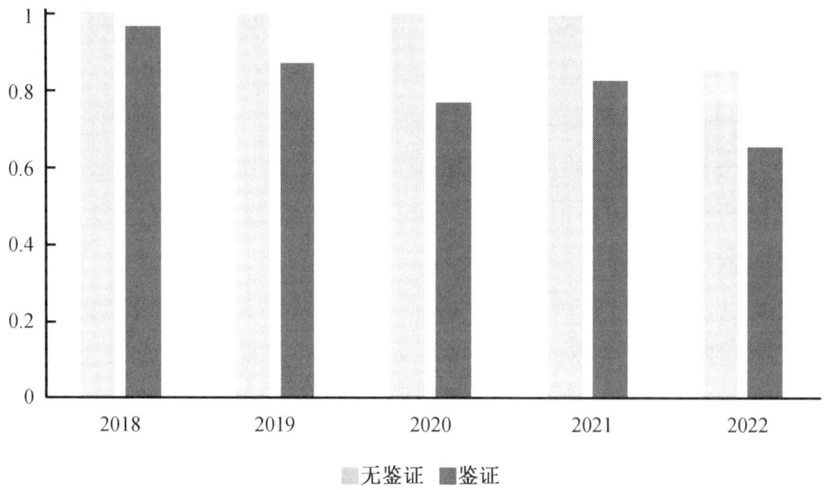

图 8-13 A+H 股可持续发展评级分歧度

表 8-8 可持续发展报告是否经过鉴证与 ESG 评级分歧度

样本	未鉴证		鉴证		分歧度差异	T 值
	样本数	分歧度	样本数	分歧度		
A 股金融行业	305	0.832	117	0.675	0.156***	3.179
A+H 股	330	0.987	150	0.795	0.191***	3.892

注：***、**、*分别代表在 1%、5%和 10%的统计水平上显著。

二、可持续发展报告鉴证与公司股票收益波动率

当公司可持续发展行为及披露方面存在较大缺陷时，可能会面临处罚或负面舆情，为投资者带来较大的风险。以碳排放相关指标为例，随着未来环保监管力度的不断加大，在碳排放方面表现较差的公司极有可能因为碳排放不符合准则要求而面临处罚，使投资者蒙受较大的损失。现有研究已发现，投资于可持续发展绩效较好的公司通常面临更小的尾部风险。首先，可持续发展表现较好的公司通常在公司管理中具有高于平均水平的风险控制能力与合规标准（Godfrey et al.，2009），因此这类公司通常更少发生"黑天鹅事件"（Oikonomou et al.，2012）；即使发生了负面事件，可持续发展表现较好的公司基于其良好的风险管控能力，受欺诈、腐败或诉讼案件等负面事件的影响也会更小（Jo 和 Na，2012）。De 和 Clayman（2015）以及 Wamba（2020）指出，积极的环境表现可以降低公司不良事件发生的概率，从而降低公司的系统性风险。Ashwin Kumar 等（2016）同样认为，积极的 ESG 实践可以使公司更少受到声誉、政治和监管风险的影响，从而降低现金流和盈利能力的波动性。此外，积极的 ESG 表现可能会让公司获得更高的客户和员工忠诚度，并通过这一点保护公司免受意外负面事件的影响，降低尾部风险（Shafer 和 Szado，2020）。

笔者认为，与可持续发展报告未经过鉴证的公司相比，经过第三方鉴证的公司风险更

低。首先，寻求第三方鉴证能在一定程度上促进公司完善并加强可持续发展方面的投入与管理，从而降低公司负面事件发生的概率和投资者所面临的投资风险；其次，独立鉴证在一定程度上可以提升投资者对于可持续发展报告的信心，有助于降低外部利益相关者与公司之间有关风险信息的不对称程度。

为了探究第三方鉴证对公司投资风险的影响，本文对比了对其可持续发展报告进行了鉴证和没有进行鉴证的两类样本的股票收益波动率。一般来说，公司 t 年可持续发展报告在 $t+1$ 年 4 月底前披露，因此用 $t+1$ 年 5 月 1 日到 $t+1$ 年年末的股票收益的标准差衡量股票风险。图 8-14 和表 8-9 是分年度的统计结果，图 8-15 和表 8-10 是按不同板块统计的结果。这些结果表明，在可持续发展报告经过鉴证的样本中，股票收益波动率相对更低。在此基础上，本文还进一步细分了不同行业中鉴证与未鉴证样本股票收益波动率的差异。图 8-16 和表 8-11 的第一部分是分行业比较结果。图 8-17 和表 8-11 的第二部分是进一步对金融业进行细分的结果。分行业的结果也表明，相对可持续发展报告未经过鉴证的样本，经过鉴证样本公司的股票收益波动率都相对更低。

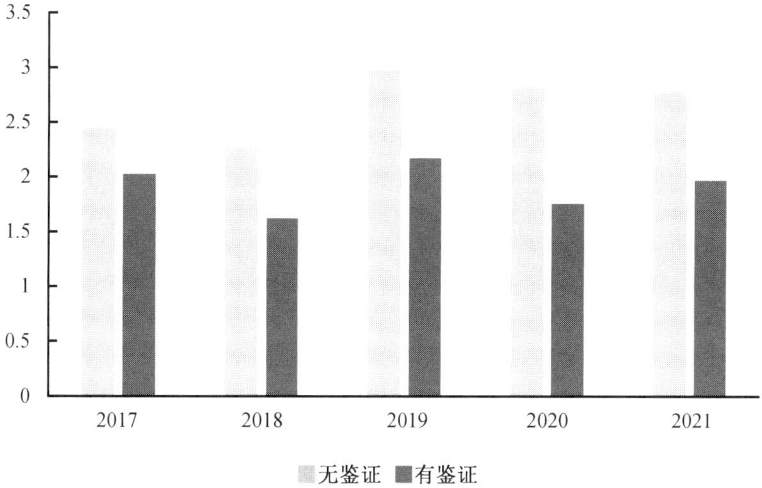

图 8-14　分年度股票收益波动率

表 8-9　可持续发展报告鉴证对股票收益波动率的影响(分年度)

年份	未鉴证		鉴证		差异	T 值
	样本数	波动率	样本数	波动率		
2017	263	2.472	41	2.004	0.469**	2.347
2018	267	2.361	53	1.691	0.670***	3.747
2019	290	3.002	60	2.24	0.761***	3.991
2020	312	2.785	67	1.89	0.895***	4.707
2021	343	2.763	74	2.161	0.602***	3.695

注：***、**、* 分别代表在 1%、5%和 10%的统计水平上显著。

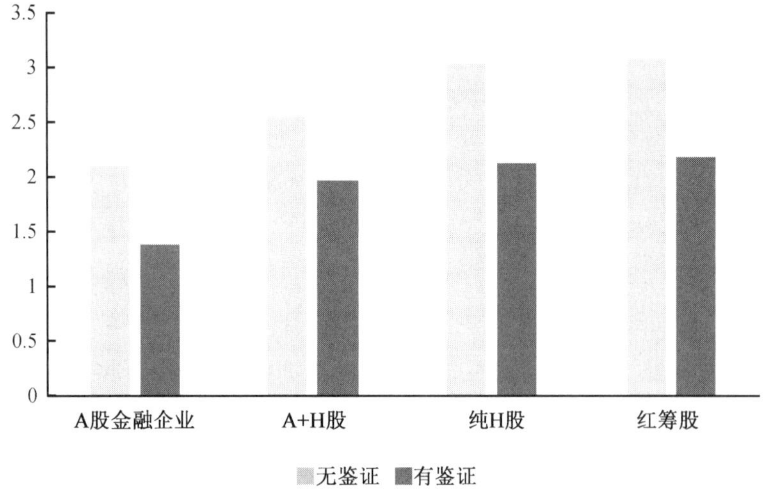

图 8-15　分板块股票收益波动率

表 8-10　　可持续发展报告鉴证对股票收益波动率的影响(分板块)

板块	未鉴证		鉴证		差异	T 值
	样本数	波动率	样本数	波动率		
A 股金融行业	363	2.09	117	1.389	0.701***	10.524
A+H 股	493	2.557	157	1.972	0.585***	6.216
纯 H 股	283	3.031	66	2.126	0.905***	4.251
红筹股	410	3.071	55	2.184	0.887***	3.904

注：***、**、*分别代表在1%、5%和10%的统计水平上显著。

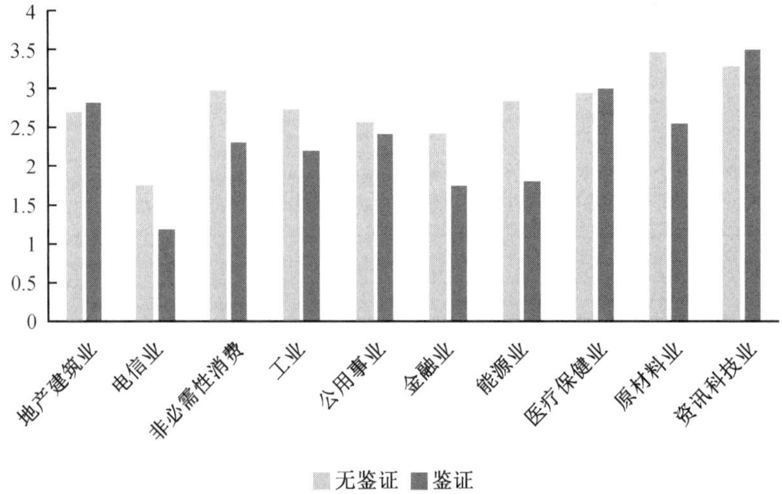

图 8-16　分行业股票收益波动率

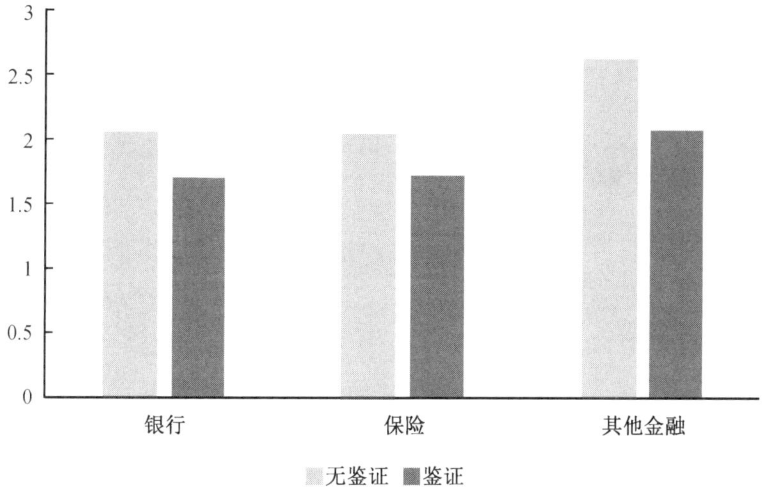

图 8-17　细分金融行业股票收益波动率

表 8-11　　可持续发展报告鉴证对股票收益波动率的影响(分行业)

第一部分：分行业

行业	未鉴证		鉴证		差异	T 值
	样本数	波动率	样本数	波动率		
地产建筑业	174	2.732	10	2.852	−0.12	−0.291
电讯业	8	1.769	6	1.213	0.556	1.53
非必需性消费	129	3.006	12	2.344	0.662	1.435
工业	231	2.761	24	2.233	0.528*	1.764
公用事业	125	2.605	21	2.452	0.153	0.556
金融业	164	2.439	147	1.765	0.674***	5.935
能源业	45	2.867	12	1.828	1.039***	2.808
医疗保健业	101	2.985	13	3.039	−0.054	−0.162
原材料业	77	3.524	18	2.585	0.939*	1.872
资讯科技业	79	3.329	5	3.542	−0.213	−0.308

第二部分：金融业细分

细分行业	未鉴证		鉴证		差异	T 值
	样本数	波动率	样本数	波动率		
银行	29	2.06	115	1.721	0.339*	1.803
保险	27	2.049	15	1.735	0.314*	1.934
其他金融	108	2.638	17	2.092	0.546*	1.792

注：***、**、* 分别代表在 1%、5%和 10%的统计水平上显著。

第五节 可持续发展报告鉴证中存在的问题

一、鉴证范围的完整性

可持续发展报告鉴证在实践中可能面临的挑战之一是鉴证范围的完整性问题。可持续发展报告中除了定量信息，还包含了大量的定性信息，这些信息通常具有较强的主观性，难以对其真实性及合理性做出明确判断。此外，即使鉴证机构仅需对定量信息进行审验，但定量信息中仍包含较多非结构化、非货币化信息，对于如何搜集充足的证据对这些数据进行可靠的鉴证，鉴证机构也面临诸多困难。

笔者在搜集数据及实地调研中发现，样本中仅有部分会计师事务所和少量其他鉴证机构在所签发的鉴证报告中说明了对哪些数据进行了鉴证，大多数鉴证机构常常对其鉴证对象及范围含糊其词。在少数说明了具体鉴证范围的样本中，部分没有包含对可持续发展重要性较高的数据。另外，虽然所有鉴证报告都对其独立性进行了声明，但鉴证报告中的鉴证范围常常是鉴证机构与上市公司共同商议确定，即鉴证机构仅对上市公司希望得到鉴证的数据进行第三方鉴证。因此，鉴证报告的完整性、独立性和可靠性可能存在一定的疑问。

为了更好地说明鉴证范围完整性方面可能面临的挑战，以 H 股上市公司贵州银行为例进行分析(详见表 8-12)。该银行自 2019 年上市以来，每年都对可持续发展报告作独立第三方鉴证，但其聘请的鉴证机构和保证程度每年都有所不同。在其 2020 年由安永签发的有限保证鉴证报告中，鉴证方安永明确披露了其工作范围和鉴证对象：员工总数(人)、员工培训项目数量(项)、绿色贷款余额(亿元)、开展赤道原则适用性判断涉及融资项目(个)、开展赤道原则适用性判断涉及融资金额(亿元)、总行外购电力消耗量(兆瓦时)、总行办公用水消耗量(吨)、客服中心服务满意率(%)、投诉处理满意率(%)、“银保监口径普惠型小微企业”口径贷款余额(亿元)、持牌机构(家)。鉴证范围仅仅包括以上 11 个数据，大致涵盖了员工雇佣、员工发展与培训、绿色金融、资源使用、提升客户满意度、服务地方 6 个相对简单的议题；而对其自身重要性程度较高的其他议题数据(例如风险管理、数据安全、反腐败等)却没有列入鉴证范围，鉴证对象仅占所有重要性议题的约 1/4。此外，该重要性矩阵也是公司自主选择的结果，若参考美国可持续会计准则委员会(Sustainability Accounting Standards Board, SASB)的行业重要性议题矩阵，对商业银行而言重要性水平较高的数据安全、商业道德等议题也尚未包含在内。

此外，该银行于 2022 年聘请了香港品质保证局对其可持续发展报告出具了合理保证的鉴证报告，但该报告甚至没有明确披露其鉴证对象和鉴证范围，全篇仅一句“选取具有代表性的数据和资料进行查核”草草带过。

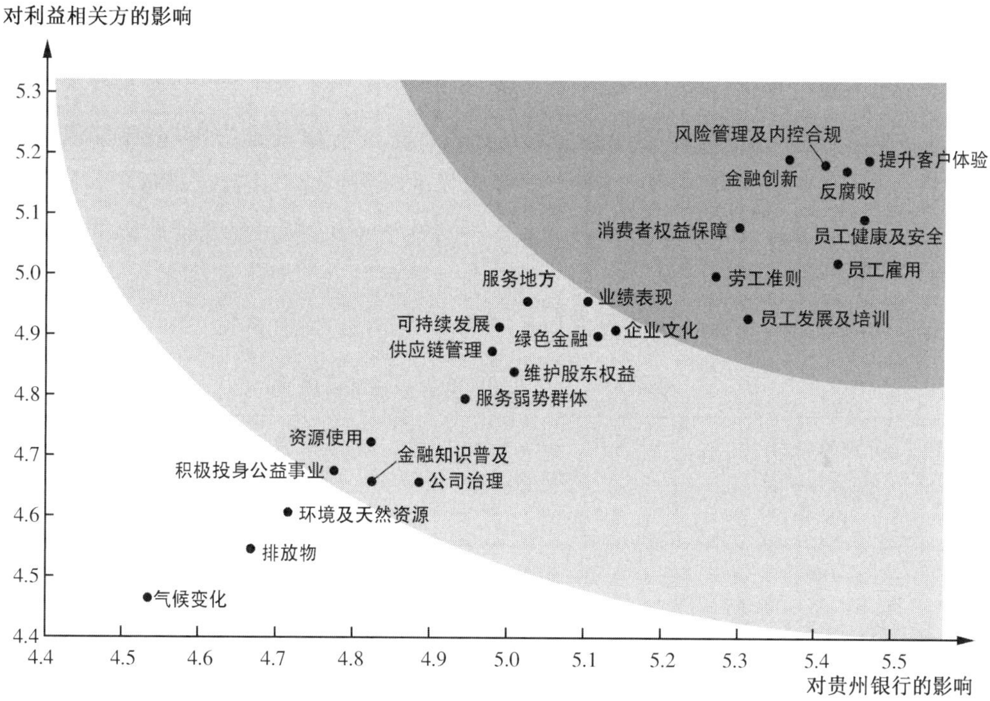

图 8-18　贵州银行 2020 年 ESG 议题重要性水平矩阵

数据来源：贵州银行 2020 年可持续发展报告。

表 8-12　　贵州银行可持续发展报告鉴证情况

年份	是否发布独立可持续发展报告	是否鉴证	鉴证机构	鉴证依据	保证程度
2019	是	是	汉德技术监督服务（亚太）有限公司	AA1000	未提及
2020	是	是	安永华明会计师事务所	ISAE3000	有限保证
2021	是	是	杭州汉德质量认证服务有限公司	AA1000	未提及
2022	是	是	香港品质保证局	ISAE3000	合理保证

二、整体鉴证与局部鉴证

会计师事务所虽然在外部监管、独立性、方法论方面具备一定的优势，但其在各行各业专业背景知识方面相较于其他第三方鉴证机构可能存在一定的劣势。因此，会计师事务所或其他第三方鉴证机构需要对可持续发展报告的整体进行鉴证吗？还是应发挥各自的专业优势，各自进行局部鉴证，最后由两家或以上的鉴证机构合成对报告的整体鉴证呢？对于不同的部分又是否可以做出不同程度的保证呢？

本文在数据收集过程中发现，中国建筑国际在2022年同时聘请了一家会计师事务所和一家其他鉴证机构对其可持续发展报告分别进行了鉴证（参见表8-13）。其中，德勤会计师事务所对可持续发展报告做出了第三方鉴证，但其在整篇报告中并未提及具体的鉴证范围和鉴证对象。同时，在由英国标准协会同年出具的第三方鉴证报告中，该鉴证机构则单独对温室气体排放（范围1＋范围2）、原材料资质和工伤等非货币化数据进行了鉴证。由两家或多家鉴证机构鉴证的好处是可以各自发挥不同领域特长，缺点是鉴证所依据的准则等存在差异。目前由两家或多家鉴证机构对可持续发展报告进行鉴证的样本较少，这种方式是否具有更高质量仍待更进一步的分析和观察。

表8-13　中国建筑国际可持续发展报告鉴证情况

年份	是否发布独立可持续发展报告	是否鉴证	鉴证机构	鉴证准则	保证程度
2019	是	是	英国标准协会	AA1000	类型1中度审验等级
2020	是	是	英国标准协会	AA1000	类型1中度审验等级
2021	是	是	英国标准协会	AA1000	类型1中度审验等级
2022	是	是	德勤华永会计师事务所 英国标准协会	ISAE3000 ISO14064-3：2019	有限保证

三、鉴证的独立性

独立性是审计的灵魂。只有具备了独立性，才能保证审计报告真实可靠，从而更好地发挥审计监督对信息披露质量的促进作用。作为对可持续发展报告的“类审计”，独立性对于可持续发展报告质量同样具有举足轻重的作用。然而，当上市公司的财务报告审计机构与可持续发展报告鉴证机构为同一家时，是否会对其鉴证及审计的独立性产生一定的影响呢？同时，会计师事务所也在涉足可持续发展信息披露咨询业务，此类咨询与鉴证服务又是否可以由同一家会计师事务所提供呢？

根据统计，在由会计师事务所进行鉴证的样本中，其可持续发展报告的鉴证机构与财务报告审计机构为同一家会计师事务所的数量占有一定的比例，且部分上市公司会在更换财务报告审计机构的同时将可持续发展报告的鉴证机构也更换为同一家会计师事务所。比如中国海洋石油公司在2017—2021年均发布了可持续发展报告，这些报告均由德勤会计师事务所进行鉴证，德勤同时也是该公司年报审计机构（参见表8-14）。2022年，该公司财务报告审计机构更换为安永华明会计师事务所，其可持续发展报告的鉴证机构同样更换为安永华明会计师事务所。有部分样本虽然财务报告审计机构和可持续发展报告鉴证机构在同一年不为同一家会计师事务所，但其在选择可持续发展报告鉴证机构时仍更加偏好之前合作过的会计师事务所。固然，同一家会计师事务所对上市公司及其商业模式、内部控制更为了解，双重鉴证的效率会更高，但此时鉴证的独立性是否会受到影响，还需要更多的观察与研究。

表 8-14　　中国海洋石油可持续发展报告鉴证情况

年份	是否发布独立 ESG 报告	ESG 报告鉴证机构	鉴证准则	保证程度	财务报告审计机构	是否同一家
2017	是	德勤	ISAE3000	有限保证	德勤	是
2018	是	德勤	ISAE3000	有限保证	德勤	是
2019	是	德勤	ISAE3000	有限保证	德勤	是
2021	是	德勤	ISAE3000	有限保证	德勤	是
2022	是	安永	ISAE3000	有限保证	安永	是

第六节　总　　结

2021 年 ISSB 成立，2022 年 ISSB、欧盟和美国先后推出了关于可持续发展信息披露的相关准则征求意见稿。我国香港特别行政区 2023 年公布了《优化环境、社会及管治框架下的气候相关信息披露(咨询文件)》，对在香港上市企业的可持续发展报告披露要求做出了重要修订。企业的可持续发展行为、机遇和风险都在相关信息披露的要求范围内，要提高可持续发展报告质量，可能需要高质量的第三方鉴证。本文对目前各国及地区可持续发展报告鉴证的法律法规要求和鉴证准则进行了梳理。随着可持续投资理念的不断深入和相关制度的不断完善与协同，预计各国和地区对可持续发展报告及其鉴证将逐步从自愿转向强制。欧盟目前对大型公司已经有了强制鉴证的时间表，且逐步从有限保证过渡至合理保证，以期提高可持续发展报告的信息质量，使得该信息能被利益相关者更充分有效地利用。此外，ISSA 5000 也将在不久的将来成为可持续发展报告的全新鉴证准则。

本文分别以 A 股金融公司、A＋H 股、纯 H 股和红筹股公司为样本，对样本公司可持续发展报告鉴证率、行业特征、鉴证机构、鉴证准则和保证类型等进行了多维度的描述性统计分析。分析结果显示：我国上市公司可持续发展报告鉴证率虽然较低，但总体呈上升趋势。从可持续发展报告鉴证的行业特征看，金融业、原材料业、能源业和非必需性消费业中进行鉴证的公司数量最多。从鉴证主体看，其他鉴证机构正在超过会计师事务所成为鉴证市场中的主要服务提供方，非金融行业相较于金融行业对会计师事务所之外的其他鉴证机构有着更强的偏好。从鉴证所依据的准则看，ISAE 3000 为使用率较高的准则，会计师事务所在鉴证中基本采用这一准则，且使用该准则的鉴证报告中 86％为有限保证。AA1000 的使用率稍低，且使用该准则的鉴证报告中做出中度保证的比例较高。

从可持续发展报告鉴证的经济后果看，相较于未鉴证的样本公司，进行了鉴证的公司通常拥有较低的可持续发展评级分歧度和相对较低的股票收益波动率，即第三方鉴证能够在一定程度上降低评级机构之间信息不对称程度和投资者面临的投资风险。

另外，本文结合三个案例说明了可持续发展报告鉴证在信息完整性、鉴证主体多元性和鉴证机构独立性等方面面临的问题和挑战。

由于可持续发展报告鉴证的样本非常有限，本文主要进行了一系列描述性统计分析。随着可持续发展报告准则的整合和改进，可持续发展报告的质量和鉴证比率有望大幅提升。期待可持续发展报告鉴证样本逐步增加后，学术界可以进行更为深入和丰富的研究与探讨。

第九章　会计师事务所可持续发展鉴证现状与对策——基于会计师事务所访谈的研究[①]

第一节　调研背景

21 世纪初以来，全球各地出现的极端气候、高感染和高致死率的流行性疾病、严重的贫富差异等为人类生存和发展敲响了警钟。这引起人们对人与人、人与自然关系的高度重视，对企业价值的评价也从单一的股东价值转向股东价值和社会价值并重。可持续发展理念从纯学术思想，到联合国及各种国际组织，再到各国或地区，最后到投资机构、企业和个人逐渐传递，已形成一股势不可挡的潮流。

在中国，可持续发展也已成为国家战略不可或缺的重要组成部分，双碳目标、生态文明、新发展理念、人类命运共同体等已成为若干国策文件的高频率词。为适应这种需要，相关政府部门也提出了各种可持续发展信息的披露要求，企业可持续发展报告[②]数量与比例持续稳定增长。据 Wind 统计数据显示，2022 年度有 1 741 家沪深 A 股上市公司披露了可持续发展报告，约占两市 A 股上市公司的 34%。

可持续发展实践不断推进的同时，必然带来相关信息披露与评价的问题。目前可持续发展报告准则虽多但不统一，披露框架多元、信息质量不高且缺乏可比性等不足使得可持续发展信息的作用大打折扣。要健康有序地推动可持续发展行动与信息披露，需要有公认的高质量信息披露准则。对企业来说，由于可持续发展报告的复杂性，更需要专业的咨询、辅导和独立第三方鉴证，以提高信息披露质量，提升公信力。在公认的高质量准则制订方面，相关国际和地区组织已经开始行动：2021 年 11 月才成立的国际可持续准则理事会(ISSB)于 2023 年 6 月 26 日正式发布首批可持续披露准则，分别为《国际财务报告可持续披露准则第 1 号——可持续相关财务信息披露一般要求》(IFRS S1)和《国际财务报告可持续

① 本章内容由陈嵩洁、薛爽、张为国和胥文帅完成。原文发表于《审计研究》2024 年第 1 期。

② 目前此领域有可持续发展报告、社会责任报告、企业社会价值报告、环境社会和治理(ESG)报告等称呼，本报告不考虑它们间的差异，统称可持续发展报告，除特别说明者外。

披露准则第2号——气候相关披露》(IFRS S2)。2022年11月28日,欧盟正式批准并颁布了《公司可持续报告指令》(CSRD),2023年6月9日,欧盟委员会公布了《欧盟可持续发展报告准则》(European Sustainability Reporting Standards, ESRS)的征求意见稿,并于2023年7月31日通过关于第一套ESRS的授权法案。与上述可持续发展报告准则相配套,国际审计与鉴证准则理事会(IAASB)正在制定独立的可持续发展报告鉴证准则。2023年8月2日,IAASB理事会发布《国际可持续发展鉴证准则5000——可持续鉴证业务的一般要求》(International Standards on Sustainability Assurance, ISSA 5000)征求意见稿。在此趋势下,我国相关政府部门和行业自律组织正在研究如何制定既能体现国际先进水平,又符合本国国情和需要的可持续发展报告准则和鉴证准则。

在这样的背景下,上海财经大学展开了由四个学院参与的可持续发展研究项目,子课题之一是笔者负责的可持续发展报告鉴证与咨询相关研究。第一阶段,研究主要基于在中国香港上市的内地公司的年报,分析这些公司可持续发展报告鉴证情况,包括各类鉴证机构的市场占有率,鉴证范围、水平和准则依据等。研究成果已公开发表[①]。第一阶段研究表明:(1) 2017—2022年,会计师事务所在可持续发展报告鉴证服务市场中所占份额逐年递减,由2017年的59% 下降至2022年的45%。(2)IAASB制定的《国际鉴证业务准则3000》(ISAE 3000)是目前使用率较高的鉴证准则,会计师事务所在鉴证中基本采用这一准则,其他鉴证机构主要采用名为报告责任(AccounAbility)的国际组织颁布的有关利益相关者业务的鉴证准则AA1000。(3)鉴证报告的保证程度几乎都是有限保证。(4)鉴证对象或范围的确定非常随意,选择非重大主题和部分指标鉴证的现象相当普遍,大大降低了信息的相关性和可比性。

本章是第二阶段研究的重要成果之一。

第二节 调研目的、主题和对象

与第一阶段研究基于年报信息不同,第二阶段的研究采用深度采访调研的方法,旨在探讨会计师事务所应如何在促进可持续发展行为和信息披露中发挥作用。采访前,研究组先用了4个月做了一系列扎实的准备工作,包括与相关政府部门、行业组织、会计师事务所数十次广泛深入的现场和视频交流讨论。在此基础上,确定了如下研究主题:(1)会计师事务所开展可持续发展相关鉴证或咨询业务的现状及前景;(2)可持续发展鉴证或咨询业务的难点与克服;(3)会计师事务所和其他专业机构在可持续发展业务领域的相对优势与劣势;(4)会计师事务所参与可持续发展相关业务的能力建设;(5)可持续发展相关业务的独立性;(6)可持续发展报告鉴证准则的制定;(7)可持续发展报告鉴证责任的追究。

---

① 陈嵩洁,薛爽,张为国.可持续发展报告鉴证:准则、现状与经济后果[J].财会月刊,2023,44(13):12-23.

我们选择包括“四大”在内的国内 11 家会计师事务所为调研对象，理由主要有三：一是它们在中国注册会计师协会组织的“2021 年度会计师事务所综合评价百家排名”中名列前 11①；二是它们在 2022 年我国 A 股上市公司年报审计市场中的份额，按上市公司家数统计占比为 67%，按上市公司市值统计占比则高达 93%②；三是它们提供的可持续发展相关服务对象较广，类型较全。总之，这些事务所规模较大，市场占有率、管理水平、服务质量和社会声誉都较高，能够代表会计师事务所开展可持续发展相关业务的现状和未来发展趋势。

2023 年 7 月，我们对这 11 家会计师事务所分别进行了深度视频访谈。访谈时间累计达 25 小时，短则 100 分钟，长则 165 分钟，平均达 2 小时以上。访谈对象是这 11 家会计师事务所的 41 位合伙人或高级经理。他们平均年龄为 46.29 岁；最高学历是本科、硕士及博士学位的受访者比例分别为 37%、55%和 8%；有 74%、13%和 13%的受访者分别是注册会计师、注册税务师或可持续发展相关证书的持证者；在现在工作岗位上的平均工作年限为 14.86 年，具备丰富的执业经验；68%的受访者已有从事可持续发展相关业务的经验，对业务理解较深。所有这些都保证了此次访谈结果的代表性和有效性。

第三节　主要调研结果

如图 9-1 所示，根据采访结果，我们将影响会计师事务所展开可持续发展相关业务的主要因素归为内部和外部两大类：内部因素主要是事务所从事可持续发展业务的相对优势和劣势、成本效益考量、能力建设、发展战略等；外部因素主要包括是否有统一公认的可持续发展报告准则和鉴证准则，监管要求，市场竞争等。内外这两类因素是互动的：当内外两类因素的完善程度都较低时，会计师事务所很难开展可持续发展相关业务，即使开展了，质量也很难保障（区域 1）；当内部因素的完善程度提高了，而外部因素的完善程度仍不高，会计师事务所开展可持续发展业务的量可能会上升，但质量仍很难保证（区域 2）；当外部因素的完善程度提高了，而内部因素的完善程度仍不高，会计师事务所开展可持续发展业务的质量可能有所提升，但业务量仍上不去（区域 3）；当内外因素的完善

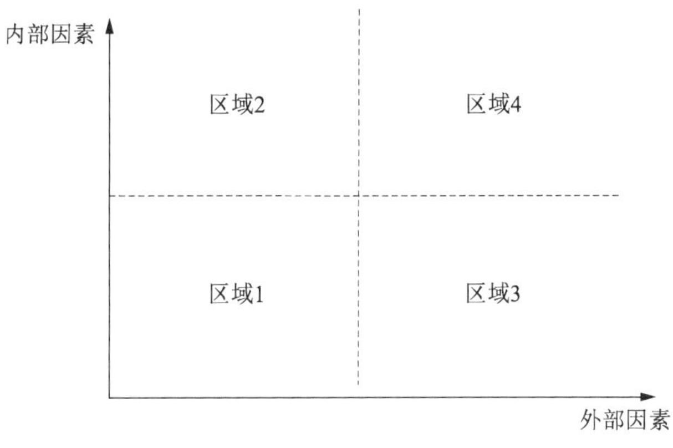

图 9-1　影响会计师事务所展开可持续发展相关业务的主要因素

① https://www.cicpa.org.cn/xxfb/news/index_3.html.

② 数据来源：国泰安数据库。

程度都提高了，会计师事务所开展可持续发展业务的数量可大幅增加，且质量也较有保障（区域4）。以下调研结果的总结相当程度证明了图9-1的概括。

一、会计师事务所可持续发展相关业务的现状和前景

我们首先询问了会计师事务所开展可持续发展相关业务的现状和发展前景。根据会计师事务所通行的内部业务分类和组织结构，我们将可持续发展相关业务分为鉴证、税务咨询和其他咨询三大类。从表9-1可以看出，受访会计师事务所可持续发展相关业务尚处于初步发展阶段，业务量总体并不大。“四大”的业务远较国内其他大所多。三大类业务中，鉴证类业务总体较少，且局限于可持续发展报告鉴证业务，各所现尚未展开单独的可持续发展相关内控鉴证业务；部分受采访会计师事务所现有少量关于欧盟碳关税、降碳减排、研发投入等与可持续发展相关的税收减免或补贴等税务咨询业务，但它们可能未直接与可持续发展挂钩，或未以可持续发展为名。相对以上两大类业务，所有受采访会计师事务所都不同程度地在开展其他可持续发展相关咨询业务，包括协助编制可持续发展报告，协助建立可持续发展相关治理或内控系统，碳足迹测算，温室气体排放核算，温室气体管理体系，可再生能源规划，低碳战略咨询，碳交易能力建设，供应链风险评估和应对策略，可持续发展投资产品设计、投前影响力评估和投后效果评估，公益项目设计、实施与监督，为客户提升其数据安全与隐私保护的咨询服务，为客户提升其反洗钱或防腐败等的咨询服务①。相对而言，除1家事务所外，非“四大”其他可持续发展相关咨询业务的面都较“四大”窄，业务量也较“四大”小。

表9-1　　会计师事务所开始可持续发展相关业务现状

相关业务类型	业务量	“四大”频数统计	非“四大”频数统计
鉴证类	完全没有	0	3
	个别	1	4
	不少	3	0
税务咨询类	完全没有	1	6
	个别	2	1
	不少	1	0
其他咨询类	完全没有	0	0
	个别	0	4
	不少	4	3

进一步地，我们请受访者描绘会计师事务所过去3～5年可持续发展相关业务增长情况

① 受访事务所展开其他咨询业务时用的名称及业务归类方法并不一致。

与未来3～5年相关业务发展预期。无论是“四大”还是非“四大”，三大类业务中，过去几年增长较快的是咨询业务。除一两家外，非“四大”中其他所总体上其他咨询业务的增长不如“四大”快，业务类型也相对较单一，如主要局限于协助公司编制可持续发展报告和协助建立与可持续发展报告相关的治理体系和业务流程等。相反，由于高质量的披露准则和鉴证准则没到位，监管部门也没强制鉴证要求，非“四大”鉴证类业务基本处于从无到有的起步阶段；“四大”过去3～5年的鉴证类业务平均增长在20%左右。但由于业务基数较小，增长率指标的参考价值较低。

有关可持续发展相关业务未来增长预期，各受访事务所一致表示若无强制鉴证要求，与咨询类业务相比，鉴证类业务市场需求不高，未来增长相对乏力。若监管者提出强制鉴证要求，鉴证类业务的市场需求将会出现井喷式增长，其增长率将远超咨询类业务的增长率，并会推动相关咨询类业务的快速增长。虽然可持续发展相关业务监管规范相对滞后且未来市场需求存在一定的不确定性，但受访事务所的合伙人普遍认为可持续发展相关业务具有良好的市场成长性与发展前景，并表示所在事务所已从战略高度明确了布局可持续发展业务的重要性与必要性。同时，由于高质量披露准则与鉴证准则相对滞后，相关政府部门未来政策走向也难以预测，因此各会计师事务所普遍将咨询类业务作为未来发展的重点，以此建立可持续发展业务基础，有待政策走向与贯彻力度明确后更好地涉入相关市场，实现业务和战略转型。当然，也有部分非“四大”合伙人对未来持观望态度，特别是鉴证类业务，一大担忧是鉴证失败可能带来的严重不良后果（有关鉴证责任下文将进一步讨论）。

二、会计师事务所开展可持续发展相关业务面临的困难

以上有关可持续发展相关业务的现状和前景调研结果显示，会计师事务所目前可持续发展相关业务规模相对其他业务仍非常小，但受访者大多数认为可持续发展业务具有良好的市场发展潜力，事务所有动力采取积极发展的方针。基于此，我们进一步对会计师事务所开展可持续发展相关业务的困难进行考察。根据访谈结果，事务所面临的困难主要如表9-2所示：

表9-2　　会计师事务所开展可持续发展相关业务面临的主要困难

主要困难	频次统计	频率统计
事务所人才储备与专业胜任能力不足	11	100.00%
可持续发展报告准则与鉴证准则尚不明确	10	90.91%
市场竞争激烈，服务价格偏低	6	54.55%
客户认知不足	6	54.55%

注：我们在询问会计师事务所开展可持续发展相关业务面临的主要困难时并没区分鉴证、税务咨询与其他咨询三大类。

首先，受访者一致认为开展可持续发展相关业务面临的最大困难是事务所本身及客户

人才储备与专业胜任能力不足。如表 9-3 所示，除少数例外，受访会计师事务所在人员配备方面都难以满足市场需求。主要原因是业务增长快而事务所能力建设跟不上，且在这方面“四大”与非“四大”差距明显，“四大”配备的人员数 200 至 400 不等；非“四大”配备人员最多的已近 40 人，多数是 10 人左右，最少的只有 3 人。应强调的是，以上人员配备数只是一个粗略的估计，这是由于在市场需求和相关政府部门的要求不明确的情况下，多数事务所兼职从事相关业务的人员比例较高。尽管总体而言“四大”与非“四大”间在相关业务人员配备方面存在显著差距，且“四大”明显领先非“四大”，但“四大”和非“四大”认为目前人员配备“较不充足”的比例却比较相近，分别为 75%和 71%。

表 9-3　　会计师事务所在可持续发展相关业务上的人员配备

人员配备状况	“四大”	非“四大”
充足		
基本充足	1	2
较不充足	3	5
严重不充足		

需补充的是，受访事务所认为人才储备与专业胜任能力是否充足是相对的。若相关政府部门在一两年内就提出强制性的可持续发展报告及其鉴证要求，且制定了公认的高质量可持续发展报告准则及鉴证准则，受访事务所及其客户人才储备与专业胜任能力在短中期内都将严重不足，即出现图 9-1 区域 3 的情况。

其次，受访者认为不具备公认的高质量的可持续发展报告准则与鉴证准则是开展可持续发展相关业务面临的第二大困难。在可持续发展方面，相对于鉴证准则，公认的高质量可持续发展报告准则的制定尤为紧迫。从披露需求看，中国香港联交所在 2016 年就提出了不披露就解释的要求，国务院国资委也在 2022 年发布《提高中央企业控股上市公司质量工作方案》，提出力争到 2023 年央企控股上市公司 ESG 专项报告披露全覆盖。[①] 因此，会计师事务所可持续发展咨询业务相对刚性的需求主要来自中国香港上市的中资公司和央企，其他类型公司的需求很少。从 A 股市场看，虽然中国证监会及沪深交易所近年逐步要求上市公司披露更多可持续发展相关信息，单独提供可持续发展报告的沪深 A 股上市公司也逐年增加，但由于这些要求不是强制性的，2022 年度未单独提供可持续发展报告的上市公司仍有 66%。再加上不具备统一且公认的高质量的可持续发展报告准则和鉴证准则，不管在中国香港还是沪深市场，可持续发展报告的完整性、可靠性、可比性都很差。巧妇难为无米之炊，统一公认的高质量可持续发展报告准则不仅是公司可持续发展信息披露的基础，也是第三方机构提供鉴证服务的基础。

① https://www.gov.cn/xinwen/2022-05/27/content_5692621.htm.

再次，专业认证机构、其他咨询机构与会计师事务所并存使得市场竞争激烈，服务价格偏低，这成为受访会计师事务所开展可持续发展相关业务的又一重要障碍。

最后，客户认知不足也是一半以上受访会计师事务所提及的开展可持续发展相关业务的重要障碍。这主要是由于可持续发展理念在我国总体尚属新生事物，受访会计师事务所的客户并没有明显体会到由此带来的实际价值。如可持续发展强调的是对投资者和社会的长期价值，而企业更关注短期业绩和风险。因此，上市公司没有做好高质量可持续发展报告的自觉性。

三、会计师事务所开展可持续发展报告鉴证业务的优势与劣势

如前所述，目前可持续发展业务市场已形成了会计师事务所、各种专业认证机构、其他咨询机构多元并存的竞争格局。为更清晰地了解会计师事务所在提供相关业务时的竞争优势与劣势，我们对此进行了调研。从表 9-4 中可以看出，若要做较全面的可持续发展报告鉴证，相较其他竞争机构，会计师事务所有诸多方面的优势。

表 9-4 会计师事务所开展可持续发展报告鉴证业务的优势

会计师事务所的优势	频次统计	频率统计
成熟的审计或鉴证方法论，专业性强	7	63.64%
高效衔接财务信息与非财务信息，客户熟悉度高	7	63.64%
严格的外部监管与行业自律	5	45.45%
较高的资本市场公信力与影响力	5	45.45%
独立性强	3	27.27%

第一，近 2/3 的受访者认为，相较其他竞争机构，会计师事务所有成熟的审计或鉴证方法论，专业性强。这主要是指会计师事务所审计或鉴证有严格且详细的流程和证据要求。

第二，同样有近 2/3 的受访者认为，会计师事务所以审计传统财务报告起家，因此对客户非常熟悉。现 ISSB、欧盟等都有将传统财务报告与可持续发展报告紧密联系起来的倾向，尤其是要求反映各种风险和机遇的短、中、长期财务影响。基于此，由会计师事务所对可持续发展报告作较全面的鉴证自然更有优势。

第三，过 45%的受访者提到，相较其他竞争机构，会计师事务所长期以来一直受到各种政府部门的严格监管，也受行业自律规则的严格约束。因此，执业也更为谨慎，质量也更有保证。

第四，同样有过 45%的受访者提到，虽然不断有受查处的案例，但总体而言，会计师事务所在资本市场中的公信力相较其他竞争机构都强，明显的证据是不仅 IPO 和再融资及年报环节财务报表必须经会计师事务所审计，要求会计师事务所对上市公司作专项审计或审核的也越来越多。有鉴于此，由会计师事务所对上市公司可持续发展报告做较全面的鉴

证，其公信力也较强。

第五，独立性是会计师事务所的立身之本，也是其公信力的重要来源。虽然提及这一优势的受访者只有27%，但并不代表其他受访者不重视独立性，而是由于审计要坚持独立性已深深扎根于注册会计师的脑海，也充分体现在会计师事务所的执业过程中。

然而，如表9-5所示，受访者也提到一些会计师事务所开展可持续发展相关业务的劣势。如可持续发展报告涉及的领域远超出传统财务报告，尤其是涉及大量非财务信息，大量指标非以货币计量。会计师事务所专业背景单一，缺乏各个细分领域的专门人才，这成为开展可持续发展业务的重要障碍。又如，由于前述审计或鉴证流程、证据和独立性等要求，会计师事务所收费相对较高，缺乏价格竞争优势，因而很难争取到客户。多数受访者承认，现有可持续发展报告鉴证业务大多入不敷出，承接这样的业务主要是为练兵，为积累经验。最后，不得不承认，与其他专业性的细分行业认证机构相比，会计师事务所进入可持续发展市场较晚，经验明显不足。“四大”进入可持续发展市场较早，有的已有十年以上的经验，但它们主要提供的是咨询服务，而可持续报告鉴证服务除个别例外，只是近年才出现。

表9-5　　会计师事务所开展可持续发展报告鉴证业务的劣势

会计师事务所劣势	频次统计	频率统计
专业背景单一、人才储备不足	6	54.55%
进入市场晚，经验不足	3	27.27%
高标准、高收费，价格竞争缺乏优势	2	18.18%

四、在相关业务能力建设方面，会计师事务所自身努力的重点，以及对相关政府部门或行业自律组织的期望

在了解会计师事务所布局相关业务的难点、市场竞争优势与劣势的基础上，我们进一步询问了在相关业务能力建设方面，会计师事务所自身努力的重点及对相关政府部门或行业自律组织的期望。由表9-6可知，在自身能力建设的重点方面，所有受访会计师事务所都提到的是内部培训；其次分别是参加外部培训和会议、公开招聘、内部岗位调整和为政府部门等提供政策咨询等；再次是“干中学”，通过为客户提供服务来提升业务能力。

表9-6　　会计师事务所自身能力建设的重点

自身能力建设的重点	频次统计合计	“四大”频次统计	非“四大”频次统计
组织内部培训	11	4	7
参加外部培训和会议	9	2	7

续表

自身能力建设的重点	频次统计合计	“四大”频次统计	非“四大”频次统计
公开招聘新员工	8	2	6
内部员工岗位调整	8	3	5
为政府部门等提供政策咨询	8	4	4
为客户提供服务	4	1	3

在对上述能力建设途径的重要性排序上，不同类型事务所差异较大。“四大”受访者都指出内部培训和内部岗位调整在能力建设中重要性大于外部培训和公开招聘，这是由于“四大”：(1)一直就不非常看重新员工的专业背景，而强调靠所内的培训机制塑造人；(2)做大项目时内部跨地区、跨专业大范围调集人的传统；(3)开展可持续发展相关业务时间相对较长；(4)有国际网络的支持。非“四大”则在人才储备和业务经验方面比较有限，首选公开招聘和外部培训。

有关对公开招聘新员工专业和能力的要求，受访事务所都更偏好气候变化、碳排放管理、环境、工程等非财经专业背景者，同时要求新员工具备较好的学习能力、IT 环境下数据处理的能力、逻辑思维和英文素养。受访者也坦言，虽然大家都希望招到环境主题方面有经验的人，但市场上这样的专才现待遇要求都较高，“四大”还能承受，非“四大”普遍难以承受。

受访事务所自身能力建设的战略路线上也存在差异。考虑到可持续发展业务的长期战略重要性，1 家“四大”所强调事务所内全员都应有可持续发展相关业务的意识和知识(aware and knowledgeable)，而不管在什么专业岗位上。另外，“四大”都组建了可持续发展相关业务为主的专业团队，且在需要时调动全所各专业和地区的力量。非“四大”中有 1 家统一由专业团队来承接可持续发展相关业务，其他都采用各专业团队和地区分头兼做可持续发展相关业务的模式。最后，不管是“四大”还是非“四大”，绝大多数事务所的技术部门都有人员分工，深入研究各国际组织及主要国家可持续发展相关业务准则、法规的动向、可能的风险和监管实践上的差异等。

在被问及“提高会计师事务所可持续发展业务能力方面，希望监管机构或自律组织能做哪些工作”时，绝大多数受访事务所都将制定全面系统的可持续发展相关业务能力或知识框架放在首位；组织专门的从业前系列培训课程并颁发专门证书和组织系列的继续教育被列在第二位和第三位。此外，6 家提议增加注册会计师考试科目，但也有不少受访者认为这样做政策障碍可能较大。相反，他们提到近年各注册会计师考试科目已增加了少量与可持续发展相关的内容与考题，他们认为可随着相关披露和鉴证准则的出台而逐步增加相关内容，也有一些受访者提及颁发专门证书可能也会面临政策障碍。

表 9-7　在会计师事务所能力建设方面对政府部门或行业自律组织的期望

对监管机构的要求	频次统计
制定全面系统的可持续发展相关业务能力或知识框架	10
组织专门的从业前系列培训课程并颁发专门证书	9
组织系列的继续教育	8
增加注册会计师考试科目	6

五、可持续发展报告鉴证的独立性要求

会计师事务所从事财务报表和内控审计都有较高的独立性要求，诚如前述，这也是注册会计师行业的立身之本。因此，受访者对我们提出的一系列有关可持续发展报告鉴证独立性问题的回答都是明确和一致的。如所有受访者都表示会计师事务所不可为客户同时提供可持续相关的咨询和鉴证业务。又如受访者均表示注册会计师职业道德守则对为同一客户提供多种鉴证服务并无限制，事务所可以同时为同一客户提供可持续发展报告鉴证和财务报表审计业务。在单一重要性下，可持续发展相关的风险与机遇需要反映在财务报告中，由同一家事务所同时对两份报表做审计和鉴证，无论是对鉴证机构，还是对客户，都是更具有成本效益的一种选择。然而，这样的组合审计模式对业务的独立性是否会产生负面影响可能有待观察。再如，由于可持续发展议题中的治理部分和财务报表相关内控审计服务具有一定的重叠，二者一起做还可以帮助会计师事务所对客户形成更好和更完整的认知，进而更有利于提供高质量的审计和鉴证服务。

受访者对可持续发展报告鉴证独立性有些见解比较独到：

一是与典型的年度财务报表审计不同，会计师事务所在参与IPO、并购等单笔业务相关财务报表审计时，会较多地参与组织形式、流程、交易框架、合约条款等的讨论。类似地，受访者普遍认为，由于是新生事物，因此，即使仅是对年度可持续发展报告做鉴证，会计师事务所也可能需要较多地参与与可持续发展相关的组织形式、流程、交易框架、合约条款等的讨论，至少在未来中短期内会这样，但应坚持不参与相关事宜的决策，或在提供鉴证意见时应高度关注相关事宜决策的可能影响。

二是我国已形成较严格的财务报表审计的轮换制度。我们向受访者提问：若会计师事务所的财务报表审计客户刚被轮换，该所能否开始或继续向同一客户提供可持续发展报告鉴证服务。受访者的回答是：这有待我国在未来是否要在可持续发展报告领域实行与财务报表审计相同的轮换制度。长期看，即使要有相同的轮换制度，在财务报表审计和可持续发展报告鉴证服务由一家事务所承接的情况下，一起轮换不应有问题。不过，因可持续发展报告鉴证是新生事物，若相关政府部门决定初期对较多公司提出披露可持续发展报告并要求强制鉴证，则应考虑在一定时期内允许会计师事务所开始或继续为刚被轮换掉的财务报表审计客户提供可持续发展报告鉴证服务。否则，由于整个注册会计师行业能力有限，

整个市场会陷入区域3，即政府部门想要更多公司披露经鉴证的可持续发展报告，但叠加轮换的规定，会计师事务所承接业务能力被限制，业务将应接不暇。不考虑实际业务能力而随便承接的话，也难以保证服务质量。

三是会计师事务所对可持续发展报告较全面的鉴证与其他独立第三方认证或鉴证的关系。受访中对此讨论较全面深入，但这与会计师事务所的鉴证范围与责任有关。我们将在下面深入讨论。

六、可持续发展报告鉴证的责任追究

调研中我们和采访者讨论时间较长和较深入的是可持续发展报告鉴证责任追究问题。而这又与鉴证范围、鉴证水平和鉴证准则互为关联。

1. 鉴证范围

诚如前述，第一阶段研究表明：可持续发展报告鉴证市场存在各类机构激烈竞争的局面。2017—2022年会计师事务所的市场份额逐年递减，由2017年的59%下降至2022年的45%。另外，鉴证对象或范围的确定非常随意，选择非重大主题和部分指标鉴证的现象相当普遍，大大降低了信息的可比性和有用性。

受访者一致认为，可持续发展报告涉及大量专业领域。这些领域都已有专业机构提供各种形式的认证。这一格局不大可能改变。会计师事务所也不可能自己配备所有这些领域的专业人士，承担起所有专业认证的工作。在这样的前提下，我们在调研中讨论了三种可能性，即当其他机构为企业可持续发展报告提供较全面的鉴证服务时，会计师事务所(1)不为同一企业提供可持续发展报告鉴证服务；(2)为同一企业提供不同可持续发展领域的鉴证服务；(3)在其他机构提供鉴证服务的基础上提供更全面的鉴证服务。这三种可能中，受访者认为(3)可能最小，因为客户一般不会这样做，除非其面对的境内外监管机构有不同的规定，或其信息使用者信任不同的鉴证机构。在能力不具备的情况下，会计师事务所也可能选择(1)，即尽可能不承担过多的业务。受访者认为(2)的可能性会更大些，即为同一企业提供不同可持续发展报告领域的鉴证服务，简称切块，特别是当其他机构鉴证的内容并无重大的财务影响时。在(2)和(3)的情况下，都涉及利用专家的工作，也可能导致不同的鉴证责任。有关这点，后文将进一步讨论。

我们也与受访者讨论了两个涉及鉴证范围的具体领域，即ISSB颁布的S2要求企业(1)披露范围1、范围2和范围3的排放；(2)披露气候相关风险与机遇的短期、中期和长期财务影响。受访者几乎都表示范围1和2的信息可验证性较强，鉴证质量也较可控，纳入鉴证范围没多大问题。但多数受访者认为，在相关准则对范围3的定义不那么明确，可持续发展相关基础设施，如企业可持续发展相关信息系统、权威数据共享平台等还非常不完善的情况下，要对范围3进行鉴证，客观上不可行，也难以控制质量，除非一些例外情况，如企业生产经营的上下游排放都非常单一、简明，也有相对可靠的数据来源。从时间维度上看，目前准则尚未对短期、中期和长期明确定义。受访者多数认为，对短期影响的鉴证基本可行，对中期影响的鉴证难度较大，对长期影响的鉴证难度非常大，因为需要建立在太多假设之上，即便鉴证也没有太大意义，原因是诸多假设可能失之毫厘，谬以千里。若短期、中期和长期影响都基本是定性的描述，受访者既担心此类信息的价值，也担心不知如何鉴证，因为完全可能存在企业根据自己的需要随意描述的情况。若短期、中期和长期影响都可用货币单位衡量时，部分受访者也担心当不同可持续发展主题风险和机遇互为影响，或同一风险和机遇的不同应对措施互为影响时，是分开还是综合计量影响恰当。

2. 鉴证水平

第一阶段的研究也表明，鉴证报告的保证程度现几乎均是有限保证。受访者都认为，即便是行业龙头企业，也还没有为可持续发展信息的收集做好充分准备，无论是按照S1需要搭建的治理、战略、风险管理、指标与目标，还是支撑数据来源的硬件设施，都需要相当长的时间。因此，受访者认为过渡期不能太短，在过渡期内主要出具有限保证的鉴证意见。待相关准则、监管、企业的基础设施都相对成熟、事务所自身能力也提高后，再按照企业规模、行业、是否上市等逐步要求对可持续发展报告进行合理保证的鉴证。

3. 鉴证准则的制定

第一阶段的研究还表明，会计师事务所鉴证客户可持续发展报告现主要依据IAASB的ISAE3000或其在我国的实质性趋同版《中国注册会计师其他鉴证业务准则第3101号》。此准则是为鉴证非历史性财务信息而制定的，长期以来被运用于内控鉴证，现也被运用于可持续发展报告鉴证领域。但由于这一准则是原则导向的，不具体、不明晰。如前所述，ISSB颁布了S1、S2，与之配套，IAASB也专门为可持续发展鉴证服务制定了ISSA 5000。受访者一致认为，这些准则的制定是非常必要的。

我国在会计、审计准则方面一直执行与IFRS“实质趋同”的方针。大多数受访者认为，在可持续发展报告鉴证准则方面仍应坚持这一方针，因为相对会计准则，审计准则更大程度是具有通用性的理念、原则、方法和程序，坚持“实质趋同”有助于提高经鉴证的我国企业可持续发展报告的可信度，对我国企业“走出去”，融入全球分工体系具有积极作用。当然，不少受访者也指出，考虑到我国的国情，适应本国市场的需要，我国审计准则制定部门和监管部门已在“实质趋同”的审计准则基础上做了不少细化的规定，还在一些方面提出了更严格的要求，如增加了防舞弊审计的要求。一些受访者认为，在可持续发展报告鉴证方面也应如此，这不仅因为我国国情的特殊性，也因为可持续发展报告本身的特殊性。

受访者一致认为，为了更好地服务国家发展、维护国家利益，我国有必要争取深度参与IAASB相关准则的制定。

4. 鉴证责任的追究

受访者普遍认为，由于可持续发展报告范围远较传统财务报告广，相关内容也涉及更多法律法规，且大量可持续发展信息精确性与可核性较低。如果未来对鉴证的要求从有限保证逐渐过渡到合理保证，会计师事务所可能面临更多监管机构依据不同法律法规的查处，可持续发展报告鉴证风险极有可能高于传统财务报表审计。因此，受访者普遍建议会计师事务所自身对这样的风险应有充分的准备并做好各种防范措施；对于可持续发展报告的鉴证保证程度需要根据我国未来对可持续发展信息披露的要求而定。对于历史性的、定量的信息，注册会计师提供合理保证的可操作性更高，而前瞻性的、定性的信息较难提供合理保证，希望可持续发展报告鉴证准则或监管规定能够在前瞻信息、价值链相关信息、其他机构专家提供的信息等方面设置安全港条款；他们还希望相关机构在依法分工的情况下，在规则制定与监管时加强协调，尽可能避免规则不统一，监管和查处重叠及判断不一致的情况。

第四节　政 策 建 议

根据本次调研的结果，我们提出如下建议：

一、加快制定高质量可持续发展报告准则和鉴证准则

1. 可持续信息披露作用日益紧要，但可持续发展信息质量不容乐观

可持续发展报告有助于全面反映企业行为对环境和社会的影响，提高企业信息透明度，降低交易成本和控制投资尾部风险。推进可持续发展行为与信息披露，是促进企业行稳致远的良治工程。与全球对人类可持续发展问题关注度日高的背景下同步，我国资本市场及参与者和其他各方对可持续发展信息的需求也快速增长。披露可持续发展报告，将有助于全面反映企业行为对环境和社会的影响，提高企业信息透明度，降低交易成本和防控投资尾部风险。

当前，由于可持续发展概念边界不清以及信息披露要求不统一，企业披露的可持续发展信息的质量参差不齐。个别企业怀有滥竽充数、浑水摸鱼的心态，有的报喜不报忧、夸大其词，有的多言寡行甚至无中生有，涉嫌虚假或误导性陈述现象时有发生。这不仅降低了可持续发展信息的可靠性，也增加了鉴证机构的工作难度和风险。

2. 为可持续发展信息鉴证创造条件，发展第三方鉴证机构的服务

应加快制定兼顾最近由 ISSB 等机构颁布的国际公认准则和中国国情及需要的可持续发展报告准则；要协调好专业部门监管需要与适应资本市场或更广泛利益相关者需要的可持续发展报告的关系；协调好临时性和定期性可持续发展报告间的关系；对不同规模、不同行业的企业出台针对性的可持续发展报告应用指南，从信息生产环节确保可持续发展信息质量，为鉴证工作提供基本且扎实的前提条件。

为减少虚假或误导性陈述、选择性披露等乱象，提高可持续发展信息的可靠性与有用性，监管部门应鼓励第三方鉴证机构对企业可持续发展报告的真实性、合规性、完整性与准

确性等发表专业意见。但目前不同类型机构鉴证时依据的准则不同，这导致鉴证流程和鉴证结果的差异明显，影响可持续发展信息及其鉴证结果的可比性和公信力。

3. 采取与国际可持续鉴证准则趋同策略，提升我国在全球规则制定中的参与度与话语权

IAASB正计划制定系列的可持续发展信息鉴证准则，已于2023年8月2日公布《可持续发展鉴证业务的一般要求(征求意见稿)》(ISSA 5000)。为满足资本市场和其他利益相关方对高质量可持续发展信息的需求，包括吸引全球资本的需要，必须提升可持续发展报告鉴证服务的公信力。相关政府部门一方面要调动各方面力量，对以上征求意见稿提出充分合理的修改意见，另一方面要根据与IAASB准则实质趋同方针，加快制定我国可持续发展信息鉴证准则，并根据需要制定适应我国国情的必要指南。

特别指出的是，目前全球可持续发展相关准则制定机构层出不穷，且专业越分越细，各主要经济体及其利益相关者都在力争参与度和话语权。我国在这些组织中的参与度和话语权与我国在全球政治经济中的地位与影响很不相称，应将改变这种现状作为一项国策。为此，必须加强政府和民间相关人才的培养和储备，加强相关组织及其所制定准则的研究，努力改变这种被动局面，争取主动，为我所用。

二、循序渐进推进可持续发展报告和鉴证工作

可持续发展报告涵盖众多领域，范围广泛而复杂，这为可持续发展报告鉴证业务带来极大的挑战。这亟须企业可持续发展理念和行动的提升、会计师事务所等中介机构能力的培育、监管政策的出台等多方面工作的开展。

1. 统一且高质量可持续发展报告准则和鉴证准则的建立健全有一个过程

调研结果显示，一方面，企业可持续发展意识仍处于逐步提升初期，可持续发展的行动和相关基础工作尚需逐步规划和逐步落到实处；另一方面，会计师事务所可持续发展相关业务的人员储备与执业能力，还远远落后于业务发展之需。

2. 需循序渐进推进可持续发展报告及其鉴证工作

可以考虑根据行业、规模、地区制定时间表，逐步推进可持续发展信息的披露工作；又如，要根据披露企业、鉴证机构、监管部门的能力，逐步扩大鉴证范围、逐步提高鉴证水平；再如，要采取具体和有效的措施，缩小“四大”与非“四大”可持续发展业务能力的差异，使各类企业都能逐步得到高质量的服务，确保市场的稳定发展。

3. 准则制定要考虑一些防止滥用的特殊规则

近年一些国家以国家安全和经济安全为由，以减少依赖等为名，推出各种逆全球化大趋势，扭曲国际经贸关系的措施，可持续发展报告及其鉴证也可能被作为工具使用。我国也应通过制定特殊规则，或设置特殊的执行步骤，采取相应对策，确保国家安全和经济安全。

三、明确各类增信机构的法律定位和职责范围

1. 可持续发展信息披露和鉴证机构众多

调研表明：(1)各种细分行业都长期存在各种认证制度和相关服务机构；(2)随着近年可持续发展热浪高涨，又呈现出各种新型的认证标准和相关服务机构；(3)会计师事务所与其他增信机构在企业可持续发展报告鉴证服务市场上存在相互竞争，且后者的市场占有率已超越前者；(4)各种境外认证和其他服务机构、数据平台等在国内市场也比较活跃。

2. 亟待为信息质量及鉴证提供法律保障，需政府及监管更好发挥作用

为确保各种认证或鉴证制度的公信力，相关政府部门应加强协调，明确各类增信机构的法律定位和职责范围。例如，哪些认证或鉴证服务应由会计师事务所等综合性较强的机构来承担，哪些认证或鉴证服务应由特定专业化的机构来承担；又如，哪些认证或鉴证服务应较为集中，甚至需特别许可，哪些认证或鉴证服务应适当放开，让更多机构参加竞争；再如，当较综合类的认证或鉴证需利用其他专家意见时，应如何明确各服务提供方的职责；最后，在当前复杂多变的全球地缘政治气氛下，是否应对境外服务机构制定必要的规范，对可能面临的风险做出必要的预估，并制定必要的防范和化解风险的预案。

四、加强会计师事务所可持续发展鉴证相关能力建设

我国会计师事务所展开可持续发展相关业务的一大障碍是尚不具备充分的专业胜任能力，在非“四大”中这一问题更为突出。根本原因在于，可持续发展报告涵盖的范围远大于传统财务报告。故此，除加快制定高质量的可持续发展披露准则和鉴证准则外，应高度重视加强能力建设。否则，再好的准则也难以被正确贯彻执行，也难以产生高质量的可持续发展信息。

1. 会计师事务所自身能力建设需增加投入和组织保障

包括招聘具备专门知识和能力的人才，强化内部培训，增加国内外相关准则法规研究和相关 IT 系统等的投入，通过增加承揽相关业务和参与政府部门的政策咨询增加知识、增强能力。会计师事务所应根据自身条件及业务特点，确定可持续发展相关业务队伍的组织战略，比如，强调事务所全员都应有可持续发展相关业务的认识和知识，是组织规模较大的相关专业团队或部门，抑或组织规模较小的专业团队并在需要时调配所内各地和各专业人才集中攻关。

2. 相关政府部门和自律组织应帮助会计师事务所加强能力建设

包括制定全面系统的可持续发展相关业务能力或知识框架，在注册会计师考试各科目中增加更多相关知识和考题，组织专门的从业前系列培训课程并颁发专门证书，组织系列的继续教育，制定这方面的高端人才培养计划等。

3. 要鼓励和支持高校通过各种方式加快可持续发展相关人才的培养

包括扩大环境保护等专业人才的招生规模，通过双学位的形式培养跨学科的人才，通过系列讲座的方式增加各专业学生可持续发展方面的意识、知识和能力。还可鼓励和支持高校、政府机关、行业协会、上市公司、会计师事务所等合作开展相关的教学研究，培养具备跨学科知识和能力的专业人才，增加相关的知识储备，供以后政府制定政策、企业和中介机构发展相关业务时参考。

五、公平合理认定相关中介机构在可持续发展报告中的鉴证责任

1. 会计师事务所执业风险引各方关注

任何一项报告或披露制度，若没有严厉的监管，完全可能流于形式，也完全有可能出现虚假或误导性陈述盛行的现象，事与愿违。这不仅不利于保护投资者和其他利益相关方的利益，而且不利于企业和社会的可持续发展。近年来，随着资本市场中重典治乱、猛药去病的行政和司法处罚力度及投资者维权意识的增强，会计师事务所执业风险陡增。

2. 公平合理认定可持续发展报告的鉴证责任

可持续发展信息复杂多样，许多领域需要大量估计和判断，可持续发展报告鉴证方法及准则规定的合理性、适用性、相互关联性也有待实践的检验。在可持续发展报告鉴证业务发展初期，严苛的行政处罚可能会适得其反，导致会计师事务所和其他中介机构在承接业务时望而却步。可考虑"追首恶、宥小过"的原则，压实会计师事务所和其他中介机构的责任，在严苛的连带责任与宽松的多梯度责任之间寻求折中可行的解决方案。

3. 循序渐进探索难度较高领域的最佳实践

在一些难度较高的领域，应建立实事求是、循序渐进的实施方案。例如，气候风险范围3碳排放信息，或风险和机遇长期财务影响信息的披露，可建立实施时间和责任认定上的宽松规定，切忌盲目冒进。在不少需要估计和判断的领域，准则制定部门、监管部门和业界应通力合作，逐步形成实操性较强的案例或指南，引导最佳实践。基于最佳实践的各种鉴证意见，不应简单地被认定为失职或参与造假等。

综上，可持续发展信息披露量的大幅增加，质的大幅提升，有赖于本次调研中深入讨论的内外两类因素的日臻完善，一定时间的持续努力必有进步和成就。希望本报告特别是以上建议，有助于相关政府部门和自律组织制定相关政策和制度，有助于会计师事务所制定相关业务的发展规划，最终有助于各类企业和整个社会的可持续发展。

参考文献

[1] Berg F., Kölbel J. F., Rigobon R. Aggregate confusion: The divergence of ESG ratings[J]. Review of Finance, 2022, 26(6): 1315-1344.

[2] Drempetic S., Klein C., Zwergel B. The influence of firm size on the ESG score: Corporate sustainability ratings under review[J]. Journal of Business Ethics, 2020, 167(2): 333-360.

[3] García F., González-Bueno J., Guijarro F., Oliver J. Forecasting the environmental, social, and governance rating of firms by using corporate financial performance variables: A rough set approach[J]. Sustainability, 2020, 12(8): 3324.

[4] Gibson B. R., Krueger P., Schmidt P. S. ESG rating disagreement and stock returns[J]. Financial Analysts Journal, 2021, 77(4): 104-127.

[5] Giudice A. D., Rigamonti S. Does audit improve the quality of ESG scores? Evidence from corporate misconduct[J]. Sustainability, 2020, 12(14): 5670.

[6] Shen H., Lin H., Han W., Wu H. ESG in China: A review of practice and research, and future research avenues[J]. China Journal of Accounting Research, 2023: 100325.

[7] Tan, R., Pan, L. ESG rating disagreement, external attention and stock return: Evidence from China[J]. Economics Letters, 2023: 231, 111268.

[8] Widyawati, L. Measurement concerns and agreement of environmental social governance ratings[J]. Accounting & Finance, 2021: 61, 1589-1623.

[9] 操群，许骞. 金融"环境、社会和治理"(ESG)体系构建研究[J]. 金融监管研究，2019(4)：95-111.

[10] 程博，宣扬，潘飞. 国有企业党组织治理的信号传递效应——基于审计师选择的分析[J]. 财经研究，2017(3)：69-80.

[11] 樊三彩. ESG 评级亟待统一标准[N]. 中国冶金报，2023-08-31(002).

[12] 李启红，梁松怡，梁劲等. 证券行业 ESG 风险管理的分析与应用研究[M]//中国证券业协会. 中国证券业高质量发展论文集. 中国财政经济出版社，2022.

[13] 林昊，崔惠颖. 我国 ESG 评级机构及其结果差异研究——以平安银行为例[J]. 北方经贸，2023(2)：105-108.

[14] 马连福，王元芳，沈小秀. 国有企业党组织治理、冗余雇员与高管薪酬契约[J]. 管理世界，2013(5)：100-115+130.

[15] 孙冬，杨硕，赵雨萱，袁家海. ESG 表现、财务状况与系统性风险相关性研究——以沪深 A 股电力上市

公司为例[J]. 中国环境管理,2019(2): 37-43.
[16] 王凯,张志伟. 国内外 ESG 评级现状、比较及展望[J]. 财会月刊,2022(2): 137-143.
[17] 晓芳,兰凤云,施雯,熊浩,沈华玉. 上市公司的 ESG 评级会影响审计收费吗? ——基于 ESG 评级事件的准自然实验[J]. 审计研究 2021(3): 41-50.
[18] 张云齐,杨淏宇,张笑语. ESG 评级分歧与债务资本成本[J]. 金融评论,2023(4): 22-43+124.
[19] 郑庆茹,韩谷源,刘妍等. 国内外 ESG 体系比较分析与经验借鉴[J]. 金融纵横,2022(7): 65-73.
[20] 中国工商银行绿色金融课题组,张红力,周月秋,殷红,马素红,杨荇,邱牧远,张静文. ESG 绿色评级及绿色指数研究[J]. 金融论坛,2017(9): 3-14.
[21] 黄世忠. 谱写欧盟 ESG 报告新篇章——从 NFRD 到 CSRD 的评述[J]. 财会月刊,2021(20): 16-23.
[22] 黄世忠. ESG 报告的"漂绿"与反"漂绿"[J]. 财会月刊,2022(1): 3-11.
[23] 王鹏程. 可持续发展信息鉴证服务的发展机遇与战略应对[J]. 财会月刊,2022(16): 83-89.
[24] Ashwin Kumar N. C., Smith C., Badis L., Wang N., Ambrosy P., Tavares R.. ESG factors and risk-adjusted performance: A new quantitative model [J]. Journal of Sustainable Finance & Investment, 2016(4): 292-300.
[25] De I., Clayman M. R.. The benefits of socially responsible investing: An active manager's perspective[J]. The Journal of Investing, 2015(4): 49-72.
[26] Godfrey P. C., Merrill C. B., Hansen J. M.. The relationship between corporate social responsibility and shareholder value: An empirical test of the risk management hypothesis [J]. Strategic Management Journal, 2009(4): 425-445.
[27] Jo H., Na H.. Does CSR reduce firm risk? Evidence from controversial industry sectors[J]. Journal of Business Ethics, 2012(4): 441-456.
[28] Oikonomou I., Brooks C., Pavelin S.. The impact of corporate social performance on financial risk and utility: A longitudinal analysis[J]. Financial Management, 2012(2): 483-515.
[29] Shafer M., Szado E.. Environmental, social, and governance practices and perceived tail risk[J]. Accounting & Finance, 2020(4): 4195-4224.